KB024132

그리스 신화의 변천사

역사도서관 015

그리스 신화의 변천사

시대와 신화

김봉철 지음

도서출판 길

지은이 **김봉철**(金奉哲)은 1957년 전남 곡성에서 태어나 서울대 서양사학과를 졸업했다. 같은 대학교 대학원에서 「이소크라테스의 정치사상: 기원전 4세기 폴리스의 위기에 대한 인식을 중심으로」로 박사학위를 받았다. 그리스 아테네 대학 대학원 역사고고학과에서 수학하고 영국 옥스퍼드 대학 고전학과에서 방문학자로 연구한 바 있다. 고대 그리스의 정치, 문화, 집단정신, 오리엔트와의 관계에 대한 논문들을 썼고, 주요 논문으로는 「고대 아테네의 사회변화와 고등교육의 역할」, 「고대 그리스에서의 유럽의 형성과정에 관한 역사적 분석」, 「고전기 아테네의 종교적 추방자에 관한 연구」, 「헤로도토스의 역사서술과 그리스 신화」 등이 있다. 저서로 『전환기 그리스의 지식인, 이소크라테스』(신서원, 2004), 『영원한 문화도시, 아테네』(청년사, 2002), 『서양고대사강의』(공저, 한울, 2011), 『유럽 중심주의 세계사를 넘어 세계사들로』(공저, 푸른역사, 2009) 등이 있으며, 역서로는 『그리스 민주정의 탄생과 발전』(한울, 2001)이 있다. 현재 아주대 사학과 교수로 있다.

역사도서관 015

그리스 신화의 변천사 시대와 신화

2014년 5월 31일 제1판 제1쇄 발행

2015년 6월 20일 제1판 제2쇄 인쇄
2015년 6월 30일 제1판 제2쇄 발행

지은이 | 김봉철
펴낸이 | 박우정

기획 | 이승우
편집 | 김춘길
전산 | 김기분

펴낸곳 | 도서출판 길
주소 | 135-891 서울 강남구 신사동 564-12 우리빌딩 201호
전화 | 02)595-3153   팩스 | 02)595-3165

등록 | 1997년 6월 17일 제113호

ISBN 978-89-6445-092-5 93900

이 저서는 2007년 정부(교육인적자원부)의 재원으로 한국연구재단의 지원을 받아 수행된 연구임(KRF-2007-1-A00042).

지은이의 말

　그리스 신화는 고대 그리스의 중요한 문화유산이자 서양문명 대대로의 문화적 자산이다. 그리스 신화는 고대 그리스라는 특수한 시대적 및 공간적 배경 아래 형성된 역사적 산물이면서도 그 속에 담긴 보편성과 대중성 때문에 후대에도 계속 관심과 활용의 대상이 되었다. 중세 이후 현대에 이르기까지 그리스 신화는 서양의 대표적인 교양물이 되었고, 서양의 수많은 문학작품과 미술, 음악, 연극, 영화 등에서 단골 메뉴로 등장했다. 그래서 제우스, 포세이돈, 아테나, 아폴론, 디오니소스 같은 신의 이름은 현대에도 여전히 친숙한 이미지로 다가온다. 수천 년의 시공(時空)의 벽을 뛰어넘은, 그리스 신화의 지대한 문화적 생명력이 확인된 셈이다.

　사실 우리에게도 그리스 신화는 친숙한 편이다. 우리 아이들은 어린 시절부터 그리스 신화를 읽으면서 자라고, 그리스 신화를 소재로 하는 문화 콘텐츠의 홍수 속에서 살고 있다. 그래서인지 최근에는 국내에서도 그리스 신화에 대한 서적들이 활발하게 출간되는 실정이다. 여기서 한 가지 의문이 생긴다. 우리는 그리스 신화를 제대로 알고 있는 것일까? 우리가 알고 있는 그리스 신화는 신화의 복잡한 형성과정이 생략된, 후대의 종합적인 결과물에 불과한 것이 아닐까? 사실 최근에 출간된 대부분의 책들은

19세기 미국의 저술가 토머스 불핀치(Thomas Bulfinch)의 신화집에 의거한 것들이다. 그런데 불핀치의 신화집은 그리스 신화의 완성된 스토리를 묘사한 것이므로 완성 이전의 그리스 신화는 언급하지 않는다. 즉 불핀치가 묘사한 그리스 신화는 고대 그리스인들이 직접 알고 있던 신화가 아니고 후대에 종합적으로 정리된 '그리스 신화'인 것이다. 이는 불핀치의 문제이기도 하고 그리스 신화에 대한 모든 대중적인 저술들의 문제이기도 하다. 또한 이는 대중적인 저술들의 문제만이 아닌 것 같다. 많은 학술적인 연구들에서도 그리스 신화의 시대적인 변천과정이 간과되고 있는 것이다. 이 책은 이런 문제들에 대한 학술적인 대안으로서 저술된 것이다. 이 책에서는 그리스 신화의 변천과정을 분석함으로써 그리스 신화도 시기에 따라 내용이 달랐다는 것을 말하고자 한다. 즉 그리스 신화는 헬레니즘 시대나 로마 시대 혹은 그후에 저술된 종합적인 신화집의 내용과는 달리 시대에 따라 다양하고 복잡한 전개양상을 보였다는 것이다. 고대 그리스인들의 신화적 상상력을 제대로 이해하기 위해서는 바로 이 점을 먼저 숙지할 필요가 있다고 본다.

그리스 신화는 처음부터 완전한 스토리로 만들어진 것이 아니었다. 그리스에는 처음에 지역별로 자신의 신들의 유래나 계보, 주요 신성(神性) 및 행적 등을 묘사한 개별적인 신화가 있었을 것이다. 그러나 새로운 종족 집단이 이주하고 그리스인들 사이에 인적·문화적 교류가 활발해지면서 각각의 개별 신화들은 뒤섞이고 정리되어 하나의 공통적인 신화가 형성되었다. 그것은 바로 호메로스와 헤시오도스에게서 확인되는, 제우스 중심의 범그리스적인 올림포스 신화였다. 하지만 호메로스와 헤시오도스의 서술은 그리스 신화 서술의 거대한 시작일 뿐이었다. 이들에게서 표현된 신화의 근간은 이후 많은 그리스인들의 집단적인 노력에 의해 더욱 상술되고 보완되었다. 이들 후대의 그리스인들은 신화의 스토리를 보다 정교하게 다듬고 새로운 신화 요소들을 추가하여 신화의 내용을 더욱 풍성하게 만들었다. 그 작업은 기원전 8세기에서 기원전 1세기 후반에 이르기까지의 오랜 기간에 걸쳐 이루어졌고, 그리스 신화는 그 기간 동안에 축적된 그리스인들의 역사적 산물이었다.

이 책의 구성은 제1장의 서문, 제2~5장의 본문, 제6장의 결론, 그리고 말미의 '신화 요소별 출처 목록'으로 구성되어 있다. 우선 제2장에서는 시기별 그리스 신화의 자료를 소개하는데, 편의상 상고기와 고전기, 헬레니즘 시대로 구분하여 서술한다. 이들 세 시기로 구분한 것은 고대 그리스 역사의 시기 구분의 관행을 따른 것이기도 하고 또 신화 서술 자료들의 대체적인 흐름을 파악하기 위한 것이기도 하다. 상고기의 대표적인 자료로는 호메로스와 헤시오도스의 서사시, 호메로스 찬가 등을 들 수 있고, 고전기 자료로는 핀다로스 송가 일부, 아테네의 비극시인들의 작품, 헬레니즘 시대의 자료로는 칼리마코스 찬가, 아폴로니오스 로디오스, 아폴로도로스, 디오도로스의 저술들을 들 수 있다.

제3~5장에서는 제우스와 포세이돈, 데메테르 신화의 시대적 변천과정을 신화 요소별로 구분하여 조망한다. 이 책에서 이들 3명의 신들을 다룬 이유는 이들이 제우스와 같은 세대의 신들이고 그리스의 주요 종교 제전에서 숭배되던 대표적인 신들이기 때문이다. 물론 이들 외에 아폴론, 아테나, 디오니소스 같은 신들도 역시 그리스인들의 제전에서 매우 중시되던 신들이다. 이들 3명의 신의 신화 변천과정에 대해서는 나의 후속 연구를 통해 추가적으로 논의할 예정임을 밝힌다. 내가 주로 이들 6명의 신에 주목한 것은 이들을 통해 그리스 신화와 제식(祭式)의 관계 및 그리스인들의 실제적 종교생활을 규명하기 위함이다. 고대 그리스인들의 실제적인 신앙생활을 비교적 자세히 파악할 수 있는 대표적인 사례가 바로 이 신들이기 때문이다. 나는 제3~5장에서 각 신들의 신화 서술을 몇 가지 신화 요소로 나누어 분석했다. 내가 분류한 신화 요소는 (1) 출생(부모, 탄생과정, 탄생지, 형제/남매), (2) 양육(양육과정, 양육자, 양육 장소), (3) 결혼과 자녀(배우자/연인, 자녀), (4) 출현과 모습(출현, 거주지, 모습, 변신, 부수물), (5) 주요 신성(神性), (6) 호칭과 수식어, (7) 특별 행적, (8) 기타 사항이다. 단, 최고신 제우스의 경우에는 집권과 도전(집권, 제우스 권력에 대한 도전) 항목을 따로 추가했다.

제6장은 결론으로서 본문의 논의를 요약하고, 그리스 신화의 변천과정에서 나타나는 몇 가지 특징들을 정리했다. 그리고 '신화 요소별 출처 목록'은 각 신들의 신화 요소를 시기 및 자료별로 분류하여 정리한 것이다. 이 출처 목록은 이 책 저술의 원천이고 그리스 신화의 변천양상을 살필 수 있는 기본 자료이기 때문에 본문 뒤에 따로 첨부했다. 다른 연구자나 독자들이 이 자료를 각자의 작업에 활용할 수 있기를 기대한다.

이와 같은 노력에도 불구하고 이 책은 다음의 몇 가지 한계를 지니고 있다.

첫째, 이 책이 그리스 신화 전체를 다루기보다 일부 신들에 국한하여 다루기 때문에 신화 전체를 조망할 수 있는 시각과 통찰을 제공하지 못했다고 본다. 그런데 사실 그런 거시적인 작업은 개별적인 전문 연구의 바탕 위에서나 가능한 것이다. 그런 면에서 이 책은 그리스 신화에 대한 포괄적 연구를 향한 하나의 개별 연구로서의 역할을 했다고 자평한다. 하지만 나는 이번 저술의 단편성을 극복하기 위해 추후에도 다른 신들에 대한 작업을 계속하고자 한다. 이런 개별 연구들이 축적되어 그리스 신화에 대한 기본 지식을 더욱 풍성하게 만들고 동시에 더욱 체계적인 심화 연구를 끌어낼 것으로 믿는다. 그리스인들이 오랜 기간 동안에 그들의 신화를 만들어나갔듯이 말이다.

둘째, 역사학자로서 신화를 연구주제로 다루다보니 신화학 본령의 주제보다는 역사학의 관점을 주로 부각한 면이 없지 않다. 이 책은 신화학에서처럼 신화의 일반적인 기원이나 성격, 형성 및 확산과정을 탐구하고 신화의 의미를 해석하는 방식이 아니라 역사학적 시각을 통해 신화의 시대적 변천과정을 설명하고자 했다. 이는 신화의 내면에 대한 연구가 아니고 외형적인 변화에 대한 탐구인 셈이다. 사실 신화 해석의 영역으로 들어가면 실증적 학문인 역사학의 입지가 제한될 수밖에 없다. 다만 나는 신화학과 문학, 철학에서의 그리스 신화 연구에 대해 신화의 '시대적 다양성'을 제시하고자 했다. 이는 역사학이 신화 연구에 기여할 수 있는 부분이 아닌가 생각된다.

셋째, 이 책의 연구가 주로 그리스의 문헌 자료에 의거하다 보니 도자기, 회화나 조각 같은 시각 자료와 비문(碑文) 자료를 제대로 반영하지 못했다. 물론 그리스 신화에 대한 가장 광범위한 정보가 문헌 자료에 담겨 있으므로 문헌 자료만으로도 신화의 기본적인 흐름은 파악될 수 있다고 본다. 하지만 시각 자료나 비문 자료에 대한 분석이 결여되어 있어서 신화의 변천상이 온전하게 파악되었다고 보기는 어렵다. 어쨌든 이 책에서는 문헌 자료 연구를 바탕으로 첫걸음을 뗐으니 추후 다른 자료를 통해서 수정·보완될 수 있기를 기대한다.

이 외에도 내 연구과정에서 오해나 실수에 의한 서술상의 오류가 있을 것으로 여겨진다. 또 참고하지 못한 자료가 있을 수도 있고, 참고한 자료 중에서 누락된 대목이 있을 수도 있다. 이에 대해서는 계속 관심을 갖고 수정해나갈 것이다. 여러 독자들과 연구자들의 질정과 양해를 기대한다.

이 책이 발간되기까지 나는 많은 분들의 도움과 성원을 받았다. 이런 개인적 저작을 마감할 때마다 스승인 고(故) 양병우 선생님의 은혜를 실감하곤 한다. 이번 저술이 그분께 누가 되지 않기를 바랄 뿐이다. 또 그동안 내 연구를 학술적으로 비판하고 격려해주신 서양고대사를 전공하는 동학들에게도 깊은 감사를 드린다. 이들의 진지한 상호비판과 격려 속에서 한국의 서양고대사 연구가 더욱 발전할 것으로 믿는다. 그리고 아주대 인문대학의 많은 동료교수들에게도 감사드린다. 인문대학의 자유로운 분위기 속에서 학문의 벽을 넘나들며 나눈 많은 대화들이 내 연구에 큰 힘이 되었음을 밝힌다.

이 책의 저술은 한국연구재단의 지원을 받아 수행되었다. 한국연구재단의 다년간의 지원은 내가 장기적인 관점에서 장편의 저서를 기획하고 저술하는 데에 큰 도움이 되었다. 재단의 지원에 감사하며, 장기적인 연구과제에 대한 지원체계가 계속 확대되기를 기대한다. 또 어려운 출판 상황 속에서도 이 책의 출간을 맡아 준 도서출판 길에 대해서도 감사드린다. 생각보다 원고가 늦어졌지만 깔끔하게 출간을 마무리해준 데 대해 미안함과 고마움을 함께 전한다. 끝으로 항상 나의 든든한 힘이 되어주는 가족에게도 고마움을 전한다.

2014년 4월
아주대 다산관 연구실에서
지은이 김봉철

제1장

머리말

1. 이 책의 주제

그리스 신화는 고대 그리스 문명의 중요한 문화적 유산이다. 그리스 문명은 서구문명의 근원으로 간주되어 왔고 그리스인들의 문화유산은 서구인들에게 특별한 관심과 존중의 대상이 되어 왔다. 그리스 신화 역시 예외가 아니었다. 그리스 신화는 끊임없이 편찬되어 서구인들에게 읽혀 왔고, 또 서구인들의 문화창작의 중요한 소재가 되었다. 예컨대 미국 작가 불핀치가 저술한 신화집은 현재에도 여전히 애독되고 있으며, 그리스 신화는 회화와 문학, 영상예술 등의 주요 소재로 활용되고 있다.

그런데 우리가 알고 있는 그리스 신화는 정말 고대 그리스에 통용되던 신화였을까? 고대 그리스인들이 알고 있는 신화는 불핀치 등이 서술한 그대로의 신화였을까? 우리가 아는 그리스 신화는 수세기 동안의 여러 지역의 이야기들을 수합하여 정리한 후대의 산물이다. 그리스 신화에 대한 고대 자료는 흔히 생각하듯이 그렇게 체계적이지는 않다. 이런 양상은 고대 그리스 종교의 특징과도 밀접하게 연관되어 있다. 우선 그리스의 종교는 다신교 신앙이었다. 오늘날의 기독교나 이슬람교처럼 유일신 신앙이 아니었고 다수의 신들이 숭배의 대상이었다. 물론 제우스라는 최고신이 존재했지만, 그는 여러 신들 중의 최고신이었지 무소불위의 유일신은 아니었던 것이다. 그리스의 신들은 그들의 구체적인 신성과 계보에 따라 그리스 내에서도 차별적으로 숭배되었다. 제우스는 올림피아에서 그리스의 주신(主神)으로서 숭배되었지만, 아테네인들은 그들의 수호신인 아테나 여신을 더욱 열렬히 숭배했던 것이다. 마찬가지로 아르고스에서는 헤라, 코린토스에서는 포세이돈, 델포이에서는 아폴론을 위한 성대한 제전을 거행하곤 했다. 또 그리스인들은 그들의 직무에 따라 각기 숭배하는 신들이 달랐다. 바다를 항해하는 선원이나 여행자들은 특히 포세이돈에게 제사를 지냈고 농민들은 데메테르와 디오니소스, 대장장이 수공업자들은 헤파이스토스에게 자신들의 생업의 번성을 희구했다. 이처럼 그리스에는 다수의 개별적인 신들이 존재했고 그들 각자에 대한 관심이 지역적으로나 직업적으로나 분산되어 있었기 때문에 통합된 신화체계를 갖기 어려웠다. 동일한 신에 대해서도 각기 다양한 이야기가 존재할 수밖에 없었다. 더욱이 고대 그리스의 종교는 그들이 숭배하는 신들의 유래와 신성, 행적 등을 설명한 공동의 경전이 없고 또 그 신들에 대한 제사와 교리를 보존하고 발전시킬 직업적인 사제들도 존재하지 않았다.[1] 그들에게는 기독교의 신구약 성경이나 이슬람교의 코란 같은 경전이 없었으니, 체계적인 신화가 존재하기 어려웠다. 물론 엘레우시스의 데메테르 신앙의 경우처럼 특정 가문의 사제집단이 존재하기는 했지만, 대개의 사제들은 일반 행정관리처럼 단기적인 선출직이었으며, 사제들은 사회적 신분으로 발전하지 못했던 것이다. 따라서 고대 그리스에서는 다신교 신앙 속에서 각 신들의 유래와 신성에 대한 다양한 이야기가 존재했고, 지역적으로도 각각의 이야기들이 뒤섞여 나타날 수밖에 없었다.

---

1) W. Burkert, *Griechische Religion der archaischen und klassischen Epoche*, Stuttgart, 1977, J. Raffan 영역, *Greek Religion*, Oxford, 1985, p. 119 참조.

그리스 신화의 혼재는 시간적인 측면에서도 확인된다. 그리스 신화의 형성과 변천과정에는 적어도 1,500년 이상의 시간이 축적되어 있다. 그리스 신들의 이름이 처음 등장한 기원전 15세기경의 선상문자B 점토판에서 시작하여 호메로스와 헤시오도스의 서사시, 호메로스 찬가, 비극과 희극시인들의 여러 저술을 거쳐 헬레니즘 시대와 로마 시대의 신화집에 이르기까지 그리스 신화의 탄생과 변천과정은 다양한 시대를 포함하고 있다. 그리스 신화는 어느 특정 시기에 특정 지역에서 그 전체적인 면모가 단번에 완성된 것이 아니고 장기간에 걸쳐 다양한 신화 요소들이 조금씩 축적되어 결합한 결과였던 것이다. 그리스 신화는 이처럼 오랜 기간의 다양한 축적과정을 거쳐 생겨난 것이기 때문에 여러 요소들이 혼재되어 있는 것이다.

　　따라서 그리스 신화는 다양한 장소와 시대의 독특한 정치 상황과 문화적 특징 혹은 정신적 사유구조를 반영하고 있다. 그런데 현재의 그리스 신화의 자료 여건상 지역별 신화의 분석은 지극히 제한되어 있으므로 그보다는 신화의 시대적 변천과정에 주목할 필요가 있다. 그리스 신화의 진상(眞相)을 정확하게 이해하려면 각 신화 요소들의 시대별 형성과정을 구분하여 신화의 변천과정을 정확하게 파악할 필요가 있다. 현재 우리에게 전해오는 체계적인 신화집은 거의 헬레니즘 시대 혹은 로마 치세의 그리스에서 편찬된 것이므로 '진짜' 그리스 신화라기보다 '후대에 편찬된' 그리스 신화로 보는 것이 옳다. 헬레니즘 시대와 로마 치세에는 고대의 동부 지중해 세계의 문화 교류가 활발하여 제설혼합주의나 절충주의의 가능성이 높았기 때문에 그 시대 이전의 상고기/고전기 그리스의 신화와 헬레니즘 시대 이후의 신화를 구분하려는 의도적인 노력이 전제되어야 그리스 신화의 의미와 본질을 이해할 수 있다.

　　흔히 '신화'라고 번역되는 영어 단어 미스(myth)는 그리스어 '미토스'(μῦθος)에서 유래한 말이다. 그리스에서 미토스는 호메로스 때부터 사용된 말이었는데, '이야기, 설화, 가공의 이야기, 전설, 우화' 등의 뜻을 지니고 있었다. 처음에 미토스는 그것이 서술하는 내용의 진위에 관계없이 그

저 이야기를 의미하는 말이었다. 그러다 호메로스 이후에는 '가공의 이야기, 전설, 우화'를 의미하는 단어로도 사용되었다.[2]

미토스의 의미를 좀 더 정확하게 파악하려면 그 단어와 구분되는 다른 개념들을 살펴볼 필요가 있다. 흔히 미토스와 대비되는 개념으로 쓰인 용어로는 '로고스'(λόγος)와 '히스토리아'(ἱστορία)가 있다. 로고스는 '말, 이야기, 이유, 근거, 분별, 이성'의 의미를 지닌 개념으로 합리적 사유와 논증을 담은 설명을 가리키는 것이어서 비유적이고 직관적인 미토스와 대비된다. 한편 히스토리아는 '탐구, 탐구를 통해 얻은 지식, 탐구결과에 대한 설명이나 이야기'라는 뜻의 개념으로 실제 사실에 입각한 이야기를 가리키는 것이므로 미토스의 허구성과 대비된다.

이 책에서 서술되는 신화는 '사건의 발생과 전개과정에서 신들이 중심적인 역할을 수행하는 이야기'를 의미한다. 따라서 이 책에서는 '신성한 이야기', 즉 신들 자신의 이야기이거나 사건의 인과관계에서 신들이 주도적인 역할을 담당하는 이야기에 국한하여 서술하고자 한다. 특히 내 연구가 궁극적으로 그리스인들의 구체적인 숭배행위를 탐구하려는 것이어서 이 저서의 서술이 신들의 이야기에 국한된 것임을 밝힌다. 영웅들의 경우에는 그들이 신들과 특별한 관련성을 가질 경우에 한해 다루고자 한다.

이 저서는 '그리스인의 정체성 연구'라는 장기적인 구상의 일환으로 추진된 것이며, 특히 그리스인의 종교적 정체성 규명을 위한 선결과제라 할 수 있다. 그리스인들은 종교생활에서 신에 대한 관념이나 내면적 신앙보다 신앙의 외형적인 표현, 즉 제식(祭式)을 더 중시했으므로 그리스인의 종교생활을 파악하기 위해서는 신들에 대한 제식을 중심으로 접근할 수밖에 없다. 제식의 목적과 절차, 제식의 규범과 금지사항 등을 추적하다 보면, 그리스인의 종교적 정체성의 성격과 수준을 점검할 수 있는 것이다.

---

2) 핀다로스, 『올림피아 송가』 1.29; 『네메아 송가』 7.23; 플라톤, 『파이돈』 61B, 『프로타고라스』 320C, 324D; 플라톤, 『국가』 330D, 377A; 『법률』 636C.

그런데 그리스인의 종교적 제식의 내용과 의미를 더욱 체계적으로 분석하기 위해서는 그리스 신화에 대한 기본적인 연구가 필수적이다. 신화와 종교적 제식은 각기 독립적이지 않고 상호연관 속에서 서로에게 의미를 부여하는 불가결의 관계인 것이다.

그래서 이 책에서는 그리스인의 종교생활을 규명하기 위한 필수적인 선결 작업으로서 그리스 신화의 시대적 변천과정을 분석하고자 한다. 이 연구의 후속 작업은 신화와 종교제식과의 연관성을 점검하여 제식의 종교적 및 사회적 의미를 파악하려는 것이므로 이번 연구에서는 그리스의 주요 제전과 관련된 신들의 신화를 상고기에서 헬레니즘 시대에 이르기까지 시대별로 구분하여 신화의 실제적 내용과 의미를 제시하고, 나아가 그리스 종교 제전을 이해하기 위한 학술적 기반을 조성하고자 한다.

그리스 신화에 대한 국외 연구는 이미 양적으로나 질적으로 상당한 수준에 도달해 있는 실정이다. 그리스 신화에 대한 개괄적인 저술로는 R. Graves, *The Greek Myths*, 2 vols., Baltimore, 1955; W. K. C. Guthrie, *The Greeks and their Gods*, Boston, 1955; M. Grant, *Myth of the Greeks and Romans*, London, 1962; R. Harthorn, *Greek Mythology*, Beirut, 1977 등이 있고, 제우스·헤라·아테나·디오니소스 등의 개별 신에 대한 연구도 활발하게 전개되어 왔다. 그리스 신화에 대한 분석적인 저술로는 J. Bremmer, *Interpretations of Greek Mythology*, London, 1987; W. Burkert, *Structure and History in Greek Mythology and Ritual*, London, 1979; J.-P. Vernant, *Mythe et société en Grèce ancienne*, Paris, 1974, J. Lloyd 영역, *Myth and Society in Ancient Greece*, Cambridge, 1980 등이 있다.

이 책은 기본적으로 그리스 신화의 시대별 변천과정을 설명하고 시대와 신화의 관계를 규명하려는 작업이다. 이는 신화 연구의 기본적인 토대이고, 나아가 그리스인의 종교생활과 종교적 제식을 이해하기 위한 작업이다. 그리스 신화가 장기간의 시대별 축적과정을 통한 산물이라는 점을 감안하면 이런 작업은 신화 연구의 필수적인 준비 작업이라 하겠다. 하지만 내가 파악하기로는 기존의 저술 가운데 국내외 연구를 막론하고 그리스 신화의 구체적인 신화 요소들을 종합적으로 분석하여 신화의 시대적 측면을 부각한 사례는 거의 없다. 개별 신들에 대한 저술에서 각 신화 요소들에 대한 부분적인 연구가 행해지긴 했지만, 주요 신들의 신화를 시대별 변천과정에 따라 체계적으로 분석한 사례는 보기 드물다. 즉 다양한 신화체계를 구분하여 그것들이 시대별로 어떻게 이야기되고 시간이 흐르면서 신화가 어떻게 증보 혹은 가감되었는지를 규명하려는 시도는 찾기 힘든 실정이다. 특히 그리스 신화 연구가 본격화되지 않은 국내에서는 학술적인 연구성과가 매우 미흡한 수준에 머물러 있다.[3]

이런 현상은 그리스 신화 연구와 역사학 연구가 서로 융합되지 않고 신화 연구가 주로 문학이나 철학 분야의 연구로만 진행된 결과가 아닌가 한다. 문학과 철학에서의 그리스 신화 연구는 대부분 그리스 신화를 하나의 신화로서만 이해하고 그것이 지닌 문학적 비유와 상징, 철학적 의미와 개념을 탐구하고 있는데, 이는 그리스 신화의 시대적 다양성과 그리스 신화들의 복잡한 축적과정을 고려하지 않은 것이라 하겠다. 이에 이 연구는 시대적 변화를 고려하는 역사학적 연구방법을 통해 신화의 시대적 변천과정을 설명하고자 한다. 더불어 그리스 신화의 '시대적 다양성'을 제기함으로써, 문학과 철학 분야에서의 연구에 기여하고자 한다. 따라서 이 연구는 그리스의 종교와 제식에 관한 역사학 연구뿐만 아니라 그리스 신화에 대한 문학과 철학 분야의 연구를 보완하고 재정립할 학술적 기반을 제공할

---

3) 그리스 신화에 대한 대표적인 연구로는 이진성, 『그리스 신화의 이해』, 아카넷, 2004; 현영민, 『그리스 신화: 자연, 신, 그리고 인간』, 충남대학교출판부, 2010; 유재원, 『그리스 신화의 세계』, 현대문학, 1998; 안문자, 「디오니소스연구」, 『서양사론』 제4집, 1963, 25~49쪽; 장영란, 「고대 그리스의 위대한 어머니 신화에 나타난 철학적 세계관」, 『철학연구』 제55집, 2001, 67~89쪽; 홍은숙, 「그리스 신화와 그리스 비극: 디오니소스와 바쿠스의 여신도들」, 『고전 르네상스 영문학』 제15권 제2호, 2006, 5~26쪽; 김봉철, 「헤로도토스의 역사 서술과 그리스 신화」, 『서양고대사연구』 제32집, 2012, 35~70쪽 등이 있다. 최근 그리스 신화와 문화 콘텐츠에 대한 관심으로 그리스 신화 연구가 다소 부각되고 있지만 아직은 일천한 수준이라 하겠다.

것으로 본다.

2. 이 책의 구성과 방법론

이 책은 폴리스 성립 이후 그리스의 역사를 상고기(上古期, the Archaic age), 고전기(古典期, the Classical age), 헬레니즘 시대(the Hellenistic age)로 구분하고 이를 기준으로 하여 그리스 신화의 주요 자료들을 시기별로 분류하기로 한다. 흔히 그리스 역사에서는 그리스-페르시아 전쟁을 분기점으로 하여 상고기와 고전기를 구분한다. 그리스-페르시아 전쟁은 기원전 492년과 490년, 480년에 페르시아인들이 그리스에 침입한 사건을 말한다. 그 전쟁은 기원전 479년의 플라타이아 전투와 미칼레 해전을 거쳐 그리스인의 승리로 일단락되었다. 이후 그리스는 아테네와 스파르타를 중심으로 에게 해를 석권하고 그리스인 특유의 독창적인 문화를 양산함으로써 고전기라는 황금시기를 보낸다. 고전기는 그리스의 폴리스 체제가 마케도니아 왕국에 의해 붕괴되면서 그 종말을 맞이한다. 마케도니아 왕국의 필리포스 2세는 기원전 338년의 카이로네이아 전투에서 그리스 연합군을 격파하고 그리스의 지배자로 군림한다. 이제 그리스인 국가들은 독립국가인 폴리스로서의 주권을 상실하고 마케도니아에 예속된다. 그후 기원전 334년에 필리포스 2세의 아들 알렉산드로스가 마케도니아와 그리스 연합군을 이끌고 페르시아 제국을 정복하여 새로운 제국의 지평을 열었지만 323년에 사망했다. 알렉산드로스의 사후 그의 정복지역에서 헬레니즘 왕국들이 등장하고 그 왕국들이 존속한 시기를 헬레니즘 시대라고 한다. 헬레니즘 시대는 헬레니즘 왕국들 중에서 가장 늦게까지 존속한 이집트 왕국이 기원전 30년에 로마에게 멸망하면서 끝이 났다. 따라서 그리스 역사에서 상고기는 기원전 8세기에서 5세기 초, 고전기는 기원전 5세기 초에서 4세기 말, 헬레니즘 시대는 기원전 4세기 말에서 기원전 1세기 말까지의 시기를 뜻한다. 이 책에서 다루는 그리스 신화에 관한 자료는 대개 이 세 시기에 속한 것들이다. 그러나 간혹 필요에 따라 로마 지배 시기의 자료도 일부 포함되었다.

이 책에서 고대 그리스의 역사를 세 시기로 구분하고 시기별로 자료를 분류한 것은 편의상의 방법이다. 즉 상고기, 고전기, 헬레니즘 시대의 구분은 신화의 변천과정을 좀 더 효율적으로 파악하기 위한 수단일 뿐이다. 시기를 크게 구분하지 않고 자료별로 각각의 시대에 따라 정리하다 보면, 신화의 변천과정을 체계적으로 설명하기가 어렵다. 사실 이 시기 구분은 당대에 존재했던 것이 아니고 근대의 학자들이 연구의 효율성을 위해 제시한 것이므로 시기 구분의 절대적인 기준이 될 수는 없다. 그러나 이 책에서는 시대적 흐름에 대한 효율적인 정리를 위해 사용되었음을 밝힌다.

이 책의 본문 구성은 전체 6장으로 이루어진다. 제1장 머리말에 이어 제2장에서는 시기별로 그리스 신화 자료를 정리한다. 즉 상고기와 고전기, 헬레니즘 시대의 대표적 신화 자료들에 대해 그 저술배경과 서술내용, 특징을 기술할 것이다. 상고기의 대표적인 자료로서는 호메로스와 헤시오도스의 서사시, 호메로스 찬가, 상고기 시인들의 작품 단편, 일부 핀다로스 송가를 언급하고, 고전기 자료로서는 핀다로스 송가 일부, 아테네의 비극시인들인 아이스킬로스, 소포클레스, 에우리피데스, 역사가 헤로도토스, 이소크라테스의 저술들을 설명한다. 핀다로스는 상고기와 고전기에 걸쳐 저술활동을 했기 때문에 같은 저자임에도 불구하고 부득이하게 작품을 상고기와 고전기로 나누어 분류했다. 한편 헬레니즘 시대의 대표적 자료로는 칼리마코스 찬가, 리코프론, 아폴로니오스 로디오스, 아폴로도로스, 디오도로스의 저술을 설명한다. 정확하게 말하면 디오도로스의 저술은 시대적으로는 로마의 지배 시기에 속하지만, 헬레니즘 시대의 바로 직후인 기원전 1세기 말의 작품이고 그 속에 그리스의 전승들이 풍부하게 포함되어 있어서 이 책의 분석 대상에 포함했음을 밝힌다.

제3~5장은 그리스 신화의 변천과정을 다루는데, 각 시기의 자료들을 바탕으로 제우스와 포세이돈, 데메테르의 신화가 어떻게 전승되었는지를 규명한다. 사실 이 책에서 관심을 가진 그리스의 주요 신들은 제우스, 포세이돈, 데메테르, 아폴론, 아테나, 디오니소스이다. 그리스의 많은 신들 중에서도 특히 이들을 택한 것은 그들이 그리스 신화에서 차지하는 비중이 높다거나 신들의 계보에서 우월한 신들이기 때문이 아니라 그리스의 주요 종교 제전에서 열렬하게 숭배된 신들이었기 때문이다. 이들은 그리스의 주요 국가의 제전이나 범그리스적인 제전을 통해 크게 숭앙받던 신들이었다. 그리스인이 주요 제전에서 주기적으로 제물을 바치고 기원을 드린 신들이야말로 그리스인의 종교생활의 중심이라 할 수 있다. 즉 제우스는 그리스의 최고신인데다 특히 올림피아와 네메아 제전에서 범그리스적으로 숭배되는 신이고, 포세이돈은 대표적인 해신인데다 특히 이스트미아에서 범그리스적인 제전으로 숭배되는 신이었다. 데메테르는 곡물경작을 주관하는 대표적인 농경신이고 아티카의 엘레우시스에서 그녀를 기리는 비밀제의가 주기적으로 거행되곤 했다. 아폴론은 신탁과 예언, 음악과 궁술의 신이고 델포이의 아폴론 신전은 그리스인들이 가장 애호하는 대표적인 신탁소였다. 델포이에서 거행되는 피티아 제전은 아폴론을 기리는 범그리스적인 제전이었다. 또 아테나는 학문과 전쟁의 신이고 아테네인들의 수호신이기도 했다. 아테나를 기리는 판아테나이아 제전은 범그리스적인 제전은 아니지만, 아테네에서 매우 성대하게 거행되는 제전이었다. 디오니소스도 포도와 포도주, 연극의 신으로 그리스인들에게 숭배되었고 특히 아테네에서 그를 기리는 디오니시아 제전이 성대하게 거행되었던 것이다. 하지만 이번 저술에서는 이들 6명의 신을 모두 다루지 못하고 일단 제우스와 포세이돈, 데메테르의 신화만을 서술하기로 한다. 6명을 모두 다루지 못하고 이들 3명의 신으로 국한한 것은 이 책의 저술 작업의 규모와 효율성을 고려한 불가피한 방편이라 하겠다. 그리스 문헌 자료상의 그리스 신화 언급사례를 모두 분류하고 정리하여 신화의 변천과정을 추적하는 것은 기대 이상으로 방대한 작업이었다. 따라서 이 책에서는 일단 제우스 및 그와 동일한 세대의 신들인 포세이돈과 데메테르를 다루고, 나머지 신들의 신화에 대한 분석과 서술은 후속 작업을 통해 보완하고자 한다.

제3~5장에서 분석한 신화 요소의 항목들은 각 신들의 출생, 양육, 결혼과 자녀, 출현과 모습, 주요 신성(神性), 호칭과 수식어, 특별 행적, 기타 사항이다. 이 가운데 '출생' 항목은 각 신들의 부모와 탄생과정, 탄생지, 형제/남매에 대한 신화 서술을 분석하고, '양육' 항목은 신들의 양육과정과 양육자, 양육 장소에 대한 신화 서술을 추적한다. '결혼과 자녀' 항목에서는 신들의 배우자(연인)와 자녀들, '출현과 모습' 항목에서는 신들의 인간 세계 출현과 거주지, 모습, 변신형태, 부수물에 대한 신화 서술을 다루고, '주요 신성' 항목에서는 신들의 대표적인 신성들, '호칭과 수식어' 항목에서는 신들의 호칭과 수식어에 대한 서술을 다룬다. 여기서 각 호칭과 수식어는 그것들의 유래와 의미에 따라 신성 호칭과 수식어, 성격 및 행적 호칭과 수식어, 형상 호칭과 수식어, 인명 및 지명 호칭과 수식어, 기타 호칭과 수식어로 나누어 서술된다. 또 '특별 행적' 항목에서는 각 신들의 특기할 만한 일화에 대한 서술을 분석한다. 예를 들어 포세이돈 신화에서는 포세이돈과 아테나의 아테네 수호신 경쟁 일화, 데메테르 신화에서는 페르세포네 납치 일화의 변천과정을 설명한다. 제우스 신화에서는 따로 '집권과 도전' 항목을 두어 제우스 권력에 대한 도전 일화들을 분석한다. 그리고 필요할 경우 '기타 사항' 항목을 두어 위의 항목에 포함되지 않은 사항을 기술하고자 한다.

제6장은 맺음말에 해당한다. 이상의 제3~5장의 서술 내용을 요약하고 각 신들의 신화 변천과정에 나타나는 특징을 정리하고자 한다.

이 책의 본문 뒤에 첨부될 '신화 요소별 출처 목록'은 각 신들의 신화 요소를 시기 및 자료별로 분류하여 정리한 것이다. '신화 요소별 출처 목록'에는 제우스, 포세이돈, 데메테르의 신화 자료가 출생, 양육, 결혼과 자녀, 출현과 모습, 주요 신성, 호칭과 수식어, 특별 행적, 기타 사항으로 분류되어 정리되어 있다. 이 출처 목록 작성은 이 책의 필수적이고 기본적인 작업이고 이를 바탕으로 저술의 대체적인 윤곽이 정해졌다. 이 책이 '신화 요소별 출처 목록'에 의거하여 저술된 것이니, 이 책의 서술 내용과 출처 목록의 내용이 다소 중복될 여지는 충분히 있다. 그러나 서술과정에서 출처 목록의 주요 대목만 언급한 경우도 많기 때문에 이 책에서는 '신화 요소별 출처 목록'을 본문 뒤에 따로 첨부하고자 한다. 이는 다른 연구자나 독자들의 효과적인 활용을 염두에 둔 것이기도 하다.

이 책의 연구 자료는 주로 고대 그리스의 문헌 자료를 바탕으로 한 것이다. 앞서 제2장의 서술 내용을 설명하면서 밝혔듯이 그리스 신화를 언급한 상고기와 고전기, 헬레니즘 시대의 문헌들이 주요 자료가 된다. 특히 호메로스와 헤시오도스의 서사시, 호메로스 찬가, 핀다로스 송가, 아테네의 비극시인, 헤로도토스, 아폴로도로스, 디오도로스의 저술이 핵심적인 자료라 할 수 있다. 그렇다 보니 고대 그리스의 도자기 회화나 조각 같은 시각 자료를 활용하지 못했고, 또 현재에도 진행 중인 많은 비문 연구를 적절하게 반영하지 못한 감이 있다. 이 책의 목적은 신화의 시대적 변천과정을 규명하려는 것이므로 풍부한 자료가 체계적으로 서술된 문헌 자료를 위주로 분석했다. 시각 자료는 그 의미를 명확하게 해석하기 어렵고 비문들도 단편적인 정보만을 제공하기 때문이다. 또한 고전학 자료 원문을 제공하는 온라인 사이트에서도 많은 도움을 받았다. 대표적인 사이트를 들자면 페르세우스 디지털 라이브러리(Perseus Digital Library: www. perseus.tufts.edu), LATO(Library of Ancient Texts Online: sites.google.com/site/ ancienttexts)이다. 또 그리스 신화에 대한 사이트 테오이(THEOI: www.theoi. com)도 참고할 만하다.

제2장

시기별 그리스 신화 자료

1. 상고기의 신화 자료

그리스의 상고기는 폴리스 시대의 초기 문화가 형성되던 시대였다. 그리스 신화에 대해서도 신화의 전반적인 구도와 세부적 요소의 기본적 토대가 이 시기에 확립되었다고 할 수 있다. 특히 호메로스와 헤시오도스의 서사시는 그리스 신화의 초기적 원형을 제시한 자료로 평가받고 있다. 후대의 많은 신화 자료들은 이들 두 서사시인의 작품을 기반으로 확대 혹은 변형된 것이라 하겠다. 고대 그리스인들 역시 신화 형성에 관한 이들의 역할을 충분히 인식하고 있었다. 상고기의 철학자인 콜로폰(Kolophon) 출신의 크세노파네스(Xenophanes)는 호메로스와 헤시오도스가 인간 세계에서 비난받을 행동들인 도둑질, 간통, 기만을 신들의 소행으로 돌렸다고 비판했다.[1] 이는 호메로스와 헤시오도스가 신들의 그러한 행위에 관한 이야기를 만들어냈다고 보는 것이다. 크세노파네스는 본디 신은 인간의 관념이

---

1) 크세노파네스, Elegiac Poems, no. 11.1-3, no. 12.1-2(J. M. Edmonds, *Elegy and Iambus*, vol. I, Harvard Univ. Press, 1968: 이하 vol. I은 Edmonds I, vol. II는 Edmonds II로 약함).

만들어내 산물로 보기 때문에[2] 신들에 대한 이야기 역시 인간의 허구적인 창안물이라고 여겼음이 분명하다. 그는 신화를 만든 대표적인 인물로 호메로스와 헤시오도스를 들고, 바로 그들이 묘사한 신들의 부도덕성을 지적했던 것이다. 헤로도토스도『역사』2.53에서 헤시오도스와 호메로스에 대해 서술하면서 "그리스인들은 각 신들이 어디에서 생겨났는지 혹은 그들 모두가 처음부터 죽 존재했는지, 또 그들이 어떤 모습을 지녔는지에 대해, 말하자면, 엊그제까지도 모르고 있었다. 내 생각에는 헤시오도스와 호메로스가 나이로 보아 나보다 400년 앞서 존재했고 그보다 더 오래되지는 않았다고 보기 때문이다. 바로 이들이 그리스인들을 위해 신의 계보를 만들고 신들에게 별명을 부여했고 또 각 신들에게 영예와 기술을 부여하고 그들의 형상을 표현했던 자들이다"라고 말한다. 헤로도토스에 따르면, 헤시오도스와 호메로스 이전에는 그리스 신들에 대한 이야기가 존재하지 않았는데 바로 이들이 처음으로 그리스 신들의 이야기를 서술했다는 것이다.[3] 단지 크세노파네스와 헤로도토스뿐만 아니라 고대의 많은 문헌들이 신화를 언급할 때에는 호메로스와 헤시오도스를 자주 인용하는 것을 보더라도[4] 그리스 신화 서술에서 그들이 차지하는 위상은 확고해 보인다.

---

2) 크세노파네스는 인간들이 신을 인간의 복장과 목소리 및 인간의 형상을 갖춘 존재로 여긴다고 말한다. 그에 의하면 말이나 소 혹은 사자가 인간들처럼 손을 가지고 있거나 그림을 그릴 수 있다면 그들은 각기 자신의 형상으로 신을 묘사했을 것이라고 한다. 또 에티오피아인은 그들의 신이 들창코에 검은 피부를 가졌다고 말하고, 트라키아인들은 그들의 신이 잿빛 눈과 붉은 머리칼을 가졌다고 말한다는 것이다(Elegiac Poems, no. 14, 15, 16(Edmonds I)).

3) 헤로도토스,『역사』2.23과 이소크라테스, 2.49에서는 호메로스가 주로 신화의 창안자로서 언급된다.

4) 핀다로스,『피티아 송가』4.277;『이스트미아 송가』4.37; 헤로도토스,『역사』4.29, 4.32; 투키디데스,『역사』3.104.4; 아리스토파네스,『새』575, 910, 914; 크세노폰,『변명』30; 플라톤,『파이돈』112A;『향연』190B, 195D;『국가』334B, 364D, 379D, 383A, 389A, 441B, 600E;『테아이테토스』152E;『법률』681E;『크라틸로스』402A, 402B, 407A;『알키비아데스 II』150D;『미노스』319B, 319C, 319D; 리쿠르고스, 1.102; 아리스토텔레스,『니코마코스 윤리학』8.10.4;『시학』1451 a23-24; 아이스키네스, 1.142; 아폴로도로스,『비블리오테케』1.3.5, 2.3.1, 3.1.1, 3.5.6; 디오도로스,『비블리오테케 히스토리케』(역사편서歷史編

상고기 그리스의 신화 자료 가운데 온전하게 전하는 것은 호메로스의 서사시 『일리아스』와 『오디세이아』, 헤시오도스의 서사시 『신통기』(*Theologia*)와 『일과 날들』(*Erga kai Hemerai*), 그리고 '호메로스 찬가'라고 전하는 시가들, 핀다로스 송가 일부이다. 이것들 외에도 트로이권(The Trojan Cycle)의 여타 서사시들의 단편들과 헤시오도스의 일부 단편들, 그리고 그리스 초기 시인들의 작품들이 남아 있다. 그러나 이 자료들은 일부 단편들만 남아 있기 때문에 신화 자료로서 중요성이 앞의 것들에 비해 크게 떨어진다.

　호메로스는 기원전 8세기의 인물로 전한다. 헤로도토스는 앞의 인용문에서 헤시오도스와 호메로스가 자신보다 400년 앞선 인물이라고 언급한다.[5] 헤로도토스가 그의 『역사』를 저술한 시기가 기원전 420년대이므로 그보다 400년 앞선 시기는 기원전 820년대, 즉 기원전 9세기 말경을 가리킨다. 그러나 그리스에서 페니키아 문자가 도입되어 본격적으로 사용된 시기를 기원전 8세기로 보기 때문에 흔히 호메로스는 기원전 8세기의 시인으로 간주되고 있다.

　호메로스의 두 서사시 『일리아스』와 『오디세이아』는 고대 그리스 신화의 중요한 원전이다. 그런데 사실 호메로스의 두 서사시는 신들에 관한 이야기는 아니다. 『일리아스』와 『오디세이아』는 트로이 전쟁을 배경으로 그리스 영웅들의 무공과 모험을 그린 작품이다. 이들 서사시의 주인공들은 아킬레우스, 아가멤논, 오디세우스, 프리아모스, 헥토르 같은 인간들이다. 그러나 그 서사시들은 인간의 이야기를 인간 위주로 풀어내지 않고 초인적인 신들의 의도와 개입을 통해 서술해 나간다. 신들은 전쟁을 구경만 하

書) 16.23.5, 16.59.7(호메로스); 이소크라테스, 12.18, 12.33; 플라톤, 『국가』 363A, 377D; 『이온』 531B(호메로스와 헤시오도스); 헤로도토스, 『역사』 4.32, 플라톤, 『향연』 178B; 『국가』 377E; 『크라틸로스』 396C, 406C; 아이스키네스, 1.129; 아폴로도로스, 『비블리오테케』 1.8.4, 2.1.1, 2.1.3, 2.2.2, 2.3.1, 2.4.2, 3.6.7, 3.8.1-2, 3.9.2, 3.14.4(헤시오도스).

5) 헤로도토스, 『역사』 2.53.

는 것이 아니고 그리스인과 트로이 편으로 나뉘어 전쟁에 직접 개입하는데, 헤라, 아테나, 포세이돈, 헤르메스, 헤파이스토스는 그리스인들 편에서고 아프로디테, 아레스, 아폴론, 아르테미스, 레토 등은 트로이인들을 지원한다.[6] 그러자니 서사시의 주요 대목에서 그리스의 여러 신들이 빈번하게 등장하고, 그 과정에서 신들의 계보와 모습, 신성에 대한 묘사들이 나타나곤 한다. 바로 여기서 묘사된 신들의 이야기가 후대 그리스인들에게 그들의 신화에 대한 전범(典範)으로 받아들여졌던 것이다.

호메로스의 서사시에 나오는 그리스 신들을 살펴보면, 『일리아스』에서는 제우스, 아폴론, 아테나, 헤라, 포세이돈에 대한 묘사가 자주 등장한다. 이들 신은 트로이 전쟁에 적극 개입하기 때문에 다른 신들에 비해 묘사가 많은 편이다. 한편 『오디세이아』에서는 아테나와 포세이돈이 주로 등장한다. 포세이돈은 오디세우스의 항해를 방해하고 아테나는 오디세우스를 보호하는 역할 때문에 이야기에 자주 등장하는 것이다. 또한 올림포스의 여러 신들이 함께 등장하는 신들의 회의 장면도 자주 묘사되는데,[7] 이들 대목에서는 회의를 주관하는 제우스의 권능과 각 신들의 신성 및 위상이 잘 표현된다. 각 신들의 경우 제우스는 『일리아스』 1.495-530, 8.1-27, 8.444-483, 14.312-360, 15.59-77, 15.158-183에서 묘사되고, 헤라는 『일리아스』 1.495-530, 1.536-569, 4.1-67, 8.444-483, 14.170-187, 14.312-360, 15.100-127, 21.487-497, 포세이돈은 『일리아스』 13.10-38, 13.434-440, 15.184-219; 『오디세이아』 1.68-79, 5.282-381, 7.270-277, 13.125-187, 아테나는 『일리아스』 4.1-67, 5.738-747, 6.286-314, 11.36-46; 『오디세이아』 1.96-162, 19.33-43, 아폴론은 『일리아스』 1.36-39, 1.44-53, 15.307-311, 15.320-327, 24.602-617에서 묘사된다.

---

6) 『일리아스』 20.31-74, 24.25-30.

7) 『일리아스』 1.536-569, 4.1-67, 8.1-40, 8.444-483, 15.100-127, 20.4-30.

그런데 호메로스의 서사시는 이른바 '트로이권'의 서사시들의 일부인데, 트로이권의 서사시들에는 『일리아스』와 『오디세이아』 이외에도 『키프리아』(Cypria), 『아이티오피스』(Aithiopis), 『소(小)일리아스』(Ilias Mikra), 『일리온 함락』(Iliou Persis), 『귀향』(Nostoi), 그리고 『텔레고니아』(Telegonia)가 속한다. 이 서사시들은 트로이 전쟁의 유래와 경과, 결말, 그리고 전후의 영웅들의 귀환과 모험에 대한 전체적인 이야기를 전하고 있는데, 현존하는 『일리아스』와 『오디세이아』 이야기의 전후 맥락을 서술하고 있다. 이것들 중에서 『키프리아』 『아이티오피스』 『소(小)일리아스』 『일리온 함락』은 『일리아스』와 연관된 것으로 트로이 전쟁의 전말을 다루고 있고, 『귀향』과 『텔레고니아』는 『오디세이아』의 확대판으로 트로이 전쟁 이후의 영웅들의 귀향과 그들이 벌인 다양한 모험 이야기를 전하고 있다. 즉 사건의 순서에 따라 정리하면 『키프리아』는 『일리아스』의 전편의 이야기를 다룬 것으로서 제우스의 전쟁 의도, 불화의 사과, 헬레네의 납치, 아카이아인들의 회합과 트로이 상륙에 대해 서술하고 있고, 『아이티오피스』는 『일리아스』의 후편으로서 헥토르 사망 이후 아마존 여인들과 에티오피아인 멤논(Memnon)의 트로이 지원과 결과, 알렉산드로스에 의한 아킬레우스의 죽음, 아킬레우스의 무장을 놓고 벌인 오디세우스와 아이아스의 분쟁을 다루고 있다. 또 『일리온 함락』은 목마 이야기, 라오콘 이야기, 트로이 함락, 전리품 분배, 그리고 트로이를 불사른 이야기를 다루고 있으며, 『소(小)일리아스』는 『일리온 함락』의 이야기를 정교하게 다듬은 것으로 아킬레우스의 무장을 오디세우스가 갖게 된 일, 아이아스의 광기, 목마 제작, 오디세우스의 트로이 염탐과 팔라디온(Palladion) 절도, 목마의 트로이 성내 입성에 관한 이야기를 담고 있다. 한편 『귀향』은 『일리온 함락』이 끝나는 부분에서 시작하는데, 아가멤논과 메넬라오스의 분쟁, 메넬라오스의 트로이 출발, 다른 영웅들의 운명, 아가멤논의 귀환과 비극적인 죽음, 아이기스토스에 대한 오레스테스의 복수에 관해 서술하고 있다. 『귀향』이 『오디세이아』의 전편에 해당하는 내용이라면 『텔레고니아』는 『오디세이아』의 후편에 해당한다. 『텔레고니아』는 오디세우스가 구혼자들을 처치한 후의 일을 서술하는데, 그의 테스프로티스(Thesprotis) 모험과 이타카 귀환, 텔레고노스(Telegonos)에 의한 오디세우스의 죽음을 다루고 있다.[8]

이것들 가운데 신화 서술의 측면에서 의미 있는 진술을 포함하고 있는 것은 『키프리아』와 『소(小)일리아스』이다. 『키프리아』에서는 킥노스(Kyknos)가 포세이돈의 아들이라는 것과 네메시스가 제우스와 결합하여 헬레네를 낳았다는 것을 특별히 언급하고 있으며, 『소(小)일리아스』에서는 헤파이스토스가 제우스의 아들이라고 말하고 있기 때문이다. 이러한 이야기는 호메로스와 헤시오도스도 언급하지 않거나 아니면 그와 다른 말을 하고 있어서 이들 서사시의 언급이 중요한 의미를 갖는다. 『일리온 함락』도 신화 관련 언급을 남기고는 있는데, 모두 호메로스의 언급과 유사한 것들이고 특별히 상이한 진술은 나오지 않는다. 한편 『아이티오피스』와 『귀향』, 『텔레고니아』의 현존 단편들에는 신화와 연관된 언급이 거의 나오지 않는다. 그래서 이 책은 트로이권 서사시에서 『일리아스』 『오디세이아』 외에 『키프리아』 『소(小)일리아스』 『일리온 함락』도 함께 논의할 것이다.

트로이권 서사시들 중에서 『일리아스』 『오디세이아』 이외의 작품들은 호메로스보다 후대의 작가들이 저술한 것으로 추정된다.[9] 우선 『키프

---

8) H. G. Evelyn-White, *Hesiod, The Homeric Hymns and Homerica*, Harvard Univ. Press, 1977, pp. xxxi~xxxiii.

9) 이블린 화이트(H. G. Evelyn-White)는 (1) 흔히 전승들에서는 호메로스와 호메로스 시들을 역사시대 이전의 시대로 소급시키면서도 트로이권의 다른 서사시들에 대해서는 기원전 776년(제1차 올림픽 제전) 이후의 저자들의 작품으로 보고 있다는 점, (2) 이들 서사시들은 이미 호메로스가 서술한 부분을 침범하지 않으려 한다는 점, 예를 들어 『귀향』은 오디세우스를 제외한 다른 영웅들의 귀환을 다루고 있기 때문에 그 저자는 분명 호메로스의 『오디세이아』를 알고 있었다는 점, (3) 이들 서사시의 일반적인 구조와 인물은 분명 호메로스의 작품을 모방한 면이 보인다는 점, (4) 『귀향』에 묘사된 지리적 지식은 『오디세이아』보다 훨씬 더 광범위하고 세부적이라는 점 등을 들어 그것들이 호메로스의 서사시들보다 후대의 작품들이라고 주장한다. H. G. Evelyn-White, *Hesiod, The Homeric Hymns and Homerica*, pp. xxx~xxxi 참조.

리아』는 헤로도토스도 그 이름을 거론한 바 있고[10] 후대의 파우사니아스
(Pausanias)와 아테나이오스(Athenaios)도 그 이름을 언급한다.[11] 그런데 현
존 자료로서는 헤로도토스가 가장 먼저『키프리아』의 이름을 언급하고 있
기 때문에 그 책의 저술 시기는 적어도 기원전 420년대 이전의 것으로 볼
수 있다.『키프리아』의 저자가 누구인지는 분명치 않다. 고대에는 그것이
호메로스의 작품이라는 주장과 호메로스가 아닌 다른 저자의 것이라는 주
장이 함께 제시되어 왔다. 헤로도토스는 그것을 호메로스의 작품으로 보
는 당시의 전승에 대해 분명하게 반대 입장을 표명한다.[12] 아리스토텔레
스 역시 그것이 호메로스의 작품이 아니라는 입장에 동조한다.[13] 현존 자
료들 중에서『키프리아』의 저자 이름을 처음 밝힌 것은 아테나이오스인
데, 그는 그 서사시가 스타시노스(Stasinos)나 혹은 헤게시아스(Hegesias)의
작품이라고 말한다.[14] 현재로서는 그 서사시의 진짜 저자가 누구인지를
명백하게 규명할 수는 없다. 그러나 그 저자로 거론된 호메로스와 스타시
노스는 상고기에 속하는 것으로 추정된다. 스타시노스는 밀레토스의 아륵
티노스(Arktinos)와 동시대인으로 여겨지고 있다. 그런데 아륵티노스는 호
메로스의 제자였고 올림픽 경기가 처음 열린 기원전 776년경에 존재했던
인물이었다고 전한다. 그러므로『키프리아』는 현존 자료에 의하건대 기원
전 8세기 후반이나 7세기 초의 작품으로 볼 수 있다.

　『일리온 함락』은 디오니시오스가 그 이름을 처음 언급하고 있는데, 디
오니시오스는 기원전 1세기 후반의 인물이다. 흔히『일리온 함락』의 저자
로 거론되는 인물은 밀레토스의 아륵티노스이다. 따라서 이 서사시는 앞

---

10) 헤로도토스,『역사』 2.117.

11) 파우사니아스,『그리스안내기』 4.2.7, 10.31.2; 아테나이오스,『오찬의 소피스트들』
　　(Δειπνοσοφισταί) 15.682D-F.

12) 헤로도토스,『역사』 2.117.

13) 아리스토텔레스,『시학』 23.6.

14) 아테나이오스,『오찬의 소피스트들』 15.682D.

서의 『키프리아』와 마찬가지로 기원전 8세기 후반이나 기원전 7세기 초의 작품으로 상정할 수 있다. 그리고 『소(小)일리아스』도 이후 문헌들에서 그 이름이 자주 등장하고 있는데 그 저자는 피라의 레스케스(Lesches)로 알려져 있다.[15] 레스케스는 제18차 올림픽경기가 열렸을 때 생존했다고 하고 또 『소(小)일리아스』가 『일리온 함락』의 이야기를 좀 더 정교하게 다듬은 것이기 때문에, 그는 기원전 7세기의 인물로 볼 수 있다. 이상의 논의를 종합하여, 이 책은 『키프리아』, 『소(小)일리아스』, 『일리온 함락』을 호메로스 시대 이후인 기원전 8세기 후반이나 7세기 초의 작품으로 상정하여 논의할 것이다.

호메로스 서사시와 더불어 대표적인 상고기 신화 서술 자료로 꼽히는 것은 헤시오도스의 서사시들이다. 헤로도토스는 그의 『역사』 2.53에서 헤시오도스가 자신보다 400년 앞선 인물이라고 말하지만, 헤시오도스는 흔히 호메로스보다 후대인 기원전 8세기 말의 인물로 간주된다. 여기서 헤로도토스는 헤시오도스와 호메로스를 동시대 인물로 간주하는데, 둘 가운데 누가 더 연장자인지는 분명치 않다. 고대의 문헌들 중에는 헤시오도스를 연장자로 보는 것도 있는 반면, 호메로스를 선대의 연장자로 보는 것도 있다. 현재의 보다 일반적인 주장은 헤시오도스가 호메로스보다 후대의 시인으로 기원전 8세기에 존재했다고 본다.

헤시오도스의 저술 중에서도 그리스 신화의 주요 전거로 중시되는 것은 단연 『일과 날들』과 『신통기』이다. 『일과 날들』의 서술 내용은 네 부분으로 나뉘는데, 판도라의 탄생과 그로 인한 인간의 불행한 양상에 관한 서술, 근면한 농사를 통한 결핍과 재앙 해소에 관한 서술, 가사와 일상생활과 행동에서의 교훈에 관한 서술, 그리고 끝으로 농사일과 여타 일들에 관련된 월력 서술이 그것이다. 이렇듯 『일과 날들』의 주제는 농민들의 노동

---

15) H. G. Evelyn-White, *Hesiod, The Homeric Hymns and Homerica*, pp. xxxii, 508~18.

과 삶에 관한 것이지만, 간간히 신들의 이야기도 거론된다. 여기서 주로 언급되는 신은 제우스와 데메테르인데, 제우스에 대한 서술이 압도적으로 많은 편이다. 『일과 날들』에는 제우스 찬가도 나오고(1-10행) 인간사회의 정의를 주관하는 신 제우스에 대한 묘사(225-382행)도 나온다. 또 프로메테우스의 행적과 판도라의 탄생(42-105행), 신과 인간의 창조(106-201행)에 관한 서술도 나오는데, 이 두 가지 일화를 이끌어가는 주인공은 역시 제우스이다. 농사일에 대한 언급 때문에 데메테르에 대한 언급도 자주 등장하는데, 대지의 생산과 수확을 데메테르의 신성과 연관시키곤 한다.[16] 한편 『신통기』는 사물의 기원, 신들의 가족들의 계보와 변천에 대해 서술하는데, 시대순에 따라 각 세대의 신들을 열거하고 바로 그 신들의 자녀들을 서술한다. 즉 세상의 원초적인 존재들인 카오스, 가이아, 에로스를 언급한 후 가이아와 우라노스의 결합에 의한 자손들, 크로노스의 우라노스 축출, 크로노스와 레아의 결합에 의한 자손들, 제우스의 크로노스 축출, 제우스에 대한 티타네스(Titanes)와 티포에우스(Typhoeus)의 항거 및 좌절, 그리고 제우스의 자녀 세대의 신들에 대한 언급이 이어진다. 그러므로 『신통기』에는 우주와 신들, 인간과 만물의 기원에 대한 설명이 체계적으로 제시된다. 호메로스의 서사시들에는 신들에 대한 언급들이 단편적으로 산재해 있는 반면, 헤시오도스의 서사시들에는 신들의 계보와 신성에 대한 진술이 체계적으로 정리되어 있다고 하겠다.

그러나 『신통기』와 『일과 날들』 이외에도 헤시오도스의 저술이라고 전해오는 것들이 단편적이나마 일부 남아 있다. 헤시오도스가 『여인명부』의 저자라는 것은 이미 고대 때에도 수용되고 있었으며,[17] 『방패』도 헤시오도스의 저술이라는 것이 『여인명부』 fr.78, fr.100에서 언급된다. 또한 『대

---

16) 『일과 날들』 32, 300-301, 391-393, 465-466, 597, 805.

17) 『여인명부』 fr.1, fr.22, fr.34, fr.35, fr.39, fr.71, fr.72, fr.78, fr.94, fr.100에서는 『여인명부』 혹은 『명부』가 헤시오도스의 저술이라고 언급되어 있다. H. G. Evelyn-White, *Hesiod, The Homeric Hymns and Homerica*, pp. 154, 170, 174~76, 204, 206, 212, 218 참조.

(大)에오이아이』(*Megalai Eoiai*)도 『여인명부』 fr.39와 『대(大)에오이아이』 fr.2, fr.14, fr.15, fr.16에서 헤시오도스의 작품으로 거론되고 있으며, 『멜람포데이아』(*Melampodeia*)는 『멜람포데이아』 fr.7에서 언급되고, 『천문(天文)』(*Astronomia*)도 헤시오도스의 저술이라고 언급되기 때문에[18] 그것들도 일단 헤시오도스의 저술로 간주하기로 한다. 이들 헤시오도스 저술 시기는 『일과 날들』 『신통기』 『여인명부』 『방패』의 순서로 쓰였을 것으로 보이며,[19] 나머지 저술들에 대해서는 자세한 시기를 추정하기가 힘들다. 하지만 이 나머지의 저술 시기가 확인되지 않았다고 해도 그것들이 헤시오도스의 저술임이 확인된 이상 상고기 초기의 저술로 간주해도 무방할 것으로 본다. 반면에 『아이기미오스』(*Aigimios*)의 저자는 헤시오도스라고도 하고 밀레토스의 케르콥스(Kerkops)라고도 하기[20] 때문에 헤시오도스의 저술로 단정할 수가 없다. 또 『케이론의 가르침』(*Cheironos Ypothekai*)에 대해서도 그것이 헤시오도스의 저술이라는 언급이 없다. 그래서 이 책은 헤시오도스의 저술임이 확인되지 않거나 혹은 그 내용이 신화와 무관한 저술들은 논의 대상에서 제외하기로 하고, 『일과 날들』 『신통기』 『여인명부』 『방패』 『대(大)에오이아이』 『천문』을 위주로 하여 헤시오도스의 저술을 분석할 것이다.

그리스 신화는 또한 호메로스와 헤시오도스 이후 여러 시인들의 시작(詩作)을 통해서도 더욱 풍성해졌다. 대표적인 시인들로는 기원전 7세기의 아르킬로코스(Archilochos of Paros), 티르타이오스(Tyrtaios), 밈네르모스(Mimnermos), 알크만(Alkman of Sardes)과 기원전 6세기의 스테시코

---

18) Athenaeus 11. p. 491d; Scholiast on Aratus 254; Pseudo-Eratosthenes Catast. frag.1. H. G. Evelyn-White, *Hesiod, The Homeric Hymns and Homerica*, pp. 66~69 참조.

19) H. G. Evelyn-White, *Hesiod, The Homeric Hymns and Homerica*, pp. xxv~xxvi.

20) 『아이기미오스』 fr.7(H. G. Evelyn-White, *Hesiod, The Homeric Hymns and Homerica*, p. 274).

로스(Stesichoros of Himera), 솔론(Solon), 테오그니스(Theognis), 아나크
레온(Anakreon of Teos), 사포(Sappho of Mytilene), 알카이오스(Alkaios of
Mytilene), 이비코스(Ibykos of Rhegion), 시모니데스(Simonides of Keos), 히포
낙스(Hipponax of Ephesos)를 들 수 있다. 이들의 시는 대부분 망실되고 없
지만 그나마 현존하는 단편들을 통해서 신화에 대한 그들의 관념과 진술
을 파악할 수 있다.[21]

　'호메로스 찬가'는 그리스의 신들에 대한 33편의 찬가들을 모은 글이
다. 이것은 여러 신들의 유래와 신성, 행적을 확인할 수 있는 귀중한 자료
들이다. '호메로스 찬가'라는 이름으로 규합된 이들 작품은 호메로스의 것
이라고 전해오지만, 실은 호메로스의 영향을 받은 후대의 시인들이 지었
을 것으로 여겨진다. 이들 찬가들을 지금의 형식으로 규합한 문집이 언제
부터 존재했는지는 분명치 않다. 기원전 1세기 말의 디오도로스가 일단의
찬가들을 언급한 적이 있지만, 그것이 지금의 이 호메로스 찬가집을 가리
키는지는 불확실하다. 그러나 찬가집과는 별도로 개별적인 찬가들에 대한
언급은 존재해 왔다. 그러므로 이 책에서도 각 찬가들의 저술 시기에 대한
개별적인 접근이 필요하다.

　특히 신화 서술상 중요한 가치를 지닌 찬가들은 찬가2(데메테르 찬가),
찬가3(아폴론 찬가), 찬가4(헤르메스 찬가), 찬가7(디오니소스 찬가)이다. 찬
가2는 데메테르의 신성과 페르세포네 일화에 대한 중요한 전거가 되고,
찬가3은 아폴론의 탄생과 델포이 신탁소 건립, 피톤과의 싸움을 서술하고
있다. 찬가2는 적어도 기원전 6세기 초 이전, 아마도 기원전 7세기의 것으
로 추정되고, 찬가3은 적어도 기원전 600년보다 이후의 것은 아닌 것으로
보인다.[22] 한편 찬가4는 헤르메스 찬가이지만, 헤르메스와 아폴론의 일

---

21) 이 시인들의 현존 단편들은 J. M. Edmonds, *Elegy and Iambus*, 2 vols., Harvard Univ. Press,
　　1931; D. A. Campbell ed., *Greek Lyric*, vols. I · III, Harvard Univ. Press, 1982/1991; D. E.
　　Gerber, *Greek Iambic Poetry*, Harvard Univ. Press, 1999에 수록되어 있다.

화를 서술하면서 아폴론의 면모와 신성에 대해 설명해주기 때문에 이 책의 유용한 자료가 된다. 이 찬가에서 언급된 7줄의 리라는 기원전 676년경에 번성한 테르판드로스에 의해 창안되었다고 하므로 이 찬가는 그 시기 이후의 작품으로 보아야 할 것이다. 그러나 이 찬가의 해학적인 성향을 고려하면 그것을 초기의 작품으로 보기도 어렵다. 그래서 그것의 저술 시기를 6세기 초로 설정하는 것이 가장 합당해 보인다.[23] 찬가5(아프로디테 찬가)는 장문의 찬가이고 기원전 7세기의 작품으로 추정된다.[24] 찬가7은 디오니소스와 해적의 일화를 제시해주는 중요한 전거이다. 그런데 찬가7의 저술 시기에 대한 논의는 아직 불명확한 상태이다. 그 시기를 기원전 4~3세기로 보는 학설도 있고 기원전 7~6세기의 작품으로 보는 학설도 있는 것이다.[25] 그런데 기원전 4세기에 세워진, 아테네의 리시크라테스(Lysikrates) 기념물의 상단 부조에는 디오니소스와 해적의 일화가 새겨져 있다. 물론 찬가7의 내용과 부조의 내용이 정확하게 일치하는 것은 아니지만, 적어도 기원전 4세기에는 디오니소스와 해적의 일화가 알려져 있었음이 분명하다. 문제는 그것이 상고기의 작품일 수 있느냐 하는 것인데, 아직 확실한 근거가 없는 이상 찬가7의 저술 시기의 상한선을 상고기로 끌어올릴 수는 없다고 본다. 그렇다면 호메로스 찬가들 중에서 찬가2와 찬가3, 찬가4, 찬가5는 일단 기원전 600년경 전후의 작품으로 볼 수 있고 찬가7은 기원전 4세기 이전의 저술로 볼 수 있다. 그에 따라 이 책에서는 찬가2, 찬가3, 찬가4, 찬가5는 상고기 자료로 다루고, 찬가7은 고전기의 자료로 다루기로 한다. 한편 호메로스 찬가1은 저술 시기가 분명치 않지만, 적어도 헬레니즘 시대 혹은 그 이전의 시기에 속한다는 것은 분명하

---

22) H. G. Evelyn-White, *Hesiod, The Homeric Hymns and Homerica*, pp. xxxvi~xxxvii.

23) H. G. Evelyn-White, *Hesiod, The Homeric Hymns and Homerica*, pp. xxxvii~xxxviii.

24) H. G. Evelyn-White, *Hesiod, The Homeric Hymns and Homerica*, p. xxxviii 참조.

25) H. G. Evelyn-White, *Hesiod, The Homeric Hymns and Homerica*, p. xxxix.

다. 헬레니즘 시대 말기의 디오도로스가 3.66.3에서 호메로스 찬가 1.1-9의 대목을 인용하고 있기 때문이다. 따라서 호메로스 찬가1은 디오도로스 이전의 헬레니즘 시대 자료로 분류하되, 그 시기를 '헬레니즘 시대 혹은 그 이전 시기'로 표기하기로 한다. 그 외 다른 찬가들은 극히 단편적으로 남아 있는데다 저술 시기도 분명치 않기 때문에 특정 시기의 근거 자료로 활용하기가 어려운 형편이다. 그래서 그것들 역시 내용상 특별한 의미가 있을 경우에만 논의 대상으로 삼고, 일반적인 전거로는 활용하지 않을 것이다.

호메로스 찬가2는 데메테르 찬가이고 찬가3은 아폴론 찬가, 찬가4는 헤르메스 찬가, 찬가7은 디오니소스 찬가이다. 이들 중 찬가2~4는 상고기 작품으로 분류되고 찬가7은 고전기 저술로 분류된다. 그래서 시기가 확인되는 호메로스 찬가들에서는 데메테르와 아폴론, 디오니소스에 대한 서술이 비교적 많은 편이다. 찬가3은 아폴론에 대한 찬가인데, 전반부는 델로스의 아폴론에 대한 찬가이고 후반부는 피토의 아폴론 찬가로 되어 있다.

한편 핀다로스(Pindaros)는 기원전 6세기 말에서 5세기 중엽까지의 시인으로, 그리스의 여러 제전경기에서의 우승자들을 위한 송가들을 많이 지었다. 이 책의 구분에 의하면, 그의 송가들이 상고기와 고전기에 걸쳐 있으므로 개별적인 송가들의 저술 시기를 확인하여 자료로 활용할 필요가 있다. 핀다로스 송가에서 경기 우승자의 우승 연대가 남아 있는 경우는 저술 시기의 판별이 가능한데, 그런 기록이 부재한 경우는 저술 시기에 대한 규명이 확실치 않다. 그래서 이 책에서는 확실한 연대추정이 가능한 작품들은 상고기와 고전기로 구분했고, 연대추정이 불가능한 작품들에 대해서는 일단 고전기로 분류했다. 그의 작품들은 상고기 아니면 고전기에 속한 것이므로 상고기 저술이라는 증거가 없는 한, 고전기로 보는 것이 안전하다고 본 것이다. 우선 그의 작품들의 대부분이 그리스-페르시아 전쟁 이후의 고전기에 속한데다 시기 분류상 후대의 것으로 보는 것이 신화의 변천을 이해하는 과정에서 오류가 적을 것이기 때문이다. 핀다로스의 것으로 간주되는 단편적인 시가들 역시 특별한 근거가 없는 한, 모두 고전기 저술로 분류했음을 밝힌다.

다음은 W. H. Race ed., *Pindar*, 2 vols., Harvard Univ. Press, 1997의 논지에 따라 핀다로스 송가들의 연대를 정리한 것이다. 현재 상고기의 것으로 분류되는 핀다로스 송가들은 모두 7편인데, 『피티아 송가』 10(기원전 498년), 『피티아 송가』 6(기원전 490년), 『피티아 송가』 12(기원전 490년), 『올림피아 송가』 14(488년 유력), 『피티아 송가』 7(기원전 486년), 『네메아 송가』 5(기원전 485년 혹은 483년), 『이스트미아 송가』 6(기원전 485년/483년과 480년 이후 시기의 사이)가 그것이다. 나머지 송가들은 모두 고전기로 분류했다. 그중 『올림피아 송가』 1-3, 10-11, 『피티아 송가』 1, 9, 11, 『이스트미아 송가』 2는 기원전 470년대의 작품들이고 『올림피아 송가』 7, 8, 9, 12, 13, 『피티아 송가』 4-5는 기원전 460년대, 『올림피아 송가』 4는 기원전 450년대, 『피티아 송가』 8은 기원전 440년대의 작품들이다.[26]

한편 『올림피아 송가』 6은 기원전 472년 혹은 468년에, 『피티아 송가』 3은 기원전 476~467년에 저술되었을 것으로 보인다. 『올림피아 송가』 5는 기원전 460~444년의 저술로 보이는데 기원전 448년설이 유력한 편이다. 『피티아 송가』 2는 기원전 477년 이후, 『네메아 송가』 1은 476년 이후, 『네메아 송가』 9는 474년 혹은 그 이후에 저술되었을 것으로 보이며, 『이스트미아 송가』 3, 4, 5, 8은 그리스-페르시아 전쟁 이후에 저술된 것으로 간주된다. 또 우승자의 우승 시기나 핀다로스의 저술 시기가 불명확한 송가들은 『네메아 송가』 3, 4, 6, 7, 8, 10, 11, 『이스트미아 송가』 1, 7,

---

26) 『올림피아 송가』 1-3(기원전 476년), 『올림피아 송가』 10-11(476년), 『피티아 송가』 9(474년), 『피티아 송가』 11(474년 유력), 『피티아 송가』 1(470년), 『이스트미아 송가』 2(470년경), 『올림피아 송가』 9(468년), 『올림피아 송가』 12(466년 유력), 『올림피아 송가』 13(464년), 『올림피아 송가』 7(464년), 『피티아 송가』 4-5(462년), 『올림피아 송가』 8(460년), 『올림피아 송가』 4(452년), 『피티아 송가』 8(446년).

9이다.

핀다로스 송가는 범그리스적인 제전들인 올림피아, 네메아, 피티아, 이스트미아 제전의 우승자들에 대한 찬가들이었다. 그런데 올림피아와 네메아는 제우스에 대한 제전이고, 피티아는 아폴론 제전, 이스트미아는 포세이돈 제전이므로 그의 서술에는 상대적으로 제우스, 아폴론, 포세이돈에 대한 언급이 많다. 그중에서도 특히 제우스에 대한 서술이 가장 빈번하게 등장한다.

2. 고전기의 신화 자료

폴리스 성립 이후 그리스 문화의 전성기였던 고전기는 그리스적인 문화가 성숙되고 확산되던 시기였다. 고전기 시대의 그리스 문화의 중심지는 단연 아테네였다. 페리클레스의 추도 연설에서 지적된 것처럼 아테네는 '그리스의 학교'였던 것이다.[27] 신화에 대한 고전기의 자료가 아테네에 편중된 것도 바로 이런 양상과 관계가 있다고 본다. 고전기의 대표적 신화 자료로는 앞서 언급한 핀다로스의 일부 우승 송가들, 아테네의 비극작품들, 헤로도토스의 역사 서술, 이소크라테스와 데모스테네스 같은 연설가(혹은 연설문 작가)들의 일부 연설문, 서정시인 바킬리데스(Bakchylides of Keos, 기원전 5세기)의 작품 등을 들 수 있다.

그리스 신화를 언급한 고전기의 시인들을 들면 대개 기원전 5세기에 활동한 시인들이다. 멜로스의 멜라니피데스(Melanippides), 케오스의 바킬리데스, 키오스의 이온(Ion), 아테네의 람프로클레스(Lamprokles), 시키온의 프락실라(Praxilla), 아르고스의 텔레실라(Telesilla), 테오스의 스키티노스

---

27) 투키디데스, 『역사』 2.41.1.

(Skythinos)가 대표적이다.[28] 그러나 이들의 시는 대부분 일부 단편만 전해 오기 때문에 신화에 대한 부분적인 정보만 파악할 수 있을 뿐이다.

고전기의 문헌들 중에서 그리스 신화의 자료로 각광받는 것은 비극작품들이다. 사실 고대 그리스에서 연극과 연설은 공동체 내의 중요한 소통수단이 되어 왔다. 연극이 작가와 극장 관객들 간의 소통이라면 연설은 연설자(혹은 연설문 작가)와 법정(혹은 집회장) 청중들 간의 소통인 셈이다. 그런데 양자가 상호간의 소통에서 성공하려면 서로를 매개할 수 있는 공감대가 필요하다. 그런 공감대의 소재는 흔히 그들의 공통적인 경험을 반영하는, 공동체의 역사나 전통, 집단문화와 관련된 것들이다. 신화 역시 효과적인 공감수단이 되어 왔다. 신화는 집단문화의 일부로서 한 집단의 공통적인 의식구조를 반영하는 것이기 때문이다. 따라서 연극과 연설에서는 신화를 저술의 주제나 소재 혹은 청중에 대한 설득수단으로 활용하곤 했다. 특히 비극은 대개 종교적인 주제를 다루고 신화 소재를 이용하여 인간의 내면적인 가치관과 심리를 묘사했기 때문에 신화의 내용이 자주 언급되었다. 그리스에서 극문학이 가장 번성한 곳은 아테네였는데, 페이시스트라토스가 국가적인 제전을 거행하고 연극 경연을 실시한 이후부터 극문학이 발전했다고 한다. 아테네의 대표적인 비극시인으로는 아이스킬로스(Aischylos, 기원전 525년경~456년경)와 소포클레스(Sophokles, 기원전 496년경~406년), 에우리피데스(Euripides, 기원전 485년경~406년)를 들 수 있다.

아이스킬로스의 작품으로 현존하는 것들은 『페르사이』 『테바이를 향한 7인』 『히케티데스』, 오레스테이아 3부작(『아가멤논』 『제주(祭酒)를 바치는 여인들』 『에우메니데스』), 『묶인 프로메테우스』가 있다. 이 가운데 신

---

28) 이 시인들의 현존 단편들은 J. M. Edmonds, *Elegy and Iambus*, 2 vols., Harvard Univ. Press, 1931; D. A. Campbell ed., *Greek Lyric*, vols. IV · V, Harvard Univ. Press, 1992/1993; D. E. Gerber, *Greek Iambic Poetry*, Harvard Univ. Press, 1999에 수록되어 있다.

과 신화에 대한 언급이 비교적 많은 작품은『히케티데스』와『묶인 프로메
테우스』이며,『테바이를 향한 7인』과 오레스테이아 3부작에서도 개별 신
들에 대한 서술이 단편적이나마 자주 등장한다.『히케티데스』는 이집트로
부터 아르고스에 탄원자로 온 다나오스 딸들의 이야기를 다루고 있는데,
다나오스의 조상인 이오의 이야기가 묘사되어 있다.『히케티데스』15-18,
40-48, 291-315, 531-589에는 제우스의 연인 이오가 헤라에게 박해를
받고 아시아를 유랑하다가 마침내 이집트에 도착하여 제우스의 아들 에파
포스를 낳았다고 설명되어 있다. 또한 이 작품이 탄원자들의 이야기를 다
루기 때문에 탄원자의 신 제우스에 대한 언급이 수시로 등장한다. 따라서
이 작품에는 다른 신에 비해 제우스에 대한 서술이 상대적으로 많은 편이
다.『히케티데스』의 공연 시기는 정확하게 파악할 수 없지만, 대체로 기원
전 460년대에 공연되었을 것으로 추정된다.[29]

『묶인 프로메테우스』에서는 제우스가 불을 훔친 프로메테우스에 대해
응징한 일화를 다룬다. 3-34, 107-112, 152-159, 233-243에는 프로메
테우스의 행적과 벌이 묘사되어 있다. 여기서도 주로 언급되는 신은 제
우스이므로 권력자 제우스에 관한 일화들이 자주 등장한다. 제우스의 집
권과정에 대한 일화로는 티탄들과의 싸움 및 티폰과의 싸움 이야기가 나
오는데, 전자는 199-233에, 후자는 353-369에 서술되어 있다. 또 561-
592, 640-686, 703-741, 786-815, 842-876, 877-886, 898-900에서는
제우스와 이오 이야기가 다시 거론되기도 한다.『묶인 프로메테우스』도
정확한 공연 시기를 파악할 수 없고, 다양한 추정이 제기될 뿐이다.[30]

---

29) P. E. Easterling(et al.) ed., *The Cambridge History of Classical Literature I. Greek Literature*,
   Cambridge Univ. Press, 1985, pp. 284~85, 761. 이하 아이스킬로스 작품의 공연 시기는
   별도의 언급이 없는 한, H. W. Smyth, *Aeschylus*, vol. 1, Harvard Univ. Press, 1963, p. xxxi에
   따른 것임을 밝힌다.

30)『묶인 프로메테우스』의 공연 시기에 대한 논의는 H. W. Smyth, *Aeschylus*, vol. 1, p. xxxi
   참조.

『테바이를 향한 7인』은 오이디푸스 아들들의 분쟁을 다루는데, 오이디푸스 일가의 이야기가 주로 서술된다. 따라서 작품의 서술상 1~2명의 신이 특별히 부각된다기보다 복수(複數)의 신들에 대한 단편적인 언급들이 나타난다. 아무래도 극중 배경이 전쟁과 관련된 상황이므로 여러 신들을 테바이의 보호자로서 들먹이면서 그들의 특징을 언급하곤 한다. 대표적으로 언급되는 신들은 제우스, 아레스, 아테나, 포세이돈, 아프로디테, 아폴론이다. 특히 아폴론은 오이디푸스에 대한 신탁과 관련되어 신탁의 신으로도 묘사된다. 『테바이를 향한 7인』의 공연 시기는 기원전 467년이었다고 한다.

한편 오레스테이아 3부작 중 『아가멤논』에서는 제우스, 『제주를 바치는 여인들』에서는 아폴론, 『에우메니데스』에서는 아폴론과 아테나에 대한 언급이 자주 나타난다. 『아가멤논』에서는 트로이 전쟁의 승리와 아가멤논의 귀환에 대한 이야기가 묘사되는데, 여기서 제우스는 빈객을 환대하는 신, 트로이 전쟁과 인간사를 주관하는 신으로 그려진다. 『제주를 바치는 여인들』에서는 아가멤논의 아들 오레스테스가 부친의 원수인 어머니 클리타이메스트라를 살해하는 이야기가 묘사되는데, 여기서 아폴론은 오레스테스에게 복수를 부추기는 신으로 등장한다. 즉 아폴론은 델포이의 신탁 신으로서 자신의 신탁을 실현시키려는 강력한 존재로 묘사되는 것이다. 또한 이 작품에는 죽은 혼령들이 자주 등장하기에 죽은 자를 인도하는 헤르메스 신에 대한 언급도 자주 나타난다.[31] 『에우메니데스』에서는 오레스테스에게 보복하려는 에리니에스 여신들의 추적과 오레스테스 재판에 대한 이야기가 서술되는데, 여기서 아폴론과 아테나는 오레스테스를 후원하는 신으로 등장한다. 아폴론은 신탁 신으로서 오레스테스에게 행동 지침을 내려주는 역할을 하고, 아테나는 아테네의 수호신으로서 지혜와 용기를 발휘하여 오레스테스를 돕는다. 아폴론과 아테나는 아테네에서 열린

---

31) 아이스킬로스, 『제주를 바치는 여인들』 1-3, 124-128, 622.

오레스테스 재판에 참석하여 그를 적극 변호하기도 한다. 한편 이 작품의 1-19에서는 그리스의 신탁 신들의 계보가 서술되는데, 가이아, 테미스, 포이베, 아폴론으로 설명된다. 이들 오레스테이아 3부작은 기원전 458년에 공연되었다고 한다.

　현존하는 소포클레스의 작품으로는 『안티고네』『엘렉트라』『아이아스』『오이디푸스 티라노스』『트라키니아이』『필록테테스』『콜로노스의 오이디푸스』가 있다. 이 가운데 신과 신화에 대한 언급이 비교적 많은 것은 『안티고네』『엘렉트라』『오이디푸스 티라노스』『트라키니아이』이다. 소포클레스 작품들의 정확한 공연 시기에 대해서는 파악할 수 없고, 대략적인 추정에 그치고 있다.[32]

　『안티고네』에서는 크레온의 법을 어기고 신의 법에 따라 오빠 폴리네이케스(Polyneikes)를 장례지낸 안티고네의 이야기가 그려진다. 여기서 제우스는 신의 법과 권위를 상징하는 존재로 자주 부각된다. 또 테바이가 작중 배경이므로 테바이의 지배자 디오니소스에 대한 묘사도 자주 등장한다. 디오니소스의 계보나 리쿠르고스의 디오니소스 박해 이야기도 함께 언급된다.[33] 『엘렉트라』에서는 아이스킬로스의 『제주를 바치는 여인들』과 마찬가지로 아버지 아가멤논을 위한 오레스테스와 엘렉트라의 복수 이야기가 묘사되는데, 여기서도 역시 신탁을 통해 복수를 권유하는 아폴론의 모습이 자주 언급된다. 아폴론은 주로 델포이의 신탁 신, 지배자 및 보호자로서의 신으로 나타난다. 『오이디푸스 티라노스』에서는 아버지를 죽이고 어머니와 결혼한 오이디푸스의 비극이 묘사되는데, 여기서는 신탁 신 아

---

32) 소포클레스 작품의 공연 시기에 대한 논의는 F. Storr, *Sophocles*, vol.2, Harvard Univ. Press, 1967, p.xiii; P. E. Easterling(et al.) ed., *The Cambridge History of Classical Literature I. Greek Literature*, pp. 296~297, 765 참조.

33) 소포클레스, 『안티고네』 153-155, 1120-1122, 1148-1149(테바이 지배자), 956-963(리쿠르고스의 박해 이야기), 1115-1117(디오니소스 계보).

폴론에 대한 언급이 자주 등장한다. 아폴론은 오이디푸스의 운명을 예언한 신으로도 나오고 오이디푸스로 인한 테바이의 불행을 막는 신으로도 묘사된다. 또한 극중에서 코러스인 테바이 원로들이 특히 세 명의 신, 즉 아폴론, 아르테미스, 아테나에게 테바이를 도와달라고 기원하는데,[34] 이를 반영하듯 『오이디푸스 티라노스』에는 아폴론 외에 아르테미스와 아테나에 대한 언급도 잦은 편이다.

한편 『트라키니아이』는 데이아네이라(Deianeira)가 질투 때문에 남편 헤라클레스를 죽게 만든 이야기를 다루는데, 여기서는 헤라클레스의 아버지인 제우스에 대한 언급이 많은 편이다. 제우스는 헤라클레스의 아버지이고 만사를 주관하는 지배자 신으로서 묘사된다. 그 외의 소포클레스 작품들에서도 그리스의 여러 신들에 대한 언급이 나오지만, 대개는 개별적인 언급에 그치고 있다.

에우리피데스의 작품 가운데 온존하는 것들은 모두 19편이다. 이 가운데 신과 신화에 대한 언급이 비교적 많은 것은 『알케스티스』『히폴리토스』『미친 헤라클레스』『이온』『트로이아데스』『헬레네』『바카이』『아울리스의 이피게네이아』와 사티로스극 『키클롭스』이다.

『알케스티스』는 아폴론이 인간인 테살리아의 페라이 왕 아드메토스(Admetos)에게 목자로서 봉사한 일화를 다루는데, 아폴론의 일화가 주제인만큼 아폴론에 대한 언급이 주를 이룬다. 여기서 아폴론은 지배자, 의술의 신, 음악의 신으로 묘사되며, 3-7, 123-128에서는 아폴론의 키클로페스 살해 일화가 소개되기도 한다. 즉 제우스가 번갯불로 아폴론의 아들 아스클레피오스를 죽이자 이에 분노한 아폴론이 제우스의 불을 제작한 키클로페스를 죽였고, 그 때문에 아폴론이 인간에게 봉사하게 되었다는 것이다. 『알케스티스』는 기원전 438년에 공연되었다고 전한다.[35]

---

34) 소포클레스, 『오이디푸스 티라노스』 160-165.

『히폴리토스』는 테세우스의 아들 히폴리토스에 대한 계모 파이드라의 빗나간 사랑과 파멸 이야기를 다룬다. 이는 히폴리토스가 아르테미스를 숭배하고 아프로디테를 경시하자 이에 분노한 아프로디테가 파이드라를 부추겨 의붓아들을 사랑하도록 했고 결국 둘 다 파멸에 이른다는 이야기이다. 이런 줄거리인만큼 『히폴리토스』에서는 순결의 여신 아르테미스와 사랑의 여신 아프로디테에 대한 대조적인 묘사가 특히 부각된다. 아프로디테는 미혼을 배격하고 남녀간의 사랑을 옹호하는 여신으로 묘사되고, 아르테미스는 존엄한 처녀신 및 사냥의 여신으로 그려진다.[36] 『히폴리토스』는 기원전 428년에 공연되었다고 전한다.

『미친 헤라클레스』에는 헤라의 미움을 받는 헤라클레스의 모험 이야기가 그려지는데, 여기서는 헤라클레스의 아버지인 제우스와 그를 질투하는 헤라에 대한 묘사가 자주 나타난다. 제우스는 천둥번개의 신 및 구원자로서 언급되고, 헤라는 질투에 사로잡혀 헤라클레스를 괴롭히는 가혹한 여신으로 묘사된다. 또 1-3, 353-354, 876, 926, 1192에서는 헤라클레스의 부모 계보에 대한 언급이 나오고, 348-441에는 헤라에 의해 부과된 헤라클레스의 12개 노역이 서술된다. 『미친 헤라클레스』는 기원전 423~420년에 공연되었던 것으로 전해진다.

『이온』에서는 아폴론의 아들인 이온의 이야기가 서술되는데, 여기서는 아폴론과 아테나에 대한 언급이 비교적 많이 나온다. 아폴론은 델포이의 신탁 신 및 지배자로서 묘사되고 또 아폴론의 탄생 이야기도 서술된다. 또 10-56, 1597-1600에서는 아폴론과 크레우사의 연애 및 이온의 탄생에 대한 이야기가 언급되고, 205-218, 988-997, 1528-1529에는 기간테스 전쟁의 장면이 언급된다. 한편 아테나는 전쟁과 승리의 여신으로 묘사되

---

35) 이하 에우리피데스 작품의 공연 시기는 별도의 언급이 없는 한, A. S. Way, *Euripides*, vol.1, Harvard Univ. Press, 1966. pp. xi-xii에 따른 것임을 밝힌다.

36) 『히폴리토스』 10-28, 559-562(아프로디테), 62-72, 146, 713, 1092-1093, 1440, 1451(아르테미스).

는데, 아테나의 탄생이나 에릭토니오스에 대한 보호 같은 아테나 관련 일화도 함께 소개된다. 『이온』의 공연 시기는 기원전 419~416년이었다고 전한다.

『트로이아데스』에는 트로이 함락 후 그리스인들에게 끌려온 트로이인들의 비극적 운명이 서술되어 있다. 이 작품에서는 그리스의 신들이 트로이 전쟁을 회상하는 장면이 나오는데, 특히 아테나와 포세이돈의 역할이 부각된다. 여기서 아테나는 트로이 함락의 주역으로 언급되고 강력한 처녀신으로 묘사된다. 또 트로이 목마의 고안, 올리브 나뭇가지의 현시(顯示), 파리스의 심판 같은 아테나 관련 일화도 함께 소개된다.[37] 한편 포세이돈도 아테나와 함께 그리스인을 도운 바다의 신으로 묘사된다. 『트로이아데스』는 기원전 415년에 공연되었던 것으로 전한다.

『헬레네』의 내용은 트로이 전쟁 동안에 헬레네가 이집트에 머물렀다는 전승을 중심으로 전개된다. 『헬레네』의 주역이 헬레네인만큼 주로 헬레네와 관련된 신들이 많이 언급된다. 즉 헬레네의 부모인 제우스와 레다의 연애 및 헬레네의 가계가 자주 언급되고 그녀의 오빠들인 디오스쿠로이에 관한 언급들도 나온다. 또 23-30, 232-239, 355-359, 708에서는 헤라의 운명과 직결된 파리스의 심판 일화가 소개되고, 1301-1352에서는 페르세포네의 납치와 데메테르의 유랑에 관한 전승이 서술되기도 한다. 『헬레네』의 공연 시기는 기원전 412년이었다고 전한다.

『바카이』는 디오니소스 신앙의 테바이 전파를 막으려 한 펜테우스왕의 비극적인 종말을 다루고 있다. 작품의 주제가 디오니소스 신앙이고 제목도 디오니소스 여신도들을 가리키는 말이므로 단연 디오니소스에 대한 서술이 주를 이룬다. 여기서 디오니소스는 새로운 외국신, 포도와 포도주의 신, 광기의 신으로 묘사된다. 작품 전체에 걸쳐 디오니소스 신화의 다양한

---

37) 에우리피데스, 『트로이아데스』 9-14(트로이 목마), 801-803(올리브나무 현시), 923-933, 975-976, 969-986(파리스의 심판).

요소들이 자세하게 설명되는데, 디오니소스의 계보와 탄생 경위, 아시아 유랑과 테바이 출현, 그리고 디오니소스 제식의 격정적 장면들이 반복적으로 언급된다. 특히 460-518에서는 펜테우스와 디오니소스의 단문단답형 대화가 이어지는데, 디오니소스와 디오니소스 신앙에 대한 설명이 체계적으로 제시된다. 또 677-774, 1051-1147에는 키타이론(Kithairon)산에서의 디오니소스 여신도들의 제의와 그녀들의 펜테우스 살해 장면이 묘사되는데, 이는 디오니소스 제식의 구체적인 모습을 짐작할 수 있는 중요한 단서가 된다.『바카이』의 공연 시기는 그의 사후인 기원전 405년이었다고 전한다.

『아울리스의 이피게네이아』에서는 아울리스에서 제물로 바쳐진 이피게네이아에 대한 이야기가 전개되는데, 이피게네이아가 제물로 바쳐진 아르테미스 여신과 헬레네의 아버지 제우스에 대한 묘사가 많은 편이다. 작중의 이피게네이아는 트로이 원정을 위한 제물로 바쳐진 것이므로 여기서는 자연 트로이 전쟁과 관련된 인물이나 일화들이 자주 언급되곤 한다. 그래서 제우스와 레다의 연애 및 헬레네의 탄생, 파리스의 세 여신에 대한 심판 일화가 서술되어 있다.『아울리스의 이피게네이아』도 기원전 405년에 공연되었다고 전한다.

한편『키클롭스』는 에우리피데스의 사티로스(Satyros)극인데, 그리스의 비극시인들의 작품 가운데 유일하게 현존한다. 사티로스극의 코러스는 항상 사티로스들이므로 사티로스와 관련된 디오니소스에 대한 언급이 상대적으로 많은 편이다. 디오니소스는 포도와 포도주의 신으로서 인간에게 환락을 가져다주는 존재로 나온다. 또 11-20, 112에서는 해적들의 디오니소스 납치 일화가 소개되기도 하고, 37-40, 63-68, 204-205에서는 가무(歌舞)가 어우러진 디오니소스 제사의 모습이 묘사되기도 한다. 또한『키클롭스』는 포세이돈의 아들 키클롭스를 주제로 하는만큼 포세이돈에 대한 언급도 자주 눈에 띈다. 여기서 포세이돈은 그리스 도처에서 숭배되는 바다의 신으로 나타난다.『키클롭스』의 공연 시기는 기원전 424년 이

후였다고 주장하지만 근거가 확실치는 않다.[38]

고전기의 연설에서도 신화는 청중과의 공감대를 유발하는 소재로 활용되곤 했다. 특히 고전기의 대표적 연설가인 아테네의 이소크라테스와 데모스테네스의 연설문에서도 신화 관련 언급이 등장한다.

이소크라테스(기원전 436~338년)는 펠로폰네소스 전쟁 이후의 마지막 고전기를 살아간 아테네의 연설가였다. 사실 이소크라테스는 신화를 불신하는 부정적인 입장을 스스로 밝힌 바 있다. 그는 생애 마지막 연설문인 『판아테나이코스』의 첫 문장에서 자신이 보다 젊은 시절에는 신화를 다루는 글이나 기적과 허구로 가득한 글을 쓰지 않았다고 언급한다. 비록 많은 사람들이 그들의 복리와 안전을 다루는 글보다 그런 글을 더 좋아하지만 자신은 그에 따르지 않았다는 것이다. 또한 그는 자신의 청중들에 대해 그들이 진실에는 관심이 없고 신들에 대한 시인들의 비방을 그대로 받아들인다고 개탄하기도 한다. 시인들은 신들이 도둑질과 간통을 저지르고 인간에게 예속되기도 하며, 또 자식을 잡아먹거나 아버지를 거세하고 어머니를 구금하는 등의 비행(非行)을 저지른다고 서술하는데, 이는 진실이 아니고 그들이 지어낸 이야기일 뿐이라고 반박하는 것이다.[39]

그의 공언에도 불구하고 그의 연설문에는 신화 관련 내용이 상당 부분 포함되어 있다. 그는 자신의 연설문의 효용적 가치를 높이기 위해 신화를 연설의 소재나 일화로서 활용하곤 했던 것이다. 그래서 그는 데메테르와 페르세포네 이야기가 '신화와 같은 것'이긴 하지만 그래도 그것을 언급하는 것이 타당하다고 인정하기도 한다.[40] 여기서 그는 아테네인들의 공적

---

38) P. E. Easterling(et al.) ed., *The Cambridge History of Classical Literature I. Greek Literature*, p. 349.

39) 이소크라테스, 11.38. cf. 2.49.

40) 이소크라테스, 4.28.

을 찬미하기 위해 신화상의 일화도 가리지 않고 동원하는 것이다.

현재 이소크라테스의 저술로 전해지는 작품은 연설문 21편과 서간 9편인데, 그중 신과 신화에 대한 언급이 비교적 많은 것은 연설문 4(『파네기리코스』), 10(『헬레네』), 11(『부시리스』), 12(『판아테나이코스』)이다.[41] 『부시리스』와 『헬레네』는 이소크라테스가 기원전 390년경 아테네에 수사학 학교를 개설한 후 자신의 수사학 역량을 과시하게 위해 쓴 연설문인 것으로 추정된다. 두 연설문 모두 일종의 시범 연설문인 셈이다. 이것들은 다 기원전 390년경 전후에 쓰였을 것으로 보인다. 『부시리스』는 이집트의 전설적인 왕 부시리스에 대한 찬미 연설문이다. 여기서는 제우스와 포세이돈의 계보에 대한 언급이 자주 나타난다. 『헬레네』는 트로이 원정과 관련된 스파르타 왕비 헬레네를 찬미하는 연설문이다. 여기서는 주로 제우스 관련 서술들이 나오는데, 제우스와 다나에의 연애, 기간테스와의 싸움, 알렉산드로스의 미(美)의 심판 등이 묘사된다. 또 테세우스와 관련하여 포세이돈의 계보와 신성에 대한 언급도 나타난다.

한편 『파네기리코스』는 이소크라테스의 대표적인 연설문으로 기원전 380년의 올림피아 제전에서 발표된 것으로 전한다. 이소크라테스는 이 연설문에서 그리스인의 화합과 이민족 원정을 주장하여 그의 범그리스주의적인 구상을 최초로 공표했다. 여기서는 그리스 신화와 관련해 페르세포네 납치와 데메테르의 유랑 일화, 헤라클레스 자손의 이야기가 소개된다. 『판아테나이코스』 저술은 이소크라테스 자신이 밝힌 바에 따르면 기원전 342년부터 시작하여 339년에 완성되었다고 한다. 이소크라테스는 이 작품에서 아테네에 대한 찬미와 자신의 범그리스주의적 구상을 부각한다. 여기서는 아테네 초기의 신화적 영웅들의 행적이 잘 묘사되어 있다.

---

41) 이 연설문들의 저술 시기와 배경에 대해서는 김봉철, 『전환기 그리스의 지식인, 이소크라테스』, 신서원, 2004, 66~83쪽 참조.

데모스테네스(기원전 384~322년)는 기원전 4세기 후반 아테네의 대표적인 연설가이자 정치가였다. 그의 연설문은 대개 정치 연설문과 법정 연설문이므로 신화에 대한 언급이 적은 편이다. 그의 작품으로 전하는 것들은 61편의 연설문과 56편의 서문(序文), 6편의 서간들인데, 이 가운데서 신과 신화 관련 언급이 비교적 많은 것은 연설문 21(『메이디아스에 대해』)과 43(『마카르타토스에 대해』) 정도이다. 특히 『메이디아스에 대해』 51-53에는 아테네에서 거행되던 많은 제사들이 나열되는데, 여기서 제우스, 아폴론, 디오니소스 등의 신성과 호칭들이 서술된다. 또 도도나의 제우스 신탁을 인용함으로써 신탁 신 제우스의 위상을 보여주기도 한다. 『메이디아스에 대해』는 기원전 348년에 저술되었다고 전한다.[42] 『마카르타토스에 대해』 66에서도 제우스, 아폴론, 아테나의 신성과 호칭들이 나열된다. 여기서는 델포이의 신탁이 인용되는데, 이를 통해 신탁 신 아폴론의 면모가 확인된다. 『마카르타토스에 대해』는 데모스테네스의 작품이 아니라는 주장도 제기되고 저술 연대도 확실치 않지만, 그의 연설문집에 수록되어 있기 때문에 일단 이 책의 논의에 포함했음을 밝힌다.

신화는 고전기의 역사 서술에서도 자주 등장한다. 역사 서술은 인간의 과거행적에 대한 세속적인 기술이므로 신들이 중심적인 역할을 수행하는 신성한 이야기와는 분명하게 구분된다. 하지만 초기의 역사 서술에서는 신화도 많이 거론된다. 특히 역사 서술의 원조 헤로도토스는 그리스 신화의 내용을 자주 소개한다. 그는 역사와 신화를 구분하면서도 여전히 신화에 대한 관심을 지녔으므로 그의 『역사』에는 신화 관련 내용이 상당 부분 포함되어 있다. 반면에 객관적인 역사를 표방하던 투키디데스의 『역사』에는 신들에 대한 이야기가 드물게 나타난다. 투키디데스에게는 이야기로

---

42) P. E. Easterling(et al.) ed., *The Cambridge History of Classical Literature I. Greek Literature*, p. 801.

서의 신화가 거의 나타나지 않는다. 그는 단지 그리스인들의 신전과 제전, 혹은 신들의 명칭을 간단하게 언급할 뿐이다. 또 역사가 크세노폰도 신화를 일부 거론하지만, 대체로 단편적으로 언급하기 때문에 신화 자료로서의 특별한 가치는 없는 편이다.

헤로도토스는 기원전 5세기에 활동한 할리카르나소스(Halikarnassos) 출신의 역사가였다. 그의 『역사』는 지중해 세계 최초의 역사서로 평가되는데, 기원전 420년대에 저술되었을 것으로 추정된다. 역사가 헤로도토스는 신화적 사유에서 역사적 사유로 넘어가는 전환기적 인물이라 할 만하다. 헤로도토스는 한편으로는 가급적 신들의 이야기를 꺼내지 않으려 하면서도, 다른 한편으로는 당시의 신화와 종교 제식에 대해 다양한 정보를 제공해 준다. 그의 『역사』에는 그리스 신들의 계보와 신성(神性), 행적 및 제식이 제법 많이 서술되어 있는 것이다.

헤로도토스는 그리스 신들의 유래와 신화 형성에 대해 나름의 의견을 제시한다. 헤로도토스는 그리스 신화가 두 개의 변천과정을 거쳐 형성되었다고 본다. 첫 번째 과정에서는 이집트 신들의 이름이 그리스에 유입된 결과, 종래에 집단화되어 있던 신들이 개별적인 이름을 갖게 되고, 두 번째 과정에서는 헤시오도스와 호메로스가 그 신들에 대한 신화를 구체적으로 창시했다는 것이다. 헤로도토스에 의하면, 헤시오도스와 호메로스 이전의 그리스인들은 신들의 유래와 형상에 대해 전혀 알지 못했다고 한다. 그런데 바로 호메로스와 헤시오도스가 "그리스인들을 위해 신의 계보를 만들고 신들에게 별명을 부여했으며 또 각 신들에게 영예와 기술을 부여하고 그들의 형상을 표현했다"(『역사』 2.53)고 한다. 헤로도토스는 호메로스와 헤시오도스가 그리스 신들에 대한 이야기를 처음 만들었다고 보는 것이다.[43] 여기서 헤로도토스는 그리스 신화가 인간에 의해 만들어진 산

---

43) 그리스 신앙과 신화의 유래에 대한 헤로도토스의 견해에 대해서는 김봉철, 「헤로도토스의 역사 서술과 그리스 신화」, 40~44쪽 참조.

물임을 지적하는 동시에 호메로스와 헤시오도스가 그리스 신화 서술의 대표적인 창안자임을 인정하고 있다.

헤로도토스가 그리스 신들에 대해 언급한 사례를 보면, 제우스는 74회에 이르고, 포세이돈은 18회, 데메테르는 23회, 아폴론은 32회, 아테나는 36회, 디오니소스는 34회, 아프로디테는 13회, 판은 14회에 이른다. 또 신들의 행적과 연관된 인간의 경우에는 헤라클레스가 45회, 페르세우스가 17회, 에우로페가 4회, 미노스가 9회, 이오가 6회, 헬레네가 27회, 다나오스가 5회 거론된다.[44) 그런데 그리스 신들에 대한 헤로도토스의 서술을 받아들일 때에는 한 가지 유의할 점이 있다. 즉 헤로도토스의 신화 서술은 그리스 신화뿐만 아니라 외국의 신화도 아울러 포함하고 있으므로 그것들을 먼저 구분해야 한다는 점이다. 특히 헤로도토스는 외국 신들에 대해 서술하면서 그들의 이름을 대개 그리스식으로 부르곤 한다. 그래서 헤로도토스가 언급한 그리스 신들의 이름이 정말 그리스 신을 가리키는 것인지를 분별할 필요가 있다. 이 책에서 다루는 그리스 신들을 살펴보면, 제우스의 경우 헤로도토스가 거론한 74회 사례들 중에서 그리스의 제우스를 가리키는 경우는 30회이다.[45) 이것들은 대개 피티아 여사제의 신탁과 호

---

44) 여기서의 언급 횟수는 J. E. Powell, *A Lexicon to Herodotus*, 2nd ed., London, 1938에 의거한 것이다. 이 횟수에는 그리스 신화뿐만 아니라 외국 신화의 사례도 포함된 것임을 밝힌다. 포웰(J. E. Powell)이 밝힌 제우스 용례는 모두 75회인데, 그중 2.14는 불확실하므로 제외하기로 한다.

45) 헤로도토스, 『역사』 1.44, 1.65, 1.174, 2.7, 2.13, 2.55, 2.56, 2.116, 2.146, 2.178, 3.124, 3.125, 3.142(2회), 4.203, 5.46, 5.49, 6.56(2회), 6.67, 6.68, 7.56(2회), 7.61, 7.141(2회), 7.197, 7.220, 9.7, 9.81. 이들 대목에 대한 논의는 김봉철, 「헤로도토스와 그리스 신화 서술: 제우스 서술을 중심으로」, 『서양고대사연구』 제27집, 2010, 266~69쪽 참조. 한편 제우스로 불린 신들 중에는 외국 신들도 있는데, 이집트 신에 해당하는 경우가 21회이고(『역사』 1.182, 2.29(2회), 2.42(7회), 2.45, 2.54, 2.55, 2.56, 2.74, 2.83, 2.136, 2.143, 3.25, 4.181(2회)), 페르시아 신이 9회(『역사』 1.89, 1.131(2회), 1.207, 5.105, 7.8, 7.40, 8.115, 9.122), 아시리아 신이 3회(『역사』 1.181, 1.183, 3.158), 카리아 신이 4회(『역사』 1.171, 5.66, 5.119(2회)), 스키타이 신이 5회(『역사』 4.5, 4.59(3회), 4.127), 리비아 신이 2회(『역사』 4.180(2회)) 제우스라고 불렸다.

메로스의 시구에 언급된 제우스이거나 아테네와 스파르타 등 그리스 국가들의 제우스 혹은 그리스 내의 일부 사건과 연관된 제우스로 나타난다. 여기서 제우스는 천신, 신탁의 신, 정화 및 환대의 신, 교우의 신으로 묘사되며, 디오니소스의 탄생과 같은 제우스 관련 일화도 소개된다. 포세이돈도 18회 언급되는데, 그 가운데 그리스의 포세이돈을 가리키는 경우는 13회이다.[46] 여기서 포세이돈은 바다의 신, 지진의 신, 그리스의 구원자 신으로 묘사되고, 아테네를 차지하기 위한 포세이돈과 아테나의 경합 일화도 소개된다. 특히 헤로도토스는 포세이돈의 이름이 리비아에서 유래했다고 보고(『역사』 2.50), 리비아의 포세이돈에 대해 서술하기도 한다(『역사』 4.180, 4.188). 한편 데메테르도 『역사』에서 23회 거론되는데, 그중에서 그리스의 데메테르를 가리키는 경우가 13회이다.[47] 여기서 데메테르는 곡물의 신, 법률의 신, 지하세계의 여신으로 묘사된다. 또한 헤로도토스는 그리스의 데메테르와 이집트의 이시스를 동일시하고(『역사』 2.59, 2.156), 이집트의 데메테르에 대해서도 언급한다(『역사』 2.122, 2.123). 이처럼 헤로도토스가 언급한 그리스 신들의 이름은 다양한 지역의 신들을 지칭하기 때문에 이 책에서는 그리스 신들을 가리키는 대목만 추출하여 논의할 것이다.

---

46) 헤로도토스, 『역사』 1.148, 2.43, 2.50(2회), 7.129(3회), 7.192, 7.193, 8.55, 8.123, 8.129, 9.81. 한편 포세이돈으로 불린 신들 중에는 외국 신들도 있는데, 리비아 신에 해당하는 경우가 3회이고(『역사』 2.50, 4.180, 4.188) 스키타이 신에 해당하는 경우도 2회 있다(『역사』 4.59(2회)).

47) 헤로도토스, 『역사』 1.193(2회), 2.171, 4.198, 5.61, 6.91, 6.134, 7.200, 9.57, 9.65, 9.69, 9.97, 9.101. 한편 데메테르로 불린 신들 중에는 외국 신들도 있는데, 이집트 신에 해당하는 경우가 7회이고(『역사』 2.59, 2.122(3회), 2.123, 2.156(2회)) 스키타이 신에 해당하는 경우도 1회 있다(『역사』 4.53). 또 『역사』 7.141과 7.142에도 '데메테르'라는 표현이 나오는데, 여기서는 '곡물'의 의미로 사용되기 때문에 데메테르 여신의 용례에서는 제외했다. 물론 '곡물'을 뜻하는 '데메테르'가 데메테르 여신으로부터 유래한 것이긴 하지만 여신 자체를 가리키는 용례가 아니므로 제외하고자 한다. 또 9.62와 9.101에 나오는 '데메트리온'(τὸ Δημήτριον)은 '데메테르의 신전'이라는 의미이기 때문에 '데메테르'의 용례로 볼 수도 있지만 '데메테르' 명칭의 용례에만 국한시켜 모두 제외했음을 밝힌다.

3. 헬레니즘 시대의 신화 자료

헬레니즘 시대는 폴리스 시대가 끝나고 지중해 지역의 다양한 고대문화가 활발하게 교류되던 국제화 시대였다. 그리스의 아테네와 이집트의 알렉산드리아는 그런 문화교류의 중심지였다. 특히 방대한 도서관을 구비한 알렉산드리아는 프톨레마이오스 왕조의 지원 아래 학문의 중심지로 성장했다. 헬레니즘 시대의 활발한 교류 속에서 각 지역의 학문과 문화는 서로 영향을 주고받으며 뒤섞이게 되었다. 이는 그리스 신화 서술에서도 마찬가지였다. 헬레니즘 시대 이전에는 그리스 신화가 각 지역이나 국가별로 축적되고 전승되었지만, 이제 폴리스의 구분이 없어지고 그리스와 외국 간의 문화교류가 수월해지면서 좀 더 광범위한 구도의 신화 서술이 가능하게 되었다. 헬레니즘 시대의 신화 서술은 그리스의 한 지역 신화 혹은 그리스만의 신화에 국한되지 않았다. 이제 신화 서술은 시칠리아 같은 그리스 지역의 신화나 이집트 같은 그리스 외부의 신화까지도 아우르기에 이른다. 그만큼 신화 서술의 폭이 확대되고 내용도 풍부해진 것이다. 한편 이런 교류는 그리스 신화의 순수성을 희석하는 결과를 초래할 수도 있다. 따라서 헬레니즘 시대의 신화 자료를 이용할 경우에는 그리스 신화의 고유한 신화 요소를 확인하는 작업이 우선 필요하다. 앞서 헤로도토스의 『역사』의 신화 서술을 언급하면서 그리스 신과 외국 신에 대한 서술을 구분해야 한다고 지적했는데, 그것은 헬레니즘 시대의 자료에서도 역시 필요한 작업이다.

헬레니즘 시대의 신화 자료로는 리코프론(Lykophron), 아라토스(Aratos), 칼리마코스(Kallimachos), 아폴로니오스 로디오스(Apollonios Rhodios), 아폴로도로스(Apollodoros), 디오도로스(Diodoros)의 저술을 들 수 있다. 헬레니즘 시대에는 시인들의 저술도 일부 전하고 있는데, 대표적인 사례는 기원전 3세기의 목가시인(牧歌詩人) 테오크리토스(Theokritos)와 기원전 2세기의 비온(Bion), 모스코스(Moschos of Syrakusa)를 들 수 있다.

리코프론은 헬레니즘 시대의 유명한 비극시인으로 에우보이아 섬의 칼키스 출신이었다. 그는 고향 칼키스와 아테네, 알렉산드리아에서 활발한 문필활동을 벌였는데, 그중『알렉산드라』(Alexandra)라는 작품이 온전하게 남아 있다.『알렉산드라』는 알렉산드라라고도 불리는 트로이의 예언자 카산드라가 후일 트로이와 트로이 및 그리스의 영웅들이 맞을 운명을 예언하는 내용인데, 기원전 3세기 전반의 작품으로 추정된다. 리코프론은『알렉산드라』에서 여러 다양한 신들의 호칭과 수식어들을 나열하여 표현한다. 신들에 대한 여러 지역의 호칭과 수식어들을 다 서술하다 보니 그렇게 된 것 같다. 이 작품은 그리스 신화를 체계적으로 서술하지는 않지만 신들의 다양한 호칭과 수식어를 언급하고 있어서 신들의 신성과 호칭과 수식어를 파악하는 데 도움이 된다.

킬리키아의 솔리(Soli) 출신의 학자 아라토스는 칼리마코스보다 다소 연상인 것으로 전하는데, 그는 소아시아, 아테네, 마케도니아 일대를 돌아다니며 연구와 저술활동을 했다. 현존하는 그의 저술은 천문학 저술인『파이노메나』(Phainomena)이다. 이 저술은 그가 마케도니아의 안티고노스왕에게 가 있었을 때인 기원전 276~274년경에 씌었을 것으로 추정된다.[48]『파이노메나』의 전반부(1-732)는 별자리에 대한 서술이고 후반부(733-1154)는 날씨의 전조(前兆)에 대한 서술이다. 즉 천문과 기상현상에 대한 저술인데, 간간이 신화 서술이 나타난다. 특히 자주 언급되는 신은 역시 천계의 신인 제우스이다. 제우스는 천계와 만물을 주관하는 신, 비와 폭풍의 신, 인간사를 지배하는 신 등으로 묘사된다. 또『파이노메나』30-37, 162-164에서는 제우스의 양육 일화가 서술되어 있다.

---

48) G. R. Mair, *Aratus*, Harvard Univ. Press, 1989, p. 189.

기원전 3세기의 저술가 칼리마코스는 리비아 부근의 키레네 출신인데, 아테네 유학을 거친 후 주로 이집트의 알렉산드리아에서 지냈다. 그는 당시의 학문적 중심지인 아테네와 알렉산드리아에서 지내며 저술에 필요한 많은 식견과 경험을 쌓았다. 그러므로 그는 기존 문헌 자료들을 종합적으로 정리할 수 있는 여건 아래 저술 작업을 벌였다. 현존하는 칼리마코스 찬가들은 모두 6편인데, 기원전 3세기 전반에 저술되었을 것으로 보인다.[49] 이 찬가들은 찬가1(제우스 찬가), 찬가2(아폴론 찬가), 찬가3(아르테미스 찬가), 찬가4(델로스 찬가), 찬가5(팔라스의 목욕), 찬가6(데메테르 찬가)으로 구성되어 있어서, 특히 제우스와 아폴론, 아테나, 데메테르에 대한 이야기를 전해준다. 찬가1에서는 제우스가 최고신, 천상의 신, 왕권의 신으로 묘사되고, 제우스의 탄생과 양육 일화도 소개된다. 찬가2에서는 아폴론이 궁술의 신, 음악의 신, 예언의 신, 식민시 건설의 신으로 묘사되고, 니오베 일화도 언급된다. 찬가3에서는 아르테미스가 궁술의 신, 처녀신으로 묘사되고 아테나의 아울로스 창안 일화도 소개된다. 또 찬가4에서는 주로 아폴론 남매의 델로스 탄생 신화가 서술되어 있다. 찬가5에서는 아테나가 국가의 수호신, 전쟁의 신으로 묘사되고, 파리스의 미의 심판 일화도 소개된다. 그리고 찬가6에서는 데메테르가 곡물의 신, 여신들의 지배자로 묘사되고, 페르세포네 납치 일화가 언급되기도 한다. 한편 칼리마코스의 작품으로 전하는 것 중에는 경구집(警句集)도 남아 있지만, 여기에는 신화에 대한 언급이 거의 없다.

아폴로니오스 로디오스(이하에서는 편의상 아폴로니오스로 적는다)는 기원전 3세기의 인물로 칼리마코스의 제자였다고 한다. 그는 이집트 알렉산드리아 출신의 시인인데, 로도스와 알렉산드리아에서 저술활동을 했다고 한다.[50] 당시 알렉산드리아는 지중해 세계의 문화 중심지였기 때문에

---

49) A. W. Mair, *Callimachus*, Harvard Univ. Press, 1989, pp. 19~31.

그는 당시의 다양한 문화를 만끽할 수 있었다. 그의 대표 작품인 『아르고 나우티카』는 야손과 아르고 호 선원들의 모험담을 기록한 서사시이다. 그 작품은 이야기 전개과정에서 일부나마 그리스 신들의 이야기를 언급하기 때문에 헬레니즘 시대의 중요한 신화 자료가 된다. 여기서 주로 언급되는 신들은 제우스와 포세이돈, 아폴론이다. 이들은 대개 아르고 호 선원들의 모험의 성공과 안전한 항해를 위한 보호자로서 언급된다. 제우스는 최고신, 천둥과 번개의 신, 신탁과 조언의 신, 외국인 빈객의 신, 탄원자의 신 등으로 묘사되며, 제우스의 양육 일화, 연애 일화(테티스, 레다, 가니메데스)와 제우스에 대한 도전 일화(기간테스, 티폰)도 소개된다. 포세이돈은 바다의 신 및 말의 신으로 그려지며, 그의 연애와 자식들에 대한 언급도 나타난다. 아폴론은 흔히 그렇듯 신탁의 신, 궁술의 신 등으로 묘사되면서도, 다른 한편으로는 항해의 신으로 언급되기도 한다. 여기서 아폴론의 신성이 항해의 신으로 유독 부각된 것은 아르고 호 항해라는 작품의 특별한 주제 탓이 아닌가 한다. 또 아폴론에 대해서는 특히 호칭과 수식어가 다양하게 언급되어 있고, 아폴론과 대사(大蛇) 델피네(Delphyne)의 싸움 일화도 소개된다.

이른바 아폴로도로스의 작품으로 전하는 『비블리오테케』(βιβλιοθήκη)는 그 저자와 저술 시기가 명확하게 전하지 않는다. '비블리오테케'는 일정한 주제에 관한 여러 자료를 모아 체계적으로 편찬한 책의 제목으로 쓰인 것이니 '편저, 편서(編書), 총서, 문집'의 의미를 지닌다. 한때 이 책의 저자 아폴로도로스는 기원전 2세기 아테네의 문법학자인 아폴로도로스와 동일시되었다. 서기 9세기의 주교 포티오스(Photios)가 두 사람을 동일시한 이

---

50) R. C. Seaton, *Apollonius Rhodius*, Harvard Univ. Press, 1988, pp. vii~ix. 한편 아폴로니오스가 이집트의 나우크라티스 출신이었다는 전승도 전해온다(아엘리아노스, 『동물의 특성에 대해』(Περὶ Ζῴων Ἰδιότητος) 15.23; 아테나이오스, 『오찬의 소피스트들』 7.283D).

후 이 책은 아테네의 아폴로도로스의 저술로 간주되어 왔던 것이다. 그러나 두 사람의 저술에서 차이가 확인되고 특히『비블리오테케』2.1.3에 기원전 1세기의 연대기 작가로 추정되는 카스토르(Kastor)의 이름이 나온다는 이유로 아테네의 아폴로도로스가 저자라는 주장은 설득력을 잃었다. 즉 카스토르의 시기를 고려하면, 그 책의 저술 시기는 아무리 빨라도 기원전 1세기 중엽으로 보아야 한다는 것이다.[51] 결국 기원전 2세기의 아테네의 아폴로도로스가 아닌, 기원전 1세기 혹은 그후의 아폴로도로스가 그 책의 저자일 것으로 여겨진다.

그런데『비블리오테케』에는 로마나 로마의 설화에 대한 언급이 나오지 않는다. 그 책의 저자는 그의 시대까지 전해오는 신화를 나열하고 있는데, 그는 헬레니즘 시대까지의 많은 자료들을 자신의 출처로 제시한다. 그가 언급한 자료들은 호메로스, 헤시오도스, 에우리피데스, 페레키데스(Pherekydes), 아쿠실라오스(Akusilaos), 아스클레피아데스(Asklepiades), 아폴로니오스 등이다. 그런 그가 로마의 문헌이나 전승을 의도적으로 배제했다고 볼만한 근거는 없다. 그가 로마 지배 시기에 그 책을 저술했다면 로마에 관련된 이야기를 전혀 언급하지 않았을 리 없다. 따라서 그는 로마의 지배 시기 이전에 그 책을 저술했던 것으로 보인다. 문제는 역시 그가 언급했다는 카스토르이다. 그는『비블리오테케』의 저자가 유일하게 언급한 로마의 저술가이다. 아폴로도로스는 그를 '연대기를 저술한 카스토르'(Κάστωρ ὁ συγγράψας τὰ χρονικὰ)라고만 언급할 뿐 그의 신원에 대해 더 이상 설명하지 않는다. 이 카스토르는 흔히 로도스(마살리아 혹은 갈라티아)의 카스토르라고 하는 그리스 문법학자와 동일시되는데, 그는 키케로와 동시대인이었다고 전한다.『비블리오테케』에서 언급된 카스토르와 키케로 시대의 카스토르를 동일인이라고 한다면,『비블리오테케』는 기원전 1세기 중엽이나 그후에 저술되었을 것으로 보인다. 다만 아폴로도로스가

---

51) J. G. Frazer, *Apollodorus*, Harvard Univ. Press, 1976, pp. ix~xi.

로마 관련 언급을 하지 않았다는 점을 고려하면, 그것은 기원전 1세기 중엽에 저술되었다고 할 수 있다. 기원전 30년에 이집트가 로마에 정복됨으로써 헬레니즘 시대가 끝나고, 그후로 로마의 지중해 세계 지배가 본격화되었기 때문이다. 그런데 달리 보면 이 두 명의 카스토르를 동일시할 만한 명확한 근거가 존재하는 것은 아니다. 이들이 동명이인일 가능성도 충분히 존재하는 것이다. 이들이 동일인이 아니라고 한다면, 『비블리오테케』가 아테네의 아폴로도로스의 저술이 아니라는 주장도 설득력을 잃게 된다. 그럴 경우 『비블리오테케』의 카스토르는 기원전 1세기 중엽의 카스토르와 무관하므로 『비블리오테케』의 저술 시기는 충분히 그전으로 소급될 수 있다. 결국 이 두 명의 카스토르를 동일인으로 볼 경우 『비블리오테케』의 저술 시기는 기원전 1세기 중엽으로 추정되고, 동일인이 아니라고 볼 경우에는 기원전 1세기 중엽 이전으로 추정된다. 따라서 나는 『비블리오테케』를 헬레니즘 시대 말기의 작품으로 보고 일단 이 책의 자료에 포함하기로 한다. 설령 그 책이 기원전 1세기 이후의 저술이라 하더라도 그리스 신화의 시대적 변천과정을 살피기 위한 문헌 자료에서 제외하기는 어렵다. 그것은 상고기 이래 그리스 신화를 다룬 다양한 문헌 자료들을 요약 정리한 신화집이므로 그 저술 시기에 관계없이 신화의 변천과정을 파악하는 데 필수적인 자료라 할 수 있다.

『비블리오테케』는 현재 제1~3권과 '개요' 일부가 전해온다. 이 가운데 제1권은 신의 계보에 대해 서술한다. 여기서는 태초의 가이아와 우라노스로부터 시작되어 크로노스를 거쳐 제우스가 탄생한 이야기, 제우스의 집권과정, 제우스의 후손인 올림포스 신들의 계보와 일화, 하데스의 페르세포네 납치와 페르세포네의 지하세계 정착, 프로메테우스와 데우칼리온 일화, 아르고 호의 항해 등이 서술되어 있다. 제2권에서는 제우스의 연인 이오와 그 후손들 이야기, 제우스의 아들인 페르세우스와 헤라클레스의 이야기 등이 서술된다. 또 제3권에서는 제우스의 연인들인 에우로페와 세멜레, 레다 및 그들의 자식인 미노스, 디오니소스, 헬레네, 디오스쿠로이에 대한 이야기와 헤르메스, 테티스 여신, 테세우스의 이야기 등이 묘사되어 있다. 또 일부 '개요'에는 테세우스 이야기 및 펠롭스와 아트레우스 가문 이야기, 트로이 전쟁 이야기 등이 전해온다.

디오도로스는 기원전 1세기의 시칠리아 출신 역사가로, 『비블리오테케 히스토리케』(βιβλιοθήκη ίστορική, 『역사편서』歷史編書)를 저술했다. 디오도로스는 자신의 역사서에서 지중해 세계의 보편적인 역사를 기술하고자 했다. 그는 당시 지중해 세계가 로마에 의해 통합되는 과정을 지켜보며 지중해 세계를 아우르는 세계사를 구상했던 것이다. 그의 『역사편서』는 지중해 세계뿐만 아니라 아라비아, 아시리아, 인디아, 스키타이, 브리타니아 등 당시의 대부분 세계를 포괄한 본격적인 세계사로 꼽힌다. 또 시기적으로는 최초의 시기에서부터 기원전 60년경까지를 다룬다. 그것은 세계사의 구상 아래 다양한 방식의 자료수집(여행과 독서, 구전 자료수집)과 자료정리, 장기간의 저술 작업을 거쳐 완성된 30년 노고의 산물이었다고 한다.

디오도로스의 역사서는 그 서술 내용을 볼 때 기원전 56년과 36년 직후의 어느 시기 사이에 저술되었을 것으로 추정된다. 디오도로스는 1.44.1-44.4에서 이집트를 지배한 외국세력을 서술하면서 마지막으로 마케도니아인들의 왕가가 이집트를 지배하고 있다고 언급한다. 이는 디오도로스가 역사서를 기술하던 당시에 이집트가 아직 로마의 지배 아래 들어서지 않았음을 말해준다. 그런데 1.44.4에는 마케도니아인들과 그들의 가문이 이집트를 276년간 지배하고 있다는 언급이 나오는데, 이를 알렉산드로스의 이집트 정복(기원전 331년)을 기준으로 계산하면 기원전 56년경이 된다. 또한 16.7.1에 언급된, 옥타비아누스의 타우로메니온(Tauromenion) 주민 축출은 기원전 36년 직후에 일어났던 것으로 여겨진다.[52] 그렇다면 디오도로스 역사서는 아직 헬레니즘 시대가 종결되지 않은 기원전 1세기

---

52) C. H. Oldfather, *Diodorus*, vol. 1, Harvard Univ. Press, 1989, pp. viii~xi.

중엽에 저술된 것이므로 헬레니즘 시대의 자료로 분류될 수 있다.

디오도로스는 1.4.6-7에서 자신의 저술개요를 간단히 밝히는데, 전체 저술 40권 중에서 처음 6권은 트로이 전쟁 이전의 사건과 전승을 다루되, 그중 앞의 3권은 이방인들의 과거를 기술하고 나중의 3권은 그리스인들의 과거를 다룬다고 말한다. 그 다음의 11권은 트로이 전쟁에서 알렉산드로스의 죽음까지를 다루고, 다음의 23권은 그후부터 로마인과 켈트인의 전쟁 때까지를 다룬다고 되어 있다. 디오도로스의 역사 서술에서 신화가 대거 등장하는 것은 초기의 역사, 즉 트로이 전쟁 이전의 역사를 기술하는 대목에서이다. 즉 최초의 우주 탄생과 신들의 등장, 트로이 전쟁 등의 이야기가 신화적 전승에 의해 설명된다. 제1권에서는 이집트인들의 신화와 숭배, 자연과 지리, 왕들의 통치와 법률, 피라미드 건설 등이 서술되고, 제2권에서는 아시리아 왕들의 통치와 바빌론 건설, 메디아 왕들의 통치, 인디아의 지형과 관습, 스키타이와 아라비아 관련 내용 등이 서술된다. 또 제3권에서는 에티오피아인과 리비아인, 아라비아만의 주민들의 역사와 전통에 관한 내용이 언급된다. 그리스 신화는 제4~6권에서 주로 기술되는데, 현재 제6권은 일부만 단편적으로 전하기 때문에 제4권과 제5권이 그리스 신화의 중요한 전거로 활용되고 있다. 제4권에서는 제우스의 연애와 후손, 기간테스와의 싸움, 디오니소스 신화, 헤라클레스와 페르세우스의 모험, 니오베 이야기 등이 서술되고 제5권에서는 제우스의 탄생과 집권과정, 제우스의 자식 신들의 신성, 데메테르와 코레 이야기 등이 묘사되어 있다. 또한 제3권 제62~66장에서도 디오니소스의 탄생에 대한 그리스 신화가 언급된다.

디오도로스의 신화 서술은 여러 지역의 기존 전승들을 수합하여 정리한 것이었다. 따라서 그의 신화 서술에는 당시에 전해지던 주요 전승들이 포함되어 있다. 디오도로스의 저술은 그전의 방대한 그리스 신화 자료들을 포함하고 있기 때문에 그리스 신화의 역사에서 매우 중요한 위상을 차지하고 있다. 하지만 그는 헤로도토스와 마찬가지로 그리스 신과 외국 신을 동일시하고 외국 신을 그리스 신의 이름으로 부르곤 한다. 따라서 디오도로스의 서술에서도 헤로도토스의 경우와 마찬가지로 그리스 신들의 이름이 정말 그리스 신을 가리키는지를 먼저 확인할 필요가 있다. 이에 이 책은 이런 혼란을 해소하기 위해 디오도로스 저술의 제1권, 제2권, 제3권 제1~61장, 제66~73장의 외국 신화 서술을 배제하고, 주로 제3권 제62~66장과 제4권, 제5권의 그리스 신화 서술에 국한하여 논의할 것이다.

이 책에서는 이들 외에도 많은 문헌들이 그리스 신화의 자료로 활용되었다. 이상의 자료들을 포함하여 이 책에서 활용한 문헌 자료들을 모두 시대순서로 정리하면 다음의 〈표 1〉과 같다. 여기에는 이 책이 참조한 문헌 자료들 속에서 인용된 저자들도 일부 포함했는데, 이 경우에는 표의 작품 항목에 인용한 저자 혹은 작품 이름을 명시했다. 또 로마 지배 시기의 자료들은 이 책의 논의 대상에 포함되지 않지만, 필요에 따라 언급되기도 하기 때문에 일단 자료 목록에 포함했음을 밝힌다.

〈표 1〉 그리스 신화 서술의 주요 자료

	저자/직업	출신 지역	시기	작품/비고
상 고 기	호메로스/서사시인	소아시아	기원전 8세기	『일리아스』, 『오디세이아』
	헤시오도스/서사시인	보이오티아	기원전 8세기	『일과 날들』, 『신통기』 외
	에우멜로스/서사시인	코린토스	기원전 8세기	아폴로도로스가 인용
	아르킬로코스/서정시인	파로스	기원전 8~7세기	단편(斷片) 일부
	아시오스/서사, 서정시인	사모스	기원전 7세기경	아폴로도로스가 인용
	세모니데스/서정시인	사모스 (혹은 아모르고스)	기원전 7세기 중엽	단편 일부
	테르판드로스/음악가, 서정시인	레스보스	기원전 7세기 중엽	단편 일부
	알크만/서정시인	사르디스(리디아), 스파르타 거주	기원전 7세기 중엽	단편 일부
	티르타이오스/서정시인	스파르타 (혹은 아테네)	기원전 7세기 중엽	단편 일부
	밈네르모스/서정시인	콜로폰 (혹은 스미르나)	기원전 7세기 중 엽-후반	단편 일부
	알카이오스/서정시인	미틸레네	기원전 7~6세기	단편 일부

68

사포/여류서정시인	미틸레네 (레스보스)	기원전 7~6세기	단편 일부
스테시코로스/서정시인	히메라 (혹은 메타우로스)	기원전 7~6세기	단편 일부
호메로스 찬가	저자 미상	기원전 7~1세기	호메로스 찬가 33편
솔론/정치가	아테네	기원전 7~6세기	단편 일부
이비코스/서정시인	레기온 (혹은 메사나)	기원전 6세기 중엽	단편 일부
히포낙스/시인	에페소스	기원전 6세기 후반	단편 일부
아나니오스/시인	불명	기원전 6세기	단편 일부
시모니데스/서정시인	케오스	기원전 556~468년	단편 일부
포킬리데스/시인	밀레토스	기원전 6세기 후반	단편 일부
테오그니스/시인	메가라	기원전 6세기 후반~5세기 초	단편 일부
라소스/서정시인	헤르미오네 (아르골리스)	기원전 6세기 말	단편 일부
아쿠실라오스/산문작가	아르고스	기원전 6세기 후반	단편 일부
아나크레온/서정시인	테오스	기원전 6세기 후반~5세기 초	단편 일부
헤라클레이토스/철학자	에페소스	기원전 535년경 ~475년경	단편 일부
프라티나스/비극시인	플리우스 (아르골리스)	기원전 6세기 후반~5세기 초	단편 일부
핀다로스/시인	보이오티아	기원전 522년경 ~442년경	『올림피아 송가』 외. 상고기와 고전기로 나뉨

	코린나/여류시인*	타나그라 (보이오티아)	기원전 5세기	단편 일부
고	아이스킬로스/비극시인	아테네	기원전 525년경 ~456년경	『페르사이』 외
전	바킬리데스/서정시인	율리스(케오스)	기원전 6세기 말 ~5세기 전반	단편 일부
기	텔레실라/여류서정시인	아르고스	기원전 6세기 말 ~5세기 초	단편 일부
	람프로클레스/ 음악가, 시인	아테네	기원전 5세기 초	단편 일부
	페레키데스/산문작가	아테네	기원전 5세기 전반	단편 일부
	멜라니피데스/서정시인	멜로스	기원전 5세기 중엽~후반	단편 일부
	이온/시인	키오스	기원전 5세기 중엽~후반	단편 일부

	소포클레스/비극시인	아테네	기원전 496년경 ~406년	『안티고네』 외
	헤로도토스/역사가	할리카르나소스	기원전 484년경 ~425년경	『역사』
	프락실라/여류서정시인	시키온	기원전 5세기 중 엽	단편 일부
	에우리피데스/비극시인	아테네	기원전 485년경 ~406년	『바카이』 외
	안티폰/연설가	아테네	기원전 480년경 ~411년	연설문 6편
	투키디데스/역사가	아테네	기원전 460년경 ~400년경	『역사』
	아리스토파네스/ 희극시인	아테네	기원전 450년경 ~385년경	『테스모포리아주사이』 외
	리시아스/연설가	아테네	기원전 445년경 ~380년경 이후	연설문 34편
	크세노폰/역사가	아테네	기원전 430년경 ~350년경	『헬레니카』 외
	이소크라테스/ 연설문작가	아테네	기원전 436~338년	연설문 21편 외
	안티마코스/시인	콜로폰 (혹은 클라로스)	기원전 5세기 후 반~4세기 초	단편 일부
	텔레스테스/시인	셀리누스	기원전 5세기 후 반~4세기 초	단편 일부
	필록세노스/시인	키테라	기원전 435~380년	단편 일부
	플라톤/철학자	아테네	기원전 427~348년	『국가』 외
	이사이오스/연설가	아테네	기원전 420년경 ~350년경	연설문 12편
	스키티노스/시인	테오스	기원전 5세기 혹 은 4세기	단편 일부
	리쿠르고스/연설가	아테네	기원전 396~323년	『레오크라테스에 대해』 외
	히페레이데스/연설가	아테네	기원전 390년경 ~322년	연설문 6편 외
	아리스토텔레스/철학자	스타게이로스	기원전 384~322년	『시학』 외
	데모스테네스/연설가	아테네	기원전 384~322년	연설문 61편 외
	아이스키네스/연설가	아테네	기원전 389~314년	연설문 3편
	데이나르코스/연설가	코린토스 (아테네 거주)	기원전 361년경 ~291년경	연설문 3편
	크라테스/철학자	테바이	기원전 4세기 후 반	단편 일부

헬레니즘시대	테오프라스토스/철학자	에레소스 (아테네 거주)	기원전 372년경 ~287년경	『식물의 근원』 외
	아라토스/시인	솔리(킬리키아)	기원전 315년경 ~245년경	『파이노메나』
	칼리마코스/ 문법학자, 시인	키레네	기원전 305년경 ~240년경	칼리마코스 찬가 6편 외
	테오크리토스/시인	시라쿠사	기원전 300년경 ~260년경	목가(牧歌) 30여 편 외
	리코프론/ 문법학자, 시인	칼키스	기원전 3세기 전반~중엽	『알렉산드라』
	아폴로니오스 로디오스/서사시인	알렉산드리아(혹은 나우크라티스)	기원전 3세기 전반	『아르고나우티카』
	비온/시인	스미르나	기원전 2세기	단편 일부
	모스코스/시인	시라쿠사	기원전 2세기	단편 일부
	아폴로도로스/문법학자	불명	기원전 1세기 중엽 혹은 그 이전	『비블리오테케』
	디오도로스/역사가	아기리움 (시칠리아)	기원전 1세기 후반	『비블리오테케 히스토리케』(『역사편서』)
로마지배시기	스트라본/지리학자	아마세이아 (폰토스)	기원전 64년경~ 서기 21년경	『지리지』
	오비디우스/시인	술모(이탈리아)	기원전 43년~서기 17년	『변신』 외
	플루타르코스/저술가	카이로네이아 (보이오티아)	서기 45년경 ~120년경	『전기(傳記)』 외
	파우사니아스/ 여행가, 지리학자	리디아	서기 2세기	『그리스안내기』

(*)코린나의 시기에 대해서는 논란이 많다. 전통적인 견해에서는 코린나를 핀다로스와 동시대인인 기원전 5세기의 시인으로 분류한다. 반면 캠벨(D. A. Campbell)은 기원전 50년경까지 코린나의 이름이 고대 학자들에게서 전혀 언급되지 않았다는 점과 그녀의 시(詩)의 철자법 시기를 근거로 하여 그녀가 기원전 3세기에 존재했다고 주장한다. 그러나 그녀와 핀다로스가 동시대인이었음을 입증하는 일화들을 반박할 만한 근거가 미약하므로 이 책에서는 일단 그녀를 기원전 5세기의 시인으로 분류했음을 밝힌다. 이에 대한 논의는 D. A. Campbell, *Greek Lyric IV*, Harvard Univ. Press, 1992, pp. 1~3 참조.

제3장

제우스 신화의 변천과정

이후 제3~5장에서는 제우스, 포세이돈, 데메테르에 대한 신화 서술의 변천과정을 살펴볼 것이다. 우선 각 신들의 신화를 (1) 출생(부모, 탄생과정, 탄생지, 형제/남매), (2) 양육(양육과정, 양육자, 양육장소), (3) 결혼과 자녀(배우자 혹은 연인, 자녀), (4) 출현과 모습(출현, 거주지, 모습, 변신, 부수물), (5) 주요 신성(神性), (6) 호칭과 수식어, (7) 특별 행적, (8) 기타 사항으로 구분하여 그에 관한 서술이 시기적으로 어떻게 변화했는지를 파악하고자 한다. 제우스의 경우에는 그가 여러 도전들을 극복하고 최고신으로 집권하는 과정을 따로 고찰할 것이다. 이는 집권과 도전(집권, 제우스 권력에 대한 도전) 항목에서 다루기로 한다.

우선 제우스 신화의 변천과정을 살펴보기로 한다. 제우스는 인간과 신들이 사는 세상의 최고 권력자였다고 전한다. 그는 크로노스를 축출하고 신들의 새로운 지배자가 되었다고 하는데, 신들의 계보에서도 중심적인 존재로 묘사된다. 올림포스 12신이 제우스를 중심으로 구성되었다. 포세이돈은 제우스의 형제이고, 헤라와 데메테르, 헤스티아는 제우스의 누이들이고, 아폴론과 아르테미스, 아테나, 아프로디테, 헤르메스, 아레스, 헤파이스토스는 모두 제우스의 자식들로 여겨졌다. 헤스티아 대신 12신에 새로 합류한 디오니소스도 제우스의 아들로 언급된다. 뿐만 아니라 제우스는 신들 중에서 가장 많은 연인을 거느린 자였고, 그 결과 당연하게도 가장 많은 자식들을 후사로 둔 자였다. 그리스 여기저기의 많은 여신과 인간 여성들이 그와 로맨스를 맺었고 불사의 신들과 뛰어난 영웅들이 그의 자식으로 태어났다고 한다. 가히 제우스는 올림포스 신화체계의 주신(主神)이라 할 만했다.

제우스는 그리스 신화의 최고신이어서 그에 대한 숭배도 활발하게 전개되었던 것으로 전한다. 우선 올림피아와 네메아의 범그리스적인 제전에서 그에 대한 제사가 주기적으로 거행되었다. 올림피아와 네메아의 제우스 제전에서는 제사뿐만 아니라 운동경기도 함께 치렀으므로 그곳은 그리스의 종교적이고 문화적 중심지가 되었다. 또한 에페이로스의 도도나에 있는 제우스 신탁소도 그리스인들이 즐겨 찾는 곳이었다. 제우스는 범그리스적인 신이어서 어느 한 국가의 수호신으로 숭배되지는 않았다. 헤라는 아르고스의 수호신, 포세이돈은 코린토스의 수호신, 아테나는 아테네의 수호신으로 여겨졌으므로 이들은 각기 자신의 보호국에서 특별한 숭배를 받을 수 있었다. 반면에 제우스는 개별 국가의 수호신이 아니므로 어느 한 국가의 제전에서 특별히 숭배되지는 않았으나 최고신으로서 모든 그리스인의 숭앙을 받는 범그리스적인 신이었다.

고대 그리스의 문헌 자료에서 제우스를 처음 언급한 것은 호메로스 서사시이다. 호메로스 서사시에서 제우스는 올림포스의 최고신으로의 위상을 차지하고 모든 신들과 인간들의 일을 주관하고 지배하는 강력한 신의 모습을 지니고 있다. 특히 『일리아스』에서는 전쟁에 대해 논의하는 신들의 회의장면이 자주 나타나는데,[1] 거기서 제우스의 위상과 능력, 주요 신

---

1) 1.536-569, 4.1-67, 8.1-40, 8.1-27, 8.444-483, 15.100-127, 20.4-30.

성의 면모가 자세히 묘사되어 있다. 적어도 호메로스 시대인 기원전 8세기에는 제우스를 중심으로 하는 올림포스 신화가 어느 정도 확립되었음을 알 수 있다.

호메로스는 제우스 등의 그리스 신들이 그리스인들뿐만 아니라 트로이인과 에티오피아인들에게서도 숭배되었다고 기술한다. 『일리아스』 6.254-262에는 트로이인들이 제우스에게 제사를 드리는 장면이 묘사된다. 또한 『일리아스』 1.423-427에는 제우스가 모든 신들을 거느리고 에티오피아인들의 제전을 위해 오케아노스로 갔는데, 12일째 되는 날에 돌아온다고 기술되어 있다. 그렇다면 문맥상으로는 에티오피아인들이 제우스를 위시한 그리스 신들에게 10여 일의 제전을 거행한 것으로 되어 있다. 그러나 에티오피아인들이 실제로 제우스 등을 숭배했는지는 확인되지 않는다. 호메로스 서사시에서는 에티오피아가 오케아노스에 위치한 것으로 나오고 또 포세이돈의 그리스 부재상태를 언급할 때 등장하는 머나먼 지역으로 기술된다. 즉 포세이돈이 제사를 위해 에티오피아에 가 있는 동안 다른 그리스 신들이 오디세우스를 돕는 장면이 묘사되는 것이다. 그렇다면 에티오피아는 그리스인들이 생각하는 세상의 끝에 위치한 먼 이역(異域) 땅으로 나온다. 그러므로 그리스인들의 신앙을 중심으로 서사시를 기술한 호메로스는 이방인 지역에까지 그리스 신앙을 확장해서 서술하는 과정에서 에티오피아인들의 그리스식 신앙을 거론했을 것으로 보인다. 이는 트로이인들의 그리스 신 숭배에 대해서도 마찬가지라 할 수 있는데, 호메로스는 그리스인들의 입장에서 트로이인들의 신앙을 그리스식 신앙인 것처럼 기술했던 것이라 하겠다. 그리스 신들과 외국 신들의 이름을 구분하지 않고 그리스식으로 통일하여 부르는 사례는 후대에도 빈번하게 나타나곤 했다.

1. 출생: 부모, 탄생과정, 탄생지, 형제/남매

1) 부모

제우스는 그리스의 최고신이고 전지전능한 신으로 알려져 있다. 그러나 그리스 신화가 제우스에게서 시작된 것은 아니다. 제우스는 자연과 인간을 창조한 최초의 신도 아니고, 모든 신성한 존재들의 근원적인 시조도 아니었다. 그는 가이아와 우라노스의 결합 이후 제3세대의 신을 대표하는 최고신이었다. 그는 소위 올림포스 신들의 주신이었던 것이다. 그러므로 제우스의 계보를 파악하려면 올림포스 신들의 등장 이전의 신들의 계보를 먼저 살펴볼 필요가 있다.

세상의 창조와 신들의 탄생에 대한 신화적 설명을 체계적으로 처음 언급한 것은 헤시오도스였다. 헤시오도스에 의하면 세상에 처음으로 카오스가 생겨나고 다음으로 가이아, 타르타로스, 에로스가 생겨났다고 한다. 또 카오스에게서 에레보스와 닉스가 태어났으며, 가이아는 누구와도 교접하지 않고 혼자 우라노스와 우레아, 폰토스를 낳았다. 이후 가이아는 아들 우라노스와 동침하여 오케아노스, 코이오스, 크리오스, 히페리온, 야페토스, 테이아, 레아, 테미스, 므네모시네, 포이베, 테티스(Thetys), 그리고 막내 크로노스를 낳았다고 한다. 가이아는 또 키클로페스, 즉 브론테스, 스테로페스, 아르게스를 낳았는데, 바로 이들이 제우스에게 천둥과 벼락을 만들어 주었다. 그들의 이마 한가운데에는 눈이 하나만 달려 있었다. 가이아와 우라노스는 3명의 아들을 더 낳았는데, 그들이 곧 코토스, 브리아레오스, 기에스였다. 이들은 100개의 손과 50개의 머리를 지닌 강력하고 기괴한 자들이었다. 우라노스는 이들을 혐오하여 태어나자마자 차례로 지하세계에 가두었다고 한다. 가이아는 우라노스의 횡포에 불만을 품고, 그녀의 아들들을 부추겨 우라노스를 제거하도록 했다. 이에 다른 아들들은 겁을 먹고 선뜻 나서지 못했지만, 크로노스가 나서서 어머니에게 동조했다.

크로노스는 어머니의 계략에 따라 우라노스가 밤에 가이아 옆에 눕는 틈을 타서 큰 낫으로 아버지의 생식기를 거세했다고 한다. 이때 가이아는 우라노스가 흘린 피를 받아 에리니에스와 기간테스, 님프 멜리아이를 낳았으며, 바다에 던져진 우라노스의 생식기 주변의 포말에서는 여신 아프로디테가 태어났다고 한다.[2]

가이아, 우라노스, 크로노스의 이름은 호메로스 서사시에도 나타난다. 호메로스는 가이아를 '게'(Ge)라고도 부르는데, 그의 시에서 가이아는 제물을 바칠 신으로 나오기도 하고 서약의 증인으로 거론되기도 된다. 또 티티오스의 어머니로 소개되기도 한다.[3] 그러나 호메로스의 가이아 서술은 단편적인 내용만 언급할 뿐 그녀의 신화적인 계보에 대해서는 설명하지 않는다. 이는 우라노스와 크로노스의 경우에도 마찬가지이다. 호메로스는 우라노스 자신에 대해 언급하지 않고, '우라니오네스'(Οὐρανίωνες), 즉 '우라노스의 자식들'이라는 표현을 사용할 뿐이다.[4] 그가 사용하는 '우라니오네스'는 우라노스의 후손인 신들을 가리키기도 하고, 그의 자식들인 티타네스를 가리키기도 한다. 호메로스가 신들이나 티타네스를 우라노스의 후손으로 언급한 것을 보면 그가 우라노스의 신화적 계보를 알고 있었음이 분명하다. 그러나 호메로스는 우라노스에 관한 신화를 더 이상 상술하지 않는다. 가이아와 우라노스와는 달리 크로노스라는 이름은 호메로스 시에 매우 빈번하게 등장한다. 그러나 그 용례의 대부분은 제우스를 표현하는 관용적인 어구, 즉 '크로노스의 아들'이라는 말로 나타난다. 또한 크로노스는 현재 지하세계에 머물고 있는 존재로 묘사된다.[5] 그렇다면 호메로스는 크로노스에 대해서도 신화적 계보와 행적을 서술하지 않고, 오

---

2) 이상은 헤시오도스, 『신통기』 116-200의 내용을 재구성한 것이다.

3) 호메로스, 『일리아스』 3.104, 3.278, 15.36, 19.259; 『오디세이아』 5.184, 7.324, 11.576.

4) 호메로스, 『일리아스』 1.570, 5.373, 5.898, 21.509.

5) 호메로스, 『일리아스』 8.478-481, 14.203-204, 15.225.

직 제우스를 기준으로 현재 시점에서만 그를 바라본다. 그래서 크로노스는 제우스의 아버지로서만 묘사되고, 제우스가 집권한 지금에는 지하세계에 갇혀 있는 존재로 언급되는 것이다. 결국 호메로스는 제우스를 중심으로 한 올림포스 신들의 이야기에 초점을 맞추다 보니 제우스 이전의 신화에 대해서는 체계적인 서술을 하지 못했다.

제우스 이전의 신화적 계보에 대한 헤시오도스의 서술은 후대에 그대로 승계되었던 것으로 보인다. 후대 자료들에서 그의 서술과 특별히 상이한 전승들이 언급되지 않고 대체로 유사하기 때문이다. 특히 가이아에 대해서는 헤시오도스가 서술한 의미, 즉 후대의 모든 존재의 원천으로서의 의미가 그대로 수용된다. 아이스킬로스는 가이아를 '모두의 어머니'(παμμῆτόρτε γῆ), '모두를 낳은 가이아'(Γαῖαν, ἣ τὰ πάντα τίκτεται)로 묘사했고, 아폴로니오스도 가이아를 '신들의 어머니'(θεῶν μήτηρ)라고 표현했던 것이다.[6] 우라노스와 크로노스에 대해서도 대체로 헤시오도스의 서술과 합치되는 묘사들이 나타난다. 핀다로스와 플라톤은 크로노스를 우라노스의 아들로 언급했고, 이소크라테스는 크로노스가 아버지 우라노스를 거세한 일을 간접적으로 암시했다.[7]

헬레니즘 시대 서술에서도 헤시오도스가 서술한 가이아-우라노스-크로노스의 계보 이야기가 거의 그대로 반복된다. 아폴로도로스는 그 이야기를 단편적으로 거론하지 않고, 헤시오도스처럼 전체적인 이야기로 구성했다. 그의 서술은 다음과 같다.

우라노스는 최초로 온 세상을 지배한 자였다. 그는 가이아와 결혼하여 맨 처음에 헤카통케이레스(ἑκατόγχειρες)라 불리는 자들, 즉 브리아레오스, 기에스, 코토스를 낳았는데 이들은 각기 100개의 손과 50개의 머리를 지

---

6) 아이스킬로스, 『묶인 프로메테우스』 90; 『제주를 바치는 여인들』 127; 아폴로니오스, 『아르고나우티카』 3.716.

7) 핀다로스, 『피티아 송가』 3.4; 플라톤, 『크라틸로스』 396B; 이소크라테스, 11.38.

닌 자들이었다. 다음으로 가이아는 키클로페스, 즉 아르게스, 스테로페스, 브론테스를 낳았는데, 이들은 이마에 눈이 하나만 달린 자들이었다. 그런데 우라노스는 그의 자식들을 묶어서 땅속 깊이 타르타로스에 던져버렸다. 우라노스는 또한 가이아와의 사이에 남성 티타네스(Titanes)와 여성 티타니데스(Titanides)를 낳았다. 티타네스의 이름은 오케아노스, 코이오스, 히페리온, 크레이오스, 야페토스와 크로노스이고, 티타니데스의 이름은 테티스, 레아, 테미스, 므네모시네, 포이베, 디오네, 테이아였다. 한편 가이아는 타르타로스에 던져진 그녀의 자식들을 생각하면 마음이 아팠다. 그래서 그녀는 티타네스에게 아버지 우라노스를 제거하라고 부추겼으며, 크로노스에게 단단한 낫을 건넸다. 오케아노스를 제외한 티타네스는 모두 우라노스를 공격했으며, 크로노스는 아버지의 생식기를 잘라 바다 속으로 던졌다. 그때 흘러내린 피에서 에리니에스, 즉 알렉토, 티시포네, 메가이라가 태어났다. 티타네스는 그렇게 아버지를 몰아낸 후 타르타로스에 던져진 형제들을 구해내고 크로노스에게 권력을 맡겼다고 한다.[8]

아폴로도로스의 서술은 대체로 헤시오도스의 서술과 유사하다. 물론 아폴로도로스 서술은 헤시오도스에 비해 좀 더 간략하고 일부 이야기 요소를 누락하기도 한다. 아폴로도로스는 가이아와 우라노스의 결합 이전의 계보에 대해서는 서술하지 않았고 또 우라노스가 백수(百手)의 3형제를 지하에 가둔 이유도 거론하지 않는다. 또 일부 상이한 진술도 눈에 띈다. 예컨대 가이아와 우라노스의 자식생산 순서나 티타니데스의 수에 대한 진술이 다르다. 우라노스 제거과정에서 크로노스의 형제 티타네스가 보인 태도에 대해서도 진술의 차이가 나타난다. 그렇지만 둘의 서술은 가이아-우라노스-크로노스의 계보를 따르고 그들의 행적과 자식들의 이름이 거의 일치한다는 점에서 서로 유사하다고 할 수 있다. 즉 세부적인 면에서 다소의 차이가 나타나지만, 대체로 아폴로도로스는 제우스 이전의 신화적

---

8) 이상은 아폴로도로스, 『비블리오테케』 1.1.1-4의 내용을 재구성한 것이다.

계보에 대해 헤시오도스의 서술을 주로 참조했던 것으로 보인다.

한편 디오도로스는 헤시오도스와 아폴로도로스의 이야기를 일부 수용하면서도 또한 그것과 다른 전승들을 함께 소개한다. 그는 티타네스와 티타니데스가 가이아와 우라노스의 자식들이라고 말하는 자들도 있는 반면, 그들을 어떤 쿠레테스와 티타이아의 자식들로 보는 자들도 있다고 서술한다.[9] 그렇다면 적어도 디오도로스 시대에는 헤시오도스의 전승과는 상이한 이야기가 존재했던 것으로 추정된다. 디오도로스가 그 전승의 원천을 분명히 밝히지 않아 규명하기는 어렵지만, 문맥상으로 볼 때 아마 크레타인의 전승에 의거하여 서술한 것이 아닌가 한다.[10] 그 외에도 디오도로스는 헤시오도스 서술과 몇 가지 차이를 보이는데, 티타네스의 형제서열과 티타니데스의 수에 대한 서술이 다르다. 즉 디오도로스는 티타니데스를 레아, 테미스, 므네모시네, 포이베, 테티스의 5명으로 기술하고, 티타네스 가운데 가장 연장자는 크로노스라고 말한다. 크로노스가 집권한 것도 나이가 가장 많아서였다고 한다.[11] 특히 크로노스를 티타네스 가운데 가장 연장자로 보는 것은 헤시오도스 신화 서술의 말자승계(末子承繼) 구조와 배치되는 것이어서 주목할 만한 점이지만, 진술의 출처가 명시되지 않아 그것이 어떤 전승에서 유래한 것인지 확인하기 어렵다.

제우스의 신화적 계보는 선대(先代)의 가이아-우라노스-크로노스의 계보와 직접 연결된다. 제우스의 계보에 대해 처음으로 언급한 것은 역시 호메로스였다. 호메로스는 『일리아스』 15.187-188에서 포세이돈의 입을 빌려 제우스의 부모와 형제들에 대해 서술한다. 즉 포세이돈의 말에 따르면

---

9) 디오도로스, 『비블리오테케 히스토리케』 5.66.2(이하에서는 디오도로스의 서명을 명기하지 않고 출처만 밝히기로 한다).

10) 디오도로스, 5.66.1 참조.

11) 디오도로스, 5.66.3-4. 한편 헤시오도스는 티타니데스의 수를 6명, 아폴로도로스는 7명으로 적고 있다.

크로노스와 레아에게서 3형제가 태어났는데 그들이 곧 제우스와 포세이돈 자신, 그리고 셋째 하데스라고 한다. 헤시오도스도 크로노스와 레아의 자식들을 열거한다. 그는 호메로스와는 달리 크로노스의 세 아들뿐만 아니라 세 딸도 함께 소개한다. 헤시오도스에 따르면, 레아는 크로노스와의 사이에 헤스티아, 데메테르, 헤라, 하데스, 포세이돈, 그리고 제우스를 낳았다고 한다. 이들 6남매의 이름은 이후 자료에서도 크로노스와 가이아의 자식들로 열거되곤 했다. 아폴로도로스는 헤스티아, 데메테르, 헤라, 플루톤,[12] 포세이돈, 제우스의 이름을 들었고, 디오도로스도 헤스티아, 데메테르, 헤라, 제우스, 포세이돈, 하데스를 거론했다.[13] 이로써 상고기 이래 그리스 신화에서는 크로노스의 자식으로서 6남매 신들의 이름이 정립되었다고 할 수 있다.

제우스가 이들 6남매 신들 중의 한 명이고 그의 부모가 크로노스와 가이아라는 것은 호메로스 이후 어떤 자료에서도 부인되지 않는다. 그중에서도 제우스는 흔히 아버지 크로노스와 연관지어 불리곤 했다. 제우스를 가리키는 관용적인 표현으로서 '크로노스의 아들'이라는 명칭이 자주 사용되었던 것이다. '크로노스의 아들'이라는 명칭은 주로 '크로니데스'(Κρονίδης), '크로니온'(Κρονίων)으로 표현되었는데, 이것들은 호메로스도 자주 애용한 명칭이었다. 또한 호메로스는 이들 명칭 외에도 '크로누 파이스'(Κρόνου παῖς), '크로누 히오스'(Κρόνου υἱός)라는 표현을 사용했는데, 그것들은 모두 '크로노스의 아들(혹은 자식)'을 뜻하는 말이다.[14] 호메로스가 사용한 이러한 표현들은 후대의 자료들에서도 그대로 반복된다. 상고기의

---

12) 플루톤(Πλούτων)은 하데스의 후대 이름인데, 고전기 비극작품에서 처음 사용되었다고 한다(아이스킬로스, 『묶인 프로메테우스』 806; 소포클레스, 『안티고네』 1200; 에우리피데스, 『알케스티스』 360; 『미친 헤라클레스』 808, 1104).

13) 헤시오도스, 『신통기』 453-453; 아폴로도로스, 『비블리오테케』 1.1.5-6; 디오도로스, 5.68.1.

14) 호메로스의 용례에 대해서는 이 책의 555~58쪽 참조.

헤시오도스, 알카이오스, 테오그니스, 호메로스 찬가 같은 자료들과 고전기의 핀다로스, 비극시인, 헤로도토스의 작품, 그리고 헬레니즘 시대의 칼리마코스, 아폴로니오스, 디오도로스의 저술들에서 그러한 표현들을 확인할 수 있는 것이다.[15]

그런데 크로노스와 제우스의 부자관계를 나타내는 표현들이 자주 사용된 반면, 어머니 레아와의 모자관계를 언급한 사례들은 매우 드물게 나타난다. 호메로스가 제우스의 부모를 모두 밝힌 것은 단 한 번뿐이고,[16] 더욱이 어머니 레아의 이름만 들어 제우스를 언급한 사례는 전혀 없다. 이런 양상은 호메로스 이후의 자료들에서도 유사하게 나타난다. 레아가 크로노스와 함께 제우스의 부모로 언급되는 경우는 몇 번 있었지만, 제우스의 어머니로서 레아만 단독으로 언급되는 경우는 매우 드물다고 할 수 있다.[17] 그나마 크세노폰이 『사냥』 1.4에서 레아의 이름을 들어 제우스의 어머니라고 언급하지만, 사실 이 대목에서도 어머니 레아는 아버지와 함께 거론된 것이라 하겠다. 여기서 레아의 이름이 명기된 이유는 제우스와 케이론이 아버지는 같되 어머니가 다른 이복형제임을 설명하기 위해서였던 것이다. 한편 제우스는 가이아의 아들로 언급되기도 하는데,[18] 아마 레아와 가이아를 동일시하거나 아니면 혼동한 결과가 아닌가 한다.

이렇듯 그리스 신화에서 제우스의 계보는 부계(父系)를 중심으로 언급되는 경향이 지배적이었다. 이는 그리스의 부계사회적인 면모와 그대로 부합된다. 그리스인들은 자신의 이름을 말할 때 아버지의 이름을 들어 부계를 명시하곤 했다. 이는 호메로스 서사시에서도 분명하게 드러난다. 호

---

15) 호메로스 이후의 용례에 대해서는 이 책의 555~58쪽 참조.

16) 호메로스, 『일리아스』 15.187-188.

17) 호메로스, 『일리아스』 15.187-188; 헤시오도스, 『신통기』 453-458, 624-625; 핀다로스, 『올림피아 송가』 2.12; 플라톤, 『티마이오스』 41A; 아폴로도로스, 『비블리오테케』 1.1.6; 디오도로스, 3.73.4, 5.65.4, 5.68.1(부모 언급), 크세노폰, 『사냥』 1.4(어머니 레아 언급).

18) 아이스킬로스, 『히케티데스』 892, 902; 소포클레스, 『필록테테스』 391-392.

메로스는 아킬레우스를 흔히 '펠레우스의 아들'로 불렀고, 아가멤논을 '아트레우스의 아들', 오디세우스를 '라에르테스의 아들'로 부르곤 했던 것이다.[19] 아테네에서도 클레이스테네스의 부족제 개편(기원전 508년) 이전에는 시민들의 이름을 공식적으로 지칭할 때 아버지 이름과 함께 부르곤 했다.[20]

2) 탄생과정

호메로스는 제우스의 탄생과정과 탄생지에 대해 별다른 언급을 하지 않는다. 그는 주로 당대의 지배자 제우스의 집권과정과 권능에 대해 서술하고, 그의 탄생과 양육과정에 대해서는 거론하지 않는다. 제우스의 탄생과정에 대해 처음 서술한 것은 헤시오도스였다. 그는『신통기』에서 제우스의 탄생을 다음과 같이 서술한다.

레아는 크로노스와 결합하여 헤스티아, 데메테르, 헤라, 하데스, 포세이돈의 순서로 자식들을 낳았다고 한다. 그런데 크로노스는 자신의 자식들이 태어나자마자 즉시 삼켜버리곤 했다. 이는 그가 아닌 다른 자가 신들의 제왕 자리를 차지하지 못하게 하려는 것이었다. 실은 크로노스가 가이아와 우라노스에게서 한 예언을 들은 바 있는데, 장차 자신의 자식에 의해 권좌에서 내몰린다는 것이었다. 그래서 그는 자식을 낳으면 곧바로 삼켜버렸던 것이다. 레아는 이를 크게 슬퍼했지만 도리가 없었다. 그러던 중 레아가 제우스를 잉태하여 산달이 다가왔다. 그녀는 부모인 가이아와 우

---

19) '펠레우스의 아들'과 '아트레우스의 아들' 용례는 너무 많기 때문에『일리아스』제1권의 경우만 밝히고, '라에르테스의 아들' 용례는『일리아스』전체에 걸쳐 밝히고자 한다.『일리아스』1.1, 1.146, 1.188, 1.197, 1.223, 1.245, 1.277, 1.306, 1.322, 1.489('펠레우스의 아들'), 1.24, 1.59, 1.102, 1.191, 1.203, 1.224, 1.232, 1.247, 1.282, 1.308, 1.313, 1.355, 1.369, 1.375, 1.387, 1.411('아트레우스의 아들'), 2.173, 3.200, 4.358, 8.93, 9.308, 9.624, 10.144, 19.185, 23.723('라에르테스의 아들').

20) 아리스토텔레스,『아테네인의 국제』21.4.

라노스를 찾아가 제우스를 은닉하고 크로노스에게 복수할 방법을 알려달라고 간청했다. 그들은 딸의 말에 따르기로 하고, 장차 크로노스와 제우스에게 일어날 일을 그녀에게 말해 주었다. 그들은 레아가 막내아들인 제우스를 출산할 때가 되자 그녀를 크레타의 릭토스(Lyktos)로 보냈다. 가이아는 크레타에서 레아의 아기를 받아 잘 보살피고 양육했다. 가이아는 캄캄한 야밤을 이용해 그를 우선 릭토스로 데려갔으며, 나중에는 그를 안아서 아이가이온산의 외딴 동굴에다 숨겼다. 그리고 그녀는 크로노스에게 포대기에 싼 큰 돌멩이를 주었고, 크로노스는 그것을 제 자식으로 여겨 그냥 뱃속에 삼켜버렸다. 그는 자신의 아들이 살아남았다는 것을 전혀 눈치 채지 못했으며, 장차 그의 아들이 그를 강제로 몰아내고 신들의 새로운 지배자가 되리라는 것도 인지하지 못했다고 한다.[21]

헤시오도스가 서술한 제우스 탄생신화는 후대에도 대체로 수용된다. 헤시오도스 이후의 저술 중에서 제우스의 탄생신화를 비교적 체계적으로 서술한 것은 아폴로도로스와 디오도로스의 저술이다. 그에 관한 아폴로도로스의 서술은 다음과 같다.

크로노스는 누이 레아와 결혼했다. 그런데 가이아와 우라노스가 크로노스에게 예언하기를 그가 자신의 아들에 의해 권좌에서 밀려날 것이라고 했기 때문에 크로노스는 자식이 태어나는 족족 삼켜 버리곤 했다. 그는 첫 자식인 헤스티아를 비롯하여 데메테르, 헤라, 플루톤, 포세이돈을 차례로 삼켰다. 이에 화가 치민 레아는 제우스를 임신하자 크레타로 가서 딕테(Dikte)산의 동굴에서 제우스를 몰래 낳았다. 그리고 레아는 새로 태어난 아기인 것처럼 돌멩이 하나를 포대기에 싸서 크로노스에게 건넸고, 크로노스는 그것을 뱃속으로 삼켜 넣었다.[22]

한편 디오도로스는 크레타인의 전승을 바탕으로 제우스의 탄생신화를

---

21) 이상은 헤시오도스, 『신통기』 453-491의 내용을 재구성한 것이다.

22) 이상은 아폴로도로스, 『비블리오테케』 1.1.5-1.1.7의 내용을 재구성한 것이다.

서술한다. 디오도로스는 우선 제우스의 탄생과 집권과정에 대한 당시의 전승들이 서로 일치되지 않는다고 지적한다. 어떤 자들은 제우스가 크로노스의 지배권을 폭력적인 방식이 아니라 관례적으로 정당하게 계승했다는 주장도 한다는 것이다. 그런데 그중에서도 디오도로스가 수용한 제우스 탄생신화는 헤시오도스의 서술과 매우 유사하다.

어느 날 크로노스는 자신에게서 태어날 아들이 그의 지배권을 강제로 빼앗을 것이라는 예언을 듣게 되었다. 그래서 크로노스는 그가 낳은 자식들을 모두 제거해 버렸다. 크로노스의 부인 레아는 이를 몹시 슬퍼했지만 남편의 마음을 돌릴 수가 없었다. 그후 그녀는 제우스를 낳게 되자 그를 이데산에 숨기고, 이데산 인근에 살고 있던 쿠레테스에게 아기를 맡겨 크로노스 몰래 양육하도록 했다. 후일 장성한 제우스는 자신이 태어난 딕테에 도시를 건설했다고 한다.[23]

이상의 크로노스 탄생신화 서술에서 공통적인 요소는 크로노스가 가이아와 우라노스의 예언을 듣고 자신의 자식들을 제거했다는 점, 레아가 크로노스의 횡포를 피해 크레타에서 몰래 제우스를 낳았다는 점, 제우스가 살아남아 비밀리에 크레타에서 양육되었다는 점이다. 반면에 제우스 은닉 과정에서 가이아와 우라노스가 레아를 도왔다는 점, 아기 제우스 대신 돌 멩이를 크로노스에게 건넸다는 점은 일부 자료에서만 언급된다. 또한 제우스의 구체적인 탄생장소에 대한 서술은 각기 다소의 차이를 보인다.

헤시오도스, 아폴로도로스, 디오도로스로 이어지는 제우스 탄생신화의 줄거리는 다른 자료들에서도 확인된다. 코린나도 제우스의 은닉을 언급하고, 에우리피데스도 제우스가 크레타에서 몰래 태어났다고 말하는 것이다.[24]

그런데 그리스인들 사이에는 헤시오도스 서술과는 다른 별도의 제우스

---

23) 이상은 디오도로스 5.65.4, 5.70.1-6의 내용을 재구성한 것이다.

24) 코린나, Fragments, fr.654, col.i.12-16; 에우리피데스, 『바카이』 120-122.

탄생신화가 전해졌던 것 같다. 제우스 탄생에 대한 서로 다른 전승들이 함께 전래했다는 것은 이미 칼리마코스와 디오도로스가 지적한 바 있다. 그런데 디오도로스는 헤시오도스의 제우스 탄생 서술에 부합되는 전승을 수용하여 서술한 반면, 칼리마코스는 그것과는 다른 전승을 받아들이고 있다. 칼리마코스는 찬가 1.6-7에서 제우스가 이데산에서 태어났다는 전승과 아르카디아에서 태어났다는 전승을 함께 언급하면서도 크레타인들의 이야기를 믿지 않고 제우스의 아르카디아 탄생 전승을 더 선호한다.

칼리마코스가 전하는 제우스의 탄생 이야기는 다음과 같다. 레아는 아르카디아의 나무 울창한 파라시아(Parrhasia)산에서 제우스를 낳았다고 한다. 파라시아산은 레아가 해산한 곳으로 임신한 짐승이나 여자가 범접할 수 없는 신성한 성지이다. 레아는 출산 후 아기를 씻기려고 물을 찾았지만 물을 찾을 수 없었다. 당시에는 아르카디아에 강이 하나도 없었기 때문이다. 레아는 팔을 높이 쳐들고 그녀의 지팡이로 산을 쿵 하고 내리쳤다. 이에 산은 두 동강이 나고 그 틈에서 세찬 물이 쏟아져 나왔다. 레아는 그 물로 아기 제우스를 씻긴 후 포대기에 싸서 님프 네다(Neda)에게 건넸다. 그러면서 레아는 그녀에게 아기를 크레타의 은신처로 데려가 남몰래 키우라고 일렀다. 네다는 제우스를 데리고 크레타로 갔다고 한다.[25]

칼리마코스가 이처럼 아르카디아 탄생 전승을 수용한 이유는 필시 그의 조국 키레네와 펠로폰네소스 지방의 긴밀한 연관성 때문이었던 것으로 보인다. 당시 키레네에는 여러 부류의 그리스인들이 살고 있었다고 하는데, 그중에는 테라에서 온 식민자들과 펠로폰네소스인들, 크레타인들이 포함되어 있었다고 한다.[26] 즉 칼리마코스의 조국에는 아르카디아 탄생 전승과 크레타 탄생 전승을 옹호하는 자들이 함께 존재했다고 할 수 있다. 칼리마코스는 그중에서 펠로폰네소스인들의 이야기를 받아들인 것이

---

25) 이상은 칼리마코스 찬가, 1.10-44의 내용을 재구성한 것이다.

26) 헤로도토스, 『역사』 4.161.

아닌가 한다. 헤로도토스에 의하면 테라에는 스파르타인의 후손이 거주했다고 하므로[27] 테라 출신의 키레네 식민자들 중에도 아르카디아 탄생 전승을 믿는 자들이 많았을 것으로 보인다. 칼리마코스 자신도 키레네 건국 조상들의 계보가 테라와 스파르타까지 거슬러간다는 것을 잘 알고 있었다.[28] 더욱이 칼리마코스는 크레타인들의 제우스 이야기 자체를 믿으려하지 않았다. 그는 불사의 신 제우스가 죽었다고 이야기하는 크레타인들을 거짓말쟁이라고 비난했던 것이다.[29]

3) 탄생지

제우스의 탄생지에 대한 언급은 헤시오도스에게서 처음 나타난다. 헤시오도스에 의하면 가이아와 우라노스가 제우스의 비밀출산을 위해 레아를 크레타의 릭토스로 보냈다고 한다. 그런데 헤시오도스는 레아가 크레타에서 제우스를 낳았다고 말하면서도 크레타 내의 구체적인 장소를 명확히 밝히지 않는다. 한편으로는 가이아와 우라노스가 산달이 다 된 레아를 크레타의 릭토스로 보냈다고 하면서도 다른 한편으로는 가이아가 크레타에서 레아의 아들을 받아 우선 릭토스로 데려갔다고도 한다.[30] 즉 레아가 크레타에서 제우스를 출산했다고 하지만 그를 릭토스에서 낳은 것인지는 분명치 않은 것이다.

헤시오도스 이후 제우스의 탄생지에 대한 전승이 다시 거론된 것은 헬레니즘 시대의 자료들에서였다. 우선 칼리마코스는 그의 제우스 찬가 서두에서 어떤 제우스를 노래해야 할지를 되묻는다. 즉 딕타이오스를 노래

---

27) 헤로도토스, 『역사』 4.147-148.

28) 칼리마코스 찬가, 2.71-79.

29) 칼리마코스 찬가, 1.8-9.

30) 헤시오도스, 『신통기』 477-482.

할지 아니면 리카이오스를 노래할지 자문(自問)한다. 여기서 '딕타이오스'는 크레타의 딕테산의 제우스를 가리키는 수식어고 '리카이오스'는 아르카디아의 리카이온산의 제우스를 가리킨다. 칼리마코스는 이들 딕타이오스와 리카이오스 제우스의 탄생 이야기가 서로 다르다고 지적한다. 즉 어떤 자들은 제우스의 탄생지를 이데산으로 보는 데 반해, 또 다른 자들은 아르카디아로 본다는 것이다. 하지만 칼리마코스는 이 가운데서 크레타인들의 이야기를 불신하고 아르카디아의 제우스를 선택한다. 그는 레아가 아르카디아의 파라시아라는 곳에서 제우스를 낳았다고 서술하는 것이다.[31]

여기서 칼리마코스는 제우스가 크레타의 이데산에서 태어났다는 전승도 언급한다. 이는 제우스의 크레타 탄생 전승이 칼리마코스 시대에 전하고 있었음을 말해준다. 아폴로도로스와 디오도로스도 칼리마코스와는 달리 크레타 탄생 전승을 받아들인다. 하지만 크레타 내의 구체적인 지명에 대해서는 다르게 말한다. 그들은 릭토스나 이데산을 언급하지 않고 딕테산을 제우스의 탄생지로 거론한다. 즉 아폴로도로스는 제우스가 크레타의 딕테산의 동굴에서 태어났다고 하고, 디오도로스도 탄생지를 딕테라고 말하는 것이다.[32]

그리스 자료에서 언급된 제우스 탄생지는 크게 보아 크레타와 아르카디아 지역이다. 그러나 이 가운데에서 보다 우세한 전승은 크레타 탄생 전승이다. 이 전승은 헤시오도스 이후 아폴로도로스와 디오도로스에게서 확인된다. 아르카디아 탄생 전승은 칼리마코스에게서 서술되지만 다른 신화 자료에서는 별다른 반향을 일으키지 못했던 던 같다. 그리스인들 사이에는 제우스와 크레타의 연관성을 용인하는 분위기가 더 지배적이었던 것이

---

31) 칼리마코스 찬가, 1.1-11.

32) 칼리마코스 찬가, 1.6-7, 1.10; 아폴로도로스, 『비블리오테케』 1.1.6; 디오도로스 4.17.3, 5.70.6.

다. 헤시오도스 이래 크레타 탄생 전승이 더욱 빈번하게 등장하고, 더욱이 칼리마코스도 제우스와 크레타와의 연관성을 전적으로 부정하지 않았기 때문이다. 칼리마코스에 의하면 제우스가 아르카디아에서 태어난 후 크레타로 옮겨져 양육되었다고 한다.[33] 그러나 크레타 내의 어디서 제우스가 탄생했는지에 대해서는 자료들의 진술이 서로 엇갈린다. 자료에 따라 크레타의 이데산이나 딕테산을 거론하기도 하고, 또 릭토스라는 지명을 암시하기도 하는 것이다.

4) 형제/남매

그리스 신화에서 제우스를 포함한 6남매 전승은 이미 상고기에 확립되었다. 호메로스는 제우스, 포세이돈, 하데스 3형제를 거론하고 제우스의 누이 헤라의 이름도 언급한다. 헤시오도스 역시 제우스의 동기들을 언급하면서 헤스티아, 데메테르, 헤라, 하데스, 포세이돈, 제우스의 이름을 든다. 상고기의 이런 전승은 후대에도 그대로 반영되었는데, 아폴로도로스는 헤스티아, 데메테르, 헤라, 플루톤, 포세이돈, 제우스의 이름을 열거하고, 디오도로스도 헤스티아, 데메테르, 헤라, 제우스, 포세이돈, 하데스를 언급한다. 뿐만 아니라 제우스 6남매의 이름을 일부만 언급한 자료들도 모든 시기에 걸쳐 다양하게 등장한다.[34]

그런데 6남매의 출생순서에 대해서는 진술이 엇갈리기도 한다. 호메로스는 3형제에 대해 서술하면서 제우스, 포세이돈, 하데스의 순서로 설명한다. 『일리아스』 제15권에 묘사된 제우스와 포세이돈의 대화에서 제우스는 자신이 포세이돈보다 "훨씬 더 힘이 세고 먼저 태어났다"(βίη πολὺ φέρτερος εἶναι καὶ γενεῇ πρότερος)라고 하면서 포세이돈더러 자신의 말에 따

---

33) 칼리마코스 찬가, 1.8-9, 1.33-34.

34) 이 책의 559~62쪽 참조.

르라고 명한다. 이에 포세이돈도 자신들 3형제를 들먹이면서 제우스, 포세이돈, 그리고 '셋째 하데스'(τρίτατος Ἀίδης)의 순서로 언급한다.[35] 여기서 '셋째 하데스'의 이름이 제일 나중에 언급되기 때문에 제우스, 포세이돈, 하데스의 나열순서는 출생순서와 일치한다고 할 수 있다. 이는 『일리아스』 제13권에서도 확인되는데, 제우스는 포세이돈과 한 부모에게서 태어났지만 포세이돈보다 '먼저 태어나고 더 위대한'(πρότερος γεγόνει καὶ πλείονα) 신이라고 언급되어 있다.[36]

한편 호메로스는 『오디세이아』 제13권에서 포세이돈을 나이 많은 연장자로 언급하기도 한다. 이 대목에서 제우스는 포세이돈이 신들 중에서 '아주 나이 많은 상급의'(πρεσβύτατον καὶ ἄριστον) 신이라고 표현한다.[37] 사실 여기서는 최상급 표현인 '프레스비타토스'(πρεσβύτατος)와 '아리스토스'(ἄριστος)라는 말이 사용되고 있다. 그 말을 절대적 최상급으로 번역하면 '가장 나이 많은 최상의' 신이 되지만, 전후 문맥으로 볼 때 그가 최연장자라는 것을 뜻하지는 않는다. 다음 대목에서 포세이돈은 자신이 제우스를 매우 두려워하고 있음을 토로하는 것이다. 그러므로 문맥상 포세이돈은 제우스보다 우월한 최상의 신이 될 수 없고 따라서 제우스보다 나이 많은 최연장자 신도 아니라고 하겠다. 그렇다면 그 최상급 표현은 절대적 최상급을 의미한다기보다 비교급을 강조한 것으로 볼 수 있다. 앞서 『일리아스』의 대목에서는 제우스와 포세이돈을 구체적으로 비교하며 그 선후를 분명하게 밝히고 있는 데 비해, 이 대목에서는 신들 중에서 크게 비교우위에 있는 포세이돈의 위상을 강조한 것이 아닌가 한다. 결국 『오디세이아』 제13권의 구절은 포세이돈이 제우스보다 연장자라는 것을 의미하지 않는다. 그러므로 둘의 선후관계가 분명히 명시된 『일리아스』를 근거로 하자

---

35) 『일리아스』 15.165-166, 15.181-182, 15.187-188.

36) 『일리아스』 13.354-355.

37) 『오디세이아』 13.141-142.

면 호메로스가 제우스를 크로노스의 맏아들로 간주했음을 알 수 있다. 즉 호메로스는 제우스 3형제의 출생순서를 제우스, 포세이돈, 하데스의 순서로 보고 있는 것이다.

반면 헤시오도스는 이들 3형제의 순서를 정반대로 서술한다. 그는 『신통기』에서 제우스를 레아의 '가장 연소한 자식'(ὁπλότατον παίδων)이라고 표현한다.[38] 뿐만 아니라 헤시오도스가 기술한 제우스 탄생 신화에서도 제우스는 막내아들로 나타난다. 그 신화에 따르면 제 자식들을 삼킨 크로노스의 횡포를 최종적으로 저지하고 마침내 동기들을 다시 살려낸 자가 바로 제우스였기 때문이다. 헤시오도스가 서술한 하데스, 포세이돈, 제우스의 출생순서는 이후에도 대부분 자료에 수용되어 왔다.

그러면 제우스 형제들의 출생순서에 대해 호메로스와 헤시오도스가 이처럼 정반대 서술을 하는 이유는 무엇일까? 첫째, 호메로스와 헤시오도스의 시대에 정반대의 전승들이 전해지고 있었고 그들은 각기 다른 전승을 소개한 것일 수 있다. 둘째, 그들의 서술상의 차이는 서술관점의 차이에 따른 것일 수 있다. 즉 헤시오도스는 제우스의 계보와 권력의 기원을 설명하는 반면, 호메로스는 현재의 권력자인 제우스의 행적을 다룬다. 그래서 헤시오도스는 과거의 시간 순서에 따라 3형제의 이야기를 풀어나가지만 호메로스는 현재의 권력 서열에 따라 설명한 것이 아닌가 한다. 셋째, 그들의 서술 차이는 3형제가 태어난 시점을 각기 달리 설정한 데 따른 결과일 수 있다. 즉 하데스와 포세이돈의 출생시점을 원래 태어난 시기로 볼 것인가 아니면 크로노스의 뱃속에 들어갔다가 토해져서 다시 세상에 나온 시기로 볼 것인가 하는 문제이다. 즉 원래의 출생순서는 하데스, 포세이돈, 제우스이지만 크로노스가 다시 자식들을 토해낼 때에는 이미 제우스가 태어난 후이므로 포세이돈과 하데스가 제우스 다음에 출생한 것으로 된다. 사실 이런 식의 서술은 호메로스 찬가, 5.22-23의 헤스티아 서술에

---

38) 헤시오도스, 『신통기』 478-479.

서도 확인된다. 여기서 헤스티아는 "크로노스가 첫 번째로 낳았다가 나중에 다시 가장 연소자로 낳은"(ἣν πρώτην τέκετο … Κρόνος, αὖτις δ' ὁπλοτάτην) 자식으로 묘사된다. 그녀는 원래 크로노스의 첫째 자식으로 태어났기 때문에 가장 먼저 크로노스 뱃속에 들어갔고 가장 뒤늦게 토해졌다. 이를 두고 호메로스 찬가에서는 크로노스가 그녀를 가장 연소자로 낳았다고 서술한 것이다.

그런데 헤시오도스 이후에는 제우스가 막내아들이라는 진술이 지배적이었던 것으로 보아 하데스, 포세이돈, 제우스의 순서가 일반적으로 수용되었던 것 같다. 아폴로도로스는 헤시오도스의 서술을 그대로 받아들인다. 그도 제우스 3형제를 플루톤, 포세이돈, 제우스의 순서로 열거하고 있는 것이다. 뿐만 아니라 크로노스가 제우스의 형제들을 삼킨 일, 제우스가 자신의 형제들을 다시 살려낸 일을 서술한다.[39] 이 일화들은 제우스가 막내아들이라는 것을 입증해주므로 아폴로도로스는 분명 막내 제우스 전승을 받아들인 것으로 볼 수 있다.

한편 디오도로스는 호메로스의 서술과 마찬가지로 제우스, 포세이돈, 하데스의 순서로 열거한다. 그런데 디오도로스가 호메로스처럼 제우스 3형제의 이름을 출생순서에 따라 나열했는지는 불분명하다. 아마 디오도로스는 출생 서열과 무관하게 그들의 이름을 나열했을 가능성이 크다. 왜냐하면 디오도로스 역시 크로노스가 자신의 자식들이 태어나는 대로 그들을 다 제거했다는 전승을 소개하고 있기 때문이다.[40] 그 전승을 언급한 것은 제우스가 다른 형제들에 비해 늦게 태어났다는 것을 인정하는 것이다. 따라서 디오도로스도 제우스를 크로노스의 막내아들로 여겼음이 분명하다.

한편 제우스의 누이들에 대해 호메로스는 단지 헤라를 언급할 뿐이다. 그는 헤라를 크로노스의 장녀이며 제우스의 아내로 소개한다.[41] 그러나

---

39) 아폴로도로스, 『비블리오테케』 1.1.5-6.

40) 디오도로스, 5.68.1, 5.70.1-2.

제우스의 다른 여자형제들에 대해서는 일절 언급이 없다. 호메로스의 이야기에서는 크로노스의 자식들이 세상을 나누어 통치할 때 통치 영역을 아들들에게만 나누고 딸들에게는 나누지 않는다. 그렇게 아들 위주의 권력 분배를 설명한 호메로스이기 때문에 크로노스의 딸들에 대해서는 그다지 많은 진술을 남기지 않는다. 제우스의 누이들에 대해 비교적 자세한 정보를 제공하는 것은 헤시오도스이다. 헤시오도스는 크로노스와 레아 사이에 태어난 자식들을 열거하면서 히스티에(헤스티아), 데메테르, 헤라, 하데스, 포세이돈, 제우스의 순서로 언급한다.[42] 앞의 3명은 딸로서 제우스의 누이들이다. 여기서도 호메로스와 헤시오도스는 크로노스 딸들의 순서에 대한 견해차를 드러낸다. 호메로스는 헤라를 크로노스의 장녀로 언급하는 반면, 헤시오도스는 딸 중에 막내로 서술하고 있는 것이다. 여기서도 두 시인들 간에는 제우스의 출생시기에 대한 관점의 차이가 존재했거나 아니면 애초에 각기 다른 전승을 수용했을 수 있다. 이후 자료들에서는 대개 3자매를 모두 함께 열거하지 않고 그들이 크로노스 혹은 레아의 자식이라는 것을 개별적으로 서술하곤 했다. 한편 아폴로도로스와 디오도로스는 헤시오도스와 마찬가지로 3자매의 이름을 다 함께 거론한다. 그녀들의 이름 순서도 역시 헤시도오스와 마찬가지로 헤스티아, 데메테르, 헤라이다.

크로노스와 레아가 낳은 제우스의 6남매 이외에 제우스의 형제로 언급되는 자는 케이론(Cheiron)이다. 호메로스와 헤시오도스 같은 상고기 자료들은 제우스의 형제로서 케이론의 이름을 언급하지 않는다. 헤시오도스가 케이론의 어머니 필리라(Philyra)의 이름을 거론하지만 아버지의 이름을 밝히지 않기 때문에 제우스와 케이론의 형제관계가 명시되지 않는다. 케이론의 아버지가 크로노스라는 것은 고전기의 핀다로스 송가에서 처음 언급된다. 케이론의 아버지에 대해 크로노스 이외의 자를 언급하는 전승

---

41) 『일리아스』 4.59-60, 5.721, 18.365.

42) 헤시오도스, 『신통기』 453-458.

은 없다. 한편 케이론의 어머니에 대해서는 전승이 엇갈린다. 헤시오도스와 핀다로스는 그의 어머니를 필리라라고 하며, 아폴로도로스도 그에 따른다. 반면에 크세노폰은 그의 어머니를 님프 나이스(Nais)라고 전한다.[43] 아무래도 언급의 빈도나 후대의 계승여부를 기준으로 하자면 필리라를 케이론의 어머니로 보는 전승이 더 우세했던 것 같다. 그렇다면 제우스와 케이론은 서로 어머니가 다른 이복형제가 되는 셈이다.

2. 양육: 양육과정, 양육자, 양육장소

1) 양육과정

호메로스는 제우스가 어떤 양육과정을 거쳐 성장했는가에 대해 자세히 설명하지 않는다. 호메로스는 제우스의 탄생과 양육과정에 대해서는 전혀 거론하지 않고 이미 최고신으로의 지위를 확립한, 장성한 제우스에 대해서만 다룬다. 제우스의 양육과정에 대해 처음 언급한 것은 역시 헤시오도스였다. 그에 의하면 가이아가 크레타에서 레아의 아기를 받아 잘 보살피고 양육했다고 한다. 또 가이아는 밤중에 아기 제우스를 데리고 릭토스를 경유하여 아이가이온산의 동굴로 가서 그를 숨겼다고 한다.[44] 헤시오도스의 서술은 제우스가 어머니 레아에 의해 양육되지 않고 남의 손에서 자랐다는 점, 제우스가 비밀스럽게 양육되었다는 점, 제우스가 크레타의 외딴 곳에서 양육되었다는 점, 가이아가 제우스의 양육에 관여했다는 점을 말해준다. 그런데 제우스가 남의 손에서 비밀스럽게 양육되었다는 것은 아

---

43) 헤시오도스, 『신통기』 1001-1002; 핀다로스, 『피티아 송가』 3.1-4, 4.115, 6.22; 크세노폰, 『사냥』 1.4; 아폴로도로스, 『비블리오테케』 1.2.4.

44) 헤시오도스, 『신통기』 477-484.

버지 크로노스의 횡포를 피하기 위해서였다. 크로노스가 아기 제우스를 삼키지 못하게 하려고 레아가 크로노스 몰래 제우스를 낳았고 또 그를 은 닉시켜 키워야 했던 것이다. 그러므로 제우스 양육과정의 은폐적인 면모 는 그의 비밀스런 탄생 이야기와 직결되어 있다.

헤시오도스 이후의 제우스 양육 이야기는 헬레니즘 시대에 들어와 좀 더 자세히 묘사된다. 물론 상고기와 고전기 자료들에서도 '쿠레테스'와 '아말테이아'에 대한 언급이 등장하기 때문에 그때에도 제우스 양육에 관 한 전승들이 유포되었을 것으로 추정되지만, 그래도 현존 자료들 중에서 그의 양육 이야기가 비교적 자세히 언급되는 것은 헬레니즘 시대의 자료 들인 아라토스, 칼리마코스, 아폴로도로스, 디오도로스 등의 저술이다.

우선 아라토스가 전하는 제우스 양육 이야기는 이렇다. 즉 옛적에 어린 제우스가 크레타의 이데산 부근에 있는 딕톤에서 자랄 때 키노수라와 헬 리케가 동굴에서 그를 1년 동안 양육했다고 한다. 그동안 딕톤의 쿠레테 스는 크로노스를 속여 넘겼고 성스러운 염소가 제우스에게 젖을 먹였다고 한다.[45] 아라토스의 서술은 헤시오도스의 서술과 비교할 때 대체적인 이 야기 구성에서는 비슷하되 세부 서술에서 다소 차이가 난다. 즉 제우스가 어머니 아닌 남의 손에 의해 크레타의 어떤 곳에서 비밀스럽게 양육되었 다는 점에서는 비슷하지만 구체적인 양육자와 양육장소에 대한 서술에서 는 차이가 있다.

제우스가 크레타에서 남의 손에 의해 비밀스럽게 양육되었다는 이야기 의 대체적인 틀은 헬레니즘 시대의 다른 자료들에서도 공통적으로 확인 된다. 아라토스와 동시대인인 칼리마코스가 전하는 제우스 양육 이야기는 다음과 같다. 즉 레아는 아르카디아에서 제우스를 낳은 후 그를 님프 네다 에게 건네면서 '크레타의 굴'(κευθμός Κρηταῖος)로 데려가 아무도 몰래 키 우라고 명했다 한다. 님프는 제우스를 데리고 크레타로 갔으며 가는 도중

---

45) 아라토스, 『파이노메나』 30-37, 162-164.

크노소스 부근에서 제우스의 배꼽이 땅에 떨어졌다. 제우스가 크레타의 목적지에 도착하자 딕테산의 멜리아이가 그를 받아 안았고 아드라스테이 아는 그를 황금요람에 눕혔다. 제우스는 염소 아말테이아의 젖을 먹었으며, 이데산의 달콤한 벌꿀도 맛보았다. 제우스 주변에서는 쿠레테스가 요란하게 무기를 두들기고 군무(軍舞)를 추면서 크로노스에게 아기 소리가 들리지 않게 했다.[46] 칼리마코스 서술과 다른 자료들과의 차이는 제우스를 크레타로 데려간 자를 님프 네다라고 언급한 점, 양육자와 양육장소에 대한 서술이 다른 점, 제우스의 배꼽이 떨어져 나온 이야기를 추가한 점이다. 또한 제우스의 아르카디아 탄생 전승을 수용한 칼리마코스가 크레타를 양육장소로 기술한 것은 그도 제우스와 크레타의 신화적 연관성을 인정한 것이라 하겠다.

한편 아폴로도로스와 디오도로스가 서술한 제우스 양육 전승 역시 기본적으로는 헤시오도스의 서술구도와 유사하다. 그것은 크로노스의 횡포, 레아의 비밀출산 및 제우스의 비밀양육의 이야기 구도를 따르고 있다. 아폴로도로스에 의하면 크로노스의 횡포에 화가 난 레아가 제우스를 임신하자 크레타로 갔고 딕테산의 동굴에서 제우스를 몰래 낳았다고 한다. 그녀는 아기를 낳은 후 쿠레테스와 님프인 아드라스테이아, 이다에게 아기를 주어 양육하도록 했다. 님프들은 아말테이아의 젖으로 아기를 키웠고, 쿠레테스는 크로노스가 아기 소리를 듣지 못하도록 창을 방패에다 두들기며 동굴의 아기를 보호했다고 한다.[47]

디오도로스의 서술도 이와 유사하다. 디오도로스는 말하기를, 레아가 제우스를 낳게 되자 그를 이데산에 숨겼으며 이데산 인근에 살고 있던 쿠레테스에게 아기를 맡겨 크로노스 몰래 양육하도록 했다고 한다. 쿠레테스는 아기를 동굴로 데려가 님프들에게 맡기며 그를 극진히 보살피라고

---

46) 칼리마코스 찬가, 1.33-53.

47) 아폴로도로스, 『비블리오테케』 1.1.5-1.1.7.

일렀다. 님프들은 이데산에서 아말테이아라는 염소의 젖과 벌꿀로 제우스를 양육했다. 또한 쿠레테스는 떠들썩한 소란으로 크로노스를 속이기 위해 칼과 투구, 군무를 창안했다고 한다. 그런데 쿠레테스가 아기 제우스를 데려가던 중에 트리톤강 부근에서 제우스의 배꼽이 땅에 떨어졌다고 한다.[48] 아폴로도로스와 디오도로스 역시 양육자와 양육장소에 대한 구체적인 서술에서는 차이가 드러나며, 특히 디오도로스는 칼리마코스와 마찬가지로 제우스가 양육장소로 가던 중 배꼽이 떨어진 일화를 언급하고 있다. 그러나 배꼽이 떨어진 지점에 대해서는 칼리마코스와 디오도로스가 서로 다른 진술을 남기고 있다.

2) 양육자

앞서 살펴보았듯이 제우스의 양육과정을 언급한 자료들은 양육자 이름과 역할에 대해 각기 다르게 서술한다. 제우스의 양육 신화는 헤시오도스가 처음 언급했기 때문에 양육자를 처음 거론한 것도 물론 헤시오도스였다.[49] 그가 언급한 제우스의 양육자는 가이아였다. 헤시오도스에 따르면 제우스를 아이가이온산의 동굴로 데려간 것도 가이아이고 또 그를 보살펴 양육한 것도 가이아였다고 한다. 그러나 헤시오도스는 가이아의 이름만 간단히 거론할 뿐 양육과정에서의 역할을 설명하지 않는다.

헤시오도스 이후 고전기에 이르기까지 제우스의 양육자 이름은 그다지 언급되지 않았다. 단지 에우리피데스가 제우스의 탄생과 쿠레테스를 관련 지어 서술함으로써[50] 쿠레테스를 제우스의 양육자로 암시할 뿐이다. 그

---

48) 디오도로스, 5.65.4, 5.70.3-4.

49) 이후 제우스의 양육자와 양육장소 논의에 나오는 근거 자료는 이미 앞의 양육과정 논의에서 제시되었을 경우 중복을 피하기 위해 따로 제시하지 않기로 한다.

50) 에우리피데스, 『바카이』 120-122.

후 제우스의 양육자를 비교적 상세히 서술한 것은 헬레니즘 시대의 아라토스였다. 아라토스는 키노수라와 헬리케가 제우스를 동굴에서 1년 동안 양육했으며, 그때 딕톤의 쿠레테스가 크로노스를 기만하는 행동을 했다고 전한다. 또 제우스에게 젖을 먹인 것은 신성한 염소였다고 한다. 여기서 아라토스는 제우스를 직접 양육한 자들(키노수라와 헬리케), 제우스에게 먹을 것을 제공한 자(신성한 염소), 그리고 크로노스를 속여 제우스를 비호한 자들(쿠레테스)을 구분하여 서술한다. 이런 식의 구분은 이후 서술에서도 비슷하게 나타난다. 칼리마코스에 의하면 님프 네다가 레아의 명을 받아 제우스를 아르카디아로부터 크레타로 데려왔을 때 딕테산의 멜리아이[51]가 제우스를 받아 안았으며 아드라스테이아가 그를 요람에 눕혔다고 한다. 그리고 제우스는 아말테이아라는 염소의 젖과 이데산의 달콤한 벌꿀을 먹고 자랐다고 한다. 이때 쿠레테스는 제우스 주변에서 요란하게 무기를 두들기고 군무를 추면서 크로노스에게 아기 소리가 들리지 않도록 했다고 한다. 여기서 제우스를 직접 양육한 자들은 딕테산의 멜리아이와 아드라스테이아이고, 네다는 제우스를 데려온 전달자이다. 제우스에게 먹을 것을 제공한 자는 염소와 꿀벌로 나오는데, 염소의 이름이 아말테이아라고 소개된다. 쿠레테스의 역할은 아라토스의 서술과 유사한데, 여기서는 크로노스를 속이는 그들의 행동이 구체적으로 표현되어 있다.

아폴로도로스와 디오도로스의 서술도 칼리마코스의 서술과 유사하다. 아폴로도로스에 따르면 님프 아드라스테이아와 이다가 제우스를 양육하고 아말테이아가 젖을 먹였으며 쿠레테스가 창을 방패에 두들기며 아기를 보호했다고 한다. 또 디오도로스도 님프들이 아말테이아라는 염소의 젖과 벌꿀로 제우스를 양육했으며 쿠레테스는 떠들썩한 소란으로 크로노스를

---

51) 멜리아이의 신원을 명확하게 파악할 수는 없지만 헤시오도스가 『신통기』 187에서 언급한 멜리아이와 동일한 자들일 가능성이 크다. 헤시오도스에 의하면 멜리아이는 가이아가 우라노스의 피를 받아들여 잉태한 님프들이라고 한다.

속이기 위해 칼과 투구, 군무를 창안했다고 전한다.

제우스의 양육자들을 직접적인 양육자, 먹을 것을 제공한 자, 크로노스를 속여 아기를 비호한 자들로 나뉘어 서술한 것은 헬레니즘 시대에 가서였다. 그전까지는 그의 양육과 관련하여 가이아와 쿠레테스의 이름이 단편적으로 언급되었을 뿐이다. 그러나 헬레니즘 시대의 자료에서 양육자들의 이름이 모두 일치하는 것은 아니다. 가장 극명한 차이를 보이는 것은 직접적인 양육자들의 이름이다. 아라토스는 키노수라와 헬리케, 칼리마코스는 멜리아이와 아드라스테이아, 아폴로도로스는 아드라스테이아와 이다의 이름을 들었고, 디오도로스는 그냥 님프들이라고만 표현했다. 즉 그 자료들에서 언급되는 직접적인 양육자의 이름이 모두 다른 것이다. 반면 제우스에게 먹을 것을 제공한 자의 이름은 비교적 일치한다. 그들은 염소 아말테이아와 꿀벌이었는데, 염소의 경우 아라토스는 '신성한 염소'라고 표현하지만 다른 세 자료들은 모두 아말테이아라는 이름을 제시한다. 사실 염소 아말테이아라는 이름은 이미 상고기 때부터 나타나므로 아말테이아의 제우스 양육 이야기가 진작 알려져 있었을 가능성도 있다. 그러나 아말테이아가 제우스 양육과 관련되어 언급된 것은 헬레니즘 시대의 자료들에서 처음 확인된다. 꿀벌 이야기는 헬레니즘 시대 이전에는 나타나지 않고 칼리마코스에 의해 처음 언급된다. 디오도로스는 칼리마코스와 마찬가지로 꿀벌에 대해 언급하지만, 아라토스와 아폴로도로스는 언급하지 않는다. 한편 제우스를 비호한 쿠레테스의 역할에 대해서는 헬레니즘 시대의 4개 자료들이 모두 공통적으로 언급하고 있다. 쿠레테스 역시 고전기에 제우스의 탄생과 관련지어 이름이 거론되기도 하지만 그들의 역할이 분명하게 서술된 것은 헬레니즘 시대의 자료들에서였다.

한편 로마 시대의 파우사니아스는 메세니아인들의 이야기, 즉 제우스가 메세니아인들 중에서 자랐고 님프 이토메와 네다가 제우스를 돌보았다는 이야기를 소개하기도 한다. 그러나 파우사니아스에 의하면 메세니아인들처럼 제우스의 탄생과 양육을 자신들과 관련지어 말하는 자들이 많았다고 하므로[52] 메세니아인들의 이야기가 그들의 유서 깊은 신화에 근거한 것인지 아니면 그들이 새로 만들어낸 신화인지는 확인하기 어렵다.

3) 양육장소

제우스의 양육장소는 모든 자료에서 크레타로 소개된다. 제우스의 아르카디아 탄생 전승을 수용한 칼리마코스도 제우스가 크레타에서 양육되었음을 인정한다. 하지만 제우스가 구체적으로 크레타의 어느 곳에서 양육되었는지에 대해서는 의견이 일치하지 않는다. 상고기의 헤시오도스는 제우스가 크레타의 아이가이온산의 동굴에서 양육되었다고 말한다. 그는 제우스의 양육을 맡은 가이아가 제우스를 숲이 우거진 아이가이온산의 깊숙한 동굴로 데려가 숨겼다고 서술하는 것이다. 양육장소에 대한 헤시오도스의 서술은 후대에 다소 변형된다. 그러나 산악과 동굴이라는 외진 장소의 이미지는 그대로 이어진다. 사실 신화에서 제우스의 탄생과 양육이 크로노스 몰래 비밀스럽게 진행되므로 양육장소 역시 세간에 알려지지 않은 외딴 곳이어야 했을 것이다.

제우스의 양육을 다룬 헬레니즘 시대의 자료들 역시 크레타의 산악과 동굴을 그의 양육장소로 언급한다. 아라토스에 의하면 제우스가 이데산 부근에 있는 딕톤에서 자랄 때 키노수라와 헬리케가 그를 동굴에서 양육했다고 한다. 또 그때 '딕타이오이 쿠레테스'(Δικταῖοι Κούρητες)가 크로노스를 속이는 행동을 했다고 하는데, 여기서의 '딕타이오이 쿠레테스'는 '딕톤의 쿠레테스'를 의미하는 것으로 보인다. 그런데 '딕타이오스'는 원래 '딕테의'라는 의미이기 때문에 아라토스가 말하는 딕톤은 딕테산을 가리키는 명칭이라 할 수 있다. 더욱이 다른 자료들에서 딕테산을 제우스의

---

52) 파우사니아스, 『그리스 안내기』 4.33.1(이하에서는 파우사니아스의 저서 이름을 생략하기로 한다).

양육장소로 언급하므로 딕톤과 딕테는 동일 지명일 가능성이 크다. 아라토스와 동시대인인 칼리마코스에 따르면 레아가 님프 네다에게 아기 제우스를 건네면서 '크레타의 굴'(χευθμός Κρηταῖος)로 데려가 남 몰래 키우라고 명했다 한다. 그리고 네다가 그를 크레타로 데려갔을 때 '딕타이아이 멜리아이'(Δικταῖαι Μελίαι)가 받아 안았다고 한다. 여기서 '딕타이아이 멜리아이', 즉 '딕테산의 멜리아이'가 제우스를 맞아들였다는 것은 제우스가 딕테산에서 양육되었음을 의미한다. 그러므로 레아가 말한 '크레타의 굴'은 딕테산의 동굴을 가리킨다. 한편 칼리마코스는 이데산을 언급하기도 한다. 그는 제우스가 이데산의 벌꿀을 먹고 자랐다고 말하는 것이다. 결국 칼리마코스는 딕테산의 동굴과 이데산을 모두 제우스의 양육장소로 거론한 것이다. 딕테산과 이데산을 모두 제우스의 양육장소로 언급한 사례는 아폴로니오스에게서도 나타난다. 아폴로니오스가 한편으로는 제우스가 어렸을 때 딕테의 동굴에서 지냈다고 말하고, 다른 한편으로는 이데산의 쿠레테스가 제우스를 양육했다거나 아드라스테이아가 이데산의 동굴에서 그를 양육했다고 말하는 것이다.[53] 칼리마코스와 아폴로니오스의 이런 서술은 그들의 시대에 알려져 있던 딕테산 양육 전승과 이데산 양육 전승을 모두 반영한 것이라 하겠다.

한편 아폴로도로스는 딕테산을 제우스의 양육장소로 보는 듯하다. 그에 의하면 레아가 크레타의 딕테산 동굴에서 제우스를 낳아 님프들에게 양육을 맡겼다고 한다. 그런데 아폴로도로스의 서술에는 제우스가 탄생지로부터 다른 곳으로 이동했다는 언급이 나오지 않으므로 제우스의 양육장소는 탄생지와 동일한 장소라고 할 수 있다. 아폴로도로스에게서도 이데산에 대한 암시는 나타난다. 그가 양육을 맡긴 님프들 중 이다라는 이름도 포함되어 있었기 때문이다. 반면 디오도로스는 줄곧 이데산을 제우스의 양육장소로 부각한다. 그에 의하면 레아가 제우스를 이데산에 숨기고 이데산

---

53) 아폴로니오스, 『아르고나우티카』 1.508-509, 2.1233-1234, 3.132-134.

부근에 살던 쿠레테스에게 양육을 맡겼다고 한다. 이에 쿠레테스는 아기를 동굴로 데려갔고, 님프들이 이데산에서 염소 아말테이아의 젖과 벌꿀로 제우스를 양육했다고 한다. 이렇듯 헬레니즘 시대의 제우스 양육 전승들은 양육장소를 공통적으로 크레타의 산악과 동굴로 보고 있지만 산악의 구체적인 지명에 대해서는 일치된 서술을 보이지 않는다. 아라토스와 아폴로도로스는 딕톤 혹은 딕테산, 칼리마코스와 아폴로니오스는 딕테산과 이데산, 디오도로스는 이데산을 양육장소로 거론하는 것이다.

3. 결혼과 자녀: 배우자(연인), 자녀

1) 배우자 혹은 연인

제우스는 그리스의 주신으로서 수많은 배우자 혹은 연인들을 지녔다고 전한다. 그가 그리스 신들 가운데 최고신이고 신과 인간들의 지배자였던 만큼, 다수의 여신과 인간들이 그와 부부 혹은 연인관계를 맺는 것은 다신교 신앙에서 매우 자연스런 일이었다. 이 책에서는 그의 아내 혹은 연인들을 여신, 인간, 동성애 상대로 구분하여 서술하기로 한다.

(1) 여신

상고기에 제우스의 배우자 혹은 연인으로 언급된 여신은 헤라, 데메테르, 레토, 디오네(Dione), 마야(Maia), 메티스(Metis), 테미스(Themis), 에우리노메(Eurynome), 므네모시네(Mnemosyne), 테티스(Thetis), 엘렉트라(Elektra), 네메시스(Nemesis), 셀레네(Selene)이다. 이 가운데 헤라와 데메테르, 레토, 디오네, 마야가 제우스의 부인 혹은 연인으로 언급된 것은 호메로스에게서 처음 확인되고, 메티스와 테미스, 에우리노메, 므네모시네, 테티스, 엘렉트라는 헤시오도스에게서 처음 확인된다. 또 네메시스는 『키프리아』에서 처음 언급되고 셀레네는 알크만의 시(詩) 단편에서 처음 확인된다.

호메로스의 『일리아스』 14.315-328에는 제우스의 다양한 여성편력이 서술된다. 여기서 제우스는 아내 헤라에게 열렬한 사랑을 고하면서 과거 자신의 어떤 사랑도 헤라에 대한 사랑만은 못하다고 누누이 강조한다. 그가 늘어놓는 과거의 연애경험은 신과 인간을 가리지 않는 것이었다. 제우스 자신의 고백에 의하면 그는 익시온(Ixion)의 아내, 아크리시오스(Akrisios)의 딸 다나에(Danae), 포이닉스(Phoinix)의 딸, 세멜레(Semele), 테바이의 알크메네(Alkmene), 데메테르, 그리고 레토와 '연애했다'(ἠρασάμην)고 한다. 여기서 '연애하다'(ἐράασθαι)라는 표현은 제우스와 여성들의 관계가 연인관계이며 지속적인 부부관계가 아님을 말해준다. 즉 그들은 제우스의 정식 아내로 간주되지 않았던 것이다.

호메로스의 서술에서 제우스의 아내로 인정받는 것은 헤라뿐이다. 고대 그리스에서는 일부일처제가 유지되고 있었는데, 제우스 역시 다른 신이나 인간들과 마찬가지로 일부일처제를 따랐던 것으로 나타난다. 호메로스 서사시에서는 이미 제우스와 헤라의 부부관계가 부동의 관계로 확립되어 있고, 헤라 이외의 다른 여성은 제우스의 일시적인 연인으로 묘사된다. 호메로스는 헤라를 제우스의 '알로코스'(ἄλοχος), '아코이티스'(ἄκοιτις), '파라코이티스'(παράκοιτις)로 표현하고 제우스를 헤라의 '포시스'(πόσις), '아코이테스'(ἀκοίτης)로 표현하곤 한다.[54] 호메로스가 사용하는 '알로코스'는 대부분 용례에서 '아내, 부인'이라는 뜻으로 사용되어 정식 아내를 지칭한다. 그중에는 헥토르의 아내 안드로마케, 아가멤논의 아내 클리타임네스트라, 메넬라오스의 아내 헬레네, 오디세우스의 아내 페넬로페도 포함되

---

54) 알로코스(『일리아스』 16.432, 18.356, 21.512), 아코이티스(『일리아스』 14.353), 파라코이티스(『일리아스』 4.60, 14.346, 18.184, 18.365, 21.479), 포시스(『일리아스』 7.411, 10.5, 10.329, 13.154, 16.88; 『오디세이아』 8.465, 15.112, 15.180), 아코이테스(『일리아스』 15.91).

어 있다.[55] 호메로스는 제우스의 여인들 중에서 헤라에 대해 제우스의 '알로코스'라고 표현한다. 호메로스는 레토에 대해서도 '알로코스'라고 부르지만 그것은 예외적인 경우에 해당한다. 한편 '아코이티스'와 '아코이테스'는 모두 '배우자'를 의미하는데, '아코이티스'는 여자 배우자, 즉 아내를 뜻하고 '아코이테스'는 남자 배우자, 즉 남편을 뜻한다. 호메로스는 '아코이티스'를 주로 '아내, 부인'의 의미로 사용하며, 그 용례에는 펠레우스의 아내 테티스, 암피트리온의 아내 알크메네, 안드로마케, 헬레네(메넬라오스 혹은 알렉산드로스의 아내), 페넬로페도 포함되어 있다.[56] 더욱이 '아코이티스'는 정부(情婦)를 뜻하는 '팔라키스'(παλλακίς)와 대비되어 사용되기도 한다.[57] 호메로스가 사용한 '파라코이티스' 역시 '아내, 부인'을 뜻하는 말이며, 그 용례에는 네스토르의 아내 에우리디케, 테티스, 페넬로페 등도 포함되어 있다.[58]

제우스와 헤라의 정식 부부관계는 제우스에 대한 명칭을 통해서도 확

---

55) 『일리아스』 1.114, 2.700, 3.409, 5.213, 5.415, 5.480, 5.688, 6.246, 6.299, 6.337, 6.366, 6.394, 6.495, 7.392, 9.399, 13.626, 15.497, 16.432, 17.28, 18.356, 19.116, 19.298, 21.512, 22.88, 22.437, 24.193, 24.710; 『오디세이아』 1.36, 3.264, 3.403, 3.483, 4.130, 5.210, 8.410, 9.207, 11.117, 13.192, 13.334, 13.378, 14.164, 20.57, 22.223, 22.324, 23.182, 23.232, 23.247, 24.167, 24.294. 안드로마케(『일리아스』 6.394, 6.495, 22.88, 22.437, 24.710), 클리타임네스트라(『일리아스』 1.114; 『오디세이아』 1.36, 3.264), 헬레네(『일리아스』 7.392, 13.626), 페넬로페(『오디세이아』 20.57, 24.294). 한편 '알로코스'는 '연인, 정부(情婦)'의 의미로도 드물게 사용된다(『일리아스』 9.336).

56) 『일리아스』 3.138, 3.447, 6.350, 6.374, 9.397, 9.399, 9.450, 14.268, 14.353, 18.87, 24.537; 『오디세이아』 1.39, 3.268, 7.66, 11.266, 11.452, 13.42, 18.144, 21.316, 21.325, 24.193, 24.459. 테티스(『일리아스』 24.537), 알크메네(『오디세이아』 11.266), 안드로마케(『일리아스』 6.374), 헬레네(『일리아스』 3.138, 3.447), 페넬로페(『오디세이아』 18.144, 24.459).

57) 『일리아스』 9.449-450.

58) 『일리아스』 3.53, 4.60, 9.590, 14.346, 18.184, 18.365, 21.479, 24.60; 『오디세이아』 3.451, 3.381, 4.228, 11.298, 11.305, 11.580, 15.26, 21.158, 23.92. 에우리디케(『오디세이아』 3.451), 테티스(『일리아스』 24.60), 페넬로페(『오디세이아』 21.158, 23.92).

인된다. 호메로스가 제우스와 헤라의 관계를 묘사할 때 사용한 말은 '포시스'와 '아코이테스'이다. 호메로스는 '포시스'를 주로 '배우자, 남편'의 의미로 사용했는데, 그 용례에는 헬레네의 남편 알렉산드로스와 전남편 메넬라오스, 페넬로페의 남편 오디세우스 등이 포함되어 있다.[59] 호메로스 서술에서 '아코이테스' 용례는 '포시스'에 비해 상대적으로 빈도수가 적은 편이다. 호메로스에게서 '아코이테스'는 '남편' 혹은 '정부'(情夫)의 의미로 사용된다.[60] 그러나 제우스를 헤라의 '아코이테스'로 칭하는 경우, '아코이테스'는 당연히 '남편'을 의미한다. 이미 제우스와 헤라의 부부관계가 확립된 호메로스 시대에 제우스를 헤라의 '정부'로 부를 리가 없기 때문이다. 또 '아코이테스'가 '정부'의 의미로 쓰이는 호메로스 구절에는 헤라가 포함되지 않는다. 여기서는 여신들이 인간 남성을 정부로 삼은 사례들이 열거되는데, 즉 에오의 연인 오리온과, 데메테르의 연인 야시온의 사례가 제시되는 것이다.[61] 결국 호메로스의 서술에서는 정식 부부관계를 나타내는 특별한 용어들이 주로 제우스와 헤라에게 사용되고 있음을 알 수 있다. 제우스와 헤라의 정식 부부관계에 대한 언급은 헤시오도스에게서도 나타난다. 그리고 호메로스와 헤시오도스의 이런 서술은 후대의 자료들에서 그대로 수용된다. 이제 헤라는 제우스의 유일한 부인으로서의 위상을 확립하게 되고, 최고신 부부인 제우스와 헤라가 이후 그리스신들의 계보에서 중심을 이루게 된다.

---

59) 『일리아스』 3.163, 3.329, 3.427, 3.429, 5.71, 5.414, 6.240, 7.411, 10.5, 10.329, 13.154, 13.766, 16.88; 『오디세이아』 1.15, 1.363, 4.137, 4.264, 4.724, 4.814, 6.277, 6.282, 7.147, 8.465, 8.523, 9.30, 9.32, 10.115, 15.112, 15.180, 16.450, 19.217, 19.264, 19.477, 19.603, 21.357, 23.2, 23.71, 23.86, 23.334, 24.200, 24.295. 알렉산드로스(『일리아스』 3.329, 3.427, 13.766), 메넬라오스(『일리아스』 3.163, 3.429; 『오디세이아』 4.137), 오디세우스(『오디세이아』 1.363, 4.724, 4.814, 16.450, 19.217, 19.264, 19.477, 19.603, 21.357, 23.2, 23.71, 23.86, 24.295).

60) 『일리아스』 15.91(남편); 『오디세이아』 5.120(정부), 21.88(남편).

61) 『오디세이아』 5.119-127.

데메테르는 제우스의 누이로 알려져 있는데, 또한 그의 연인이었다고도 한다. 제우스는 『일리아스』 14.315-328에서 자신의 여성편력을 언급하면서 데메테르도 자신의 연애상대였다고 말한다. 그러나 그는 그녀에 대해 더 이상 언급하지 않는다. 제우스와 데메테르의 연애를 좀 더 구체적으로 서술한 것은 헤시오도스였다. 헤시오도스의 『신통기』 912-913에 따르면 제우스가 '데메테르의 침대로 찾아들어'(Δήμητρος ἐς λέχος ἦλθεν) 데메테르가 페르세포네를 '낳았다'(τέκε)고 한다. 고전기의 이소크라테스도 페르세포네를 제우스와 데메테르의 딸로 소개한다.

레토도 제우스의 연인이었다고 전한다. 그녀 역시 호메로스가 서술한 제우스의 여성편력에 포함되어 있다. 호메로스는 레토에 대해 예외적으로 제우스의 '알로코스'라고 표현한다. 레토는 헤라와 더불어 제우스의 '아내들'(ἄλοχοι)로 묘사되는 것이다.[62] 그런데 레토는 『오디세이아』 11.580에서 제우스의 '고귀한 아내(신부)'(κυδρὴ παράκοιτις)로 표현되기도 한다. 이 표현은 호메로스가 헤라에 대해 사용한 표현이기도 하다.[63] 더욱이 레토에 대해 '알로코스'라는 표현도 사용된 바가 있으므로 호메로스가 레토도 제우스의 정식 아내로 간주했을 가능성이 있다. 그러나 이는 『일리아스』 14.327에서의 레토에 대한 언급과 일치하지 않으며, 그리스 신화의 일부 일처제 관행에도 어긋난다. 이는 아마 아폴론과 아르테미스를 자식으로 둔 레토의 신성한 권위를 강조하기 위한 표현이었을 것으로 보인다. 호메로스에 이어 헤시오도스도 레토가 제우스와 '사랑으로 결합하여'(φιλότητι μιγεῖσα) 아폴론과 아르테미스를 낳았다고 전한다. 여기서 '사랑으로 결합하다'라고 표현한 것은 남녀의 성적인 결합을 의미하므로 그것을 정식 부부 사이로 해석하기는 어렵다. 이후의 자료에서도 레토는 제우스의 연인, 아폴론의 어머니로 자주 묘사되었다.

---

62) 『일리아스』 21.499.

63) 『일리아스』 18.184.

디오네와 마야도 제우스의 연인이었다고 전한다. 디오네는 오케아노스와 테티스(Tethys)의 딸이고, 마야는 아틀라스의 딸이었다고 한다. 이 두 여신이 제우스의 연인으로 언급된 것은 호메로스에게서 처음 확인된다. 호메로스 시에서 디오네는 아프로디테의 어머니로 언급된다. 호메로스에 의하면 아프로디테가 디오메데스와 싸우다 패해 올림포스로 돌아오자, 디오네가 그녀의 딸 아프로디테를 위로해주었다고 한다.[64] 그런데 디오네는 아프로디테의 어머니로 나올 뿐이고, 그녀의 상대 남성이 누구인지는 언급되지 않는다. 하지만 호메로스가 아프로디테를 제우스의 딸로 언급하기[65] 때문에 아프로디테는 자연 제우스와 디오네의 딸이 된다. 즉 디오네가 제우스의 연인임이 그들의 딸 아프로디테에 대한 서술을 통해 확인되는 것이다. 아프로디테가 제우스와 디오네의 딸이라는 직접적인 언급은 플라톤의 『향연』 180D에서 처음 확인된다. 호메로스는 마야에 대해서도 제우스의 연인이라고 직접 명시하지 않았다. 단지 그녀는 헤르메스의 어머니로 딱 한 번 언급될 뿐이다.[66] 하지만 헤르메스는 호메로스 시에서 제우스의 아들로 언급되곤 하므로[67] 헤르메스는 자연 제우스와 마야의 아들이 되는 것이다. 호메로스는 마야와 제우스의 연인관계도 디오네와 마찬가지로 간접적으로만 언급한 셈이다. 둘의 연인관계가 명확하게 서술된 것은 헤시오도스와 호메로스 찬가에서이다.[68]

호메로스에 이어 제우스의 여성편력을 비교적 상술한 것은 헤시오도스였다. 여신 메티스, 테미스, 에우리노메, 므네모시네, 테티스, 엘렉트라가 제우스의 연인으로 언급된 것은 그에게서 처음 확인된다. 여기서 메

---

64) 『일리아스』 5.370-415.

65) 이 책의 578쪽 참조.

66) 호메로스, 『오디세이아』 14.435.

67) 호메로스, 『일리아스』 24.333; 『오디세이아』 5.28, 8.335.

68) 이 책의 566쪽 참조.

티스와 에우리노메는 티탄 오케아노스와 테티스(Tethys)의 딸이고, 테미스와 므네모시네는 우라노스와 가이아의 딸, 테티스(Thetis)는 네레우스의 딸, 엘렉트라는 아틀라스의 딸이었다고 한다. 헤시오도스는 먼저 『신통기』 886-944에서 제우스의 여성편력을 시간 순서대로 서술한다. 그의 서술은 헤라 이전으로 거슬러 올라 제우스의 첫사랑부터 다루기 시작한다. 헤시오도스에 의하면 제우스는 메티스를 '첫 번째 아내로 맞았다'(πρώτην ἄλοχον θέτο)고 한다. 메티스는 디오네와 마찬가지로 오케아노스와 테티스의 딸로 신과 인간들 중에서 가장 지혜로운 존재였다고 한다. 그러나 제우스는 그녀의 후손이 자신을 몰아내고 신과 인간들의 새로운 지배자가 될 것이라는 예언을 듣고, 그녀를 뱃속에 삼켜버렸다. 다음으로 제우스는 테미스와 '결혼했다'(ἠγάγετο)고 한다. 여기서 '아게스타이'(ἄγεσθαι)라는 말은 '아내로 맞다, 결혼하다'는 의미로서, 즉 배우자를 맞이하여 결혼하는 것을 뜻한다. 헤시오도스는 다른 대목에서도 이 말을 같은 의미로 사용하며, 헤로도토스도 동일한 의미의 표현을 사용한다.[69] 이는 제우스와 테미스가 정식 부부관계였음을 말해준다. 테미스는 후대의 핀다로스에 의해서도 제우스의 '옛 아내'(ἀρχαία ἄλοχος)로 소개된다.[70] 테미스는 제우스의 두 번째 아내인 셈이다. 이어서 에우리노메는 제우스와의 사이에 3명의 카리테스를 '낳았고'(τέκε), 제우스는 또한 므네모시네와 '연애하여'(ἐράσσατο) 그녀의 몸에서 9명의 무사이가 태어났고, 그리고 마지막으로 제우스는 헤라를 '아내로 삼았다'(ποιήσατ᾽ ἄκοιτιν)고 한다. 호메로스가 사용한 '아코이티스'라는 말이 여기서도 '아내'의 의미로 사용된다. 『신통기』 886-944에 나열된 제우스의 여성편력 가운데 제우스와 정식 부부관계를 유지했다고 여겨지는 것은 메티스와 테미스, 헤라이다. 별다른 보충설명 없이 단지 '침대로 찾아들다' '연애하다' '사랑으로 결합하다'라고 표현한 것은 남녀

---

69) 『신통기』 507-508; 헤로도토스, 『역사』 6.63, 9.108.

70) 핀다로스, Hymns, fr.30.1-5.

110

의 성적인 결합을 의미하므로 그것을 정식 부부 사이로 해석하기는 어렵다. 헤시오도스가 제우스와 헤라의 결혼을 마지막으로 언급한 것을 보면 헤시오도스 역시 제우스와 헤라의 부부관계를 이미 확립된 관계로 받아들인 것 같다. 그 역시 호메로스와 마찬가지로 헤라를 제우스의 유일한 아내로 받아들인 것이다. 결국 헤시오도스는 메티스에서 헤라에 이르기까지의 제우스의 연인을 소개하면서 메티스, 테미스, 에우리노메, 므네모시네를 제우스의 연인으로 처음 언급한다. 제우스와 이들 4명의 연인관계는 후대 자료에서도 마찬가지로 서술된다.

테티스와 엘렉트라가 제우스의 연인으로 언급된 것은 헤시오도스의 『여인명부』에서이다.[71] 그런데 테티스를 제우스의 연인으로 분류하기는 애매한 감이 있다. 제우스와 테티스의 연애는 불발로 끝났기 때문이다. 하지만 미완의 구애도 제우스의 연애 사례에 해당한다고 보아, 테티스도 일단 제우스의 연인에 포함하기로 한다. 헤시오도스의 『여인명부』 fr.57에 따르면 테티스가 헤라를 기쁘게 하려고 제우스와의 결합을 거부했다고 한다. 그러자 분노한 제우스는 그녀가 인간과 결혼하게 될 것임을 맹세했다고 한다. 후대에는 헤시오도스의 서술이 다소 변형된다. 핀다로스에 의하면 제우스와 포세이돈이 함께 테티스에게 구애 경쟁을 벌였으나 그녀의 자식이 아버지를 능가할 것이라는 예언을 듣고 구애를 포기했다고 한다. 즉 헤시오도스는 테티스가 헤라 때문에 제우스의 구애를 거부했다고 하지만 핀다로스는 제우스가 자신에게 불리한 예언 때문에 스스로 구애를 포기했다고 서술한다. 또 핀다로스는 포세이돈의 구애도 함께 언급한다. 그후 자료에서의 테티스에 대한 서술은 헤시오도스보다는 핀다로스의 서술에 따르는 것으로 나타난다.[72]

엘렉트라도 헤시오도스의 『여인명부』 fr.102에서 제우스의 연인으로 처

---

71) 『여인명부』 fr.57(테티스), fr.102(엘렉트라).

72) 이 책의 567쪽 참조.

음 언급된다. 헤시오도스는 엘렉트라가 제우스와의 사이에 다르다노스와 에에티온을 낳았다고 서술한다. 호메로스도 다르다노스를 제우스의 자식으로 언급했지만 다르다노스의 어머니 이름을 밝히지 않았으므로 호메로스에게서는 엘렉트라의 이름이 등장하지 않는다. 이 엘렉트라가 아틀라스의 딸 엘렉트라라는 것은 헬레니즘 시대의 자료에서 언급된다.

한편 상고기의 자료로 분류되는 『키프리아』에서는 여신 네메시스가 제우스의 연인으로 묘사된다. 즉 네메시스가 '아버지 제우스'와 강제로 동침한 후 헬레네를 낳았다고 전한다. 그녀는 아버지 제우스와 동침하는 것에 대해 수치심과 분노를 느껴 도망가려 했고 동침을 완강히 마다했다고 한다. 『키프리아』에 서술된 제우스와 네메시스 이야기의 편린은 후대의 자료에서도 나타난다. 후대의 자료들은 대개 제우스와 네메시스의 연애 자체를 다룬다기보다 네메시스와 헬레네의 모녀설에만 초점을 맞추고 있다.[73] 그러나 네메시스와 헬레네의 모녀설의 토대가 제우스와 네메시스의 연애 전승에 있다고 보면 『키프리아』의 네메시스 이야기가 그리스인들 사이에 계속 전해진 것으로 볼 수 있다.

그 이외의 다른 상고기 자료에 언급된 제우스의 연인으로는 셀레네를 들 수 있다. 알크만의 단편이 제우스와 여신 셀레네가 연인관계였다고 서술하는 것이다.[74] 그러나 제우스와 셀레네의 연애 전승은 알크만 이후의 자료에서 따로 언급된 바가 없다. 다만 시기 불명의 호메로스 찬가에서 한 번 등장할 뿐이다.[75]

고전기 자료에서 제우스의 연인으로 추가 언급된 여신은 아이기나인데,

---

73) 『키프리아』 fr.8; 헤시오도스, 『여인명부』 fr.66; 이소크라테스, 10.59; 칼리마코스 찬가, 3.232; 아폴로도로스, 『비블리오테케』 3.10.7.

74) 알크만, Fragments, fr.57.

75) 호메로스 찬가, 32.14-15.

이는 핀다로스에게서 확인된다. 핀다로스는 아이아코스를 제우스와 아이기나의 아들로 언급했던 것이다. 사실 헤시오도스의 『여인명부』 fr.53에는 아이기나가 제우스의 연인임을 암시하는 대목이 나온다. 즉 '그녀'가 아이아코스를 낳았고, 아이아코스가 장성했을 때 섬에 혼자 있게 되자 '신과 인간의 아버지'가 그 섬의 개미들을 모두 인간으로 만들었다고 한다. 후대의 서술내용을 통해 볼 때 '그녀'가 아이기나임이 분명하지만 헤시오도스는 아이기나의 이름을 명시한 적이 없다. 그래서 아이기나가 제우스의 연인이라는 명시적인 언급은 핀다로스 송가에서 처음 나타난다고 할 수 있다. 핀다로스 이후 자료에서도 아이기나는 제우스의 연인으로 서술되곤 했다.[76]

헬레니즘 시대에는 스틱스(Styx), 히브리스(Hybris), 타이게테(Taygete), 님페(Nymphe), 히말리아(Himalia), 카르메(Karme)가 제우스의 연인으로 처음 언급된다. 특히 이들의 이름은 아폴로도로스와 디오도로스의 저술에서 처음 확인된다. 아폴로도로스는 스틱스, 히브리스, 타이게테를 소개하고 디오도로스는 님페, 히말리아, 카르메의 이름을 언급한다. 스틱스는 오케아노스와 테티스의 딸로 지하세계의 강의 여신이다. 아폴로도로스는 제우스가 스틱스와의 사이에 페르세포네를 낳았다고 전한다.[77] 그러나 제우스와 스틱스의 연애는 아폴로도로스만 언급하고 다른 자료에는 나타나지 않는다. 오히려 스틱스와 팔라스의 결합에 대한 언급이 더 많은 편이다. 페르세포네에 대해서도 제우스와 데메테르의 소생으로 보는 전승이 훨씬 더 우세하게 나타난다. 또 아폴로도로스에 의하면 제우스는 닉스의 딸 히브리스와의 사이에 아들 판을 낳고, 아틀라스의 딸 타이게테와의 사이에 아들 라케다이몬을 낳았다고 한다. 히브리스와 타이게테를 제우스의 연인으

---

76) 이 책의 568쪽 참조.

77) 아폴로도로스, 『비블리오테케』 1.3.1.

로 언급한 것은 아폴로도로스에게서만 확인된다.[78]

한편 디오도로스에 의하면 제우스는 님페(혹은 님프)와의 사이에 사온을 낳고, 히말리아와의 사이에 세 아들을 낳고, 카르메와의 사이에 브리토마르티스라는 딸을 두었다고 한다.[79] 이들이 제우스의 연인이라는 것은 디오도로스만 언급할 뿐이다. 그런데 디오도로스 서술에서의 '님페'(νύμφη)가 님페라는 이름의 여성을 가리키는 것인지 아니면 님프를 가리키는 것인지가 분명치 않다. 그리스 신화에는 헬리오스의 딸인, 님페라는 이름의 여신이 존재한다. '님페'를 고유명사로 볼 경우, 그가 여신 님페를 가리키는지는 확실치 않지만 '님페'가 여신 님페이건 님프이건 간에 여신의 부류이기 때문에 이 책에서는 일단 '님페'를 여신으로 분류하기로 한다. 히말리아는 로도스의 님프이고, 카르메는 에우불로스의 딸이며 크레타의 여신으로 알려져 있다.

(2) 인간 여성

제우스의 연애는 신과 인간을 가리지 않았다고 전한다. 제우스에게는 여신들 외에 인간 여성 연인들도 많았다고 한다. 우선 상고기에 제우스의 연인으로 언급된 인간 여성은 세멜레, 알크메네, 다나에, 에우로페, 레다(Leda), 안티오페(Antiope), 라오다메이아(Laodameia), 익시온의 아내, 판도라(Pandora), 티이아(Thyia), 칼리스토(Kallisto)이다. 이 가운데 세멜레와 알크메네, 다나에, 에우로페, 레다, 안티오페, 라오다메이아, 익시온의 아내가 제우스의 연인으로 언급된 것은 호메로스에게서 처음 확인되고, 판도라와 티이아, 칼리스토의 경우는 헤시오도스에게서 처음 확인된다.

호메로스는 『일리아스』 14.315-328에서 제우스의 여성편력을 열거하면서 여신들과 더불어 익시온의 아내, 다나에, 포이닉스의 딸, 세멜레, 테

---

78) 이 책의 569쪽 참조.

79) 이 책의 569쪽 참조.

바이의 알크메네의 이름을 거론한다. 그들은 제우스와의 연애를 통해 자식을 낳았는데, 익시온의 아내는 페이리투스를 낳고, 다나에는 페르세우스, 포이닉스의 딸은 미노스와 라다만티스, 세멜레는 디오니소스, 알크메네는 헤라클레스를 낳았다고 한다.

이 가운데 세멜레는 테바이의 카드모스의 딸이고 디오니소스의 어머니로 유명하다. 호메로스는 세멜레가 제우스와의 사이에 디오니소스를 낳았다고만 말하고, 둘의 연애에 대해서는 자세히 설명하지 않는다. 헤시오도스도 카드모스의 딸 세멜레가 제우스와 결합하여 디오니소스를 낳았다고만 할 뿐 더 이상 설명하지 않는다. 그후 고전기 자료에서는 세멜레가 천둥번개 굉음 때문에 죽었다고도 하고 벼락을 맞았다고도 언급한다. 또 세멜레가 번갯불에 타서 산달이 되기 전에 디오니소스를 낳자 제우스가 그를 자신의 허벅지 속에 집어넣어 키웠다고 한다.[80] 이는 고전기에 디오니소스의 독특한 탄생과정, 즉 세멜레가 조산으로 낳은 디오니소스를 제우스가 자신의 허벅지 속에 집어넣어 키우다가 다시 출산했다는 전승이 알려져 있었음을 말해준다. 그 전말이 비교적 자세히 소개된 것은 디오도로스에게서였다. 디오도로스가 전하는 그리스인들의 전승에 의하면 제우스가 세멜레에게 반하고 그녀를 사랑하자 헤라가 질투하여 세멜레를 꼬드겼고 세멜레는 헤라에게 속아 제우스더러 헤라에게 나타나듯 자신에게도 모습을 보이라고 요구했다고 한다. 이에 제우스가 천둥번개를 동반하고 나타나자 세멜레가 죽어 아기를 조산했고, 제우스는 조산아를 자신의 허벅지 속에 집어넣어 키워 나중에 출산했다는 것이다.[81]

알크메네는 테바이의 암피트리온의 아내였다고 하는데, 제우스의 연인으로도 알려져 있다. 호메로스는 제우스가 알크메네와 동침하여 그녀가

---

80) 핀다로스, 『올림피아 송가』 2.25; 소포클레스, 『안티고네』 1138; 에우리피데스, 『포이니사이』 649-656; 『바카이』 1-3, 6-9, 88-103, 242-245, 519-525; 헤로도토스, 『역사』 2.146.

81) 디오도로스 3.64.3-7, 4.2.1-6.

헤라클레스를 낳았다고 한다. 그러나 호메로스는 제우스와 알크메네의 관계를 더 이상 설명하지 않는다. 헤시오도스도 『신통기』에서는 호메로스와 똑같은 서술을 간략하게 남길 뿐이지만 『방패』에서는 좀 더 상세히 서술한다. 그에 따르면 제우스가 엘렉트리온의 딸 알크메네와 동침했는데, 같은 날 그녀의 남편 암피트리온도 그녀와 동침했다고 한다. 알크메네는 신과 인간을 상대로 동침한 후 쌍둥이 아들을 낳았고, 그중 더 강력한 아들이 제우스의 아들 헤라클레스였다고 한다.[82] 헬레니즘 시대의 자료에서는 제우스가 암피트리온의 모습으로 변해 알크메네와 동침했다고도 한다.[83]

스파르타의 틴다레오스의 아내 레다도 제우스의 연인으로 언급된다. 호메로스는 레다가 제우스의 연인이라는 것을 직접 명시하지 않는다. 그는 틴다레오스의 아내 레다가 카스토르와 폴리데우케스를 낳았다고만 언급한다.[84] 그런데 호메로스는 다른 대목에서 카스토르와 폴리데우케스, 헬레네가 어머니가 같은 오누이라고 말하기도 하고 또 헬레네가 제우스의 딸이라고도 말한다.[85] 그렇다면 레다는 카스토르와 폴리데우케스, 헬레네의 어머니가 된다. 또 헬레네가 제우스의 딸이라고 하므로 적어도 헬레네의 경우에는 제우스와 레다가 부모일 수밖에 없다. 여기서 제우스와 레다가 헬레네라는 동일한 자식의 부모가 된다면 그들이 서로 연인관계임이 간접적으로 확인된다. 제우스와 레다가 연인이라는 직접적인 언급은 알카이오스에게서 처음 확인된다. 알카이오스에 의하면 카스토르와 폴룩스가 제우스와 레다의 아들들이라고 한다.[86] 두 아들은 제우스와 레다의 연애 산물인 것이다. 고전기 자료에서도 레다는 제우스의 연인으로

---

82) 『방패』 27-56.

83) 아폴로도로스, 『비블리오테케』 2.4.8; 디오도로스, 4.9.1-3.

84) 호메로스, 『오디세이아』 11.298-301.

85) 호메로스, 『일리아스』 3.237-238, 3.426.

86) 알카이오스, fr.34.

언급되는데, 특히 제우스가 백조로 변신하여 레다와 동침했다는 서술도 나타난다.[87)]

또 보이오티아의 아소포스의 딸 안티오페와 벨레로폰테스의 딸 라오다메이아, 익시온의 아내도 제우스의 연인이었다고 전한다. 이들이 제우스의 연인이라는 것은 모두 호메로스에게서 확인되는데, 그에 따르면 안티오페는 제우스와 동침하여 암피온과 제토스를 낳고, 라오다메이아는 제우스와 동침하여 사르페돈을 낳고, 익시온의 아내는 페이리투스를 낳았다고 한다.[88)] 호메로스는 익시온의 아내에 대해서는 제우스와의 동침에 대해서만 말할 뿐 그녀의 이름이나 신원에 대해서는 더 이상 설명하지 않는다. 익시온의 아내를 서술한 것은 후대의 디오도로스였다. 디오도로스에 의하면, 안티온(Antion)의 아들 익시온이 에이오네우스(Eioneus)의 딸 디아(Dia)와 결혼하여 페이리투스를 낳았다고 한다.[89)] 디오도로스가 언급한 디아는 익시온의 아내이고 페이리투스의 어머니로 묘사된다. 호메로스가 말한 제우스의 연인도 익시온의 아내이고 페이리투스의 어머니라고 하니 익시온의 아내는 바로 디아를 가리킨다고 할 수 있다.

제우스와 에우로페, 제우스와 다나에의 연애는 나중에 제우스의 대표적인 연애 이야기를 서술할 때[90)] 언급하므로 여기서는 논의하지 않기로 한다.

판도라와 티이아, 칼리스토는 헤시오도스가 언급한 제우스의 연인들이다. 헤시오도스의 『여인명부』와 『천문』의 단편에 테티스, 판도라, 티이아, 칼리스토의 이름이 등장하는 것이다.[91)] 판도라는 신들이 만든 최초의 여

---

87) 핀다로스, 『피티아 송가』 4.171-72; 에우리피데스, 『헬레네』 17-21, 213-216; 『아울리스의 이피게네이아』 793-796; 이소크라테스, 10.59.

88) 호메로스, 『오디세이아』 11.260-262(안티오페); 『일리아스』 6.198-199(라오다메이아); 14.317-318(익시온의 아내).

89) 디오도로스, 4.69.3.

90) 이 책의 121~130쪽 참조.

성이고 데우칼리온(Deukalion)의 딸이었다고 한다. 티이아도 데우칼리온의 딸이라고 한다. 헤시오도스에 따르면 데우칼리온의 딸 판도라가 제우스와 동침하여 그라이코스(Graikos)를 낳았다고 하고, 역시 데우칼리온의 딸 티이아는 제우스와 동침하여 마그네스와 마케돈을 낳았다고 한다. 그러나 판도라와 티이아가 제우스의 연인이었다는 전승은 후대에 거의 등장하지 않는다. 그보다는 오히려 판도라가 에피메테우스와 결혼하여 피라를 낳았다는 전승이 전하고 있다.[92] 헤시오도스는 제우스가 리카온(Lykaon)의 딸 칼리스토를 유혹했다고 언급한다. 제우스와 칼리스토의 연애 전승은 후대에 전래되어 에우리피데스와 아폴로도로스에게서도 언급된다.[93] 제우스와 칼리스토의 연애 이야기는 나중에 상술되므로[94] 여기서는 자세한 논의를 생략하기로 한다.

  제우스의 인간 연인에 대해서는 상고기 자료에서 대체적인 윤곽이 드러나지만 고전기에 들어와 처음 언급된 사례도 존재한다. 이오와 칼케도니아가 그 경우이다.[95] 이오는 아르고스의 이나코스의 딸이고 칼케도니아는 신원미상의 여인이다. 이 가운데 칼케도니아에 대해서는 고전기의 안티마코스(Antimachos)의 언급만 전해올 뿐이다. 반면 이오는 고전기와 헬레니즘 시대의 자료에 제우스의 연인으로 자주 등장한다. 그런데 제우스와 이오의 연애 이야기도 나중에 상술되므로[96] 여기서는 논의하지 않기로 한다.

---

91) 헤시오도스, 『여인명부』 fr.2(판도라), fr.3(티이아); 『천문』 fr.3(칼리스토).

92) 아폴로도로스, 『비블리오테케』 1.7.2.

93) 에우리피데스, 『헬레네』 375-376; 아폴로도로스, 『비블리오테케』 3.8.2.

94) 이 책의 130~32쪽 참조.

95) 이 책의 573~74쪽 참조.

96) 이 책의 125~29쪽 참조.

헬레니즘 시대에는 특히 아폴로도로스의 저술에서 다수의 제우스 연인들이 처음 이름을 드러낸다. 니오베, 엘라레, 프로토게네이아, 카시에페이아가 그들이다.[97] 니오베는 탄탈로스의 딸로 호메로스 때부터 그 이름이 전해온다. 그러나 그녀를 제우스의 연인으로 언급한 것은 아폴로도로스에게서 처음 확인된다. 아폴로도로스는 제우스가 최초로 동침한 인간 여성이 바로 니오베였다고 말한다. 나아가 아폴로도로스는 아쿠실라오스의 말을 인용하며 펠라스고스가 제우스와 니오베의 아들이라고 언급한다.[98] 이는 제우스와 니오베의 연애 이야기가 어떤 식으로든 이미 상고기 때, 적어도 아쿠실라오스의 시기인 기원전 6세기 후반에 전래되고 있었음을 의미한다. 제우스와 니오베에 대한 서술은 디오도로스에게서도 나타난다. 디오도로스 역시 니오베가 제우스와 동침한 최초의 인간 여성이라고 언급한다.[99]

그러나 다른 연인들, 즉 엘라레, 프로토게네이아, 카시에페이아에 대해서는 아폴로도로스만 언급하고 있을 뿐이다.[100] 엘라레는 오르코메노스의 딸이고, 프로토게네이아는 데우칼리온의 딸이었다고 한다. 아폴로도로스에 의하면 제우스가 엘라레를 유혹한 후 헤라의 눈길을 피해 엘라레를 지하에 감추었는데 엘라레가 티티오스를 낳았다고 한다. 이 티티오스는 후일 레토를 범하려다 아폴론 남매에게 죽임을 당했다고 한다. 또 프로토게네이아는 제우스와의 사이에 아들 아이틀리오스를 낳았다고 한다. 그리고 카시에페이아와 제우스 사이에는 아팀니오스라는 아들이 있었다고 한다. 이 아팀니오스는 에우로페의 아들들의 동성애 연모를 받았다고 한다. 엘라레, 프로토게네이아, 카시에페이아와 제우스 사이의 연애에 대해서는

---

97) 이 책의 574~75쪽 참조.

98) 아폴로도로스, 『비블리오테케』 2.1.1., 3.8.1.

99) 디오도로스, 4.14.4.

100) 이 책의 575쪽 참조.

아폴로도로스가 간단하게 언급할 뿐이어서 자세한 내막은 알 수가 없다.

(3) 동성애

한편 호메로스는 가니메데스에 대한 제우스의 각별한 애정도 언급한다. 가니메데스에 대한 사랑은 흔히 제우스의 동성애 사례로 간주된다. 호메로스에 의하면 트로이의 옛 왕 트로스의 아들 가니메데스의 용모가 워낙 출중하여 그의 아름다운 용모에 반한 신들이 가니메데스를 데려가 제우스의 술시중을 들게 했다고 한다.[101] 신들이 가니메데스를 데려간 이유는 그의 '아름다움 때문'(κάλλεος εἵνεκα)이다. 즉 가니메데스라는 미소년의 아름다움에 매혹된 신들이 그를 가까이 두려고 신들의 세계로 데려간 것이다. 그런데 여기서 가니메데스를 제우스의 연인으로 볼 수 있는가? 문맥상으로는 그가 신들의 공통의 연인으로 묘사되기 때문이다. 그러나 분명한 점은 제우스 자신도 가니메데스를 가까이에서 술시중을 들게 할 만큼 각별히 여겼다는 것이다. 이는 호메로스의 또 다른 진술, 즉 제우스가 가니메데스에 대한 보상으로 그의 아버지 트로스에게 진기한 명마를 선물했다[102]는 것에서도 확인된다. 이처럼 다른 신들이 아니라 제우스가 직접 가니메데스에 대한 보상을 지급했다는 것은 제우스가 가니메데스로 인한 즐거움을 가장 많이 누렸음을 뜻한다. 호메로스 이후에도 가니메데스는 제우스의 동성애 연인으로 자주 언급되곤 했다.[103]

(4) 연애 이야기

제우스의 복잡한 여성편력은 흥미진진한 연애 이야기들을 많이 전해준다. 그 가운데 수세기에 걸친 여러 자료들에서 비교적 상세하게 이야기의

---

101)『일리아스』20.232-235.

102)『일리아스』5.265-266.

103) 이 책의 575쪽 참조.

전말이 전해지는 사례는 에우로페, 이오, 다나에, 칼리스토의 경우를 들수 있다.

① 에우로페

제우스와 에우로페의 연애 이야기는 이미 상고기 때부터 그리스에 알려져 있었다. 그들의 사랑을 가장 먼저 언급한 것은 호메로스였다, 호메로스에 따르면 제우스가 포이닉스의 딸과 사랑하여 미노스와 라다만티스를 낳았다고 한다. 그러나 호메로스는 에우로페의 이름을 직접 거론하지 않고, 구체적인 스토리도 제시하지 않는다. 그들의 사랑 이야기를 비교적 자세히 서술한 것은 헤시오도스였다. 헤시오도스는 『여인명부』의 단편들에서 다음과 같이 서술한다.

어느 날 제우스는 포이닉스의 딸 에우로페가 님프들과 어울려 초원에서 꽃을 따는 것을 보고 그녀에게 반하고 말았다. 제우스는 그녀에게 내려가 황소로 변신하고, 예쁜 크로커스꽃을 입으로 내뿜었다. 그렇게 그는 에우로페를 속이고 그녀를 등에 태운 채 바다 건너 크레타로 갔다. 거기서 그는 그녀와 동침한 다음, 그녀를 크레타 왕 아스테리온과 함께 살도록 했다. 에우로페는 임신하여 세 명의 아들을 낳았는데, 미노스와 사르페돈, 라다만티스가 그들이었다.[104]

포이닉스의 딸은 제우스의 계교에 속아 바다를 건너서 멀리 크레타에까지 갔다. 제우스는 그녀를 몰래 납치한 다음, 그녀에게 황금목걸이를 선물로 주어 환심을 샀다. 그 목걸이는 유명한 장인(匠人) 헤파이스토스가 정교하게 만들어 제우스에게 선물한 걸작이었다. 그후 제우스는 에우로페와 동침하고 나서 그녀와 헤어져 돌아왔다. 그녀는 제우스에게 훌륭한 통치자들을 아들로 낳아주었다. 그들이 바로 미노스와 라다만티스, 사르페돈이었다.[105]

---

104) 이상은 헤시오도스, 『여인명부』 fr.19의 내용을 재구성한 것이다.

위에서 언급된 헤시오도스의 서술은 내용상 서로 보완적이고 모순되지 않는다. 그렇다면 헤시오도스의 에우로페 이야기는 에우로페에게 반한 제우스의 황소 변신, 제우스의 유혹(크로커스꽃, 황금목걸이), 바다 건너 크레타로의 이동, 크레타에서의 동침, 동침 후 에우로페의 임신과 세 아들(미노스, 사르페돈, 라다만티스) 출산으로 구성되어 있다. 헤시오도스가 묘사한 에우로페 이야기의 대체적인 구성은 다소의 차이는 있지만 후대의 자료들에서 그대로 통용된다.

이는 고전기의 바킬리데스와 아이스킬로스의 서술에서도 확인된다. 바킬리데스에 따르면 황소로 변신한 제우스가 포이닉스의 딸 에우로페를 크레타로 데려가 이데산의 기슭에서 결합했다고 한다. 그리고 에우로페는 미노스, 사르페돈, 라다만티스를 낳았다고 한다. 아이스킬로스 역시 제우스가 황소를 통해 에우로페를 납치했고 에우로페는 세 아들 미노스, 라다만티스, 사르페돈을 낳았다고 말한다.[106]

한편 역사가 헤로도토스는 에우로페 이야기의 신화적 요소를 벗겨낸다. 그는 에우로페 이야기에서 제우스의 이름을 전혀 거론하지 않는다. 헤로도토스에 의하면 일부 그리스인들이 페니키아의 티로스에 가서 왕의 딸인 에우로페를 강탈해 갔다고 하는데 그것은 크레타인들의 소행일 것이라 한다.[107] 그는 제우스가 에우로페를 납치하여 크레타로 데려갔다는 이야기를 부정하고 크레타인들이 그녀를 납치했다고 서술하는 것이다. 그러나 헤로도토스 서술에서 에우로페가 크레타로 납치된 일이나 에우로페의 아들 미노스와 사르페돈에 대해 언급[108]한 것을 보면 헤로도토스도 기존의

---

105) 이상은 헤시오도스, 『여인명부』 fr.19A.1-15의 내용을 재구성한 것이다.

106) 바킬리데스, 『디티람보스』 17.29-33; Fragments, fr.10; 아이스킬로스, Fragments, fr.50.1-19.

107) 헤로도토스, 『역사』 1.2.

108) 헤로도토스, 『역사』 1.2, 1.173, 4.45.

에우로페 이야기를 참고했음이 분명하다.

제우스와 에우로페의 이야기의 신화적인 개요를 다시 서술한 것은 헬레니즘 시대의 아폴로도로스와 디오도로스였다. 아폴로도로스가 전하는 에우로페 이야기는 다음과 같다.

에우로페는 페니키아의 아게노르의 딸이었다. 아게노르에게는 그녀 외에도 아들이 세 명 있었는데, 카드모스와 포이닉스, 킬릭스가 그들이다. 그런데 에우로페에게 반한 제우스가 '유순한 황소로 변신하여'(ταῦρος χειροήθης γενόμενος) 그녀를 등에 태우고 바다 건너 크레타로 데려갔다. 거기서 제우스는 그녀와 동침하여 미노스, 사르페돈, 라다만티스를 낳았다. 에우로페가 사라지자 아게노르는 아들들에게 그녀를 찾아오도록 했고, 그녀를 찾을 때까지 아예 돌아오지 말라고 명했다. 그러나 그들은 끝내 에우로페를 찾지 못하고 각자 다른 곳에 정착해 살게 되었다. 나중에 크레타 왕 아스테리오스는 에우로페와 결혼하여 그녀의 아들들을 돌보았다고 한다.[109]

아폴로도로스의 에우로페 이야기 역시 헤시오도스의 서술을 거의 그대로 따르고 있다. 그러나 에우로페를 포이닉스의 딸이 아니고 아게노르의 딸로 언급한 점과 카드모스 형제들의 에우로페 수색 일화를 추가한 점에서는 차이가 나타난다. 에우로페의 계보에 대해서는 아폴로도로스 당대에 포이닉스의 딸이라는 전승과 아게노르의 딸이라는 전승이 함께 공존했던 것으로 보인다. 아폴로도로스가 아게노르 전승을 받아들이지만 그 역시 포이닉스 전승이 존재한다는 것을 인정하는 터였다. 아게노르 전승이 어디서 유래했는지는 확실치 않다. 아게노르 전승은 그리스에서 고전기 어느 정도 알려져 있었던 것 같다. 고전기에는 카드모스가 아게노르의 아들이라는 전승이 자주 언급되고,[110] 또 카드모스가 에우로페를 찾아다녔다

---

109) 이상은 아폴로도로스, 『비블리오테케』 3.1.1-2의 내용을 재구성한 것이다.

110) 바킬리데스, 『디티람보스』 5.46-48, 19.46-48; 소포클레스, 『오이디푸스 티라노스』 268;

는 이야기도 등장하기 때문이다.[111] 카드모스가 에우로페를 찾아다녔다는 언급은 헤로도토스에게서 나타나지만 카드모스가 에우로페를 찾아다닌 이유는 제시되지 않는다. 하지만 헤로도토스의 그런 서술은 후대의 설명, 즉 카드모스와 에우로페가 모두 아게노르의 자식들이고 카드모스가 아게노르의 명에 따라 에우로페를 찾아 나섰다는 설명과 어느 정도 부합한다. 따라서 아게노르 전승은 카드모스의 에우로페 수색 이야기와 관련된 것으로 추정된다. 결국 아게노르 전승은 기존의 에우로페 전승과 카드모스 전승의 결합과정에서 생겨난 결과가 아닌가 한다.

아폴로도로스는 기존의 에우로페 이야기에는 없는 또 다른 차이를 제기하기도 한다. 즉 아쿠실라오스의 말을 인용하여 크레타의 황소가 바로 '제우스를 위해 에우로페를 건네준'(τὸν διαπορθμεύσαντα Εὐρώπην Διί) 황소라는 것이다.[112] 이는 에우로페를 태우고 바다를 건너간 황소가 제우스의 변신인 황소가 아니고 그와 다른 별도의 황소였음을 의미한다. 여기서 아폴로도로스는 아쿠실라오스의 이야기를 전하고 있을 뿐이고 자신은 그것을 받아들이지 않는다. 그는 분명히 제우스가 '유순한 황소로 변신하여' 그녀를 태우고 갔다고 서술하는 것이다.

디오도로스는 대체로 아폴로도로스와 유사하게 에우로페 이야기를 서술한다. 디오도로스, 4.60.2에 의하면 제우스가 페니키아에서 에우로페를 납치한 후 그녀를 '황소에 태워 크레타로 건네주고'(διακομίσας εἰς Κρήτην ἐπὶ ταύρου) 그곳에서 에우로페와 동침하여 미노스, 라다만티스, 사르페돈을 낳았다고 한다. 또 디오도로스, 5.78.1에는 아게노르의 딸 에우로페가 신들의 심려로 '황소를 타고 크레타로 건너와'(ἐπὶ ταύρου διακομισθῆναι εἰς

에우리피데스, 『바카이』 170-171; 헤로도토스, 『역사』 4.147; 아리스토파네스, 『개구리』 1225. 헤로도토스, 『역사』 7.91(아게노르의 아들 킬릭스) 참조.

111) 헤로도토스, 4.147.

112) 아폴로도로스, 『비블리오테케』 2.5.7.

τὴν Κρήτην) 제우스와의 사이에 미노스, 라다만티스, 사르페돈을 낳았다고 기술되어 있다. 디오도로스는 대체로 헤시오도스의 이야기 틀을 유지하면서도 아폴로도로스의 아게노르 전승을 받아들인다. 또한 그는 아폴로도로스가 언급한 아쿠실라오스의 전승과 유사한 표현을 사용한다. 즉 제우스의 황소 변신을 언급하지 않은 채 에우로페가 신들의 뜻으로 황소를 타고 크레타로 건너갔다고만 말하는 것이다.

이처럼 에우로페 이야기가 아폴로도로스와 디오도로스의 경우처럼 다소 변형되어 언급되기도 하지만 헤시오도스의 이야기가 변함없이 전래된 사례도 존재한다. 기원전 2세기의 시인 모스코스의 작품 『에우로페』가 그 예이다. 모스코스에 따르면 포이닉스의 딸 에우로페가 꽃이 만발한 초원에서 또래의 소녀들과 꽃구경을 하고 있을 때 제우스가 그녀에게 반했다고 한다. 이에 제우스는 헤라의 질투를 피하고 소녀를 속이기 위해 멋진 황소의 모습을 취했고 그녀를 유혹하여 등에 태운 채 바다를 건넜다고 한다. 그리고 크레타에 도착한 제우스는 에우로페와 동침하고 에우로페는 그에게 고명한 자식들을 낳아주었다는 것이다.[113] 여기서 모스코스는 에우로페를 포이닉스의 딸로 표현하고 제우스가 직접 황소로 변신했다고 서술한다. 모스코스는 이야기의 전반적인 구성과 세부묘사에서 헤시오도스의 서술을 충실히 반영했던 것이다.

② 이오

제우스와 이오의 연애 이야기는 고전기의 바킬리데스에게서 처음 언급된다. 그러나 바킬리데스가 전하는 이야기는 망실 부분이 많아 전체적인 이야기를 제시하지 못한다. 바킬리데스에 따르면 암소 모습을 한, 이나코스의 딸이 제우스의 뜻에 따라 아르고스를 떠나고 헤라는 사방을 감시하는 눈을 가진 아르고스[114]에게 뿔 달린 암소를 잘 지키라고 분부했다 한

---

113) 모스코스, II.63-166.

다. 또 마야의 아들은 밤에도 낮에도 아르고스를 따돌릴 수 없어서 결국 그를 살해했고 이오는 나일강에 이르러 에파포스를 임신했다고 한다.[115] 바킬리데스의 이야기에는 이나코스의 딸 이오의 암소 변신, 이오의 아르고스 출국, 아르고스의 이오 감시, 헤르메스의 아르고스 살해, 이오의 나일강 도착과 에파포스 임신이라는 다양한 구성요소들이 열거되어 있지만 단편적인 나열에 그치고 전체적인 스토리는 그려내지 못한다.

제우스와 이오의 이야기를 보다 체계적으로 묘사한 것은 아테네의 비극시인 아이스킬로스였다. 아이스킬로스는『히케티데스』와『묶인 프로메테우스』에서 이오 이야기를 주요 소재로 다룬다. 그가 서술한 이오 이야기는 다음과 같다.

아르고스의 이나코스의 딸 이오는 헤라 신전을 돌보는 자였는데, 이상한 꿈을 꾸었다. 꿈에 웬 환영이 나타나 제우스와의 결합을 자꾸 권하는 것이었다. 이오는 아버지에게 그 사실을 털어놓았고 이나코스는 델포이와 도도나에 사절을 보내 신탁을 문의했다. 신탁의 결과 이오가 집을 떠나게 되자, 제우스가 그녀에게 접근했다. 그러나 제우스와 이오의 밀애는 헤라에게 들통이 났고, 이를 질투한 헤라가 이오를 뿔 달린 암소로 만들어 버렸다. 그래도 제우스는 스스로 황소로 변신하여 이오와 어울렸다. 헤라는 아르고스를 시켜 이오를 감시하게 했으나 헤르메스가 아르고스를 살해했다. 헤라는 다시 등에를 보내 이오를 괴롭히고 이오는 등에의 추적을 피해 도망 다니는 신세가 되었다. 이오는 정신없이 쫓겨 스키타이, 코카서스 산맥을 지나 아시아로 들어가서 프리기아, 미시아, 리디아, 킬리키아 등지를 돌아다녔고, 마침내 이집트의 나일강에 이르렀다. 이집트에서 그녀는

---

114) 여기서의 아르고스(Argos)는 가이아의 아들, 아르고스를 가리킨다. 아르고스는 사방을 감시하는 눈이 달린 괴물의 모습으로 묘사된다. 이 아르고스의 이름은 이오의 조국인 아르고스(Argos)와 동일하기 때문에 장소의 명칭인 아르고스와 인명 아르고스를 구별할 필요가 있다.

115) 바킬리데스,『디티람보스』19.15-45.

제우스의 손길을 통해 안식을 얻고 제우스의 자식을 임신하여 에파포스를 낳았다고 한다.[116)]

아이스킬로스의 서술은 이오에 대한 제우스의 구애와 헤라의 질투, 이오의 암소 변신과 헤라의 이오 탄압(아르고스의 감시, 등에의 추적), 헤르메스의 아르고스 살해, 이오의 유랑과 이집트 도착, 이오의 에파포스 임신과 출산으로 구성되어 있어서 바킬리데스의 서술을 더욱 보완해준다.

역사가 헤로도토스는 에우로페 이야기와 마찬가지로 이오 이야기도 세속적으로 변형시킨다. 그는 이오의 신원(이나코스의 딸)과 암소 형상, 그녀의 이집트 이동에 대한 전승을 수용하면서도 그것을 제우스 신화와 연관시키지 않는다. 대신 그는 이오가 페니키아인들에게 납치되었다거나 자발적으로 페니키아인들을 따라나섰다는 이야기를 소개한다.[117)]

그러나 이오 이야기에 대한 헤로도토스의 세속적 해석에도 불구하고 제우스와 이오의 신화적 서술은 후대에도 그대로 이어졌다. 그 대표적인 사례가 아폴로도로스였다. 아폴로도로스가 전하는 이오 이야기는 다음과 같다.

야소스에게는 이오라는 딸이 있었다. 그런데 비극시인들은 그녀가 이나코스의 딸이라 하고 헤시오도스와 아쿠실라오스는 페이렌의 딸이라고 한다. 그녀는 헤라의 사제였는데, 제우스가 그녀를 유혹했다. 하지만 헤라에게 들키자 제우스는 이오에게 손을 대어 흰 암소로 변화시키고 그녀를 모른다고 딱 잡아뗐다. 헤라는 제우스에게 그 암소를 자신에게 달라고 하고 아르고스에게 감시하도록 했다. 아르고스는 그녀를 올리브나무에 매어놓았다. 그러나 제우스의 명을 받은 헤르메스가 암소를 몰래 훔치다가 아르고스를 돌로 살해했다. 그 때문에 헤르메스는 '아르게이폰테스'

---

116) 아이스킬로스, 『히케티데스』 15-18, 40-48, 291-315, 531-589, 547-555, 1064-1067; 『묶인 프로메테우스』 561-609, 640-686, 703-741, 786-815, 877-886, 894-900의 내용을 재구성한 것이다.

117) 헤로도토스, 『역사』 1.1-2, 1.5, 2.41.

(ἀργειφόντης, '아르고스 살해자')로 불리게 되었다. 이에 헤라는 등에를 보내 암소를 괴롭혔다. 암소는 처음에 이오니아만(灣)으로 갔다가 일리리아와 하이모스산을 지나 보스포로스라고 불리는 해협을 건넜다. 그후에는 스키타이와 킴메리아를 돌아다니다가 마침내 이집트에 도착했으며, 그곳에서 원래의 모습을 되찾고 나일강변에서 에파포스를 낳았다고 한다.[118]

아폴로도로스의 이오 이야기는 아이스킬로스의 이야기 구조와 거의 동일하다. 차이점이 있다면 이오를 야소스의 딸로 언급한 점, 이오를 암소로 변하게 한 것이 헤라가 아니고 제우스였다는 점, 이오의 일부 여정이 다르다는 점이다. 우선 아폴로도로스는 이오의 신원에 대한 다양한 전승을 소개하면서 그녀가 야소스의 딸이라는 전승을 수용한다. 아폴로도로스는 이오를 이나코스의 딸로 보는 비극시인들을 언급하는데, 이 비극시인들 중에는 물론 아이스킬로스도 포함된다. 이 점에서 아폴로도로스의 서술은 아이스킬로스의 이오 이야기와 차이를 보인다. 하지만 아폴로도로스의 서술내용을 보면 그가 참조한 다른 전승들 역시 대개는 아이스킬로스의 이야기와 유사했음이 드러난다.

이오 이야기는 고전기 자료에서 처음 확인된다. 그러나 호메로스는 헤르메스를 '아르게이폰테스', 즉 '아르고스 살해자'로 부르곤 한다.[119] 이오 이야기에서 헤르메스가 아르고스를 살해한 자로 서술되기 때문에 호메로스의 '아르게이폰테스' 표현은 그의 시대에도 이미 이오 이야기가 알려져 있었음을 암시한다. '아르게이폰테스'라는 헤르메스의 명칭은 호메로스 이외의 다른 상고기 자료에도 등장하곤 한다.[120] 이는 상고기에 제우스와

---

118) 이상은 아폴로도로스, 『비블리오테케』 2.1.3의 내용을 재구성한 것이다.

119) 호메로스, 『일리아스』 2.103, 16.181, 21.497, 24.24, 24.109, 24.153, 24.182, 24.339, 24.345, 24.378, 24.389, 24.410, 24.432, 24.445; 『오디세이아』 1.38, 1.84, 5.43, 5.49, 5.75, 5.94, 5.145, 5.148, 7.137, 8.338, 10.302, 10.331, 24.99.

120) 헤시오도스, 『일과 날들』 68, 77, 84; 호메로스 찬가, 2.335, 2.346, 2.377, 3.200, 4.73, 4.84, 4.294, 4.387, 4.414, 5.117, 5.121, 5.129, 5.213, 5.262.

이오 이야기가 폭넓게 전래되고 있었음을 암시해준다.

③ 다나에

아르고스 왕 아크리시오스의 딸 다나에도 제우스의 연인이었다고 한다. 그녀가 제우스의 연인이라는 것은 이미 호메로스가 언급한 바 있다. 호메로스에 의하면 제우스가 아크리시오스의 딸 다나에를 사랑한 결과 페르세우스를 낳았다고 한다. 그러나 호메로스는 그들의 연애 이야기를 더 이상 서술하지 않는다. 그들의 사랑 이야기는 고전기에 들어와 소포클레스에 의해 간략하나마 좀 더 부연된다. 즉 다나에가 구리벽으로 된 장소에 갇혀 지내던 중 제우스가 '황금 물줄기로 흘러들어'(χρυσόρυτος) 다나에를 임신시켰다는 것이다. 여기서 '황금 물줄기로 흘러들어'라는 표현은 제우스가 황금 빗물의 모습으로 변신하여 다나에에게 나타났다는 것을 의미한다. 이소크라테스 역시 소포클레스와 거의 유사한 서술을 반복한다. 즉 제우스가 '황금 물줄기로 흘러서'(χρυσὸς ῥυείς) 다나에와 동침했다는 것이다.[121]

제우스와 다나에 이야기의 전말을 더욱 구체적으로 서술한 것은 아폴로도로스였다. 그는 다나에가 갇혀 지낸 이유와 페르세우스를 낳은 이후의 경과에 대해서도 추가 서술하고, 다나에의 임신에 대한 다른 전승을 전하기도 한다. 아폴로도로스의 다나에 이야기는 다음과 같다.

아크리시오스는 그가 남자 후사(後嗣)를 얻을 수 있을지에 대해 신에게 문의하다가 그녀의 딸에게서 태어난 자식이 자신을 죽일 거라는 신탁을 받았다고 한다. 이를 두려워한 아크리시오스는 지하에 구리로 된 방을 만들어 그곳에서 다나에를 감시했다. 그런데 지하실에 갇힌 다나에가 임신하여 페르세우스를 낳았다. 이에 대해 어떤 자들은 그녀의 아버지 아크리

---

121) 호메로스, 『일리아스』 14.319-320; 소포클레스, 『안티고네』 946-950; 이소크라테스, 10.59.

시오스와 전쟁을 벌이던 프로이토스가 그녀를 유혹했다고 말한다. 반면에 다른 자들은 제우스가 황금으로 변신한 후 지붕을 통해 다나에의 가슴으로 흘러들어 그녀와 관계를 가진 것이라고 말한다. 아크리시오스는 자신의 딸이 제우스의 유혹을 받았다고는 믿지 않고, 그녀와 아들을 상자에 넣어 바다로 내버렸다. 그러나 그 상자는 세리포스 해안으로 밀려왔고 딕티스(Diktys)가 소년을 데려다 양육했다고 한다.[122] 여기서 아폴로도로스는 다나에와 관계한 자가 프로이토스라는 전승을 소개하는데, 이는 페르세우스를 제우스와 다나에의 아들로 보지 않고 프로이토스와 다나에의 아들로 보는 전승이 존재했음을 말해준다.

④ 칼리스토

제우스의 연인 칼리스토 이야기는 이미 헤시오도스가 언급한 바 있다. 헤시오도스는 그의 『천문』의 한 단편에서 제우스와 칼리스토의 이야기를 다음과 같이 전한다.

리카온의 딸 칼리스토는 아르카디아 사람이었다. 그녀는 산속에서 아르테미스 여신과 함께 산짐승을 다루면서 지내고 있었다. 제우스는 그녀에게 반해 그녀를 찾아가 유혹했다. 처음에는 아르테미스 여신도 그것을 알지 못했다. 여신은 나중에야 그녀의 목욕 장면을 목격하고 그 사실을 알아챘지만 이미 칼리스토는 임신한 상태였다. 이에 여신은 분노하여 그녀를 곰의 모습으로 바꾸어놓았다. 그녀는 곰이 되어 아르카스라는 아들을 낳았다. 그녀는 곰의 모습으로 산속에서 지냈는데, 어느 날 염소지기들에게 쫓기게 되자 아기를 리카온에게 넘겨주었다. 그후 세월이 흘러 그녀는 출입이 금지된 제우스의 성역을 잘 모르고 침범하게 되었다. 그녀는 신성한 규범을 어겼다는 이유로 자신의 아들이 포함된 아르카디아인들의 추격을 받아 죽을 처지에 놓였다. 바로 그 순간 제우스가 그녀를 구해 하늘의 별

---

122) 이상은 아폴로도로스, 『비블리오테케』 2.4.1의 내용을 재구성한 것이다.

로 만들고 곰자리라는 이름을 붙여주었다고 한다.[123]

이후 에우리피데스는 아르카디아의 칼리스토가 네 발 달린 짐승으로 변하고 제우스와 동침했다는 것을 짧막하게 언급한다.[124] 칼리스토 이야기를 전체적으로 다시 거론한 것은 아폴로도로스였다. 그가 전하는 이야기는 다음과 같다.

에우멜로스(Eumelos)에 따르면 아르카디아의 통치자 리카온에게 칼리스토라는 딸이 있었다고 한다. 그러나 헤시오도스는 그녀가 님프들 중의 한 명이었다고 말하고, 아시오스는 닉테우스의 딸이었다고 하고, 페레키데스는 케테우스의 딸이었다고 한다. 칼리스토는 아르테미스와 같은 복장을 하고 여신을 따라 사냥에 나서곤 했다. 그녀는 여신에게 평생 처녀로 지내겠다고 맹세를 한 터였다. 그런데 제우스가 그녀를 보고 반해 아르테미스의 모습을 하고 강제로 그녀와 동침했다. 일설에는 제우스가 아폴론의 모습으로 나타났다고도 한다. 제우스는 그녀와 동침한 후 헤라에게 발각되지 않으려고 그녀를 곰으로 변신시켰다. 그러나 헤라는 아르테미스에게 그 짐승을 쏘아 죽이라고 권유했다. 어떤 자들은 칼리스토가 처녀성을 지키지 못했기 때문에 아르테미스가 그녀를 활로 쏜 것이라고 말한다. 칼리스토가 죽자 제우스는 그녀에게서 아기를 낚아채 구출하고 아르카스라는 이름을 붙여주었다. 그리고 아기를 마야에게 주어 아르카디아에서 양육하도록 했으며, 칼리스토를 별로 만들어 곰자리라고 불렀다 한다.[125]

여기서 아폴로도로스는 칼리스토의 신원에 대한 다양한 전승을 소개한다. 이는 헤시오도스의 칼리스토 서술과는 다른 이야기들이 상고기 때부터 다양하게 전하고 있었음을 말해준다. 아폴로도로스의 칼리스토 서술은 기본적인 이야기 구성에서 헤시오도스와 유사점을 보인다. 즉 아르테미

123) 이상은 헤시오도스, 『천문』 fr.3의 내용을 재구성한 것이다.

124) 에우리피데스, 『헬레네』 375-380.

125) 이상은 아폴로도로스, 『비블리오테케』 3.8.2의 내용을 재구성한 것이다.

스와 칼리스토의 연관성, 제우스와 칼리스토의 연애, 칼리스토의 곰 변신, 칼리스토의 죽음과 별자리 승격이 공통적으로 확인되는 것이다. 하지만 상당한 차이점도 나타난다. 즉 제우스의 변신(아폴론 혹은 아르테미스), 칼리스토의 곰 변신과정, 헤라의 역할, 칼리스토에 대한 살해자 및 살해 원인, 아들 아르카스의 양육과정에 대해서는 헤시오도스와 다르게 서술되는 것이다. 이는 아폴로도로스의 칼리스토 이야기가 헤시오도스뿐만 아니라 그 외의 다른 전승들도 참고하여 서술된 것임을 말해준다.

칼리스토 이야기는 헤시오도스에게서 처음 서술되지만, 아륵토스(Ἄρκτος), 즉 '곰자리'에 대한 언급은 호메로스에게서도 이미 나타난다.[126] 그 명칭이 호메로스 시대에 하늘의 별자리를 가리키는 명칭으로 사용되었다는 것은 칼리스토 이야기가 헤시오도스 이전에도 전래하고 있었음을 암시한다. 아륵토스라는 별자리 명칭은 고전기에도 사용되었다고 한다.[127]

2) 자녀

제우스의 여자관계가 매우 복잡했으니 그로 인한 자식들의 수도 여간 많을 수밖에 없었다. 이 책에서는 그의 자식들을 신과 인간, 자연으로 구분해 서술하기로 한다. 자연을 따로 구분한 것은 크산토스(Xanthos)라는 강 자체가 제우스의 자식으로 언급되기 때문이다.

(1) 신

상고기에 처음 제우스의 자식으로 언급된 신들은 아테나, 아폴론, 아르테미스, 아프로디테, 아레스, 헤르메스, 헤파이스토스, 디오니소스, 페르세포네, 헤베(Hebe), 아테(Ate), 무사이(Musai), 나이아데스(Naiades, 물의 님프

---

126) 호메로스, 『일리아스』 18.487; 『오디세이아』 5.273.

127) 소포클레스, 『트라키니아이』 130; 에우리피데스, 『이온』 1154.

들), 크레나이아이(Krenaiai, 샘의 님프들),[128] 에일레이티이아이(Eileithyiai), 카스토르와 폴리데우케스(혹은 폴룩스Pollux), 호라이(Horai), 모이라이(Moirai), 카리테스(Charites), 네메시스, 헤르세(Herse)이다. 올림포스 신화의 대표적 신들이 대부분 망라되어 있다. 이 가운데 아테나에서 에일레이티이아이까지의 이름은 호메로스에게서 처음 확인되고, 카스토르와 폴리데우케스, 호라이, 모이라이, 카리테스는 헤시오도스에게서 처음 언급되고, 네메시스는 『키프리아』, 헤르세는 알크만의 시(詩) 단편에서 처음 나타난다.

호메로스는 제우스를 중심으로 한 신들의 계보를 체계적으로 서술하지 않는다. 그는 트로이 전쟁과 오디세우스의 귀환에 관련된 신들의 행적을 서술하면서 간간히 신들의 계보를 설명하곤 한다. 따라서 신들의 계보에 대한 그의 언급은 『일리아스』와 『오디세이아』의 도처에서 산발적으로 나타난다.

호메로스가 제우스의 자식을 단편적으로 서술한 반면, 헤시오도스는 보다 체계적으로 서술한다. 헤시오도스는 『신통기』 885-944에서 제우스의 후대 계보를 자세히 서술한다. 그에 따르면 제우스는 메티스와의 사이에 아테나를 낳고, 테미스와의 사이에 호라이(에우노미아와 디케, 에이레네)와 모이라이(클로토, 라케시스, 아트로포스), 에우리노메와의 사이에 카리테스(아글라이아, 에우프로시네, 탈레이아)를 낳았다고 한다. 또 제우스는 데메테르와 동침하여 페르세포네를 낳고, 므네모시네와 관계하여 9명의 무사이를 낳았으며, 레토와의 사이에 아폴론과 아르테미스, 헤라와의 사이에 헤베, 아레스, 에일레이티이아를 낳았다고 한다. 그리고 제우스가 혼자 자신

---

128) 물의 님프들인 나이아데스는 그들이 거주하는 장소에 따라 여러 부류로 나뉜다. 나이아데스는 포타메이데스(Potameides, 강의 님프들), 림나데스(Limnades, 호수의 님프들), 크레나이아이(Krenaiai, 샘의 님프들) 등으로 구성된다. 호메로스는 나이아데스를 제우스의 딸로 언급하면서, 크레나이아이에 대해서도 따로 제우스의 딸이라고 소개한다.

의 머리에서 트리토게네이아(즉 아테나)를 낳자 화가 난 헤라가 제우스와 결합하지 않고 헤파이스토스를 낳았다고 전한다. 그 외에도 제우스와 마야 사이에 헤르메스가 태어나고, 제우스와 세멜레 사이에 디오니소스가 태어났다고 한다. 헤시오도스는 또한 『여인명부』 fr.66에서 카스토르와 폴리데우케스를 제우스의 자식으로 언급한다.

그럼 이하에서는 호메로스와 헤시오도스의 서술을 중심으로 제우스의 자식으로 언급된 신들을 살펴보겠다. 우선 올림포스 12신을 살펴보면 제우스와 포세이돈, 헤라, 데메테르, 헤스티아는 모두 제우스와 동일 세대의 신들이다. 12신 중 나머지는 아테나, 아폴론, 아르테미스, 아프로디테, 아레스, 헤르메스, 헤파이스토스, 디오니소스(헤스티아 대신 추가)인데, 이들은 모두 제우스의 자식들이었다고 한다.

호메로스 시에서 아테나는 제우스의 딸로 자주 등장한다. 그녀는 『일리아스』와 『오디세이아』에서 모두 중요한 역할을 하기 때문에 다른 신에 비해 언급된 횟수가 많은 편이다. 호메로스는 제우스와 아테나의 부녀관계를 수시로 표현한다.[129] 그러나 그는 아테나의 아버지가 제우스라는 것만 언급하고 어머니의 이름은 밝히지 않는다. 또 아테나의 탄생과정에 대해서도 언급하지 않는다. 아테나의 자세한 계보와 탄생과정이 서술된 것은 헤시오도스에게서였다. 헤시오도스에 의하면 제우스는 오케아노스의 딸 메티스를 첫 번째 부인으로 맞이했는데 그녀의 후손이 자신을 몰아내고 새로운 지배자가 될 것이라는 예언을 듣고 메티스를 뱃속에 삼켜버렸다고 한다. 그런 후 제우스의 머리에서 태어난 것이 아테나 여신이었다고 한다.[130]

아폴론과 아르테미스는 제우스와 레토의 자식이었다고 전한다. 그들을 제우스의 자식으로 처음 언급한 것은 역시 호메로스였다. 호메로스는 아

---

129) 이 책의 575~76쪽 참조.

130) 헤시오도스, 『신통기』 886-900, 924-926, 929g-929t.

폴론에 대해 아버지 제우스와 어머니 레토의 이름을 모두 밝히기도 하고 아버지 혹은 어머니의 이름만 언급하기도 한다.[131] 이는 아르테미스에 대해서도 마찬가지이다.[132] 호메로스는 아폴론과 아르테미스의 탄생신화에 대해서도 언급하지 않는다. 그들의 델로스 탄생에 대한 서술은 호메로스 찬가, 3.19-122에서 자세히 묘사된다.

아프로디테 역시 제우스의 자식이었다고 한다. 아프로디테를 제우스의 자식으로 처음 언급한 것은 호메로스였다. 호메로스는 아프로디테의 아버지 제우스의 이름을 언급하기도 하고 어머니 디오네의 이름을 말하기도 한다.[133] 호메로스는 그녀의 아버지와 어머니 이름을 함께 언급한 적은 없지만 그녀가 제우스와 디오네의 딸이라는 것을 분명하게 밝힌 셈이다. 그런데 헤시오도스는 아프로디테의 계보에 대해 호메로스와 다르게 서술한다. 헤시오도스는 아프로디테의 출생을 크로노스의 우라노스 퇴치와 관련지어 서술한다. 즉 크로노스가 우라노스의 생식기를 잘라 바다에 던지자 거기서 거품이 일었고 그 거품에서 아프로디테가 나왔다고 한다.[134] 헤시오도스의 서술에서는 아프로디테의 부모가 누군지 명확하게 드러나지 않는다. 특히 어머니에 대한 언급이 전혀 없다. 아프로디테의 계보에 대한 후대 서술에서는 호메로스의 전승이 더 우세하게 나타난다. 여류시인 사포의 시, 호메로스 찬가, 에우리피데스, 플라톤, 아폴로도로스가 아프로디테를 제우스와 디오네의 딸로 묘사했던 것이다. 반면에 헤시오도스의 아

---

131) 호메로스, 『일리아스』 1.9; 『오디세이아』 11.318(제우스와 레토); 『일리아스』 1.21, 7.23, 7.37, 15.236, 16.720, 16.804, 17.326, 20.82, 20.103, 21.229, 22.302; 『오디세이아』 8.334(제우스); 『일리아스』 1.36, 16.849, 19.413, 24.605-609(레토).

132) 호메로스, 『일리아스』 21.504-508(제우스와 레토), 9.536, 9.538, 21.512; 『오디세이아』 6.151, 20.61(제우스), 24.605-609(레토).

133) 호메로스, 『일리아스』 5.370-371, 5.382(디오네), 3.374, 5.131, 5.312, 5.348, 5.357-362, 5.426-428, 5.820, 14.193, 14.224, 20.105, 21.416, 23.185; 『오디세이아』 8.289, 8.308(제우스).

134) 헤시오도스, 『신통기』 188-195.

프로디테 계보 전승은 헬레니즘 시대까지의 자료에 거의 등장하지 않는다. 다만 플라톤이 그 전승의 흔적을 전하고 있을 뿐이다. 플라톤은 아프로디테를 '우라니아'(Οὐρανία)와 '판데모스'(Πάνδημος)로 구분해 부르는데, 전자는 어머니 없이 태어난 우라노스의 딸이고 후자는 제우스와 디오네의 자식을 가리킨다고 설명한다.[135] 이렇듯 플라톤의 서술에는 아프로디테의 계보에 대한 두 가지 전승이 함께 언급되어 있다.

아레스와 헤르메스도 제우스의 아들이었다고 한다. 이들을 제우스의 자식으로 언급한 것은 호메로스에게서 처음 확인된다. 호메로스는『일리아스』5.892-893에서 헤라를 아레스의 어머니로 직접 언급하기도 하고, 그녀의 부모를 에둘러 표현하기도 한다. 예를 들어『일리아스』5.357-362에서는 아레스를 제우스의 딸인 아프로디테와 남매간으로 설명한다. 그가 제우스의 딸인 아프로디테와 남매간이라는 것은 그의 아버지가 제우스임을 가리키는 것이다. 또『일리아스』5.896에서 제우스는 아레스에게 "넌 내 자식이니라. 네 엄마가 너를 내게 낳아주었어"(ἐκ ἐμεῦ γένος ἐσσί, ἐμοὶ σε γείνατο μήτηρ)라고 말한다. 여기서 아레스의 어머니는 그 직전 대목인 5.892-893에서 언급된 헤라이다. 그러므로 아레스는 호메로스에게서 제우스와 헤라의 자식으로 서술된 셈이다. 헤시오도스도『신통기』921-923에서 제우스가 헤라를 아내로 맞이하여 헤베와 아레스, 에일레이티이아를 낳았다고 전한다. 한편 호메로스는 헤르메스에 대해서도 아버지 제우스의 이름과 어머니 마야의 이름을 언급한다.[136] 헤르메스의 아버지와 어머니 이름을 함께 병기한 것은 헤시오도스에게서 처음 확인된다. 그는『신통기』938-939에서 아틀라스의 딸 마야가 제우스와 동침한 후 신들의 사자 헤르메스를 낳았다고 서술하고 있다.

헤파이스토스도 제우스의 아들이었다고 전한다. 그가 제우스의 아들이

---

135) 플라톤,『향연』180D.

136) 호메로스,『일리아스』24.333;『오디세이아』5.28, 8.335(제우스), 14.435(마야).

라는 언급은 호메로스에게서 처음 확인된다. 호메로스는 헤파이스토스의 아버지 제우스의 이름과 어머니 헤라의 이름을 분명하게 밝힌다.[137] 그런데 헤파이스토스의 계보에 대해서는 호메로스와 헤시오도스가 다르게 서술한다. 헤시오도스는 『신통기』 927-929에서 제우스의 아테나 출산에 화가 난 헤라가 제우스와 동침하지 않고 헤파이스토스를 낳았다고 전한다. 제우스가 헤파이스토스의 아버지라는 것을 부인하는 것이다. 그런데 『신통기』 579-580의 내용, 즉 헤파이스토스가 '아버지 제우스'를 위해 판도라의 금관을 직접 만들었다는 언급은 헤라의 단독생산에 대한 진술과 모순된다. 사실 여기서 '아버지 제우스'가 헤파이스토스 개인의 아버지로서의 제우스를 의미하는 것인지 아니면 '아버지'라는 일반적인 호칭을 가리키는 것인지는 불분명하다. 만일 후자의 경우라면 헤시오도스의 진술에서 일관성이 유지되는 셈이다. 하지만 전자의 경우라면 두 진술이 서로 엇갈리게 된다. 내가 보기에는 헤시오도스가 헤라의 단독생산을 분명하게 언급한 이상, 후자의 경우로 보는 것이 더 타당하다고 본다. 이미 헤시오도스 자신뿐만 아니라 호메로스에게서도 '아버지 제우스'라는 호칭이 자주 사용되기 때문이다. 설혹 전자의 경우라고 해도 '아버지 제우스'라는 표현이 반드시 제우스와 헤파이스토스의 혈연적인 부자관계를 가리킨다고 보기는 어렵다. 헤파이스토스가 제우스의 친자가 아닐지라도 그의 어머니가 제우스의 아내이기 때문에 헤파이스토스를 그냥 제우스의 아들로 표현할 수도 있는 것이다.

호메로스와 헤시오도스의 헤파이스토스 계보에 대한 서술은 후대에도 그대로 병존한다. 호메로스의 서술은 상고기의 『소(小)일리아스』와 후대의 플라톤, 아폴로도로스, 디오도로스에게서 확인된다.[138] 한편 헤라의 단

---

137) 호메로스, 『일리아스』 1.578, 20.11-12, 14.338-339(제우스), 1.572, 1.577, 1.585, 14.166-167, 14.239, 18.396, 21.331, 21.330-331, 21.378-379(헤라).

138) 이 책의 579~80쪽 참조.

독생산 전승도 후대에 계속 이어진다. 호메로스 찬가, 3.311-319는 헤라가 헤파이스토스를 단독으로 생산했다는 암시가 강하게 제시된다. 이 대목에서 헤라는 제우스의 딸 아테나와 자신의 아들 헤파이스토스를 비교한다. 즉 아테나는 제우스가 헤라와 무관하게 낳은 자식으로서 대단히 탁월한 신이지만, 헤라 자신의 아들 헤파이스토스는 허약하고 절름발이라는 푸념을 신들에게 늘어놓는다. 이는 헤시오도스의 서술을 연상시킨다. 헤시오도스는 제우스가 헤라와 무관하게 아테나를 낳자 헤라가 분노하여 단독으로 헤파이스토스를 낳았다고 기술했던 것이다. 그러므로 호메로스 찬가3에서 굳이 아테나와 헤파이스토스가 대비되는 것은 그들이 각기 제우스와 헤라의 단독적인 자식들이었기 때문이라 할 수 있다. 이는 헤라가 제우스에 대한 복수로 신들 중에 출중한 아이를 제우스와 동침하지 않고 혼자서 낳을 것이라고 다짐하는 대목에서도 확인된다.[139] 또 헤라의 단독생산 전승은 보다 후대의 아폴로도로스에게서도 나타난다. 그는 헤라가 남성과 동침하지 않고 혼자서 헤파이스토스를 낳았다는 전승을 소개하는 것이다.[140] 그런데 사실 헤시오도스의 서술은 아테나의 탄생신화의 일부 내용과 어긋난다. 즉 일부 자료에는 헤파이스토스가 제우스의 머리를 도끼로 쳐서 아테나의 탄생을 도왔다고 하는데, 그렇다면 아테나의 탄생에 분노한 헤라가 헤파이스토스를 단독으로 생산했다는 진술과 모순되는 것이다. 아테나보다 늦게 탄생한 헤파이스토스가 아테나의 탄생을 도왔다는 것은 어불성설이다. 아테나의 탄생 때 헤파이스토스가 제우스의 머리를 쪼갰다는 전승은 핀다로스의 『올림피아 송가』에 처음 등장하고 후대의 아폴로도로스에게서도 나타난다.[141] 이 전승이 전해지고 있었다면 헤라의 단독생산 전승은 설득력을 잃었을 것으로 보인다.

---

139) 호메로스 찬가, 3.326-330.

140) 아폴로도로스, 『비블리오테케』 1.3.5.

141) 『올림피아 송가』 7.34-37; 아폴로도로스, 『비블리오테케』 1.3.6.

디오니소스가 제우스의 자식이라는 언급도 호메로스에게서 처음 나타난다. 호메로스는 세멜레가 제우스와의 사이에 디오니소스를 낳았다고 전한다. 헤시오도스도 유한한 생명을 가진, 카드모스의 딸 세멜레가 제우스와 동침하여 불멸의 디오니소스를 낳았다고 언급한다. 디오니소스가 제우스와 세멜레의 자식이라는 전승은 후대의 자료에서 대부분 승계된다.[142] 디오도로스가 디오니소스를 제우스와 세멜레의 자식으로 보는 견해에 반대하는 이집트인들의 주장을 언급하지만[143] 그리스인들은 호메로스 때부터의 전승을 대체로 수용했다고 할 수 있다. 또 디오니소스의 어머니가 세멜레가 아니라 아프로디테나 데메테르 혹은 페르세포네였다는 전승도 존재했다고 하지만 일부 자료에서만 언급될 뿐이었다.[144]

　　호메로스는 이상의 신들 외에도 페르세포네, 헤베, 아테, 무사(혹은 무사이), 나이아데스, 크레나이아이를 제우스의 자식으로 언급한다. 호메로스는 페르세포네에 대해 그녀의 아버지가 제우스라고 밝히지만 어머니의 이름은 언급하지 않는다. 호메로스는『오디세이아』11.217에서 페르세포네를 제우스의 딸로 언급한다. 한편『일리아스』14.326에서는 제우스와 데메테르가 연인임을 밝히지만 그들의 자식에 대해서는 서술하지 않는다. 그는 페르세포네가 제우스와 데메테르의 딸임을 명시하지 않고 그녀의 아버지만 밝힌 셈이다. 페르세포네가 제우스와 데메테르의 딸이라는 언급은 헤시오도스에게서 처음 확인된다. 헤시오도스는 제우스가 데메테르와 동침하여 페르세포네를 낳았다고 서술한다. 페르세포네가 제우스와 데메테르의 딸이라는 전승은 후대 자료에서 대개 수용된다. 아폴로도로스는 페르세포네가 제우스와 스틱스의 자식이라는 전승도 소개하지만, 대부분 자료는 그녀를 데메테르의 자식으로 언급한다.[145]

---

142) 이 책의 580쪽 참조.

143) 디오도로스 1.23.2-8.

144) 이 책의 580~81쪽 참조.

헤베 역시 제우스의 자식으로 나온다. 호메로스는 헤라클레스의 아내 헤베가 제우스와 헤라의 딸이라고 말한다. 헤시오도스도 제우스가 헤라와 결혼하여 헤베를 낳았으며 헤베는 후일 헤라클레스와 결혼했다고 서술한다. 헤베가 제우스와 헤라의 자식이라는 전승은 호메로스와 헤시오도스 이후의 자료에서도 계속 나타난다.[146]

호메로스는 아테도 제우스의 딸로 언급한다. 그러나 호메로스는 그녀의 아버지 이름만 밝히고 어머니 이름은 거론하지 않는다. 한편 헤시오도스는 그녀의 어머니가 에리스(Eris)라고 밝힌다. 그러나 두 사람의 언급을 결합하여 아테를 제우스와 에리스의 자식으로 볼 수 있는지는 확실치 않다. 아테의 계보에 대해서는 더 이상의 자료가 전하지 않으므로 그에 대한 명확한 결론은 내리기가 어렵다.

무사이도 제우스의 딸이었다고 전한다. 호메로스는 그들을 복수형인 '무사이'(Μοῦσαι)로 표현하고 모두 9명임을 언급하기도 하지만, 단수형인 '무사'(Μοῦσα)로 표현하기도 한다. 하지만 그는 '무사이'이든 '무사'이든 간에 그들을 모두 제우스의 딸로 언급한다. 호메로스는 무사이의 어머니 이름은 밝히지 않는다. 무사이의 부모 이름과 명단을 처음 언급한 것은 헤시오도스이다. 헤시오도스는 '올림포스의 무사이'를 제우스의 딸들로 언급하며 그들의 계보를 서술한다. 그는 『신통기』 53-62에서 '올림포스의 무사이'의 내력을 밝히는데, 므네모시네가 피에리아(Pieria)에서 제우스와 9일 동안 동침한 후 9명의 딸을 낳았으며 그들이 무사이라고 한다. 헤시오도스는 다른 대목들에서도 무사이가 제우스와 므네모시네의 딸들이고 9명으로 구성된 복수체임을 명시한다.[147] 그는 『신통기』 75-79에서 제우스의 9명 딸들의 이름을 나열하기도 한다. 즉 클레이오(Kleio)와 에

---

145) 이 책의 581쪽 참조.

146) 이 책의 581~82쪽 참조.

147) 이 책의 582~83쪽 참조.

우테르페(Euterpe), 탈레이아(Thaleia), 멜포메네(Melpomene), 테릅시코레 (Terpsichore), 에라토(Erato), 폴림니아(Polymnia), 우라니아(Urania), 칼리오 페(Kalliope)가 그들이다. 호메로스와 헤시오도스가 서술한 무사이의 계보 와 명단은 후대 자료에서도 거의 그대로 승계된다. 일부 자료에서는 무사 이가 우라노스와 가이아의 자식이라는 전승과 수효가 3명이라는 전승도 소개되지만[148] 디오도로스도 인정하듯이 대부분 자료들은 호메로스와 헤 시오도스의 서술에 따르고 있다.[149]

물의 님프들인 나이아데스와 샘의 님프들인 크레나이아이도 제우스의 자식들이었다고 전한다. 호메로스는 나이아데스와 크레나이아이를 모두 제우스의 딸로 소개한다.[150] 나이아데스는 물의 님프들을 전체적으로 지 칭하는 표현이고 크레나이아이는 나이아데스의 일부인 샘의 님프들만을 가리키는 말이다. '나이아데스'(Ναιάδες)는 '나이아스'(Ναιάς)의 복수형이 다. 호메로스는 '나이아데스'의 이오니아식 표현인 '네이아데스'(Νηιάδες) 와 그 단수형인 '네이스'(Νηις)를 사용하는데, 나이아데스의 개별 님프를 가리킬 때 '네이스'라고 표현한다. 즉 호메로스는 『일리아스』에서 님프 아 바르바레에(Abarbaree)를 묘사할 때 '님페 네이스'(νύμφη νηίς)라고 표현하 고, 에놉스(Enops)의 아내와 오트린테우스(Otryntheus)의 아내를 표현할 때에도 '님페 네이스'라고 표현한다.[151] 여기서 '님페 네이스'는 물의 님프 인 '나이아스 님프'를 의미한다. 그런데 호메로스는 개별적인 나이아스 님 프를 표현할 때에는 그녀를 제우스의 아내로 소개한 적이 없다. 반면 나이 아스 님프를 복수형으로 표현할 때, 그들을 제우스의 딸로 소개한다. 호메

---

148) 밈네르모스, Elegies, Book 2, no.13(Edmonds I); 알크만, Fragments, fr.67; 디오도로스, 4.7.1-7.2; 파우사니아스, 9.29.2.

149) 디오도로스, 4.7.1-7.2.

150) 이 책의 583쪽 참조.

151) 호메로스, 『일리아스』 6.21-22(님프 아바르바레에), 14.444(에놉스의 아내), 20.384(오 트린테우스의 아내).

로스의 이후 자료들에서 '나이아데스'를 제우스의 딸로 언급한 사례는 확인되지 않는다. 또한 크레나이아이를 제우스의 딸로 언급한 사례도 보이지 않는다. 그러므로 나이아데스와 크레나이아이 전체를 제우스의 딸로 언급한 호메로스의 서술이 후대에도 통용되었는지는 분명치 않다.

출산의 여신 에일레이티이아도 제우스의 딸이었다고 한다. 호메로스는 에일레이티이아에 대해 단수형 '에일레이티이아'(Εἰλείθυια)와 복수형 '에일레이티이아이'(Εἰλείθυιαι) 표현을 함께 사용한다.[152] 그런데 그는 복수형 표현을 사용하여 그들을 헤라의 딸들이라고 언급한다. 여기서 호메로스는 그들의 어머니 이름만 밝히고 아버지는 거론하지 않는다. 즉 그들의 아버지가 제우스라는 것을 명시하지 않는다. 하지만 호메로스 시에서 헤라는 제우스의 정식 배우자로서의 위상이 확립된 상태이므로 둘의 사이는 유일한 부부관계로 인정될 수밖에 없다. 헤라의 자식이 곧 제우스의 자식이 되는 셈이다. 헤라가 에일레이티이아이를 제우스 없이 낳았다는 언급이 없는 이상, 에일레이티이아이는 제우스와 헤라의 자식이라 할 수 있다. 그래서 나는 에일레이티이아이가 호메로스에게서 처음 제우스의 자식으로 언급된 것으로 본다. 참고로 에일레이티이아가 제우스와 헤라의 자식이라는 직접적인 언급은 헤시오도스에게서 확인된다. 헤시오도스는 그녀를 단수형인 에일레이티이아로 표현하고 제우스와 헤라의 딸로 소개한다.[153] 헤시오도스의 용례는 이후의 자료에서 그대로 수용된다.[154] 출산의 여신 이름이 복수형에서 단수형으로 바뀐 것은 출산과 관련된 여러 업무가 한 명의 여신에게로 통합된 탓으로 여겨진다.

---

152) 호메로스, 『일리아스』 16.187, 19.103; 『오디세이아』 19.188(에일레이티이아); 『일리아스』 11.270-271(에일레이티이아이).

153) 호메로스, 『일리아스』 11.270-271; 헤시오도스, 『신통기』 921-923.

154) 이 책의 583쪽 참조.

헤시오도스 때에 제우스의 자식으로 처음 언급된 신들은 호라이, 모이라이, 카리테스, 카스토르, 폴리데우케스이다. 그런데 호메로스 때에도 이들의 이름은 등장한다. 호메로스는 호라이를 올림포스의 여신들로 묘사한다.[155] 그러나 그는 그들의 개별적인 이름과 제우스와의 부녀관계에 대해서는 설명하지 않는다. 또 호메로스는 모이라이를 운명의 여신들로 묘사하지만, 복수형인 '모이라이'(Μοῖραι)보다는 단수형인 '모이라'(Μοῖρα)로 언급하곤 했다.[156] 모이라이의 개별적인 이름과 제우스와의 부녀관계에 대해서도 전혀 설명하지 않는다. 카리테스에 대해서도 단수형인 '카리스'(Χάρις)나 복수형인 '카리테스'(Χάριτες)라는 이름으로 부르고 파시테아(Pasithea)를 카리테스의 일원으로 언급하지만,[157] 카리테스의 계보와 그들의 개별적인 이름은 역시 서술하지 않는다.

반면에 헤시오도스는 이들의 계보와 개별적인 이름을 일일이 서술한다. 호라이의 경우, 헤시오도스는 『신통기』 901-903에서 제우스가 테미스(Themis)와 결합하여 호라이인 에우노미아(Eunomia), 디케(Dike), 에이레네(Eirene)를 낳았다고 말한다. 또 『일과 날들』 256에서는 디케를 제우스의 자식으로 소개한다. 그렇다면 헤시오도스는 호라이가 제우스와 테미스의 자식이고 에우노미아와 디케, 에이레네의 3명으로 구성되었다고 서술한 셈이다. 호라이에 대한 헤시오도스의 서술은 후대 자료에서도 변함없이 그대로 수용되었다.[158]

헤시오도스는 모이라이의 계보와 이름에 대해서도 설명한다. 헤시오도스는 『신통기』 904-906에서 제우스가 테미스와의 사이에 모이라이인 클

---

155) 호메로스, 『일리아스』 5.749, 8.393, 8.433.

156) 호메로스, 『일리아스』 24.49(모이라이), 16.849, 19.87, 19.410, 24.209(모이라).

157) 호메로스, 『일리아스』 18.382(카리스), 14.275-276(파시테아), 5.338, 14.267, 17.51; 『오디세이아』 6.18, 8.364, 18.194(카리테스).

158) 이 책의 584~85쪽 참조.

로토(Klotho), 라케시스(Lachesis), 아트로포스(Atropos)를 낳았다고 서술한다. 여기서 헤시오도스는 모이라이가 제우스와 테미스의 자식이고 클로토와 라케시스, 아트로포스의 3명으로 구성되었음을 밝힌 것이다. 그러나 헤시오도스는 모이라이의 계보에 대해 또 다른 전승을 언급한다. 그는 『신통기』 217-219에서 닉스(Nyx)가 모이라이인 클로토와 라케시스, 아트로포스를 낳았다고 기술한 것이다. 헤시오도스가 기술한 두 가지 전승은 후대의 자료에 그대로 반영된다. 아폴로도로스는 모이라이를 제우스와 테미스의 계보로 설명하고, 아이스킬로스는 닉스의 계보로 설명한다. 한편 모이라이가 아낭케(Ananke)의 딸이라는 전승도 존재했던 것으로 나타난다.[159]

카리테스도 제우스의 자식이었다고 하는데, 헤시오도스가 그들의 계보와 이름을 처음으로 설명한다. 헤시오도스는 『신통기』 907-911에서 오케아노스의 딸 에우리노메(Eurynome)가 제우스와의 사이에 3명의 카리테스인 아글라이아(Aglaia)와 에우프로시네(Euphrosyne), 탈레이아(Thaleia)를 낳았다고 서술한다. 카리테스의 계보와 이름에 대한 헤시오도스의 서술은 후대에도 대체로 수용되었던 것으로 나타난다. 카리테스가 아이글레(Aigle)와 헬리오스의 딸이라는 전승이 고전기에 존재했던 것으로 보이지만 그것을 언급한 자료는 매우 드물다.[160]

카스토르와 폴리데우케스도 제우스의 자식이었다고 전한다. 호메로스는 이들의 이름을 거론하기는 하지만 그들이 틴다레오스의 자식이라고 말한다. 즉 틴다레오스의 아내 레다가 틴다레오스와의 사이에 카스토르와 폴리데우케스를 낳았다는 것이다.[161] 호메로스가 다른 대목에서 카스토르와 폴리데우케스, 헬레네가 어머니가 같은 오누이이며 헬레네가 제우스

---

159) 이 책의 585쪽 참조.

160) 이 책의 585~86쪽 참조.

161) 호메로스, 『오디세이아』 11.298-301.

의 딸이라고 말하지만[162] 이는 그들의 어머니가 같다는 것이지 아버지가 같다는 것은 아니다. 카스토르와 폴리데우케스가 제우스의 자식이라는 직접적인 언급은 헤시오도스의 『여인명부』 fr.66에서 처음 확인된다. 그러나 헤시오도스는 그들의 어머니를 거론하지 않았다. 그들이 제우스와 레다의 자식이라는 언급은 기원전 6세기의 서정시인 알카이오스에게서 처음 확인된다. 그후 카스토르와 폴리데우케스는 제우스와 레다의 자식들로 간주되었고, 이는 핀다로스, 에우리피데스, 테오크리토스, 아폴로니오스, 아폴로도로스에게서도 나타난다.[163] 그런데 고전기에는 카스토르와 폴리데우케스의 계보를 분리시키는 전승도 존재했다. 즉 핀다로스는 둘 다 제우스의 아들로 보면서도 다른 한편으로 둘을 분리하여 서술하기도 했다. 그에 따르면 카스토르는 틴다레오스의 아들이고 폴리데우케스만 제우스의 아들이라는 것이다.[164] 아폴로도로스도 두 가지 전승을 모두 받아들인다. 그는 한편으로는 헤시오도스의 전승을 받아들여 둘 다 제우스의 아들로 적기도 하고, 또 한편으로는 다른 전승을 수용하여 폴룩스(폴리데우케스의 다른 이름)만 제우스의 아들로 언급하기도 한다. 아폴로도로스에 의하면 제우스가 백조로 변신하여 틴다레오스의 아내 레다와 동침하던 날 밤에 틴다레오스도 레다와 동침했다고 한다. 그 결과 레다는 제우스와의 사이에 폴룩스와 헬레네를 낳고, 틴다레오스와의 사이에 카스토르와 클리타임네스트라를 낳았다고 한다.[165]

호메로스와 헤시오도스 이외의 다른 상고기 자료들에서도 제우스의 자식에 관한 언급이 나온다. 즉 네메시스와 헤르세가 그 경우이다. 네메시스

---

162) 호메로스, 『일리아스』 3.237-238, 3.426.

163) 이 책의 583~84쪽 참조.

164) 핀다로스, 『네메아 송가』 10.76-82.

165) 아폴로도로스, 『비블리오테케』 1.8.2, 1.9.16, 3.10.7.

는 『키프리아』 8에서 제우스의 딸로 나오고, 헤르세는 알크만의 한 단편 (fr.57)에서 제우스와 셀레네의 자식으로 언급된다. 『키프리아』 8에서는 네메시스가 '아버지 제우스'와 강제로 동침한 후 헬레네를 낳았다고 전한다. 그녀는 아버지 제우스와 동침하는 것에 대해 수치심과 분노를 느껴 도 망가려 했고 동침을 거부했다고 한다. 한편 에우리피데스, 『레소스』 342 에는 아드라스테이아(Adrasteia)를 '제우스의 자식'(ἁ Διὸς παῖς)으로 언급한 대목이 나온다. 그런데 그리스 신화에서 아드라스테이아는 아기 제우스를 양육한 크레타의 님프 이름이기도 하고,[166] 네메시스의 별칭으로 쓰이기도 한다.[167] 에우리피데스가 말한 아드라스테이아는 네메시스의 별칭으로 사용된 것이었다. 하지만 네메시스의 계보에 대해서는 다양한 전승이 존재했던 것으로 나타난다. 네메시스는 닉스의 딸 혹은 오케아노스의 딸로 서술되기도 했던 것이다.[168]

헤르세를 제우스의 자식으로 언급한 것은 알크만이 유일하다. 헤르세는 그 이름이 '헤르세'(ἕρση), 즉 '이슬'을 의미하기 때문에 이슬의 신으로 추정될 뿐 그녀에 대한 자세한 내막을 알 수가 없다.

제우스의 자식으로 언급된 신들의 이름은 대부분 상고기 자료에서 처음 확인된다. 하지만 그후에도 제우스 자식들의 이름이 일부 추가되곤 했는데, 고전기에는 티케(Tyche), 알라테이아(Alatheia), 에로스(Eros), 카이로스(Kairos)의 이름이 처음 나타난다. 이 가운데 티케와 알라테이아는 핀다로스의 송가, 에로스는 에우리피데스 비극, 카이로스는 키오스의 이온(Ion of Chios)의 시구(詩句)에서 처음 언급된다.

---

166) 칼리마코스 찬가, 1.46-47; 아폴로니오스, 『아르고나우티카』 3.132-133; 아폴로도로스, 『비블리오테케』 1.1.6.

167) 아이스킬로스, 『묶인 프로메테우스』 936; 플라톤, 『국가』 451A.

168) 헤시오도스, 『신통기』 223; 파우사니아스, 1.33.3, 7.5.3.

티케가 제우스의 자식으로 언급된 것은 핀다로스에게서 처음 확인되는데, 핀다로스는『올림피아 송가』12.1-2에서 '소테이라 티케'를 '엘레우테리오스 제우스'의 자식으로 소개한다. 그런데 티케가 제우스의 자식이라는 전승은 핀다로스 이외의 자료에는 나오지 않는다. 오히려 상고기의 자료들은 그녀를 오케아노스의 딸로 언급한다. 헤시오도스는 티케를 오케아노스와 테티스의 딸이라고 하고, 호메로스 찬가 2의 저자는 그녀를 오케아노스의 딸로 적고 있는 것이다. 헬레니즘 시대 이후의 파우사니아스도 그녀를 오케아노스 딸로 보는 전승을 따르고 있다. 한편 상고기의 알크만은 티케를 프로메테우스의 딸로 언급하기도 한다.[169] 이렇듯 티케를 제우스의 딸로 보는 전승은 별로 나타나지 않고, 오히려 그녀를 오케아노스의 딸로 보는 전승이 더 우세한 편이다.

알라테이아는 핀다로스의『올림피아 송가』10.3-4에서 제우스의 자식으로 소개되는데, 그녀의 어머니에 대한 언급은 나오지 않는다. 알라테이아 혹은 알레테이아는 그 이름이 '알레테이아'(ἀλήθεια), 즉 '진실'을 의미하기 때문에 '진실'을 의인화한 여신이었을 것으로 보인다. 그녀의 계보에 대한 언급은 핀다로스의『올림피아 송가』에서만 확인될 뿐이다.

에로스는 에우리피데스의 작품에서 제우스의 아들로 처음 언급된다. 하지만 그가 제우스의 아들이라는 것은 에우리피데스에게서만 확인된다. 다른 자료들은 대개 에로스를 아프로디테와 연관지어 서술하기 때문이다.[170] 따라서 에로스를 제우스의 자식으로 언급한 전승보다는 아프로디테의 계보로 보는 전승이 더 우세했던 것 같다. 카이로스에 대해서는 파우사니아스가 키오스의 이온의 말을 빌려 그가 제우스의 막내 자식이라고 전한다.[171] 키오스의 이온은 기원전 5세기 중엽에서 후반의 시인이었다고

---

169) 이 책의 586쪽 참조.

170) 이 책의 587쪽 참조.

171) 파우사니아스, 5.14.9(=이온, fr.742).

하므로 제우스와 카이로스의 부자관계 전승은 고전기에 이미 알려져 있었음이 분명하다. 카이로스는 그 이름이 '카이로스'(καιρός), 즉 '기회, 적기(適期)'를 의미하기 때문에 시간의 신으로 간주되었던 것 같다. 그런데 카이로스의 계보를 언급한 것은 파우사니아스에게서 인용된 이온뿐이므로 그 자세한 내막을 알기 어렵다.

헬레니즘 시대에도 일부 신들의 이름이 제우스의 자식으로 처음 거론되었다. 판(Pan)과 하르모니아(Harmonia), 브리토마르티스(Britomartis) 혹은 딕티나(Diktynna)가 그들인데, 판은 아폴로도로스, 나머지는 디오도로스에게서 처음 확인된다.

판이 제우스의 자식이라는 직접적인 언급은 아폴로도로스에게서 나타난다. 그는 판을 제우스와 히브리스의 자식이라고 언급한다. 아폴로도로스 이전에 제우스와 판의 관계를 암시하는 자료가 없는 것은 아니다. 에우리피데스가 『레소스』 36에서 '크로니오스 판'(Κρόνιος Πάν)이라는 표현을 사용한 바 있다. 그 표현은 '크로노스의 판'이라는 뜻으로 판이 크로노스와 관련된 자 혹은 크로노스의 후손임을 가리킨다. 그러나 그 표현은 다의적이기 때문에 그것이 반드시 제우스와 판의 부자관계를 의미한다고 볼 수는 없다. 그렇다면 판을 제우스의 자식으로 보는 전승은 아폴로도로스에게서 처음 나타난 것으로 보인다. 그런데 이 전승은 그렇게 우세한 전승이 아니었던 것 같다. 이미 고전기에는 또 다른 전승, 즉 판이 헤르메스의 아들이라는 전승이 존재하고 있었는데, 현재의 자료상황으로는 그 전승이 더 우세했던 것으로 나타난다.[172]

디오도로스는 하르모니아를 다르다노스, 야시온과 함께 제우스와 엘렉트라의 자식으로 거론한다. 그러나 디오도로스는 하르모니아의 계보에 대한 다른 전승들도 소개하는데, 아레스의 자식이라는 전승과 아프로디테의

---

172) 이 책의 587쪽 참조.

자식이라는 전승이 그것이다.[173] 현존 자료를 보면 하르모니아를 아프로디테와 아레스의 자식으로 보는 전승이 더 많이 등장한다.[174] 반면 제우스와 하르모니아의 부녀관계 전승은 큰 호응을 받지 못했던 것 같다.

크레타의 여신 브리토마르티스도 제우스의 딸이었다고 한다. 디오도로스에 의하면 브리토마르티스는 제우스와 카르메의 자식으로 크레타의 카이노에서 태어났다고 한다.[175] 그녀는 '딕티온'(δίκτυον), 즉 사냥에서 쓰이는 '그물'을 창안했기 때문에 '딕티나'라고도 불린다. 현존하는 헬레니즘 시대 자료 가운데 브리토마르티스를 제우스의 딸로 언급한 것은 디오도로스뿐이다.

(2) 인간

제우스의 자식 중에는 신들 못지않게 인간도 많았다고 한다. 상고기에 제우스의 자식으로 처음 언급된 인간은 헤라클레스, 페르세우스, 헬레네, 미노스, 라다만티스(Rhadamanthys), 암피온과 제토스, 사르페돈(라오다메이아의 아들), 페이리투스, 다르다노스(Dardanos), 그라이코스, 마그네스(Magnes), 마케돈(Makedon), 에파포스(Epaphos), 아이틀리오스(Aithlios), 사르페돈(에우로페의 아들), 에에티온(Eetion), 아르고스, 아르카스(Arkas)이다. 이 가운데 헤라클레스에서 다르다노스까지는 호메로스에게서 처음 확인되고, 나머지인 그라이코스에서 아르카스까지는 헤시오도스에게서 처음 언급된다.

호메로스는 신들의 계보를 체계적으로 서술하지 않기 때문에 제우스의 인간 후손들에 대한 언급도 단편적으로 서술된다. 그나마 호메로스가 제우스의 자식들 이름을 비교적 많이 열거한 대목은 『일리아스』 14.315-

---

173) 디오도로스, 5.48.2, 5.48.5, 4.2.1.

174) 이 책의 587~88쪽 참조.

175) 디오도로스, 5.76.3.

328이다. 이는 제우스의 여성편력을 서술하는 대목인데, 그로 인해 생겨난 자식들의 이름도 함께 거론된다. 즉 익시온의 아내가 페이리투스를 낳고 다나에는 페르세우스, 포이닉스의 딸은 미노스와 라다만티스, 알크메네는 헤라클레스를 낳았다는 것이다. 그러나 대체로 제우스의 후손에 대한 호메로스의 서술은 산발적이고 단편적으로 전개된다.

헤라클레스는 인간 중에서 제우스의 대표적인 자식이라 할 만했다. 호메로스는 헤라클레스가 제우스와 알크메네의 아들이라는 것을 분명히 밝힌다. 암피트리온의 아내 알크메네가 테바이에서 제우스의 아들 헤라클레스를 낳았다는 것이다. 그러나 호메로스는 헤라클레스를 암피트리온과 알크메네의 아들로 서술하기도 한다. 즉 헤라클레스를 신의 아들로 서술하기도 하고 인간의 아들로 서술하기도 한 것이다. 그래도 이러한 이중적 서술 중 더 우세하게 나타나는 것은 제우스의 아들이라는 서술이다. 헤시오도스는 헤라클레스의 출생에 대해 더욱 자세하게 묘사한다. 헤시오도스에 따르면 제우스가 엘렉트리온의 딸 알크메네와 동침한 날 밤에 그녀의 남편 암피트리온도 그녀와 동침했다고 한다. 알크메네는 신과 인간을 상대로 함께 동침한 후 테바이에서 쌍둥이 아들을 낳았는데, 그중 더 강력한 아들이 제우스의 아들 헤라클레스였고 또 다른 아들이 암피트리온의 아들 이피클레스(Iphikles)였다고 한다. 그러나 헤시오도스 역시 헤라클레스를 암피트리온의 아들로 표현하곤 했다. 호메로스와 헤시오도스의 이런 이중적 서술은 후대의 자료에서도 그대로 반복되는데, 이때에도 제우스의 아들이라는 서술이 언급 자료의 수효나 빈도에서 더 우세한 경향을 보인다.[176]

페르세우스 역시 제우스의 아들이었다고 전한다. 호메로스는 아크리시오스의 딸 다나에가 제우스와의 사이에 페르세우스를 낳았다고 서술한다. 헤시오도스는 페르세우스를 다나에의 아들로만 표현하고 그의 아버지에

---

176) 이 책의 588~89쪽 참조.

대해서는 언급하지 않는다. 페르세우스가 제우스와 다나에의 아들이었다는 호메로스의 서술은 후대의 자료에서도 그대로 반복된다.[177]

헬레네도 제우스의 딸이었다고 전한다. 그녀가 제우스의 딸이라는 언급은 호메로스에게서 처음 나타난다. 그런데 호메로스는 헬레네의 아버지가 제우스라는 것만 언급하고 어머니가 레다라는 것을 명시하지 않는다. 다만 카스토르와 폴리데우케스에 대한 서술을 통해 그녀의 어머니가 레다라는 것이 확인된다. 즉 호메로스는 카스토르 형제가 레다의 아들이고 헬레네가 카스토르 형제와 어머니가 같은 동기간이라고 말하는데,[178] 이를 통해 헬레네의 어머니가 레다임을 확인할 수 있는 것이다. 결국 호메로스는 헬레네가 제우스와 레다의 딸이라고 서술한 셈이다. 하지만 헤시오도스는 헬레네 계보에 대해 호메로스와 달리 서술한다. 헤시오도스는 헬레네가 레다나 네메시스에게서 태어난 것이 아니라 오케아노스의 딸과 제우스의 자식이라고 말한다. 여기서 헤시오도스가 표현한 '오케아노스의 딸'이 누구인지는 정확히 파악되지 않는다. 후대의 자료들에서도 헤시오도스가 말한 '오케아노스의 딸'의 정체는 설명되지 않는다. 어쨌든 헤시오도스 당대에는 헬레네의 계보에 대한 여러 전승들이 전해졌던 것으로 나타난다. 또 헬레네를 레다의 남편 틴다레오스의 딸로 서술하는 자료들도 제법 남아 있다. 특히 에우리피데스는 헬레네를 제우스의 딸로 서술하기도 하고 틴다레오스의 딸로 서술하기도 한다. 이처럼 헬레네의 계보에 대해서는 다양한 전승이 서술되지만 그녀가 제우스와 레다의 딸이라는 전승이 비교적 더 우세한 것으로 나타난다.[179]

호메로스는 미노스와 라다만티스도 제우스의 자식으로 서술한다. 그는 『일리아스』 14.321-322에서 포이닉스의 딸이 제우스와의 사이에 미노스

---

177) 이 책의 589~90쪽 참조.

178) 호메로스, 『일리아스』 3.237-238, 3.426; 『오디세이아』 11.298-301.

179) 이 책의 590~91쪽 참조.

와 라다만티스를 낳았다고 전한다. 또 『오디세이아』 11.567-571에서는 지하세계의 하데스 저택에서 사자(死者)들의 심판관 노릇을 하는 미노스를 묘사하면서 그를 제우스의 아들로 소개한다. 그런데 호메로스는 미노스와 라다만티스의 어머니를 '포이닉스의 딸'로만 부르고 구체적인 이름은 언급하지 않는다. 포이닉스의 딸 이름을 밝힌 것은 헤시오도스였다. 헤시오도스의 『여인명부』 fr.19에 따르면 제우스가 포이닉스의 딸 에우로페에게 반해 황소로 변해서 그녀를 크레타로 데려왔고 크레타에서 에우로페와 동침한 후 그녀가 3명의 아들 미노스와 사르페돈, 라다만티스를 낳았다고 한다. 헤시오도스는 포이닉스의 딸이 에우로페임을 밝히고 또 사르페돈도 그녀의 아들에 포함한다. 에우로페의 아들 사르페돈의 이름이 헤시오도스에게서 처음 확인되는 것이다. 그런데 헤시오도스는 『여인명부』 fr.19A에서 제우스와 에우로페의 세 아들을 언급하면서 이 사르페돈을 트로이 전쟁의 사르페돈과 동일시하여 서술한다. 제우스의 아들 사르페돈이 리키아 군대를 이끌고 트로이군을 지원하여 큰 용맹을 떨쳤다는 것이다. 이 두 명의 사르페돈은 아버지가 제우스라는 점에서는 동일하지만 각기 어머니가 다른데다 이들에 대한 자료상의 서술 내용도 일관되지 않기 때문에 동일한 존재로 보기 어렵다.[180] 보다 후대에는 카르노스도 제우스와

---

180) 이 책의 논의상 중요한 점은 에우로페의 아들 사르페돈과 트로이 전쟁에서 활약한 사르페돈이 동일인인가 하는 것이다. 트로이 전쟁에서 활약한 사르페돈도 제우스의 아들로 언급되기 때문이다. 호메로스는 에우로페의 아들 사르페돈에 대해 서술한 적이 없다. 그는 다만 제우스와 라오다메이아의 아들이며 트로이 전쟁에서 활약한 리키아 출신의 영웅전사 사르페돈에 대해서만 기술한다. 그런데 헤시오도스는 『여인명부』 fr.19에서 사르페돈을 제우스와 에우로페의 아들에 추가하고 『여인명부』 fr.19A에서는 그 사르페돈을 트로이 전쟁에 참여한 리키아 출신 사르페돈과 동일시한다. 『여인명부』의 두 단편을 근거로 보자면 헤시오도스는 두 명의 사르페돈을 동일인으로 여겼던 것 같다. 또 헤로도토스도 에우로페의 아들 사르페돈과 리키아의 연관성을 언급하고 아폴로도로스도 에우로페의 아들 사르페돈과 라오다메이아의 아들 사르페돈을 동일시한다(헤로도토스, 『역사』 1.173; 아폴로도로스, 3.1.1). 하지만 두 사르페돈은 동명이인이었을 가능성이 크다. 우선 『여인명부』 fr.19A의 텍스트 상당 부분이 훼손대목을 복원한 것이기 때문에 확실한 근거로 삼기가 어렵다. 또한 두 명의 사르페돈의 계보가 다르다는 점, 호메로스가 트로이 전쟁의 영웅전사 사르페돈을

에우로페의 아들에 추가되었다. 카르노스가 제우스의 아들로 처음 언급된 것은 기원전 5세기 중엽의 프락실라에게서였다. 그러나 프락실라 외에는 카르노스를 언급한 자료가 확인되지 않는다. 헤시오도스 이후의 대부분의 자료들은 미노스와 라다만티스, 사르페돈의 3명만 제우스와 에우로페의 자식으로 언급해왔다.[181]

암피온과 제토스도 제우스의 자식이었다고 한다. 호메로스는 아소포스의 딸 안티오페가 제우스와 동침하여 암피온과 제토스를 낳았다고 전한다. 이들은 테바이에 견고한 성벽을 쌓은 자들이라고 한다. 호메로스 시에는 야소스(Iasos)의 아들로 불리는 또 한 명의 암피온이 등장하는데 그는 오르코메노스의 지배자이며 제우스의 아들 암피온과는 동명이인이었던 것으로 여겨진다. 암피온과 제토스를 제우스의 자식으로 본 호메로스의 서술은 후대에도 제법 수용된 것으로 나타난다.[182]

에우로페의 아들 사르페돈과 동명이인인 또 다른 사르페돈도 제우스의 자식이었다고 한다. 호메로스에 의하면 벨레로폰테스의 딸 라오다메이아가 제우스와 동침하여 사르페돈을 낳았다고 한다. 이 사르페돈은 리키아 출신으로 트로이 전쟁 때 트로이군 편에서 싸운 용사였다고 한다. 그런데 호메로스의 서술과 다른 전승도 존재했던 것으로 보인다. 디오도로스는 사르페돈이 제우스의 아들이 아니라 리키아 왕 에우안드로스(Euandros)가 벨레로폰테스의 딸 데이다메이아(Deidameia)와 결혼해 낳은 자식이라고 주장한다. 사르페돈의 어머니 라오다메이아와 데이다메이아의 이름이

중히 다루고 제우스와 에우로페의 아들들을 여러 번 거론하면서도 사르페돈을 전혀 에우로페의 아들로 언급하지 않았다는 점, 호메로스 이후의 자료들에서 두 사르페돈에 대한 서술이 일관되지 않는다는 점, 디오도로스가 두 사르페돈의 관계를 조손관계로 기술한다는 점(5.79.3) 때문에도 둘은 서로 다른 인물이었을 것으로 보인다. 이렇듯 현재로서는 둘을 동일인으로 볼만한 확실한 근거가 없으므로 이 책에서는 일단 두 명의 사르페돈을 동명이인으로 간주하기로 한다.

181) 이 책의 591쪽 참조.

182) 이 책의 591~92쪽 참조.

서로 비슷하고 둘 다 벨레로폰테스의 딸로 나오므로 전승의 전래과정에서 혼선이 있지 않았을까 생각된다. 하지만 어쨌든 디오도로스 때에는 두 전승이 각기 다른 것으로 알려져 있었다. 이 두 가지 전승 가운데 사르페돈을 제우스와 라오다메이아의 아들로 본 호메로스의 서술이 더 많이 수용된 것으로 나타난다. 그를 에우안드로스와 데이다메이아의 아들로 보는 전승은 디오도로스에게서만 확인될 뿐이다.[183]

페이리투스도 호메로스에게서 처음 제우스의 자식으로 거론된다. 호메로스는『일리아스』14.317-318에서 제우스가 익시온의 아내와 동침하여 그녀가 페이리투스를 낳았다고 기술한다. 그는 또『일리아스』2.741에서 페이리투스를 제우스가 낳은 자식으로 서술한다. 페이리투스는『오디세이아』11.631에서도 신의 자식으로 소개된다. 그러나 호메로스는 페이리투스의 어머니인, 익시온의 아내 이름을 구체적으로 말하지 않는다. 익시온의 아내 이름을 처음 언급한 것은 디오도로스였다. 디오도로스에 의하면 안티온의 아들 익시온이 에이오네우스의 딸 디아와 결혼하여 페이리투스를 낳았다고 한다.[184] 디오도로스가 언급한 디아는 호메로스의 서술에서처럼 익시온의 아내이자 페이리투스의 어머니로 묘사되므로 익시온의 아내 이름은 디아라고 할 수 있다. 그런데 디오도로스는 페이리투스를 제우스의 아들로 서술하지 않고 익시온과 디아 사이의 자식으로 언급한다. 아폴로도로스도 페이리투스를 익시온의 아들로만 소개한다. 따라서 페이리투스의 계보에 대해서는 호메로스의 서술과 다른 전승이 존재했음을 알 수 있다. 대체로 상고기와 고전기 자료에서는 제우스의 아들이라는 전승이 나타나고 헬레니즘 시대의 자료에는 익시온의 아들이라는 전승이 언급된다.

다르다노스가 제우스의 아들이었다는 언급도 호메로스에게서 처음 확

---

183) 이 책의 592쪽 참조.

184) 디오도로스, 4.69.3.

154

인된다. 호메로스에 의하면 제우스가 다르다노스를 낳았고 다르다노스는 다르다니아를 건설했다고 한다. 호메로스는 다르다노스가 제우스의 아들이라는 것은 명시하지만 그의 어머니에 대해서는 언급하지 않는다. 그의 어머니 이름을 거론한 것은 헤시오도스였다. 헤시오도스는 엘렉트라가 제우스와의 사이에 다르다노스와 에에티온을 낳았다고 서술한다. 여기서 에에티온이 제우스와 엘렉트라의 자식으로 추가 언급된다. 또 아폴로도로스는 아틀라스의 딸 엘렉트라가 제우스와의 사이에 다르다노스와 야시온을 낳았다고 기술한다. 야시온[185]도 제우스와 엘렉트라 사이의 아들로 추가된 것이다. 디오도로스에게서는 하르모니아도 둘 사이의 자식으로 추가된다. 즉 제우스와 엘렉트라의 자식으로 상고기에 처음 언급된 것은 다르다노스와 에에티온이었지만 헬레니즘 시대에 야시온과 하르모니아가 추가되어 나타난다. 하지만 여러 자료들에서 제우스와 엘렉트라의 자식으로 흔히 거론된 것은 다르다노스와 야시온이었다.[186] 하르모니아를 제우스의 자식으로 언급한 것은 디오도로스뿐이다.[187]

헤시오도스 때에 제우스의 자식으로 처음 언급된 인간은 그라이코스, 마그네스, 마케돈, 에파포스, 아이틀리오스, 사르페돈(에우로페의 아들), 에에티온, 아르고스, 아르카스였다. 이 가운데 그라이코스, 마그네스, 에파포스, 아이틀리오스, 사르페돈(에우로페의 아들), 에에티온의 이름은 헤시오도스의 『여인명부』에서 확인된다.

---

185) 에에티온과 야시온이 동일인에 대한 다른 이름이었을 가능성도 있다. 헤시오도스는 에에티온이 데메테르를 탐하다가 제우스의 천둥번개에 맞아 죽었다고 하고(헤시오도스, 『여인명부』 fr.102), 야시온도 데메테르와 연애를 하다 제우스에게 죽임을 당한 것으로 서술되기 때문이다(호메로스, 『오디세이아』 5.125-128; 헤시오도스, 『신통기』 969-974; 아폴로도로스, 3.12.1). 그러나 이들에 대한 전승이 각기 전하고 있는데다 이들을 동일인으로 볼만한 직접적인 근거가 없으므로 이 책에서는 이들을 별개의 인물로 서술했음을 밝힌다.

186) 이 책의 592~93쪽 참조.

187) 이 책의 148~49쪽 참조.

헤시오도스는『여인명부』fr.2에서 데우칼리온의 딸 판도라가 제우스와 동침한 후 그라이코스를 낳았다고 말한다. 이 그라이코스의 이름에서 그리스인을 뜻하는 '그라이코이'(Γϱαικοί)라는 명칭이 유래했다고 한다.[188] 그라이코스를 제우스의 아들로 언급한 것은 헤시오도스뿐이고, 다른 자료에서는 확인되지 않는다.

마그네스와 마케돈은『여인명부』fr.3에서 제우스의 아들로 거론된다. 그에 따르면 데우칼리온의 딸 티이아가 제우스와의 사이에 두 명의 아들 마그네스와 마케돈을 낳았다고 한다. 이들이 제우스의 아들이라는 서술 역시 헤시오도스에게서만 확인된다.

에파포스는『여인명부』fr.40A에서 언급되는데, 여기서 그는 제우스의 자식으로 나온다. 그러나 헤시오도스는 에파포스의 어머니 이름은 밝히지 않는다. 그녀의 어머니 이오의 이름이 등장한 것은 아이스킬로스의『히케티데스』에서였다. 아이스킬로스에 의하면 이오는 헤라의 감시에 쫓겨 이집트에 도착한 후 나일강변에서 에파포스를 낳았다고 한다. 바킬리데스의 서술도 아이스킬로스와 유사하다. 이오의 유랑과 출산에 대한 아이스킬로스와 바킬리데스의 서술은 이후 자료에서도 대체로 반복된다.[189]

아이틀리오스는『여인명부』fr.8에서 제우스의 아들로 소개된다. 그러나 헤시오도스는 아이틀리오스의 어머니 이름은 언급하지 않는다. 그의 어머니 이름이 등장한 것은 아폴로도로스에게서였다. 아폴로도로스에 의하면 데우칼리온의 딸 프로토게네이아가 제우스와의 사이에 아이틀리오스를 낳았다고 한다. 서기 2세기의 파우사니아스가 또 다른 전승, 즉 아이틀리오스가 아이올로스의 아들이라는 전승을 소개하지만 이 전승은 헬레니즘 시대까지의 자료에서는 확인되지 않는다.[190]

---

188) 헤시오도스,『여인명부』fr.2 참조.

189) 이 책의 593쪽 참조.

190) 이 책의 594쪽 참조.

사르페돈(에우로페의 아들)과 에에티온에 대해서는 앞서 미노스와 다르다노스를 다룰 때 이미 서술했으므로[191] 여기서는 논의를 생략하기로 한다.

한편 아르고스(이오의 감시자 아르고스와 동명이인)는 『대(大)에오이아이』 fr.1에서 제우스의 자식으로 처음 언급된다. 그러나 헤시오도스는 아르고스의 어머니 이름을 밝히지 않는다. 어머니 이름이 언급된 것은 아폴로도로스에게서였다. 아폴로도로스에 따르면 니오베는 제우스와 동침한 최초의 인간여성이었는데 그녀가 제우스와의 사이에 아르고스와 펠라스고스를 낳았다고 한다.[192] 여기서 아폴로도로스는 아르고스의 어머니 이오의 이름을 처음 언급하고 또 펠라스고스를 이오의 아들로 추가 언급한다. 헤시오도스의 서술이 아폴로도로스에게서 추가적으로 보완된 셈이다.

또 아르카스의 이름도 『천문』 fr.3에서 처음 언급된다. 헤시오도스에 따르면 아르카디아의 리카온(Lykaon)의 딸 칼리스토가 아르테미스 몰래 제우스와 동침하여 아르카스를 낳았다고 한다. 이 칼리스토는 곰으로 변했다가 나중에 제우스에 의해 별자리가 되었다고 전한다.[193] 아르카스의 계보에 대한 헤시오도스의 서술은 아폴로도로스에게서도 똑같이 나타난다.[194]

고전기에 제우스의 자식으로 처음 언급된 인간은 아이아코스, 카르노스, 솔리모스(Solymos), 아이올로스(Aiolos), 탄탈로스(Tantalos)이다. 이 가운데 아이아코스는 핀다로스 송가에서 처음 확인되고, 카르노스는 프락실라의 시, 솔리모스는 안티마코스의 시, 아이올로스와 탄탈로스는 에우리피데스의 비극에서 처음 확인된다.

191) 이 책의 152~53쪽(사르페돈), 155쪽(에에티온) 참조.

192) 아폴로도로스, 『비블리오테케』 2.1.1, 3.8.1.

193) 이 책의 130~32쪽 참조.

194) 아폴로도로스, 『비블리오테케』 3.8.2.

아이아코스가 제우스의 아들이라는 것은 핀다로스에게서 확인되는데, 핀다로스는 여러 대목에서 아이아코스를 제우스와 아이기나의 자식으로 소개한다. 핀다로스 이전에도 헤시오도스의 『여인명부』 fr.53에서 제우스와 아이아코스의 부자관계가 암시되긴 하지만 아이아코스가 제우스의 자식으로 직접 명시된 것은 핀다로스에게서였다. 아이아코스의 계보에 대한 핀다로스의 서술은 이후 자료에서도 거의 그대로 반복된다.[195]

카르노스는 미노스 등과 함께 제우스와 에우로페의 아들이었다고 한다. 그의 다른 형제들에 대한 언급이 이미 상고기에 나타난 반면, 제우스의 아들 카르노스에 대한 언급은 고전기의 프락실라에게서만 나타난다. 카르노스는 카르네이오스(Karneios)라고도 불린다. 파우사니아스는 프락실라를 인용하며 카르네이오스를 제우스와 에우로페의 아들이라고 소개한 반면, 테오크리토스의 한 주석가는 카르노스를 제우스와 에우로페의 아들로 언급하는 것이다. 이 카르네이오스 혹은 카르노스는 아폴론과 긴밀한 관계를 지녔다고 하는데, 파우사니아스는 카르네이오스가 아폴론과 레토에게 양육되었다고 하고 테오크리토스 주석가는 카르노스가 아폴론의 사랑을 받는 연인이었다고 소개한다.[196]

아이올로스와 탄탈로스가 제우스의 아들이라는 것은 에우리피데스에게서 언급된다. 제우스와 탄탈로스의 부자관계 전승은 디오도로스에게서도 확인된다. 그러나 에우리피데스와 디오도로스는 탄탈로스의 어머니 이름을 밝히지 않는다. 서기 2세기의 파우사니아스는 제우스가 플루토와의 사이에 탄탈로스를 낳았다고 하지만 헬레니즘 시대까지의 자료에는 그의 어머니 이름이 언급되지 않는다. 한편 아이올로스에 대해서는 에우리피데스만이 제우스와의 부자관계를 언급할 뿐이다. 아이올로스의 어머니 이름은 다른 자료에서도 언급되지 않는다.[197]

---

195) 이 책의 594~95쪽 참조.

196) 프락실라, fr.753; 파우사니아스, 3.13.5.

솔리모스에 대한 언급은 고전기 시인 안티마코스에게서 나타난다. 안티마코스에 따르면 솔리모스가 제우스와 칼케도니아의 아들이며 솔리모이인들의 명칭이 이 솔리모스의 이름에서 유래했다고 한다. 안티마코스 이외의 자료에는 제우스 아들 솔리모스에 대한 언급이 나타나지 않는다.[198]

헬레니즘 시대에도 제우스의 자식으로 처음 언급된 자들이 있는데, 펠라스고스(Pelasgos), 야시온(Iasion), 티티오스(Tityos), 엔디미온(Endymion), 아팀니오스(Atymnios), 라케다이몬(Lakedaimon), 헬렌(Hellen), 사온(Saon), 스파르타이오스(Spartaios), 크로니오스(Kronios), 키토스(Kytos), 크리나코스(Krinakos)가 그들이다. 이 가운데 펠라스고스에서 헬렌까지는 아폴로도로스의 『비블리오테케』, 사온에서 크리나코스까지는 디오도로스의 저술에서 처음 확인된다.

펠라스고스에 대한 서술은 아폴로도로스에게서 등장한다. 아폴로도로스는 아쿠실라오스를 인용하며 그가 제우스의 아들이라고 밝힌다. 아쿠실라오스는 기원전 6세기 후반의 저술가이므로 제우스와 펠라스고스의 부자(父子) 전승은 이미 상고기 때에 알려져 있었던 것으로 보인다. 그런데 이와는 다른 전승도 존재했던 것 같다. 아폴로도로스에 의하면 헤시오도스가 아쿠실라오스와 달리 펠라스고스를 제우스의 아들로 보지 않고 땅에서 생겨난 자로 보았다는 것이다.[199]

야시온에 대해서는 호메로스와 헤시오도스가 이미 그 이름을 언급한 바 있다. 그러나 그들은 데메테르와 야시온의 연애에 대해서만 서술할 뿐[200] 야시온이 제우스의 아들임을 거론하지 않는다. 제우스와 야시온의 부자관

---

197) 이 책의 595쪽 참조.

198) 이 책의 595쪽 참조.

199) 아폴로도로스, 『비블리오테케』 2.1.1, 3.8.1.

200) 호메로스, 『오디세이아』 5.125-128; 헤시오도스, 『신통기』 969-974.

계 전승은 아폴로도로스와 디오도로스에게서 나타난다.

에우보이아의 거인 티티오스도 제우스의 자식이라고 전한다. 그는 제우스와 오르코메노스의 딸 엘라레 사이에 태어난 아들이었다고 한다. 그를 제우스와 엘라레의 아들로 직접 명시한 것은 아폴로도로스뿐이다.[201] 사실 티티오스의 이름은 호메로스 때부터 등장한다. 그러나 호메로스는 티티오스가 가이아의 아들이라고 언급한다. 헤시오도스도 그가 엘라레의 아들이라고만 말하고 더 이상 설명하지 않는다.[202] 그런데 호메로스의 티티오스와 아폴로도로스의 티티오스는 동일인일 것으로 여겨진다. 호메로스와 아폴로도로스 모두 티티오스가 피토에서 레토를 범하려 했다고 서술하기 때문이다.[203] 하지만 티티오스의 부모에 대한 둘의 서술은 일치하지 않는다. 호메로스는 티티오스의 아버지를 밝히지도 않고 어머니가 가이아라고 서술한 것이다. 이에 대해 아폴로니오스는 두 가지 전승을 모두 기술한다. 그는 티티오스를 엘라레의 자식이자 가이아의 자식으로 언급한 것이다. 즉 엘라레의 아들 티티오스가 레토를 범하려 했을 때 레토의 아들 아폴론이 그를 쏘아 죽였는데, 그때 가이아가 그를 거두어 다시 태어나게 했다고 한다.[204] 아폴로니오스는 두 가지 전승을 티티오스의 죽음과 재탄생을 통해 설명하려 했던 것 같다. 그렇다면 적어도 아폴로니오스의 시대에는 티티오스의 어머니에 대한 두 가지 전승이 함께 전해졌다고 하겠다. 이처럼 티티오스에 대해서는 아폴로도로스 이전부터 여러 개의 전승이 존재했다고 볼 수 있지만, 그가 제우스의 아들이라는 언급은 아폴로도로스에게서만 확인된다.

엔디미온, 아팀니오스, 라케다이몬, 헬렌이 제우스의 자식으로 언급되

---

201) 아폴로도로스, 『비블리오테케』 1.4.1.

202) 『오디세이아』 7.324, 11.576; 헤시오도스, 『여인명부』 fr.25.

203) 호메로스, 『오디세이아』 11.576-581; 아폴로도로스, 『비블리오테케』 1.4.1.

204) 아폴로니오스, 『아르고나우티카』 1.761-762.

는 곳은 모두 아폴로도로스의 자료이다. 아폴로도로스는 엔디미온의 어머니 이름을 명시하지 않고 제우스의 아들이라고 말한다. 문맥상 어머니를 칼리케라고 볼 수도 있지만 분명하지는 않다. 엔디미온의 계보에 대해서는 이와 다른 전승이 더 유력하게 알려졌던 것 같다. 이미 헤시오도스가 그를 아이틀리오스와 칼리케의 아들로 언급한 적이 있고, 아폴로도로스도 같은 내용의 전승을 거론하기 때문이다. 헬레니즘 시대 이후의 파우사니아스도 엔디미온을 아이틀리오스의 아들로 묘사한다.[205] 더욱이 엔디미온의 아버지 아이틀리오스가 이구동성으로 제우스의 아들로 언급되는 만큼 그의 아들 엔디미온이 제우스의 아들이라는 것은 어색하다. 아버지와 아들이 모두 제우스의 아들이라는 기현상이 나타나기 때문이다. 결국 최초 언급 자료의 시기나 전승내용의 일관성 측면에서 보면 제우스와 아이틀리오스 부자관계 전승이 더 우세하게 전해졌던 것으로 보인다. 그렇다면 엔디미온에 대해서도 아이틀리오스를 아버지로 보는 전승이 제우스를 아버지로 보는 전승보다 더 우세했을 것으로 추정된다.

또 미소년 아팀니오스는 제우스와 카시오페이아의 아들이라고 하고, 라케다이몬은 제우스와 타이게테의 아들이라고 언급된다.[206] 아폴로도로스가 언급한 이들 제우스의 자식들은 헬레니즘 시대까지의 다른 자료들에는 나타나지 않는다.

헬렌이 제우스의 아들이라는 언급도 아폴로도로스에게서 나타난다. 그러나 헬렌은 흔히 데우칼리온과 피라의 아들로 알려져 있다. 고전기의 투키디데스가 그를 데우칼리온의 아들이라고 적고 있으며, 아폴로도로스도 우선적으로 그를 데우칼리온과 피라의 아들로 서술하는 것이다. 아폴로도로스가 그를 제우스의 아들이라고 말한 것은 데우칼리온의 아들이라는 전승 이외에 다른 전승이 있음을 부언하기 위함이었다. 어쨌든 헬렌이 제우

---

205) 이 책의 596쪽 참조.

206) 아폴로도로스, 『비블리오테케』 3.1.2, 3.10.3.

스의 아들이라는 전승이 일부에게서나마 전해졌던 것으로 나타난다. 하지만 그를 데우칼리온의 아들로 보는 전승이 더 우세했던 것 같다. 후대의 자료들에서도 데우칼리온의 아들이라는 전승이 더욱 많이 나타나는 것이다.[207]

사온, 스파르타이오스, 크로니오스, 키토스, 크리나코스는 디오도로스에 의해 제우스의 자식으로 언급된 자들이다. 디오도로스에 의하면 사온은 제우스와 님페의 아들이고, 스파르타이오스와 크로니오스, 키토스는 제우스와 히말리아의 자식들이고, 크리나코스는 제우스의 아들이라고 한다.[208] 이들이 제우스의 자식이었다는 언급은 다른 자료들에서는 확인되지 않는다.

(3) 자연

크산토스강도 제우스의 자식이었다고 전한다. 크산토스강을 제우스의 자식으로 언급한 것은 호메로스에게서 처음 확인된다. 호메로스는 불멸의 제우스가 크산토스강을 낳았다고 서술한다.[209] 그러나 호메로스는 크산토스의 어머니에 대해서는 언급하지 않는다. 크산토스강의 계보에 대한 호메로스의 서술은 이후 자료에 나타나지 않는다.

---

207) 이 책의 596쪽 참조.

208) 디오도로스, 5.48.1, 5.55.5, 5.76.3, 5.81.4.

209) 호메로스, 『일리아스』 14.434, 21.2, 24.693.

4. 집권과 도전: 집권, 제우스 권력에 대한 도전

1) 집권

제우스는 최초의 신도 창조신도 아니다. 그는 자연과 인간세계를 새로 창출한 존재가 아니고 기성권력을 타도하고 등장한 신흥 권력자이다. 그 이전에 이미 여러 세대의 신들이 존재했고, 신들 간의 질서와 권력이 존재했다. 새로운 권력자 제우스의 등장은 그 이전에 크로노스가 그랬던 것처럼 아버지와의 권력투쟁을 통해 나타났다.

제우스의 집권에 대한 이야기는 호메로스에게서 처음 등장한다. 그러나 집권과정에 대한 묘사는 없고 그 결과만 간략하게 언급된다. 호메로스는 『일리아스』 14.202-204에서 제우스가 크로노스를 지하에 머물게 했다고 서술한다. 또 『일리아스』에는 크로노스가 땅속 깊은 곳에서 머물고 있다는 언급이 자주 등장한다.[210] 여기서 제우스가 크로노스를 지하에 머물게 했다는 것은 제우스가 크로노스를 제압하여 지하에 가둔 일을 의미한다. 이처럼 호메로스의 서술은 제우스가 집권한 이후의 현재 상황을 묘사할 뿐이고, 집권과정을 상세히 설명하지 못한다.

제우스의 집권과정을 체계적으로 서술한 최초의 자료는 헤시오도스의 『신통기』이다. 헤시오도스가 서술한 내용은 다음과 같다.

돌을 제우스로 알고 삼킨 크로노스는 자신의 아들이 살아 있으리라곤 생각지 못했다. 또 그는 장래에 아들이 자신을 힘으로 제압하고 영예를 박탈한 후 자기 대신 신들의 지배자가 되리라는 것을 예상치 못했다. 그후 제우스는 이내 장대한 모습으로 성장했다. 크로노스는 가이아의 제안에 현혹되고 제우스의 기술과 힘에 압도당해 자신의 자식들을 토해냈다. 그는 제일 늦게 삼킨 돌을 가장 먼저 토해냈다. 제우스는 그 돌을 파르나소

---

210) 호메로스, 『일리아스』 5.478-479, 14.274, 15.225.

스산 기슭의 피토에 고정시켜놓고 표지로 삼았다. 그는 또 아버지 크로노스가 구금한, 우라노스의 아들들을 속박에서 풀어주었다. 이에 그들은 제우스의 호의에 감사하는 뜻으로 '우레'(βροντή)와 '불타는 벼락'(αἰθαλόεις κεραυνός), '번개'(στεροπής)를 선사했다고 한다. 그전에는 이것들을 가이아가 숨겨놓았다. 제우스는 이것들을 믿고 인간과 신들을 지배하게 되었다.[211]

헤시오도스의 이야기는 제우스의 성장, 가이아의 계책과 제우스의 폭력 행사에 의한 크로노스 몰락, 크로노스의 토해냄, 제우스에 의한 우라노스 아들들의 해방, 우라노스 아들들의 천둥과 번개 선사, 제우스의 지배권 확립의 순서로 구성되어 있다. 그러나 가이아의 구체적인 역할과 크로노스가 자식들을 토한 시점에 대한 설명이 분명치 않다.

헤시오도스 이후에도 아이스킬로스와 아폴로도로스가 제우스의 집권 과정에 대해 서술한다. 우선 아이스킬로스의 이야기와 아폴로도로스의 이야기를 정리하면 다음과 같다.

언젠가 천상에서 크로노스를 권좌에서 축출하려는 세력과 제우스의 집권을 저지하려는 세력이 분란을 벌였다. 그때 프로메테우스가 나서서 우라노스와 가이아의 소생인 티타네스에게 올바른 조언을 했지만 그들은 그의 말을 듣지 않았다. 그들은 자신들의 힘을 믿고 승리할 것이라고 생각했던 것이다. 그런데 사실 그는 테미스 혹은 가이아에게서 장래에 일어날 일에 대한 예언을 들은 바 있다. 그 예언에 따르면 힘이나 폭력을 쓰는 자가 아니라 계책을 쓰는 자가 승리할 것이라고 했다. 프로메테우스는 이를 말해주었지만 티타네스는 듣지 않았다. 그래서 프로메테우스는 테미스와 함께 제우스 편을 들기로 했다. 결국 프로메테우스의 조언 덕분에 크로노스와 그 지지자들은 타르타로스의 암흑에 갇히게 되었다. 제우스는 그의 아버지의 권좌에 앉자 신들에게 각각의 영예와 권한을 부여했다.[212]

---

211) 이상은 헤시오도스, 『신통기』 488-506의 내용을 재구성한 것이다.

마침내 장성한 제우스는 오케아노스의 딸 메티스의 도움을 받아 크로노스가 삼킨 것을 다 토하도록 만들었다. 메티스는 제우스의 청에 따라 크로노스에게 약을 주었으며, 약을 먹은 크로노스는 제일 먼저 돌을 토하고 계속해서 자식들을 다 토해냈다. 제우스는 이들과 함께 크로노스와 티타네스에게 전쟁을 벌였다. 그들은 10년 동안 싸웠으나 승부가 나지 않았다. 그러자 가이아가 제우스에게 타르타로스에 갇힌 자들의 도움을 받으면 승리할 것이라고 예언했다. 제우스는 그들을 감시하던 캄페를 죽이고 그들을 다 풀어주었다. 그때 키클로페스가 제우스에게 천둥과 번개를 부여하고 플루톤에게는 투구, 포세이돈에게는 삼지창을 주었다. 신들은 이 무기들을 가지고 티타네스에게 승리했으며, 그들을 타르타로스에 가두고 100개의 손을 가진 자들에게 그들을 감시하도록 했다. 그후 신들은 제비를 뽑아 지배권을 정했는데, 제우스에게는 하늘이 배당되고, 포세이돈에게는 바다, 플루톤에게는 하데스의 세계가 배당되었다.[213]

아이스킬로스는 크로노스 측과 제우스 측의 대결 양상에 대해 헤시오도스와는 다르게 서술한다. 특히 티타네스가 크로노스 편을 들고 프로메테우스는 제우스 편에서 싸웠다는 점, 프로메테우스가 전쟁에서 중요한 역할을 했다는 점, 전쟁의 승부가 폭력이 아니라 계책에 의해 결정되었다는 점이 새로 언급되고 있다. 주로 프로메테우스의 활약을 부각하다 보니 헤시오도스의 전반적인 이야기 구도는 나타나지 않는다. 그에 비해 아폴로도로스의 서술은 헤시오도스의 서술과 대체적으로 유사하면서도 세부적으로는 차이를 보인다. 즉 가이아 대신 메티스가 조력자로 등장한다는 점, 제우스가 크로노스의 뱃속에서 나온 동기들과 합세하여 크로노스에게 대항한다는 점, 크로노스와 티타네스가 제우스에게 맞서 10년 동안 싸웠다는 점, 제우스에게 풀려난 키클로페스가 제우스뿐만 아니라 다른 신

---

212) 아이스킬로스, 『묶인 프로메테우스』 199-233.

213) 이상은 아폴로도로스, 『비블리오테케』 1.2.1의 내용을 재구성한 것이다.

들에게도 무기를 부여했다는 점은 헤시오도스의 서술과 차이를 보이는 것이다.

한편 디오도로스는 제우스의 집권과정에 대한 전승들이 서로 일치하지 않는다고 말한다. 즉 제우스가 아버지를 폭력적으로 몰아내고 지배권을 차지한 것이 아니라 관습에 따라 정당하게 승계했다는 전승도 존재한다는 것이다. 하지만 디오도로스 역시 제우스가 폭력적으로 권력을 차지했다는 전승을 보다 자세히 언급한다.[214] 제우스의 집권과정에 대한 다양한 전승이 존재했다는 것은 아이스킬로스와 디오도로스의 서술을 통해서도 확인된다. 그러나 제우스 측이 키클로페스 같은 우라노스의 아들들의 도움을 받아 크로노스 측을 폭력으로 제압했다는 전승이 더 많이 수용되었다고 할 수 있다. 이는 크로노스가 지하세계에 갇혀 지낸다는 호메로스의 언급이나 제우스가 크로노스를 구금했다는 에우리피데스의 진술을 통해서도 확인된다.[215]

2) 영역 분배

제우스는 집권한 후, 신들의 영역을 분배하고 각 신들에게 영예와 권한을 부여했다고 한다. 신들의 영역 분배에 대한 이야기는 호메로스에게서 처음 나타난다. 호메로스에 의하면 크로노스의 아들들인 제우스, 포세이돈, 하데스 3형제는 모든 것을 3부분으로 나누고 각자 자신의 영예를 부여받았다고 한다. 그래서 포세이돈은 자신의 몫으로 잿빛 바다를 배당받고, 하데스는 암울한 암흑세계, 제우스는 광활한 하늘과 구름을 배당받았다는 것이다. 또 땅과 올림포스산은 그들 공동의 것으로 두었다고 한다.[216] 그러나 호메로스는 분배 결과에 대해서만 간략하게 언급할 뿐 구체

---

214) 디오도로스, 5.70.1-6.

215) 이 책의 597~98쪽 참조.

적인 분배과정에 대해서는 설명하지 않는다. 또한 이 분배과정에서 제우스의 특별한 역할이나 독단이 드러나지 않는다.

헤시오도스의 언급 역시 간략하기는 마찬가지다. 헤시오도스의 『신통기』 73-74에 따르면 제우스가 크로노스를 힘으로 누르고 자신은 하늘에서 지배했으며 신들에게도 똑같이 그들의 몫을 분배하고 그들의 영예를 표명했다고 한다. 또 『신통기』 881-885에서도 신들이 영예에 대해 티타네스와 싸워 승리한 후 제우스를 그들의 지배자로 삼았으며 이에 제우스는 신들 간에 영예를 분배했다고 한다. 헤시오도스의 서술에서도 역시 제우스의 적극적인 역할은 보이지 않는다.

신들의 영역 분배에 대한 호메로스와 헤시오도스의 서술은 후대에도 대체로 반복된다. 다만 헬레니즘 시대의 칼리마코스가 제우스의 역할에 대해 이의를 제기한다. 칼리마코스는 제우스가 최고신으로서 자신의 위상을 확립하고 다른 신들에게 업무를 부여하는 과정을 이렇게 서술한다.

제우스는 훌륭하게 자랐고 잘 양육되어 곧바로 장성했다. 제우스는 일찍이 어렸을 때에도 늘 고귀한 행동을 보였다. 그래서 제우스의 친족들은 그들이 제우스보다 연장자였음에도 불구하고 제우스가 하늘을 거주지로 배정받은 데 대해 시기하지 않았다. 크로노스의 아들들이 자신들의 거주지를 추첨을 통해 분배했다는 것은 잘못된 이야기이다. 제우스가 신들 중에 최고가 된 것은 그의 행동과 힘과 권세의 탓이지 추첨을 통해 부여받은 것이 아니었다. 제우스는 최고신답게 인간 중에서도 가장 우두머리인 국가 통치자들을 관장했고 그 밑에 있는 다른 직종의 사람들은 다른 신들에게로 넘겼다. 그래서 기술자, 선원, 시인, 전사, 사냥꾼 등은 제우스 자신보다 뒤지는 여타 신들에게 넘겨 관장하도록 했다. 예를 들면 대장장이는 헤파이스토스에게 맡기고 전사들은 아레스, 사냥꾼은 아르테미스, 리라 연주자는 아폴론에게 맡겼던 것이다. 하지만 왕은 바로 제우스로부터 나

---

216) 호메로스, 『일리아스』 15.187-193.

온다. 제우스는 왕들에게 그들이 수호할 국가를 부여하고, 그들이 나라를 잘 다스리는지를 저 높은 곳에서 주시한다.[217)

이처럼 칼리마코스는 그 이전의 서술에 나타난 제우스의 역할을 부정한다. 즉 제우스가 신들의 영역 분배과정에서 다른 신들과 동등하게 참여한 것이 아니고 최고신으로서 보다 우월한 지위를 차별적으로 누렸다는 것이다.

그러나 칼리마코스의 서술은 별다른 호응을 얻지 못했던 것 같다. 후대의 아폴로도로스는 그가 비판했던 전승을 그대로 반복하고 있기 때문이다. 아폴로도로스에 의하면 신들이 티타네스와 싸워 승리한 후 제비를 뽑아 지배권을 정했는데, 제우스에게는 하늘이 배당되고, 포세이돈에게는 바다, 플루톤에게는 하데스의 세계가 배당되었다고 하는 것이다.[218)

3) 권력에 대한 도전들

제우스가 크로노스를 축출하고 집권한 후 아직 최고신으로서의 위상을 확립하기 이전에 그의 권력에 도전하는 세력들이 생겨났다. 그에게 도전한 대표적인 세력으로는 티타네스, 기간테스, 티폰(혹은 티포에우스)을 들수 있다. 프로메테우스는 제우스의 명령에 불복하여 분노를 사긴 했지만 그가 제우스의 권력에 도전한 것으로 보기는 어렵다. 따라서 이 항목에서는 프로메테우스를 제외했음을 밝힌다.

(1) 티탄 전쟁(티타노마키아)

티타노마키아(Τιτανομαχία)는 '티탄'(Τιτάν)과 '마케'(μάχη)의 합성어로 '티탄 전쟁'을 의미한다. 여기서 '티탄 전쟁'이란 제우스 및 제우스의 지지

---

217) 이상은 칼리마코스 찬가, 1.54-1.82의 내용을 재구성한 것이다.

218) 아폴로도로스, 『비블리오테케』 1.2.1.

세력과 티탄족 사이에 벌어진 전쟁을 가리킨다.

티탄이라는 이름은 호메로스에게서 이미 등장한다. 호메로스는 『일리아스』278-279에서 지하세계의 타르타로스 밑에 있는 신들에 대해 '티테네스'라고 부른다. '티테네스'(Τιτῆνες)는 '티탄'의 남성 복수형인데, '티타네스'(Τιτᾶνες)라고도 불린다. 그러나 호메로스는 그 티테네스가 누구인지, 그들이 왜 타르타로스 밑에 있는지를 설명하지 않는다.

헤시오도스는 『신통기』에서 티타네스에 대해 자세히 설명한다. 『신통기』126-210에는 가이아와 우라노스의 자식들이 열거되는데 여기서 티타네스에 대한 설명이 나타난다.

가이아는 가장 먼저 우라노스(하늘)를 낳고, 다음으로 우레아(산맥), 폰토스(바다)를 낳았다. 그런 후 가이아는 아들인 우라노스와 동침하여 오케아노스, 코이오스, 크리오스, 히페리온, 야페토스, 테이아, 레아, 테미스, 므네모시네, 포이베, 테티스(Tethys), 크로노스를 낳았다. 그중 크로노스가 가장 막내였다. 또한 가이아는 키클로페스, 즉 브론테스와 스테로페스, 아르게스를 낳았다. 이들이 제우스에게 천둥을 전해주고 벼락을 만들어준 자들이다. 이들은 신들과 다른 점은 없었지만 이마 한가운데에 눈이 하나밖에 없었다. 그들의 이마에 달린 눈이 둥근 모양이었기 때문에 그들은 키클로페스로 불렸다. 그들 외에도 가이아와 우라노스에게서는 3명의 자식들, 즉 코토스, 브리아레오스, 기에스가 태어났다. 그들의 어깨에는 100개의 손이 달려 있고, 그들 각자가 50개의 머리를 지니고 있었다. 그들은 엄청나게 힘이 센 거구들이었다. 우라노스는 이들이 너무 두려운 존재들이어서 처음부터 이들을 미워했다. 그래서 우라노스는 그들이 태어나면 땅속 깊은 곳에 가두고 세상에 모습을 드러내지 못하게 했다. 우라노스의 이런 횡포에 분노한 가이아는 우라노스를 제거하고자 했다. 그녀는 거대한 낫을 만들어 아들들에게 자신의 계획을 밝혔다. 그러나 다들 겁먹고 응하지 않았는데, 다만 크로노스만 그녀의 계획에 찬동했다. 이에 가이아는 크게 기뻐하며 그에게 낫을 주고 매복하도록 했다. 이윽고 밤이 되자 우라노스가 가이아와 동침하려고 가이아의 위로 덮쳐왔다. 그때 매복하고 있던 크로노스가 오른손으로 거대한 낫을 잡고 재빨리 아버지의 남근을 잘라 뒤로 던졌다. 그의 남근에서는 피가 용솟음쳤고 가이아는 그 피를 받아들였다. 그리고 시간이 흐른 뒤 가이아는 에리니에스와 거대한 기간테스를 낳았고 또 멜리아이라는 님프들을 낳았다. 그때 기간테스는 손에 창을 들고 무장한 모습으로 태어났다. 한편 우라노스는 자신의 자식들을 비난조로 '티타네스'라고 불렀는데, 그는 그들이 '(몸을) 크게 뻗어' 엄청난 일을 저지르고 나중에 그 때문에 '보복'[219]을 받을 것이라고 말했던 것이다.[220]

헤시오도스가 여기서 언급한 우라노스의 자식들은 세 부류인데, 12명의 자식들, 3인의 키클로페스, 3인의 백수(百手) 거구들이 그들이다. 이 가운데 크로노스가 티타네스라고 부른 자들은 앞서의 12명의 자식들 중에서 아들들을 가리킨다. 3인의 키클로페스와 3인의 백수 거구들은 우라노스에 의해 땅속 깊은 곳에 갇혀 있었던 것이다. 또 '티타네스'는 '티탄'의 남성 복수형이고 여성형은 단수로 '티타니스', 복수로 '티타니데스' (Τιτανίδες)이기 때문에 티타네스는 12명 가운데 아들들인 오케아노스, 코이오스, 크리오스, 히페리온, 야페토스, 크로노스를 지칭한다고 볼 수 있다. 이들 6명의 티타네스와 여성들인 6명의 티타니데스가 티탄족을 구성한다. 그런데 후대의 자료에는 이들 외에도 티탄으로 표현되는 자들이 추가된다. 아이스킬로스는 아틀라스를 티탄 신(神)으로 표현하고 소포클레스와 에우리피데스도 프로메테우스를 티탄으로 묘사하는 것이다.[221] 한편

---

219) 헤시오도스는 여기서 '티타네스'라는 이름의 유래를 언급한다. 즉 그 이름이 '(몸을) 크게 뻗다, 펼치다'라는 '티타이네인'(τιταίνειν)에서 유래했다고 보는 설명과 '보복'을 뜻하는 티시스(τίσις)의 동사형인 '티네인'(τίνειν, 보복하다)에서 유래했다고 보는 설명을 제시하고 있는 것이다.

220) 이상은 『신통기』, 126-210의 내용을 재구성한 것이다.

221) 아이스킬로스, 『묶인 프로메테우스』 427-428; 소포클레스, 『콜로노스의 오이디푸스』 56; 에우리피데스, 『이온』 455; 『포이니사이』 1122.

아이스킬로스는 티타네스를 우라노스와 가이아의 자식들이라고 표현하기도 한다.[222]

후대의 아폴로도로스도 티타네스에 대해 서술하는데, 그의 진술은 대체로 헤시오도스 서술과 거의 유사하다. 아폴로도로스 역시 우라노스와 가이아의 자식들을 세 부류로 구분한다. 가장 먼저, 헤카통케이레스라는 자들(브리아레오스, 기에스, 코토스)인데, 이들은 각기 100개의 손과 50개의 머리를 지닌 자들이었다. 다음으로 키클로페스(아르게스, 스테로페스, 브론테스)인데, 이들은 이마에 눈이 하나만 달린 자들이었다. 마지막으로 남성 티타네스와 여성 티타니데스인데, 티타네스는 오케아노스, 코이오스, 히페리온, 크레이오스, 야페토스와 크로노스이고, 티타니데스는 테티스, 레아, 테미스, 므네모시네, 포이베, 디오네, 테이아이다. 이 가운데 헤카통케이레스와 키클로페스는 우라노스에 의해 땅속의 타르타로스로 던져졌다고 한다.[223] 헤시오도스 서술과의 차이는 우라노스의 3부류 자식들의 출생순서가 헤시오도스의 서술과 반대로 되어 있다는 점, 디오네가 티타니데스에 추가되었다는 점이다.

티타노마키아, 즉 티탄 전쟁에 대한 본격적인 서술은 헤시오도스에게서 처음 나타난다. 호메로스는 티탄 전쟁에 대해 전혀 거론하지 않는다. 티타네스가 지하의 타르타로스에서 지낸다는 언급[224]을 통해 티타네스가 무슨 처벌을 당해 그곳에서 지내는 것임을 추정할 수는 있다. 더욱이 크로노스도 그들과 함께 지하세계에서 지낸다고 하니, 티타네스가 크로노스와 함께 어떤 해악을 저질렀던 것이 아닌가 추측된다. 그러나 호메로스의 서술에서는 티탄 전쟁에 대한 직접적인 언급이 나타나지 않는다.

---

222) 아이스킬로스, 『묶인 프로메테우스』 207.

223) 아폴로도로스, 『비블리오테케』 1.1.1-3.

224) 호메로스, 『일리아스』 14.274-279.

티탄 전쟁에 대해 구체적인 서술은 역시 혜시오도스에게서 시작되었다. 혜시오도스가 전하는 전쟁의 전말은 다음과 같다.

제우스와 올림포스 신들은 10년이 넘도록 오랫동안 티타네스와 격렬한 싸움을 벌였다. 그러나 양측의 싸움은 워낙 팽팽하게 전개되어 좀처럼 승부를 내지 못하고 있었다. 이때 가이아는 제우스와 그의 형제들에게 우라노스가 지하에 가둔 3명의 자식들을 불러내라고 조언했다. 우라노스의 아들들인 오브리아레오스(Obriareos),[225] 코토스, 기에스는 그들의 뛰어난 능력과 용모를 시기한 아버지 우라노스에 의해 지하세계에 갇힌 채 고통스런 나날을 보내고 있었던 것이다. 가이아는 그들의 도움으로 신들이 승리를 거두리라고 설명했다. 그래서 신들은 가이아의 조언에 따라 그들을 다시 세상에 나오도록 조치했다. 제우스는 그들에게 신들을 도와서 티타네스와 싸우도록 격려했다. 이에 코토스는 자신들을 암울한 지하세계에서 구해준 제우스에게 감사하며 힘껏 싸우겠다고 응답했다. 올림포스 신들과 그들은 의기투합하여 티타네스와 격렬하게 싸웠다. 양측의 격렬한 싸움으로 바다에서는 엄청난 굉음이 울리고 대지는 우지끈하니 부서지고 하늘도 으르렁거리며 흔들렸다. 제우스도 천상과 올림포스에서 번개를 던지고 천둥을 울리면서 무섭게 공격을 퍼부었다. 대지는 불 속에서 와르르 무너지고 거목들도 불에 타 쓰러졌으며, 온통 대지와 바다가 요동을 쳤다. 뜨거운 증기가 티타네스를 덮치고 불길은 공중으로 솟아올랐으며, 번개의 섬광이 티타네스의 눈을 멀게 만들었다. 그런 중에도 코토스, 오브리아레오스, 기에스가 가장 치열하게 싸웠다. 그들은 각기 50개의 머리와 100개의 팔을 가진 거인이므로 많은 팔을 이용해 바위들을 연달아 던지며 티타네스를 제압했다. 마침내 싸움에서 패한 티타네스는 그들에게 결박되어 땅속 깊이 타르타로스에 갇히고 말았다. 그들은 기에스, 코토스, 오브리아레

---

225) 혜시오도스는 오브리아레오스를 브리아레오스(Briareos)라고 부르기도 한다(『신통기』 149, 714, 817).

오스가 지키는 곳에 갇혀 밖으로 나오지 못했다고 한다.[226]

그런데 헤시오도스는 티탄 전쟁을 독자적인 사건으로 기술한다. 그는 『신통기』 488-506에서 제우스의 크로노스 축출과정을 서술한 후 한참 뒤인 617-735에서 티탄 전쟁에 대해 서술한다. 그는 제우스의 크로노스 타도와 티탄 전쟁을 직접 연관시키지 않는 것이다. 그는 제우스의 크로노스 축출과정 서술에서 티타네스를 등장시키지 않으며 또한 티탄 전쟁을 서술할 때에도 크로노스의 가담을 언급하지 않는다. 그는 티탄 전쟁이 크로노스의 후손들과 티타네스의 싸움이라는 것을 여러 번 부각시킨다.[227] 만일 헤시오도스가 크로노스도 그 전쟁에 참전한 것으로 보았다면 그런 표현을 누차 사용하기는 어려웠을 것이다.

그러면 올림포스 신들과 티타네스가 싸운 이유는 무엇인가? 헤시오도스는 위 대목에서 전쟁의 원인을 분명하게 언급하지 않는다. 하지만 헤시오도스는 『신통기』 820에서 제우스가 티타네스를 하늘에서 몰아냈다고 하고, 『신통기』 882에서는 신들이 '영예'(τιμή)에 대해 티타네스와 다툼을 벌였다고 말한다. 그렇다면 올림포스 신들은 천상의 신들이 누리는 영예를 차지하려고 티타네스와 대대적인 전쟁을 벌였던 것으로 보인다. 그들이 싸운 이유는 '영예'였던 것이다. 헤시오도스는 그 '영예'가 무엇인지를 알려주는 단서를 제공한다. 그는 『신통기』 881-885에서 말하기를, 신들이 티타네스와의 전쟁을 해결한 후 제우스는 신들의 지배자가 되고 신들에게 '영예'를 분배했다고 한다. 그러면 그 영예는 올림포스 신들 각자의 특별한 신성과 권능을 뜻하는 것이라 하겠다. 결국 티타네스는 후대 올림포스 신들이 갖게 된 그 위상과 권한을 차지하려고 신들과 싸움을 벌인 것이라 할 수 있다.

---

226) 이상은 헤시오도스, 『신통기』 617-735의 내용을 재구성한 것이다. 『신통기』 389-403, 851 참조.

227) 헤시오도스, 『신통기』 624-625, 630, 632-634, 648, 668.

티탄 전쟁에 대한 후대의 서술은 아이스킬로스와 아폴로도로스에게서 나타나는데, 이들은 모두 제우스의 크로노스 축출과 티탄 전쟁을 같은 사건으로 서술한다. 아이스킬로스에 의하면 제우스와 크로노스가 권력투쟁을 벌이고 있을 때 티타네스가 크로노스 편을 들고 테미스와 프로메테우스는 제우스 편을 들었다고 한다. 결국 티타네스는 제우스가 승리한 후 크로노스와 함께 타르타로스의 암흑에 갇히게 되었다는 것이다.[228]

아폴로도로스 역시 제우스의 지지자들이 크로노스와 티타네스에 맞서 싸웠다고 이야기한다. 그러나 그들의 전쟁이 10년이 되어도 끝나지 않자 가이아의 조언에 따라 타르타로스에 갇힌 자들을 풀어주었다고 한다. 이에 키클로페스는 제우스에게 천둥과 번개를 부여하고, 플루톤에게는 투구, 포세이돈에게는 삼지창을 주었다. 마침내 신들은 이들 무기를 가지고 티타네스에게 승리했으며, 그들을 타르타로스에 가두고 100개의 손을 가진 자들을 그들의 감시자로 삼았다는 것이다.[229]

이상의 전승들을 종합해볼 때 헤시오도스와 아폴로도로스는 전쟁의 장기화(10년), 지하의 우라노스 아들들에 대한 구출, 우라노스 아들들의 제우스 지원, 티타네스의 패배와 타르타로스 구금을 공통적으로 이야기한다. 반면 헤시오도스의 서술과 후대의 서술들은 티탄 전쟁의 시기와 참전자의 구성에서 차이를 드러낸다. 헤시오도스는 티탄 전쟁을 크로노스 축출 이후의 사건으로 보고 또 그 전쟁에 크로노스가 참여하지 않았다고 서술한다. 반면에 아이스킬로스와 아폴로도로스는 크로노스와 티탄들이 함께 싸웠다고 역설한다. 그들이 함께 싸웠다는 것은 크로노스 축출과 티탄 전쟁이 서로 연계되어 있음을 나타낸다. 이는 아마 티타네스와 크로노스가 함께 제우스에게 대항했다는 전승이 따로 존재했거나 아니면 서로 독자적인 크로노스 축출 전승과 티탄 전쟁 전승이 서로 혼동되어 뒤섞인 결

---

228) 아이스킬로스, 『묶인 프로메테우스』 199-233.

229) 이상은 아폴로도로스, 『비블리오테케』 1.2.1의 내용을 재구성한 것이다.

과가 아닌가 한다.

(2) 기간토마키아

'기간토마키아'(Γιγαντομαχία)는 '기가스'(Γίγας)와 '마케'(μάχη)의 합성어로 '기간테스 전쟁'을 의미한다. '기간테스'(Γίγαντες)는 '기가스'의 복수형이다. 흔히 '기간테스'는 '거인족'으로 번역되지만 기간테스는 신이기 때문에 인간의 범주인 '거인족' 표현이 적절치 않다. 그래서 이 책에서는 '거인족'이라는 표현 대신 그냥 '기간테스'라고 부르기로 한다. 여기서 '기간테스 전쟁'은 제우스 및 올림포스 신들과 기간테스 사이에 벌어진 전쟁을 뜻한다.

'기간테스'라는 말은 호메로스에게서 처음 나타난다. 그는 기간테스를 키클로페스와 비슷한 미개한 족속으로 간주한다.[230] 그러나 기간테스가 구체적으로 누구인지에 대해서는 설명하지 않는다. 기간테스에 대한 구체적인 서술은 헤시오도스에게서 나타난다. 헤시오도스에 의하면 가이아가 우라노스의 남근에서 흐른 피를 받아들여 기간테스를 낳았다고 한다. 기간테스가 가이아의 자식이라는 전승은 일반적으로 수용되었던 것 같다. 고전기 자료에도 그들이 가이아에게서 태어났다는 언급이 자주 등장하는 것이다.[231] 아폴로도로스 역시 기간테스를 가이아의 자식으로 서술한다. 그는 가이아가 티타네스의 운명에 분노하여 우라노스와의 사이에 기간테스를 낳았다고 전한다.[232]

기간테스 전쟁에 대한 상고기의 자료는 빈약한 편이다. 호메로스는 물론 헤시오도스도 기간테스 전쟁에 대해 언급하지 않는다. 단편적이나마

---

230) 호메로스, 『오디세이아』 7.206.

231) 바킬리데스, 『디티람보스』 15.63; 소포클레스, 『트라키니아이』 1058-1059; 에우리피데스, 『미친 헤라클레스』 4, 178-179; 『키클롭스』 5.

232) 헤시오도스, 『신통기』 185-186; 아폴로도로스, 『비블리오테케』 1.6.1.

기간테스 전쟁에 대해 기술한 것은 핀다로스와 에우리피데스이다. 그들의 단편적인 진술을 정리하면 나름대로 전쟁 상황이 그려진다. 전투장소인 플레그라이 평원에서 제우스를 비롯한 올림포스 신들과 기간테스가 집단적인 전투를 벌였는데, 제우스는 미마스(Mimas)에게 천둥번개를 날리고 아폴론은 기간테스의 왕 포르피리온(Porphyrion)을 화살로 사살하고, 아테나는 방패를 열심히 휘두르며 엥켈라도스(Enkelados)와 대결하고, 디오니소스는 담쟁이덩굴지팡이를 휘두르며 기간테스를 살해하고, 실레노스도 디오니소스 옆에서 엥켈라도스를 공격했다고 한다. 또 올림포스 신들을 지원하는 인간 헤라클레스도 알키오네우스(Alkyoneus)를 화살로 사살했다고 한다. 일설에는 아테나가 기간테스를 지원하는 고르곤을 죽여 그 살가죽을 가슴에 달고 다녔는데, 그후로 아테나는 '고르고포네'(Γοργοφόνη), 즉 '고르곤 살해자'라는 별명을 얻었다고 한다.[233]

그러나 그들의 서술은 단편적인 언급뿐이어서 전쟁의 전반적인 경과를 파악하기에는 매우 미흡하다. 기간테스 전쟁의 전말을 상세하게 서술한 것은 아폴로도로스가 처음이다. 그가 전하는 이야기는 다음과 같다.

가이아는 '티타네스 때문에'(περὶ Τιτάνων) 화가 나서 기간테스를 낳았다. 기간테스는 그 체격이 엄청나게 컸고 힘도 무적이었다. 그들의 모습은 매우 흉했다. 기간테스는 장발에 긴 수염을 늘어뜨리고 그들의 발에는 뱀의 비늘이 덮여 있었다. 그들은 플레그라이에서 태어났다고도 하고 또 팔레네에서 태어났다고도 한다. 그들은 하늘에서 바위와 불타는 나무들을 던졌다. 그중에서도 포르피리온과 알키오네우스의 활약이 가장 눈부셨다. 그런데 신들에게 신탁이 내리기를, 신들의 힘만으로는 기간테스를 파멸시킬 수 없고 인간의 도움을 얻어야 그들을 물리칠 수 있다고 했다. 이에 제우스는 아테나를 통해 헤라클레스를 소환하여 도움을 청했다. 헤라클레스는 먼저 알키오네우스를 활로 쏘아 쓰러뜨렸다. 그러나 알키오네우스는

---

233) 이 책의 599쪽 참조.

땅에 쓰러졌다가 다시 살아났다. 그때 아테나는 헤라클레스에게 그를 팔레네 밖으로 끌어내라고 조언했고 그렇게 하자 알키오네우스는 죽음을 맞이했다. 그는 자신이 태어난 땅에서 싸우는 한 절대로 죽지 않는 불사의 존재였기 때문이다.

한편 포르피리온은 전쟁에서 헤라클레스와 헤라를 공격했다. 제우스는 포르피리온에게 헤라에 대한 욕정을 품도록 만들었다. 포르피리온이 그녀의 옷을 찢고 강제로 범하려 했을 때 헤라는 제우스에게 구원을 요청했고 제우스가 벼락을 내리쳤다. 그 참에 헤라클레스가 그에게 활을 쏘아 사살했다. 그 밖의 다른 기간테스들도 신들과 헤라클레스의 공격을 받고 모두 파멸했다. 에피알테스(Ephialtes)는 왼쪽 눈에 아폴론의 화살을 맞고 오른쪽 눈에는 헤라클레스의 화살을 맞아 쓰러졌으며, 에우리토스(Eurytos)는 디오니소스의 티르소스에 맞아 죽고, 클리티오스(Klytios)는 헤카테의 횃불, 미마스는 헤파이스토스의 금속창에 맞아 죽었다. 엥켈라도스는 도망가다가 아테나의 추격을 받았는데, 아테나가 그에게 시칠리아 섬을 던졌다고 한다. 아테나는 또한 팔라스(Pallas)의 가죽을 벗겨서 전투의 보호용구로 사용했다. 폴리보테스(Polybotes)는 바다에서 포세이돈의 추격을 받아 코스에 이르렀는데, 포세이돈이 섬의 일부를 깨부수어 그에게 던졌다. 헤르메스는 하데스의 투구를 착용하고 히폴리토스(Hippolytos)를 죽였으며, 아르테미스는 그라티온(Gration)을 살해했다. 그리고 놋쇠곤봉을 들고 싸우던 모이라이는 아그리오스(Agrios)와 토아스(Thoas)를 죽였다. 나머지 기간테스는 제우스가 벼락으로 파멸시켰으며 헤라클레스는 죽어가는 그들에게 화살을 날렸다고 한다.[234]

여기서 '티타네스 때문에'는 티타네스가 전쟁에서 패배하여 타르타로스에 갇히게 된 일을 가리킨다. 그렇다면 아폴로도로스의 서술에서는 기간테스 전쟁이 티탄 전쟁 이후에 발생한 것으로 나온다. 아폴로도로스는

---

234) 이상은 아폴로도로스, 『비블리오테케』 1.6.1-2의 내용을 재구성한 것이다.

기간테스 전쟁의 원인을 명확히 설명하지 않지만, 가이아가 티타네스 일로 분개하여 기간테스를 낳았다는 것은 기간테스의 존재이유를 말해준다. 즉 기간테스는 티타네스처럼 제우스의 권력에 도전해야 했을 것이다.

아폴로도로스의 서술은 이전 자료와 차이를 보이기도 한다. 교전장소를 플레그라이로 분명하게 제시하지 않으며, 일부 신들의 전쟁 상대를 다르게 설명하는 것이다. 즉 핀다로스는 기간테스의 왕 포르피리온이 아폴론의 화살에 의해 사살되었다고 서술하는 데 비해, 아폴로도로스는 그가 헤라클레스의 화살에 맞아 죽은 것이라고 말한다. 또 에우리피데스는 미마스가 제우스의 천둥번개를 맞아 죽었다고 서술하지만 아폴로도로스는 그가 헤파이스토스에게 공격받아 죽었다고 하는 것이다. 한편 아폴로니오스는 미마스를 죽인 자가 아레스라고 한다.[235] 하지만 기간테스 전쟁의 전반적인 양상은 아폴로도로스의 서술에 따라 이해할 수밖에 없다. 아폴로도로스 이전에는 그만큼 상세한 서술이 없었고 또 아폴로도로스 서술이 이전 자료와 크게 차이나는 것도 아니기 때문이다. 특히 아폴로도로스는 헤라클레스의 활약을 크게 부각시키고 있다. 올림포스 신들이 티탄 전쟁에서 우라노스 자식들의 지원을 통해 승리했다면 기간테스 전쟁에서는 헤라클레스의 도움으로 승리했다는 것이다.

디오도로스도 기간테스 전쟁의 전말을 다양하게 소개한다. 디오도로스가 기술한 기간테스 전쟁 이야기는 두 가지이다. 이것들은 크레타인의 전승을 소개한 것이다. 하나는 크레타에서 벌어진 전쟁이고 다른 하나는 마케도니아와 이탈리아에서 벌어진 전쟁이다. 크레타에서의 기간테스 전쟁에 대한 디오도로스의 서술은 다음과 같다. 즉 제우스는 인간세상을 직접 방문하여 도적과 불경한 자들을 처치하고 세상에 평등과 민주정을 도입했다고 한다. 그리하여 그는 기간테스와 그 추종자들인 크레타의 밀리노스(Mylinos), 프리기아의 티폰(Typhon)을 죽였다. 그는 크레타에서 기간테스

---

235) 아폴로니오스, 『아르고나우티카』 3.1226-1227.

와 싸우기 전 헬리오스와 우라노스, 가이아에게 황소를 제물로 바치고, 신들이 승리할 것이라는 징조를 얻었다. 전쟁의 승패는 징조와 일치하여 신들이 적을 무찔렀다고 한다. 디오도로스는 또 다른 기간테스 전쟁에 대해서도 서술하는데, 제우스가 마케도니아의 팔레네 근처와 이탈리아의 플레그라이 평원에서도 기간테스와 전쟁을 벌였다는 것이다. 기간테스는 그들의 힘을 믿고 인간들에게 무법을 자행했으며, 또 제우스가 내린 정의의 규범을 따르지 않았다고 한다. 급기야 그들은 신에 대해서까지 전쟁을 일으켰지만 제우스에 의해 응징되었다.[236] 디오도로스는 다른 대목에서 헤라클레스 행적을 서술하면서 다시 기간테스 전쟁을 언급한다. 여기서도 디오도로스는 팔레네에서의 전쟁과 플레그라이 평원에서의 전쟁을 구분한다. 즉 팔레네 부근의 기간테스가 신들에게 저항하여 전쟁을 일으켰을 때 헤라클레스는 신들 편에서 싸워 최고의 공로를 세웠다고 한다. 한편 헤라클레스는 플레그라이 평원에서의 전쟁에도 참전한 것으로 묘사된다. 가이아의 소생인 기간테스가 플레그라이 평원에서 신들과 한편인 헤라클레스에게 패배했다는 것이다.[237]

이렇듯 디오도로스는 기간테스 전쟁에 대한 다양한 전승을 소개한다. 그는 이전에 언급되지 않던 크레타 전승을 새로 언급한다. 그러나 팔레네와 플레그라이 평원의 기간테스 전쟁에 대한 간략한 서술은 대체로 아폴로도로스의 서술과 맥락이 통한다. 디오도로스 역시 기간테스를 가이아의 소생으로 묘사하고 헤라클레스의 활약을 서술하는 것이다.

(3) 티포에우스(혹은 티폰)

제우스에 대한 마지막 도전자는 티포에우스 혹은 티폰이었다. 헤시오도스는 그를 티포에우스라 부르고 아폴로도로스는 티폰이라고 부른다. 티폰

---

236) 디오도로스, 5.71.2-6.

237) 디오도로스, 4.15.1, 4.21.5-7.

혹은 티포에우스가 가이아의 자식이며 제우스와 대결한 괴물이었다는 점에서 그들은 동일한 존재로 간주된다.

티포에우스에 대해 처음 언급한 것은 호메로스였다. 호메로스에 의하면, 제우스가 아리모이(Arimoi)인들 사이에 있는 티포에우스의 인근 지역을 천둥번개로 응징했다고 한다. 티포에우스는 아리모이인들의 땅에서 거주한다는 것이었다.[238] 그러나 호메로스는 티포에우스가 누구이고 제우스가 왜 그들을 응징했는지에 대해서는 설명하지 않는다.

티포에우스의 신원에 대한 자세한 서술은 헤시오도스에게서 나타난다. 헤시오도스에 의하면 제우스가 티타네스를 천상에서 몰아냈을 때 가이아는 타르타로스와 관계하여 막내자식인 티포에우스를 낳았다고 한다. 티포에우스는 불굴의 힘센 장사였으며, 어깨에는 혀를 날름거리는 뱀들의 머리가 100개나 달려 있었고 눈썹 밑에서도 불이 반짝였다. 그가 노려보기라도 하면 그의 머리들에서 불길이 타올랐다. 그의 머리들에서는 온갖 형언하기 어려운 소리들이 흘러나오는데, 어떤 때는 신들이 알아듣는 말을 하기도 하고, 어떤 때는 분노해 울부짖는 황소의 소리를 내기도 하고, 또 어떤 때는 사자의 포효 소리를 내기도 했다 한다.[239] 즉 헤시오도스는 가이아가 티타네스의 축출에 자극을 받은 후 타르타로스와 관계하여 괴물 티포에우스를 낳았다고 보는 것이다.

헤시오도스 외의 다른 자료에서도 티포에우스에 대한 언급은 단편적으로 제시된다. 우선, 상고기의 스테시코로스는 그를 헤라의 자식으로 언급한다.[240] 헤라가 제우스에 대한 앙갚음으로 아버지 없이 티포에우스를 낳았다는 것이다. 이는 헤시오도스의 서술과 다른 티포에우스 전승이 상고기에 존재했음을 가리킨다. 그러나 이 전승은 티파온 전승과 유사하기 때

---

238) 호메로스, 『일리아스』 2.781-783.

239) 헤시오도스, 『신통기』 820-835.

240) 스테시코로스, Fragments, fr.239.

문에 스테시코로스가 티포에우스와 티파온을 혼동하여 언급한 것일 수도 있다. 호메로스 찬가 3.349-352에 의하면 헤라가 제우스의 아테나 출산에 분노하여 티파온을 단독으로 낳았다고 한다. 이 호메로스 찬가에서는 티파온이 아폴론의 대사(大蛇) 퇴치일화와 관련되어 언급되며 제우스에 대한 도전과는 무관하게 서술된다.

고전기 자료에서 티포에우스는 티폰 혹은 티포스로 불리기도 한다. 그런데 티폰 혹은 티포스는 헤라의 자식이 아니고 가이아의 자식으로만 나온다. 이는 스테시코로스보다는 헤시오도스의 서술이 주로 수용되었음을 말해준다. 티포에우스의 모습에 대한 묘사 역시 헤시오도스의 서술과 매우 유사하게 나타난다.[241]

티폰에 대한 자세한 묘사는 아폴로도로스에게서 다시 나타난다. 그에 따르면 신들이 기간테스를 물리치자 더욱 화가 난 가이아가 타르타로스와 관계하여 킬리키아에서 티폰을 낳았다고 한다. 티폰은 인간과 짐승의 혼성괴물이었는데, 체격과 힘에서 가이아의 다른 자식들을 모두 능가할 정도였다. 그는 머리에서 허벅지까지는 인간의 형상이었으며 허벅지 아래로는 커다란 뱀이 똬리를 튼 모습이었다. 그는 어찌나 키가 크던지 그의 머리가 종종 별에 닿을 정도였다. 또 똬리를 풀면 그 꼬리가 머리까지 닿았으며, 쉿하는 소리도 엄청나게 컸다. 그의 몸은 온통 깃털로 덮여 있었고 100마리의 뱀들의 머리가 달려 있었다. 그의 텁수룩한 머리칼은 바람에 나부끼고 눈에서는 불꽃이 번쩍였다고 한다.[242]

아폴로도로스의 티폰 서술은 헤시오도스의 티포에우스 서술과 비교할 때 상당한 차이를 보인다. 티폰의 계보(가이아와 타르타로스의 아들)와 일부 형상묘사(100마리의 뱀들의 머리, 눈의 불꽃)에서는 헤시도오스의 서술과 유사하지만, 티폰을 낳은 계기(기간테스 전쟁), 티폰의 구체적인 형상묘사

---

241) 이 책의 600쪽 참조.

242) 아폴로도로스, 『비블리오테케』 1.6.3.

에서는 큰 차이를 보이는 것이다.

호메로스는 티포에우스의 도전을 직접 명시하지는 않는다. 그러나 제우스가 그에게 천둥번개를 내려 응징했다는 것은 그가 어떤 일로 제우스의 분노를 샀음을 암시한다. 호메로스는 티포에우스가 제우스에게 불경한 일을 저질렀음을 은연중에 밝히는 것이다.

호메로스의 애매한 표현을 자세히 서술한 것은 헤시오도스였다. 헤시오도스가 전하는 티포에우스의 도전 이야기는 다음과 같다.

제우스가 즉각 대처하지 않았더라면 티포에우스는 인간과 신들을 지배하게 되었을 것이다. 제우스가 강력하게 천둥을 울리자 그 굉음이 하늘과 대지, 바다, 지하에 울려퍼지고 올림포스산도 휘청거렸다. 제우스와 티포에우스 주위에는 뜨거운 열기가 지배했다. 제우스는 번쩍이는 번개와 천둥으로 공격하고 티포에우스도 불을 내뿜었다. 이에 온 땅이 진동했고 하늘과 바다도 요동쳤다. 이 끝없는 소동과 지독한 싸움 때문에 죽은 자들을 다스리는 하데스도 몸을 떨었고 타르타로스에서 크로노스와 함께 지내고 있는 티타네스도 몸을 떨었다. 마침내 제우스가 번개와 천둥을 들고 올림포스에서 뛰어올라 그에게 내리치자 티포에우스의 머리들이 모두 불에 타버렸다. 티포에우스는 제우스에게 제압되어 계속 두들겨 맞았고, 결국은 불구가 된 채 땅에 내던져졌다. 제우스는 그런 티포에우스를 타르타로스에 내던졌다.[243]

헤시오도스의 이야기는 제우스와 티폰의 대결양상, 천둥과 번개에 의한 제우스의 승리, 패배한 티폰의 타르타로스 하강을 언급한다. 고전기의 자료들은 대개 헤시오도스의 서술 내용을 단편적으로만 거론한다. 하지만 그것들 역시 천둥번개 공격을 통한 제우스의 승리와 티폰의 타르타로스 하강을 거의 공통적으로 언급한다.[244]

---

243) 이상은 헤시오도스, 『신통기』 836-868의 내용을 재구성한 것이다.

그런데 헬레니즘 시대의 자료들은 다소 다르게 기술한다. 아폴로니오스는 다시 티파온이라는 이름을 사용하면서 신들에게 대항한 티파온이 제우스의 벼락에 상처를 입은 후 니사의 평원에 있는 세르보니스 호수 밑에서 머물고 있다고 말한다.[245) 여기서 말하는 니사의 평원과 세르보니스 호수는 이집트의 지명을 가리킨다. 세르보니스 호수에 티폰이 숨어 있다는 이야기는 이미 헤로도토스도 언급한 바 있다.[246) 그런데 헤로도토스가 전하는 이집트의 지리와 신화 이야기는 그가 이집트인들에게서 들은 바를 정리한 것이다. 그러므로 티폰의 세르보니스 호수 은거 전승은 순수한 그리스 신화의 내용이라기보다 이집트적인 요소가 추가된 것이라 할 수 있다. 헤로도토스가 들은 이집트 신들의 이야기를 그리스 신의 이름으로 소개하면서 생긴 결과가 아닌가 한다. 헤로도토스는 외국신을 언급할 때 흔히 그리스 신의 이름으로 소개하곤 하기 때문이다. 아폴로니오스는 헤로도토스의 서술을 그대로 수용했거나 아니면 헤로도토스와 마찬가지로 이집트 신들의 이야기를 그리스 신화에 가미했을 것으로 보인다. 아폴로니오스의 시대는 지중해 세계의 교류가 활발한 헬레니즘 시대였던 것이다.

그후 아폴로도로스의 티폰 서술은 좀 더 자세하게 전개된다. 제우스와 티폰의 일화에 대한 아폴로도로스의 서술은 다음과 같다.

티폰은 괴성을 지르면서 정말 대단한 기세로 하늘을 향해 달려들었다. 그는 불타는 바위들을 공중으로 던지고 입으로는 거대한 불을 뿜어댔다. 신들은 그가 하늘로 달려드는 것을 보고, 동물의 모습으로 변신하여 이집트로 도망쳤다. 그러나 제우스는 멀리서 벼락을 내리고 가까이에선 낫을 휘둘러 그를 때려눕혔다. 제우스는 도망치는 그를 쫓아 시리아의 카시오스산에까지 이르렀다. 거기서 제우스는 괴물이 부상으로 괴로워하는 것을

---

244) 이 책의 600쪽 참조.

245) 아폴로니오스, 『아르고나우티카』 2.1211-1215.

246) 헤로도토스, 『역사』 3.5.

보고 그를 붙잡았다. 그러나 티폰은 제우스의 몸을 둘둘 감고 제우스에게서 낫을 빼앗아 그의 손과 발의 힘줄을 잘라버렸다. 그리고는 제우스를 어깨에 둘러메고 바다 건너 킬리키아의 코리코스 동굴로 데려갔다. 그는 제우스의 힘줄을 그곳에 숨기고 큰 뱀인 델피네(Delphyne)에게 지키도록 했다. 하지만 헤르메스와 아이기판(Aigipan)이 그 힘줄을 훔쳐 제우스에게 달아주었으며, 이에 힘을 회복한 제우스는 날개 달린 말의 마차를 타고 티폰에게 벼락을 내리친 후 그를 쫓아 니사산에까지 추격했다. 그곳에서 모이라이는 티폰에게 힘을 강화시켜준다고 속여서 단명(短命)한 과실들을 맛보게 했다. 그런 후 그는 다시 쫓겨 트라키아로 오게 되었고, 하이모스(Haimos)산에서 제우스와 싸우면서 산 전체를 들어올렸다. 그때 제우스가 벼락을 내리쳐 오히려 티폰이 산에 깔리도록 하자 산에서는 홍수 같은 피가 쏟아져 내렸다. 그런 중에도 그가 시칠리아해를 건너 도망치려 하자 제우스는 시칠리아의 아이트네산을 그에게 내던졌다고 한다.[247]

아폴로도로스의 서술은 헤시오도스의 것과 크게 다르다. 동물로 변신한 신들의 이집트 도피, 궁지에 처한 제우스의 상태, 여러 장소(시리아, 킬리키아, 니사산, 시칠리아)를 넘나드는 치열한 전투과정은 그 이전에는 언급된 바가 없다. 아폴로도로스에게서도 아폴로니오스 서술에서 드러나는 이집트 연관성이 다시 확인된다. 그도 티폰 서술에서 니사산과 이집트를 거론하고 있는 것이다.

---

247) 이상은 아폴로도로스, 『비블리오테케』 1.6.3의 내용을 재구성한 것이다.

5. 출현과 모습: 출현, 거주지, 모습, 변신, 부수물

1) 출현

제우스가 그리스인들에게 언제 처음 출현했는지에 대해서는 전하는 이야기가 없다. 제우스는 이미 호메로스 서사시에서 그리스인의 최고신으로 묘사되고 있어서 제우스 신앙의 초기적 양상이나 신의 최초 출현에 대한 언급은 특별히 드러나지 않는다.

2) 거주지

제우스를 포함한 그리스 신들의 주요 거주지이자 생활무대는 올림포스산으로 알려져 있다. 올림포스산은 그리스 본토에서 가장 높은 산으로 그리스 북부의 테살리아와 마케도니아 사이에 위치해 있다. 이 산은 예로부터 신성한 산으로 알려져 있었는데, 호메로스 서사시의 신들도 대부분 올림포스산을 중심으로 활동한다. 호메로스에 의하면 제우스, 포세이돈, 하데스 3형제가 그들의 영역을 분배할 때 땅과 올림포스산은 공동구역으로 남겨놓았다고 한다.[248] 올림포스산은 어떤 신이 독점하지 않고 공동으로 향유하는 특별한 공간이었던 것이다. 신들은 올림포스에 있는 그들의 집에 거주하면서 일상적인 생활을 영위한다. 올림포스산에는 제우스와 헤라, 아폴론, 아테나 같은 올림포스 12신뿐만 아니라 무사이, 이리스, 님프 같은 하위 신들도 함께 거주한다.[249] 그래서 올림포스산은 '신들의 거처' (θεῶν ἕδος), '불사(不死)의 존재들의 거처'(ἀθανάτων ἕδος)라고 불리고, 신들

---

248) 호메로스, 『일리아스』 15.187-193.

249) 호메로스, 『일리아스』 2.484, 11.218, 14.508, 16.112(무사이), 24.144(이리스), 20.4-10(님프).

은 흔히 '올림포스에 거주하는 신들'(θεοὶ Ὀλύμπια δώματ' ἔχοντες), '올림포스에 거주하는 불사의 존재들'(ἀθάνατοι Ὀλύμπια δώματ' ἔχοντες), '올림포스에 사는 신들'(θεοὶ οἳ Ὄλυμπον ἔχουσι)이라는 말로 표현되곤 한다.[250]

그런데 그리스 신들은 올림포스산의 한 집에서 같이 거주하는 것이 아니고 각자의 집을 가졌던 것으로 나온다. 호메로스에 의하면 올림포스산의 우묵한 곳들에 각 신들의 집이 배치되어 있는데, 이것들은 헤파이스토스가 지어준 것이라고 한다.[251] 이처럼 올림포스가 신들의 통상적인 거주지이기 때문에 신들은 특별한 용무로 외출했다가도 일이 끝나면 다시 올림포스로 돌아오곤 한다. 호메로스 서사시의 신들은 인간이 봉헌하는 제사에 참석하거나 혹은 다른 특별한 용무가 있어서 세상을 돌아다니기도 하지만, 그들이 다시 돌아와 상주하는 곳은 그래도 올림포스산이다.[252] 제우스가 여러 신들을 거느리고 에티오피아인들의 제사에 참석하러 가기도 하고, 포세이돈이 제사의 제물을 받으러 역시 에티오피아인들에게 가고, 헤라와 아폴론, 아테나도 트로이 전쟁과 오디세우스의 일로 수시로 올림포스에서 내려가곤 한다.[253] 그러나 그들은 늘 돌아와 올림포스의 장면에 다시 등장한다. 올림포스는 신들의 공동 거주공간이자 그들의 주요 활동무대였던 것이다.

제우스도 다른 신들과 마찬가지로 올림포스에 거주했다고 한다. 호메로스에 의하면 제우스도 올림포스에 자신의 집을 갖고 있었는데, 그의 집에

---

250) 이 책의 601~02쪽 참조.

251) 호메로스, 『일리아스』 1.606-608, 11.76-77.

252) 호메로스, 『일리아스』 1.423-425.

253) 호메로스, 『일리아스』 1.423-425, 1.493-495(제우스와 여러 신들), 『오디세이아』 1.22-26(포세이돈), 『일리아스』 14.224-225, 14.298, 309, 19.114(헤라), 『일리아스』 1.43-45(아폴론), 『일리아스』 2.166-167, 4.73-74, 7.19-20, 7.24-25, 7.35, 11.714-715, 22.186-187; 『오디세이아』 1.102-103, 6.41-42, 15.43, 20.55, 24.487-488(아테나).

는 청동문과 잘 정비된 주랑이 갖추어져 있었다고 한다.[254] 그의 집은 올림포스에서도 가장 높은 봉우리에 위치해 있었던 것으로 보인다. 호메로스는 제우스가 올림포스산의 가장 높은 봉우리에서 신들의 회의를 소집했다고 서술하는데,[255] 올림포스에서 으레 신들의 회의가 열리는 곳은 제우스의 집이었던 것이다. 더욱이 제우스는 다른 신들과 따로 떨어져서 올림포스의 가장 높은 곳에서 지내는 것으로 자주 묘사된다.[256] 이는 그의 집이 올림포스의 최정상에 위치해 있었음을 말해준다.

제우스가 올림포스에 거주하는 만큼 그의 주요 활동도 올림포스를 중심으로 이뤄진다. 제우스는 올림포스에서 신들의 회합을 소집하여 현안을 논의한다. 『일리아스』 20.4-12에는 올림포스 신들의 회합과정이 묘사되어 있다. 즉 제우스가 테미스에게 전해 신들을 소집하게 하자 테미스는 올림포스의 산마루를 돌아다니며 신들을 부르고 이에 신들이 다들 제우스의 집으로 모인다는 것이다. 여기서 테미스는 올림포스 일대를 돌아다니며 신들을 소집하는 것으로 나오는데, 이는 신들이 대개 올림포스에 머물러 있었음을 뜻한다. 포세이돈처럼 특별한 용무가 있어서 올림포스를 떠나 있는 경우, 올림포스의 회합에 참석하지 못하기도 한다.[257] 신들이 모이는 곳은 올림포스에 있는 제우스의 집이었다. 호메로스 서사시에는 제우스의 집에 신들이 모여 있는 장면이 자주 등장한다.[258] 또한 제우스는 올림포스에서 직접 천둥과 번개를 내려 행동하기도 하고,[259] 올림포스에 머물면서 사자(使者)를 보내 자신의 뜻을 전하기도 한다.[260] 제우스가 이처럼 올림

---

254) 호메로스, 『일리아스』 1.426, 20.11-12, 21.438, 21.505.

255) 호메로스, 『일리아스』 8.2-3.

256) 호메로스, 『일리아스』 1.498-499, 5.753-754, 8.2-3.

257) 호메로스, 『오디세이아』 1.22-27.

258) 호메로스, 『일리아스』 1.221-222, 1.532-535, 15.84-85, 20.4-12; 『오디세이아』 1.22-27.

259) 호메로스, 『일리아스』 13.242-244; 『오디세이아』 20.102-103.

포스에 거주하고 있기 때문에 신이나 인간들은 제우스를 찾아 올림포스로 가곤 한다.[261] 제우스와 올림포스 간의 이 긴밀한 연관성 때문에 제우스에게는 '올림피오스'라는 수식어가 붙게 되었다. 제우스는 이미 호메로스 때에 '올림피오스'라고 불렸는데,[262] 이는 올림포스산을 대표하는 제우스의 특별한 위상을 잘 보여준다.

올림포스의 제우스에 대한 호메로스의 서술 기조는 이후 자료에서도 그대로 받아들여졌다. 후대에도 여전히 제우스는 올림포스에 머무는 신으로 묘사된다. 그의 집이 올림포스에 있다거나 그가 올림포스산의 꼭대기에 머문다거나 또는 신이나 인간이 그를 만나러 올림포스에 간다는 언급이 전과 똑같이 나타나는 것이다. 또 제우스가 올림포스에서 신들의 회합을 소집하고 그 회합이 제우스의 집에서 이뤄진다는 언급도 그대로 반복된다.[263] '올림피오스'라는 제우스의 수식어도 수시로 사용되며 핀다로스는 제우스를 '올림포스의 지배자'('Ολύμπου δεσπότας)로 부르기도 한다.[264]

3) 모습

그리스 신화에서 신들은 흔히 인간의 모습으로 묘사된다. 신들에게 인간의 본성과 특징을 적용해서 이해하는 신인동형론(神人同形論, anthropomorphism)의 대표적인 사례라 할 수 있다. 제우스도 그리스의 다른 신들과 마찬가지로 인간의 모습으로 묘사된다. 이 책에서는 신의 외형적 모습에 국한하여 신의 모습을 다루기로 한다. 그리스 신들의 인간적인

---

260) 이 책의 656~58쪽 참조.

261) 호메로스, 『일리아스』 1.394-395, 1.419-420, 2.48-49, 5.398; 『오디세이아』 20.73-75.

262) 이 책의 651쪽 참조.

263) 이 책의 600~01쪽 참조.

264) 『네메아 송가』 1.13. '올림피오스' 용례는 이 책의 651~52쪽 참조.

정신세계나 내면세계에 대한 논의는 너무 방대하고 추상적인 주제여서 이 책의 한계를 넘어서는 것이기 때문이다.

제우스의 외형적인 모습은 문헌 자료보다 조각상과 도자기 화화 등의 시각자료를 통해 더 분명하게 파악될 수 있다. 사실 문헌자료의 신들에 대한 묘사는 그리 자세하지 않다. 그럼에도 불구하고 문헌자료의 묘사를 중시하는 것은 시기적으로 시각 자료의 묘사보다 앞서기 때문이다. 제우스만 해도 그렇다. 제우스에 대한 시각 자료 가운데 가장 오랜 것은 기원전 6세기의 자료들이다. 그에 비해 문헌 자료는 기원전 8세기의 호메로스 서사시에서부터 시작된다.

호메로스의 제우스 묘사는 간략한 편이다. 제우스의 용모에 대해서는 그의 '검은 눈썹'(κυάνεαι ὀφρύες)과 '성스러운, 늘어뜨린 머리칼'(ἀμβρόσιαι χαῖται)을 언급할 뿐이다.[265] 제우스의 눈썹이 검고 머리칼이 길게 늘어졌다는 것은 언뜻 젊은 이미지를 부각시키는 듯하다. 그러나 신화 계보상 많은 자식들을 거느린 제우스를 젊은 신으로 간주할 수는 없다. 그러므로 호메로스의 묘사는 젊은 제우스의 이미지가 아니라 젊음의 활기를 간직한 장년기 제우스의 이미지를 묘사한 것이라 할 수 있다. 또한 호메로스의 제우스는 단지 눈썹을 약간 움직여 의사를 표현한다. 그러면 그의 신성한 머리칼이 흔들거리고 올림포스산이 진동을 한다. 그가 신들 앞에 나타나 황금왕좌에 앉을 때에도 그의 발아래에 있는 올림포스산이 벌벌 떤다.[266] 이것은 제우스의 장중하고 위엄 있는 풍모를 드러낸다. 그는 경박하게 행동하지 않고 미미한 제스처를 통해 엄청난 반향을 불러일으키는 것이다.

제우스는 곧잘 아이기스를 착용한 모습으로도 묘사된다. 그의 모습을 나타내는 대표적인 형용사 중의 하나가 '아이기오코스'(αἰγίοχος)이다.[267]

---

265) 호메로스, 『일리아스』 1.528-530. 호메로스 찬가, 1.13 참조.
266) 호메로스, 『일리아스』 1.528-530, 8.438-443.

'아이기오코스'는 '아이기스를 지닌'이라는 뜻인데, 여기서 아이기스는 가슴과 등에 두르는 보호구(保護具)를 가리킨다. '아이기스'(αἰγίς)가 '염소가죽'을 의미하고 그 말이 '염소'를 뜻하는 '아익스'(αἴξ)에서 유래한 것을 볼 때 처음에는 보호구가 염소가죽으로 만들어졌던 것 같다. 제우스는 아이기스를 무기로도 사용한다. 그는 가장자리에 술이 달린 번쩍이는 아이기스를 휘둘러 그리스인들을 내쫓기도 하고 나중에는 트로이인들에게도 아이기스를 휘둘러 그들을 응징한 것으로 나온다.[268]

제우스의 모습은 대개 호메로스에 의해 처음 묘사되었고, 호메로스의 제우스 묘사는 이후 문헌 자료에서도 반복된다. 그리고 문헌 자료에서 고착된 제우스의 이미지는 기원전 6세기의 흑색문양 도자기에도 그대로 반영되었을 것으로 추정된다. 이들 도자기에서 제우스는 근엄한 제왕의 이미지, 아이기스를 착용하고 왕홀, 번개, 독수리를 동반한 이미지로 묘사되었고, 이런 이미지는 후대의 시각 자료에서도 대체로 재현되는 것이다. 제우스의 모습에 대한 가장 구체적인 묘사는 올림피아의 제우스 신상에서 나타난다. 그 신상은 현존하지 않지만 서기 2세기의 파우사니아스의 글에 신상에 대한 묘사가 전해온다. 그 신상은 기원전 5세기 후반에 아테네의 페이디아스에 의해 만들어졌다고 하므로[269] 고전기 자료에 포함된다고 하겠다. 파우사니아스가 묘사한 제우스의 모습은 이전 자료들의 묘사와 크게 다르지 않다. 여기서 제우스는 머리에 올리브 관을 쓰고 황금의상과 황금샌들을 착용한 채 오른손에는 황금과 상아로 만든 니케 상(像), 왼손에는 여러 가지 금속으로 치장한 왕홀을 든 제왕의 모습으로 그려진다. 또 왕홀 위에는 제우스의 성조인 독수리가 앉아 있으며 그의 황금의상에는 여러 동물들과 백합꽃이 수놓아져 있었다고 한다.[270] 이 모습에는 근엄

---

267) 이 책의 650쪽 참조.

268) 호메로스, 『일리아스』 4.166-168, 17.593-596.

269) 파우사니아스, 5.10.2.

한 제왕의 이미지와 화려한 장식이 어우러져 있고 왕홀과 독수리 같은 그의 대표적인 부수물이 함께 묘사되었다.

4) 변신

그리스 신들은 자신의 모습을 다양하게 변화시킬 수 있었다. 제우스 역시 스스로의 모습을 바꾸는 다양한 변신능력을 보여준다. 그가 변신한 모습은 크게 구분하면 인간과 짐승, 무생물로 분류할 수 있다. 제우스의 변신능력은 대부분 인간 여성과의 연애 행적에서 집중적으로 발휘된다. 그는 자신의 연애 상대에게 거부감을 주지 않고 편안하게 접근하기 위해 본모습 대신 친근하고 자연스런 모습으로 변신하곤 한다. 제우스의 변신 사례 가운데 상고기 자료에 언급되는 것은 에우로페 일화뿐이다. 헤시오도스의 『여인명부』 fr.19에는 제우스가 황소로 변신하여 에우로페를 유혹해 데려왔다는 일화가 소개되어 있다. 제우스의 변신 사례들이 다수 언급되는 것은 고전기 자료들에서이다. 그것들에는 에우로페뿐만 아니라 이오, 다나에, 레다, 알크메네, 네메시스 일화에서의 제우스의 변신 사례가 서술되는 것이다. 한편 칼리스토 일화와 관련한 제우스의 변신은 헬레니즘 시대에 들어 처음 언급된다.

제우스가 인간의 모습으로 변신한 것은 유부녀인 알크메네를 유혹하기 위해서였다. 그는 그녀의 남편 모습으로 변신하여 그녀와 자연스레 동침한 것이다. 그런데 제우스에 이어 실제 남편도 그녀와 동침한다. 그 결과 그녀에게 쌍둥이 혹은 두 명의 자식이 태어나는데, 그들 중 하나는 제우스의 자식이고 다른 하나는 인간 남편의 자식이 된다.

제우스와 암피트리온, 알크메네의 삼각관계에 대한 전승이 상고기 때부터 등장한다. 헤시오도스에 의하면 어느 날 제우스가 엘렉트리온의 딸,

---

270) 파우사니아스, 5.11.1.

즉 알크메네와 동침했다고 한다. 그런데 바로 그날 그녀의 남편 암피트리온도 일을 끝내고 귀가하여 아내와 열정적인 밤을 보냈다. 알크메네는 신과 인간을 상대로 동침한 후 테바이에서 쌍둥이 아들을 낳았다. 그중에서 더 우월하고 강력한 아들이 제우스의 아들 헤라클레스이고, 다른 아들은 암피트리온의 아들 이피클레스라고 한다.[271] 그러나 여기서 헤시오도스는 제우스의 암피트리온 변신에 대해 전혀 거론하지 않는다. 그후 고전기의 이소크라테스는 제우스가 남편 암피트리온의 모습으로 그녀와 동침했다는 이야기를 전하고 있지만 그 자세한 내막을 설명하지 않는다. 그날 밤의 상황을 다시 언급한 것은 아폴로도로스였다. 그에 따르면 암피트리온이 테바이의 집에 귀가하기 전에 제우스는 그날 밤의 길이를 세 배로 늘리고 암피트리온의 모습을 한 채 알크메네와 동침했다고 한다. 그날 암피트리온이 귀가했는데도 아내가 그를 반기지 않자 그는 왜 그런지 이유를 물었다. 이에 알크메네는 그가 전날 밤에 자신에게 와서 동침했다고 말했다. 암피트리온은 점술가 테이레시아스로부터 그녀가 제우스와 동침했다는 것을 알게 되었다. 그후 알크메네는 두 아들을 낳았는데, 하나는 제우스의 아들 헤라클레스이고 다른 하나는 암피트리온의 아들 이피클레스였다고 한다.[272] 여기서 아폴로도로스는 헤시오도스와 달리 제우스의 암피트리온 변신을 언급한다. 아폴로도로스의 서술에는 헤시오도스의 전승과 이소크라테스의 전승이 함께 묘사되어 있는 것이다.

제우스의 짐승 변신은 황소와 백조가 대표적인 사례이다. 그는 에우로페와 이오를 유혹하면서 황소로 변신하고, 레다와 네메시스를 유혹할 때에는 백조로 변신했다고 한다. 에우로페 연애에서의 황소 변신은 헤시오도스 이후 여러 자료에서 반복적으로 서술된다. 반면에 이오 일화에서의 황소 변신은 아이스킬로스 이외에는 거론되지 않는다.[273]

---

271) 『방패』 27-56.

272) 아폴로도로스, 『비블리오테케』 2.4.8.

제우스의 백조 변신은 고전기의 에우리피데스에게서 처음 언급된다. 에우리피데스의 『헬레네』 17-21에 따르면 제우스가 독수리에게 쫓기는 백조의 모습으로 변신하여 레다의 품으로 날아들었고 그로써 그녀와 교묘하게 결합했다고 한다. 또 이소크라테스도 제우스가 백조의 모습으로 그녀와 동침했다고 전한다. 후대의 아폴로도로스의 서술은 좀 더 자세하다. 그 역시 제우스가 백조의 모습으로 레다와 동침했다고 적는다. 하지만 그는 틴다레오스와 레다의 동침에 대해서도 덧붙인다. 즉 제우스가 레다와 동침한 바로 그날 밤에 남편 틴다레오스도 그녀와 동침했다는 것이다. 그 결과 그녀는 제우스의 자식들인 폴룩스와 헬레네, 틴다레오스의 자식들인 카스토르와 클리타임네스트라를 낳았다고 한다. 레다 역시 제우스의 유부녀 연인에 해당하므로 제우스와 유부녀 연인, 실제 남편 사이의 삼각관계가 여기서도 등장한다.

네메시스 일화에서의 백조 변신은 레다 일화와는 다른 전승이다. 상고기의 『키프리아』 8에 보면 네메시스가 '아버지 제우스'와 강제로 동침한 후 헬레네를 낳았다고 전한다. 그녀는 아버지 제우스와 동침하는 것에 대해 수치심과 분노를 느껴 도망가려 했고 동침을 거부했다고 한다. 이처럼 제우스와 네메시스의 연애 이야기는 상고기 때부터 전해지고 있었지만, 제우스의 백조 변신 전승은 이소크라테스에게서 처음 언급된다. 이소크라테스는 제우스가 백조의 모습으로 네메시스의 품으로 피신했다고 전한다. 그 이야기를 좀 더 자세하게 설명한 것은 아폴로도로스이다. 아폴로도로스는 헬레네의 부모가 제우스와 네메시스라는 전승을 소개하면서 제우스와 네메시스의 연애 이야기를 언급한다. 이는 헬레네의 부모를 제우스와 레다라고 보는 전승과 상충되는 내용이다. 즉 네메시스가 거위로 변신하여 제우스의 품에서 달아나자 제우스도 백조로 변신하여 결국 그녀와 동침했다고 한다. 그후 네메시스는 알을 하나 낳았는데, 목자가 숲에서 그것

---

273) 제우스의 에우로페, 이오와의 연애 일화는 이 책의 121~29쪽 참조.

을 주위 레다에게 전했다고 한다. 바로 그 알에서 헬레네가 태어났고 레다는 그녀를 자신의 딸로 삼았다는 것이다.[274] 레다와 네메시스 전승이 모두 헬레네라는 인물과 연관되어 있지만 레다와 네메시스의 역할이 구분되어 있으므로 두 전승은 별도의 전승이라 하겠다.

제우스의 또 다른 변신 사례는 다나에 일화에서의 황금빗물 변신과 칼리스토 일화에서의 아르테미스(혹은 아폴론) 변신이다. 여기서 제우스는 무생물로도 변신하고 동료 신으로도 변신하는 능력을 보여준다. 다나에 일화와 칼리스토 일화는 제우스의 연애 일화를 서술하면서 이미 다룬 것이어서 자세한 논의는 생략하기로 한다. 다만 황금빗물 변신 전승은 소포클레스에게서 처음 나타나고 아르테미스(혹은 아폴론) 변신 전승은 아폴로도로스에게서 처음 언급되었다는 것만 첨언한다.

참고로 제우스는 남을 변신시키는 능력도 갖추었다고 전한다. 고전기의 바킬리데스는 제우스가 니오베를 돌로 변화시켰다고 언급하는데, 이는 후대의 아폴로도로스에게서도 똑같이 언급된다. 아폴로도로스에게서는 이와 유사한 변신 사례들이 여럿 언급되는데, 즉 제우스가 여우와 개를 돌로 변하게 하고 디오니소스를 새끼염소로 변신시키고 개미들을 인간으로 변하게 하고 또 연인 칼리스토를 곰으로 변하게 했다 한다. 그런데 칼리스토를 곰으로 변하게 한 신이 누구인지에 대해서는 전승들의 내용이 서로 엇갈린다. 상고기의 헤시오도스는 아르테미스가 칼리스토를 곰으로 변화시켰다고 하고, 서기 2세기의 파우사니아스는 헤라가 그녀를 곰으로 변화시켰다고 말하는 것이다.[275]

---

274) 아폴로도로스, 『비블리오테케』 3.10.7.

275) 이 책의 603쪽 참조.

5) 부수물

그리스 신들은 그들의 특별한 부수물과 함께 묘사되곤 했다. 신들의 부수물은 대개 그들 각자의 신성이나 특별한 행적과 연관된 상징적인 표현물들이었는데, 그것은 대개 구체적인 물건이나 동물의 모습으로 기술된다. 제우스와 함께 자주 등장한 대표적인 부수물은 천둥번개와 홀(笏), 독수리였다.

제우스의 부수물 중에서 가장 먼저 확인된 것은 천둥번개였다. 천둥과 번개의 신 제우스의 신성은 이미 호메로스 때부터 확인되었고, 따라서 천둥번개는 제우스의 친숙한 부수물로 종종 등장했다. 제우스는 천둥과 번개를 일으키는 신이므로 그가 천둥을 울리고 번개를 내리치는 장면은 호메로스에게서도 수시로 나타난다.[276] 그런데 제우스가 천둥과 번개를 내리치는 모습은 그가 번개를 손에 들거나 휘두르는 모습으로 나타난다. 그런 묘사는 호메로스 때부터 나타나는데, 호메로스는 제우스가 번개(ἀστεροπή)를 손에 들고 휘두른다고 서술했던 것이다. 그후 아테네의 비극시인들도 제우스가 손에 '번갯불' 혹은 '벼락'을 들고 있다고 언급한다.[277] 제우스가 천둥과 번개를 대동하고 등장하는 모습은 세멜레 이야기에서도 잘 나타난다. 카드모스의 딸 세멜레는 제우스의 연인이자 디오니소스의 어머니로 나온다. 제우스는 본모습을 숨기고 세멜레를 찾아와 밀회를 즐겼다고 한다. 그러던 중 세멜레는 둘의 관계를 질투한 헤라의 꾐에 빠져 제우스더러 본모습으로 나타날 것을 요구했다. 이에 제우스는 천둥과 번개를 대동한 채 나타났고, 세멜레는 번갯불에 맞아 불타 죽었다고 한다.[278] 제우스의 본모습 묘사에 천둥과 번개가 포함되었다는 것은 그것이

---

276) 이 책의 611~13쪽 참조.

277) 이 책의 603~04쪽 참조.

278) 이 책의 569쪽 참조.

제우스의 전형적인 부수물임을 말해준다.

'스켑트론'(σκῆπτρον)도 제우스의 대표적인 부수물 중 하나였다. '스켑트론'은 '홀(笏), 왕홀, 지팡이'를 뜻하는데, 호메로스 이래 제왕 혹은 지배자의 권력을 대표하는 상징물로 등장하곤 했다. 아가멤논이나 오디세우스, 미노스 등의 제왕들은 왕홀을 지닌 모습으로 묘사되기도 하고 왕홀을 통해 권력을 행사하는 자로 그려진다.[279] 제우스는 왕권의 원천이자 보호자였다고 하므로 왕권의 상징인 왕홀과 밀접하게 관련된 존재로 묘사된다. 제우스는 제왕들에게 왕홀을 부여하는 존재로 그려지거나 그 자신이 왕홀을 든 모습으로도 등장하곤 했다.[280] 제우스의 왕홀에 대한 언급은 호메로스 때부터 나타난다. 하지만 제우스의 왕홀에 대한 구체적인 묘사는 고전기에 처음 확인된다. 핀다로스는 제우스의 왕홀 위에 독수리가 앉아 있다고 서술했고, 올림피아의 제우스 신상의 왕홀도 그와 비슷하게 묘사되었다. 그 신상은 왼손에 왕홀을 들고 있으며 왕홀 위에는 독수리가 앉아 있었다는 것이다.

독수리는 제우스를 수반하는 신성 동물의 대표적인 사례였다. 독수리는 새들 중의 최강의 새이며 제우스가 아끼는 측근의 새로 간주되었다.[281] 또 독수리는 '새들 중에서 가장 확실하게 수행하는'(τελειότατον πετεηνῶν)[282] 새였다고 하니 제우스의 뜻을 전하는 사자로도 자주 이용되었다.[283] 독수

---

279) 호메로스, 『일리아스』 1.245, 1.279, 2.86, 2.100-101, 2.278, 7.412, 9.156, 9.298, 10.328; 『오디세이아』 3.412, 11.567-568; 핀다로스, 『올림피아 송가』 6.92-93; 『피티아 송가』 4.152; 아이스킬로스, 『에우메니데스』 625-626; 소포클레스, 『콜로노스의 오이디푸스』 425, 449; 에우리피데스, 『안드로마케』 21-23; 『타우리스의 이피게네이아』 187; 『포이니사이』 52, 80. 591; 『아울리스의 이피게네이아』 412; 『엘렉트라』 321; 헤로도토스, 『역사』 3.142; 크세노폰, 『키로파이데이아』 8.7.13; 플라톤, 『크리티아스』 114D; 『미노스』 319D.

280) 이 책의 604쪽 참조.

281) 호메로스, 『일리아스』 24.292-293, 24.310-311.

282) 호메로스, 『일리아스』 8.247, 24.315.

리가 이처럼 제우스의 총애를 받는 전조(前兆) 새이고 제우스의 성조(聖鳥)로 간주되었으니 그 새는 당연히 제우스의 부수적인 동물로 여겨질 만했다. 그런데 독수리를 제우스의 부수물로 언급한 것은 고전기에 처음 확인된다. 핀다로스는 독수리가 제우스의 왕홀 위에 앉아 있는 것으로 묘사했고 아리스토파네스는 독수리가 제우스의 머리 위에 앉아 있는 것으로 서술했다. 이는 올림피아의 제우스 신상에서도 확인되는데, 그 신상에서 독수리는 제우스가 왼손에 든 왕홀 위에 앉아 있는 것으로 나온다.[284]

6. 주요 신성(神性)

그리스 신화는 다신교적 특성을 갖는다. 그리스 신화에는 각자의 활동 영역과 신성을 지닌 다수의 신들이 등장하는데, 그중의 최고신이 제우스이다. 제우스는 신들 중의 최고이지만 여러 신들 가운데 하나일 뿐이고 유일신은 아니다. 제우스도 나름의 고유한 위상과 신성을 지니고 있는데, 그는 그리스의 최고신 혹은 주신(主神), 천상의 기후신, 정의와 질서의 신, 약자(弱者)들의 수호신, 신탁과 조언의 신 등으로 알려져 있다.

그리스의 문헌 자료상에는 신들의 신성에 대한 체계적인 서술이 드물다. 그나마 호메로스의 『오디세이아』 8.266-366(아프로디테, 아레스, 헤파이스토스, 포세이돈, 헤르메스, 아폴론), 20.67-76(아프로디테, 헤라, 아르테미스, 아테나, 제우스), 헤시오도스의 『일과 날들』 60-82(헤파이스토스, 아테나, 아프로디테, 헤르메스), 솔론의 시가(詩歌) 단편(아테나, 헤파이스토스, 무사이, 아폴론), 아이스킬로스의 『테바이를 향한 7인』 103-165(아레스, 제우스, 아테나, 포세이돈), 디오도로스 4.14.3(아테나, 헤파이스토스, 포세이돈, 아폴론,

---

283) 제우스의 사자(使者) 독수리에 대해서는 이 책의 303~04쪽 참조.

284) 이 책의 604쪽 참조.

데메테르)이 여러 신들의 신성을 나열하며 설명한다.

하지만 이들 외에는 대부분 자료들이 각 신들의 신성을 단편적으로만 서술한다. 제우스의 경우도 마찬가지이다. 그리스의 신화 자료에서 그의 신성을 체계적으로 설명해주는 단일 자료는 없다. 그래서 제우스의 신성을 파악하기 위해서는 여러 자료들의 단편적인 서술들을 수합하여 정리하는 수밖에 없다.

1) 최고신

무엇보다도 제우스는 그리스의 최고신 혹은 주신(主神)으로 알려져 있다. 최고신으로서의 제우스의 면모는 다양하게 나타난다. 그는 신들 중의 최상위의 존재이고 최고의 권력자, 신과 인간의 지배자, 아버지로 간주되는 것이다.

(1) 최고 서열의 신

제우스가 그리스 신들의 중심이고 최상위의 존재라는 것은 호메로스에서부터 나타난다. 『일리아스』에서 제우스는 신들의 회의를 자주 소집하는데, 그런 대목들에는 제우스의 권위와 그에 대한 신들의 경의가 잘 표현되어 있다. 그중 한 대목을 살펴보자.

에오스(새벽의 여신)가 온 대지 위에 모습을 드리우자 제우스는 올림포스의 가장 높은 봉우리에 신들을 모이게 했다. 제우스는 모인 신들에게 연설하고 모든 신들이 그의 말을 경청했다. 그는 자신의 뜻을 털어놓고, 신들에게 자신의 말에 따를 것을 촉구했다. 즉 올림포스를 떠나 트로이인이나 그리스인의 편을 들지 말라는 것이었다. 그럴 경우에는 누구든 다시는 올림포스에 돌아오지 못하게 하고 저 땅속 깊은 곳에 있는 어두운 타르타로스에 처넣겠다고 을러댔다. 또 어떤 신도 자신을 하늘에서 땅으로 끌고 가지 못하지만 자신은 마음만 먹으면 다른 신을 능히 그럴 수 있다고 큰 소리쳤다. 그런 후에 "그만큼 나는 신들보다 상위에 있고 인간들보다 상위에 있다"(τόσσον ἐγὼ περί τ᾿ εἰμὶ θεῶν περί τ᾿ εἴμ᾿ ἀνθρώπων)고 덧붙인다. 제우스가 말을 마치자 모두들 묵묵히 침묵을 지켰다. 그러다 마침내 아테나가 발언한다. 그녀는 제우스의 힘이 막강하다는 것을 인정하고, 이후로는 자신을 포함해 모든 신들이 제우스의 명령대로 전쟁에 관여하지 않겠다고 다짐한다.[285]

여기서 제우스는 신들 중의 최상의 신, 최강의 신으로 묘사되며, 신들의 회의를 소집하여 신들에게 자신의 의지를 강력하게 표명한다. 다른 신들도 아테나에게서 보듯이 제우스에게 순응적인 태도를 보인다. 이는 그리스 신들 간에 제우스의 중심적인 위상을 보여주는 것이다.

제우스는 그리스 신들 가운데 주신이다. 주신은 다신교 사회에서 가장 서열이 높고 또 그 서열에 걸맞은 최강의 권력을 행사하는 신이다. 제우스가 가장 서열이 높다는 것은 호메로스에게서 확인된다. 그것은 그에 대한 다양한 표현을 통해 드러난다. 호메로스는 그를 '최상의 신'(θεῶν ὤριστος), '최고신'(θεῶν ὕπατος), '최고이자 최상의 신, 제우스'(Ζεὺς θεῶν ὕπατος καὶ ἄριστος), '인간과 신들 가운데 최상의 존재'(τόν ἄριστον ἀνδρῶν ἠδὲ θεῶν)라고 표현하는 것이다. 최고신 제우스의 위상은 표현에만 그치지 않고 신들의 행동을 통해서도 드러난다. 제우스가 앞장서 신들의 행렬을 이끄는 모습도 나오고, 신들이 모일 때 제우스를 중심으로 둘러앉는 모습도 나온다. 제우스가 신들의 모임에 입장할 때 모든 신들이 일어나서 맞이하기도 한다. 또 제우스가 신들의 회의를 소집하면 신들이 회의소집에 응해 빠짐없이 참석하는 모습도 보인다.[286]

그래서 제우스는 '신들과 인간의 아버지'로 불리는데, 중요한 것은 그가 인간들뿐만 아니라 신들의 아버지로 간주된다는 사실이다. 제우스는 호메

---

285) 『일리아스』 8.1-37 참조.

286) 이 책의 605쪽 참조.

로스 때부터 신들의 아버지로 불렸다. "모든 신들이 '그들의 아버지'(σφός πατήρ) 앞에서는 자리에서 일어난다"고 한다. 또 아테나는 신들이 모여 있는 자리에서 제우스를 '우리들의 아버지'(πατὴρ ἡμέτερος)라고 부르곤 한다.[287] 이 대목에서 '우리'는 아테나와 함께 있는 신들을 말하므로 '우리들의 아버지'는 '신들의 아버지'를 뜻한다. 제우스는 신과 인간들의 아버지로 불릴 뿐만 아니라 따로 신들의 아버지이라고도 언급되었던 것이다.

신들은 제우스를 부를 때 '아버지 제우스'(πατὴρ Ζεύς) 혹은 '아버지'(πατήρ)라는 표현을 자주 사용한다. 신들이 제우스를 '아버지'라고 부를 때 그 말은 단지 혈연적인 의미의 아버지를 가리키는 것이 아니었다. 그것은 가부장적인 권위를 지닌 최고신의 위상을 반영한 것이었다. 물론 제우스의 혈연적인 자녀들은 그를 아버지라고 부른다. 그러나 그들이 부르는 '아버지'는 개인적인 부자 혹은 부녀관계만 뜻하지 않고 자신을 포함한 모든 신들의 아버지라는 일반적인 의미도 지닌다. 더욱이 그와 혈연적 부자(혹은 부녀)관계가 아닌 신들도 그를 아버지라고 부른다. 여신 테티스와 이리스가 그를 아버지라고 부르며, 심지어 제우스의 누이이자 아내인 헤라, 제우스의 형제인 포세이돈도 그를 아버지라고 부른다.[288] 제우스는 그의 형제인 포세이돈과 남매인 헤라도 아버지라고 부를 만큼 권위 있는 최고신으로 간주되었던 것이다.

한편 헤시오도스는 신들의 계보 서술을 통해 최고신 제우스의 서열을 설명한다. 헤시오도스에 따르면 제우스는 크로노스의 세계를 무너뜨리고 자신의 새로운 질서를 확립한다. 그는 새로운 질서를 확립한 주역이자, 이후 신들의 계보에서 구심점이 된다. 새로운 질서에 동참한 신들은 모두 제

---

287) 『일리아스』1.534, 8.31; 『오디세이아』1.45, 1.81.

288) 호메로스, 『일리아스』5.33, 5.421, 22.178, 22.221(아테나), 5.457(아폴론), 5.362(아프로디테) 5.872(아레스) 1.578-579(헤파이스토스), 1.503(테티스), 11.201(이리스), 5.757, 5.762, 19.121(헤라), 7.446(포세이돈); 『오디세이아』5.7, 24.518(아테나), 8.306(헤파이스토스), 13.128(포세이돈).

우스를 중심으로 관계가 형성된다. 아버지 크로노스의 뱃속에 들어가 있던 형제/남매들을 구해낸 것도 제우스이고, 후대에 태어난 많은 신들이 제우스의 소산이었다. 여러 신들에게 영역과 권한을 분배한 것도 제우스였다. 특히 그리스 신들의 중심을 이루는 올림포스 12신은 모두 제우스와 개별적인 혈연관계를 맺은 자들이다. 제우스의 신질서 확립과 계보구축에 대한 헤시오도스의 서술은 호메로스에게서 나타난 최고신 제우스의 위상과 잘 부합한다.

그리스 신들의 중심인 제우스의 위상은 호메로스 이후 자료들에서도 반복되어 나타난다. 헤시오도스 역시 제우스를 '가장 뛰어나고 가장 강력한 신'(φέρτατος θεῶν κράτεΐ τε μέγιστος), '가장 고귀하고 위대한 신'(κύδιστος μέγιστος θεῶν), '모든 신들의 지도자'(θεῶν σημάντωρ πάντων)로 부르곤 한다.[289] 또한 그는 호메로스처럼 제우스를 '인간과 신들의 아버지' '아버지 제우스'로 언급하곤 한다.[290] 이처럼 호메로스와 헤시오도스에게서 묘사된 최고신 제우스의 위상은 그후 많은 자료에서 반복되어 나타난다.

(2) 최고 권력의 신: 최강의 신

제우스는 최고서열의 신이면서도 최대 권력을 행사하는 신이었다. 그는 명실상부한 그리스의 최고신이었던 것이다. 최강의 신 제우스의 위상은 이미 호메로스 때부터 확인된다. 호메로스는 제우스에 대해 '히페르메네스'(ὑπερμενής, '엄청 강력한, 막강한'), '에리스테네스'(ἐρισθενής, '대단히 강력한, 막강한') 같은 강한 의미의 형용사를 자주 사용한다. 이는 제우스의 힘과 권능이 다른 신들보다 더 우월하다는 것을 말해준다. 그는 포세이돈과 헤라보다 더 강력한 존재이고, '모든 신들 가운데 권력과 힘에서 현저히 최고'(ἐν ἀθανάτοισι θεοῖσι κάρτεΐ τε σθένεΐ τε διακριδὸν εἶναι ἄριστος)라는 말

---

289) 이 책의 605쪽 참조.

290) 이 책의 625~27쪽 참조.

을 듣는다. 이렇듯 호메로스 서사시에서 그는 모든 신들 중에서 가장 강력한 권능을 지닌 신으로 묘사되기 일쑤이다.[291]

제우스의 막강한 권력은 신들과의 관계를 통해서도 확인된다. 호메로스 서사시에서 신들은 때로 제우스의 권력에 대해 불만을 표출한다. 헤라와 아테나는 트로이 전쟁에서 그리스인들을 일방적으로 지원하기 때문에 제우스와 자주 부딪친다. 포세이돈 역시 트로이 전쟁과 특히 오디세우스에 대한 복수문제로 제우스와 견해차를 보인다. 아레스도 트로이 전쟁에서 전사한 아들의 복수 문제로 제우스에게 한때 불만을 품는다.

그러나 결국 헤라, 포세이돈, 아테나, 아레스는 모두 제우스의 권력에 순응하는 모습을 보인다. 『일리아스』에서는 헤라가 신들이 모임에서 테티스의 제우스 방문과 관련하여 제우스에게 따지다가 제우스의 위협에 움찔하여 잠자코 물러서는 장면(1.535-569), 제우스가 신들의 모임에서 헤라의 그리스인 지원을 질책하자 헤라가 반발하지만 결국 헤라가 제우스의 막강한 권력을 인정하고 물러서는 장면(4.1-56), 제우스가 다른 신들에게 그리스인과 트로이인의 싸움에 간여하지 말라고 올러대자 아테나를 위시한 신들이 그에게 순응하는 장면(8.1-37), 헤라와 아테나가 제우스 몰래 그리스군을 지원하려다 제우스에게서 천둥번개 위협을 받고 그에게 복종하는 장면(8.350-431), 헤라와 포세이돈, 아레스가 그리스군을 편들다가 제우스의 반대로 뜻을 굽히는 장면(15.1-219)이 연달아 나타난다. 이 장면들에서 제우스는 가장 강력한 신으로서의 위상을 인정받고 있다. 『오디세이아』에서도 포세이돈은 오디세우스에 대해 자기 마음대로 처벌하지 못한다. 제우스가 이미 오디세우스의 귀향을 허용했기 때문에 그의 귀향을 막지 못하는 것이다. 그나마 포세이돈이 할 수 있는 일은 오디세우스가 귀향하기 전에 많은 고초를 겪도록 괴롭히는 정도이다. 또한 포세이돈은 오디세우스를 도와준 파이아키아인의 배를 부수기 전에도 제우스의 의

---

291) 이 책의 606~07쪽 참조.

사를 먼저 묻는다. 오디세우스를 지원하는 제우스가 분노할까 우려해서이다. 포세이돈은 제우스의 허락을 받고 나서야 파이아키아인에 대한 보복에 착수한다.[292] 아레스의 말처럼 올림포스의 신들은 모두 제우스의 힘에 억눌리고 그에게 복종했던 것이다.[293]

이처럼 제우스는 신들 중에서 최고의 권력을 행사했으므로 신들의 지배자로 묘사된다. 제우스는 '최고의 지배자'이고 '모든 인간과 신들을 지배하는 자', '모두를 지배하는 자' 등으로 불리는 것이다. 신들의 지배자로서의 그의 위상은 인간세계 제왕들과의 관계를 통해서도 확인된다. 즉 신들의 세계에서의 지배자 위상이 인간세계에도 그대로 적용되는 것이다. 호메로스에 따르면 제왕들의 명예는 제우스에게서 유래하고 제우스는 제왕들을 총애한다고 되어 있다. 아가멤논에게 왕홀을 부여한 것도 제우스였다고 한다.[294]

호메로스가 묘사한 최고권력자 제우스의 모습은 헤시오도스에게서도 그대로 나타난다. 헤시오도스에 의하면 제우스는 모든 신들 중에서 가장 강력한 신이고 다른 신들에게 제왕적인 권위를 행사하는 존재이다. 그는 신들을 지배하는 '신들의 왕'으로 언급되기도 한다.[295] 여기서도 신들 중의 최고권력자인 제우스의 위상이 드러난다.

호메로스와 헤시오도스가 묘사한 최고권력자 제우스의 위상은 후대에도 이어져 헬레니즘 시대에까지 계속된다. 상고기의 시인 테오그니스, 고전기의 핀다로스와 바킬리데스, 비극시인들, 헬레니즘 시대의 아폴로니오스와 디오도로스도 제우스를 가장 막강한 지배자 신으로 묘사했던 것이다.[296]

---

292) 『오디세이아』 13.125-164.

293) 『일리아스』 5.877-878.

294) 이 책의 618쪽 참조.

295) 이 책의 607쪽 참조.

(3) 인간사와 만물의 주관자

제우스는 신들의 지배자만이 아니었다. 최고신 제우스는 신들뿐만 아니라 인간사와 만물을 주관하는 전능한 신으로 여겨졌다. 제우스의 이런 신성은 호메로스 때부터 확인된다. 호메로스 서사시에서 제우스는 인간의 죽음과 길흉화복, 흥망을 주관하고 전쟁의 승패를 결정짓는 막강한 신으로 묘사된다. 『오디세이아』 4.237에서 제우스는 무엇이든 할 수 있는 전능한 신으로 묘사된다. '제우스는 좋은 일을 부여하기도 하고 나쁜 일을 부여하기도 한다. 제우스는 무엇이든 할 수 있기 때문이다.'(Ζεὺς ἀγαθόν τε κακόν τε διδοῖ. δύναται γὰρ ἅπαντα). 또 『오디세이아』 6.188-189에서는 "올림피오스 제우스야말로 그가 원하는 대로 …… 인간들에게 행복을 나누어 준다"라고 표현한다. 이는 인간의 만사가 제우스에게 달려 있다는 인식을 드러낸 것이다.

제우스는 헤시오도스의 서사시에서도 역시 인간사를 주관하는 존재로 묘사된다. 제우스는 인간의 상태(고귀하고 비천함, 강성하고 미약함)와 명성에 결정적인 영향을 미치며 부, 항해와 수확을 주관하는 존재로 등장하는 것이다. 제우스를 인간사와 만물의 주관자로 묘사한 호메로스와 헤시오도스의 서술은 후대에도 그대로 반영된다. 제우스는 상고기 시인들의 글에서 인간의 일을 다 주시하는 존재, 모든 일의 결말을 파악하는 존재, 인간의 마음을 파악하는 존재, 모두의 시원(始原)인 존재로 묘사되며, 고전기 자료들에서도 모든 일을 주관하는 존재, 모든 것을 주시하는 존재, 모든 것을 분배하는 존재, 만사의 원인인 존재로 묘사된다. 제우스가 관장하는 구체적인 영역은 인간의 생명, 흥망, 항해, 전쟁, 재산에 이른다. 헬레니즘 시대의 자료에서도 제우스는 인간과 자연의 온 세상을 지배하는 존재로 등장한다.[297]

---

296) 이 책의 607~08쪽 참조.

297) 이 책의 608~10쪽 참조.

2) 천상의 기후신

제우스는 인간사와 만물을 주관하는 최고신이면서도 자신의 고유한 영역과 신성을 지닌 것으로 묘사된다. 제우스 자신의 영역은 하늘이고 그는 하늘의 현상, 특히 천계의 기후현상을 주관하는 신으로 나온다. 그가 주관하는 대표적인 기후현상은 천둥과 번개, 구름과 강우, 바람 등에 이르기까지 다양하다.

(1) 천신

제우스는 무엇보다도 하늘의 신이다. 호메로스는 크로노스의 세 아들의 영역 분배에 대해 서술하면서 하늘을 제우스의 영역으로 구분한다. 즉 포세이돈은 잿빛 바다를 배당받고, 하데스는 암울한 암흑세계, 제우스는 광활한 하늘과 구름을 배당받았다는 것이다.[298] 그래서 제우스에게는 곧잘 '높은 곳에 앉아 있는'(ὑψίζυγος), '높은 곳에 있는'(ὑψόθι ἐών), '천공에 기거하는'(αἰθέρι ναίων) 등의 수식어가 뒤따른다. 이런 수식어 용례는 헤시오도스와 그 이후의 자료들에서도 역시 나타난다. 헤시오도스는 '높은 곳에 앉아 있는', '천공에 기거하는', '높은 곳에서 다스리는'(ὑψιμέδων), '하늘에서 지배하는 자'(ὃ οὐρανῷ ἐμβασιλεύει) 등의 표현을 사용하고, 테오그니스와 바킬리데스도 유사한 표현을 사용한다. 또 플라톤은 제우스를 '천상의 위대한 지도자'(μέγας ἡγεμὼν ἐν οὐρανῷ)라 말하고, 핀다로스와 칼리마코스 등은 그에 대해 '천상의'(οὐράνιος)라는 표현을 사용한다.[299] 이처럼 제우스는 호메로스에서부터 이후 헬레니즘 시대의 자료에 이르기까지 그리스의 대표적인 천신으로 간주되어 왔던 것이다.

---

298) 『일리아스』 15.190-192.

299) 이 책의 610~11쪽 참조.

(2) 천둥과 번개의 신

천신 제우스는 하늘에서 일어나는 온갖 현상을 주관하는 신으로 묘사된다. 그는 천계의 현상과 특히 기후의 신으로 알려져 있다. 그는 별, 일식과 연관된 신이고 천둥과 번개, 비, 바람 등을 일으키는 자연신으로 나타난다.

제우스는 하늘에서 천둥과 번개를 일으키는 신으로 간주되었다. 우리말 사전에 보면, '번개'의 뜻은 "강한 상승기류를 만나서 대전(帶電)하게 된 구름이 서로 다른 전기를 가진 구름 사이에서 생기는 방전현상"이고, '천둥'은 "번개가 치며 일어나는 소리", '벼락'은 "공중에 있는 전기와 지상에 있는 물건과의 사이에 방전하는 현상"으로 풀이되어 있다.[300] 폭넓게 보면, 번개는 구름과 구름, 구름과 대지 사이에서 일어나는 방전현상이고 이 때 불꽃이 번쩍인다. 벼락은 공중의 전기와 지상의 물체 사이의 방전현상으로 이때 뇌성을 동반한다. '번개' 중에서 땅으로 떨어지는 것을 '벼락'이라 한다. 천둥은 번개나 벼락이 내리칠 때 발생하는 요란한 굉음소리를 말한다. 한편 '천둥번개'에 대해서는 사전적 설명이 따로 나오지 않지만, 천둥과 번개를 함께 일컫은 말이라 하겠다. 그리스어에서 '천둥'을 의미하는 말은 '브론테'(βροντή)이고, '번개'를 뜻하는 말은 '스테로페'(στεροπή)이다. '케라우노스'(κεραυνός)는 천둥을 뜻하기도 하지만, '브론테'와 구분하여 '천둥번개'로 번역된다. 그러나 '케라우노스'가 '천둥' 혹은 '번개'의 의미로 사용되는 경우도 있기 때문에 이 책에서는 '케라우노스'를 원문의 문맥에 따라 '천둥' '번개' '벼락' '천둥번개'로 번역하기로 한다.[301] 예를 들어 『일리아스』 8.133에서는 '브론테사스'와 '케라우노스'가 구분되고 『오디세이아』 12.415, 14.305에서는 '브론테세'와 '케라우노스'가 구분되는데,

---

300) 『민중 엣센스 국어사전』, 민중서림, 1991.

301) 영역(英譯)에서는 흔히 '브론테'를 thunder, '스테로페'를 lightning, '케라우노스'를 thunderbolt로 번역한다.

이 대목들에서는 '케라우노스'가 '번개'의 뜻으로 쓰인 것이다. 호메로스의 『일리아스』 21.198-199, 헤시오도스의 『신통기』 72, 141에서도 '케라우노스'는 '브론테'와 구분되어 '번개'의 의미로 사용된다. 한편 『신통기』 504-505, 690-691, 707, 845-846, 854에서는 '브론테' '스테로페' '케라우노스'가 구분되어 사용되는데, 이 경우에는 각각 '천둥' '번개' '벼락'으로 번역했다.

제우스는 호메로스 때부터 천둥과 번개의 신으로 묘사되었는데, 그와 관련된 표현방식이 실로 다양하다. 호메로스는 제우스와 관련하여 '브론테' '스테로페' '케라우노스'라는 말을 곧잘 사용하며, 또 그 말들에서 파생한 '아스테로페테스'(ἀστεροπητής, '번개를 날리는 자'), '스테로페게레테스'(στεροπηγερέτης, '번개를 일으키는 자'), '아르기케라우노스'(ἀργικέραυνος, '번쩍이는 번개를 휘두르는'), '테르피케라우노스'(τερπικέραυνος, '천둥번개(벼락)를 즐기는')라는 표현을 제우스의 수식어로 사용하곤 한다. 또한 '힙시브레메테스'(ὑψιβρεμέτης, '높은 데서 소리(천둥)를 울리는'), '에리브레메테스'(ἐριβρεμέτης, '우렁차게 소리(천둥)를 울리는'), '에릭두포스'(ἐρίγδουπος, '우렁차게 소리(천둥)를 울리는')도 제우스를 수식하는 말로 사용되고 '셀라스'(σέλας, '불빛, 섬광, 번개섬광'), '달로스'(δαλός, '번갯불, 번개섬광')라는 말도 사용된다. '크티페인'(κτυπεῖν)은 일반적으로 '소리를 울리다'라는 의미로 사용되지만 제우스와 함께 쓰일 때에는 '천둥을 울리다'라는 의미로 사용되곤 한다.[302] 이것들은 모두 천둥과 번개를 구사하는 제우스의 특별한 신성을 가리키는 표현들이다.

호메로스가 천둥과 번개의 신 제우스에 대해 사용한 표현들은 이후의 자료들에서도 반복되어 나타난다. 헤시오도스는 호메로스의 표현들을 그대로 사용하면서도, 다른 한편으로는 새로운 표현들을 쓰기도 한다. 그는 '케라우노스'의 동사형 '케라우눈'(κεραυνοῦν)을 사용하고, '우렁차게 소

---

302) 이 책의 611~13쪽 참조.

리(천둥)를 울리는'이라는 뜻의 표현들인 '에리스마라고스'(ἐρισμάραγος),
'바릭티포스'(βαρύκτυπος), '에릭티포스'(ἐρίκτυπος)를 제우스에 대해 사용
한다. 헤시오도스 이후의 자료들도 천둥과 번개를 부리는 제우스의 신성
을 다양하게 표현한다. 예컨대 '번개와 천둥의 지배자'(στεροπᾶν κεραυνῶν
τε πρύτανις), '바리스파라고스'(βαρυσφάραγος, '큰소리를 내는'), '바리브레
메테스'(βαρυβρεμέτης, '우렁차게 소리(천둥)를 울리는'), '케라우넹케스'
(κεραυνεγχής, '천둥번개를 날리는'), '엥케이케라우노스'(ἐγχεικέραυνος, '천둥
번개를 날리는'), '포이니코스테로파스'(φοινικοστερόπας, '새빨간 번개를 던지
는'), '플록스'(φλόξ, '번갯불'), '케라우니온 피르'(κεραύνιον πῦρ, '번갯불')가
제우스와 관련하여 언급된다.[303]

　한편 '우렁차게 소리를 울리는'이라는 뜻의 '에릭티포스'와 '바릭티포
스'는 제우스에게만 적용된 말이 아니었다. 그 표현들은 포세이돈에게도
사용되었던 것이다.[304] 하지만 이 표현들은 '우렁차게 천둥을 울리는'이라
는 뜻을 지닌 것이 아니었다. 포세이돈이 천둥과 번개의 신이 아닌 이상,
그 말이 천둥이나 번개현상을 가리키지는 않았던 것이다. 포세이돈의 경
우에는 그 말이 지진과 해일에서 생겨나는 굉음을 표현했던 것으로 여겨
진다.

　헬레니즘 시대에도 제우스는 여전히 천둥과 번개의 신으로 묘사된다.
특히 아폴로도로스의 『비블리오테케』 1.9.7에는 제우스를 모독한 살모네
우스의 이야기가 소개된다. 엘리스의 살모네우스는 오만한 자로 스스로를
제우스와 견주고자 했다. 그는 자신이 곧 제우스라고 주장하며 제우스 대
신 자신에게 제물을 바치도록 강요했다. 그런데 그는 자신이 제우스라는
것을 보여주기 위해 마른 가죽과 청동솥을 마차에 끌고 다니고 자신이 천

---

303) 이 책의 613~15쪽 참조.

304) 헤시오도스, 『신통기』 456, 930(에릭티포스); 『신통기』 818; 핀다로스, 『올림피아 송가』
　　　1.72; Paeans, 4.41(바릭티포스).

둥을 울린다고 말했고, 또 불 붙은 횃불을 하늘로 집어던지며 자신이 번개를 내리는 것이라고 말했다. 이렇듯 그가 천둥과 번개를 부리는 제우스 모습을 모방하고자 한 것은 천둥과 번개현상이 제우스의 전형적인 신성으로 여겨졌음을 말해준다. 그의 불경에 대해 제우스가 보복한 수단도 역시 벼락이었다고 한다. 제우스는 그에게 벼락을 내리치고 그의 도시를 모두 다 파괴했던 것이다.

그런데 제우스는 원래부터 천둥과 번개를 지닌 것이 아니었고 또 그가 직접 천둥과 번개를 제조한 것도 아니었다고 한다. 제우스가 천둥과 번개를 소유하게 된 내력을 처음으로 설명한 것은 헤시오도스였다. 헤시오도스에 의하면 가이아와 우라노스의 자식들인 키클로페스, 즉 브론테스(Brontes), 스테로페스(Steropes), 아르게스(Arges)가 제우스에게 천둥과 번개를 주었다고 한다. 그들이 제우스에게 그것들을 준 이유는 제우스의 은혜에 보답하기 위한 것이었다. 즉 제우스가 크로노스에 의해 구금된 우라노스의 자식들을 풀어주자 이를 고맙게 여긴 그들이 제우스에게 천둥(βροντή)과 번개(στεροπή)와 벼락(κεραυνός)을 주었다는 것이다. 그 이전에는 가이아가 그것들을 감추어 두었다고 한다.[305] 여기서 키클로페스의 이름인 '브론테스'와 '스테로페스'는 각각 '천둥을 울리는 자'와 '번개를 날리는 자'를 의미한다. 그들의 이름은 자연현상인 천둥과 번개를 의인화한 것이라 할 수 있다.

키클로페스가 제우스에게 천둥과 번개를 만들어주었다는 설명은 후대의 자료들에서도 나타난다. 아폴로니오스는 키클로페스가 천둥과 번개와 벼락으로 제우스를 더 강성하게 만들었다고 말하고, 디오도로스도 키클로페스가 제우스에게 천둥번개(κεραυνός)를 만들어주었다고 말한다. 한편 아폴로도로스는 아폴로니오스와 디오도로스보다는 좀 더 상세히 그 내력을 설명한다. 즉 제우스가 크로노스와 티타네스를 맞아 싸우면서 우군을 얻

---

305) 헤시오도스, 『신통기』 139-141, 501-505.

으려고 타르타로스에 갇힌 키클로페스를 풀어주었는데, 그들이 제우스에게 천둥과 번개와 벼락을 만들어주었다는 것이다.[306] 이처럼 천둥과 번개의 내력에 대한 후대 자료들의 서술은 대체로 헤시오도스의 서술과 유사하기 때문에 헤시오도스의 이야기가 후대에 계속 전해졌던 것으로 보인다.

(3) 구름과 비의 신

천둥과 번개는 구름이나 비와 밀접하게 연관된 자연현상이다. 제우스의 대표적인 신성으로 부각된 천둥과 번개현상도 사실 구름형성과 연관된 것이다. 구름을 부리는 제우스의 신성은 호메로스 때부터 언급된다. 호메로스에게서 제우스는 구름을 생성하거나 치우는 존재로 묘사된다. 제우스는 헤라와의 은밀한 동침을 위해 구름의 장막을 두르기도 하고, 이데산이나 대지, 바다를 구름으로 뒤덮기도 하며, 구름을 치워 움직이기도 한다.[307] 그래서 제우스는 '네펠레게레타'(νεφεληγερέτα, 구름을 모으는 자)라고 불리고, '켈라이네페스'(κελαινεφής, 검은 구름에 싸인)라는 표현으로 묘사된다.[308]

구름의 신 제우스에 대한 호메로스의 묘사는 이후 자료들에서도 그대로 나타난다. 헤시오도스와 호메로스 찬가도 제우스에 대해 '네펠레게레타' '켈라이네페스'라는 표현을 사용한다. 핀다로스는 호메로스의 표현을 사용하는 동시에 '오르시네페스'(ὀρσινεφής, 구름을 일으키는)와 '힙시네페스'(ὑψινεφής, 높이 구름 속에 있는)라는 표현도 추가해 사용한다. 이들 외의 다른 자료들에서도 제우스는 흔히 구름과 연관된 신으로 언급되곤 한다.[309]

---

306) 아폴로니오스, 『아르고나우티카』 1.509-510, 730-731; 아폴로도로스, 『비블리오테케』 1.2.1, 3.10.4; 디오도로스 4.71.3.

307) 호메로스, 『일리아스』 14.342-345, 17.594; 『오디세이아』 12.314-315, 12.405, 14.303(구름 생성), 『일리아스』 16.298(구름을 치워 움직임).

308) 이 책의 615~16, 641~42쪽 참조.

제우스는 비의 신이기도 했다. 제우스는 호메로스 때부터 비를 내리는 신으로 여겨졌고, 비와 연관된 자연현상인 눈과 우박(χάλαζα)을 내리는 신으로도 여겨졌다. 제우스가 인간들에게 분노하기라도 하면 엄청난 폭우를 쏟아 부어 모든 강물이 홍수를 이루고 비탈에는 급류가 깊은 골을 지어 흘러내리기도 한다. 또한 제우스는 높은 산과 들판을 뒤덮을 정도로 눈을 내리게 하는 존재이고, 때로는 우박을 내리기도 한다.

호메로스 이후에도 제우스는 비를 내리는 존재로 묘사된다. 이는 상고기 시인 알카이오스, 테오그니스에서부터 고전기의 비극시인들, 헬레니즘 시대의 아폴로니오스와 아폴로도로스, 디오도로스에 이르기까지 일관되게 나타난다.[310] 한편 제우스는 비의 신이자 가뭄을 초래하는 신이기도 했다.[311] 그가 비를 내리지 않으면 가뭄이 발생하기 때문이다. 또한 제우스는 무지개와 관련하여 언급되기도 한다. 호메로스 서사시에 보면 제우스가 구름 속에 무지개를 달아놓기도 하고 인간들에게 무지개를 징조로 보이기도 한다.[312] 무지개의 사전적 의미가 "비가 그친 뒤, 태양의 반대 방향에 반원형으로 길게 뻗쳐 나타나는 일곱 가지 빛의 줄"이므로 그것은 비와 연관된 자연현상이다. 그래서 비의 신 제우스는 무지개 현상과 연관된 신으로 언급되었던 것이다.

비의 신 제우스는 유명한 데우칼리온의 홍수도 일으켰다고 전한다. 제우스가 엄청난 비를 내려 인간에게 대홍수를 초래했다는 언급은 아폴로도로스에게서 처음으로 나타난다. 아폴로도로스에 의하면 제우스가 청동 인간들을 파멸시키려고 하늘에서 폭우를 퍼부어 그리스 일대를 물에 잠기게 했다 한다. 그때 프로메테우스는 아들인 데우칼리온 부부에게 큰 방주

309) 이 책의 616쪽 참조.

310) 이 책의 616~17쪽 참조.

311) 아르킬로코스, Fragments, fr.230; 이소크라테스, 11.13; 디오도로스, 4.61.1.

312) 호메로스, 『일리아스』 11.27-28, 17.547-549.

를 만들어 그 안으로 피하라고 지시했다. 데우칼리온은 그리스 일대가 물에 잠기자 방주를 타고 바다 위로 9일 낮밤을 떠다니다 마침내 파르나소스산에 이르렀다. 그때 비가 그치자 데우칼리온은 뭍으로 나와 '도망자의 신 제우스'에게 제사를 지냈다고 한다.[313]

현존 자료들 중에서 데우칼리온 홍수에 대한 제우스의 개입을 처음으로 명시한 것은 아폴로도로스이지만 사실 그 이전에도 제우스와 데우칼리온 홍수의 연관성은 언급된 바 있다. 핀다로스가 그의 『올림피아 송가』에서 데우칼리온의 홍수를 거론했던 것이다. 즉 피라와 데우칼리온이 제우스의 명에 따라 파르나소스산에서 내려와 오푸스에 최초로 거주했고 돌의 후손인 일족을 건설했다고 한다.[314] 그들이 파르나소스산에서 내려와 돌에서 태어난 종족을 건설했다는 것은 홍수가 끝난 후에 그들이 돌멩이들을 뒤로 던져 새로운 인간을 만들어냈다는 이야기와 부합한다. 여기서는 제우스가 비를 내려 홍수를 야기했다는 직접적인 언급은 나오지 않지만 홍수 이후의 제우스의 역할을 감안하면 그가 데우칼리온 홍수에 관여했음을 짐작할 수 있다.

(4) 바람의 신

제우스는 바람을 일으키는 신으로도 간주되었다. 제우스를 바람의 신으로 묘사한 것은 호메로스 때부터였다. 호메로스 서사시에서 제우스는 순탄한 바람을 일으키기도 하고 강력한 폭풍을 일으키기도 한다. 그런데 호메로스 서사시에서 바람을 일으키는 존재는 제우스만이 아니었다. 포세이돈은 오디세우스의 항해를 방해하려고 바다에서 온갖 종류의 바람을 일으키는 반면, 님프 칼립소는 순풍을 보내 오디세우스의 항해를 돕는 것으로 나온다. 또 아테나 여신과 아폴론도 바다에서 순풍을 보내 칼리마코스 등

---

313) 아폴로도로스, 『비블리오테케』 1.7.2.

314) 핀다로스, 『올림피아 송가』 9.41-44.

의 항해를 돕는 것으로 묘사된다.[315] 이들 가운데 포세이돈은 바다에서 풍랑을 일으키는 신으로 간주되므로 어느 정도 바람과 연관된 것으로 볼 수 있다. 그러나 포세이돈은 바다에서 일어나는 바람에 국한되어 언급되기 때문에 제우스처럼 포괄적인 바람의 신은 아니라 하겠다. 아폴론과 아테나, 칼립소의 경우도 바람의 신으로서의 신성을 발휘했다기보다 특정인의 항해에 대한 특별한 호의를 보인 것이라고 본다.

호메로스에게서 나타난 바람의 신 제우스의 위상은 이후 자료들에서도 그대로 반복된다. 호메로스 찬가와 에우리피데스의 비극, 아라토스와 아폴로도로스에게서도 제우스는 바람을 일으키는 존재로 묘사되는 것이다.

3) 정의와 질서의 신

제우스는 천상의 기후신으로서 자연신의 신성을 지니면서도, 다른 한편으로는 정의와 질서의 신으로서 국가와 공동체 신의 역할을 수행한다. 제우스는 인간세계의 국가와 사회집단, 공공질서를 창시하고 보호하는, 정치적·사회적 신성을 지니고 있었던 것이다. 그는 인간에게 정의와 법률을 부여하고 부정한 행위를 징벌하는 정의의 신이었으며, 국가와 사회집단(부족, 씨족, 가족)을 보호하는 수호신이었다. 그는 또한 서약과 같은 사회질서를 보증하는 신이기도 했다.

(1) 정의와 법률의 신

정의를 수호하는 제우스의 신성은 호메로스 때부터 언급된다. 제우스는 신들의 징벌을 도외시한 채 아고라에서 강압적으로 '부당한 판결'(σκολιὰς

---

315) 아폴론(호메로스, 『일리아스』 1.479), 아테나(호메로스, 『오디세이아』 2.420-421, 15.292-293), 칼립소(『오디세이아』 5.167, 5.268, 7.266). 풍랑의 신 포세이돈에 대해서는 이 책의 687~88쪽 참조.

θέμιστας)을 내리고 정의(δίκη)를 배격한 인간들에 대해 엄청난 폭우를 내려 응징한다.[316)]

정의의 신 제우스의 면모를 좀 더 자세히 설명한 것은 헤시오도스였다. 특히 헤시오도스의 『일과 날들』 225-285에는 그러한 제우스의 모습이 잘 서술되어 있다. 여기서 제우스는 인간들에게 정의를 부여하고 인간들이 정의롭게 사는지를 감독한다. 헤시오도스에 따르면 제우스는 인간에게 정의를 부과하여 정의를 알고 정의로운 것을 말하려는 자들에게는 복을 내리고, 거짓으로 위증하며 정의를 손상하는 자들의 일족은 미천한 상태로 만든다고 한다. 또 외국인과 내국인들에게 '올곧은 판결을'(δίκας ἰθείας) 내리고 '정의로움'(δίκαιον)으로부터 일탈하지 않은 자들은 번성을 누리며, 그들의 나라에게는 제우스가 잔혹한 전쟁을 부과하지 않는다고 한다. 올바르게 판결하는 자들에게는 기아나 재난이 닥치지 않지만 오만과 악행을 저지른 자들에게는 제우스가 징벌을 내린다는 것이다. 이런 제우스에게는 지상에서 인간을 감시하는 수많은 정령들이 있는데, 그들이 세상을 돌아다니며 인간들의 판결과 부당한 행동을 감시한다고 한다. 또 디케(Δίκη), 즉 정의의 여신은 제우스의 딸인데, 그녀는 인간의 부당한 일을 제우스에게 알려 그에 대한 응보를 내리게 한다. 이처럼 제우스는 인간사회에서 정의가 실현되기를 희구하고 감독할 뿐만 아니라 정의로운 자들에게 복을 내리고 부정한 자들에게 벌을 주는 그야말로 정의의 수호자로 나타난다.

제우스는 정의의 구체적인 표현인 법률을 부여하는 신이기도 하다. 정의를 법률이나 재판과 결부지어 언급한 사례는 호메로스 때부터 나타난다. 호메로스는 '부당한 판결'과 '정의'를 서로 대립적인 개념으로 사용하는데, 여기서 법정의 판결과 정의는 서로 연관된 것으로 나온다. 헤시오도스도 정의를 언급하면서 재판과 결부지어 서술하곤 한다. 그는 '올곧은 판결'은 정의로운 일이고 '부당한 판결'은 부정하다고 여기는 것이다.[317)]

---

316) 『일리아스』 16.385-388.

그래서 호메로스는 재판관(δικασπόλος)을 '제우스에 의한 법'(θέμιστες πρὸς Διός)을 지키는 자라고 표현한다.[318] 헤시오도스도 동생 페르세스에게 충고하기를, 제우스가 인간들에게 정의를 부여했으니 그가 인간들에게 정해준 법(νόμος)을 유념하라고 타이른다.[319]

호메로스와 헤시오도스가 표현한 제우스의 이런 신성은 이후 자료들에서도 역시 확인된다. 제우스는 정의의 신으로 부정한 행위를 응징하고 악행에 대해 보복하는 신으로 나타난다. 또 제우스는 인간들에게 법률을 내려주는 존재로도 나타난다.[320]

(2) 국가제도의 신: 국가, 정치조직(왕, 협의회)

제우스는 정치적인 측면에서 국가와 공동체의 신으로도 언급된다. 그는 국가의 신이고 국가의 정치조직을 보호하는 신으로 나타난다. 우선 제우스는 폴리스(국가 혹은 도시)의 수호신으로 간주되었다. 폴리스 수호신으로서의 제우스는 '폴리우코스'(Πολιοῦχος)라고 불렸다.[321] 이 표현은 '국가(혹은 도시)를 수호하는'이라는 뜻으로 국가(도시)의 수호신 제우스의 신성을 나타내는 말이다. 제우스의 이 수식어는 고전기에 가서 처음 확인된다. 물론 국가신으로서의 제우스에 대한 인식이 고전기에 처음 나타났다고 단정할 수는 없다. 그러나 그런 표현이 고전기에 처음 확인된다는 것은 국가신으로서의 제우스의 신성이 다른 신성들에 비해 비교적 늦게 형성되었음을 짐작케 한다.

제우스는 정치조직의 신이기도 했다. 그리스의 폴리스 국가들은 각기

---

317) 헤시오도스, 『일과 날들』 225-226, 256-269.

318) 호메로스, 『일리아스』 1.238-239.

319) 헤시오도스, 『일과 날들』 274-279.

320) 이 책의 618쪽 참조.

321) 이 책의 642~43쪽 참조.

개별적인 사정에 따라 다양한 정치체제를 운영했다. 아테네 같은 민주성 국가가 있었는가 하면 스파르타 같은 과두정 국가도 존재했다. 스파르타에는 과거의 유산인 왕제(王制)도 남아 있었다. 제우스는 여러 다양한 국가들의 정치조직을 주관하는 보호자로 묘사되곤 했다. 그중에서도 제우스는 특히 국왕 및 협의회와 관련된 신성을 지닌 것으로 나타난다. 호메로스 때부터 제우스는 왕권을 부여하고 왕들을 돌보는 신으로 통했다. 호메로스는 제우스를 왕권의 원천으로 간주한다. 그에 의하면 바로 제우스가 왕들에게 왕홀과 명예, 법을 부여했다고 한다. 뿐만 아니라 제우스는 왕들을 총애하고 왕들을 돌보는 신으로 묘사되곤 한다. 호메로스 서사시에서는 왕들에 대한 수식어로 '디오트레페스'(Διοτρεφής)라는 말이 사용되는데, 그 말은 '제우스가 돌보는, 제우스가 아끼는'이라는 의미를 지닌다. 호메로스 이후에도 제우스는 왕권을 부여하고 왕을 돌보는 신으로 언급된다.[322]

제우스는 불레(βουλή), 즉 협의회의 신이기도 했다. 불레의 신 제우스를 처음 언급한 것은 고전기 아테네의 연설가 안티폰이었다. 그에 따르면 협의회 회관에 '불라이오스' 제우스와 '불라이아' 아테나의 성소가 있는데 협의회 의원들이 회관에 들어갈 때 그곳에서 기도를 올린다고 한다. 불라이오스 제우스는 협의회의 운영과 업무를 돌보는 신으로 숭배되었던 것 같다. '불라이오스'는 헬레니즘 시대의 리코프론에게서 다시 한 번 언급된다.[323]

(3) 사회집단의 신: 부족, 씨족, 가족

그리스의 폴리스 시민들은 여러 개의 하위집단으로 구성되어 있었다. 아테네의 경우 시민들을 이루는 하위집단은 부족(phyle), 프라트리아(phratria), 씨족(genos), 가족(oikos)이었다. 이것들은 원래 혈연적인 집단이

---

322) 이 책의 618~19쪽 참조.

323) 안티폰, 6.45; 리코프론, 『알렉산드라』 435.

었을 것이지만, 차츰 친족집단의 성격이 약해져서 나중에는 씨족과 가족 정도만이 혈연집단의 성격을 지녔을 것으로 여겨진다. 아테네의 부족은 처음에 4개였다가 나중에 클레이스테네스 때에 10개로 증가되고 그 성격도 혈통기반의 혈연부족에서 지역기반의 지연부족으로 바뀌었다. 프라트리아는 기원이 모호하지만 적어도 폴리스의 성립 이후로는 형식상의 친족집단일 뿐이었다. 아마 귀족 씨족들이 가상의 조상을 중심으로 추종자들을 모아 만든 의사(擬似) 친족집단이었던 것 같다. 제우스는 이들 사회집단의 신으로 간주되었다. 제우스는 이들 의사 친족집단의 신으로 불리기도 하고, 친족집단의 신으로 불리기도 했다. 의사 친족집단의 신을 가리키는 제우스 수식어는 '호모필로스' '프라트리오스'이고 친족집단의 신으로서의 제우스를 가리키는 호칭이나 수식어는 '시나이모스' '게네토르' '호모그니오스' '파트로이오스' '게네틀리오스' '헤르케이오스' '크테시오스'였다.

우선 '호모필로스'(ὁμόφυλος)는 '같은, 동일한'을 뜻하는 '호모스'(ὁμός)와 '종족, 부족, 일족'을 뜻하는 '필론'(φῦλον) 혹은 '부족'을 뜻하는 '필레'(φυλή)의 합성어로 '같은 부족의, 동족의'라는 의미를 지닌다. 그런데 여기서 '호모필로스'의 범주가 아테네의 부족 개념인 필레를 가리키는 것인지는 분명치 않다. '호모필로스'가 언급된 플라톤의 『법률』483A에서는 그 말이 '크세니오스' 제우스와 대조적으로 표현되기 때문에 외국인과 구분되는 동족 개념으로 쓰였을 가능성이 큰 것이다. 즉 국가 내의 하위적인 부족 범주보다는 국가 차원의 집단을 가리킨다고도 볼 수 있다. 그래서 '호모필로스'는 '필론'을 어떤 범주로 보느냐에 따라 다양하게 해석될 수 있다. '호모필로스'가 제우스의 수식어로 쓰인 것은 아테네인 플라톤에게서 처음 확인되며, 다른 용례는 드러나지 않는다. 이처럼 용례가 드물고 의미도 불분명한 것으로 보아 '호모필로스'와 연관된 제우스의 신성은 그리 부각되지 않았던 것 같다.

제우스는 프라트리아의 보호신이기도 했다. '프라트리오스'(φράτριος)

는 아테네의 사회집단인 프라트리아의 형용사적 표현으로, '프라트리아 의'라는 의미를 지닌다. 아테네의 프라트리아는 필레의 하위범주에 속한 것인데, 진짜 친족집단이 아니라 의사 친족집단에 해당하는 것이었다. '프라트리오스'는 이 프라트리아의 수호신으로서의 제우스를 가리키는 것이다. 그런데 이 수식어는 제우스뿐만 아니라 아테나 여신에게도 사용되었다. 아테나에게는 '프라트리오스'의 여성형인 '프라트리아'(φρατρία)라는 수식어가 붙여졌다.[324] '프라트리오스'도 '호모필로스'와 마찬가지로 플라톤에게서 처음 제우스의 수식어로 사용되었다. 플라톤의『에우티데모스』, 302D에 의하면 아테네인들은 제우스를 '프라트리오스'로 불렀다고 한다. 또 아테네의 연설가 데모스테네스는 아테네에 '프라트리오스 제우스'의 제단이 있었다고 언급한다. 그렇다면 제우스는 적어도 기원전 4세기 아테네에서 프라트리아의 보호자로 여겨졌음을 알 수 있다.

아테네에서 프라트리아가 의사 혈연집단인 데 비해 프라트리아의 하위 집단인 게노스(씨족)와 가족은 친족집단에 속했다. 제우스는 이들 친족과 무관하게 일반적인 의미의 친족 보호신으로서 숭배되었던 것 같다. 그런 의미에서 제우스에게 '시나이모스'(σύναιμος)라는 수식어가 사용되었다.

'시나이모스'는 '함께, 공동으로'라는 뜻의 '신'(σύν)과 '피, 혈통'을 뜻하는 '하이마'(αἷμα)의 합성어로 '동일한 혈족의, 친족의'라는 의미를 지닌다. 제우스에 대한 '시나이모스' 수식어는 고전기의 소포클레스에게서 단 한 차례만 언급된 것[325]을 보면 자주 사용된 용어는 아니었던 것 같다. 하지만 '시나이모스 제우스'라는 표현은 제우스가 혈연적인 친족의 보호신으로 간주되었음을 말해준다.

친족신으로서의 제우스의 면모는 '게네토르'(γεννήτωρ)라는 칭호와 '호모그니오스'라는 수식어를 통해서도 확인된다. '게네토르'는 '친족의 조

---

324) 이 책의 619쪽 참조.
325) 소포클레스,『안티고네』658-659.

상, 선조, 아버지'라는 의미이다. 제우스에 대한 '게네토르' 호칭은 아이스킬로스에게서 처음 나타난다. 아이스킬로스의 『히케티데스』 206에서 다나오스의 딸들이 제우스를 '제우스 게네토르'라고 부르는 것이다. 다나오스의 신화적 계보는 포세이돈과 연결되므로 다나오스의 친족은 제우스와 직접적인 혈통관계가 성립되지 않는다. 여기서는 포괄적인 의미에서의 조상신을 가리키는 것으로 보인다. 한편 에우리피데스의 『히폴리토스』 683에도 '게네토르'라는 표현이 나오는데, 파이드라(Phaidra)가 제우스를 '내 친족의 조상 제우스'(Ζεύς γεννήτωρ ἐμός)라고 부르는 것이다. 파이드라는 미노스의 딸이고 미노스는 제우스와 에우로페의 아들이니 제우스는 파이드라의 조상신이 된다. 파이드라와 제우스의 계보를 고려하면 여기서의 '게네토르'는 가족보다 규모가 큰 상위 친족집단의 조상을 가리킨다고 할 수 있다.

제우스에 대한 '호모그니오스' 수식어는 고전기에 처음으로 확인된다. '호모그니오스'(ὁμόγνιος)는 '호모스'(ὁμός)와 '게노스'(γένος)의 합성어인 '호모게니오스'(ὁμογένιος)의 축약형이기 때문에 원래 의미는 '같은 게노스(씨족)의'를 뜻한다. 그런데 '호모그니오스'의 용례는 대체로 '같은 가족의'라는 의미로 쓰인다. '호모그니오스'를 가족의 범주에서 사용한 대표적인 용례는 플라톤의 『법률』 881D에 나온다. 플라톤에 의하면 부모를 학대한 자를 물리치지 않는 자는 법에 따라 '제우스 호모그니오스 파트로이오스'(Ζεύς ὁμόγνιος πατρῷος)의 벌을 받는다고 한다. '파트로이오스'는 '아버지의, 아버지에게서 유래한'이라는 뜻으로 아버지의 권위를 보호하는 제우스의 신성을 나타낸다. 그리고 여기서 '호모그니오스' 제우스의 벌을 받는 것은 부모 학대에 관한 사안이므로 '호모그니오스'는 부모와 연관된 가족을 내포한다고 할 수 있다. 즉 그 수식어는 가족신 제우스를 뜻하는 것이다. 제우스에 대해 사용된 '호모그니오스'의 다른 용례도 가족의 신 제우스와 관련된 것으로 나타난다.[326)]

제우스는 가족의 신으로 숭배되었다. 동일한 조상을 지닌 가족의 보호신으로서의 제우스를 나타내는 수식어들은 '파트로이오스' '게네틀리오스' '헤르케이오스' '크테시오스'이다. 그중 '파트로이오스'(πατρῷος)라는 수식어는 '아버지의, 아버지에게서 유래한'의 뜻인데, 친족의 조상신을 부르는 수식어였다. 그런데 '파트로이오스'는 제우스만의 수식어가 아니었다. 아폴론도 조상신으로서 '파트로이오스'라는 수식어로 불렸던 것이다. 제우스와 아폴론은 '파트로이오스'라는 수식어로 불린 대표적인 신들이었다. 제우스는 주로 도리아인들의 조상신으로 불리고 아폴론은 이오니아인들, 특히 아테네인들의 조상신으로 불리곤 했다. 조상신으로서의 제우스에 대한 언급은 아테네의 비극시인들에게서 처음 나타난다. 제우스를 조상신으로서 '파트로이오스'라고 부르는 관행은 주로 스파르타 같은 도리아인 국가에서 나타난 것이었다. 그에 비해 아테네 같은 이오니아인 국가들은 제우스가 아닌 아폴론을 '파트로이오스'라고 부르곤 했는데, 그들은 아폴론을 그들의 조상신으로 간주했던 것이다.[327] 한편 '파트로이오스'는 '부권(父權)의' 신을 의미하기도 했다. 이런 의미의 '파트로이오스' 제우스는 아리스토파네스에게서 처음 언급된다. 하지만 부권과 관련된 제우스의 신성은 이미 헤시오도스에게서 언급된 적이 있다. 헤시오도스는 노령에 접어든 늙은 아버지를 학대하는 자는 제우스의 보복을 받는다고 말한 바 있는 것이다.[328] 제우스가 이렇듯 아버지의 권위를 보호하는 것은 가정과 가족의 보호자로서의 신성과 연관된 것이므로 가정신으로서의 제우스의 신성은 이미 상고기에 등장했다고 하겠다.

'게네틀리오스'(γενέθλιος)도 친족(혹은 가족)의 수호신 제우스의 신성을 나타낸다. '게네틀리오스'는 '종족, 가족'을 의미하는 '게네틀레'(γενέθλη)와 연관된 말로, '친족의, 가족의'라는 의미를 지닌다. 이 말은 핀다로스에

---

326) 에우리피데스, 『안드로마케』 921; 아리스토파네스, 『개구리』 750.

327) 플라톤, 『에우티데모스』 302C-D 참조.

328) 헤시오도스, 『일과 날들』 331-334.

게서 처음 확인되는데, 핀다로스는 '게네틀리오스' 제우스라는 표현을 두 번 사용한다. 『올림피아 송가』 8.16에서는 '게네틀리오스' 제우스가 티모스테네스(Timosthenes)와 그의 동생 알키메돈(Alkimedon)에게 네메아 제전과 올림피아 제전에서 명성을 얻도록 해주었다고 말한다. 여기서 '게네틀리오스' 제우스는 티모스테네스와 그의 동생에게 은혜를 베푸는 신으로 나오므로 가족의 범주에서 사용된 것이라 할 수 있다. 또 한 번은 『피티아 송가』 4.167에서 욜코스(Iolkos)의 왕 펠리아스(Pelias)가 야손과의 대화 도중에 '우리 둘 모두의 친족신 제우스'(Ζεὺς ὁ γενέθλιος ἀμφοτέροις)의 이름으로 서약한다고 말한다. 여기서 펠리아스와 야손은 제우스를 '같은 친족의' 신으로 여긴다. 펠리아스와 야손은 형식적으로 한 가족에 속한다. 전승에 의하면 펠리아스는 포세이돈과 티로(Tyro)의 아들이었고 티로는 나중에 욜코스의 왕 크레테우스(Kretheus)와 결혼했다고 한다. 티로와 크레테우스 사이에 아이손(Aison)이 태어나고 아이손의 아들이 바로 야손이었다고 한다. 그러므로 펠리아스와 아이손은 이복형제이고 펠리아스는 야손의 숙부였던 것이다. 그렇다면 여기서 언급되는 '게네틀리오스' 제우스는 같은 가족의 신을 가리킨다고 하겠다. 핀다로스는 제우스의 수식어 '게네틀리오스'를 가족신의 뜻으로 사용했던 것이다.

'헤르케이오스'(ἑρκεῖος)는 '경내(境內)의, 마당의'라는 의미인데, 제우스의 신상(神像)이 헤르코스(ἕρκος), 즉 집의 경내에 위치해 있었기 때문에 붙여진 수식어이다. 즉 그 수식어는 한 집안의 일을 보살피는, 가정의 신 제우스를 의미하는 것이었다. '헤르케이오스' 수식어는 호메로스 때부터 나타난다. 호메로스에 의하면 오디세우스의 집안에 라에르테스와 오디세우스가 모시는 '헤르케이오스' 제우스의 제단이 있었다고 한다. 또 『일리온 함락』 1.9에는 네오프톨레모스가 '헤르케이오스' 제우스의 제단으로 피신한 프리아모스를 살해했다고 기술되어 있다. 상고기 이후에도 핀다로스, 소포클레스, 에우리피데스, 헤로도토스 등이 제우스를 '헤르케이오스'라고 지칭했다.[329] 아테네에서도 '헤르케이오스 제우스'를 특별히 숭배했던 것 같다. 아리스토텔레스에 의하면 아테네 시민들이 관직을 맡을 수 있는지에 대한 적임심사를 하면서 그가 파트로이오스 아폴론과 헤르케이오스 제우스를 모시고 있는지의 여부와 그들의 성소(聖所)들이 어디에 있는지를 확인했다고 한다.[330] 이는 아테네인들이 각자의 집 안에 두 신의 성소를 세우고 그들을 집안의 신으로 숭배했음을 말해준다. 이렇듯 제우스는 호메로스 때부터 헬레니즘 시대에 이르기까지 가정의 신으로 숭배되었다.

'크테시오스'(κτήσιος)는 '재산, 가산(家産)'을 뜻하는 '크테시스'(κτῆσις)에서 유래한 말로 '가정의, 가산의'라는 의미를 지닌다. 즉 가정과 가산의 신으로서의 제우스의 신성을 나타내는 수식어라 하겠다. 이 수식어는 아이스킬로스에게서 처음 언급된다. 아이스킬로스에 의하면 아르고스 왕은 '크테시오스' 제우스가 집안의 재물을 채워준다고 믿는다. 또 아가멤논의 아내 클리타임네스트라는 집안에 '크테시오스' 제우스의 제단이 있다고 언급한다. 아이스킬로스 이후 아테네의 연설가들의 글에서도 '크테시오스' 제우스에 대한 언급이 나타난다. 아테네인이 페이라이에우스(Peiraieus)에 있는 '크테시오스' 제우스에게 제물을 바쳤다고도 하고, 도도나의 제우스가 신탁을 내려 아테네인들에게 '크테시오스' 제우스에 대한 황소 제물을 바치게 했다고도 한다.[331] 그런데 '크테시오스' 제우스에 대한 언급은 모두 고전기 아테네인들의 자료들에 나온 것이다. 이는 제우스가 특히 고전기 아테네에서 가정의 신으로 널리 숭배되고 있었음을 말해준다.

제우스는 다양한 차원에서 사회집단의 보호자로 숭배되었다. 제우스의 신성은 부족, 프라트리아, 게노스(씨족), 가족에 걸쳐서 광범위하게 나타난

---

329) 이 책의 645쪽 참조.

330) 아리스토텔레스, 『아테네인의 국제』 55.3.

331) 이 책의 645쪽 참조.

다. 사실 위의 범주들은 그리스의 다양한 사회구성 집단을 반영한 것이므로 제우스가 사회집단의 대표적인 수호신으로 간주되었음을 알 수 있다. 그런데 가정과 가족의 신으로서의 신성은 상고기 때부터 확인되지만 부족이나 프라트리아의 보호자로서의 신성은 고전기 때에야 언급된다. 이는 시기별로 중시되는 친족 혹은 사회집단의 범주가 달랐던 탓이 아닌가 한다. 즉 상고기에는 특히 가족의 범주가 단연 중시되고 고전기에는 가족뿐만 아니라 여타 사회집단인 부족이나 프라트리아도 함께 중시되었을 것으로 보인다. 하지만 전체적인 언급 빈도를 살펴보면 제우스는 특히 가정과 가족의 신으로서 가장 많이 숭배되었던 것 같다.

(4) 사회질서의 신: 우애의 신, 서약의 신

제우스는 국가와 공동체를 보호하는 공공의 신이면서도 사적인 영역의 사회질서를 수호하는 신으로도 알려져 있었다. 사회질서와 관련된 그의 주된 신성은 우애(友愛)의 신과 서약의 신으로서의 신성이다. 우애의 신은 '헤타이레이오스'(ἑταιρεῖος)와 '필리오스'(φίλιος)라는 수식어를 통해 확인된다. '헤타이레이오스'는 '동료, 친구'를 뜻하는 '헤타이라'(ἑταίρα)의 파생어로 '동료의, 친구의'를 의미를 지닌다. 그런데 이 수식어는 헬레니즘 시대까지의 자료 내에서는 헤로도토스에게서만 유일하게 확인된다. 헤로도토스의 『역사』 1.44에서 리디아 왕 크로이소스는 아들이 자신의 빈객인 아드레스토스에게 죽임을 당했다는 말을 듣고 '정화의 제우스'(καθάρσιος Ζεύς), '화로(가정)의 제우스'(ἐπίστιος Ζεύς), '우애(友愛)의 제우스'(ἑταιρεῖος Ζεύς)의 이름을 소리쳐 부른다. 여기서 제우스는 리디아 왕의 일화에 언급된 제우스이기 때문에 그리스의 제우스인지 리디아의 제우스인지 분간이 필요하다. 그런데 여기서 언급된 제우스의 수식어나 신성이 그리스의 제우스와 동일하고 또 크로이소스가 그리스의 신들을 신봉했다고 알려져 있으므로 이 책에서는 이 제우스를 그리스의 제우스에 포함하기로 한다.[332] 이때 크로이소스가 우애의 신 제우스의 이름을 부른 것은 아들의 보호자로

딸려 보낸 자가 가장 해로운 적임을 알았기 때문이다. 즉 자신이 친구라고 여겼던 자가 적이 된 것을 '헤타이레이오스 제우스'에게 고하고자 했던 것이다. '헤타이레이오스'라는 수식어는 한참 후대인 서기 1세기의 디온 크리소스토무스(Dion Chrysostomus)의 연설문에서 언급되기는 하지만[333] 그 용례가 드물기 때문에 자주 사용된 수식어는 아니었던 것으로 보인다.

우애의 신을 나타내는 또 하나의 수식어는 '필리오스'이다. '필리오스'는 '친구의, 우호적인'이라는 의미인데, 제우스에게 사용되어 우애의 신으로서의 신성을 나타낸다. 제우스에 대해 '필리오스'라고 부른 용례는 아리스토파네스의 희극과 플라톤의 대화편에 자주 나타나는데,[334] 여기서는 대개 대화의 상대에게 진실된 말을 요구하거나 우애를 표시할 때 제우스의 이름을 들먹이곤 한다. 이처럼 우애를 의미하는 '헤타이레이오스'와 '필리오스' 수식어는 모두 고전기의 자료에서 처음 확인된다.

그런데 우애의 신으로서의 제우스의 면모는 이미 호메로스 서사시에서 어느 정도 암시된다. 호메로스가 제우스를 우애와 관련지어 언급한 바 있는 것이다. 즉 『일리아스』 3.320-324에서 그리스인들과 트로이인들이 제우스에게 기원하는 장면이 나오는데, 기원 내용인즉 그들이 '우애'(φιλότης)와 '확실한 서약'(ὅρκια πιστὰ)을 누리도록 해달라는 것이었다. 여기서의 '우애'와 '확실한 서약'이란 그리스인과 트로이인들 사이에 조성된 우애와 서약을 가리킨다. 즉 두 진영이 서로 우호관계를 유지하고 확실한 서약을 통해 그 관계를 보증하기를 바란 것이다. 다른 대목에서도 제우스는 그리스인들과 트로이인들에게 무자비한 전쟁을 초래하거나 혹은 둘에게 우애(φιλότης)를 가져다주는 존재로 묘사된다.[335] 호메로스가 우애와 관

---

332) 김봉철, 「헤로도토스와 그리스 신화 서술: 제우스 서술을 중심으로」, 251~52쪽; D. Asheri(et al.), *A Commentary on Herodotus Books I-IV*, Oxford, 2007, p. 107.

333) 디온 크리소스토무스, 1.39.

334) 이 책의 621쪽 참조.

련하여 제우스를 언급한 것은 제우스가 당시에 우애의 신으로 여겨졌음을 암시한다. 그러나 호메로스의 언급이 그리스인과 트로이인들 간의 우애에 국한되어 서술되기 때문에 우애의 신으로서의 제우스의 위상이 어느 정도나 확립되었는지는 확언하기 어렵다. [335]

제우스는 서약의 신이기도 했다. 제우스는 개인들의 서약을 보증하는 신으로 등장하기도 하고 '호르키오스'(ὅρκιος)라는 수식어와 함께 불리기도 했다. '호르키오스'는 '서약의, 서약에 관한'이라는 의미로 서약을 보증하는 제우스의 모습을 가리킨다. 그리스인들은 서약을 할 때 신들을 서약의 보증인으로 내세우곤 했다. 물론 서약의 증인으로 언급되는 신들은 제우스만이 아니었다. 테미스와 아폴론, 아르테미스, 아테나도 서약의 증인으로 등장한다. [336] 서약의 증인으로 호명되는 신들은 그 서약의 이행을 보증하고 불이행을 응징하는 감시자로 등장한다. '호르키오스'는 서약의 신들 일반을 지칭하는 말로 사용되지만, 특히 제우스에 대한 수식어로 사용되곤 했다. [337] 제우스의 '호르키오스' 수식어는 고전기에 와서 처음으로 확인된다.

서약의 신으로서의 제우스의 모습은 이미 호메로스 때에 나타난다. 변장한 오디세우스가 아내 페넬로페에게 오디세우스가 살아서 곧 돌아올 것이라고 맹세하면서 맨 먼저 제우스를 증인으로 내세우는 것이다. 또한 호메로스 서사시의 등장인물들이 자신의 말의 진실성을 주장하거나 서약을 할 때 제우스를 증인으로 제시하곤 한다. 호메로스 이후에도 제우스는 서

---

335) 『일리아스』 4.82-84.

336) 에우리피데스, 『타우리스의 이피게네이아』 748; 『히폴리토스』 1451(아르테미스); 아이스킬로스, 『에우메니데스』 576; 에우리피데스, 『타우리스의 이피게네이아』 965; 아리스토파네스, 『테스모포리아주사이』 748(아폴론); 플라톤, 『법률』 936E(아폴론, 테미스); 데모스테네스, 25.97(아테나).

337) 에우리피데스, 『포이니사이』 481; 투키디데스, 1.71.5, 1.78.4; 아이스키네스, 1.114(신들), 소포클레스, 『필록테테스』 1324; 에우리피데스, 『히폴리토스』 1025(제우스).

약의 증인으로 자주 등장한다. 핀다로스 송가에서는 욜코스의 왕 펠리아스가 야손에 대해 서약을 하면서 제우스의 이름을 내세운다. 아테네의 비극시인들과 아리스토파네스의 극시에서도 제우스는 서약의 증인으로 자주 언급된다.[338] 또한 에우리피데스는 '인간들의 서약의 관리자로 여겨지는 제우스'(Ζηνός, ὃς ὅρκων θνητοῖς ταμίας νενόμισται)라는 표현을 쓰기도 한다.[339] 그렇다면 제우스는 서약의 주관자로서 인간의 서약에 증인으로 관여하고 또 서약의 신의가 지켜지도록 관리하는 신으로 인식되었음을 알수 있다.

4) 약자(弱者)들의 수호신

제우스는 정의와 법률, 국가제도, 그리고 사회질서를 수호하는 신성을 지니는데, 이는 공동체의 공적 및 사적 질서를 확립하고 유지하는 신성이었다. 하지만 제우스는 공동체 질서로부터 소외된 자들을 옹호하는 신이기도 했다. 공적 질서의 보호로부터 제외된 사회적 약자들을 배려하는 신으로 간주되기도 했던 것이다. 제우스는 외국인이나 빈객의 신, 탄원자의 신, 그리고 부정한 자들을 위한 정화의 신, 도망자의 신으로 알려져 있었다. 외국인이나 빈객은 타국 혹은 타향의 질서에 편입되지 못한 국외자이고, 탄원자는 세속권력의 억압이나 세속적인 곤경을 피해 신 혹은 유력자의 보호를 요청한 피신자이며, 도망자는 공동체로부터 추방당하거나 이탈한 국외자이다. 또 공동체의 종교적 규범이나 관행을 어긴 부정한 자들은 공동체로의 복귀를 위한 종교적 정화를 필요로 한다. 즉 이들은 모두 공동체의 정상적인 질서 속에서 보호받지 못하는, 일종의 소외집단이라 하겠다. 제우스는 이들 소외집단의 열악한 지위를 옹호하고 배려하는 신으로

---

338) 제우스가 서약의 증인으로 언급된 사례에 대해서는 이 책의 621쪽 참조.

339) 에우리피데스, 『메데이아』 169-170.

서 간주되었다.

(1) 외국인: 외국인, 빈객의 신

그리스의 폴리스는 시민들의 공동체 국가였기 때문에 시민이 아닌 자들은 국정에 참여하지 못했고 또 국가의 보호도 받지 못했다. 그래서 한 국가의 시민인 자도 다른 국가에 가면 시민권이 없는 한낱 국외자에 불과했다. 아테네 시민이 스파르타나 코린토스에 가서 그곳 시민으로 행세할 수는 없었던 것이다. 자신의 국가를 벗어나면 모두 외국인이 되었다. 외국인은 방문 국가에서 정치적 혹은 사회적 기반을 갖지 못한 자들이다.

제우스는 외국인들을 보호하는 신으로 숭배되었다. '외국인'을 뜻하는 '크세이노스'(ξεῖνος, 혹은 '크세노스'ξένος)는 '손님, 빈객'의 의미도 지니므로 외국인의 신, 빈객의 신, 환대의 신으로서의 제우스의 신성은 서로 연관된 것이었다. '크세이노스'의 신으로서의 제우스의 신성은 이미 호메로스 때부터 확인된다. 『오디세이아』 9.252-278에는 오디세우스 일행이 키클로페스의 땅에서 폴리페모스를 처음 만났을 때의 장면이 묘사된다. 폴리페모스는 오디세우스 일행을 '크세이노이'('크세이노이'는 '크세이노스'의 복수형)라고 부르며 그들의 정체를 묻는다. 이에 오디세우스는 자신들이 트로이에서 승리하고 고향으로 돌아가는 중이라고 말하며 탄원자로서 그의 도움을 청한다. 즉 주인으로서 빈객(크세이노스)에 대한 예우와 지원을 해달라고 청하는 것이다. 이때 오디세우스는 제우스의 이름을 거론하는데, 제우스가 탄원자와 외국인의 보호자이며 외국인을 잘 보살피는 존재임을 상기시킨다. 그러나 폴리페모스는 제우스의 분노를 피하려고 그들을 살려둘 생각은 없다고 말한다. 여기서 제우스는 외국인 혹은 손님을 보호하는 신, 외국인 혹은 손님을 합당하게 대우하지 않는 자들에게 보복하는 신으로 묘사된다.

또 『오디세이아』 6.206-210과 14.276-284, 14.361, 388-389에서도 빈객을 보호하는 제우스의 위상이 나타난다. 6.206-210에서는 나우시카가 낯선 외국인 오디세우스에게 응대하는 대목이 묘사된다. 그녀는 모든 외국인과 걸인들이 다 제우스로부터 유래하기 때문에 유랑자를 잘 보살펴야 한다고 말한다. 그리고 그녀는 시녀들에게 지시하기를, 외국인 오디세우스에게 먹을 것을 제공하고 그의 몸을 씻기라고 말한다. 14.276-284에서는 오디세우스가 이집트에 갔을 때 이집트 왕이 외국인을 보호하는 제우스의 분노를 두려워하여 그를 해치지 못했다고 묘사된다. 14.361과 14.388-389에서는 오디세우스의 돼지치기 에우마이오스가 변장한 오디세우스를 '크세이노스'라고 부르며 자신은 외국인(빈객)을 보호하는 제우스의 분노를 두려워하여 그에게 호의를 베푼다고 말한다. 이들 대목은 모두 낯선 외국인에 대한 보호와 우대를 언급하는데, 그것이 제우스의 신성과 관련된 것임을 보여준다.

외국인과 빈객의 신으로서의 제우스의 위상은 호메로스 이후에도 계속 확인된다. 헤시오도스의 『일과 날들』 327-334에 의하면 탄원자나 손님에게 해를 끼치는 자들 및 노령에 접어든 늙은 아비를 학대하는 자들에게는 제우스가 응분의 보복을 가한다고 나와 있다. 또 플라톤의 『법률』 953E를 보면 음식물과 제식에 있어서 외국인을 배척하지 말고 야만적인 말을 늘어놓지 말며 외국인을 보호하는 제우스를 공경하라고 언급되어 있다. 헬레니즘 시대의 아폴로니오스의 『아르고나우티카』 2.1131-1133에서도 탄원자와 외국인은 제우스에게 속하는 것이니 제우스를 위해 탄원자와 외국인들을 존중하라고 서술되어 있다.

그래서 제우스는 '크세이니오스'(ξείνιος)라는 수식어로 불렸다. '크세이니오스'는 '외국인, 손님, 빈객'을 뜻하는 '크세이노스'의 파생어로 '외국인(혹은 빈객)의, 외국인(혹은 빈객)을 보호하는'이라는 의미를 지닌다. '크세이니오스 제우스'는 외국인 혹은 빈객을 보호하고 환대하는 신으로서의 제우스를 가리킨다. '크세이니오스'는 호메로스 때부터 제우스의 수식어로 사용된 이래 고전기와 헬레니즘 시대에도 꾸준히 사용되었다.[340] 외국인과 빈객의 신으로서의 제우스의 신성은 호메로스 시대부터 이후 헬레니즘 시대에 이르기까지 계속 유지되어왔던 것이다.

(2) 탄원자: 탄원자의 신

제우스는 탄원자의 신이기도 했다. 탄원자란 국가나 공동체의 보호를 상실하고 신이나 유력자에게 피신하여 보호를 요청하는 자들을 가리킨다. 제우스는 호메로스 때부터 탄원자들의 보호자로서 언급된다.

『일리아스』 24.568-570에서 아킬레우스는 제우스가 탄원자를 보호하는 신임을 언급한다. 그는 프리아모스가 자신에게 탄원자로 와 있는데 그를 내쫓아 제우스의 명에 반하는 죄를 짓고 싶지 않다고 말한다. 여기서 탄원자를 내쫓는 것은 제우스의 명령을 거역하는 것이 된다. 이는 당시에 제우스가 탄원자의 보호자로서 인식되고 있었음을 말해준다. 또 『오디세이아』 9.266-271과 13.209-214에서도 제우스는 탄원자들의 신으로 묘사된다. 『오디세이아』 9.266-271에는 오디세우스 일행이 키클로페스에게 탄원하는 장면이 묘사된다. 여기서 오디세우스는 그에게 '탄원하러' (ἱκόμεθα) 왔음을 밝히고 자신들을 그의 '탄원자들'(ἱκέται)라고 표현한다. 그러면서 오디세우스는 제우스가 탄원자들의 보호자라고 부언한다. 그는 탄원자들의 보호자인 제우스의 권위를 거론하며 폴리페모스에게 자신의 탄원을 들어달라고 은근히 압박을 가한다. 여기서 제우스는 탄원자를 보호하고 그를 위해 복수하는 신으로 묘사된다. 한편 『오디세이아』 13.209-214에는 이타카에 귀환한 오디세우스의 이야기가 서술된다. 오디세우스는 파이에케스(Phaiekes)인들의 도움으로 고향 이타카에 돌아왔지만 그곳이 이타카라는 것을 알지 못하고 파이에케스인들을 원망한다. 파이에케스인들이 자신을 고향으로 보내주겠다고 한 약속을 어겼다는 것이다. 이때 그는 '탄원자의 제우스'(Ζεὺς ἱκετήσιος)에게 그들을 처벌해달라고 요청한다. 이는 파이에케스인들이 자신의 탄원을 제대로 들어주지 않았으므로

---

340) 이 책의 646~47쪽 참조.

탄원자들의 보호자인 제우스가 그들을 응징해야 한다는 뜻이다.

그렇다면 제우스는 호메로스 때부터 탄원자들의 보호신으로 여겨졌음을 알 수 있다. 이는 호메로스가 제우스를 '히케테시오스'(ἱκετήσιος)라는 수식어로 부른 것에서도 확인된다.[341] '히케테시오스'는 '탄원자'를 뜻하는 '히케테스'(ἱκέτης)와 관련된 말로 '탄원자의, 탄원자를 위하는'이라는 의미를 지닌다. '제우스 히케테시오스'는 탄원자들의 보호자 제우스를 가리키는 명칭인 것이다.

탄원자의 신으로서의 제우스의 위상은 호메로스 이후에도 계속 나타난다. 헤시오도스의 『일과 날들』 327-334에는 탄원자에게 해를 끼치는 자들이 제우스의 응분의 보복을 받는다고 서술되어 있으며 아테네의 비극시인들도 제우스를 탄원자의 신으로 언급하곤 한다. 또 탄원자의 보호자 제우스를 가리키는 수식어도 자주 사용된다. 호메로스가 사용한 '히케테시오스'는 언급되지 않지만, 동일한 의미의 수식어인 '히케시오스'(ἱκέσιος)와 '힉타이오스'(ἱκταῖος)가 언급되는 것이다.[342] 특히 '히케시오스'는 고전기와 헬레니즘 시대에 걸쳐 사용되어 탄원자의 신 제우스를 가리키는 대표적인 수식어라 할 수 있다.

그런데 제우스가 탄원자들의 신이라고 해서 제우스에게만 탄원이 이뤄진 것은 아니다. 제우스는 탄원과 탄원자 일반을 보호하는 신이지만, 탄원을 들어주는 유일한 신이 아니었다. 그리스인들은 제우스 이외의 다른 신이나 유력자를 찾아가 자신의 처지를 호소하고 탄원했던 것이다. 신들 중에서는 포세이돈, 헤라, 아테나, 아폴론, 디오스쿠오리 등이 탄원을 들어주는 신으로 언급되곤 한다.[343]

---

341) 호메로스, 『오디세이아』 13.213.

342) 이 책의 647쪽 참조.

343) 투키디데스, 『역사』 1.128.1(포세이돈), 1.24.7, 3.75.5, 3.81.2(헤라), 3.75.3(디오스쿠로이); 아이스킬로스, 『에우메니데스』 440-441, 473-474(아테나), 91-92, 151, 232, 576-578;『제주를 바치는 여인들』 1034-1036(아폴론); 에우리피데스, 『이온』 1285(아

(3) 부정한 자: 정화의 신

그리스에서 살인 등의 불경한 범죄를 저지른 자들은 정화를 통해 자신의 죄를 씻어내야 했다. 제우스는 정화와 관련된 신으로 간주되었다. 이 신성은 탄원자의 신으로서의 제우스 신성과 자연스럽게 연관된 것이라 할 수 있다.[344] 정화의 신으로서의 제우스의 위상은 고전기 아테네의 비극시인 아이스킬로스에게서 처음 확인된다. 아이스킬로스 저술의 한 단편에서 제우스는 돼지피를 뿌려 정화하는 존재로 묘사된다. 또한 아이스킬로스의 『에우메니데스』 717-718에는 제우스가 익시온을 정화했음을 암시하는 언급이 나온다. 역시 아테네의 비극시인인 에우리피데스의 『미친 헤라클레스』 922-924에도 정화의 신 제우스에 대한 언급이 나온다.

헤로도토스의 『역사』에서도 정화의 신 제우스에 대한 언급이 나타난다. 『역사』에는 아들을 잃고 슬퍼하는 크로이소스의 이야기가 나온다. 크로이소스는 살인자 아드레스토스의 탄원을 받아들여 그를 정화시키고 집에 머물게 한다. 그런데 아드레스토스가 실수로 크로이소스의 아들을 죽이고 말았다. 이에 크로이소스는 '제우스 카타르시오스'(Ζεὺς καθάρσιος)의 이름을 부르며 비통해한다. 그가 '제우스 카타르시오스'의 이름을 부른 것은 제우스를 빈객 아드레스토스에게 당한 일의 증인으로 세우기 위해서였다고 한다.[345] 이를 통해 그는 과거에 자신이 아드레스토스를 정화시키고 빈객으로 맞이한 사실을 제우스의 이름으로 확인하려 했을 것이다. 여기서 그가 제우스를 특별히 '제우스 카타르시오스'라고 부른 것은 제우스를 정화에 관계된 신으로 여겼기 때문이다. '카타르시오스'라는 수식어는 헤로도토스에게서 처음 확인되는데, 그 말은 '정화의, 정화를 위한'의 뜻을 지닌다.

폴론); 『안드로마케』 115(테티스).

344) R. Parker, *Miasma*, Oxford, 1983, p. 139.

345) 헤로도토스, 『역사』 1.35-44.

그렇다면 정화의 신으로서의 제우스의 위상은 고전기의 작품들에서 처음 확인된다. 제우스의 그러한 신성은 헬레니즘 시대의 자료에서도 반복되는데, 아폴로니오스와 아폴로도로스의 저술에서도 제우스는 정화를 담당하는 신으로 묘사된다. 아폴로니오스는 제우스에 대해 '카타르시오스'라는 수식어를 사용하기도 한다.

그런데 정화와 관련된 신은 제우스만이 아니었다. 그는 탄원의 경우와 마찬가지로 정화행위 일반과 관련된 신이고 스스로 정화를 주관하기도 했지만, 그가 정화를 독점한 것은 아니었던 것이다. 정화는 제우스 이외의 다른 신들이나 인간도 집행할 수 있었던 것이다. 신들 중에서는 아폴론이 정화를 담당하는 신으로 나타난다. 아폴론은 오레스테스의 살인행위를 정화하기도 하고 집을 정화하기도 하는 존재로 묘사되는 것이다.[346]

(4) 도망자: 도망(도망자)의 신

제우스는 도망(혹은 추방)의 신이기도 했다. '도망'을 뜻하는 그리스어 '피게'(φυγή)는 자발적인 도망뿐만 아니라 타의적인 추방도 포함하는 말이므로 도망(도망자)의 신 제우스는 추방(추방자)의 신이기도 하다. 도망의 신으로서의 제우스의 위상은 헬레니즘 시대에 와서 처음으로 확인된다.

아폴로니오스에 의하면 오르코메노스의 미니아스(Minyas) 가문의, 아타마스의 아들 프릭소스(Phrixos)가 콜키스에 도달하여 도망의 신 제우스에게 황금털의 양을 제물로 바치고 제단을 세웠다고 한다.[347] 그런데 프릭소스는 계모의 간계에 의해 제물로 바쳐질 위기에서 도망쳐 나온 자로 묘사된다.[348] 나중에 프릭소스의 아들들이 아버지의 재산을 찾으러 오르코메노스에 간 것을 보면[349] 그들의 아버지 프릭소스가 그곳에서 쫓겨난 것임

---

346) 아이스킬로스, 『에우메니데스』 63, 578.

347) 아폴로니오스, 『아르고나우티카』 2.1140-1147, 4.118-121.

348) 아폴로니오스, 『아르고나우티카』 3.190-191. 1.291 참조.

을 알 수 있다. 그러므로 도망자 프릭소스가 도망의 신 제우스에게 제물을 바쳤다는 것은 그의 도망을 무사히 이끌어준 제우스에 대한 감사의 표시라 할 수 있다. 여기서 제우스는 도망자의 보호자로 묘사되는 것이다.

아폴로도로스도 아폴로니오스와 마찬가지로 프릭소스 일화를 서술하며 도망의 신 제우스를 언급한다. 그가 전하는 프릭소스 일화는 아폴로니오스의 서술보다 좀 더 상세하다. 보이오티아의 지배자 아타마스는 아내 네펠레와의 사이에 프릭소스라는 아들을 두었다. 그러나 아타마스는 이노와 재혼했고, 이노는 농간을 부려 프릭소스를 제우스에 대한 제물이 되게 했다. 그러나 네펠레에 의해 구조된 프릭소스가 황금털의 양을 타고 하늘을 날아 콜키스에 도착한 후 도망의 신 제우스에게 황금털의 양을 제물로 바치고 황금털은 콜키스의 왕 아이에테스에게 주었다고 한다.[350] 여기서도 역시 무사히 도망에 성공한 프릭소스가 도망의 신에게 감사의 제물을 바치는 것으로 나온다. 아폴로도로스는 도망의 신 제우스를 또 한 번 거론하는데, 제우스의 홍수 속에서 물위를 전전하다 파르나소스에 도착한 데우칼리온이 비가 그친 뒤 도망의 신 제우스에게 제사를 지냈다고 한다.[351] 데우칼리온이 제우스에게 제사를 지낸 것은 홍수라는 재앙을 피해 돌아다니다 무사히 안착한 것에 대한 감사의 표시라 할 수 있다. 여기서도 제우스는 도망자를 보호하는 신으로 묘사된다.

도망의 신 제우스를 부르는 수식어인 '픽시오스'(φύξιος)도 헬레니즘 시대에 처음 나타난다. '픽시오스'는 '도망의, 추방의'라는 뜻으로 '제우스 픽시오스'는 '도망(도망자)의 신' 제우스를 의미한다. 헬레니즘 시대의 리코프론, 아폴로니오스, 아폴로도로스가 이 수식어를 사용하곤 했다.

---

349) 아폴로니오스, 『아르고나우티카』 2.1092-1096, 2.1150-1153.

350) 아폴로도로스, 『비블리오테케』 1.9.1.

351) 아폴로도로스, 『비블리오테케』 1.7.2.

이상에서 사회적 약자들의 수호신인 제우스의 신성을 살펴보았는데, 그러한 신성은 호메로스 때부터 확립되어 이후에도 계속 받아들여졌다. 그중에서도 특히 외국인을 배려하는 외국인과 빈객의 신 및 탄원자의 신으로서의 위상은 호메로스 때부터 확인되고, 부정한 자에 대한 정화의 신의 위상은 고전기 때, 그리고 도망의 신으로서의 신성은 헬레니즘 시대에 처음 확인된다.

5) 신탁과 조언의 신

신탁은 그리스인들의 생활에 중요한 요소였다. 그리스인들은 국가 공무와 사회적 현안뿐만 아니라 개인적인 사생활에 대해서도 신탁을 문의했다. 예컨대 그들은 결혼, 사업계약 혹은 물품 구입을 결정하는 데에도 사전에 신탁을 물어 처리하곤 했던 것이다.[352] 그리스의 대표적인 신탁의 신은 제우스와 아폴론이었고, 제우스의 도도나 신탁소와 아폴론의 델포이 신탁소는 신탁의 중심지였다. 그런데 그리스에서 신탁의 신의 위상을 먼저 확립한 것은 제우스였다.

(1) 신탁의 신

신탁의 신으로서의 제우스의 위상은 호메로스 때부터 확인된다. 호메로스에 의하면 제우스는 미래를 예견하고 인간들에게 계시를 내리는 존재로 묘사된다. 그리스인들이 아울리스에서 트로이 원정에 나설 때 신들에게 제사를 지낸 적이 있다. 그때 제우스로부터 중대한 전조(前兆)가 내려졌다고 한다. 즉 제우스가 보낸 무시무시한 왕뱀 한 마리가 제단 밑에서 기어나와 플라타노스나무 위로 올라가더니 둥지 속의 참새 새끼 8마리와 어미를 삼켜버렸다. 그리고 참새들을 모두 삼킨 뱀은 더 이상 보이지 않게 되

---

352) 아리스토파네스, 『새』 717-718.

었는데, 제우스가 그 뱀을 돌로 변하게 한 것이었다. 이것을 본 그리스인들이 크게 놀라 어안이 벙벙했을 때 예언자 칼카스(Kalchas)가 말하기를, 이는 '메티에타'(μητίετα, 조언자) 제우스가 내린 징조라고 했다. 그것은 그리스인들이 9년간 트로이와 전쟁을 하고 10년째에 트로이를 함락시킨다는 뜻이었다고 한다.[353] 여기서 제우스는 징후를 통해 인간에게 미래의 일을 계시하는 존재로 묘사된다. 또 제우스는 그리스인과 트로이인의 전쟁이 미래에 어떻게 전개될지를 직접 예언하기도 한다.[354]

예언자 제우스의 모습은 그의 신탁행위를 통해 더욱 분명하게 나타난다. 오디세우스는 자신이 고향 이타카로 다시 귀환할 수 있을지를 알기 위해 도도나를 찾아가 제우스에게 신탁을 문의한다.[355] 또 『오디세이아』의 암피노모스(Amphinomos)는 텔레마코스를 죽일지에 대해 신의 뜻을 묻자고 하면서 만일 제우스의 신탁이 그를 죽이라고 하면 그리 하겠다고 말한다.[356] 이처럼 호메로스에게서는 신탁의 신 제우스의 위상이 분명하게 확인된다.

호메로스 서사시에 나오는 제우스의 대표적 신탁소는 단연 도도나였다. 제우스의 신탁과 연관되어 가장 빈번하게 언급되는 신탁소는 도도나이고, 제우스는 도도나의 지배자로 묘사되기도 한다.

신탁의 신을 가리키는 제우스의 호칭과 수식어로는 '파놈파이오스'(πανομφαῖος)와 '도도나이오스'(Δωδωναῖος)가 사용되곤 했다.[357] 이 두 호칭은 호메로스 때부터 제우스의 호칭으로 사용되었다. '파놈파이오스'는 '모두'를 뜻하는 '판'(πᾶν)과 '목소리, 신탁'을 뜻하는 옴페(ὀμφή)의 합성어

---

353) 호메로스, 『일리아스』 2.303-329.

354) 호메로스, 『일리아스』 15.63-71.

355) 호메로스, 『오디세이아』 14.327-330, 19.296-299.

356) 『오디세이아』 16.403-404.

357) 이 책의 648, 652쪽 참조.

로 '모든 신탁을 내리는 자'를 의미한다. '판옴파이오스'가 제우스에게만 적용되는 호칭은 아니지만, 그것이 호메로스 때부터 제우스의 호칭으로 불렸다는 것은 제우스가 이미 상고기에 신탁의 신으로 간주되었음을 말해준다. 또한 지명 수식어인 '도도나이오스'도 신탁의 신 제우스와 관련된 수식어였다. 이는 제우스가 도도나와 관련된 존재임을 일컫는다. 그런데 도도나는 제우스의 대표적인 신탁소이므로 이 수식어는 신탁의 신 제우스의 신성을 말해주는 것이라 하겠다.

호메로스 이후에도 제우스는 신탁의 신으로 숭배되었고 도도나는 그의 주된 신탁소로 간주되었다.[358] 호메로스 이후의 자료에 나오는 새로운 언급은 그리스 신탁, 특히 아폴론 신탁의 유래를 제우스에게서 찾는다는 점이다.

호메로스 찬가, 3.131-132에는 아폴론의 대표적인 신성이 요약되어 있는데, 아폴론은 키타라와 활을 애호하고 제우스의 조언을 인간들에게 말해주는 신으로 나온다. 여기서 제우스의 조언을 인간에게 말해준다는 것은 신탁을 통한 아폴론의 예언을 가리킨다. 또 호메로스 찬가4에 의하면 아폴론은 스스로 예지를 발휘하여 인간에게 예언하는 것이 아니고, 제우스의 예지를 파악하여 그것을 전해주는 것이라고 한다. 즉 예언은 제우스의 마음만 인지하는 것인데 신들 중에서 아폴론만 제우스의 의도를 알 수 있다고 한다. 또 아폴론이 제우스에게서 예언을 부여받았다고 한다.[359] 아이스킬로스의 한 단편 역시 제우스가 아폴론에게 신탁 업무를 맡겼다고 언급한다.[360] 그렇다면 아폴론은 제우스에게서 신탁능력을 전래받은 것이며, 아폴론의 신탁은 스스로의 예견에 입각하지 않고 제우스의 예언과 조언을 전달하는 중개자의 역할에 해당한다. 이는 초기 신탁의 신이 제우스

---

358) 이 책의 623~24쪽 참조.

359) 호메로스 찬가, 4.533-538, 4.471-472.

360) 아이스킬로스, Fragments, fr.42.

이고 아폴론은 제우스의 권능에 의거하여 신탁의 신으로 성장한 것임을 말해준다.

헤로도토스도 제우스의 도도나 신탁소를 그리스 최초의 신탁소라고 말한다. 또한 그는 도도나 신탁소가 이집트에서 유래한 것이라는 이집트인들의 주장을 수용한다. 여기서 도도나는 이집트의 테바이 신탁소의 신탁술이 그리스에 처음 들어온 곳으로 묘사되는 것이다. 플라톤 역시 도도나 제우스 성소의 오크나무의 말이 최초의 예언이었다고 말한다.[361] 이처럼 도도나가 그리스 최초의 신탁소로 여겨졌다면 도도나의 제우스는 초기 그리스의 대표적인 신탁의 신으로 간주되었음이 분명하다.

(2) 꿈의 신

제우스의 예언과 계시는 신탁소를 통해서만 아니고 꿈을 통해서도 나타난다. 그래서 제우스는 꿈의 신이기도 했다. 꿈을 통해 자신의 뜻을 전하는 제우스의 모습은 호메로스 때부터 나타난다. 『일리아스』 2.4-34에서 제우스는 아킬레우스의 명예를 살려주기 위해 아가멤논에게 꿈(Oneiros)을 보내 그리스 군대의 패배를 유도한다. 즉 그가 꿈을 불러 자신의 말을 아가멤논에게 전하라고 지시하자 꿈은 자고 있는 아가멤논의 머리맡에서 제우스의 말을 전하는 것이다. 이때 꿈은 자신이 '제우스의 사자'(Διὸς ἄγγελός)라고 말한다. 호메로스는 다른 대목에서도 '꿈은 제우스에게서 오는 것'(τ᾽ ὄναρ ἐκ Διός ἐστιν)이라고 밝힌다.[362]

호메로스 이후에도 꿈의 신으로서의 제우스의 신성이 확인된다. 크세노폰은 자신이 꾸었던 꿈이 제우스에게서 온 것이라고 여겼으며, 플라톤도 제우스가 아가멤논에게 내린 꿈을 언급한 바 있다.[363] 이처럼 제우스는 호

---

361) 헤로도토스, 『역사』 2.52, 2.54-57; 플라톤, 『파이드로스』 275B.

362) 『일리아스』 1.63.

363) 이 책의 624쪽 참조.

메로스 때부터 줄곧 꿈의 신으로 여겨졌다고 할 수 있다.

(3) 조언의 신

신탁의 신 제우스의 예지(叡智)와 통찰력은 그를 조언의 신으로 만든다. 조언의 신 제우스의 신성이 제우스의 지혜에서 유래했다는 것은 그의 호칭과 수식어들에서도 확인된다. 조언의 신 제우스를 부르는 호칭과 수식어는 다양했다. 제우스의 호칭이나 수식어들 가운데 '메티에타'(μητίετα), '메스토르'(μήστωρ), '메티오에이스'(μητιόεις)는 모두 조언의 신성을 가리키는 것들이다. '메티에타'는 '조언자, 전지자(全知者)'를 뜻하는 말이고, '메스토르'는 '조언자', '메티오에이스'는 '전지적(全知的)인, 지혜롭게 조언하는'이라는 의미를 지닌다. 이것들은 모두 '지혜, 계책, 조언'을 뜻하는 '메티스'(μῆτις)와 관련된 말들이다. 이는 조언자 제우스에 대한 관념이 지혜로운 제우스의 이미지와 연관된 것임을 알 수 있다. 제우스는 그의 지혜 덕분에 조언자로 인식되었던 것이다.

조언의 신으로서의 제우스의 신성은 호메로스 때부터 확인된다. 호메로스는 제우스에 대한 기도를 드리거나 신의(神意)를 묻는 대목에서 제우스를 조언의 신으로서 표현하곤 한다. 이는 현안에 대한 협의와 조언을 제우스에게서 끌어내려는 인식을 반영한 것이다. 그래서 여신 테티스는 제우스에게 아들 아킬레우스의 명예를 지켜달라고 기도하면서 제우스를 '조언자'라 부르고, 예언자 칼카스는 그리스인의 제사에 응답하는 제우스를 '조언자'라고 칭한다. 또 네스토르와 아킬레우스, 오디세우스의 기도에 응답하는 제우스도 '조언자'이고, 헥토르와 프리아모스에게 신의 징조를 보내는 제우스도 '조언자'로 묘사된다. 제우스는 '히파토스 메스토르'(ὕπατος μήστωρ), 즉 '최고의 조언자'로 불리기도 한다.[364] 조언의 신 제우스에 대

---

364) 호메로스, 『일리아스』 1.508-509, 2.324, 8.170-176, 15.377-378, 16.249-250, 24.314-316; 『오디세이아』 20.102-104; 『일리아스』 8.22(ὕπατος μήστωρ).

한 호칭 가운데 호메로스가 사용한 것은 '메티에타'와 '메스토르', '히파토스 메스토르'이다.

호메로스 이후에도 조언의 신으로서의 제우스의 신성은 계속 유지된다. 헤라클레스에게 천둥으로 징조를 보이는 제우스는 '조언자'로 표현되고,[365] 호메로스가 사용한 호칭이나 수식어들도 함께 사용된다. 또한 호메로스가 사용하지 않았던 수식어가 추가되기도 한다. 헤시오도스는 제우스에 대해 '메티오에이스'라는 수식어를 처음 사용했던 것이다. 그러나 이들 호칭과 수식어는 고전기 이후에는 거의 용례를 찾기 힘들다. 대신 헬레니즘 시대의 디오도로스는 '훌륭한 조언자'라는 의미의 '에우불레우스'(εὐβουλεύς)라는 호칭을 사용한다.[366]

7. 호칭과 수식어

그리스인들은 신(神)들을 다양한 호칭과 수식어로 부르곤 했다. '호칭'이란 사람이나 사물을 부르는 이름을 총칭하는 것이고, 그것은 본명과 별명을 모두 포함한다. '본명'은 어떤 대상을 대표하는 본래의 이름을 말하고, '별명'은 그 대상의 외모나 성격 등의 특징을 바탕으로 본명 대신에 불리는 별도의 호칭을 가리킨다. 그리스의 신들이 다양한 호칭으로 불렸다는 것은 그들이 본명 외에도 다양한 별명들을 지녔음을 뜻한다.

고대 그리스에서는 본명과 별명이 구별되어 사용되었다. '본명'에 해당하는 그리스 말은 '오노마'(ὄνομα)이고 '별명'에 해당하는 말은 '에포니미아'(ἐπωνυμία)와 '에피클레시스'(ἐπίκλησις)이다. 예컨대 헤로도토스는 '오노마'와 '에포니미아'를 구분해 사용하면서 신들의 본명과 별명을 구별한다.

---

365) 헤시오도스, 『방패』 383-385.

366) 디오도로스, 5.72.2.

여기서 '오노마'는 '이름, 명칭'을 의미하고 '에포니미아'는 '명칭, 별명'을 뜻한다. 헤로도토스는 '에포니미아'를 '오노마'처럼 '이름, 명칭'의 의미로도 사용하지만 2.52에서는 '오노마'와 '에포니미아'를 구분한다. 이 경우 '에포니미아'는 정식 이름이 아닌 '별명'의 의미로 사용된다. 아이스키네스의 연설문에서도 '에포니미아'는 '별명'의 의미로 사용된다. 그에 따르면 데모스테네스가 마케도니아의 알렉산드로스를 마르기테스(Margites)라는 '에포니미아'로 불렀다고 한다.[367] 여기서 마르기테스는 알렉산드로스의 본명이 아닌 별도의 이름이니 '별명'에 해당한다. 한편 '에피클레시스'(ἐπίκλησις)도 '별명'을 의미하는 그리스 말이다. '에피클레시스'는 '이름'의 뜻을 지니기도 하지만 대개는 본명 이외의 '별명'의 뜻으로 사용되었다. 호메로스도 '에피클레시스'를 '별명'의 뜻으로 사용한 바 있다. 『일리아스』에 의하면 트로이의 헥토르에게는 스카만드리오스(Skamandrios)라는 어린 아들이 있었다고 한다. 그런데 트로이인들은 그 아들을 '아스티아낙스'(Ἀστυάναξ)라는 에피클레스시스로 부르곤 했는데, 이는 그의 아버지 헥토르가 트로이 성문과 성벽을 수호한 자이기 때문이라 한다. 여기서 '아스티아낙스'는 스카만드리오스의 다른 이름으로 불린 것이므로 '에피클레스시스'는 별명의 의미로 사용되었음을 알 수 있다. 호메로스는 또한 그 별명이 붙여진 이유도 설명하고 있다. 즉 헥토르가 트로이를 수호한 자이기 때문에 그의 아들 스카만드리오스에게 '아스티아낙스'라는 별명을 붙여주었다고 한다.[368] '아스티아낙스'는 '도시'를 뜻하는 '아스티'(ἄστυ)와 '지배자'를 뜻하는 '아낙스'(ἄναξ)의 합성어로 '도시의 지배자'라는 의미를 지닌다. 헥토르가 트로이 시(市)를 수호했으니 그에게 '도시의 지배자'라는 별명이 붙여졌던 것이다. 이렇듯 별명은 그것이 가리키는 존재의 구체적인

---

367) 아이스키네스, 3.160. 또한 헤로도토스, 『역사』 2.44; 아이스키네스, 2.99에서도 '에포니미아'는 본명 외의 다른 이름을 가리킨다.

368) 호메로스, 『일리아스』 6.402-403, 22.506-507.

행적이나 모습 등에서 유래한 특별한 호칭이라 할 수 있다.

신들의 별명은 형태상 명사나 명사형 혹은 형용사 등으로 표현되었다. 예컨대 제우스는 그가 거주하는 성산(聖山) '올림포스'의 이름에서 유래한 '올림피오스'라는 별명을 지녔는데, '올림피오스'는 '올림포스의'라는 의미의 형용사인 것이다. '올림피오스'는 제우스를 한정하는 형용사로 사용되기도 하고, '제우스'라는 말을 수반하지 않은 채 단독으로 쓰여 제우스를 나타내기도 했다. 즉 '올림피오스'라는 형용사가 제우스를 가리키는 별명으로 사용되기도 했던 것이다.

한편 그리스의 신들에게는 관용적인 수식어로 사용되는 형용사들이 많았다. 예를 들어 제우스에게는 '엄청 강력한, 막강한'라는 의미의 '히페르메네스'(ὑπερμενής)가 수식어로 자주 사용되었는데, '히페르메네스'라는 형용사는 항상 제우스와 함께 쓰였다. 그 말이 '제우스' 없이 단독으로 쓰이지 않았기 때문에 '히페르메네스'를 제우스의 별칭으로 분류하기는 어렵다. 따라서 이 책에서는 신들을 표현하는 형용사적 용어의 경우 그것이 단독으로 쓰이면 호칭으로 분류하고 단독으로 쓰이지 않으면 관용적 수식어로 분류하기로 한다.

이 책에서는 호칭과 수식어들을 그 의미와 유래에 따라 구분하되, 먼저 호칭인 본명과 별명을 서술하고 그다음에 수식어를 설명한다. 서술상의 논리전개상 수식어를 먼저 설명할 수도 있지만 원칙적으로는 먼저 호칭(본명, 별명)을 다루고 그다음에 수식어를 다루기로 한다. 이 책에 첨부된 '신화 요소별 출처 목록'도 이 순서에 따라 정리되어 있다.

그리스 신들의 본명이 어디서 유래했는지는 불분명하다. 그리스 신들의 이름을 이집트의 신들과 연관지어 설명한 것은 헤로도토스와 디오도로스이다. 헤로도토스에 의하면 포세이돈, 헤라, 헤스티아 등을 제외한 그리스 신들의 '이름'(ὄνομα)은 이집트에서 유래했고 포세이돈의 이름은 리비아에서 유래했다고 한다. 그리스인들의 선주민인 펠라스기아인들은 처음에 신들의 개별적인 이름이나 별명을 부르지 않고 그들을 한꺼번에 '테오이'(θεοί)라고 불렀는데, 나중에 이집트와 리비아에서 각 신들의 이름을 들여와 불렀다는 것이다. 그리고 이 펠라스기아인들이 부르는 신들의 이름을 그리스인들이 받아들였다고 한다.[369] 하지만 신들의 이름에 관한 헤로도토스의 서술은 논란의 여지가 많다. 우선 펠라스기아인들이 받아들였다는 신들의 '이름'이 무엇을 의미하는지가 불분명하며,[370] 또 그리스 신들의 이름과 이집트 신들의 이름이 어원학적으로 일치하지 않기 때문이다. 예컨대 헤로도토스는 그리스의 제우스를 이집트의 아몬과 동일시하고, 그리스의 디오니소스를 이집트의 오시리스와 동일시한다. 그런데 '제우스'와 '아몬'은 어원학적으로 공통점이 없고, '디오니소스'와 '오시리스'도 마찬가지이다. 그러므로 그리스 신들의 '이름'이 이집트나 리비아에서 유래했다고 보는 헤로도토스의 설명은 그다지 설득력이 없다.

한편 디오도로스는 이집트인들의 태초에 관한 이야기를 소개하면서 그리스 신들의 이름을 거론한다. 디오도로스에 의하면 태초에 이집트 신 오시리스와 이시스가 만물의 생성에 필요한 다섯 가지 요소, 즉 정신(精神, τὸ πνεῦμα), 불(τὸ πῦρ), 건성(乾性, τὸ ξηρόν), 습성(濕性, τὸ ὑγρὸν), 기성(氣性, τὸ ἀερῶδες)을 부여했다고 한다. 이집트인들은 이들 요소들을 신들로 여기고 그것들의 본성에 맞는 이름을 각각 붙여주었다고 한다. 그런데 그들이 정신에 대해 붙인 이름을 그리스 말로 번역하면 제우스이고, 불은 헤파이스토스, 건성은 데메테르, 습성은 오케아노스, 기성은 아테나였다는 것이다.[371] 여기서 디오도로스는 제우스의 이름이 이집트에서 유래했다고 명

---

369) 『역사』 2.50-52.

370) 헤로도토스가 말하는 신들의 '이름'이 단순한 이름을 가리키는 것인지 아니면 그 신에 대한 관념을 포함하는 것인지에 대한 논의는 I. M. Linforth, "Greek Gods and Foreign Gods in Herodotus", *Univ. of California Pub. in Class. Phil.*, 9, 1926, pp. 1~25; "Greek and Egyptian Gods(Herodotus II.50 and 52)", *Classical Philology* 35.3, 1940, pp. 300~01; R. Lattimore, "Herodotus and the Names of Egyptian Gods", *Classical Philology* 34.4, 1939, pp. 357~65 참조.

시하지는 않지만 그것이 이집트의 신화와 연관된 이름임을 밝히고 있다. 그런데 이집트 신이 제우스로 번역된 이유는 이집트 신의 이름과 제우스의 이름이 언어학적으로 유사하기 때문이 아니라 그들의 신성이 서로 유사하기 때문인 것 같다. 디오도로스도 이집트의 정신(精神)의 신과 그리스의 제우스가 모두 아버지로 불린다고 했다. 이는 이집트의 신과 신성이 유사한 그리스 신의 이름을 들어 서로를 동일시한 것으로 볼 수 있다. 그러므로 디오도로스에게서도 제우스의 이름의 의미는 설명되지 않는다.

또 플라톤도 제우스의 이름의 의미를 언급한다. 플라톤의 『크라틸로스』 396A-B에서 작중의 소크라테스는 사물의 이름 속에 그 사물의 본질이 표현되어 있다는 주장을 개진하면서 제우스의 이름을 예로 들고 있다. 즉 '그를 통해'(δι' ὅν) 모든 생물이 '생명'(ζῆν)을 부여받기 때문에 제우스라는 이름이 명명되었다고 한다. 또 바로 이 때문에 제우스는 '제나'(Ζῆνα)라고도 불리고 '디아'(Δία)라고도 불린다고 한다. '제나'와 '디아'는 모두 제우스의 대격(對格) 표현이다. 플라톤의 설명은 제우스가 이 두 가지의 대격 표현으로 불리는 이유를 말해준다. 그러나 그의 설명은 단어의 외형적 유사성에 의거한 가설일 뿐이다.

제우스의 이름에 관한 고대 저자들의 이런 설명과는 달리 제우스의 이름은 어원학적으로 인도유럽어적인 기원을 갖는 것으로 주장된다. 그 이름은 그리스 본토의 토착적 명칭이라기보다 인도유럽어족인 그리스인이 발칸 반도에 진입할 때 들여온 것으로 추정된다. 그 이름이 인도유럽어족 계통 지역들에게 공통적으로 나타나는 천신(天神)의 이름과 유사하기 때문이다. 고대 인도의 천신 Dyaus pita, 로마의 Diespiter/Juppiter, 게르만의 Tues-day는 제우스와 이름이 유사한 천신이라는 것이다.[372]

---

371) 디오도로스, 1.11.5-1.12.8.

372) J. Chadwick, *The Mycenaean World*, p. 86; W. Burkert(J. Raffan 영역), *Greek Religion*, Oxford, 1985, pp. 125~26.

제우스의 이름이 처음 등장한 것은 기원전 15세기경 미케네 문명 시대의 선상문자B 점토판들에서이다. 그 점토판들에는 제우스, 포세이돈, 아테나, 디오니소스 등의 이름이 나오는데, 제우스는 '디웨'(Diwe) 혹은 '디오'(Diwo), 포세이돈은 '포세다오'(Posedao) 혹은 '포세다오네'(Posedaone), 아테나는 '아타나포트니아'(Atanapotnia), 디오니소스는 '디오누소'(Diwonuso)라고 표현되어 있다.[373] 물론 그 점토판들의 내용이 단편적이므로 이들 이름이 나타내는 신들의 정체를 명확하게 파악하기는 힘들다. 하지만 당시 점토판들에 후대의 신들과 유사한 이름이 자주 등장하는 것을 보면 일부 그리스 신들에 대한 신앙이 미케네 문명 시대에도 존재했던 것으로 추정된다. 하지만 이들 점토판에 등장한 신들의 이름이 그리스 문자로 처음 표현된 것은 호메로스와 헤시오도스 때였다. 헤로도토스는 호메로스와 헤시오도스가 그리스 신들의 계보를 만들고 신들의 형상을 표현하고 또 신들에게 '에포니미아'를 부여했다고 말한다.[374] 그리스 신들의 이름과 별명에 대한 서술 역시 호메로스와 헤시오도스로부터 시작되었던 것이다. 제우스의 경우도 예외는 아니었다. 그리스 문헌에서 '제우스'(Ζεύς)라는 이름이 처음 확인된 것은 호메로스에게서였다.

제우스는 그리스의 주신(主神)답게 수많은 호칭과 수식어를 지닌다. 제우스의 호칭과 수식어를 많이 언급한 대표적인 자료로는 호메로스와 헤시오도스의 서사시, 핀다로스의 송가, 리코프론의 『알렉산드라』, 그리고 헬레니즘 시대 이후의 자료인 아리스토텔레스 위서(僞書) 『우주론』을 들 수 있다. 우선, 호메로스는 제우스에 대한 호칭과 수식어를 가장 많이 언급한다. 그는 제우스의 다양한 신성, 형상, 연고지와 연관된 호칭과 수식어를 25개 이상 제시한다. 호메로스가 언급한 호칭과 수식어들은 초기적인 선례가 되어 후대 자료에서도 반복되어 사용된다. 그 대표적인 사례로는 '파

373) J. Chadwick, *The Mycenaean World*, pp. 88~100; W. Burkert, *Greek Religion*, pp. 43~44.
374) 헤로도토스, 『역사』 2.53.

테르' '아낙스' '헤르케이오스' '에우리오파' '크세이니오스' '아이기오코스' '크로니온' '크로니데스' '올림피오스' 등이 있다. 헤시오도스 역시 제우스의 호칭과 수식어를 자주 언급한다. 헤시오도스의 서사시에는 호메로스가 사용한 선례들도 자주 등장하지만 처음 확인되는 호칭과 수식어들도 나타난다. '바실레우스' '힙시메돈' '바릭티포스' '메티오에이스'가 그런 사례이다.

한편 핀다로스 송가에서도 제우스의 호칭과 수식어가 자주 언급된다. 그의 송가에서 제우스 제전(올림피아 제전, 네메아 제전)의 우승자들이 차지하는 비중이 가장 높기 때문에 제우스에 대한 언급이 많을 수밖에 없었던 것이다. 그의 송가들에서 처음 나타나는 호칭과 수식어는 20여 개에 달한다. '소테르' '엘레우테리오스' '아몬' '힙시스토스' '텔레이오스' '우라니오스' '헬라니오스' '네메이오스' '리카이오스'가 대표적인 사례들이다.

호메로스와 헤시오도스, 핀다로스가 그들의 저술에서 제우스의 호칭과 수식어를 단편적으로 언급한 반면, 리코프론의 『알렉산드라』와 아리스토텔레스 위서 『우주론』은 그것들을 한데 모아 나열한다. 리코프론은 특히 『알렉산드라』 435, 536-537에서 제우스의 호칭과 수식어들을 열거하는데, 그중 '공길라테스' '밀레우스' '아이티옵스' '드림니오스' '프로만테우스' 등이 처음 확인된다. 하지만 리코프론은 이들 호칭과 수식어를 나열만할 뿐이고 달리 부연하지 않기 때문에 그것들의 의미와 내력을 파악하기가 매우 어렵다.

제우스의 호칭과 수식어를 비교적 체계적으로 서술한 것은 아리스토텔레스 위서 『우주론』이다. 그것은 다른 자료들과는 달리 제우스의 호칭과 수식어를 나열하고 그것들의 내력을 아울러 밝힌다. 『우주론』은 시기상 서기 1~2세기의 것으로 추정되지만 당시의 제우스의 호칭 및 수식어들과 그것들의 유래를 체계적으로 설명하므로 유용한 참고 자료라 할 수 있다. 특히 다음의 『우주론』 401 a12-28에는 제우스의 신성과 그로부터 유래한 호칭과 수식어들이 다양하게 소개되어 있다.

그는 단일한 존재이지만, 그가 야기하는 갖가지 일들에 따라 이름이 붙여져서 다양한 이름으로 불린다. 우리는 그를 제나(Ζῆνα)와 디아(Δία)라고 부르는데, 이 이름들은 서로 비슷한 말로 사용된다.[375] …… 그는 크로노스(Κρόνος)의 아들, 시간(Χρόνος)의 아들이라고 불린다. 그는 영속(永續)의 시대에서 또 다른 시대로 이어지는 삶을 살기 때문이다. 그런데 그는 아스트라파이오스(ἀστραπαῖος), 브론타이오스(βρονταῖος), 아이트리오스(αἴθριος), 아이테리오스(αἰθέριος), 케라우니오스(κεραύνιος), 그리고 히에티오스(ὑέτιος)라고 불리는데, 이는 비와 천둥번개 및 여타 다른 현상들에서 유래한 것들이다. 또한 그는 수확물로 인해 에피카르피오스(ἐπικάρπιος)라고 불리고, 국가들로 인해 폴리에우스(πολιεύς)라고 불린다. 그는 게네틀리오스(γενέθλιος), 헤르케이오스(ἐρκεῖος), 호모그니오스(ὁμόγνιος), 파트로이오스(πατρῷος)라고도 불리는데, 이들 명칭은 그것들과의 관련성 때문이다. 그는 또 헤타이레이오스(ἑταιρεῖος), 필리오스(φίλιος), 크세니오스(ξείνιος), 스트라티오스(στράτιος), 트로파이우코스(τροπαιοῦχος), 카타르시오스(καθάρσιος), 팔람나이오스(παλαμναῖος), 히케시오스(ἱκέσιος), 메일리키오스(μειλίχιός), 그리고 시인들이 언급하듯 원래적인 의미대로 소테르(σωτήρ)와 엘레우테리오스(ἐλευθέριος)라고 불린다. 이 모두를 함께 언급하자면 그는 우라니오스(οὐράνιος)와 크토니오스(χθόνιος)라고 불리는데, 이 이름은 모든 자연현상(φύσις)과 행위(τύχη)에서 유래한 것이다. 그는 만물의 원인이기 때문이다.

여기서 『우주론』의 저자는 제우스가 야기한 갖가지 일 혹은 현상을 열거하는데, 그 범위는 천둥, 번개, 대기, 수확과실, 국가 등에 이른다. 이는 제우스의 여러 신성을 가리킨다. 저자는 제우스의 여러 신성과 호칭들을 연관시키는데, 이들 호칭이 제우스의 신성에서 유래한 것임을 밝힌다. 이

---

375) 제나와 디아는 모두 제우스의 대격(對格)인데, 의미 구분 없이 서로 맞바꾸어 사용되곤 한다.

들 호칭 중에는 헬레니즘 시대까지의 자료에서 확인된 것들도 있고 그렇지 않은 것들도 있다. 『우주론』에서 처음 확인되는 것으로는 '아스트라파이오스'(ἀστραπαῖος, '번개의, 번개를 수반한'), '브론타이오스'(βρονταῖος, '천둥의'), '케라우니오스'(κεραύνιος, '천둥번개의'), '히에티오스'(ὑέτιος, '비의, 비를 내리게 하는'), '에피카르피오스'(ἐπικάρπιος, '결실을 맺게 하는'), '팔람나이오스'(παλαμναῖος, '보복자'), '폴리에우스'(πολιεύς, '국가(도시)를 수호하는')가 있다. 하지만 이 책에서는 헬레니즘 시대까지의 다른 자료에서 확인되지 않는 호칭과 수식어에 대해서는 일단 논의에서 제외하기로 한다.

제우스의 호칭과 수식어는 다양한 의미와 유래를 지니고 있다. 또 시기별로 다른 호칭과 수식어가 사용되기도 했다. 그래서 이 책에서는 제우스의 호칭과 수식어를 그 의미와 유래에 따라 (1)신성 호칭과 수식어, (2)성격 및 행적 호칭과 수식어, (3)형상 호칭과 수식어, (4)인명 및 지명 호칭과 수식어, (5)기타 호칭과 수식어로 분류하여 논의하기로 한다. (5)기타 호칭과 수식어에는 그 의미가 불분명하거나, 의미가 분명하더라도 분류가 애매한 사례가 포함된다.

1) 신성 호칭과 수식어

제우스의 호칭과 수식어 가운데 가장 큰 비중을 차지하는 것은 신성 호칭과 수식어인데, 그것은 제우스의 구체적인 신성에서 유래한 호칭과 수식어를 가리킨다. 앞서 이 책에서는 제우스의 신성을 ① 최고신(혹은 주신), ② 천상의 기후신, ③ 정의와 질서의 신, ④ 약자(弱者)들의 수호신, ⑤ 신탁과 조언의 신으로 분류하여 정리한 바 있다. 이 장에서 신성 호칭과 수식어를 설명할 때에도 동일한 분류에 따라 논의하기로 한다. 이상의 신성 분류에 해당하지 않는 사례에 대해서는 ⑥ 기타 신성을 추가하기로 한다.

신성과 관련된 호칭과 수식어들 중에서 상당수는 앞서 제우스의 신성을 서술하는 대목에서 언급한 바 있다. 그러므로 이미 언급된 사례에 대해서는 그 의미와 언급 자료의 시기 등을 간략하게 소개하고 자세한 설명은 생략하기로 한다.

(1) 최고신

최고신 제우스의 신성은 최고 서열의 신, 최고 권력의 신, 인간사와 만물의 주관자로 나눌 수 있는데, 최고신 제우스를 가리키는 호칭과 수식어 역시 그에 따른 분류가 가능하다. 최고 서열의 신 제우스를 가리키는 대표적인 호칭은 '파테르'(πατήρ)이다. '파테르'는 '아버지'를 뜻하는 호칭인데, 가부장적인 권위를 지닌 최고의 존재를 나타내기 때문에 최고신의 위상에 부합되는 호칭이라 할 수 있다. 파테르라는 호칭은 호메로스에게서 처음 확인된다. 호메로스 서사시에서 제우스는 신들의 아버지로 통한다. 제우스는 '파테르 제우스'로 불리거나 그냥 '파테르'라고 불리곤 한다. 신들은 계보상 제우스의 혈육이건 아니건 간에 제우스를 아버지라고 부른다. 이는 제우스가 모든 신들의 아버지로 불릴 만큼 최고의 위상과 권위를 지녔음을 말해준다. 제우스에 대한 아버지 호칭은 호메로스 이후에도 계속 사용된다. 제우스는 헤시오도스와 초기 서정시인들뿐만 아니라 핀다로스와 아테네의 극시인들, 아리스토텔레스, 그리고 헬레니즘 시대의 많은 자료들에서도 아버지로 불리곤 했던 것이다.[376]

일부 자료에는 제우스가 아버지로 불린 이유도 설명되어 있다. 아리스토텔레스는 왕정(王政)을 아버지와 아들의 관계에 비유하면서 아버지의 일은 자식들을 돌보는 것이라고 말한다. 그리고 그 때문에 호메로스가 제우스를 아버지로 칭했다고 부연한다. 아버지의 통치는 곧 왕정을 의미한다는 것이다.[377] 여기서 제우스는 아버지처럼 다른 신과 인간들을 돌보는

---

376) 이 책의 625~27쪽 참조.

377) 아리스토텔레스, 『니코마코스 윤리학』 8.10.4.

자애로운 상위자로서 인식되어 있다. 아리스토텔레스가 정치체제와 연관시켜 제우스의 아버지 호칭을 설명했다면 디오도로스는 보다 일반적인 의미에서 그 호칭의 내력을 설명한다. 디오도로스에 의하면 제우스가 아버지라고 불린 이유는 제우스가 모든 인간에게 호의를 베푸는 존재이고 또한 인류의 최초의 근원으로 간주되기 때문이라고 한다.[378] 제우스의 본원적인 존재로서의 특성을 아버지라는 호칭과 연관지어 설명하는 것이다.

최고 서열의 신 제우스를 가리키는 수식어로는 '히파토스'(ὕπατος)와 '힙시스토스'(ὕψιστος)가 있다. 이 가운데 먼저 등장한 수식어는 '히파토스'이다. '히파토스'는 최고신 제우스의 위상을 가리키는 대표적인 수식어에 해당한다. '히파토스'는 '위의, 위쪽의'를 뜻하는 '히페르'(ὑπέρ)의 최상급인 '히페르타토스'(ὑπέρτατος)와 동의어로 '최고의, 최상의'라는 의미를 지닌다. '히파토스'는 서열이 가장 높은 최고신 제우스를 가리키는 표현인 것이다. 그런데 '히파토스'는 단독으로 쓰이지 않고 제우스에 대한 한정어로 언급되거나 제우스를 표현하는 어구(語句)와 함께 사용되곤 했다. '히파토스 제우스', '신들 중의 최고(히파토스)', '지배자들 중의 최고(히파토스)', '올림피아의 최고(히파토스) 지배자', '최고(히파토스) 조언자' 등의 표현으로 사용되었던 것이다.[379] 제우스의 수식어로서의 '히파토스'는 호메로스에게서 처음 확인된다. 그 용례도 호메로스에게서 가장 많이 등장하고, 호메로스 이후의 용례는 대개 호메로스의 전례를 따른 것이었다. 한편 '히파토스'의 동의어 '히페르타토스'는 핀다로스 송가에서 제우스 수식어로 사용된 바 있다.[380]

'히파토스'가 아테나 여신에게도 한 번 사용된 적이 있다. 데모스테네스의 한 연설문에는 아테네인들에게 내린 델포이 신탁이 소개된다. 그 신

---

378) 디오도로스, 5.72.2.

379) 이 책의 627~28쪽 참조.

380) 핀다로스, 『올림피아 송가』 4.1.

탁은 이르기를, 아테네인들이 신들의 가호를 얻으려면 '히파토스' 제우스와 '히파테'(ὕπατη) 아테나, 소테르 아폴론 등에게 제사를 지내라고 권한다.[381] 여기서 '히파토스'라는 수식어가 아테나 여신에게도 사용되고 있는 것이다. 하지만 그 표현이 '히파토스' 제우스와 함께 사용되었다는 점과 또 '히파테' 아테나의 다른 용례가 확인되지 않은 점으로 보아 '히파테' 아테나는 예외적인 표현이라 할 수 있다.

'힙시스토스'도 최고신 제우스를 가리키는 수식어에 해당한다. '힙시스토스'는 '위에, 높게'를 뜻하는 '힙시'(ὕψι)와 연관된 최상급 표현으로 '히파토스'처럼 '최고의, 최상의'라는 의미를 지닌다. 이 말은 세상에서 가장 높은 제우스의 위상을 가리키는 표현이다. '힙시스토스'는 고전기 핀다로스의 송가에서 처음 확인된다. 그후 헬레니즘 시대에 이르기까지 '힙시스토스'는 주로 제우스의 수식어로 사용되곤 했다.[382] 한편 서기 2세기의 파우사니아스도 '힙시스토스'를 제우스의 '에피클레시스', 즉 별명으로 언급한 바 있다.[383]

다음으로 최고 권력자 제우스를 가리키는 호칭과 수식어로는 '아낙스'와 '바실레우스' 같은 지배자 호칭, '아게토르', '헤게몬' 같은 지도자 호칭, 그리고 '히페르메네스' '에리스테네스' '에우리스테네스' '팡크라테스' 같은 수식어를 들 수 있다.

최고 권력자 제우스를 일컫는 대표적인 호칭은 지배자 호칭이었다. 제우스는 '지배자'를 뜻하는 다양한 호칭으로 불렸다. 즉 '아낙스'(ἄναξ), '크레이온'(κρείων), '메데온'(μεδέων), '바실레우스'(βασιλεύς), '팔미스'(πάλμυς), '데스포테스'(δεσπότης), '키리오스'(κύριος), '티라노스'(τύραννος), '프리타

---

381) 데모스테네스, 43.66.

382) 이 책의 628쪽 참조.

383) 파우사니아스, 2.2.8, 9.8.5.

니스'(πρύτανις)라는 여러 가지 호칭이 그에게 사용되었던 것이다. 이 가운데 호메로스 때에 처음 확인된 호칭은 '아낙스' '크레이온' '메데온'이었다. '아낙스'와 '크레이온'은 '지배자, 군주, 주인'을 뜻하는 말이고, '메데온'은 '지배하다, 통치하다'라는 뜻의 동사 '메데인'(μέδειν)의 분사형 명사로서 역시 '지배자'라는 뜻을 지닌 말이다. 이것들은 제왕적인 권력을 행사하는 제우스에 대한 호칭이었다. 그런데 이 호칭들은 '지배자'를 뜻하는 보통명사였기 때문에 제우스만의 특별한 호칭은 아니었다. 포세이돈이나 아폴론 같은 신들뿐만 아니라 인간 지배자들도 같은 호칭으로 불리곤 했던 것이다.[384] 그래도 '메데온'(혹은 여성형 '메데우사'μεδέουσα)은 대개 특정한 장소나 대상과 연관되어 사용되었기 때문에 같은 호칭이라도 신들 간에 구분이 가능했다.[385] 그에 비해 '아낙스'와 '크레이온'은 호칭 사용에서 신들 간에 특별한 차별성이 부각되지 않는다. 하지만 강조적 표현이나 최상급 표현 등을 통해 최고 권력자인 제우스의 위상이 확인되기도 한다. 예를 들어 '아낙스 중의 아낙스'(ἄναξ ἀνάκτων), '하늘의 아낙스'(ἄναξ

---

384) 포세이돈의 용례는 이 책의 692~93쪽에 나와 있고, 아폴론의 주요 용례는 다음과 같다. 호메로스, 『일리아스』 1.36, 7.23, 9.559-560, 20.103, 21.461; 『오디세이아』 8.323, 8.334, 8.339; 헤시오도스, 『여인명부』 fr.83.1; 『방패』 100; 호메로스 찬가, 3.15, 3.63, 3.90, 3.140, 3.179, 3.257, 3.268, 3.285, 3.301, 3.357, 3.372, 3.382, 3.420, 3.437, 3.440, 3.514, 3.526, 4.215, 4.227, 4.333, 4.500, 4.574(아낙스); 핀다로스, 『피티아 송가』 3.27(바실레우스); 바킬리데스, 『우승송가』 no.3.39, no.13.147-148; 아이스킬로스, 『아가멤논』 509, 513; 『제주를 바치는 여인들』 559, 1057; 『에우메니데스』 85, 198, 574; 『테베를 향한 7인』 801; 소포클레스, 『엘렉트라』 645, 1376; 『오이디푸스 티라노스』 80, 96, 202, 284; 에우리피데스, 『트로이아데스』 42; 『이온』 728; 『포이니사이』 631; 『알케스티스』 220; 『미친 헤라클레스』 820(아낙스). 아폴론의 경우에는 주로 '아낙스'가 지배자 호칭으로 사용되었음을 알 수 있다.

385) 호메로스, 『일리아스』 3.276(이다의 '메데온': 제우스), 16.234(도도나의 '메데온': 제우스); 핀다로스, 『올림피아 송가』 7.87-88(아타비리온 능선의 '메데온': 제우스); 호메로스 찬가, 4.2(킬레네와 아르카디아의 '메데온': 헤르메스); 핀다로스, Fragments, fr.95.1(아르카디아의 '메데온': 판); 아리스토파네스, 『기사』 560(돌고래들의 '메데온': 포세이돈); 아리스토파네스, 『기사』 585(아티카의 '메데우사': 아테나), 763(국가의 '메데우사': 아테나); 에우리피데스, 『히폴리토스』 167(활들의 '메데우사': 아르테미스).

οὐρανοῦ), '에우리아낙스'(εὐρύαναξ, '널리 지배하는 자'), '최고의 크레이온' (ὕπατος κρειόντων), '모두의 메데온'(ὁ πάντων μεδέων) 등의 표현이 특별히 제우스에게 사용되었던 것이다.

'바실레우스'는 '왕, 우두머리, 유력자'를 뜻하는 말이었다. 호메로스 때에도 이미 '바실레우스'라는 말이 사용되었지만 그것이 제우스의 호칭으로 언급된 것은 헤시오도스의 『신통기』에서 처음 확인된다. 헤시오도스 이후 그 말은 제우스의 호칭으로 자주 사용되었다. 그 말 역시 제왕적인 권력자 제우스를 가리키는 호칭이었다. 그러나 그것은 보통명사로서 특별히 제우스만을 위한 호칭은 아니었다. 그래서인지 헤시오도스는 '신과 인간들의 바실레우스'라는 표현을 추가했고, 헤시오도스 이외 자료에서도 '신들의 바실레우스' '신과 인간들의 바실레우스' '팜바실레우스' (παμβασιλεύς, 절대적인 왕), '메가스 바실레우스'(μέγας βασιλεύς, 대왕), '최고의 바실레우스'(ὕπατος βασιλεύς) 등의 표현들이 사용되곤 했다. 디오도로스는 제우스를 '최고의 바실레우스'라고 칭하면서 제우스의 지배권이 걸출하기 때문에 그렇게 불리는 것이라고 부연한다.[386]

'팔미스'와 '프리타니스'도 상고기에 사용된 제우스의 호칭이었다. '팔미스'는 리디아에서 유래한 말로 '바실레우스'와 같은 의미였다고 한다. '팔미스'는 히포낙스(Hipponax)에게서 처음 확인되고 헬레니즘 시대의 리코프론의 『알렉산드라』에서도 나타난다. 그러나 그 용례가 많지 않은 것으로 보아 자주 사용된 호칭은 아니었던 것 같다. 한편 '프리타니스'는 '지배자, 우두머리'라는 뜻을 지닌 말인데, 핀다로스의 『피티아 송가』 6(기원전 490년)에서 처음 확인된다. '프리타니스'가 제우스의 호칭으로 사용될 경우에는 그냥 '프리타니스'라고만 불리지 않고 모두 특별한 용례로 사용된다. 즉 '천둥과 번개의 프리타니스' '신들의 프리타니스' '프리기아의 프리타니스'라고 불리는 것이다. '프리타니스'는 제우스만의 호칭이 아니었

---

386) 디오도로스, 5.72.2.

고 포세이돈과 아폴론, 디오니소스에게도 사용된 바 있다. 포세이돈은 '말 〔馬〕들의 프리타니스', 아폴론은 '아고라의 프리타니스', 디오니소스는 '향연의 프리타니스'라고 불렸다.[387]

그 밖에도 '데스포테스', '키리오스', '티라노스'가 최고 권력자인 제우스의 호칭으로 사용되었는데, 이 호칭들은 고전기에 처음 확인된 것들이다. 이들 호칭들은 '지배자, 통치자, 군주, 주인'을 의미하는 말들인데, 이 책에서는 '키리오스'를 '지배자' '데스포테스'와 '티라노스'를 '절대 통치자'로 번역하기로 한다. '데스포테스'와 '티라노스'는 강압적인 지배자를 뜻하기 때문이다. 이 가운데 '키리오스'와 '데스포테스'는 모두 핀다로스에게서 처음 확인된다. 그런데 이들 용어가 제우스의 호칭으로 쓰일 경우에는 '프리타니스'와 마찬가지로 단독으로 쓰이지 않고 대개 제한적 어휘와 함께 사용된다. 즉 '모두의 키리오스'(ὁ πάντων κύριος), '올림포스의 데스포테스' 등으로 불리는 것이다. 제우스의 호칭으로서 '키리오스'와 '데스포테스'는 핀다로스 송가에서만 확인되고 이후 자료에는 보이지 않는다. '키리오스'는 제우스나 다른 신들에게도 자주 사용된 호칭이 아니었던 것 같다. 그에 비해 '데스포테스'는 포세이돈, 아폴론, 디오니소스, 헤르메스에게도 고루 사용된 호칭이었다.[388]

한편 '티라노스'는 아이스킬로스에게서 처음 나타난다. '티라노스'도 제우스의 호칭으로 사용될 경우 '신들의 티라노스'(ὁ τῶν θεῶν τύραννος)라는 표현으로만 사용되었다. '티라노스'는 다른 신들의 호칭으로도 잘 쓰이지 않았던 것 같다. 소포클레스의 『트라키니아이』 217에 나오는 '내 마음의 티라노스'(τύραννος τᾶς ἐμᾶς φρενός)라는 표현이 문맥상 아폴론 혹은 디오

---

387) 스테시코로스, Fragments, fr.235(말들의 프리타니스); 시모니데스, Epigrammata, LXII.2(아고라의 프리타니스); 이온, Elegiacs, fr.eleg.26.14(향연의 프리타니스).

388) 핀다로스, 『이스트미아 송가』 6.5; 『올림피아 송가』 6.103(포세이돈); 에우리피데스, 『바카이』 582(디오니소스); 아리스토파네스, 『벌』 875(아폴론); 『평화』 377, 385, 648, 711(헤르메스).

니소스를 가리킨다고도 볼 수 있지만 확실치는 않다. 이처럼 '데스포테스' '키리오스' '티라노스'는 제한적인 의미에서만 사용되었고 사용 빈도도 그다지 많지 않았던 것 같다.

최고 권력자 제우스의 신성을 가리키는 호칭으로는 '지도자' 호칭도 있었다. 그의 지도자 호칭은 다양했는데, '세만토르' '하게토르' '아리스타르코스' '헤게몬' '아르케고스' '판타르코스' '아게토르'가 그에 속한다. 제우스의 지배자 호칭이 호메로스 때부터 언급된 데 비해, 지도자 호칭은 헤시오도스 때에 와서야 처음 확인된다. 이 가운데 상고기에 사용된 호칭은 '세만토르'(σημάντωρ), '하게토르'(ἀγήτωρ), '아리스타르코스'(ἀρίσταρχος)이다. '세만토르'는 '신호(군호)를 보내다'라는 뜻의 '세마이네인'(σημαίνειν)에서 유래한 말로 '지도자, 인도자, 지휘관'의 의미를 지닌다. 그 말은 호메로스 때에도 사용되던 보통명사였으나 제우스의 호칭으로 처음 언급된 것은 헤시오도스 때였다. 그 호칭은 제우스의 최고권을 가리키는 말이었다. '세만토르'는 단독으로 쓰이지 않고, '모든 신들의 세만토르'(θεῶν σημάντωρ πάντων)라고 표현되었다. 즉 그것은 모든 신들을 이끄는 최고신 제우스를 묘사한 호칭이었던 것이다.

'하게토르'는 '헤게토르'의 도리아식 방언이다. '헤게토르'는 '지도하다, 이끌다, 인도하다'라는 뜻의 '헤게스타이'(ἡγήσθαι)와 연관된 말로 '지도자, 인도자'라는 의미를 지닌다. '하게토르'가 제우스의 호칭으로 언급된 것은 상고기 시인 테르판드로스(Terpandros)의 한 단편인데, 여기서 제우스는 '모두의 하게토르'(πάντων ἀγήτωρ)라고 불린다. 그런데 '하게토르'나 '헤게토르'는 제우스만의 호칭이 아니었고, 아폴론이나 헤르메스를 표현하는 말로도 사용되었다. 아폴론은 '노래의 하게토르(지도자)'(ἀγήτωρ μελέων), 헤르메스는 '꿈의 헤게토르(인도자)'(ἡγήτωρ ὀνείρων)라고 불렸던 것이다.[389]

'세만토르'와 '하게토르'가 '모두 신들의 세만토르' 혹은 '모두의 하게토르'와 같이 부가어를 수반하여 제우스의 호칭으로 불린 데 비해, '아리스타르코스'는 그 자체로 최고신 제우스를 가리킨다. '아리스타르코스'는 '최고의, 최상의'를 뜻하는 '아리스토스'(ἄριστος)와 '지도자, 우두머리'를 뜻하는 '아르코스'(ἀρχός)의 합성어로 '최고의(최상의) 지도자'라는 의미를 지닌다. 신들 중에서는 제우스에게만 이 호칭이 사용된 것으로 확인된다. 이 호칭은 시모니데스에게서 처음 확인되고 고전기의 바킬리데스의 글에서도 확인된다.[390]

고전기 자료에서 확인된, 제우스의 지도자 호칭은 '헤게몬'(ἡγεμών), '아르케고스'(ἀρχηγός), '판타르코스'(πάνταρχος), 아게토르(ἀγήτωρ)이다. '헤게몬'은 '지도자, 인도자, 우두머리'를 뜻하는 말인데, 도리아식 방언인 '하게몬'(ἁγεμών)으로 표현되기도 했다. '헤게몬'이 제우스의 호칭으로서 처음 언급된 것은 핀다로스 송가에서이다. 핀다로스는 제우스를 '올림포스의 하게몬'이라고 불렀다. 플라톤 역시 제우스를 '천상의 위대한 헤게몬'(μέγας ἡγεμών ἐν οὐρανῷ)이라고 표현했다. 한편 크세노폰의 『키로파이데이아』에서도 '헤게몬'이 제우스의 호칭으로 자주 등장하는데,[391] 이 용례들은 그리스의 제우스를 가리킨다고 보기는 어렵다. 『키로파이데이아』에서 '헤게몬'으로 불리는 제우스는 키로스와 그의 군대가 숭배하는 제우스를 말하는 것이니 그 호칭은 페르시아인들의 '제우스'를 가리킨다고 하겠다.

'아르케고스'는 '우두머리, 창시자'라는 뜻의 말인데, 제우스의 호칭으로는 바킬리데스에게서 처음 확인된다. 바킬리데스는 제우스를 '신들의 아르케고스'라고 표현하는데, 여기서 '아르케고스'는 '우두머리, 지도자'의 의미로 파악된다. 제우스를 신들의 '창시자'로 보기는 어렵기 때문이다. '판타르코스'는 '모두'를 뜻하는 '파스'(πᾶς)와 '지도자, 우두머리'를 뜻

---

389) 호메로스 찬가, 4.14(헤르메스); 에우리피데스, 『메데이아』 426(아폴론).

390) 이 책의 631쪽 참조.

391) 이 책의 631쪽 참조.

하는 '아르코스'(ἀρχός)의 합성어로 '총지도자'라는 의미를 지닌다. 이 말
이 제우스의 호칭으로 사용된 것은 소포클레스에게서 처음 확인되는데,
소포클레스는 제우스를 '신들의 판타르코스'라고 불렀다. 이는 제우스가
신들의 최고 지도자라는 것을 가리키는 호칭이다.

한편 '아게토르'는 크세노폰에게서 처음 확인된다. 크세노폰은 『라케다
이몬인들의 정체』에서 기술하기를, 스파르타 왕이 출정할 때에는 맨 처음
에 '아게토르 제우스'에게 제물을 바친다고 말한다.[392] 제우스는 스파르
타에서 지도자 신으로 숭배되고 있었던 것이다. 그런데 '아게토르'는 제우
스의 호칭으로서 자주 사용된 것 같지 않다. 크세노폰 이외의 다른 용례
는 전하지 않고 다른 신들에 대해서도 사용된 바가 없는 것으로 나타난다.
'아게토르'는 앞서 언급한 '하게토르'와 형태가 유사하고 의미도 같기 때
문에 동의어로 사용되었던 것 같다. 물론 '아게토르'가 '하게토르'의 오기
(誤記)였을 가능성도 있다.

제우스는 최고 권력자였으므로 그의 막강한 권력을 표현하는 형용사적
수식어들도 많았다. 그런 수식어로서 호메로스 때에 확인된 것은 '히페르
메네스'(ὑπερμενής)와 '에리스테네스'(ἐρισθενής)였다. '히페르메네스'는 '위
의, 상위의, 대단히, 지나치게'를 뜻하는 '히페르'(ὑπέρ)와 '힘, 세력, 권력'
을 뜻하는 '메노스'(μένος)의 합성어로 '엄청 강력한, 막강한'이라는 의미를
지닌다. 이 말은 제우스가 누구와도 비교할 수 없는 막강한 존재임을 나타
낸다. '히페르메네스'는 신들 중에서 제우스에게만 사용된 수식어였다.

'에리스테네스'는 '대단히 강력한, 막강한'이라는 의미의 말로 권력자
제우스를 가리키는 호칭으로 사용되었다. 그러나 '에리스테네스'는 제우
스만의 수식어는 아니었던 것 같다. 제우스 이외의 다른 신들에게도 사용
된 예가 있는 것이다. 그런데 '히페르메네스'와 '에리스테네스'는 호메로

---

392) 『라케다이몬인들의 정체』 13.2.

스와 헤시오도스 같은 상고기 자료에서만 제우스 수식어로서 등장하고 이후 자료에서는 확인되지 않는다.[393]

다음으로, 권력자 제우스에 대한 수식어들 가운데 고전기에 처음 확인된 것은 '에우리스테네스'(εὐρυσθενής)와 '에우리비아스'(εὐρυβίας), '팡크라테스'(παγκρατής)이다. 이 가운데 '에우리스테네스'와 '에우리비아스'는 바킬리데스에게서 처음 확인된다. '에우리스테네스'는 '힘이 막강한'이라는 의미를 지니는데, 이는 제우스의 강력한 권력을 나타낸다. 이 수식어는 일찍이 다른 신들의 수식어로 자주 사용된 바 있다. 이미 호메로스 때에 포세이돈의 수식어로 불렸고 핀다로스 때에는 아폴론의 수식어로도 사용되었던 것이다. '에우리비아스'는 '넓은, 광범위한'을 뜻하는 '에우리스'(εὐρύς)와 '힘, 세력, 권력'을 뜻하는 '비아'(βία)의 합성어로 '널리 지배하는, 힘이 막강한'의 의미를 지닌다. 그 의미와 그것이 가리키는 제우스 신성은 '에우리스테네스'와 마찬가지이다. 이 수식어 역시 제우스 이외의 다른 신들에게 사용된 바 있는데, 포세이돈과 트리톤이다. 특히 트리톤에게는 헤시오도스 때부터 그 용례가 나타난다.[394] 한편 '팡크라테스'는 '모두'를 뜻하는 '파스'(πᾶς)와 '힘, 세력'을 뜻하는 '크라토스'(κράτος)의 합성어로 '전능한'이라는 의미를 지닌다. 이는 전능한 권력을 지닌 제우스에 대한 수식어로 사용되었는데, 제우스 수식어로는 아이스킬로스에게서 처음 확인된다. 그런데 이것은 제우스만의 수식어가 아니고 다른 신들에게도 사용되곤 했다.[395] 이 말은 제우스 이외에 아폴론과 아테네, 헤라 등에게도 사용되었던 것이다.[396] 그렇다면 권력자 제우스의 수식어 중에서 제우

---

393) 이 책의 631~32쪽 참조.

394) 이 책의 632쪽 참조.

395) 바킬리데스, 『우승송가』 11.44(헤라); 에우리피데스, 『레소스』 231(아폴론); 아리스토파네스, 『테스모포리아주사이』 317(아테나).

396) 에우리피데스, 『레수스』 231(아폴론); 아리스토파네스, 『테스모포리아주사이』 317(아테나); 바킬리데스, 『우승송가』 11.44(헤라).

스에게만 사용되었다고 확인된 것은 '히페르메네스'뿐이고, 나머지 '에리스테네스' '에우리스테네스' '에우리비아스' '팡크라테스'는 다른 신들의 권력을 표현하는 데에도 사용된 것들이었다.

세 번째로, 인간사와 만물의 주관자로서의 제우스를 가리키는 호칭으로는 '소테르' '엘레우테리오스' '클라리오스'가 쓰였고 수식어로는 '텔레이오스' '트로파이오스' '아고니오스' '스트라티오스' '에폽시오스'가 사용되었다. 이 호칭들 가운데 상고기에 사용이 확인된 것은 '소테르'이고 '엘레우테리오스'와 '클라리오스'는 고전기 때부터 사용된 것으로 나타난다.

'소테르'(σωτήρ)는 '구원자'라는 의미인데, 제우스의 호칭으로는 핀다로스 때에 처음 사용된 것으로 확인된다. 이 호칭은 인간을 억압과 고난의 역경으로부터 구제하는 '구원자, 구세주'로서의 제우스를 가리키는 것이었다. 이는 범그리스적인 신 제우스의 일반 호칭이기도 했고 지역별로 특별한 사정이 반영된 호칭이기도 했다. 핀다로스는 올림피아에서 숭배되는 제우스에 대해 '소테르'라는 호칭을 붙이기도 했고, 시칠리아의 카마리나와 관련해서도 제우스를 '소테르'라고 불렀던 것이다.[397] 카마리나는 처음에 시라쿠사인의 식민시였다가 나중에 겔라인의 식민시가 되었는데, 건설과 파괴의 부침을 겪은 후 다시 기원전 461년경에 겔라인의 식민시가 되었다고 한다.[398] 핀다로스가 『올림피아 송가』 5를 지은 것은 그 직후인 기원전 460년 혹은 기원전 456년이었을 것으로 추정되므로 '소테르 제우스'라는 명칭은 카마리나인의 재건과 관련된 것이었음이 분명하다. 핀다로스가 그 송시에서 '소테르 제우스'를 언급하면서, 그 직전 대목에서 카마리나를 '새로 지은 거주지'(τὰν νέοικον ἕδραν)로 표현하기도 하고 또 카마리나의 신속한 재건을 찬미하고 있기 때문이다.[399] 여기서 제우스는 카마

---

397) 핀다로스, 『이스트미아 송가』 6.8; 『올림피아 송가』 5.17.

398) 헤로도토스, 『역사』 7.156; 투키디데스, 『역사』 6.5.3; 디오도로스, 11.76.5.

리나를 역경과 고난으로부터 구해 다시 재기하도록 한 '구원자'를 나타낸 것이었다.

핀다로스 이후에도 제우스는 다양한 의미에서 '소테르'로 불렸는데, 역시 일반적인 구원자로서 불리기도 하고 특별히 개인(들)에 대한 구원자로 묘사되기도 했다. 즉 아르고스로 피신한 다나오스 딸들에 대한 구원자, 메가라와 그 자식들을 위기에서 구해줄 구원자, 히페르비오스의 승리를 돕는 구원자로 묘사되었던 것이다. 또한 헤라클레스도 자신의 승리를 기려 소테르 제우스의 제단을 세웠다고 한다.[400] 한편 '트리토스 소테르'(τρίτος σωτήρ, '세 번째의 구원자')라는 호칭으로도 가끔 사용되는데, 이는 주연에서 헌주를 올릴 때 마지막인 세 번째로 소테르 제우스에게 잔을 올리기 때문에 그렇게 불렸다고 한다. 특히 플라톤이 그 호칭을 자주 사용한다.[401]

제우스는 '소테르' 호칭 대신 '소테리오스'라는 수식어로 불리기도 했다.[402] '소테리오스'(σωτήριος)는 '소테르'의 파생어로 '구원의, 구제하는'이라는 뜻을 지닌 말이었다. 이 말은 구원자로서의 신이나 인간을 나타내는 수식어로서 '소테르'와 같은 의미로 사용되었다. 그러나 '소테리오스'라는 수식어는 그 용례가 드물고 '소테르'라는 호칭이 더 자주 사용되었다. 따라서 '구원자'로서의 제우스를 나타내는 호칭은 '소테르'가 대표적이라 할 수 있다.

소테르는 제우스만의 호칭이 아니었고 포세이돈과 아폴론, 헤르메스 등 다른 신들에게도 적용되어 사용되곤 했다.[403] 또한 여신 아테나와 데

---

399) 핀다로스, 『올림피아 송가』 5.8, 13.

400) 아이스킬로스, 『히케티데스』 26; 『테바이를 향한 7인』 520; 에우리피데스, 『미친 헤라클레스』 48-50, 521-522. 그 외의 용례에 대해서는 이 책의 633쪽 참조.

401) 플라톤, 『카르미데스』 167A; 『국가』 583B; ; 『법률』 692A, 960C; 서간 7.334A, 7.340A.

402) 디오도로스, 14.30.3.

403) 헤로도토스, 『역사』 7.192, 193(포세이돈), 아이스킬로스, 『아가멤논』 512; 데모스테네스, 43.66(아폴론), 아이스킬로스, 『제주를 바치는 여인들』 2(헤르메스).

메테르, 티케 등에게는 '소테르'의 여성형인 '소테이라'(σώτειρα)라는 호칭이 부여되었다.[404] 그래도 이 호칭이 가장 광범위하게 사용된 대상은 제우스였다.

　제우스는 '엘레우테리오스'라는 호칭으로도 자주 불렸다. '엘레우테리오스'(ἐλευθέριος)는 '자유로운, 자유롭게 행하는, 해방자'라는 의미인데, 특히 자유의 회복과 관련된 호칭이다. 이는 압제와 폭력적인 억압에 처한 인간이나 국가를 자유롭게 해주는 제우스의 신성을 가리키는 호칭이었다. 이는 '엘레우테리오스' 제우스를 언급한 대목들을 보더라도 확인된다. 즉 에우리피데스의『레소스』에서는 트로이 군사들이 그들을 도우러 온 트라키아 왕 레소스(Rhesos)에 대해 '엘레우테리오스 제우스'를 부르며 환호하고, 사모스의 마이안드로스는 참주 폴리크라테스가 죽자 '엘레우테리오스 제우스'의 제단을 만들어 그를 기리고자 했다. 또 시라쿠사인들도 트라시불로스의 참주정을 무너뜨린 후 '엘레우테리오스 제우스'의 거대한 신상을 만들기로 했던 것이다.[405]
　'엘레우테리오스'라는 제우스 호칭은 핀다로스에게서 처음 확인된다. 그 호칭이 처음 나타난 핀다로스의『올림피아 송가』12는 기원전 466년경에 쓰인 것으로 추정된다. 아마 그것은 그리스-페르시아 전쟁 이후에 생겨난 것으로 보인다. 그리스인들을 페르시아인들의 강압과 점령으로부터 구해내고 자유를 누리게 한 데 대한 감사의 표현으로 제우스에게 그 호칭이 부여되었던 것이다. 이는 시모니데스의 것으로 추정되는 한 비문과 투키디데스의 서술에서 어느 정도 설명된다. 소위 시모니데스의 비문에 의하면 페르시아인들을 축출한 후 그리스인들이 '자유로운 그리스'가 함

---

404) 리쿠르고스, 1.17(아테나), 아리스토파네스,『개구리』379; 아리스토텔레스,『수사학』3.18.1(데메테르), 핀다로스,『올림피아 송가』12.2(티케).

405) 에우리피데스,『레소스』358-359(트로이 군대); 헤로도토스,『역사』3.142(사모스); 디오도로스, 11.72.2(시라쿠사).

께 공유하는 '해방자' 제우스의 제단을 세웠다고 한다.[406] 사실 기원전 5세기 말 이전의 그리스에서는 비문의 저자가 특별히 명시되지 않았기 때문에 그 비문의 저자가 시모니데스인지는 확실치 않다. 그렇지만 비문의 저자가 누구이든 간에 그 비문은 분명 '엘레우테리오스' 호칭의 유래에 대한 단서를 제공하고 있다. 또한 투키디데스에 의하면 스파르타의 파우사니아스가 플라타이아 전투에서 이겨 그리스를 페르시아인들로부터 해방시킨 후 플라타이아의 아고라에서 '엘레우테리오스 제우스'에 대한 제사를 지냈다고 한다.[407] 이렇듯 '엘레우테리오스' 호칭의 유래를 그리스-페르시아 전쟁과 관련시킨 언급들이 제시되고 또 그 호칭이 바로 그 전쟁 이후에 처음 나타난 것으로 볼 때 '엘레우테리오스' 호칭은 그리스-페르시아 전쟁과 관련된 것임이 분명하다.

'엘레우테리오스' 호칭은 핀다로스에게서 처음 확인되지만, 그후에도 자주 사용된 것으로 나타난다. 고전기와 헬레니즘 시대에도 '엘레우테리오스 제우스'를 기리는 사례들이 계속 등장하기 때문이다. 제우스는 사모스, 플라타이아, 시라쿠사뿐만 아니라 다른 그리스 국가들에서도 자유를 수호하는 해방자로서 숭배되었다. 아테네의 아고라에도 엘레우테리오스 제우스의 신전이 존재했다고 전한다.[408]

'클라리오스'(Κλάριος)도 제우스의 호칭으로 불렸다. '클라리오스'는 '몫, 운세'라는 뜻을 지닌 '클라로스'(κλᾶρος)의 파생어로 '몫(운세)을 분배하는, 분배자'의 의미를 지닌다. 이 호칭은 아이스킬로스에게서만 나타난 것으로 보아[409] 자주 쓰이던 호칭은 아니었던 것 같다. 아이스킬로스는 이

---

406) 시모니데스, Inscriptions, XV.3(플루타르코스, 『아리스테이데스 전기』 19.7).

407) 투키디데스, 『역사』 2.71.2.

408) 크세노폰, 『경제학』 7.1; 플라톤, 『테아게스』 121A.

409) 아이스킬로스, 『히케티데스』 360.

호칭의 자세한 의미와 유래를 언급하지 않는다. 다만 서기 2세기의 파우사니아스의 글을 통해 그 호칭의 유래를 짐작할 뿐이다. 파우사니아스는 테게아의 제우스 클라리오스를 언급하면서 '클라리오스'를 제우스의 에피클레시스, 즉 별명이라고 소개한다. 파우사니아스는 '클라리오스'의 유래에 대해서도 설명하는데, 제우스가 아르카스의 아들들에게 그들의 몫을 분배했기 때문에 그런 별명을 얻었다고 전한다.[410] 물론 아이스킬로스가 언급한 '클라리오스'가 테게아의 제우스 클라리오스와 동일한 것인지는 확인되지 않기에 그 의미와 유래를 정확하게 파악하기는 어렵다. 다만 그 호칭이 인간들에게 각자의 몫을 분배하는 제우스의 신성과 연관된 것이었음은 분명하다.

아폴론도 '클라리오스'라는 호칭으로 불린 바 있는데,[411] 그것은 클라로스(Klaros)라는 지명에서 유래한 호칭이기 때문에 제우스의 호칭 '클라리오스'와는 의미가 다르다.

한편 인간사와 만물의 주관자로서의 제우스를 가리키는 수식어 가운데 '텔레이오스' '트로파이오스' '아고니오스' '스트라티오스'는 고전기에 사용된 것이고 '에폽시오스'는 헬레니즘 시대에 사용된 것으로 확인된다. '텔레이오스'(τέλειος)는 '실현, 성취, 완성, 최고권'을 의미하는 '텔로스'(τέλος)의 파생어로 '실현시키는, 소원을 들어주는, 완성하는, 전능한'의 의미를 지닌다. 이 수식어는 핀다로스에게서 처음 확인되는데, 인간사를 주관하는 제우스의 신성을 가리키는 말이다. 이 수식어의 유래를 암시한 것은 디오도로스뿐이다. 디오도로스에 의하면 제우스와 헤라가 모든 것을 창시하고 발견했기 때문에 사람들이 다 '텔레이오스 제우스'와 '텔레이아 헤라'에게 제일 먼저 제물을 바치는 것이라고 한다. 제우스는 그가 발견하

---

410) 파우사니아스, 8.53.9.

411) 파우사니아스, 2.2.8; 아엘리우스 아리스테이데스, Orationes 24.294.

여 완성한 것들에 대한 지식을 신들에게 나눠주었다는 것이다.[412) 여기서는 만물의 발견자이자 완성자인 제우스에 대해 '텔레이오스'라는 수식어를 사용하고, 제우스의 아내인 헤라에 대해서도 완성자의 의미로서의 '텔레이아'라는 수식어를 사용한 것이다. 그런데 '텔로스'는 인생의 '완성'으로서의 결혼을 가리키기도 하므로 '텔레이오스'는 '결혼(식)의'라는 뜻을 지니기도 한다. 이 수식어가 헤라에게 사용된 용례를 보면 대체로 결혼의 신 헤라를 가리키는 의미로 사용되었음이 나타난다.

'트로파이오스'(τροπαῖος)는 '상황을 변화시키는, 승리를 가져다주는'이라는 뜻인데, 전쟁 승리를 주관하는 제우스에 대한 수식어로 사용되었다. 제우스는 전쟁의 승패를 결정짓는 신으로 간주되었던 것이다. 그래서 '트로파이오스'는 제우스에게 승전의 사례(謝禮)를 표시하거나 혹은 승리를 간구할 때 제우스의 수식어로 사용되곤 했다.[413) 이 수식어는 소포클레스에게서 처음 확인되고 에우리피데스에게서도 나타난다.

'트로파이오스'와 유사한 의미의 수식어로 '트로파이우코스'라는 말이 사용되기도 했다. '트로파이우코스'(τροπαιοῦχος)는 '전승기념물, 전리품'을 의미하는 '트로파이온'(τρόπαιον)의 파생어로 '전리품(전승물)을 가지는'의 뜻을 지닌다. 헬레니즘 시대 이후의 자료인 한 플루타르코스 위서에 의하면 승전 후에 전승기념물을 세우고 그것을 '트로파이우코스 제우스'에게 바쳤다고 한다. 이 수식어 역시 승전의 신 제우스를 가리키는 말이었던 것이다. 그런데 이 말은 헬레니즘 시대 이후의 자료들인 아리스토텔레스의 위서 『우주론』과 플루타르코스의 위서에 언급되므로[414) 이 책에서는 일단 '트로파이우코스'를 제우스 수식어에 포함하지 않기로 한다.

---

412) 디오도로스, 5.73.1-2.

413) 소포클레스, 『안티고네』 143; 『트라키니아이』 303; 에우리피데스, 『헤라클레이다이』 867, 937.

414) 이 책의 634~35쪽 참조.

'아고니오스'(ἀγώνιος)는 '모임, 집회, 경연, 싸움'을 뜻하는 '아곤'(ἀγών) 의 형용사로 '경연의, 경기의, 싸움의'라는 의미인데, 흔히 경연이나 경기 를 주관하여 승리자를 결정하는 신성을 가리킨다. 특히 경기의 신 헤르메 스에게 주로 사용된 수식어였다. 그런데 제우스의 경우에는 그 수식어가 싸움이나 대결에서 승리를 도와주는 신성을 가리킨다. 소포클레스의 『트 라키니아이』 26에서 헤라클레스의 아내 데이아네이라는 '아고니오스 제 우스'를 언급한다. 즉 그녀가 과거에 강의 신 아켈로이오스(Acheloios)에게 구혼 받고 괴로워했을 때 헤라클레스가 그를 물리치고 그녀를 구해주었는 데, 그때 '아고니오스 제우스'가 그 일을 잘 해결해주었다는 것이다.[415] 이 는 제우스가 헤라클레스의 승리를 도와주었다는 의미이기 때문에 여기서 '아고니오스 제우스'는 무력적인 대결과 관련된 수식어라 하겠다.

'스트라티오스'(στράτιος)도 전쟁을 주관하는 제우스를 가리키는 수식어 로 나온다. '스트라티오스'는 '군대'를 뜻하는 '스트라토스'(στρατός)의 파 생어로 '군대의, 전쟁의'라는 의미를 지닌다. 이 수식어는 헤로도토스에게 서 처음 확인되는데, 헤로도토스는 카리아인들이 유일하게 '스트라티오스 제우스'에게 제물을 바친다고 언급한다.[416] 그런데 여기서 카리아인들이 숭배한다는 제우스는 그리스의 제우스가 아니고 카리아인들의 신을 가리 킨다. 더욱이 헤로도토스 이외에는 제우스를 그 수식어로 부른 다른 사례 가 헬레니즘 시대까지의 자료에서 확인되지 않는다. 그렇다면 '스트라티 오스'는 그리스 신 제우스의 수식어가 아니었을 가능성도 있다.

'에폽시오스'(ἐπόψιος)는 '바라보는, 주시하는'이라는 뜻의 말로 세상일 을 내려다보며 감독하는 제우스의 신성을 표현한 것이다. '에폽시오스'는 제우스만의 특별한 수식어가 아니고 복수(複數)의 신들에게 일반적으로

---

415) 소포클레스, 『트라키니아이』 4-26.
416) 헤로도토스, 『역사』 5.119.

사용된 수식어였던 것 같다. 이 수식어가 신들에게 처음 사용된 것은 소포클레스의 『필록테테스』인데, 여기서는 여러 신들을 아울러 표현하고 있는 것이다.[417] 또 이 말은 아폴론의 제단을 가리킬 때에도 사용된 바 있는데,[418] 이는 그것이 아폴론의 수식어로 사용되었음을 말해준다. 이 말이 제우스의 수식어로 사용된 사례는 기원전 4세기의 이타노스(Itanos) 비문과 헬레니즘 시대의 아폴로니오스 등에게서 나타난다.[419]

또 제우스는 '나이오스'라는 수식어와 함께 불리기도 했다. '나이오스'(νάιος)는 '선박의'라는 뜻으로 선박과 항해를 주관하는 제우스의 신성을 암시한다. 그런데 '나이오스'라는 수식어는 데모스테네스에게서만 나타난다. 데모스테네스, 21.53에 의하면 도도나에 '제우스 나이오스'라고 불리는 제우스의 신전이 있었다고 한다. 제우스가 난파선을 구조하여 그런 수식어로 불렸다고 하는데,[420] 이는 제우스를 바다의 신으로 묘사한 것이라기보다 인간사를 주관하는 제우스의 구체적인 행적과 관련된 것이 아닌가 한다. 한편 '나이오스'의 의미에 대해서는 다르게 보기도 한다. 즉 '나이오스'를 '흐르다'라는 뜻의 '나에인'(νάειν)과 관련된 말로 보는 것이다.[421] 도도나의 제우스 신전이 성스런 샘물 옆에 세워져 있었다고 하므로 '나이오스' 제우스는 샘물의 제우스로 해석될 수도 있다. 하지만 '나이오스' 수식어는 도도나의 제우스에게만 사용되기 때문에 그 정확한 의미를 파악하기 어렵다. 이 책에서는 일단 '나이오스'를 제우스의 신성 수식어로 분류했다.

417) 소포클레스, 『필록테테스』 1040.

418) 호메로스 찬가, 3.495-496.

419) 이 책의 635쪽 참조.

420) J. H. Vince, *Demosthenes III*, London, p. 41.

421) H. W. Parke, *The Oracle of Zeus*, Oxford, 1967, pp. 68, 78.

(2) 천상의 기후신

천상의 기후신 제우스의 신성은 세분하여 천신, 천둥과 번개의 신, 구름과 비의 신 등으로 분류된다. 따라서 제우스의 호칭과 수식어도 이러한 신성의 분류대로 서술하기로 한다.

천신으로서의 제우스를 표현하는 호칭으로는 '힙시메돈'이 있고, 수식어로는 '힙시지고스' '아이트리오스' '우라니오스'가 사용되었다. '힙시메돈'이라는 제우스 호칭은 헤시오도스에게서 처음 확인된다. '힙시메돈'은 '위에, 높게'를 뜻하는 '힙시'(ὕψι)와 '지배자'를 뜻하는 '메돈'(μέδων)의 합성어로 '높은 곳의 지배자'라는 의미를 지닌다. 여기서 메돈은 '지배하다, 통치하다'라는 뜻의 동사 '메데인'(μέδειν)의 분사형 명사이다. 바킬리데스도 이 호칭을 사용하는데, 그는 이 호칭을 '모든 것을 바라보는'(ὃς ἅπαντα δέρκεται)의 표현과 함께 사용한다. 이는 제우스가 공중 높은 곳에서 널리 인간을 주시하는 상황을 묘사한 것이다. 이 수식어는 고전기 아테네의 시인 아리스토파네스에게서도 나타난다.[422] 한편 수식어 '힙시지고스' '아이트리오스'도 상고기에 처음 확인되고, '우라니오스'의 용례는 고전기에 처음 나타난다. '힙시지고스'(ὑψίζυγος)는 '위에, 높게'를 뜻하는 '힙시'(ὕψι)와 '들보, 자리, 좌석'을 뜻하는 '지곤'(ζυγόν)의 합성어로 '높은 곳에 앉아 있는'이라는 의미를 지닌다. 이 수식어는 단독으로 쓰이기도 하고, '천공(天空)에 거주하는'(αἰθέρι ναίων)의 표현과 함께 쓰이기도 한다. 즉 '힙시지고스'는 하늘 높은 곳에 있는 천신 제우스에 대한 수식어가 되는 것이다. 이 수식어는 호메로스 때부터 사용되었는데, 헤시오도스나 고전기 바킬리데스에게서도 용례가 나타난다.[423]

'아이트리오스'(αἴθριος)도 천신 제우스를 가리키는 수식어로 사용되었다. '아이트리오스'는 '창공, 맑은 하늘'을 의미하는 '아이트레'(αἴθρη)의

---

422) 이 책의 635쪽 참조.

423) 이 책의 636쪽 참조.

파생어로 '창공의, 맑은 하늘의'라는 의미를 지닌다. 이는 말 그래도 창공의 신 제우스를 가리키는 수식어였다. '아이트리오스'라는 제우스 수식어는 상고기 헤라클레이토스의 단편에서 처음 확인되고, 헬레니즘 시대의 테오프라스토스와 테오크리토스에게서도 나타난다.[424]

'아이트리오스'와 유사한 의미의 수식어로 '아이테리오스'(αἰθέριος)가 있다. '아이테리오스'는 '하늘, 천공(天空)'을 의미하는 '아이테르'(αἰθήρ)에서 파생된 말인데, '하늘의, 천상의'라는 의미를 지닌다. 이것 역시 천신의 수식어에 해당하지만 제우스에게 직접 사용된 용례는 확인되지 않는다. 하지만 이 호칭이 제우스에게 사용되었다고 볼 만한 단서가 있기는 하다. 즉 호메로스와 헤시오도스가 제우스를 '아이테르에 거주하는 자'(αἰθέρι ναίων)로 묘사하고 있는 것이다.[425] 또한 아리스토파네스의 극중 인물인 소크라테스는 제우스의 대체적인 존재로서 디노스를 거론하면서 디노스를 '아이테리오스 디노스'(αἰθέριος Δῖνος), 즉 '천상의 디노스'라고 표현한다.[426] 여기서 디노스는 제우스의 신성을 그대로 지닌 존재로 묘사되기 때문에 디노스에 대한 '아이테리오스' 수식어는 제우스의 수식어에서 가져온 것으로 추정된다. 그렇다면 '아이테리오스'는 적어도 고전기 때에 제우스의 수식어로 사용되었다고 볼 수 있다. 더욱이 '아이테리오스'는 아리스토텔레스의 위서 『우주론』에서도 제우스의 별칭으로 언급되므로[427] 그것이 제우스의 수식어로 사용되었을 가능성은 매우 크다고 하겠다.

'우라니오스'(οὐράνιος)는 '하늘의, 천상의'라는 뜻을 지닌 수식어인데, 말 그대로 하늘의 신 제우스를 가리키는 말이다. 이는 핀다로스의 고전기 자료에서 처음 확인되는데, 이후 헬레니즘 시대의 칼리마코스 찬가에서도

---

424) 이 책의 636쪽 참조.

425) 호메로스, 『일리아스』 2.412; 헤시오도스, 『일과 날들』 18.

426) 아리스토파네스, 『구름』 380

427) 아리스토텔레스 위서, 『우주론』 401 a17.

나타난다. 하지만 이 수식어는 제우스만의 전유물이 아니었다. 그것은 여신 테미스와 아프로디테, 아르테미스의 수식어로도 사용되곤 했다.[428] 단 헤로도토스가 언급한 '우라니아 아프로디테'는 그리스의 여신이 아니고 아시리아 등의 외국신을 가리키는 것이었다.

제우스는 하늘의 기후를 주관하는 신이었다. 그는 특히 천둥과 번개의 신, 구름과 비의 신으로 알려져 있었는데, 그러한 신성을 가리키는 호칭과 수식어도 다양하게 나타난다. 우선 천둥과 번개의 신성을 가리키는 호칭으로는 '아스테로페테스' '스테로페게레테스' '아르기케라우노스' '힙시브레메테스' '에리브레메테스' '포이니코스테로파스' '아이올로브론테스' '아르기브렌타스' '아낙시브렌타스' '바리브레메테스' '카타이바테스' '공길라테스'가 불렸고, 수식어로는 '테르피케라우노스' '에릭두포스' '에리스마라고스' '바릭티포스' '에릭티포스' '바리스파라고스' '엥케이케라우노스' '바릭두포스' '오르식티포스' '케라우넹케스' '케라우노비아스' '에리스파라고스' '피르포로스'가 사용되었다. 이것들 중에는 번개와 관련된 것도 있고 천둥번개와 관련된 것도 있고 또 천둥의 굉음을 가리키는 것들도 있다. 이처럼 다양한 호칭과 수식어가 제우스에 대해 사용되었다는 것은 제우스가 천둥과 번개의 신으로서 많은 주목을 받았음을 말해준다.

이들 호칭 가운데 호메로스 때부터 사용된 것은 '아스테로페테스' (ἀστεροπητής), '스테로페게레테스'(στεροπηγερέτης), '아르기케라우노스'(ἀργικέραυνος), '힙시브레메테스'(ὑψιβρεμέτης), '에리브레메테스' (ἐριβρεμέτης)이다. '아스테로페테스'와 '스테로페게레테스'는 모두 '번개'를 뜻하는 '스테로페'와 관련된 말로 각기 '번개를 날리는 자'와 '번개를 일으키는 자'라는 의미를 지닌다. 이 호칭들은 번개를 다루는 제우스의 신성을 가리키는 말이었다. 한편 '아르기케라우노스'는 '빛나는, 번쩍이는'

---

428) 이 책의 636~37쪽 참조.

이라는 뜻의 '아르고스'(ἀργός)와 '천둥번개'를 뜻하는 '케라우노스'의 합성어로 '번쩍이는 번개를 휘두르는 자'라는 뜻을 지닌다. '케라우노스'가 '천둥번개'를 의미하지만, 여기서는 '번쩍이는'이라는 표현과 함께 쓰여 '번개'의 뜻으로 사용된 것이다. 그에 비해 '힙시브레메테스'(ὑψιβρεμέτης)와 '에리브레메테스'(ἐριβρεμέτης)는 '소리내다, 소리를 울리다'라는 뜻의 '브레메인'(βρέμειν)과 관련된 말로 각기 '높은 데서 소리(천둥)를 울리는 자'와 '우렁차게 소리(천둥)를 울리는 자'의 의미를 지닌다. 이것들은 천둥소리와 관련된 제우스 호칭들이다.

번개와 천둥에 관련된 호칭들 중에서 고전기에 처음 확인된 것은 '포이니코스테로파스'(φοινικοστερόπας), '아이올로브론테스'(αἰολοβρόντης), '아르기브렌타스'(ἀργιβρέντας), '아낙시브렌타스'(ἀναξιβρέντας), '바리브레메테스'(βαρυβρεμέτης), '카타이바테스'(καταιβάτης)이다. '포이니코스테로파스' '아이올로브론테스' '아르기브렌타스'는 모두 핀다로스에게서 처음 확인된다. '포이니코스테로파스'는 '진홍색의, 새빨간'을 뜻하는 '포이닉스'(φοῖνιξ)와 '번개'를 뜻하는 '스테로페'의 합성어로 '새빨간 번개를 던지는 자'라는 의미를 지닌다. '아이올로브론테스'는 '움직이는, 이동하는'을 뜻하는 '아이올로스'(αἰόλος)와 '천둥'을 뜻하는 '브론테'의 합성어로 '천둥을 부리는 자'라는 의미를 지닌다. '아르기브렌타스'는 '빛나는, 번쩍이는'이라는 뜻의 '아르고스'와 '천둥'을 뜻하는 '브론테'의 합성어로 '번쩍이는 천둥번개를 부리는 자'라는 의미를 지닌다. 여기서 '브론테'는 '빛나는, 번쩍이는'의 표현과 함께 쓰이므로 '천둥'보다는 '천둥번개'를 뜻한다고 하겠다. 한편 '아낙시브렌타스'는 바킬리데스에게서 처음 확인되고, '바리브레메테스'는 소포클레스, '카타이바테스'는 아리스토파네스에게서 처음 확인된다. '아낙시브렌타스'는 '지배자'를 뜻하는 '아낙스'와 '천둥'을 뜻하는 '브론테'의 합성어로 '천둥의 지배자'를 의미한다. '바리브레메테스'는 '무거운, 강력한'을 뜻하는 '바리스'(βαρύς)와 '소리내다, 소리를 울리다'를 뜻하는 '브레메인'의 합성어로 '우렁차게 소리(천둥)를 울리는 자'라는 의미를 지닌다. '카타이바테스'는 '내려가다, 하강하다'를 뜻하는 '카타바이네인'(καταβαίνειν)에서 유래한 말인데, 제우스에게 쓰일 경우 '천둥번개 속에서 하강하는 자'라는 의미를 지닌다.

'공길라테스'(Γογγυλάτης)도 번개의 신성과 관련된 제우스의 호칭이었다. '공길라테스'는 헬레니즘 시대에 처음 확인된 호칭인데, '불덩이를 던지는 자'라는 의미를 지닌다. 여기서 '불덩이'는 번개를 가리킨다. 그런데 이 호칭은 리코프론 외에는 확인되지 않는다.

천둥과 번개의 신을 나타내는 호칭 못지않게 수식어도 다양하게 사용되었는데, 가장 먼저 사용된 것은 '테르피케라우노스'(τερπικέραυνος)와 '에릭두포스'(ἐρίγδουπος)이다. 이것들은 모두 호메로스 때부터 사용되기 시작했다. '테르피케라우노스'는 '즐기다'를 뜻하는 '테르페인'(τέρπειν)과 '천둥번개'를 뜻하는 '케라우노스'의 합성어로 '천둥번개를 즐기는'의 의미를 지닌다. 이 호칭은 제우스가 천둥번개를 내리치는 일을 즐겨 행한다고 표현한 것이다. 이는 제우스가 자신의 위력을 보이기 위해 천둥번개를 자주 사용한다고 여겨 그렇게 표현한 것이 아닌가 한다. '에릭두포스'는 단어의 의미를 강화시키는, '매우, 대단히'라는 뜻의 접두어 '에리'(ἐρι)와 '큰소리, 굉음'을 뜻하는 '두포스'(δοῦπος)의 합성어로 '우렁차게 소리를 울리는'의 의미를 지닌다. 여기서 '그두포스'(γδοῦπος)는 '두포스'의 시적 표현이다. 그래서 '에릭두포스'와 '에리두포스'(ἐρίδουπος)와 뜻이 같은 말이다. '에릭두포스'는 요란하게 소리를 울리는, 즉 강력하게 천둥을 울리는 제우스의 신성을 가리킨다.

한편 제우스의 수식어 '에리스마라고스'(ἐρισμάραγος), '바릭티포스'(βαρύκτυπος), '에릭티포스'(ἐρίκτυπος)는 헤시오도스에게서 처음 확인된다.[429] 이것들은 모두 요란한 천둥소리와 관련된 수식어들이다. 우선 '에

---

429) 이 책의 639~40쪽 참조.

리스마라고스'는 강조접두어 '에리'와 '큰 소리, 포효'를 뜻하는 '스마라게'(σμαραγή)의 합성어로 '우렁차게 소리를 울리는'의 의미를 지닌다. 또 '바릭티포스'는 '무거운, 강력한'을 뜻하는 '바리스'와 '요란한 소리, 굉음'을 뜻하는 '크티포스'(κτύπος)의 합성어로 역시 '우렁차게 소리를 울리는'의 의미를 지닌다. '에릭티포스'도 마찬가지 의미로 사용된 수식어였다. 즉 '에릭티포스'는 강조접두어 '에리'와 '크티포스'의 합성어로 '우렁차게 소리를 울리는'의 의미를 지니는 것이다. 이 수식어들에서 우렁차게 울리는 소리란 모두 천둥의 큰 굉음을 가리킨다.

그런데 천둥과 연관된 일부 수식어들은 포세이돈에게도 사용되곤 했다. 그것은 지진의 신 포세이돈의 신성과 연관된 것으로 지진이 일어날 때의 큰 파열음을 가리키는 수식어라 할 수 있다. 예컨대 헤시오도스와 핀다로스는 '바릭티포스'와 '에릭티포스'를 포세이돈의 수식어로도 언급한 바 있다.[430]

고전기에도 다양한 말들이 제우스의 수식어로 등장하는데, '바리스파라고스'(βαρυσφάραγος), '엥케이케라우노스'(ἐγχεικέραυνος), '바릭두포스'(βαρύγδουπος), '오르식티포스'(ὁρσίκτυπος), '케라우넹케스'(κεραυνεγχής), '케라우노비아스'(κεραυνοβίας), '에리스파라고스'(ἐρισφάραγος), '피르포로스'(πυρφόρος)가 그것들이다. 이 가운데 '바리스파라고스'는 '파열음을 내다, 소리를 내다'를 뜻하는 '스파라게오스타이'(σφαραγέοσθαι)와 관련된 말인데, '바리스'와 결합하여 '큰 소리를 내는'의 의미를 지닌다. '엥케이케라우노스'는 '창(槍)'을 뜻하는 '엥케이에'(ἐγχείη) 혹은 '엥코스'(ἔγχος)와 관련된 말인데, '케라우노스'와 결합하여 '천둥번개를 창으로 쓰는, 천둥번개를 날리는'의 의미를 지닌다. 한편 '바릭두포스'는 '바리스'와 '그두포스'의 합성어로 '우렁차게 소리를 울리는'의 의미를 지닌다. '바릭두포스'는 '에릭두포스'와 마찬가지로 천둥 굉음을 울리는 제우스의 신성을 가

---

430) 이 책의 639~40쪽 참조.

리킨다. '오르식티포스'는 '움직이다, 일으키다'를 뜻하는 '오르니메나이' (ὀρνύμεναι)와 '크티포스'가 결합하여 '굉음을 일으키는'의 의미를 지닌다. 여기서의 굉음도 천둥을 가리킨다. 이들 '바리스파라고스' '엥케이케라우노스' '바릭두포스' '오르식티포스'는 모두 핀다로스에게서 처음 확인되고 다른 용례는 거의 나타나지 않는다.

한편 '케라우넹케스' '케라우노비아스' '에리스파라고스'는 모두 바킬리데스에게서 처음 확인된다. '케라우넹케스'는 '엥케이케라우노스'와 단어 구성이 뒤바뀐 경우인데, 그 의미는 동일하다. '케라우넹케스'도 '천둥번개를 날리는'의 뜻을 지닌다. '케라우노비아스'는 '케라우노스'와 '힘, 체력, 세력'을 뜻하는 '비아'(βία)의 합성어로 '천둥번개로 막강한'이라는 의미를 지닌다. '에리스파라고스'는 '크게 고함치는'의 뜻을 지닌다. 여기서 제우스가 크게 고함친다는 것은 그가 내리는 천둥소리가 우렁차다는 것을 의미한다. 그런데 '에리스파라고스'는 제우스에게만 사용된 수식어가 아니었다. 그것은 '바릭티포스'와 마찬가지로 포세이돈에게도 사용되었는데, 이는 지진의 신 포세이돈의 신성과 연관된 것이라 하겠다. 그 수식어가 제우스에게 사용된 것은 고전기의 바킬리데스와 핀다로스에게서 확인되지만 포세이돈에 대해서는 그보다 이른 상고기의 호메로스 찬가에서 확인된다.[431]

'피르포로스'(πυρφόρος)는 소포클레스에게서 처음 확인된다. '피르포로스'는 '불'을 뜻하는 '피르'(πῦρ)와 '가져오는, 나르는'을 뜻하는 '포로스' (φορός)의 합성어로 '불을 수반한, 불을 지닌'의 의미를 지닌다. '피르포로스'는 제우스의 번쩍이는 번갯불과 관련된 수식어였다. 이는 그것을 제우스의 수식어로 사용한 소포클레스의 용례에서 확인된다. 소포클레스는 '피르포로스 아스테로페테스'(πυρφόρος ἀστεροπητής)라는 표현을 사용하는데, '아스테로페테스'('번개를 날리는 자')는 제우스의 호칭에 해당한다. 여

---

431) 이 책의 640~41쪽 참조.

기서 '피르포로스'는 '아스테로페테스'를 수식하는 말이므로 '피르포로스'는 번개와 관련하여 사용된 것이다. 즉 '피르포로스'는 번개를 칠 때 일어나는 번갯불을 표현한 것이라 하겠다. 하지만 그 용례는 소포클레스에게서 단 한 번 나오기 때문에 그 수식어가 자주 사용된 것 같지는 않다. 한편 '피르포로스'는 제우스만의 수식어가 아니었고 데메테르와 프로메테우스에게도 사용된 바 있다.[432]

그 밖에 아리스토텔레스의 위서(僞書) 『우주론』 401 a16에는 '아스트라파이오스'(ἀστραπαῖος)도 제우스의 수식어로 언급되어 있다. 이 수식어는 '번개'를 뜻하는 '아스트라페'(ἀστραπή)에서 파생된 말인데, '번개의, 번개를 수반한'이라는 뜻을 지닌다. 그런데 이 수식어는 헬레니즘 시대까지의 자료에는 나타나지 않고, 헬레니즘 시대 이후인 스트라본에게서 처음 확인된다.[433] 따라서 이 책에서는 '아스트라파이오스'를 제우스의 수식어에 포함하지 않기로 한다.

제우스는 구름의 신이기도 했는데, 이를 가리키는 호칭과 수식어들도 다양하게 나타난다. 구름의 신 제우스를 가리키는 호칭으로는 '네펠레게레타'가 사용되었고, 수식어로는 '켈라이네페스' '오르시네페스' '힙시네페스' '에우리네페스'가 언급되었다. 호칭 '네펠레게레타'(νεφεληγερέτα)는 '구름'을 뜻하는 '네펠레'(νεφέλη)와 '모으다'를 뜻하는 '아게이레인'(ἀγείρειν)의 합성어로 '구름을 모으는 자'라는 의미를 지닌다. '네펠레게레타'는 호메로스 서사시에서 30차례 이상 언급되어 제우스의 대표적인 호칭의 하나로 통한다. 이 호칭은 헤시오도스의 서사시와 호메로스의 찬가에서도 자주 사용되었다.[434]

---

432) 이 책의 641쪽 참조.

433) 스트라본, 『지리지』 9.2.11.

434) 이 책의 641쪽 참조.

제우스의 수식어 '켈라이네페스'(κελαινεφής)는 '검은, 어두운'을 뜻하는 '켈라이노스'(κελαινός)와 '구름'을 뜻하는 '네포스'(νέφος)의 합성어로 '검은 구름에 싸인, 검은 구름을 두른'의 의미를 지닌다. 이것은 구름의 신 제우스의 수식어 가운데 가장 먼저 확인된 것이며, 호메로스 때부터 등장한다. 한편 '오르시네페스'(ὀρσινεφής)와 '힙시네페스'(ὑψινεφής)는 핀다로스때에 처음 확인된다. '오르시네페스'는 '오르니메나이'와 '네포스'가 결합하여 '구름을 일으키는'의 의미를 지닌다. '힙시네페스'(ὑψινεφής)는 '힙시'와 '네포스'의 합성어로 '높이 구름 속에 있는'의 의미를 지닌다. 이 수식어들은 모두 구름과 관계된 제우스의 신성을 묘사한 것인데, 제우스는 구름을 일으키기도 하고 시커먼 구름을 두르거나 저 높이 구름 속에 머무는존재로 등장하는 것이다. 이 가운데 '켈라이네페스'는 비교적 자주 사용된수식어였지만, '오르시네페스'와 '힙시네페스'는 핀다로스 이외에는 용례가 확인되지 않아 자주 사용된 수식어는 아니었던 것 같다.

한편 '에우리네페스'(εὐρυνεφής)도 구름과 관계된 제우스의 수식어였다. 그것은 '넓은, 광대한'을 뜻하는 '에우리스'(εὐρύς)와 '네포스'의 합성어로 '넓은 구름의'라는 의미를 지닌다. 이것 역시 광대한 구름을 생성하는 제우스의 신성을 가리킨 것이다. 그러나 '에우리네페스'도 바킬리데스 이외의 자료에서는 확인되지 않는다.[435)]

구름의 신 제우스는 당연히 비의 신이기도 했다. 제우스가 비의 신이라는 것은 이미 호메로스 때부터 알려져 있었다. 그러나 비의 신 제우스를 가리키는 호칭은 헬레니즘 시대에 처음 확인된다. 비와 관련된 제우스의 호칭은 '익마이오스'(ἰκμαῖος)였다. '익마이오스'는 '수분, 습기'를 뜻하는 '익마스'(ἰκμάς)와 관련된 말로 '비[雨]를 내리는 자'라는 의미를 지닌다. 그런데 '익마이오스'는 헬레니즘 시대에 이르기까지 아폴로니오스의 『아

---

435) 이 책의 642쪽 참조.

르고나우티카』에서만 용례가 확인된다.[436] 한편 비의 신 제우스에 대한 수식어로는 옴브리오스(ὄμβριος)가 사용되었다. '옴브리오스'는 '비, 폭우'를 뜻하는 '옴브로스'(ὄμβρος)의 파생어로, '비의, 우천(雨天)의'라는 의미를 지닌다. 이는 인간에게 비를 내려주는 제우스의 신성을 표현한 것이다. 리코프론에 의하면 몰피스(Molpis)라는 자가 옴브리오스 제우스에게 자신의 몸을 제물로 바쳐 비를 희구했다고도 한다.[437] 그러나 '옴브리오스' 역시 리코프론 이외의 자료에서는 확인되지 않는다.

(3) 정의와 질서의 신

이 책에서는 정의와 질서의 신 제우스의 신성을 세분하여 정의와 법률의 신, 국가제도의 신, 사회집단의 신, 사회질서의 신으로 분류한 바 있다. 그런데 정의와 법률의 신으로서의 호칭과 수식어가 특별히 부각되지 않기 때문에 이 책에서는 국가제도의 신, 사회집단의 신, 사회질서의 신으로서의 제우스의 호칭과 수식어를 설명하기로 한다.

국가제도의 신으로서의 제우스 호칭은 모두 고전기에 처음 확인된다. 물론 호메로스에게서도 제우스는 국가권력의 신으로 묘사되지만 그것은 왕권의 보호자로서의 제우스를 가리키는 것이었다. 그러나 폴리스가 시민들의 공동체 국가로서의 위상을 확립하는 과정에서 왕권은 폐지되거나 약화되고, 그에 대신하는 새로운 정치질서가 등장했다. 그 양상은 폴리스에 따라 다양하게 나타났는데, 어떤 곳에서는 귀족정이나 과두정 같은 소수의 지배체제가 등장하고 또 어떤 곳에서는 민주정이 확립되기도 했다. 그러한 과정에서 제우스는 국가와 국가제도의 신으로서의 신성을 지니게 된 것이다. 그런데 국가별로 정치체제가 다양하게 전개되었으니, 그에 관한 제우스의 신성도 국가별로 다르게 표현되었던 것으로 보인다. 그래서 이

---

436) 아폴로니오스, 『아르고나우티카』 2.522.

437) 리코프론, 『알렉산드라』 159-160.

책에서는 자료가 속한 국가를 명시하여 서술하기로 한다.

  국가제도의 신으로서의 제우스를 가리키는 수식어에는 '폴리우코스' '아고라이오스' '불라이오스'가 있었다. '폴리우코스'(Πολιοῦχος)는 '도시, 국가'를 뜻하는 '폴리스'(πόλις)와 '가지다, 유지하다, 지키다'를 뜻하는 '에케인'(ἔχειν)이 결합한 말로 '국가를 지키는, 국가를 보호하는'의 의미를 지닌다. 이는 국가의 수호신 제우스를 가리키는 수식어이다. 이 수식어가 제우스에게 사용된 것은 고전기의 아테네 사람인 플라톤의 저술에서였다. 그러나 '폴리우코스'는 제우스만의 수식어가 아니었다. 그것은 아테나, 아르테미스, 그리고 복수(複數)의 신들에게도 사용되었다. 그중에서도 아테나에 대해 가장 빈번하게 사용되었는데, '폴리우코스'는 여러 국가의 자료들에서도 아테나의 수식어로 사용되곤 했다. 아테네인 아리스토파네스뿐만 아니라 보이오티아인 핀다로스와 할리카르나소스인 헤로도토스도 아테나에게 '폴리우코스'라는 수식어를 사용했던 것이다.[438]

  '폴리우코스'와 같은 의미의 '폴리에우스'(Πολιεύς)는 헬레니즘 시대까지도 제우스의 호칭으로 언급되지 않는다. 그것이 제우스의 호칭으로 언급된 것은 모두 헬레니즘 시대 이후의 자료에서이다. 아리스토텔레스의 위서 『우주론』이 '폴리에우스'와 '폴리우코스'를 제우스의 호칭으로 함께 언급하고, 리디아 출신 파우사니아스도 '폴리에우스 제우스'라는 표현을 사용한 것이다.[439] 현재로서는 '폴리에우스'가 헬레니즘 시대 이전에 사용되었다는 용례가 없기 때문에 이 책에서는 제우스 호칭에 포함하지 않는다.

  '아고라이오스'(ἀγοραῖος)도 국가제도의 신에 대한 수식어로 사용되었다. '아고라이오스'는 '민회, 민회장소, 시장'을 뜻하는 '아고라'(ἀγορά)의

---

438) 핀다로스, 『올림피아 송가』 5.10; 헤로도토스, 『역사』 1.160; 아리스토파네스, 『기사』 581; 『구름』 602; 『리시스트라타』 345(아테나), 아폴로니오스, 『아르고나우티카』 1.312(아르테미스)ㆍ아이스킬로스, 『테바이를 향한 7인』 109, 312-313, 822-823(복수의 신들).

439) 이 책의 642~43쪽 참조.

파생어인데, '아고라의, 민회의'라는 의미를 지닌다. 여기서 '아고라이오스'는 아고라의 민회를 주관하는 신 제우스에 대한 수식어이다. 특히 '아고라이오스 제우스'는 민회나 집회의 연설이 효과를 보도록 이끌어주는 신으로 묘사되곤 했다.[440] '아고라이오스'가 제우스의 수식어로 사용된 것은 고전기 아테네인 아이스킬로스에게서 처음 확인된다. 아이스킬로스 이후에는 아테네의 시인들과 헤로도토스가 그 수식어를 언급한 바 있다. 그런데 '아고라이오스'는 제우스만의 수식어가 아니고 헤르메스에게도 사용되었다. 헤르메스에게는 교역의 신으로서 '아고라이오스'라는 수식어가 붙여졌다.[441]

한편 '불라이오스'(βουλαῖος)는 '협의회'를 뜻하는 '불레(βουλή)'에서 유래한 말인데, '협의회의, 협의회를 관장하는'의 의미를 지닌다. 이는 흔히 협의회 회관에 신상이 세워진 신들에 대한 수식어로 사용되었다. 협의회 회관에 신상이 세워졌다는 것은 그 신이 시민들의 협의과정에 도움을 주는 지혜로운 존재임을 가리킨다. 지혜와 조언의 신인 제우스가 이 수식어로 불리는 것은 당연한 일이었을 것이다. '불라이오스' 수식어는 고전기 아테네인 안티폰에게서 처음 나타난다. 안티폰에 의하면 아테네의 협의회관에 제우스 불라이오스와 아테나 불라이아의 성소가 세워져 있었다고 하므로,[442] 적어도 기원전 5세기에는 제우스에 대해 불라이오스라는 수식어가 사용되었음을 알 수 있다. 그런데 이 수식어도 제우스에게만 사용된 것이 아니었고, 아테나와 헤스티아 같은 신들에게도 사용된 바 있다.[443]

제우스는 국가 이외의 여타 사회집단의 신이기도 했다. 제우스는 부족,

---

440) 아이스킬로스, 『에우메니데스』 973; 아리스토파네스, 『기사』 410, 500.

441) 이 책의 643쪽 참조.

442) 안티폰, 6.45. 파우사니아스, 1.3.5 참조.

443) 안티폰, 6.45(아테나 불라이아); 아이스키네스, 2.45(헤스티아 불라이아).

프라트리아, 친족의 신으로 숭앙받았다. 부족의 보호신으로서 제우스에게 붙던 수식어는 '호모필로스'였고, '프라트리오스'는 프라트리아의 보호신을 가리키는 수식어, '게네토르'는 친족의 신 제우스를 가리키는 호칭으로 사용되었다. 또한 '시나이모스'는 친족의 보호신, '호모그니오스'는 씨족 혹은 가족의 보호신, '파트로이오스' '게네틀리오스' '헤르케이오스' '크테시오스' '시네스티오스' '에피스티오스'는 가족의 신 제우스에 대한 수식어로 쓰였다. 그런데 이들 사회집단의 호칭과 수식어도 대개 고전기 아테네의 자료에서 확인된 것들이다. 아테네의 사회구조는 그리스의 일반적인 사례가 아니었고 아테네의 특수한 사례라 할 수 있기 때문에 사회집단의 신으로서의 제우스에 대한 호칭과 수식어 역시 아테네의 특별한 사회구조 속에서 이해되어야 할 것이다.

사회집단의 신 제우스에 대한 호칭과 수식어들 중에서 '시네스티오스'와 '에피스티오스' 이외의 것들은 이미 제우스의 신성을 설명하면서 언급한 바 있기 때문에[444] 여기서는 '시네스티오스'와 '에피스티오스'에 대해서만 서술하겠다. '시네스티오스'(συνέστιος)는 '함께, 공동으로'를 뜻하는 '신'(σύν)과 '화로, 집, 가정'을 뜻하는 '헤스티아'(ἑστία)의 합성어로 '화로를 함께 쓰는, 가정의'라는 의미를 지닌다. 여기서 화로를 함께 쓴다는 것은 한 가정의 화로를 함께 사용한다는 것이므로 이 수식어는 가정과 가족의 신을 가리키는 표현이다. '시네스티오스'를 제우스의 수식어로 사용한 것은 제우스가 화로의 신이자 가정의 신이었음을 의미한다. 이 수식어는 아테네의 아이스킬로스에게서 처음 나타나는데, 그 외의 다른 용례는 확인되지 않는다.[445]

'에피스티오스'(ἐπίστιος) 혹은 '에페스티오스'(ἐφέστιος)도 가정의 신 제우스의 수식어였다. '에피스티오스'는 '위에, 앞에'를 뜻하는 '에피'(ἐπί)

---

444) 이 책의 217~22쪽 참조.
445) 아이스킬로스, 『아가멤논』 703.

와 '화로, 집, 가정'을 뜻하는 '히스티에'(ίστίη) 혹은 '헤스티아'의 합성어로 '화로의, 가정의'라는 의미를 지닌다. 이 수식어는 화로가 놓인 가정을 지키는, 가정의 신 제우스를 가리키는 것이었다. 그런데 '에피스티오스'는 가정의 신으로서 외부 손님에 대한 대접을 주관하는, 환대의 신을 가리키기도 했다. 이는 헤로도토스의 언급에서 확인된다. 헤로도토스에 의하면 크로이소스가 외국인 아드레스토스를 빈객으로 맞이해 우대했는데 정작 자신의 아들이 아드레스토스에게 죽임을 당했다고 한다. 이때 크로이소스는 '에피스티오스 제우스'의 이름을 부르며 비통해했다고 한다. 그가 제우스를 그렇게 부른 이유는 자신이 그 빈객을 집으로 받아들여 결국 아들의 살인자를 돌보았기 때문이라는 것이다. 여기서 제우스는 가정의 보호신이면서도 가정에서의 외부인 접대를 관장하는 신으로 나타난다. 이 수식어는 고전기의 소포클레스와 헤로도토스에게서만 확인된다.[446]

이처럼 사회집단의 보호신으로서 다양한 호칭과 수식어가 붙여졌다. 그 다양한 호칭과 수식어 중에서도 가장 빈번하게 사용된 것들은 가족의 신 제우스에 대한 것이었다. 이들 수식어 중에서 상고기에 가장 먼저 확인된 '헤르케이오스'도 가족의 보호자 제우스를 가리키는 것이었다. '헤르케이오스'는 상고기에서 헬레니즘 시대에 이르기까지 지속적으로 사용되어왔다. 가족 및 가정과 연관된 제우스의 나머지 호칭들은 고전기에 처음 확인된 것들이다. 그중 '게네틀리오스'는 보이오티아의 핀다로스에게서 처음 확인되고 나머지 수식어들은 아테네의 비극시인들인 아이스킬로스와 소포클레스의 극시(劇詩)에서 처음 확인된다. 한편 게노스, 프라트리아 같은 사회집단의 보호신으로서의 제우스를 가리키는 호칭과 수식어들도 아테네의 비극시인이나 플라톤의 대화편에서 처음 확인된다. 그렇다면 사회집단의 신으로서의 제우스 호칭은 대개 고전기 아테네에서 처음 확인된 것들이다.

---

446) 이 책의 646쪽 참조.

제우스는 사회질서의 신으로서 우애의 신이고 서약의 신이었다. 우애의 신 제우스를 가리키는 수식어로는 '헤타이레이오스'와 '필리오스'가 사용되고 서약의 신 제우스에 대한 수식어로는 '호르키오스'가 사용되었다. 이들 수식어 역시 제우스의 신성을 서술하는 대목에서 이미 언급[447] 한 바 있기 때문에 여기서는 더 이상 거론하지 않겠다.

(4) 약자(弱者)들의 수호신

제우스는 정의와 질서의 신이면서도 규범적 질서에서 소외된 약자들에 대한 보호자이기도 했다. 그는 한편으로 공동체의 정의로운 질서를 유지하는 엄격한 신이었지만, 다른 한편으로는 공동체의 보호에서 배제된 사회적 약자들을 배려하는 자애로운 신이기도 했던 것이다. 말하자면 제우스는 현세적인 특정 공동체의 질서를 보호하면서도 그 질서체계의 외부인들도 아울러 보호하는 만인의 신이었다고 할 수 있다.

제우스는 약자들의 보호자로서 숭앙받았는데, 그 약자들은 외국인, 빈객, 탄원자. 죄인, 도망자들이었다. 제우스의 보호 대상이 누구였는가에 따라 그에 대한 수식어도 다르게 나타난다. 즉 외국인이나 빈객의 보호자로서의 제우스는 '크세이니오스'와 '에욱세이노스', 탄원자의 보호자로서의 제우스는 '히케테시오스' '히케시오스' '힉타이오스', 죄행(罪行)을 정화하는 신 제우스는 '카타르시오스', 그리고 도망자의 보호자로서의 제우스는 '픽시오스'라는 수식어로 불렸다.

첫 번째로 제우스는 외국인과 빈객의 신이었다. 제우스의 그런 신성을 가리키는 호칭으로는 '크세이니오스'(ξείνιος, 혹은 '크세니오스'ξένιος)와 '에욱세이노스'(εὔξεινος)가 사용되었다. 외국인과 빈객의 신 제우스를 가리키는 대표적인 수식어는 단연 '크세이니오스'였다. 그것은 호메로스 때부터 헬레니즘 시대에 이르기까지 제우스의 수식어로 빈번하게 쓰였다. '크

---

447) 이 책의 223~25쪽 참조.

세이니오스'에 대한 설명은 제우스의 신성을 서술하면서 이미 언급한 바 있다.[448]

반면 '에욱세이노스'는 헬레니즘 시대의 아폴로니오스에게서 처음 확인된다.[449] '에욱세이노스'는 '크세이니오스'와 서로 통하는 의미이다. 그것은 '잘, 알맞게, 후하게'를 뜻하는 '에우'(εὖ)와 '크세이노스'(ξεῖνος)의 합성어로 '외국인(혹은 빈객)을 환대하는'의 의미를 지닌다. 그러나 '에욱세이노스'는 다른 용례가 확인되지 않는 것으로 보아 자주 사용된 수식어는 아니었던 것 같다.

두 번째로 제우스는 탄원자들의 신이기도 했다. 탄원자들을 보호하는 제우스에 대한 수식어는 '히케테시오스'(ἱκετήσιος)와 '히케시오스'(ἱκέσιος), '힉타이오스'(ἱκταῖος)가 사용되었다. 그중 가장 먼저 확인된 수식어는 '히케테시오스'로 호메로스 때에 이미 사용되었다. '히케테시오스'에 대해서는 제우스의 신성을 서술하면서 이미 언급한 바 있다.[450] 그런데 그것은 호메로스 때에만 사용이 확인되고 그 이후에는 언급되지 않는다. 그 대신 고전기에 들어와 사용된 수식어들이 '히케시오스'와 '힉타이오스'였다. '히케시오스'는 '히케테시오스'와 같은 의미로 '탄원자의, 탄원자를 위하는'의 의미를 지닌다. '히케시오스'는 아테네의 비극시인 아이스킬로스와 소포클레스에게서 확인되고 헬레니즘 시대의 아폴로니오스에게서도 나타난다. '히케시오스'는 제우스 외에 여신 테미스에게도 사용된 바 있다.[451]

'힉타이오스'는 '히케시오스'와 같은 의미로 '탄원자의'라는 뜻을 지닌 수식어이다. 이 수식어는 아이스킬로스에게서 처음 확인된다.[452] 아이스

---

448) 이 책의 228쪽 참조.

449) 아폴로니오스, 『아르고나우티카』 2.378.

450) 이 책의 230쪽 참조.

451) 이 책의 647쪽 참조.

킬로스는 탄원자의 신 제우스에 대한 수식어로 '히케시오스'와 '힉타이오스'를 함께 사용했는데, '히케시오스'는 이후에도 계속 사용된 반면, '힉타이오스'는 아이스킬로스에게서만 확인된다.

세 번째로 제우스는 죄행이나 신성모독을 정화하는 신이었다. 제우스의 그런 신성에 대해 '카타르시오스'(καθάρσιος)라는 수식어가 붙여졌다. '카타르시오스'는 '순화, 정화'를 뜻하는 '카타르시스'(κάθαρσις)와 관련된 말로 '정화의, 정화를 위한'의 뜻을 지닌다. 이 수식어가 제우스에게 붙여진 것은 헤로도토스에게서 처음 확인된다. 헤로도토스는 살인자에 대한 정화 사례를 언급하며 '카타르시오스 제우스'의 이름을 거론한다.『아르고나우티카』에서도 제우스는 살인을 저지른 탄원자들을 보호하고 정화하는 신으로 묘사된다.[453] 여기서 정화의 신 제우스는 탄원자의 신 제우스의 신성과 서로 관련되어 나타난다.

네 번째로 제우스는 도망자들을 보살피는 신으로도 간주되었다. 도망자의 신 제우스에게는 '픽시오스'라는 수식어가 붙여졌다. '픽시오스'는 '도망, 추방'을 뜻하는 '픽시스'(φύξις)와 관련된 말로 '도망의, 추방의'라는 뜻을 지닌다. 제우스에 대해 '픽시스'라는 수식어가 사용된 것은 헬레니즘 시대의 리코프론에게서 처음 확인된다. 그것은 리코프론 이후 아폴로니오스와 아폴로도로스에게서도 나타난다.[454] 그러나 '픽시오스'라는 수식어가 헬레니즘 시대 이전에는 등장하지 않고 제우스의 그런 신성을 가리키는 용례도 없는 것으로 보아, 도망자의 신으로서의 이미지는 헬레니즘 시대에 들어와 부각된 것으로 여겨진다.

---

452) 아이스킬로스,『히케티데스』385.

453) 이 책의 647~48쪽 참조.

454) 이 책의 648쪽 참조.

(5) 신탁과 조언의 신

제우스는 인간의 만사를 주관하는 전능한 존재이므로 인간에게 신탁과 조언을 내리는 신으로 묘사되곤 했다. 신탁의 신 제우스를 가리키는 호칭으로는 '파놈파이오스'가 있었고 조언의 신 제우스를 가리키는 호칭과 수식어로는 '에우리오파' '메티에타' '히파토스 메스토르' '에우불레우스' '메티오에이스'를 들 수 있다. '파놈파이오스'에 대해서는 제우스의 신성을 언급하면서 이미 설명한 바 있다. 이 호칭은 호메로스에게서 처음 확인되지만 그 용례가 극히 드문 것으로 보아[455] 자주 사용된 호칭은 아니었던 것 같다.

조언의 신 제우스를 가리키는 '에우리오파'(εὐρύοπα)는 '멀리 내다보는 자' 혹은 '소리가 넓게 울리는 자'의 의미를 지닌다. 이 말은 '넓은, 광범위한'이라는 의미의 '에우리스'(εὐρύς)와 '옵스'(ὄψ)의 합성어인데, '옵스'의 뜻에 따라 '에우리오파'의 의미도 달라진다. 즉 '옵스'는 '소리' 혹은 '눈'이라는 두 가지 의미를 지녔던 것이다. 그래서 '옵스'가 '눈'일 경우에는 '에우리오파'가 '멀리 내다보는 자'의 의미를 지닌다. 이는 지혜롭고 선견지명 있는 제우스의 혜안을 나타내는 호칭이었던 것으로 보인다. 즉 제우스는 세상의 일을 멀리 내다보고 인간에게 예고하는 신으로 간주되었던 것이다. 하지만 '옵스'가 '소리'를 뜻하는 경우에는 다른 의미의 호칭으로 사용된다. 이때에는 '에우리오파'가 '소리가 넓게 울리는 자'의 뜻으로 쓰이는데, 이는 제우스가 일으킨 천둥의 굉음을 가리키는 표현이라 할 수 있다. '에우리오파'는 호메로스에게서 처음 확인된 이후 헤시오도스와 고전기의 여러 자료들에서 빈번하게 사용되어왔다.[456]

조언의 신 제우스를 가리키는 다른 표현들인 '메티에타' '메티오에이스' '에우불레우스'는 이미 제우스의 신성을 서술하면서 언급한 바 있다.

---

455) 이 책의 648쪽 참조.

456) 이 책의 648쪽 참조.

또한 '히파토스 메스토르'도 조언의 신 제우스의 호칭으로 불렸는데, 그 의미는 '최고의 조언자'를 가리킨다. '메스토르'는 제우스에게 사용된 특별한 호칭이 아니고 인간인 넬레우스나 프리아모스 등에게 사용된 것이었다.[457) 그러나 제우스는 최고신에 걸맞게 '히파토스 메스토르'라는 호칭으로 불렸다. '히파토스 메스토르'는 호메로스에게서 처음 확인되지만 이후로는 그 용례가 나타나지 않는다.[458)

(6) 기타 신성 호칭과 수식어

제우스의 기타 신성과 연관된 수식어로는 '호리오스'(ὅριος)를 들 수 있다. '호리오스'는 '경계'를 뜻하는 '호로스'(ὅρος)에서 유래한 말로 영역의 경계를 지키는 '경계의 신' 제우스를 나타낸다. 여기서의 '경계'는 국가 영토나 개인적인 토지의 경계를 다 포함하는 것이었다. 데모스테네스는 케르소네소스(Chersonesos)의 영토 경계가 '제우스 호리오스'의 제단이 위치한 곳이라고 언급하는데, 그렇다면 경계의 신 제우스의 신전이나 제단은 영토의 경계에 세워져 있고, 그곳에서 경계를 지키며 영토를 수호하는 역할을 했을 것으로 보인다. 또한 플라톤은 '제우스 호리오스'의 규범을 거론하며, 어느 누구도 토착 시민이나 외국인들의 토지 경계표지를 옮겨서는 안 된다고 말한다. 여기서도 제우스는 경계에 대한 보호자로서 등장한다. '호리오스'라는 수식어가 확인된 것은 고전기 아테네의 저술들에서이다.[459)

한편 '크토니오스'(χθόνιος)라는 수식어는 논란의 여지가 있다. 헬레니즘 시대까지의 자료에 언급된 '크토니오스 제우스'는 제우스 자신을 가리킨다기보다 지하의 신 하데스를 가리키는 것이었다. 또 '크토니오스'를 제우

---

457) 호메로스, 『일리아스』 7.366(프리아모스), 17.477(파트로클로스); 『오디세이아』 3.110(파트로클로스), 3.409(넬레우스).

458) 이 책의 649쪽 참조.

459) 이 책의 649쪽 참조.

스의 수식어로 소개한 것은 후대 자료인 아리스토텔레스의 위서『우주론』
(서기 1~2세기)이기 때문에 이 책에서는 '크토니오스'를 제우스의 수식어
에 포함하지 않았다. 하지만 후대 자료에서나마 '크토니오스'가 제우스의
수식어로 사용된 데 대한 내막을 설명하기로 한다. '크토니오스'는 '대지
의, 지하의'라는 의미이기 때문에 대지신이나 지하세계의 신을 가리키는
수식어로 사용되곤 했다. 그래서 그것은 제우스보다는 지하의 신 하데스
와 페르세포네, 지하세계의 인도자 헤르메스 등에게 더 자주 사용된 수식
어였다.[460] 그럼에도 불구하고『우주론』에서는 '크토니오스'를 제우스의
수식어로 소개한다. 이처럼 제우스에게도 '크토니오스'라는 수식어를 붙
일 수 있다면 이는 지하의 신으로서의 제우스를 가리킨다기보다 모든 공
간을 포괄하는 무소불위(無所不爲)의 최고신으로서의 위상을 표현한 것이
라 하겠다.『우주론』의 저자도 제우스를 만물의 원인으로 간주하면서 그
수식어를 설명한다. 그는 '우라니오스'와 '크토니오스'가 제우스의 모든
신성을 아우르는 수식어라고 설명한다. 즉 하늘과 대지의 모든 자연현상
과 행위가 제우스와 연관되어 있어서 '우라니오스'와 '크토니오스'라고 불
린다는 것이다.[461]

2) 성격 및 행적 호칭과 수식어

제우스의 성격과 관련된 수식어로는 '메일리키오스'(μειλιχιός)가 사용되

---

460) 호메로스,『일리아스』9.457; 헤시오도스,『일과 날들』465;『신통기』767; 소포클레스,
  『콜로노스의 오이디푸스』1606; 에우리피데스,『알케스티스』237;『안드로마케』544(하
  데스); 헤로도토스,『역사』6.134, 7.153; 아폴로니오스,『아르고나우티카』4.986-987(데
  메테르, 페르세포네); 아이스킬로스,『제주를 바치는 여인들』1, 125, 727; 소포클레스,
  『엘렉트라』111;『아이아스』832; 아리스토파네스,『개구리』1126, 1139, 1145(헤르메
  스); 아이스킬로스,『페르시아』628-629(가이아와 헤르메스).

461) 아리스토텔레스의 위서『우주론』401a 25-27. 파우사니아스도 '크토니오스'와 '힙시스
  토스'를 제우스의 별명(에피클레시스)으로 함께 언급한 바 있다(파우사니아스, 2.2.8).

었다. '메일리키오스'는 '인자한, 관대한, 은혜로운'이라는 뜻으로 제우스의 관용적인 면모를 가리키는 수식어이다. 이 수식어는 아테네인 투키디데스와 크세노폰의 저술에서 언급되었다. 투키디데스에 의하면 아테네에서 '메일리키오스' 제우스를 기리는 디아시아(Diasia) 제전이 거행되었다하고, 또 크세노폰에 의하면 '메일리키오스' 제우스에게 제물을 바치지 않아 크세노폰이 어려움을 겪었다는 언급이 나와 있다.[462] '메일리키오스'라는 수식어의 유래와 속성에 대해 자세히 알 수 없지만 '인자한'이라는 말은 죄와 잘못을 용서하고 은혜를 베푸는 제우스의 관대한 성격을 내포하고 있다고 하겠다.

3) 형상 호칭과 수식어

제우스의 형상과 연관된 수식어로는 '아이기오코스'(αἰγίοχος)와 '파나이오스'(φαναῖος)가 있다. 이 가운데 '아이기오코스'는 앞서 제우스의 모습을 서술할 때 언급한 바 있다.[463] '아이기오코스'는 '아이기스를 지닌'이라는 뜻인데, 여기서 '아이기스'는 가슴과 등에 두르는 보호구(保護具)를 말한다. 이는 아이기스를 몸에 두른 제우스의 모습을 가리키는 수식어인 것이다. 이 수식어는 호메로스 이후 헬레니즘 시대에까지 계속 사용되어왔다. 그런데 '아이기오코스'가 '염소'를 나타내는 '아익스'(αἴξ)에서 유래했다는 주장도 있다. 디오도로스에 의하면 제우스가 아기였을 때 염소 아말테이아의 젖을 먹고 자랐기 때문에 제우스가 그 염소를 기리는 의미에서 스스로를 아이기오코스라고 불렀다고 한다.[464]

한편 '파나이오스'는 '빛나는, 빛을 발하는'이라는 뜻인데, 제우스의 빛

---

462) 이 책의 650쪽 참조.
463) 이 책의 189~90쪽 참조.
464) 디오도로스, 5.70.6.

나는 모습에서 유래한 수식어로 추정된다. '파나이오스'는 에우리피데스에게서 처음 확인되지만[465] 다른 용례가 거의 없는 것으로 보아 자주 사용된 것은 아니었던 것 같다.

4) 지명 및 인명 호칭과 수식어

제우스의 호칭이나 수식어 중에는 인명 및 지명과 연관된 것들도 많았다. 인명과 관련된 것으로는 '크로니온' '크로니데스' '펠라스기코스'가 있고, 지명과 관련된 것으로는 '이다이오스' '올림피오스' '도도나이오스' '헬라니오스' '네메이오스' '리카이오스' '아이트나이오스' '케나이오스' '이토메테스' '키나이테우스' '아이티옵스' '딕타이오스' '게네타이오스' '아타비리오스'가 있다.

인명과 관련된 호칭들인 '크로니온'과 '크로니데스'는 모두 제우스의 아버지 크로노스의 이름에서 유래한 것이었다. '크로니온'과 '크로니데스'는 둘 다 '크로노스의 아들'이라는 뜻을 지닌다. 이것들은 '크로누 파이스'나 '크로누 히오스' 같은 다른 표현들보다 훨씬 더 빈번하게 사용되었기 때문에 크로노스와 관련해서는 제우스의 가장 대표적인 호칭이라 할 수 있다. 이 호칭들은 호메로스 때부터 헬레니즘 시대에 이르기까지의 여러 자료들에서 수시로 나타난다.[466]

인명 수식어인 '펠라스기코스'(Πελασγικός)는 그리스인들의 선주민인 '펠라스고스'라는 명칭에서 유래한 것으로 '펠라스고스인의'라는 뜻을 지닌다. 이는 제우스와 펠라스고스인의 관련성을 부각한 것인데, 그 구체적인 내용에 대해서는 파악하기 힘들다. 이 수식어는 호메로스에게서만 확인되는 것인데, 호메로스는 도도나의 제우스를 이 수식어로 표현한다. 후

---

465) 에우리피데스, 『레소스』 355.

466) 이 책의 555~57쪽 참조.

대의 스트라본도 도도나의 제우스에 대해 이 수식어를 사용한다.[467] 따라서 이 수식어는 제우스에 대한 일반적 수식어라기보다는 그리스 초기의 펠라스고스인들과 연관된 도도나 제우스에게만 사용되었을 것으로 추정된다.

제우스의 지명 수식어들은 그의 탄생 및 성장과 관련된 지명, 또는 그의 대표적인 숭배 지역의 지명을 따서 붙여진 것이었다. 그중 상고기에 처음 언급된 것들은 '이다이오스'('Ιδαῖος), '올림피오스'('Ολύμπιος), '도도나이오스'('Δωδωναῖος), '헬라니오스'('Ελλάνιος, 혹은 '헬레니오스''Ελλήνιος)이다. '이다이오스' '올림피오스' '도도나이오스'는 호메로스 때에 처음 나타나고, '헬라니오스'는 상고기 핀다로스의 송가에서 처음 확인된다.

'이다이오스'는 '이데'('Ιδη, 혹은 '이다''Ιδα)산에서 유래한 말로 '이데산의'라는 뜻을 지닌다. 그런데 제우스와 관련된 이데산은 크레타의 이데산과 프리기아의 이데산이다. 제우스가 크레타의 이데산에서 태어나 양육되었다는 전승도 있고 또 그가 프리기아의 이데산에서 자주 머물렀다는 이야기도 전하는 것이다. '이다이오스'라는 수식어가 이것들 중 어느 산과 관련된 것인지는 그 용례를 통해 파악할 수 있다. '이다이오스'라는 수식어는 모두 호메로스의『일리아스』에서 확인되는데,[468] 그곳에서 이데산은 제우스의 거처로 자주 언급된다. 제우스는 '이데산의, 아버지 제우스'(Ζεὺς πατὴρ "Ιδηθεν)로 표현되기도 하고, 수시로 이데산을 방문하는 신으로도 묘사된다.[469]『일리아스』에서의 이데산은 트로이 부근의 산으로 프리기아의 이데산을 가리킨다. 그 이데산의 정상인 가르가로스(Gargaros)에는 제우스

---

467) 이 책의 651쪽 참조.

468) 호메로스,『일리아스』16.605, 24.291.

469) 호메로스,『일리아스』3.276, 3.320, 7.202, 8.397, 8.438, 24.308(Ζεὺς πατὴρ "Ιδηθεν); 8.47-52, 8.75-77, 8.170, 8.207, 11.181-184, 11.196, 11.336-337, 12.251-255, 14.157-162, 14.292-293, 14.330-332, 15.4-5, 15.146-148, 15.151-153, 15.254-255, 16.676-677, 17.593-596.

의 성역과 제단이 있었다고 한다.[470] 그러므로 '이다이오스'는 프리기아의
이데산에서 유래한 수식어라 할 수 있다.

  '올림피오스'(Ὀλύμπιος)는 그리스 신들의 거주지로 알려진 '올림포스'
(Ὄλυμπος)산의 이름에서 유래한 수식어로, '올림포스의, 올림포스에 거주
하는'의 뜻을 지닌다. 올림포스산은 신들의 공동 거주지였기 때문에 그 수
식어가 제우스에게만 사용된 것은 아니었다. 그 말은 올림포스의 다른 신
들에게도 쓰였던 것이다.[471] 그러나 '올림피오스'는 특히 제우스에게 자주
사용되어 제우스의 대표적인 지명 수식어가 되었다. 제우스는 '제우스 올
림피오스'(Ζεὺς ὁ Ὀλύμπιος)라 불리기도 하고 그냥 '올림피오스'라고만 불
리기도 한다.[472]

  한편 '올림피오스'는 엘리스 지방의 '올림피아'(Ὀλυμπία)와 연관된 수식
어로도 사용되었다.[473] 올림피아는 제우스를 기리는 올림피아 제전이 열
리던 제우스 신앙의 중심지였다. 헤로도토스는 『역사』 9.81에서 제우스를
'올림피아의 신'(ὁ ἐν Ὀλυμπίη θεός)으로 표현하기도 한다. 따라서 '올림피
오스'와 올림피아의 연관성이 확실히 드러난 경우에는 '올림피아의' 제우
스를 가리킨다고 보아야 할 것이다.

  '도도나이오스'도 호메로스에게서 처음 확인된 제우스의 수식어였다.
'도도나이오스'는 그리스 북부에 있는 에페이로스 지방의 도도나에서 유
래한 수식어이다. 도도나는 제우스의 신탁소로 유명한 곳이었다. 도도나
는 제우스의 신탁소가 위치한 제우스 신앙의 중심지였기 때문에 '도도나
이오스'라는 수식어가 제우스에게 붙여졌던 것이다. '도도나'와 '도도나이

---

470) 호메로스, 『일리아스』 8.48.

471) 호메로스, 『일리아스』 1.399, 20.47; 핀다로스, 『올림피아 송가』 2.25; Paeans, 21.3;
　　　Dithyrambs, fr.75.1; Partheneia, fr.96.3; 메난드로스, 『사미아』(Samia) 187.

472) 이 책의 651~52쪽 참조.

473) 핀다로스, 『이스트미아 송가』 2.27, 6.8.

오스'의 연관성은 호메로스에 의해서도 확인된다. 호메로스는 제우스를 부르면서 "한랭한 도도나를 다스리는 …… 지배자, 도도나이오스 제우스여"(Ζεῦ ἄνα Δωδωναῖε … Δωδώνης μεδέων δυσχειμέρου)라고 칭하는 것이다.[474] 여기서 제우스는 '도도나'를 다스리는 지배자로서 '도도나이오스 제우스'라고 불린다. 이는 '도도나이오스'가 도도나와 관련된 수식어임을 말해준다. '도도나이오스'는 고전기의 여러 자료에서도 제우스의 수식어로 사용된다.

'헬라니오스'는 '그리스'를 뜻하는 '헬라스'(Ἑλλάς)에서 유래한 말로 '그리스의, 그리스를 보호하는'의 뜻을 지닌다. 이 말이 제우스의 수식어로 처음 나타난 것은 핀다로스의 송가에서였다. 이 수식어는 핀다로스의 송가에서 아이기나의 제우스 숭배와 연관되어 언급되지만 나중에는 그리스의 보호자로서의 제우스를 가리킨다. 헤로도토스에 의하면 아테네인들이 스파르타인들에게 페르시아에 대한 공동대응을 촉구하면서 자신들은 헬라니오스 제우스를 경외하고 그리스를 배신하지 않았음을 역설했다고 한다. 여기서 헬라니오스 제우스는 그리스인들의 공동의 신으로 인식되었다. 그런데 '헬라니오스'는 제우스만의 수식어가 아니었다. 아테나 여신에게도 '헬라니오스'의 여성형인 '헬라니아'라는 수식어가 사용되었던 것이다.[475]

'네메이오스(Νέμειος), '리카이오스'(Λυκαῖος), '아이트나이오스'(Αἰτναῖος), '케나이오스'(Κηναῖος), '이토메테스'(Ἰθωμήτης)는 고전기에 처음 확인된 지명 수식어들이다.

'네메이오스'는 펠로폰네소스 지방 북부의 지명 '네메아'(Νεμέα)에서 유래한 수식어로 '네메아의'라는 뜻을 지닌다. 네메아는 올림피아와 더불어

---

474) 호메로스, 『일리아스』 233-234.

475) 이 책의 652쪽 참조.

범그리스적인 제우스 제전이 정기적으로 열리던 제우스 신앙의 중심지였다. 네메아의 제우스 제전은 '네메아'(Νέμεα) 혹은 '네메이아'(Νέμεια)라고 불렸다. '네메이오스' 수식어가 처음 확인된 것은 핀다로스와 바킬리데스의 송가들인데, 그것들이 모두 네메아 우승자들의 송가라는 점에서도 '네메아'와 '네메이오스' 사이의 관련성이 드러난다. 네메아 제전이 기원전 6세기 전반에 시작된 것으로 전하기 때문에 상고기에도 이 수식어가 사용되었을 가능성은 있지만 현존 자료에는 고전기에 들어와서야 처음으로 확인된다.[476]

'리카이오스'는 아르카디아의 '리카이오스'(Λυκαῖος)산에서 유래한 지명 수식어로 '리카이오스의'라는 뜻을 지닌다. 리카이오스산에는 리카이오스 제우스의 신전이 있었다고 하므로[477] 리카이오스는 아르카디아의 제우스 성지라고 할 수 있다. 크세노폰에 의하면 아르카디아인들은 리카이오스 제우스를 기리는 리카이아를 거행했다고 한다. 칼리마코스는 '리카이오스'라는 말을 제우스의 탄생지와 관련지어 언급한다. 즉 '리카이오스'는 제우스가 아르카디아에서 태어난 것과 관련 있다는 것이다. 그렇다면 칼리마코스는 리카이오스산을 제우스의 탄생지로 본 것이라 하겠다. 파우사니아스도 리카이오스 수식어의 내력을 리카이오스산과 연관지어 설명한다. 그에 따르면 펠라스고스의 아들 리카이온이 리카이오스산에 리코수라를 건설하고 제우스에게 리카이오스라는 수식어를 붙여주었다는 것이다.[478]

'아이트나이오스'는 시칠리아의 아이트네(Αἴτνη)에서 유래한 지명 수식어로 '아이트네의'라는 뜻을 지닌다. 여기서 '아이트네'는 시칠리아의 유명한 화산 아이트네산을 가리킨다. 아이트네산 기슭에 아이트네라는 도시

---

476) 이 책의 652쪽 참조.

477) 스트라본, 8.8.2.

478) 크세노폰, 『아나바시스』 1.2.10; 칼리마코스 찬가, 1.4-7; 파우사니아스, 8.2.1, 8.38.6-7 참조.

가 존재하긴 했지만 그 도시의 이름은 아이트네산의 이름을 따서 지어진 것이었다. '아이트나이오스'라는 제우스 수식어가 처음 확인된 것은 핀다로스 송가이다. 핀다로스는 제우스와 시칠리아의 아이트네의 연관성을 자주 언급한다. 즉 제우스가 아이트네산을 자주 찾아왔다고 말하기도 하고, 아이트네인 우승자를 찬미하면서 '아이트나이오스' 제우스의 덕분이라고 말하기도 하고, 또 시라쿠사의 군주 히에론이 '아이트나이오스' 제우스를 숭배했다고 말하기도 하는 것이다.[479] 이는 아이트네산이 제우스의 성지이며, '아이트나이오스' 제우스에 대한 신앙이 시칠리아의 시라쿠사와 아이트네에서 존재했음을 말해준다.

제우스의 또 다른 수식어 '케나이오스'는 에우보이아의 '케나이온' (Κήναιον)곳에서 유래한 것으로 '케나이온의'이라는 뜻을 지닌다. '케나이오스'라는 수식어는 바킬리데스에게서 처음 확인된다. 바킬리데스에 의하면 헤라클레스가 파도가 밀려드는 한 곳에 이르러 '케나이오스' 제우스에게 황소 제물을 바쳤다고 한다. 소포클레스도 유사한 언급을 남기고 있다. 즉 그에 따르면 헤라클레스가 에우보이아의 한 곳에서 케나이오스 제우스에 대한 제단을 마련했다고도 하고, 헤라클레스가 에우보이아의 파도치는 곳, 케나이온에서 파트로이오스 제우스에 대한 제단과 성역을 바쳤다고도 한다.[480] 여기서 소포클레스는 '케나이오스'가 케나이온과 연관된 수식어임을 암시한다. '케나이오스'의 유래를 보다 분명하게 서술한 것은 아폴로도로스였다. 아폴로도로스에 의하면 헤라클레스가 에우보이아의 케나이온 곳에 이르러 '케나이오스' 제우스의 제단을 세웠다는 것이다.[481] 여기서는 케나이온이라는 지명과 '케나이오스'라는 수식어가 함께 서술되므로 그것이 케나이온이라는 지명과 연관된 것임이 분명하게 드러난다.

---

479) 핀다로스, 『피티아 송가』 1.29-30; 『올림피아 송가』 6.96; 『네메아 송가』 1.6.

480) 소포클레스, 『트라키니아이』 237-238, 752-754, 993-995.

481) 아폴로도로스, 『비블리오테케』 2.7.7.

'이토메테스'는 메세니아의 '이토메'(Ἰθώμη)산에서 유래한 수식어로 '이토메의'라는 뜻을 지닌다. '이토메테스'가 제우스의 수식어로 사용된 것은 투키디데스의『역사』에서 처음 확인된다. 투키디데스는 이토메산에 피신한 메세니아인들과 라케다이몬인들 사이의 전쟁의 결말을 서술하면서 '이토메테스 제우스'를 거론한다. 즉 델포이 신탁에 따르면 '이토메테스 제우스'에게 탄원한 자는 떠나도록 내버려두라고 했다고 한다.[482] 그런데 '이토메테스 제우스'에게 탄원했다는 것은 이토메산에 제우스의 성역이나 신전이 있었음을 의미한다. 이는 서기 2세기의 파우사니아스의 저술에서도 분명하게 언급된다. 파우사니아스는 '이토메테스'를 '이토마테스'라고 표현하는데, 제우스와 이토메산의 연관성을 분명하게 제시한다. 그에 의하면 이토메산의 정상에 제우스의 성역이 위치해 있었다고 하며 제우스는 '이토메를 보유한 제우스'(Δία Ἰθώμην ἔχοντα)로 묘사되기도 한다. 또한 님프 이토메가 제우스를 양육했다는 이야기도 전하고 있어서[483] 제우스는 '이토메'라는 이름과 깊이 연관되어 있었음을 알 수 있다. 여기서 님프 이토메의 이름과 이토메산의 이름은 서로 관련된 것으로 묘사된다. 이런 관련성으로 볼 때 '이토메테스' 혹은 '이토마테스'는 '이토메'산의 이름에서 유래한 것이라 하겠다.

　제우스의 지명 호칭과 수식어들 중에는 헬레니즘 시대에 처음 확인된 것들도 많은데, '아이티옵스'(Αἰθίοψ), '딕타이오스'(Δικταῖος), '키나이테우스'(Κυναιθεύς), '게네타이오스'(Γενηταῖος), '아타비리오스'(Ἀταβύριος)가 그것들이다.
　'아이티옵스'는 '에티오피아인, 에티오피아의' 혹은 '달아오른 얼굴, 그을린, 검은'의 뜻을 지닌 제우스의 호칭이었다. 그런데 '아이티옵스'의 의

482) 투키디데스,『역사』1.103.2.

483) 파우사니아스, 4.3.9, 4.20.4, 4.33.1.

미가 '검은' 제우스를 말하는 것인지 '에티오피아의' 제우스를 말하는 것인지는 분명치 않다. 우선 제우스와 에티오피아의 연관성이 명확하게 부각되지 않는다. 헤로도토스는 에티오피아의 도시 메로에(Meroe) 주민들이 제우스를 숭배한다고 언급하지만[484] 여기서의 제우스는 그리스 신 제우스를 가리키지 않는다. 헤로도토스는 이집트의 아문(Amun) 신을 그리스식으로 제우스라고 표기했을 뿐이다. 그렇다고 '아이티옵스'가 '검은' 제우스를 가리킨다고 볼 만한 근거도 확인되지 않는다. 이처럼 '아이티옵스'의 유래와 의미가 확실치 않기 때문에 이 책에서는 일단 '아이티옵스'를 지명 호칭으로 분류하기로 한다.

'딕타이오스'는 크레타의 '딕테'(Δίκτη)산에서 유래한 호칭으로, '딕테의'라는 의미를 지닌다. 딕테산은 제우스의 탄생지로 알려져 있다. 칼리마코스에 의하면 제우스는 그의 탄생지 전승에 따라 '딕타이오스' 혹은 '리카이오스'라고 불렸다고 한다. 이는 '딕타이오스'라는 호칭이 제우스의 탄생지명과 연관된 것임을 말해준다. 딕테산을 제우스의 탄생지로 보는 전승은 아폴로도로스와 디오도로스에게서도 언급된다. 아폴로도로스는 제우스를 임신한 레아가 크레타의 딕테산 동굴에서 제우스를 크로노스 몰래 낳았다고 하고, 디오도로스는 장성한 제우스가 자신이 태어난 딕테에 도시를 건설했다고 말한다.[485]

'키나이테우스'는 아르카디아의 '키나이타'(Κύναιθα)에서 유래한 수식어로 '키나이타의'라는 뜻을 지닌다. 제우스와 '키나이타'의 연관성을 설명해주는 확실한 자료는 확인되지 않는다. 그러나 파우사니아스에 따르면 키나이타인들이 올림피아에 제우스 상을 바쳤다고 하므로[486] 키나이타는 제우스의 숭배지였다고 할 수 있다. 그렇다면 '키나이테우스'는 키나이타

---

484) 헤로도토스, 『역사』 2.29.

485) 칼리마코스 찬가, 1.4-7; 아폴로도로스, 『비블리오테케』 1.1.6; 디오도로스, 5.70.6.

486) 파우사니아스, 5.22.1.

에서 숭배되는 제우스를 나타내는 수식어였을 것으로 보인다.

'게네타이오스'는 흑해 연안의 '게네타이아'(Γενηταία)곳에서 유래한 수식어로 '게네타이아의'라는 뜻을 지닌다. 아폴로니오스에 따르면 그곳에 제우스의 신전이 있었다고 한다. 아폴로니오스는 『아르고나우티카』에서 '에욱세이노스 제우스의 게네타이아 곳'과 '게네타이오스 제우스의 곳'이라는 표현을 사용한다. 그런데 '게네타이아곳'과 '게네타이오스 제우스의 곳'은 동일한 곳을 가리킨다. 아폴로니오스에 의하면 그 곳은 모두 티바레노이(Tibarenoi)인들의 부근에 있는 곳을 말하기 때문이다.[487] 여기서 '에욱세이노스 제우스의 게네타이아 곳'이란 '에욱세이노스 제우스'의 신전이 위치한 게네타이아 곳을 말하므로 '게네타이오스'는 그 신전이 있는 게네타이아 곳의 이름에서 유래한 것이라 할 수 있다.

'아타비리오스'라는 제우스 수식어는 아폴로도로스에게서 처음 확인된다. '아타비리오스'는 로도스의 '아타비리온'산에서 유래한 말로 '아타비리온의'라는 뜻을 지닌다. 아타비리온산에는 '아타비리오스' 제우스의 제단이 세워져 있었다고 한다.[488] '아타비리오스'라는 제우스 수식어는 헬레니즘 시대에 처음 확인되지만 아타비리온산이 제우스와 특별한 관계라는 것은 이미 고전기 때에 언급된 바 있다. 핀다로스는 제우스를 '아타비리온의 능선을 지배하는 자'(νώτοισιν Ἀταβυρίου μεδέων)로 묘사했던 것이다.[489] 따라서 '아타비리오스'라는 수식어는 고전기에도 존재했을 가능성이 크다고 하겠다.

---

487) 아폴로니오스, 『아르고나우티카』 378, 1009.

488) 아폴로도로스, 『비블리오테케』 3.2.1.

489) 핀다로스, 『올림피아 송가』 7.87-88.

5) 기타 호칭과 수식어

제우스의 호칭과 수식어들 가운데 위와 같은 분류가 애매하거나 그 유
래와 의미가 불분명한 것들은 기타 호칭/수식어에 포함하기로 한다. 기타
호칭 및 수식어 가운데 고전기에 처음 확인된 것으로는 '아몬' '모리오스'
'호플로스미오스' '라피스티오스'가 있고 헬레니즘 시대 자료에서 처음 확
인된 것으로는 '밀레우스' '코미로스' '드림니오스' '프로만테우스' '기랍시
오스' '테르미에우스'가 있다. 또 '카리오스'는 고전기에 처음 확인된 것이
지만 그리스의 제우스를 가리킨다고 보기 어려워 따로 구분했다.

'아몬'(Ἄμμων)은 이집트 신 '아몬'의 이름에서 유래한 호칭이다. 이집트
신 아몬의 이름은 핀다로스 이후 그리스인들 사이에 널리 알려져 있었다.
아리스토파네스와 플라톤은 아몬을 대표적인 신탁의 신으로 언급했고, 특
히 아테네에서는 아몬 신전에 파견할 관선(官船) 운영을 위해 따로 재정
관을 선출할 정도였다. 그런데 핀다로스는 이집트의 아몬을 '제우스 아
몬'(Ζεὺς Ἄμμων)이라고 불렀는데, 이는 제우스와 아몬을 동일시한 결과였
다. 헤로도토스 역시 이집트의 아몬을 그리스식으로 제우스라 부르곤 했
다.[490] 이 사례들은 이집트 신 아몬을 제우스라고 부른 경우였다. 반면에
그리스 신 제우스를 아몬이라고 부른 사례는 핀다로스에게서 처음 나타난
다. 핀다로스는 '올림포스의 주인, 아몬'(Ἄμμων Ὀλύμπου δέσποτα)이라는 표
현을 사용한 바 있는데,[491] 여기서의 아몬은 그리스의 제우스를 가리킨다.
'올림포스의 주인'은 바로 제우스를 말하기 때문이다. 그러나 핀다로스 이
외에는 용례가 확인되지 않는 것으로 보아 자주 사용된 호칭은 아니었던
것 같다.

---

490) 핀다로스, 『피티아 송가』 4.16; 헤로도토스 『역사』 2.42, 2.55; 아리스토파네스, 『새』 618-
620, 716-718; 아리스토텔레스, 『아테네인의 국제』 61.7; 플라톤, 『법률』 738C.

491) 핀다로스, Hymns fr.36.

'모리오스'(Μόριος)는 '성스런 올리브나무들'을 뜻하는 '모리아이'(μορίαι)와 연관된 말로 '성스런 올리브나무를 수호하는 자'라는 의미를 지닌다. 제우스의 호칭으로서의 '모리오스'는 소포클레스의 『콜로노스의 오이디푸스』에서 한 번 언급된다. 거기서 극중의 코러스가 오이디푸스에게 말하기를, 아티카에는 사람 손에 자라지 않고 스스로 크는 올리브나무가 있는데 노소를 막론하고 누구도 그것을 훼손할 수가 없다고 한다. '모리오스 제우스'의 눈과 아테나 여신이 항상 그것을 주시하고 있기 때문이라는 것이다. 그 올리브나무는 아시아나 펠로폰네소스에는 없는 것이라 한다.[492] 그렇다면 '모리오스'는 그 성스런 올리브나무를 지키는 제우스에 대한 호칭이고 아티카에서만 불린 호칭이었다고 할 수 있다.

제우스의 호칭 '호플로스미오스'(Οπλόσμιος)는 '무장한 자'라는 의미를 지니는데, 아리스토텔레스의 한 저술에서만 확인된다. 그것은 '무장한 제우스'를 가리키는 것으로 보이는데, '호플로스미오스 제우스'에 대한 숭배는 아르카디아에서만 나타난다. '호플로스미오스 제우스'의 사제가 존재했다고 하므로 그 신에 대한 정기적인 제사가 이뤄졌을 것으로 추정되지만, '호플로스미오스'의 유래를 정확하게 파악하기는 어렵다.

'라피스티오스'(Λαφύστιος)는 제우스의 수식어로 사용되었는데, 그것은 헤로도토스에게서 처음 확인된다. 헤로도토스는 크세륵세스의 군대가 그리스의 아카이아 지방의 알로스(Alos)에 도착했을 때의 일을 서술하면서 그곳의 '라피스티오스 제우스'에 대한 숭배를 언급한다. 그러나 헤로도토스는 '라피스티오스'라는 제우스 수식어의 유래나 의미를 따로 설명하지 않는다. 다만 '라피스티오스 제우스'의 숭배가 프릭소스를 죽이려는 아타마스와 이노의 음모와 연관되어 있음을 언급할 뿐이다. 즉 헤로도토스에 의하면 프릭소스 가문의 장자(長子)는 프리타네이온이라고 불리는 곳에 들어가서는 안 되고 만일 들어갔을 경우에는 신에 대한 제물로 바쳐진

---

492) 소포클레스, 『콜로노스의 오이디푸스』 695-706.

다고 한다.[493] 여기서 제물이란 라피스티오스 제우스에 대한 인간 제물을 가리키는 것으로 보인다. 이는 후대의 파우사니아스의 서술에 의해 더욱 분명하게 설명된다. 파우사니아스에 의하면 코로네이아와 오르코메노스 사이에 라피스티오스산과 라피스티오스 제우스의 성역이 있는데 이곳에서 아타마스가 프릭소스 남매를 제물로 바치려 했다는 것이다.[494] 그렇다면 헤로도토스와 파우사니아스 모두 인간 제물이 라피스티오스 제우스에게 바쳐졌다는 것을 언급하는데, 아마 이로부터 '라피스티오스'라는 수식어가 생겨났던 것으로 보인다. '라피스티오스'는 원래 '탐식(貪食)하는, 식탐 많은'이라는 뜻을 지닌 말이므로 인간 제물을 탐할 정도로 탐욕스런 제우스에게 그런 수식어가 붙여졌을 법도 하기 때문이다. 또한 파우사니아스는 라피스티오스산과 라피스티오스 제우스의 성역을 함께 언급하여, 그 수식어가 지명과 연관된 것임을 암시하기도 한다. 그러나 라피스티오스라는 지명이 '탐식(貪食)하는, 식탐 많은'이라는 뜻의 단어에서 유래한 것인지는 확인되지 않는다. '라피스티오스'는 자주 사용된 수식어는 아니었던 것 같다. 헬레니즘 시대까지는 헤로도토스에게서만 그 용례가 확인되기 때문이다.

헬레니즘 시대에 처음 확인된 제우스의 기타 호칭과 수식어들은 모두 리코프론의 『알렉산드라』에 언급된 것들이다. '밀레우스'(Μυλεύς), '코미로스'(Κωμύρος), '드림니오스'(Δρύμνιος), '프로만테우스'(Προμανθεύς), '기랍시오스'(Γυράψιος), '테르미에우스'(Τερμιεύς)가 다 리코프론에게서 처음 나타난다. 이것들은 대개 그 의미와 유래를 분명하게 파악하기 힘들다. '밀레우스'는 '제분소를 지키는'이라는 의미인데, 그것이 제우스와 어떻게 연관되는지는 분명치 않다. '드림니오스'는 팜필리아의 제우스, '프로만테우

---

493) 『역사』 7.197.
494) 파우사니아스, 9.34.5-6.

스'는 투리의 제우스, '기랍시오스'는 키오스의 제우스를 가리키는 명칭이
었다고 하는데,[495] 그 정확한 의미와 유래를 확인할 수 없다. 한편 '코미로
스'와 '테르미에우스'에 대해서도 그 의미와 유래를 확인하기 어렵다.

한편 '카리오스'(Κάριος)는 '카리아'(Καρία)에서 유래한 말로, '카리아의'
라는 뜻을 지닌다. 여기서 카리아는 소아시아 남서부의 카리아를 말한다.
헤로도토스는 『역사』 1.171에서 밀라사의 '카리오스' 제우스 신전을 거론
하면서 카리아인의 형제인 미시아인과 리디아인도 그 신전을 이용한다고
설명한다. 밀라사는 카리아의 도시이고 미시아인과 리디아인은 카리아의
주변 국가이니, 카리아는 당연히 소아시아의 카리아를 가리키는 것이다.
후대의 스트라본 역시 헤로도토스의 서술을 그대로 받아들인다. 스트라본
은 카리아의 밀라사에 있는 '카리오스' 제우스 신전을 언급하면서 그 신전
을 모든 카리아인들 및 그들의 형제인 리디아인과 미시아인들이 공유한
다고 서술하는 것이다.[496] 즉 '카리오스'라는 이름이 카리아와 연관된 것
이고 '카리오스' 제우스가 카리아인들의 신임을 말해준다. 그런데 헤로도
토스의 『역사』 5.66에는 아테네의 이사고라스 일족이 '카리오스' 제우스
에게 제사를 지낸다는 언급이 나와 있다. 아테네인과 연관되어 '카리오스'
제우스를 언급하기 때문에 그곳이 아테네와 가까운 지역인 메가라의 요새
카리아를 가리키는 것으로 볼 수도 있다.[497] 하지만 헤로도토스가 1.171
에서 '카리오스' 수식어가 카리아의 제우스와 연관된 것임을 분명히 밝힌
이상, 카리아는 소아시아의 카리아로 보는 것이 타당하다. 후대의 플루타
르코스도 헤로도토스의 '카리오스' 제우스가 카리아의 제우스를 가리키는
것으로 받아들인다.[498] 그러므로 헤로도토스가 언급한 '카리오스' 제우스

---

495) A. W. Mair, *Callimachus, Lycophron*, Harvard Univ. Press, 1989, p. 365, 주k.

496) 스트라본, 『지리지』 14.2.23.

497) W. W. How & J. Wells, *A Commentary*, vol. 2, p. 32 참조.

498) 플루타르코스, 『헤로도토스의 악의에 대해』 23.

는 그리스 신 제우스가 아니라 카리아의 신을 가리킨다고 할 수 있다. '카리오스' 제우스가 그리스의 제우스를 의미하는 것이 아니라면 '카리오스'는 그리스 신 제우스의 수식어로 보기 어렵다.

8. 기타 사항: 사자(使者)

제우스는 신과 인간의 총수로서 신과 인간 세계의 여러 가지 일에 간여했다. 그는 또한 신탁과 조언의 신이었기 때문에 특히 인간들에게 자신의 뜻을 자주 전달할 필요가 있었다. 이렇듯 동료 신들과 인간에게 자신의 의사를 전달할 때 제우스는 신탁을 통해 직접 전달하거나 혹은 자신의 대리자를 통해 간접적으로 전달하곤 했다. 그 대리자들이 곧 제우스의 사자(使者)들인데, 흔히 이리스나 헤르메스 같은 신들과 독수리 같은 신성한 동물이 그 역할을 수행했다. 이들 사자는 호메로스 때부터 자주 언급된다. 호메로스가 언급한 제우스의 사자들은 이리스, 헤르메스, 레아, 테미스, 독수리와 뱀 등이었다.

이리스는 폰토스의 아들 타우마스와 오케아노스의 딸 엘렉트라 사이에 태어난 딸로[499] 무지개의 신이자 올림포스 신들의 사자로 나온다. 그녀는 원래 제우스만의 사자는 아니었다. 이리스는 호메로스 서사시에서 헤라의 사자로도 나타난다.[500] 이리스는 특정 신의 개별적인 사자가 아니라 '신들의 사자'로 간주되었던 것이다.[501] 그럼에도 불구하고 그리스의 자료에서는 이리스가 주로 제우스의 명령을 전하는 사자로 등장하곤 했다.

이리스는 신들과 인간들을 찾아다니며 제우스의 뜻을 충실하게 전한다.

---

499) 헤시오도스, 『신통기』 265-266, 780; 아폴로도로스, 『비블리오테케』 1.2.6.

500) 호메로스, 『일리아스』 18.166-168, 182-186.

501) 호메로스, 『일리아스』 15.144; 호메로스 찬가, 3.102-114.

제우스는 자신 몰래 그리스 군을 지원하려는 헤라와 아테나에게 이리스를 보내 만류하고, 자신의 뜻을 거스르는 포세이돈에게도 이리스를 보내 경고의 뜻을 전한다. 또한 제우스는 아킬레우스의 어머니 테티스를 부르러 바다 속으로 이리스를 보내기도 한다.[502] 이리스가 찾아가는 것은 신들만이 아니었다. 그녀는 인간들에게도 제우스의 뜻을 전하는데, 트로이의 프리아모스, 헥토르, 헬레네를 찾아가기도 했던 것이다.[503] 이리스는 제우스의 사자답게 재빠르고 민첩한 이미지를 지니고 있었다. 그녀에게 주로 붙여진 수식어는 '날랜'(ὠκύς), '재빠른'(ταχύς), '바람처럼 빠른'(ποδήνεμος), '발 빠른'(πόδας ὠκύς), '폭풍처럼 빠른'(ἀελλόπος) 등이었다.[504] 호메로스 이후에도 이리스는 여전히 제우스의 사자로 언급된다. 그녀는 아버지 제우스의 사자로 지칭되고, 제우스의 명에 따라 데메테르를 데리러 엘레우시스로 가기도 한다.[505] 또 민첩한 이미지의 수식어도 여전히 붙어 다닌다.[506] 하지만 호메로스 이후에는 제우스의 사자로서 언급되는 빈도가 현저히 줄어든다.

헤르메스도 호메로스 때부터 제우스의 사자로서 자주 등장한다. 헤르메스는 제우스와 마야의 아들로, 여행과 도로의 신, 전령의 신, 교역의 신, 운동경기의 신 등으로 숭배되었다. 헤르메스는 '디악토로스'(διάκτορος)나 '케릭스'(κῆρυξ)라는 호칭으로 불리곤 하는데,[507] '디악토로스'는 '안내자,

---

502) 호메로스, 『일리아스』 8.397-398, 15.158-159, 15.168-169, 24.78-84.

503) 호메로스, 『일리아스』 2.786-787, 3.121, 11.186, 24.117-119, 24.159-160. 이리스가 제우스의 사자로 활약한 그 밖의 사례는 이 책의 656쪽 참조.

504) 호메로스, 『일리아스』 2.786. 11.195, 15.168, 15.172, 18.166, 18.183, 24.95(ὠκύς), 11.186, 15.158, 24.144(ταχύς), 2.786, 11.195, 15.168, 18.166, 18.183, 24.95(ποδήνεμος), 2.790, 2.795, 11.199, 18.202, 24.87, 24.188(πόδας ὠκύς), 24.77, 24.159(ἀελλόπος).

505) 호메로스 찬가, 2.314-324; 아리스토파네스, 『새』 1230-1231.

506) 헤시오도스, 『신통기』 266(ὠκύς), 780(πόδας ὠκύς); 호메로스 찬가, 3.107(ποδήνεμος ὠκύς); 아리스토파네스, 『새』 1203(ταχύς).

사자' '케뤽스'는 '사자, 전령'을 의미한다. 이 호칭들은 신들의 전령 및 죽은 자들의 저승 안내자 역할을 하는 헤르메스의 신성을 가리킨다. 헤르메스는 이리스와 마찬가지로 여러 신들의 사자이기도 했지만[508] 일반적으로 제우스의 사자로 묘사되곤 했다.

호메로스 서사시에서 헤르메스는 님프 칼립소를 찾아가 오디세우스의 귀환을 허용하라는 제우스의 명을 전한다.[509] 여기서 헤르메스는 자신이 원치 않았으나 제우스의 명에 따라 그녀를 찾아오게 되었다고 말한다.[510] 그는 자신이 제우스의 충실한 사자임을 분명하게 밝히고 있는 것이다. 또 헤르메스는 인간들에게도 제우스의 뜻을 전달하는데, 제우스의 명을 받아 프리아모스를 찾아가기도 하고, 아가멤논의 죽음을 막으려고 아이기스토스를 찾아가기도 한다.[511]

헤르메스의 제우스 사자(使者) 역할은 『일리아스』보다는 『오디세이아』에서 더욱 두드러진다. 『일리아스』에서는 헤르메스가 프리아모스에 대한 사절 역할만 할 뿐이고 나머지 일은 모두 이리스가 담당한다. 그런데 『오디세이아』에서는 이리스가 전혀 언급되지 않고 헤르메스만 제우스 사자로 나온다. 호메로스 이후 자료에서도 이리스보다는 헤르메스가 제우스 사자로 더욱 많이 등장한다. 이는 후대로 가면서 헤르메스 신의 신성과 역할에 대한 비중이 더욱 커졌음을 보여준다.

---

507) 호메로스, 『일리아스』 2.103, 21.497, 24.339, 24.378, 24.389, 24.410, 24.432,
24.445; 『오디세이아』 5.43, 5.75, 5.94, 5.145, 8.335, 8.338, 15.319, 24.99; 헤시오도스, 『일과 날들』 68, 77(διάκτορος); 호메로스, 『일리아스』 24.674; 헤시오도스, 『일과 날들』 80(신들의 '사자'); 『신통기』 939(신들의 '사자'); 아이스킬로스, 『아가멤논』 515; 『제주를 바치는 여인들』 124(상계(上界)와 하계(下界)의 최고 '사자')(κῆρυξ).

508) 헤시오도스, 『일과 날들』 80; 『신통기』 939(신들의 사자).

509) 호메로스, 『오디세이아』 1.84-87, 5.21-115, 5.145-147.

510) 호메로스, 『오디세이아』 5.99.

511) 호메로스, 『일리아스』 24.334-357, 24.460-461(프리아모스); 『오디세이아』 1.37-
39(아이기스토스).

이리스와 헤르메스 외에 테미스(Themis), 오사(Ossa), 오네이로스(Oneiros), 레아도 제우스의 명령을 전하는 전달자로 나온다.[512] 테미스는 제우스의 명을 받아 여러 신들에게 올림포스 정상에 모이도록 연락하고, 레아는 제우스의 사절로서 데메테르를 찾아가 그녀를 신들에게 데려오고자 한다. 오사는 소문의 여신을 말하고 오네이로스는 꿈의 신을 가리키는데, 둘 다 '제우스의 사자'(Διὸς ἄγγελος)로 소개된다. 이 가운데 호메로스가 언급한 사례는 테미스, 오사, 오네이로스이고 레아는 호메로스 찬가에서 언급된다. 그런데 이들이 제우스의 사자로 활약한 사례는 매우 드물다. 오사와 오네이로스는 '제우스의 사자'라는 명칭에도 불구하고, 정작 사자로 등장한 사례는 그리 많지 않다. 더욱이 테미스와 레아에게는 그런 명칭도 사용되지 않은 것으로 보아, 그들이 제우스의 관례적인 사자는 아니었음이 분명하다. 호메로스와 호메로스 찬가에 나오는 그들의 사자(使者) 활동은 특별한 현안에 대한 단발적인 임무였을 것으로 보인다.

동물 중에는 독수리가 제우스의 사자로서 가장 애용되었던 것으로 나온다. 독수리는 제우스가 가장 총애하는 동물 전령사였다. 독수리는 '새들 중에서 가장 확실하게 수행하는'(τελειότατον πετεηνῶν)[513] 새였다고 한다. 여기서 '가장 확실하게 수행한다'는 것은 전조(前兆)를 통해 제우스의 뜻을 가장 잘 전달한다는 것을 의미한다. 그래서 독수리는 '제우스가 가장 아끼는, 가장 강력하고 가장 빠른 전조(前兆) 새'로 간주되었다. 전조 새 독수리가 오른편에서 나타나면 길조로 간주되었다고 한다.[514] 한편 뱀도 제우스의 뜻을 전하는 전달자로 나오지만 독수리의 사례가 훨씬 빈번하게 제시된다.[515] 제우스가 천상의 신이었기 때문에 지상의 동물보다는 천상

---

512) 이 책의 657쪽 참조.

513) 호메로스, 『일리아스』 8.247, 24.315.

514) 호메로스, 『일리아스』 24.292-294, 24.310-312.

515) 이 책의 657~58쪽 참조.

의 동물인 독수리가 더 자주 언급되었을 것으로 추정된다.

제4장

포세이돈 신화의 변천과정

포세이돈은 제우스와 마찬가지로 올림포스 신화의 주역이고 그리스의 대표적인 해신(海神)으로 통한다. 그리스의 육지는 산악지형 위주이고 척박한 토양이므로 그리스인들의 삶에서 해상활동이 차지하는 비중은 매우 높은 편이었다. 그래서 바다와 해상활동을 관장하는 포세이돈은 그리스인들의 특별한 숭배 대상이었다. 우선 포세이돈은 범그리스 제전인 이스트미아 제전에서 숭배되던 전국적인 신이었다. 이스트미아 제전이 항구도시 코린토스에서 거행되었다는 것은 그가 특히 해상국가에서 존중받는 신이었음을 말해준다. 포세이돈은 코린토스 외의 다른 지역에서도 열렬히 숭배되는 신이었다. 헬리케, 아이가이, 옹케스토스, 이스트모스, 아티카의 콜로노스와 수니온, 이오니아, 타이나로스, 말레아, 게라이스토스, 테살리아 등이 그에 대한 주요 숭배지역이었다고 한다.[1]

---

[1] 호메로스, 『일리아스』 8.203-204(헬리케, 아이가이); 호메로스 찬가, 3.230-238, 4.186-187(옹케스토스); 핀다로스, 『올림피아 송가』 8.48-52; 『이스트미아 송가』 6.5, 13.4-5; 『네메아 송가』 5.37-39, 6.39-41(이스트모스); 바킬리데스, 『우승송가』 14.20(테살리아); 소포클레스, 『콜로노스의 오이디푸스』 887-888, 1158(아티카의 콜로노스); 에우리피데스, 『포이니사이』 1707(아티카의 콜로노스); 에우리피데스, 『키클롭스』 290-295(타이나로스, 말레아, 수니온, 게라이스토스); 헤로도토스, 『역사』 9.81(이스트모스), 1.148(이오니아); 아리스

포세이돈의 이름이 처음 확인된 것은 기원전 15세기경의 선상문자B 점 토판들에서였다. 거기서 포세이돈은 '포세다오' 혹은 '포세다오네'라는 이 름으로 언급된다. 이는 미케네 문명 시대에 이미 포세이돈에 대한 숭배가 존재했음을 암시한다. 그러나 미케네 문명 시대에 포세이돈이 어떤 신이 었는지는 전연 알 수 없다. 포세이돈의 내력과 신성 등에 대한 구체적인 언급이 등장한 것은 역시 호메로스 서사시에서였다. 특히 호메로스의『오 디세이아』에는 포세이돈에 관한 서술이 빈번하게 나타난다. 『오디세이아』 는 그리스군의 전사 오디세우스가 트로이 함락 이후 자신의 고향 이타카 (Ithaka)로 귀환하기까지 겪는 고난과 모험을 서술한 해상모험담인데, 포 세이돈은 오디세우스의 귀환을 방해하는 바다의 신으로 등장한다. 포세이 돈은 오디세우스가 자신의 아들 폴리페모스에게 위해를 가한 것 때문에 줄곧 그를 방해하는데, 이 과정에서 바다의 지배자로서의 포세이돈의 역 량과 면모가 자세하게 묘사된다.

1. 출생: 부모, 탄생과정, 형제/남매

1) 부모

포세이돈은 제우스와 마찬가지로 크로노스와 레아의 아들이었다고 전 한다. 이는 호메로스와 헤시오도스 때부터 언급된 내용이었다. 그의 부 모 이름이 모두 거론되기도 하고, 아버지나 어머니의 이름이 단독으로 거 론되기도 했다. 어머니만 단독으로 거론된 사례는 극히 드물고 대개는 아

토파네스, 『기사』 560-561(수니온, 게라이스토스); 크세노폰, 『헬레니카』 4.5.1-2(이스트모 스의 이스트미아 제전); 아폴로니오스, 『아르고나우티카』 3.1240-1244(이스트모스, 타이나 로스, 레르나호수, 옹케스토스, 칼라우레이아, 하이몬산, 게라이스토스); 아폴로도로스, 『비블 리오테케』 2.4.11(옹케스토스); 디오도로스, 4.73.3(이스트모스).

버지의 이름이 자주 거론되었다.[2] 이때 크로노스와 포세이돈의 부자관계를 나타내는 표현으로 사용된 것은 '크로니온'(Κρονίων), '크로니데스'(Κρονίδης), '파이스 크로누'(παῖς Κρόνου), '크로누 히오스'(Κρόνου υἱος)였는데, 이것들은 모두 '크로노스의 아들(혹은 자식)'을 의미하는 것이었다. 이것들은 크로노스와 제우스의 부자관계를 나타내는 데에도 사용된 말이었다. 특히 상고기에는 '크로니온'과 '크로니데스'가 제우스에게만 사용된 표현이었는데, 고전기에 들어서는 포세이돈에게도 사용되었다. 이는 핀다로스와 바킬리데스의 용례에서 처음 확인된다.

2) 탄생과정

포세이돈은 크로노스와 레아의 여느 자식들과 동일한 탄생과정을 거쳤다. 포세이돈의 탄생 이야기는 별도로 전하지 않고 크로노스 자식들의 공통적인 탄생 일화로서 언급된다. 더욱이 크로노스 자식들의 탄생 이야기는 제우스의 탄생에 초점이 맞춰져 있으므로 포세이돈의 탄생에 대한 서술 비중은 극히 미약한 편이다. 포세이돈을 포함한, 크로노스 자식들의 탄생이 체계적으로 처음 서술된 것은 헤시오도스에게서였다. 호메로스가 제우스의 부모와 형제/남매들에 대해 부분적으로 언급한 적은 있지만 그들이 어떻게 태어났는지에 대해서는 거론하지 않았던 것이다. 헤시오도스에 의하면 레아가 크로노스와 동침하여 헤스티아, 데메테르, 헤라, 하데스, 포세이돈, 제우스를 낳았다고 한다. 그런데 크로노스는 가이아와 우라노스에게서 한 예언을 듣고 레아가 아기를 낳으면 바로 삼켜버렸다고 한다. 예언에 따르면 크로노스가 장차 자신의 자식에 의해 권좌에서 내몰린다는 것이었다. 이에 크로노스는 제우스 이전에 태어난 자식들을 모두 삼켜버렸다. 레아는 제우스를 낳을 때가 되자 계략을 써서 크로노스를 속였다고

---

2) 이 책의 659~60쪽 참조.

한다. 그녀는 크레타에 가서 크로노스 몰래 제우스를 낳았고 아기 대신에 큰 돌멩이를 포대기에 싸서 크로노스에게 주었는데, 크로노스가 그것도 역시 삼켜버렸다. 하지만 제우스의 형제/남매는 나중에 제우스 덕분에 크로노스의 몸속에서 다시 밖으로 나오게 되는데, 그 순서는 출생순서와 반대였다고 한다. 즉 포세이돈은 크로노스와 레아의 다섯째 자식으로 태어났다가 크로노스의 몸속으로 들어갔고 나중에는 반대로 크로노스의 몸 밖으로 나오게 되었다. 이는 포세이돈만이 아니라 제우스의 다른 형제/남매들이 다 함께 겪은 과정이었다.

헤시오도스가 진술한 포세이돈의 탄생 전승은 후대에도 그대로 반복된다. 아폴로도로스와 디오도로스 역시 유사한 진술을 남기고 있는 것이다. 아폴로도로스에 의하면 크로노스는 그가 자신의 자식에 의해 권력을 박탈당할 것이라는 예언을 가이아와 우라노스에게서 듣고 레아와의 사이에 낳은 자식들을 삼켜버렸다고 한다. 그가 삼킨 자식들은 순서대로 헤스티아, 데메테르, 헤라, 플루톤, 포세이돈이었다고 한다. 이에 화가 난 레아는 제우스를 잉태하자 크레타에서 몰래 낳은 후 크로노스에게 돌멩이를 주어 삼키게 했다. 그리고 후일 장성한 제우스가 메티스의 도움으로 크로노스가 삼킨 것들을 토하게 하자 크로노스는 그의 자식들을 모두 토했다고 한다. 이상의 아폴로도로스의 서술은 포세이돈의 계보와 출생순서, 자식을 삼킨 크로노스의 행위와 이유, 제우스의 성장과 형제/남매들의 복귀에 관한 설명에서 헤시오도스 서술과 유사한 면을 보인다.

디오도로스의 서술 역시 헤시오도스와 대체로 유사하다. 디오도로스에 의하면 크로노스와 레아 사이에 헤스티아, 데메테르, 헤라, 제우스, 포세이돈, 하데스가 태어났다고 한다. 크로노스는 자신의 자식이 지배권을 탈취할 것이라는 예언을 듣고 그가 낳은 자식들을 차례로 삼켜버렸다고 한다. 이를 슬퍼한 레아는 제우스를 낳을 때가 되자 크로노스 몰래 이데산에서 낳아 양육하게 했다. 하지만 디오도로스는 크로노스가 자신의 자식들을 다시 토해냈다는 일화를 언급하지 않음으로써 헤시오도스 서술과는 다소 차이를 보인다. 그렇더라도 디오도로스의 서술은 헤시오도스의 서술을 준용한 것으로 볼 수 있다. 포세이돈의 계보와 출생과정, 자식을 삼킨 크로노스의 행위와 그 이유에 대해서는 둘의 서술이 일치하기 때문이다.

3) 형제/남매

포세이돈의 형제/남매는 헤스티아, 데메테르, 헤라, 하데스, 제우스였다. 포세이돈의 형제/남매에 대한 언급은 호메로스 때부터 나타난다. 호메로스는 크로노스와 레아의 아들 3형제의 이름을 모두 거론하고 제우스와 헤라가 오누이간이라는 것도 언급한다. 하지만 호메로스는 포세이돈을 포함한 형제/남매 6명의 이름을 한꺼번에 거명하지 않았다. 그들의 계보와 이름을 모두 언급한 것은 헤시오도스였다. 헤시오도스가 크로노스와 레아의 자식으로 거론한 신들은 헤스티아, 데메테르, 헤라, 하데스, 포세이돈, 제우스이다. 헤시오도스가 언급한 이들 6명의 이름은 후대의 자료에서도 그대로 반복된다. 핀다로스, 에우리피데스, 이소크라테스, 플라톤이 그들의 이름을 부분적으로 기술하고 있으며, 아폴로도로스와 디오도로스는 6명의 이름을 모두 언급한다.

포세이돈은 아들 3형제 중에서 둘째였던 것으로 전한다. 크로노스의 아들들인 포세이돈과 제우스 가운데 누가 더 연장자인지에 대해서는 전승이 일치하지 않지만,[3] 포세이돈이 크로노스의 둘째 아들이라는 것에 대해서는 일치된 진술을 보인다. 포세이돈이 제우스보다 연장자인 경우에는 하데스, 포세이돈, 제우스의 순서이고, 제우스가 포세이돈보다 연장자인 경우에는 제우스, 포세이돈, 하데스의 순서가 되는 것이다.

---

3) 이 책의 91~94쪽 참조.

2. 양육: 양육과정, 양육자, 양육장소

포세이돈의 양육과정에 대해서는 특별한 전승이 전하지 않는다. 다만 디오도로스가 그의 양육에 대해 간단히 전하고 있을 뿐이다. 디오도로스에 의하면 텔키네스(Telchines)인들이 레아의 지시를 받고 카페이라(Kapheira)와 함께 아기 포세이돈을 양육했다고 한다. 그런데 텔키네스는 로도스에 맨 처음으로 거주한 자들이고, 장성한 포세이돈은 후일 텔키네스인들의 누이 할리아와 동침하여 로도스 등을 낳았다고 한다.[4] 텔키네스가 로도스에 맨 처음으로 거주한 자들이고 로도스 섬의 이름이 유래한 로도스가 포세이돈의 딸이었다는 것은 아무래도 포세이돈과 로도스가 긴밀한 관계에 있었음을 말해준다. 이처럼 그의 양육과정에 대한 전승이 이래저래 로도스와 연관되어 있으므로 로도스가 포세이돈의 양육장소로 여겨질 수도 있다. 하지만 포세이돈의 양육장소에 대해 분명한 언급이 없는데다 로도스를 암시하는 전승도 디오도로스에게서만 확인될 뿐이다. 포세이돈의 양육과정에 대한 전승은 그 내용과 언급 빈도에서 매우 빈약한 편이다.

3. 결혼과 자녀: 배우자(연인), 자녀

1) 배우자 혹은 연인

포세이돈도 제우스와 마찬가지로 다수의 여성들과 동침하고 많은 자식들을 두었다고 전한다. 포세이돈의 아내로 나오는 것은 암피트리테이지만 그녀 외에도 많은 여신과 인간들이 포세이돈의 연애 상대로 언급된다. 이 책에서는 그의 아내 혹은 연인들을 여신, 인간, 동성애 상대로 구분하여

---

4) 디오도로스, 5.55.1, 5.55.4

서술하기로 한다.

(1) 여신

상고기에 포세이돈의 아내나 연인으로 언급된 여신 혹은 님프는 암피트리테, 메두사, 토사, 헤스티아뿐이다. 이 가운데 토사는 호메로스에게서 처음 확인되고, 암피트리테와 메두사는 헤시오도스, 그리고 헤스티아는 호메로스 찬가에서 처음 언급된다.

포세이돈의 아내는 바다의 여신 암피트리테였다고 전한다. 포세이돈과 암피트리테의 관계에 대한 언급은 헤시오도스에게서 처음 확인된다. 헤시오도스는 암피트리테를 네레우스의 딸로 기술하며, 그녀와 포세이돈에게서 트리톤이 태어났다고 말한다. 트리톤은 심해(深海)에서 자신의 부모와 함께 지낸다고 한다. 특히 그가 부모인 포세이돈 및 암피트리테와 함께 '황금가옥'(χρύσεα δῶ)에서 지낸다는 것은 그들이 바다 속에서 동거하는 가족임을 가리킨다. 즉 포세이돈과 그의 아내 암피트리테, 아들 트리톤이 하나의 가족을 구성한 것이다. 이들의 관계는 바킬리데스의 언급에서도 확인된다. 바킬리데스는 암피트리테를 테세우스의 '아버지의 사랑스런 아내'(πατρὸς ἄλοχος φίλη)라고 부른다. 여기서 테세우스의 아버지는 포세이돈을 가리킨다. 바킬리데스는 암피트리테를 포세이돈의 '알로코스', 즉 정식 부인으로 지칭한다. 바킬리데스와 비슷한 시기의 핀다로스 역시 포세이돈을 '암피트리테의 남편, 바다의 지배자'(ποντομέδων πόσις Ἀμφιτρίτας)라고 지칭한 바 있다. 이런 표현들은 암피트리테가 포세이돈의 대표적인 아내로 인정받았음을 말해준다. 그런데 포세이돈 아내인 암피트리테의 계보에 대해서는 이설(異說)이 전해온다. 즉 헤시오도스와 바킬리데스가 암피트리테를 네레우스의 딸로 기술한 반면, 후대의 아폴로도로스는 그녀를 오케아노스의 딸로 소개한다. 하지만 아폴로도로스는 다른 대목에서 암피트리테를 네레우스의 딸로 언급하기도 한다.[5] 한편 헤시오도스는 『신통기』 346-366에서 오케아노스의 딸들을 열거하면서 암피트리테의 이름을 거론하지 않는다. 아폴로도로스가 말한 오케아노스의 다른 딸들의 이름은 그중에 모두 포함되어 있지만 암피트리테의 이름은 제외되어 있다. 대신에 헤시오도스는 암피트리테를 분명히 네레우스의 딸로 소개한다. 이상의 암피트리테 계보에 대한 서술을 살펴보면 시기상으로나 언급 빈도수로 볼 때 그녀가 네레우스의 딸이라는 전승이 더 우세해 보인다. 그와 다른 전승을 언급한 아폴로도로스도 그녀가 네레우스의 딸이라는 것을 인정한다.

님프 토사는 포세이돈의 연인이었다고 전한다. 토사는 바다를 다스리는 포르키스(Phorkys)의 딸이었다고 한다. 님프 토사가 포세이돈과 동침한 사이라는 것은 호메로스 때부터 언급되었다. 그녀는 포세이돈의 연인으로서 가장 먼저 언급된 사례였다. 호메로스에 의하면 님프 토사가 한 동굴 안에서 포세이돈과 동침하여 폴리페모스를 낳았다고 한다. 호메로스 이후로는 포세이돈과 토사의 연애 전승을 전하는 자료가 그리 많지 않다. 단지 아폴로도로스가 호메로스의 서술 내용을 간략하게나마 재론하고 있을 뿐이다.[6]

메두사도 포세이돈의 연인이었다고 전한다. 헤시오도스에 의하면 메두사는 포르키스(Phorkys)와 케토(Keto)가 낳은 고르고네스(Gorgones)의 한 명인데, 푹신한 풀밭에서 '키아노카이테스', 즉 포세이돈과 동침했다고 한다. 메두사는 다른 고르고네스처럼 불사의 존재가 아니고 오직 그녀만이 유한한 생명을 지녔다고 한다. 결국 그녀는 페르세우스에게 죽임을 당했는데, 페르세우스가 메두사의 머리를 잘랐을 때 거기서 크리사오르와 페가소스가 솟아나왔다고 전한다.[7] 포세이돈과 메두사의 관계를 다시 언급한 것은 아폴로도로스였다. 그는 둘의 연애를 자세히 밝히지 않은 채 그들 사이에 페가소스와 크리사오르가 태어났다고만 전한다.[8] 헤시오도스와

---

5) 이 책의 662쪽 참조.

6) 이 책의 661~62쪽 참조.

7) 헤시오도스, 『신통기』 276-281.

아폴로도로스 사이의 오랜 기간 동안에 포세이돈과 메두사의 관계에 대한 특별한 이견이 나타나지 않은 것을 보면 헤시오도스가 언급한 전승이 후대에도 그대로 수용되었던 것 같다.

헤스티아는 포세이돈의 미완의 사랑이다. 포세이돈이 헤스티아에게 구애했다는 것은 호메로스 찬가에서 처음 확인된다. 호메로스 찬가 5.22-33에 의하면 포세이돈과 아폴론이 헤스티아에게 구애했으나 그녀가 내키지 않아 완강히 거절했다고 한다. 그녀는 아버지 제우스의 머리에 손을 얹고, 평생 처녀로 지낼 것을 맹세했다. 제우스는 그녀가 결혼하지 않는 대신 신과 인간들에게 큰 영예를 누리게 해주었다고 한다. 헤스티아에 대한 포세이돈의 구애 이야기는 호메로스 찬가에서만 언급되고 다른 자료에서는 전하지 않는다. 헤스티아와의 사랑은 이뤄지지 못했으나 그녀 역시 포세이돈의 연모 대상이었으므로 그녀를 포세이돈의 연인에 포함하기로 한다.

고전기에 들어와 포세이돈의 연인으로 처음 언급된 사례는 테티스, 피타네(Pitane), 트로니아(Thronia), 살라미스, 케르키라(Kerkyra), 키오네(Chione)이다. 그중 테티스는 여신이고 나머지는 님프들이다.

바다의 여신 테티스는 포세이돈에게 구애를 받았다고 전한다. 포세이돈뿐만 아니라 제우스도 테티스에게 구애 경쟁을 벌였다고 한다. 그러나 테티스에게서 아비보다 더 뛰어난 아들이 태어날 거라는 예언을 듣고 둘 다테티스에 대한 구애를 포기했다. 하지만 미완의 구애도 포세이돈의 연애 사례에 해당하므로 테티스도 포세이돈의 연인에 포함하기로 한다. 포세이돈의 테티스 구애 이야기는 제우스 경우와는 달리 자세히 서술되지 않는다. 구애 경쟁을 벌였다가 포기하는 과정이 주로 제우스를 중심으로 설명되기 때문이다. 포세이돈의 테티스 구애 이야기는 제우스의 경우와 달리 핀다로스에게서 처음 확인된다. 이후에 아폴로도로스도 핀다로스와 유사

---

8) 아폴로도로스, 『비블리오테케』 2.3.2, 2.4.2.

한 진술을 남겼다. 하지만 핀다로스와 아폴로도로스의 언급이 워낙 간략하여 자세한 사연은 파악하기 힘들다.

님프 피타네는 강의 신 에우로타스의 딸로 포세이돈과의 사이에 에우아드네를 낳았다고 전한다. 포세이돈과 피타네의 관계는 핀다로스의 한 송가에서만 확인되기 때문에 그들의 자세한 사연은 알기 어렵다.[9]

또 님프인 트로니아도 포세이돈의 연인이었다고 전한다. 나이아데스는 강과 호수, 샘 등에서 사는 물의 님프들을 가리키는데, 트로니아는 나이아데스 중의 한 명이었다고 한다. 포세이돈과 트로니아의 관계는 핀다로스에게서만 언급되는데, 압데로스가 둘 사이의 자식이라는 것만 소개되고 자세한 내막은 부연되지 않는다.[10] 트로니아에 대해서도 정보가 없기는 마찬가지이다.

아소포스의 딸 살라미스가 포세이돈의 연인이었다는 것은 코린나의 복원본에서 처음 확인된다. 코린나의 시 단편의 복원본에는 포세이돈이 아소포스 딸 살라미스를 강탈했다는 언급과 포세이돈이 아소포스의 딸 3명과 동침했다는 언급이 나타난다. 하지만 그 언급들이 복원 대목에 해당하기 때문에 그것이 코린나의 정확한 진술인지는 확신하기 어렵다. 헬레니즘 시대에 가면 살라미스에 대한 언급이 좀 더 명확하게 나타난다. 아폴로도로스에 의하면 키크레우스(Kychreus)가 아소포스의 딸 살라미스와 포세이돈의 자식이라고 하고, 디오도로스에 의하면 살라미스가 그녀의 이름을 딴 살라미스 섬에서 포세이돈과 동침하여 키크레우스를 낳았다고 한다.[11] 이들 모두 포세이돈과 살라미스의 연애 전승을 기술하고 있는 것이다.

님프 코르키라(혹은 케르키라)는 포세이돈의 연인이었다고 전한다. 둘의 관계에 대한 언급은 코린나에게서 처음 암시된다. 코린나의 시 단편을 복

---

9) 이 책의 663쪽 참조.

10) 이 책의 663쪽 참조.

11) 이 책의 663쪽 참조.

원한 결과, 포세이돈이 코르키라를 탈취하고 포세이돈이 아소포스 딸들과 동침했음을 암시하는 문장들이 제시된다. 그러나 코린나의 자료는 복원본 이기 때문에 확실한 근거가 될 수 없다. 포세이돈과 케르키라의 연인관계 가 명확하게 언급된 것은 아폴로니오스의 『아르고나우티카』에서였다. 아 폴로니오스에 의하면 포세이돈이 아소포스의 딸 케르키라에 대한 '사랑 때문에'(ὑπ᾽ ἔρωτι) 그녀를 납치하여 케르키라에서 살게 했다고 한다. 또 디 오도로스에게서도 유사한 언급이 나온다. 디오도로스에 의하면 포세이돈 이 코르키라를 그녀의 이름을 딴 섬 코르키라로 납치했고 그들 사이에 파 이악스라는 아들이 태어났다고 한다.[12] 이상의 자료들을 보면 적어도 헬 레니즘 시대에는 아소포스의 딸 코르키라와 포세이돈의 동침 전승이 알려 져 있었던 것으로 보인다.

북풍 보레아스의 딸인 님프 키오네도 포세이돈의 연인이었다고 한다. 둘의 연애에 대한 언급은 아테네의 연설가 리쿠르고스에게서 처음 확인 된다. 리쿠르고스에 의하면 트라키아 출신의 에우몰포스가 보레아스의 딸 인 키오네와 포세이돈의 자식이라고 한다. 그러나 리쿠르고스는 포세이돈 과 키오네의 연인관계를 간략하게 거론하고, 더 이상 설명하지 않는다. 둘 의 관계에 대한 좀 더 자세한 서술은 아폴로도로스에게서 나타난다. 아폴 로도로스에 의하면 보레아스의 딸인 키오네가 포세이돈과 동침하여 그녀 의 아버지 몰래 에우몰포스를 낳았다고 한다. 키오네가 출산을 숨기려고 아기를 바다 깊은 곳으로 던지자 포세이돈이 아기를 에티오피아로 데려가 그곳에서 자라게 했다 한다. 또 에티오피아에서 에우몰포스를 키운 것은 포세이돈과 암피트리테의 딸인 벤테시키메(Benthesikyme)였다고 한다.[13] 여기서 키오네는 포세이돈의 아들을 유기(遺棄)했고 직접 양육하지 않은 것으로 묘사된다.

---

12) 이 책의 663쪽 참조.

13) 이 책의 663~64쪽 참조.

헬레니즘 시대에는 데메테르, 멜리아(Melia), 알키오네(Alkyone), 켈라이노(Kelaino), 에우리테(Euryte), 페로(Pero), 할리아(Halia)가 포세이돈의 연인으로 처음 언급된다.

우선 데메테르는 포세이돈과 동침한 사이라고 전한다. 고전기까지는 둘의 그런 관계를 언급한 자료가 확인되지 않는다. 그것을 처음 언급한 것은 헬레니즘 시대의 리코프론이었다. 그는 포세이돈이 데메테르와의 사이에 데스포이네(Despoine)라는 딸을 두었다고 말한다. 아폴로도로스도 둘의 동침을 언급하지만 리코프론의 서술과는 차이가 있다. 즉 아폴로도로스에 의하면 데메테르가 분노의 여신의 모습으로 포세이돈과 동침하여 아레이온(Areion)이라는 말을 낳았다고 한다. 리코프론과 아폴로도로스가 똑같이 둘의 동침을 언급하면서도 둘 사이의 자식에 대해서는 다르게 서술한다. 이는 포세이돈과 데메테르의 동침에 대한 전승이 단일한 것이 아니었음을 말해준다. 후대의 파우사니아스에게서는 이 두 가지 전승이 결합되어 서술된다. 파우사니아스는 포세이돈과 데메테르가 동침하여 데스포이네라는 딸과 아레이온을 낳았다고 전하는 것이다.[14]

비티니아의 님프 멜리아도 포세이돈의 연인이었다고 전한다. 둘의 관계에 대한 언급은 아폴로니오스에게서 처음 확인된다. 아폴로니오스에 의하면 님프 멜리아(Melia)가 포세이돈과 동침하여 아미코스라는 아들을 얻었다고 한다. 아폴로도로스도 아미코스를 포세이돈과 비티니아 님프의 아들이라고 말한다. 아폴로도로스는 '비티니아의 님프'라고만 말할 뿐 멜리아의 이름은 직접 밝히지 않는다. 그러나 포세이돈의 연인이고 아미코스의 어머니인 '비티니아 님프'는 바로 아폴로니오스가 언급한 멜리아를 가리킨다. 그렇다면 적어도 헬레니즘 시대에는 포세이돈과 멜리아의 연애 이야기가 퍼져 있었다고 할 수 있다. 멜리아라는 이름은 아폴론의 연인 멜리아의 이름과 동일하다. 그러나 아폴론의 연인은 오케아노스의 딸 멜리아

---

14) 이 책의 664쪽 참조.

이고, 포세이돈의 연인 멜리아는 계보를 알 수 없는 님프이다. 또 아폴론의 연인 멜리아는 테바이의 이스메니온과 연관되고, 포세이돈의 연인 멜리아는 비티니아와 연관되어 언급된다.[15] 따라서 두 신의 연인 멜리아는 동일인이 아니고 각기 다른 님프였을 것으로 보인다.

아틀라스의 딸들인 님프 알키오네와 켈라이노는 포세이돈의 연인으로 나온다. 이들과 포세이돈의 관계는 아폴로도로스에게서 처음 확인된다. 아폴로도로스에 의하면 포세이돈이 먼저 켈라이노와 동침하여 리코스를 얻고 다음에 알키오네와 동침하여 딸 아이투사와 두 아들 히리에우스, 히페레노르를 얻었다고 한다. 그러나 헬레니즘 시대까지는 아폴로도로스만이 이를 언급할 뿐이다. 헬레니즘 시대 이후에는 아폴로도로스의 전승과는 다소 다른 이야기들이 전해온다. 우선 포세이돈과 알키오네에 대해서는 서기 2세기의 파우사니아스의 진술이 남아 있는데, 그에 의하면 아틀라스의 딸 알키오네와 포세이돈 사이에 히페레스(Hyperes)와 안타스(Anthas)라는 아들들이 있었다고 한다. 여기서 파우사니아스는 포세이돈과 알키오네의 연애를 언급하지만 그들의 소산에 대해서는 아폴로도로스와 다르게 서술한다. 포세이돈과 켈라이노에 대해서도 아폴로도로스와 부분적으로 다른 전승들이 제시된다. 스트라본(기원전 64년경~서기 21년경)과 히기누스 위서(서기 2세기경)[16]는 모두 포세이돈과 켈라이노의 연애를 언급한다. 그러나 스트라본이 언급한 켈라이노는 다나오스의 딸이고 히기누스는 아틀라스의 딸 켈라이노와 에르게우스의 딸 켈라이노를 구분하여 언급한다. 켈라이노를 포세이돈의 연인으로 진술하지만 켈라이노의 신상

---

15) 이 책의 664~65쪽 참조.

16) 히기누스(Hyginus)는 로마의 아우구스투스, 오비디우스와 동시대인이었다고 전한다. 그러나 그의 저술로 전하는 『파불라이(*Fabulae*)』와 『아스트로노미카(*Astronomica*)』는 그의 저술이 아니고 후대의 다른 자의 위서인 것으로 추정된다. 그 위서의 저술시기는 흔히 서기 2세기경이었을 것으로 여겨진다. N. G. L. Hammond & H. H. Scullard ed., *The Oxford Classical Dictionary*, Oxford, 1984 참조.

이 서로 일치하지 않는 것이다. 더욱이 포세이돈과 이들 켈라이노의 자식들 이름도 서로 다르게 소개된다.[17] 이렇듯 켈라이노 사례에서도 아폴로도로스의 전승은 그대로 수용되지 않았다. 아마 켈라이노의 신상이 다르게 표현된 것은 후대의 오류일 가능성이 없지 않지만, 아폴로도로스와 다른 전승이 존재했을 가능성도 부정할 수는 없다.

님프 에우리테는 포세이돈의 연인이었다고 전하는데, 그에 대한 언급은 아폴로도로스에게서만 확인된다. 아폴로도로스는 포세이돈과 님프 에우리테의 아들이 할리로티오스라고 말한다. 그런데 할리로티오스가 아레스의 딸 알키페(Alkippe)를 겁탈하려다 아레스에게 발각되어 죽임을 당했다고 한다. 이에 포세이돈이 아레오파고스에서 12신 앞에 아레스를 고소했는데, 신들의 재판 결과 방면되었다고 한다.[18] 포세이돈이 아레스를 고소한 것은 할리로티오스와의 부자 관계 때문이었을 것으로 보인다. 포세이돈과 에우리테의 연인 전승은 다른 자료에서는 확인되지 않으며, 그녀의 신상에 대해서도 별다른 정보가 없다.

페로는 포세이돈의 연인이었다고 전한다. 페로가 포세이돈의 연인으로 언급된 것은 아폴로도로스에게서였다. 하지만 아폴로도로스는 그 전승을 아쿠실라오스(기원전 6세기 후반)의 말을 인용하며 소개한다. 이는 적어도 그 전승이 오래 전부터 전래되었음을 말해준다. 아폴로도로스가 인용한 아쿠실라오스는 포세이돈과 페로 사이에 아소포스라는 아들이 태어났다고 전한다. 그런데 아폴로도로스는 아소포스의 부모에 대한 여러 전승을 함께 소개하며, 그가 오케아노스와 테티스의 아들이라고도 하고, 또 제우스와 에우리노메의 아들이라고도 전한다.[19] 여기서 페로의 신상은 분

---

17) 이 책의 665, 680쪽 참조. 한편 아폴로도로스는 다나오스의 딸 켈라이노를 히페르비오스(Hyperbios)의 아내로 소개한다(2.1.5).

18) 아폴로도로스, 『비블리오테케』 3.14.2.

19) 아폴로도로스, 『비블리오테케』 3.12.6.

명치 않다. 호메로스와 아폴로도로스는 필로스 왕 넬레우스와 클로리스 (Chloris)의 딸인 페로를 언급하지만[20] 이 페로는 포세이돈의 연인 페로와 는 다른 존재였다. 넬레우스의 딸 페로에 대한 이야기 중에 포세이돈과의 관계를 언급한 것이 없는 것이다. 포세이돈의 페로는 그녀의 아들이 강의 신이었던 것으로 보아 그녀 역시 신이거나 신적인 존재였을 것으로 여겨 진다. 따라서 이 책에서는 페로를 신으로 분류했음을 밝힌다. 그렇지만 포 세이돈과 페로의 연애 전승은 다른 전승들과 함께 전해지는데다 페로의 신상도 분명치 않아 그 전승의 내력을 파악하기가 어렵다.

님프 할리아도 포세이돈의 연인이었다고 한다. 이들의 연애에 대한 언 급은 모두 디오도로스에게서만 확인된다. 디오도로스에 의하면 장성한 포 세이돈이 탈라사(Thalassa, 바다)의 딸 할리아에게 반해서 그녀와 동침했고 그녀와의 사이에 6명의 아들과 딸 로도스를 낳았다고 한다.[21]

그 밖에도 포세이돈의 연인으로 간주될 수 있는 님프들이 있는데, 그들 은 아스크레(Askre), 미데이아(Mideia), 키오스의 한 님프이다. 이들은 헬레 니즘 시대까지의 자료에서 포세이돈의 연인으로 언급된 바가 없다. 그런 데 후대의 자료에서 헬레니즘 시대 이전의 전거를 인용하여 포세이돈의 연인으로 거론하기 때문에 인용한 전거의 시기에 따라 포세이돈의 연인으 로 분류할 여지가 있다고 본다.

님프 아스크레는 포세이돈과 동침했다고 전한다. 그에 대한 언급은 서 기 2세기의 파우사니아스에게서 처음 확인되는데, 여기서 파우사니아스 는 헬레니즘 시대의 저자를 인용해 말한다. 파우사니아스는 포세이돈이 아스크레와 동침하여 오이오클로스(Oioklos)를 낳았다고 말하면서 그것은 이미 헤게시누스가 그의 시(詩) 「아티스」(Atthis)에서 언급한 것이라고 덧

---

20) 호메로스, 『오디세이아』 11.286; 아폴로도로스, 『비블리오테케』 1.9.9.

21) 디오도로스, 5.55.4.

붙인다. 또 파우사니아스는 그의 시대에 헤게시누스의 시가 남아 있지 않아서 자신이 직접 읽지는 못했지만, 코린토스의 칼리포스(Kallippos)가 인용한 헤게시누스의 시구를 그대로 적는다고 밝힌다. 이 헤게시누스에 대해서는 정보가 워낙 없어 그의 활동시기를 가늠하기가 어렵다. 그런데 그의 시를 인용했다는 코린토스의 칼리포스는 헬레니즘 시대의 철학자 제논(기원전 335년경~기원전 263년경)의 제자였다고 한다.[22] 제논의 시기를 고려하면 그의 제자였다는 칼리포스는 기원전 3세기의 인물이었을 것으로 추정된다. 그렇다면 헤게시누스는 적어도 기원전 3세기 이전의 인물일 테니 헬레니즘 시대나 혹은 그 이전 시기의 인물이었을 것으로 보인다. 따라서 기원전 3세기의 칼리포스와 그 이전 시기의 헤게시누스의 언급이 반영되었다고 보아 아스크레와 오이오클로스를 포세이돈의 연인과 아들에 포함하기로 한다.

님프 미데이아는 포세이돈과 동침하여 아스플레돈을 낳았다고 하는데, 이는 서기 2세기의 파우사니아스의 글에서 언급된다. 그런데 파우사니아스는 오르코메노스의 케르시아스(Chersias)의 시구를 인용하여 그 전승을 소개한다. 여기서 파우사니아스는 말하기를 케르시아스의 시가 전하지 않아 자신은 칼리포스가 인용한 케르시아스의 시를 적는다고 밝힌다.[23] 파우사니아스는 포세이돈과 아스크레의 전승을 언급할 때에도 코린토스의 칼리포스 이름을 거론하는데, 이 칼리포스는 바로 코린토스의 칼리포스를 가리킨다. 그렇다면 케르시아스는 기원전 3세기 혹은 그 이전의 인물이므로 적어도 헬레니즘 시대에는 포세이돈과 미데이아의 연애 전승이 알려져 있었을 것으로 보인다. 따라서 미데이아와 아스플레돈도 포세이돈의 연인과 아들이라 할 수 있다.

또 포세이돈은 키오스의 두 님프와 연인이었던 것으로 전한다. 그것을

---

22) 파우사니아스, 9.29.1; 디오게네스 라에르티오스, 7.38.

23) 파우사니아스, 9.38.9-10.

언급한 것은 서기 2세기의 파우사니아스였다. 파우사니아스에 의하면 포세이돈이 키오스의 한 님프와 동침하여 아들 키오스를 낳았고 또 다른 님프와 동침하여 아겔로스와 멜라스를 낳았다고 한다. 그런데 파우사니아스는 이 전승을 비극시인 이온(Ion)의 말을 빌려 소개한다.[24] 이온은 기원전 5세기의 비극시인으로 키오스 출신이었다고 하므로 이 전승들은 이미 고전기에 키오스에서 알려져 있었음이 분명하다. 따라서 이 책에서는 이 키오스의 님프들을 포세이돈의 연인에 포함하기로 한다. 그 키오스 님프들의 이름은 전하지 않는다.

(2) 인간

포세이돈의 연인으로 언급된 인간 여성들 중에서 상고기에 그 이름이 처음 확인된 경우는 페리보이아(Periboia), 티로(Tyro), 이피메데이아(Iphimedeia), 에우리노메, 에우리알레, 메키오니케(Mekionike), 카이네(Kaine)이다. 이 가운데 호메로스에게서 처음 확인된 자들은 페리보이아, 티로, 이피메데이아이다.

호메로스에 의하면 포세이돈의 연인 페리보이아는 기간테스를 다스리던 에우리메돈의 딸이었다고 한다. 호메로스는 또 한 명의 페리보이아를 언급하는데, 그녀는 아케사메노스(Akessamenos)의 장녀로 강의 신 악시오스(Axios)와의 사이에 아들 펠레곤(Pelegon)을 두었다고 한다.[25] 이 두 명의 페리보이아는 그들의 계보가 전연 다르기 때문에 별도의 인물로 간주된다. 호메로스는 포세이돈의 연인 페리보이아에 대해 더 이상 서술하지 않으므로 그녀의 자세한 신상은 파악하기 힘들다. 더욱이 호메로스 이외에는 포세이돈과 페리보이아의 연애를 언급한 다른 자료도 없는 상태이다.

살모네우스의 딸 티로(Tyro)도 포세이돈의 연인이었다고 전한다. 호

---

24) 파우사니아스, 7.4.8.

25) 호메로스, 『일리아스』 21.139-143.

메로스에 의하면 티로는 살모네우스(Salmoneus)의 딸로 크레테우스 (Kretheus)의 아내였다고 한다. 그녀는 강의 신 에니페우스에게 반해 그를 자주 찾아갔는데, 이때 포세이돈이 에니페우스로 변신하여 그녀와 동침했고 그들 사이에 펠리에스와 넬레우스가 태어났다고 한다. 여기서 호메로스는 티로와 포세이돈의 동침이 티로와 크레테우스의 결혼보다 이전인지 이후인지를 분명하게 밝히지 않지만 아마 이전이었을 것으로 추정된다. 포세이돈이 동침 후에 티로에게 자신과의 일을 비밀에 붙이라고 요구했고, 또 후대 자료에서도 크레테우스와의 결혼을 나중의 일로 언급하기 때문이다. 포세이돈과 티로의 동침 이야기는 호메로스 이후에도 언급된다. 핀다로스는 펠리에스가 포세이돈과 티로의 아들이라고 간단히 언급하는 반면, 아폴로도로스와 디오도로스의 묘사는 좀 더 자세하다. 아폴로도로스에 의하면 살모네우스의 딸 티로는 숙부 크레테우스에게 맡겨 키워졌는데, 티로가 강의 신 에니페우스에게 반해 종종 그 강을 찾아가 탄식을 했다고 한다. 이때 포세이돈이 에니페우스의 모습을 한 채 그녀와 동침했고 그녀는 남몰래 펠리에스와 넬레우스라는 아들들을 낳았다고 한다. 그후 티로는 크레테우스와 결혼하여 아이손(Aison) 등을 낳았다고 한다. 디오도로스도 유사한 이야기를 전하지만 에니페우스에 대해서는 언급하지 않는다. 디오도로스에 의하면 티로가 아직 미혼일 때 그녀에게 반한 포세이돈이 그녀와 동침하여 펠리에스와 넬레우스를 낳았다고 한다. 이때 살모네우스는 티로와 동침한 자가 포세이돈이라는 것을 믿지 않았다. 그후 티로는 크레테우스와 결혼하여 아이손 등을 낳았다고 한다.[26]

이피메데이아도 포세이돈과 동침한 여성으로 나온다. 호메로스에 의하면 그녀는 알로에우스의 아내인데 포세이돈과 동침하여 오토스(Otos)와 에피알테스(Ephialtes)라는 두 아들을 낳았다고 한다. 그런데 호메로스는 이들이 알로에우스의 아들이라고도 말한다. 호메로스는 이처럼 포세이돈

---

26) 이 책의 666쪽 참조.

과 이피메데이아의 연애 이야기를 전하면서도 그와 모순되는 알로에우스의 아들 전승을 함께 언급했던 것이다. 그러나 헤시오도스는 그들이 포세이돈의 아들임을 분명히 밝힌다. 즉 그들이 알로에우스의 이름을 따서 '알로이아다이'(Aloiadai)라고 불리지만 사실은 포세이돈과 이피메데이아의 자식이라고 언명했다. '알로이아다이'는 '알로에우스의 자손'이라는 뜻이니 알로에우스의 계보가 강조된 명칭이었다. 그후 아폴로도로스도 이피메데이아가 포세이돈과 동침하여 '알로이아다이'라고 불리는 오토스와 에피알테스를 낳았다고 서술한다.[27] 이는 이피메데이아가 호메로스 이후부터 줄곧 포세이돈의 연인으로 여겨졌음을 말해준다.

한편 에우리노메, 에우리알레, 메키오니케는 헤시오도스에게서 포세이돈의 연인으로 처음 언급된다. 헤시오도스는 니소스의 딸 에우리노메를 포세이돈의 연인으로 소개하는데, 니소스는 판디온의 아들로 메가라의 왕이었다. 이 에우리노메는 제우스의 연인인, 오케아노스의 딸 에우리노메와는 동명이인이다. 포세이돈과 에우리노메의 연애 이야기는 헤시오도스만이 전하고 있다. 헤시오도스에 의하면 니소스의 딸 에우리노메는 지혜와 미모를 겸비하고 아테나 여신에게서 기예교육을 받은 아름다운 여성이었다고 한다. 시지포스의 후손인 글라우코스가 그녀에게 반해 많은 재산을 들여 결혼했지만 그녀는 제우스의 뜻에 의해 아비가 다른 자식을 낳아야 했다고 한다. 이에 그녀는 포세이돈과 동침하여 글라우코스의 집에서 벨레로폰테스를 낳았다는 것이다. 헤시오도스 이후 에우리노메에 대한 언급은 더 이상 나타나지 않는다. 대신 아폴로도로스는 벨레로폰테스가 글라우코스와 에우리메데(Eurymede)의 아들이라고 언급한다. 아폴로도로스는 글라우코스의 아내 이름을 에우리노메가 아니라 에우리메데라고 부르는 것이다. 에우리노메와 에우리메데라는 이름 중에서 어느 것이 더 정확한지는 가늠하기 어렵다. 둘 다 자료가 극히 제한적이기 때문이다. 그러나

---

27) 이 책의 673쪽 참조.

시기상으로 이른 헤시오도스가 먼저 에우리노메라고 부른 것과 또 후대이
지만 서기 2세기의 히기누스 위서『파불라이』(Fabulae) 157에서 벨레로
폰테스를 포세이돈과 에우리노메(니소스의 딸)의 아들로 언급한 것을 볼
때[28] 에우리노메라는 이름이 좀 더 정확해 보인다.

　미노스의 딸 에우리알레도 포세이돈의 연인이었다고 전한다. 그녀와 포
세이돈 사이에 오리온이 태어났다는 것은 헤시오도스가 이미 밝힌 바 있고
그후 페레키데스(기원전 5세기 전반)와 아폴로도로스도 이를 언급한다.[29] 아
폴로도로스는 오리온이 가이아에게서 태어났다는 전승도 함께 거론하지
만[30] 그 전승을 언급한 다른 자료는 확인되지 않는다. 따라서 포세이돈의
연인 에우리알레를 언급한 헤시오도스의 진술은 후대에도 대체로 수용되
었던 것 같다. 헤시오도스는 에우리알레를 미노스의 딸이라고 말하므로
그녀는 고르고네스의 일원인 에우리알레[31]와 동명이인이다. 따라서 이 책
에서는 포세이돈 연인 에우리알레를 고르고네스가 아닌 인간 여성으로 분
류하기로 한다.

　메키오니케도 포세이돈의 연애 상대였던 것으로 전한다. 헤시오도스에
의하면 메키오니케는 포세이돈과의 사이에 에우페모스라는 아들을 낳았
다고 한다. 그러나 이는 헤시오도스에게서만 확인되고 다른 자료에서는
거론되지 않는다. 현재로서는 메키오니케의 구체적인 신상을 확인할 길이
없다. 그런데 에우페모스의 부모가 포세이돈과 에우로페라는 또 다른 전
승이 존재한다. 핀다로스와 아폴로니오스는 티티오스의 딸 에우로페가 에
우페모스의 어머니라고 말하는 것이다.[32] 이는 포세이돈의 연인이자 에

---

28) 이 책의 673~74쪽 참조.

29) 이 책의 674쪽 참조.

30) 아폴로도로스,『비블리오테케』1.4.3.

31) 헤시오도스,『신통기』274-276; 아폴로도로스,『비블리오테케』2.4.2.

32) 이 책의 674~75쪽 참조.

우페모스의 어머니가 누구인지에 대한 전승이 일치하지 않음을 보여준다. 이들 두 전승에 대한 언급이 매우 드물고 두 사람의 신상에 대한 자료도 없기 때문에 이 책에서는 메키오니케와 에우로페를 따로 구분하지 않고 함께 서술했음을 밝힌다.

상고기에 언급된 또 한 명의 포세이돈 연인은 카이네이다. 카이네는 엘라토스(Elatos)의 딸로 카이네우스(Kaineus)의 전신(前身)이었다고 하는데, 그녀는 포세이돈의 연인이었다고 전한다. 그녀가 포세이돈의 연인이라는 언급은 아쿠실라오스(기원전 6세기 후반)의 작품 단편(斷片)에서 처음 확인된다. 아쿠실라오스의 단편에 의하면 포세이돈이 엘라토스의 딸 카이네와 동침했다고 한다. 그런데 그녀가 아이 낳는 것을 원치 않자 포세이돈은 그녀를 '다치지 않는'(ἄτρωτος) 남자로 변하게 했다고 한다. 그가 바로 카이네우스였다. 카이네우스는 어느 누구의 공격에도 다치지 않는 무적의 존재가 되었고, 나중에는 라피타이(Lapithai)인들의 왕이 되었다고 한다. 하지만 그는 오만한 행태를 보이다 결국 제우스의 벌을 받아 켄타우로스들에게 죽임을 당했다고 한다. 아쿠실라오스가 전한 카이네우스 전승은 아폴로도로스에게서도 나타난다. 아폴로도로스가 아쿠실라오스의 이야기를 자주 인용하는 것으로 보아 카이네우스 전승도 아쿠실라오스의 서술을 참조한 것으로 추정된다. 하지만 아폴로도로스는 아쿠실라오스의 카이네우스 전승을 약간 변화시켜 약술한다. 아폴로도로스에 의하면 카이네우스가 원래 여자였는데 포세이돈이 그녀와 동침한 후 그녀의 간청에 따라 그녀를 '다치지 않는' 남자로 만들어주었다고 한다. 그는 다치는 것을 두려워하지 않고 켄타우로스들을 맞아 선전했지만 결국은 켄타우로스들에게 전나무로 맞아 쓰러졌다고 한다. 여기서 다소의 서술 차이는 있지만 아쿠실라오스나 아폴로도로스 모두 카이네우스가 과거에 여자로서 포세이돈과 동침한 사이였다고 기술한다.

고전기 자료에서 포세이돈의 연인으로 처음 언급된 자들은 아이트라

(Aithra), 리비아(Libya), 클레이토(Kleito)이다. 아이트라는 트로이젠 왕 피테우스((Pittheus)의 딸이자 아테네 왕 아이게우스의 아내였는데, 포세이돈과 동침한 사이라고 전한다. 포세이돈과 아이트라의 연애 이야기는 바킬리데스에게서 처음 확인된다. 그러나 바킬리데스는 피테우스의 딸인 아이트라가 포세이돈과 동침하여 테세우스를 낳았다고만 기술한다. 이를 좀 더 자세히 서술한 것은 아폴로도로스였다. 아폴로도로스에 의하면 아테네 왕 아이게우스가 아들을 얻지 못하자 델포이에 신탁을 문의하러 갔다고 한다. 그에게 내려진 신탁은 아테네의 고지(高地)에 이르기 전에는 술통을 열지 말라는 것이었다. 그런데 그가 아테네로 돌아오는 길에 트로이젠의 피테우스의 집에 머무를 때 피테우스는 신탁의 뜻을 이해하고 아이게우스에게 술을 먹여 자신의 딸과 동침하도록 했다 한다. 그러나 바로 그날 밤에 포세이돈도 그녀와 동침했다고 한다. 아이게우스는 아이트라에게 아들을 낳으면 그 아비가 누구인지 밝히지 말고 잘 키우라고 말하며, 바위 밑에 증표를 남기고 떠났다. 아이트라가 아이게우스에게 낳아준 아들이 바로 테세우스였고 테세우스는 훗날 그 증표를 찾아내 아테네로 갔다고 한다. 여기서 아폴로도로스는 아이트라가 같은 날 밤에 아이게우스 및 포세이돈과 동시에 동침했다고 말한다. 아폴로도로스는 아이게우스와 테세우스의 부자관계를 언급하면서도 테세우스가 포세이돈의 자식이라는 바킬리데스의 전승을 받아들인 것이다. 디오도로스도 유사한 서술을 남기고 있다. 디오도로스에 의하면 피테우스의 딸 아이트라와 포세이돈의 아들 테세우스가 피테우스의 집에서 자라났고 장성한 후에는 아이게우스가 남긴 증표를 찾아내 아테네로 갔다고 한다. 결국 바킬리데스에서 디오도로스에 이르기까지 그리스 자료들은 포세이돈과 아이트라의 연애 및 테세우스의 탄생을 일관되게 서술한다.[33]

에파포스의 딸 리비아 역시 포세이돈의 연인으로 나온다. 둘의 연애에

---

33) 이 책의 668, 676~77쪽 참조.

대한 언급은 이소크라테스에게서 처음 확인된다. 이소크라테스에 의하면 부시리스는 에파포스의 딸 리비아와 포세이돈 사이에 태어났다고 한다. 아폴로도로스도 포세이돈과 리비아의 연애를 언급한다. 그러나 그는 이소크라테스의 경우와는 달리 둘 사이에 아게노르와 벨로스가 태어났다고 말한다. 두 번의 연애는 별도의 것이지만 리비아는 동일인으로 모두 에파포스의 딸 리비아를 가리킨다. 그런데 리비아를 어머니로 하는 부시리스와 아게노르, 벨로스는 모두 이집트에서 태어난 인물로 나온다. 부시리스는 이집트의 왕이고, 아게노르는 페니키아로 가서 그곳의 왕이 되고, 벨로스는 이집트에 남아 이집트의 왕이 되었다고 한다. 또 서기 2세기의 파우사니아스는 포세이돈과 리비아의 또 다른 연애를 언급하는데, 그들의 자식인 렐렉스(Lelex)가 이집트에서 태어났다고 전한다.[34] 이는 리비아라는 지명의 의인화라 할 수 있는 리비아, 즉 에파포스의 딸을 이집트 관련 인물들과 연관시켜 설명한 것이라 하겠다.

포세이돈과 클레이토의 연애는 플라톤의 『크리티아스』에서 처음 언급된다. 플라톤은 아틀란티스라는 미지의 섬에 대해 서술하면서 포세이돈과 클레이토의 이야기를 언급한다. 플라톤에 의하면 아틀란티스는 포세이돈의 영역이었는데 포세이돈이 그곳 원주민 에우에노르(Euenor)의 딸 클레이토와 동침하여 여러 자식들을 두었다고 한다. 이들 포세이돈의 자식들이 바로 아틀란티스의 지배자들이었다고 한다.[35] 아틀란티스와 관련한 플라톤의 이야기가 그의 순전한 창작은 아니었을 것이지만 플라톤 이외에는 클레이토의 이야기가 언급되지 않기 때문에 자세한 내막은 알기 어렵다.

헬레니즘 시대에 포세이돈의 연인으로 소개된 경우는 카나케(Kanake, 혹은 Kanache), 아미모네(Amymone), 아스티팔라이아(Astypalaia), 몰리오네(Molione), 히포토에(Hippothoe), 아르네(Arne)이다.

---

34) 이 책의 668쪽 참조.

35) 플라톤, 『크리티아스』113C-D.

아이올로스의 딸 카나케는 포세이돈의 연인이었다고 전한다. 그들의 관계가 처음 언급된 것은 칼리마코스의 찬가에서였다. 칼리마코스는 아이올로스의 딸 카나케와 포세이돈의 아들이 트리오파스라고 말한다. 디오도로스 역시 칼리마코스와 동일한 진술을 남기고 있다. 단, 디오도로스는 카나케를 Kanake가 아니라 Kanache라고 표기한다. 한편 아폴로도로스는 포세이돈과 카나케 사이의 자식 5명을 열거한다. 이상의 세 저자들은 모두 카나케의 계보를 아이올로스의 딸로 소개한다.[36] 그들의 서술이 대체로 일치하는 것을 볼 때 적어도 헬레니즘 시대에는 아이올로스의 딸 카나케와 포세이돈의 연애 전승이 잘 알려져 있었음을 알 수 있다.

다나오스의 딸 아미모네도 포세이돈의 연인이었다고 한다. 그들의 관계는 아폴로니오스의 『아르고나우티카』에서 처음 언급된다. 아폴로니오스에 의하면 다나오스의 딸 아미모네가 포세이돈과 동침하여 나우플리오스를 낳았다고 한다. 아폴로도로스는 그 이야기를 좀 더 자세하게 서술한다. 아폴로도로스에 따르면 포세이돈이 이나코스에 대한 분노 때문에 아르고스의 샘물을 죄다 마르게 하자 다나오스는 딸들을 보내 물을 길어 오도록 했다고 한다. 그 딸 중의 한 명인 아미모네가 물을 찾다가 사슴에게 화살을 쏘았는데 그것이 그만 빗나가 잠자는 사티로스를 건드렸다. 이에 사티로스가 그녀를 범하려 했을 때 포세이돈이 모습을 드러내자 사티로스가 도망갔다고 한다. 이에 그녀는 포세이돈과 동침했고 포세이돈은 그녀에게 레르나(Lerna)의 샘물을 알려주었다고 한다. 아미모네가 포세이돈과 동침한 후 그들 사이에 태어난 아들이 바로 나우플리오스였다고 한다.[37] 이렇듯 그들의 연애 이야기는 헬레니즘 시대에 와서 명시적으로 언급되지만 사실 그 이전에도 에우리피데스가 그들의 연애를 암시한 바 있다. 즉 에우리피데스가 '포세이돈에게 바쳐진 아미모네의 샘물'(Ποσειδανίοις

---

36) 이 책의 668쪽 참조.

37) 이 책의 669쪽 참조.

Ἀμυμωνίοις ὕδασι)이라는 표현을 사용했고, 팔라메데스(Palamedes)를 포세이돈의 아들에게서 태어난 자라고 언급했던 것이다.[38] 그런데 팔라메데스는 나우플리오스의 아들이므로 에우리피데스가 포세이돈과 나우플리오스의 부자관계 전승을 알고 있었음이 분명하다. 그렇다면 에우리피데스는 포세이돈과 아미모네의 관계 및 포세이돈과 나우플리오스의 관계를 알고 있었다는 것이고, 이는 에우리피데스의 시대에도 이미 포세이돈과 아미모네의 연애 이야기가 알려져 있었음을 말해준다.

아스티팔라이아 역시 아폴로니오스에게서 포세이돈의 연인으로 언급된다. 아폴로니오스는 포세이돈과 아스티팔라이아 사이에 앙카이오스가 태어났다고 하고, 아폴로도로스는 그들 사이의 아들을 에우리필로스라고 한다. 포세이돈과 아스티팔라이아 사이에 태어난 아들의 이름은 다르지만 그들이 연인관계라는 점에서는 서술이 일치한다. 아폴로니오스나 아폴로도로스는 모두 아스티팔라이아의 신상에 대해서는 더 이상 언급하지 않는다. 다만 서기 2세기의 파우사니아스가 아스티팔라이아를 포이닉스의 딸로 서술한다. 그런데 파우사니아스는 아스티팔라이아가 포이닉스와 페리메데(Perimede)의 딸이고 또 앙카이오스가 아스티팔라이아와 포세이돈의 아들이라는 것을 기원전 7세기경의 사모스 시인 아시오스(Asios)의 말을 인용하여 전한다.[39] 따라서 포세이돈과 아스티팔라이아의 연인 전승은 이미 상고기에도 알려져 있었을 것으로 보인다.

포세이돈과 몰리오네의 관계를 명확하게 언급한 자료는 없다. 다만 아폴로도로스가 엘리스의 이인동체(二人同體) 장군들을 언급하면서 그들이 악토르와 몰리오네의 아들들이라고 소개한다. 하지만 아폴로도로스는 그들의 아버지가 포세이돈이라는 전승도 함께 거론한다. 여기서 포세이돈이 누구와 관계하여 그들을 낳았는지는 설명되지 않는다. 그러나 문맥상 그

---

38) 에우리피데스, 『포이니사이』 187-189; 『아울리스의 이피게네이아』 198-199.

39) 이 책의 669쪽 참조.

들이 포세이돈과 몰리오네의 아들들을 가리킨다고 볼 수 있다. 그럴 경우 몰리오네는 포세이돈의 연인이 된다. 몰리오네를 포세이돈의 연인으로 언급한 것은 아폴로도로스뿐이다.[40]

메스토르(페르세우스 아들)의 딸 히포토에도 포세이돈의 연인이었다고 전한다. 그들에 대한 언급은 아폴로도로스에게서만 확인된다. 아폴로도로스에 의하면 포세이돈이 히포토에를 납치하여 에키나데스(Echinades) 제도(諸島)로 데려가 동침했고 그 결과 타피오스(Taphios)라는 아들을 얻었다고 한다.[41]

아이올로스의 딸 아르네도 포세이돈의 연인이었다고 전한다. 이들의 관계에 대한 언급은 디오도로스에게서만 확인된다. 디오도로스에 의하면 아르네가 포세이돈과 동침하여 보이오토스와 아이올로스를 낳았다고 한다. 아르네의 아버지 아이올로스는 딸이 포세이돈과 동침한 것을 믿지 않고 딸을 멀리 메타폰티온으로 쫓아버렸는데, 그곳에서 아르네가 아이올로스와 보이오토스를 낳았다는 것이다. 그런데 디오도로스는 아르네가 낳았다는 아이올로스의 계보를 다르게 서술하기도 한다. 즉 그 아이올로스를 히포테스(Hippotes)의 아들로 소개하는 것이다.[42] 아마 디오도로스는 아이올로스의 계보에 대한 두 개의 전승을 모두 언급한 것이 아닌가 한다. 하지만 포세이돈과 아르네의 연애 전승이나 그들의 자식 이름에 대한 언급은 디오도로스에게서만 확인되므로 그에 대한 자세한 내막을 파악하기 어렵다.

그 밖에도 히페르파스(Hyperphas)의 딸 에우리아나사(Euryanassa)가 포세이돈의 연인으로 언급된다. 그녀는 헤시오도스의 『여인명부』 fr.84에서 포세이돈의 연인으로 소개되는데, 그녀와 포세이돈의 아들이 미니아스(Minyas)라고 한다. 그런데 그 언급이 헤시오도스의 원본 구절이 아니기

---

40) 아폴로도로스, 『비블리오테케』 2.7.2.

41) 아폴로도로스, 『비블리오테케』 2.4.5.

42) 이 책의 681쪽 참조.

때문에 fr.84는 시기 불명의 자료로 간주될 수밖에 없다. 그래서 이 책에서는 에우리아나사와 미니아스를 포세이돈의 연인과 아들에 포함하지 않기로 한다.

(3) 동성애

탄탈로스의 아들 펠롭스는 포세이돈의 연인이었던 것으로 전한다. 포세이돈도 제우스처럼 동성애를 즐겼던 것이다. 포세이돈과 펠롭스의 동성애 전승은 핀다로스에게서 처음 확인된다. 핀다로스에 따르면 클로토(Klotho)가 상아 어깨를 갖춘 펠롭스를 솥에서 꺼냈을 때 "땅을 진동시키는 막강한 포세이돈이 그(펠롭스)를 사랑하게 되었다"(τοῦ μεγασθενὴς ἐράσσατο γαιάοχος Ποσειδᾶν)라고 한다. 여기서 '에라스타이'(ἐράσθαι, 사랑하다)는 이성이나 동성에 대한 연정을 의미한다. 또 핀다로스는 탄탈로스가 펠롭스를 삶아 신들에게 대접했다는 일화를 거짓말이라고 부인하고, 그것과 다른 이야기를 제시한다. 즉 펠롭스의 아버지 탄탈로스가 신들에게서 받은 향응에 대한 보답으로 신들을 정연(整然)한 연회에 초대했다고 한다. 그때에 '빛나는 삼지창을 든'(ἀγλαοτρίαινης) 포세이돈이 '마음에 욕망을 이기지 못하고'(δαμέντα φρένας ἱμέρῳ) 펠롭스를 붙잡아서 황금 말들에 태운 후 저 높은 제우스의 저택으로 데려갔다고 한다. 그후 가니메데스도 그곳으로 와서 제우스에게 똑같이 봉사했다고 한다. 여기서 핀다로스는 자신의 송가에서 탄탈로스의 불경스런 일(신들을 시험하려고 자신의 아들을 삶아 신들에게 대접한 일)을 배제하면서도 포세이돈과 펠롭스의 관계는 일관되게 서술한다. 더욱이 제우스의 동성애 상대인 가니메데스의 일화를 거론함으로써 포세이돈이 펠롭스를 납치한 이유를 더욱 분명하게 부각시킨다. 핀다로스가 언급한 포세이돈과 펠롭스의 동성애 전승은 후대의 리코프론에게서도 나타난다. 리코프론에 의하면 펠롭스가 '나우메돈'(ναυμέδων, 배의 지배자), 즉 포세이돈의 격렬한 '탐욕적 욕망'(πόθος ἁρπακτήριος)으로부터 벗어나게 되었다고 한다. 이는 둘의 관계가 성애(性愛)와 관련된 것임을 말해준다. 하지만 리코프론은 펠롭스에 대한 포세이돈의 연정이 성과를 거두지 못한 것으로 기술한다.[43] 더욱이 포세이돈은 펠롭스가 후일 히포다메이아(Hippodameia)를 사랑하게 되자 그녀와 결혼할 수 있도록 도왔다고 한다.[44] 펠롭스에 대한 포세이돈의 동성애는 일시적인 감정으로 여겨졌던 것이다.

2) 자녀

포세이돈의 아내와 연인들의 수가 많은 만큼 그에게서 태어난 자식들의 수도 자연 많을 수밖에 없었다. 이 책에서는 포세이돈의 자식들을 신(님프)과 인간, 동물로 분류하여 서술하기로 한다.

(1) 신

포세이돈의 자식으로 언급된 신이나 님프는 폴리페모스(Polyphemos), 트리톤(Triton), 키모폴레이아(Kymopoleia), 로데(Rhode), 벤테시키메(Benthesikyme), 데스포이네(Despoine), 아소포스, 로도스(Rhodos)이다. 이 가운데서 상고기에 그 이름이 처음 확인된 것은 폴리페모스, 트리톤, 키모폴레이아이다.

폴리페모스는 포세이돈과 님프 토사의 아들이었다고 전한다. 폴리페모스는 키클로페스의 일원으로 사람을 잡아먹는 외눈박이 식인거인이었다. 호메로스는 폴리페모스가 키클로페스 중에서 가장 힘이 센 자라고 말한다. 이 폴리페모스가 포세이돈의 아들이라는 것은 호메로스 때부터 언급되어 왔다. 호메로스에 의하면 님프 토사가 한 동굴 안에서 포세이돈과 동침하여 폴리페모스를 낳았다고 한다. 폴리페모스의 행적은 오디세우스

---

43) 이 책의 670쪽 참조.
44) 핀다로스, 『올림피아 송가』 1.67-88.

의 모험 일화와 연관되어 있다. 호메로스에 의하면 오디세우스가 귀환 도중에 폴리페모스의 외눈을 찔러 실명하게 만들자 이에 분노한 포세이돈이 오디세우스의 귀항을 지연시키면서 바다에서 그를 괴롭혔다고 한다. 포세이돈과 폴리페모스의 부자(父子) 전승은 호메로스 이후에도 그대로 전해졌다. 에우리피데스는 『키클롭스』에서 폴리페모스를 포세이돈의 아들로 서술하고, 아폴로도로스도 그를 포세이돈과 토사의 외눈박이 아들로 묘사하는 것이다. 폴리페모스는 호메로스 이래 헬레니즘 시대에 이르기까지 포세이돈의 아들로 여겨졌던 것이다.[45]

포세이돈의 아내 암피트리테는 포세이돈과의 사이에 3명의 자식을 낳았는데, 아들 트리톤, 딸 로데와 벤테시키메가 그들이다. 이 가운데 트리톤을 포세이돈의 자식으로 처음 언급한 것은 헤시오도스이다. 헤시오도스에 의하면 트리톤은 바다 속 깊은 곳의 집에서 부모와 함께 지낸다고 한다. 이는 트리톤이 포세이돈 집에서 아버지와 동거하는, 그의 대표적인 아들이었음을 가리킨다. 포세이돈의 아들 트리톤은 이후 아폴로니오스와 아폴로도로스에게서 다시 언급된다. 반면에 님프 로데와 벤테시키메가 포세이돈의 자식으로 언급된 것은 아폴로도로스에게서였다.[46] 그런데 로데는 역시 포세이돈의 딸로 알려진 로도스와 가끔 혼동되기도 한다. 아폴로도로스가 로데를 헬리오스의 아내라고 말하는데, 이미 고전기에 핀다로스도 로도스를 헬리오스의 아내라고 언급한 적이 있는 것이다.[47] 즉 로도스와 로데가 모두 헬리오스의 아내였다고 전하므로 둘을 동일한 존재로 볼 수도 있다.[48] 그러나 로도스와 로데의 부모 계보는 분명하게 구분된다. 핀다

---

45) 이 책의 670쪽 참조.

46) 이 책의 670~71쪽 참조.

47) 아폴로도로스, 『비블리오테케』 1.4.5(로데); 핀다로스, 『올림피아 송가』 7.14, 7.71-73; 디오도로스, 5.56.3(로도스).

48) J. G. Frazer, *Apollodorus*, p. 34.

로스는 로도스를 아프로디테의 딸이라고 하고, 디오도로스는 그녀를 포세이돈과 할리아의 딸로 언급하는 것이다.[49] 아마 두 이름이 비슷하여 아폴로도로스가 로도스와 로데를 혼동했다고 보는 것이 나을 듯하다.

한편 바다의 님프 벤테시키메도 포세이돈과 암피트리테의 딸이었다고 전한다. 그들의 부녀관계 전승은 아폴로도로스에게서만 확인된다. 아폴로도로스에 의하면 포세이돈이 자신의 아들 에우몰포스에 대한 양육을 역시 자신의 딸인 벤테시키메에게 맡겼다고 한다.[50] 벤테시키메는 에티오피아에서 에우몰포스를 길렀다고 하므로 그녀는 에티오피아와 어떤 연관성을 가졌을 것으로 보인다.

님프 키모폴레이아는 포세이돈의 딸이었다고 전한다. 그것을 처음 언급한 것은 헤시오도스였다. 헤시오도스에 의하면 포세이돈이 우라노스의 아들인 거인 브리아레오스에게 딸 키모폴레이아를 결혼시켰다고 한다.[51] 헤시오도스 외에는 포세이돈과 키모폴레이아의 부녀 전승을 전하는 자료가 없어서 포세이돈이 어떻게 그 딸을 얻었는지는 파악할 수가 없다.

로데, 벤테시키메, 데스포이네, 아소포스, 로도스는 헬레니즘 시대에 처음 확인된 포세이돈의 자식들이다. 포세이돈과 암피트리테의 딸들인 로데와 벤테시키메에 대해서는 바로 앞에서 서술했으므로 더 이상 언급하지 않는다.

데스포이네를 포세이돈의 딸로 처음 언급한 것은 칼리마코스인데, 칼리마코스에 의하면 포세이돈이 데메테르와의 사이에 데스포이네를 낳았다고 한다. 후대의 파우사니아스도 데스포이네와 아레이온이 포세이돈과 데메테르의 자식들이라고 언급한다.[52] 그러나 헬레니즘 시대까지는 칼리마

---

49) 핀다로스, 『올림피아 송가』 7.14(아프로디테); 디오도로스, 5.55.4(포세이돈과 할리아).

50) 아폴로도로스, 『비블리오테케』 3.15.4.

51) 이 책의 671쪽 참조.

코스만이 포세이돈의 딸 데스포이네에 대해 언급할 뿐이다.

강의 신 아소포스가 포세이돈과 페로의 자식이었다는 전승도 남아 있다. 아폴로도로스가 아쿠실라오스(기원전 6세기 후반)의 말을 인용하며 아소포스가 포세이돈의 아들이라고 언급하는 것이다. 하지만 아폴로도로스는 아소포스가 오케아노스와 테티스의 아들이라는 전승과 제우스와 에우리노메의 아들이라는 전승도 함께 거론한다.[53] 현재로서는 이 가운데 어떤 전승이 더 우세했는지를 분간하기가 어렵다. 일단 이 책에서는 가장 오랜 인용 자료인 아쿠실라오스의 전승을 근거로 하여 일단 아소포스를 포세이돈의 아들로 분류하기로 한다. 아소포스는 그리스의 아소포스강과 연관된 이름인데, 그리스에는 두 개의 아소포스강이 존재했다. 하나는 펠로폰네소스 지방의 아카이아(Achaia)에 있는 아소포스강이고 다른 하나는 보이오티아의 아소포스강이다. 아소포스에 대해서는 이들 강과 관련된 여러 전승들이 서로 혼재하여 전해진다. 따라서 아소포스는 제우스 신화에도 등장하고 포세이돈 신화에도 등장한다.

한편, 님프 로도스도 포세이돈의 자식으로 전해지는데, 그 전승이 처음 확인된 것은 디오도로스에게서였다. 디오도로스에 의하면 포세이돈이 탈라사의 딸 할리아와 동침하여 6명의 아들과 로도스를 낳았다고 한다. 이 로도스의 이름을 따서 로도스섬의 이름이 붙여졌다고 한다. 로도스 이외의 다른 자식들의 이름은 파악되지 않는다. 다만 디오도로스의 추가 진술을 토대로 그들이 '프로세오이오이 다이모네스'(προσηῷοι δαίμονες)라고 불렸음을 알 수 있지만 그들의 개별적인 면모는 파악할 수가 없다. 한편 핀다로스는 로도스를 아프로디테의 자식이라고 언급한다. 그는 로도스를 "아프로디테의 자식이자 헬리오스의 아내인, 바다의 로도스"(τὰν ποντίαν παῖδ' Ἀφροδίτας Ἀελίοιό τε νύμφαν, Ῥόδον)라고 묘사하는 것이다. 여기서 로도

---

52) 이 책의 671쪽 참조.

53) 이 책의 671쪽 참조.

스를 '바다의 로도스'라고 부르기 때문에 그녀와 바다의 신 포세이돈 사이의 어떤 연관성을 상정할 수도 있다. 따라서 핀다로스의 이 대목을 근거로 하여 로도스를 포세이돈과 아프로디테의 딸이라고 해석하기도 한다. 그러나 핀다로스는 로도스에 대해 '아프로디테의 자식'이라고만 언급할 뿐이지 포세이돈과 로도스의 부녀관계를 명시하지 않았다. 따라서 이 애매한 핀다로스의 서술을 바탕으로 로도스를 아프로디테와 포세이돈의 자식으로 보기는 힘들다. 이 책에서는 핀다로스의 서술을 수용하지 않고, 디오도로스의 서술에 따라 로도스를 포세이돈과 할리아의 자식으로 분류하기로 한다.

(2) 인간

상고기 자료에서 포세이돈의 자식으로 언급된 인간들은 크테아토스(Kteatos)와 에우리토스(Eurytos), 나우시투스(Nausithus), 펠리에스와 넬레우스, 오토스(Otos)와 에피알테스(Ephialtes), 크리사오르(Chrysaor), 벨레로폰테스, 부테스(Butes), 라이스트리곤(Laistrygon), 오리온(Orion), 에우페모스(Euphemos), 이다스(Idas)이다. 이 가운데 크테아토스와 에우리토스, 나우시투스, 펠리에스와 넬레우스, 오토스와 에피알테스는 호메로스에게서 처음 확인된다.

크테아토스와 에우리토스는 엘리스(Elis)의 쌍둥이형제로 포세이돈의 아들이었다고 전한다. 아폴로도로스는 그들이 이인동체(二人同體)의 존재였다고도 말한다. 호메로스는 '몰리오네스'(Μολίονες)를 '악토리오네'(Ἀκτορίωνε), 즉 '악토르의 자손'으로 소개하고 '몰리오네스'의 아버지가 포세이돈이라고 말한다. 호메로스는 다른 대목에서는 크테아토스를 단수형인 '악토리온'(Ἀκτορίων)이라 표현하고 크테아토스와 에우리토스를 복수형인 '악토리오네'라고 언급한다. 여기서 '악토리오네' 혹은 '악토리다이'(Ἀκτορίδαι)는 그들의 부계를 따른 명칭이고 '몰리오네스' 혹은 '몰리오니다이'(Μολιονίδαι)는 그들의 어머니 몰리오네의 이름을 따른 명칭이다.

따라서 호메로스는 크테아토스와 에우리토스가 악토르 가문에 속하고 그들의 아버지가 포세이돈이라는 것을 분명하게 밝힌 셈이다. 물론 호메로스가 사용한 '악토리오네'라는 말은 그들이 인간인 악토르의 자손임을 나타낸다. 그러나 호메로스는 '악트리오네'라는 표현을 쓰면서도 '몰리오네스'의 아버지를 포세이돈이라고 밝혀 크테아토스와 에우리토스가 포세이돈의 아들임을 역설한다. 이렇듯 신과 인간의 자식으로 함께 불리는 관행은 신과 기혼의 인간 여성 사이에 출생한 자식들에게 흔히 일어나는 일이다. 그래서 헤라클레스는 제우스의 아들로 불리기도 하고 암피트리온의 아들로 불리기도 하는 것이다. 여기서 중요한 것은 크테아토스와 에우리토스가 포세이돈의 자식이라는 전승이 호메로스 때부터 존재했다는 점이다. 호메로스 때의 이런 전승은 후대에도 계속 전해졌다. 핀다로스가 크테아토스를 포세이돈의 아들로 서술하고, 아폴로도로스도 크테아토스와 에우리토스의 아버지를 포세이돈으로 소개한다.[54]

나우시투스도 포세이돈의 아들이었다고 전한다. 호메로스는 『오디세이아』에서 파이아케스인들의 나라를 언급하는데, 나우시투스가 파이아케스인들의 왕으로 나온다. 호메로스에 의하면 에우리메돈의 딸 페리보이아가 포세이돈과 동침하여 나우시투스를 낳았다고 한다. 호메로스 이후에는 나우시투스를 포세이돈의 아들로 언급한 자료가 확인되지 않는다.[55]

펠리에스와 넬레우스 역시 포세이돈의 아들이었다고 전한다. 호메로스에 의하면 포세이돈과 동침한 티로가 펠리에스와 넬레우스를 낳았다고 한다. 티로는 아이들의 아버지가 포세이돈이라는 것을 숨기고 그들을 낳아길렀고, 그들은 후일 장성하여 제우스의 뛰어난 일꾼들이 되었다고 한다. 호메로스가 언급한 전승은 이후에도 반복되어 기술되었다. 핀다로스와 아

---

54) 이 책의 672쪽 참조. 그런데 핀다로스는 크테아토스와 에우리토스를 함께 언급하면서도 크테아토스만 포세이돈의 아들로 언급하고 에우리토스와 포세이돈의 관계는 밝히지 않는다 (핀다로스, 『올림피아 송가』 10.26-27).

55) 이 책의 672쪽 참조.

폴로니오스는 펠리에스를 포세이돈의 아들로 적고, 아폴로도로스와 디오도로스는 펠리에스와 넬레우스를 포세이돈의 자식으로 언급한 것이다.[56]

오토스와 에피알테스도 포세이돈의 아들이었다고 전한다. 호메로스에 따르면 그들은 포세이돈이 이피메데이아와 동침하여 낳은 자식들인데 대단한 인물들이었다고 한다. 즉 그들은 세상에서 가장 키가 크고 오리온 다음으로 가장 잘생긴 미남들이었다는 것이다. 그들은 기골이 어찌나 장대한지 올림포스의 신들에게도 맞설 정도였다. 그들은 하늘에 오르고자 올림포스산 위에 오사산을 쌓아올리고 오사산 위에 다시 펠리온산을 쌓고자 했다. 그들이 장성할 때까지 자랐다면 아마 그 일을 완수했을 것이라고 한다. 그러나 그들은 장성하기 전에 아폴론에게 죽임을 당했다고 한다. 또 호메로스는 그들이 아레스 신을 묶어 청동단지에 가두는 기행을 저질렀다고 하면서 그들을 알로에우스의 아들이라고 소개한다.[57] 즉 호메로스는 그들의 아버지를 포세이돈이라고도 하고 알로에우스라고도 하는 것이다. 이피메데이아가 알로에우스의 아내이자 포세이돈의 연인이었으니 알로에우스와 포세이돈이 다 그들의 아버지로 여겨질 만했다. 이는 헤라클레스가 제우스의 아들이자 암피트리온의 아들로 불렸던 것과 마찬가지이다. 호메로스 이후에 헤시오도스는 둘의 아버지가 포세이돈이라는 것을 분명하게 밝힌다. 헤시오도스는 말하기를, 그들이 알로에우스의 이름을 따라 '알로이아다이'(Ἀλωιάδαι)라고 불리지만 실은 포세이돈과 이피메데이아의 자식들이라고 한다. 호메로스의 포세이돈 연애 이야기와 두 아들의 기행담(奇行談)은 헤시오도스의 서술과 결합되어 후대에도 계속 전승된다. 그것은 아폴로도로스의 서술에서 잘 드러난다. 아폴로도로스에 의하면 트리옵스의 딸 이피메데이아가 알로에우스와 결혼한 사이인데, 포세이돈과 사랑에 빠져 동침하게 되었다고 한다. 그후 그녀는 오토스와 에피알테스를

---

56) 이 책의 672~73쪽 참조.

57) 호메로스, 『오디세이아』11.305-320; 『일리아스』385-386.

낳았고 그들은 알로이아다이라고 불렸다 한다. 그들은 부쩍 거구로 자라 신들에게 대적할 정도가 되었는데, 올림포스산 위에 오사산을 쌓고 그 위에 다시 펠리온산을 쌓아 그것을 통해 하늘로 오르겠다고 위협했다. 또한 그들은 그 산들로 바다를 메우겠다고 했으며 아레스를 묶어 가두었다. 그러나 결국 그들은 아르테미스의 계략에 빠져 낙소스에서 죽임을 당했다고 한다.[58] 이처럼 아폴로도로스의 서술은 세부적인 차이가 있지만 호메로스의 서술과 대체적으로 일치한다.

헤시오도스는 벨레로폰테스, 부테스, 라이스트리곤, 오리온, 에우페모스를 포세이돈의 자식으로 언급하고, 크리사오르를 포세이돈의 자식으로 암시한다. 크리사오르와 페가소스는 포세이돈과 메두사의 자식으로 전한다. 여기서 크리사오르는 인간으로 분류된다. 그는 신 포세이돈과 신적인 괴물 메두사의 아들이기 때문에 반신적인 성격의 존재라고도 볼 수 있다. 하지만 헤시오도스가 그를 인간으로 분류하기 때문에 이 책도 그에 따르기로 한다. 헤시오도스는 여신들이 인간과 동침하여 낳은 신성한 자식들의 사례를 들면서 칼리로에와 인간 크리사오르 사이에 태어난 게리온 (Geryon)을 언급했던 것이다.[59] 크리사오르와 페가소스가 포세이돈의 자식이라는 것을 처음 암시한 것은 헤시오도스이다. 사실 헤시오도스는 페가소스와 크리사오르가 포세이돈의 자식이라는 것을 명시하지 않는다. 다만 포세이돈과 메두사가 동침했고 메두사가 죽을 때 페가소스와 크리사오르가 태어났다는 것만 언급할 뿐이다. 리코프론도 페가소스와 크리사오르가 메두사에게서 태어났다는 것을 암시하지만 그들이 포세이돈의 자식임을 분명히 밝히지는 않는다. 포세이돈을 그들의 아버지로 분명하게 언급한 것은 아폴로도로스이다. 그는 메두사의 머리가 잘릴 때 거기서 포세이돈의 자식들인 페가소스와 크리사오르가 솟아나왔다고 전하는 것이다.[60]

---

58) 아폴로도로스, 『비블리오테케』 1.7.4.

59) 헤시오도스, 『신통기』 965-968, 979-982.

그러나 헤시오도스가 포세이돈과 메두사의 동침과 그에 이은 크리사오르 등의 탄생을 언급하므로 포세이돈은 헬레니즘 시대 이전부터 크리사오르와 페가소스의 아버지로 여겨졌던 것 같다.

영웅 벨레로폰테스도 포세이돈의 아들이라고 전한다. 헤시오도스는 그를 포세이돈과 에우리노메의 아들로 소개하고, 고전기의 핀다로스 송가도 포세이돈을 벨레로폰테스의 아버지로 소개한다. 서기 2세기의 히기노스 위서 『파불라이』에서도 그는 포세이돈의 아들로 언급된다.[61] 한편 벨레로폰테스는 글라우코스의 아들로 언급되기도 한다. 호메로스가 벨레로폰테스를 글라우코스의 아들로 소개하고 있으며, 아폴로도로스도 그를 글라우코스와 에우리메데의 아들이라고 언급하는 것이다. 여기서 에우리메데는 에우리노메의 오기(誤記)인 것 같다. 헤시오도스에 의하면 글라우코스는 에우리노메의 인간 남편이었다고 한다.[62] 그렇다면 벨레로폰테스는 앞서 언급한 헤라클레스의 경우처럼 신의 자식이자 인간의 자식으로 함께 표현된 것 같다. 어쨌든 벨레로폰테스가 포세이돈의 아들이라는 전승은 헤시오도스 때부터 전하고 있다.

부테스는 포세이돈의 아들이었다고 전한다. 그에 대한 언급은 헤시오도스에게서만 확인된다. 그런데 헤시오도스는 부테스가 포세이돈의 아들이었다고만 말할 뿐 그의 어머니가 누구인지를 밝히지 않는다.[63] 현재로서는 부테스에 관한 다른 자료도 전하지 않기 때문에 포세이돈과 부테스의 부자관계에 대한 자세한 내용은 파악하기 힘들다.

라이스트리곤도 포세이돈의 아들이었다고 전한다. 이를 언급한 것은 헤시오도스인데, 헤시오도스는 그가 포세이돈의 아들이라는 것만 밝힐 뿐

---

60) 이 책의 673, 682쪽 참조.

61) 이 책의 673~74쪽 참조.

62) 이 책의 673~74쪽 참조.

63) 이 책의 674쪽 참조.

라이스트리곤과 그의 어머니에 대해 전혀 언급하지 않는다.[64] 헤시오도스 이외에는 그 전승을 전하는 자료도 없기 때문에 그 자세한 내력은 알 수가 없다.

오리온이 포세이돈과 에우리알레의 아들이라는 것은 헤시오도스뿐만 아니라 페레키데스와 아폴로도로스에게서도 언급된다.[65] 아폴로도로스는 오리온이 가이아에게서 태어났다는 전승도 함께 소개하지만, 그를 포세이돈의 아들로 보는 전승이 더 우세한 듯하다. 포세이돈이 오리온에게 땅속의 집을 마련해주었다거나 오리온이 바다 위를 걷는 능력을 부여받았다는 것은[66] 포세이돈과 오리온의 관계가 특별한 것임을 말해주기 때문이다.

에우페모스가 포세이돈의 아들이라는 것은 헤시오도스의 『대(大)에오이아이』 fr.6에서 처음 언급된다. 헤시오도스는 포세이돈이 메키오니케와 동침하여 에우페모스를 낳았다고 전한다. 핀다로스도 에우페모스를 포세이돈의 자식이라고 말한다. 이후 서술에서도 같은 언급이 반복되는데, 핀다로스와 아폴로니오스, 아폴로도로스도 에우페모스를 포세이돈의 아들로 서술하는 것이다. 하지만 에우페모스의 어머니에 대한 전승들은 일치하지 않는다. 헤시오도스가 메키오니케를 에우페모스의 어머니로 언급한 반면, 핀다로스와 아폴로니오스는 에우로페를 그의 어머니라고 밝힌다.[67] 이 에우로페는 티티오스(Tytios)의 딸인데 제우스의 연인인, 아게노르의 딸 에우로페와는 동명이인이다. 한편 에우페모스는 포세이돈의 신성과 연관된 비범한 능력을 지닌 것으로 묘사된다. 그는 발에 물을 적시지 않고 바다 위를 빨리 다닐 수 있었다고 한다.[68] 바다 위를 걷는 능력은 포세이

---

64) 이 책의 674쪽 참조.

65) 이 책의 674쪽 참조.

66) 헤시오도스, 『천문』 fr.4. 아폴로도로스, 『비블리오테케』 1.4.3-1.4.4.

67) 이 책의 674~75쪽 참조.

68) 아폴로니오스, 『아르고나우티카』 1.182-184.

돈의 신통력이므로 이는 포세이돈과 에우페모스의 특별한 관계를 말해준다고 하겠다.

이다스도 포세이돈의 아들이었다고 전한다. 이다스의 아버지가 포세이돈이라는 언급은 상고기 시인 시모니데스의 한 단편에서 처음 나타난다. 그 단편에 따르면 이다스가 아파레우스(Aphareus)의 아들로 알려져 있지만 실은 포세이돈의 아들이라고 한다. 적어도 시모니데스의 시대에는 이다스가 아파레우스의 아들이라는 전승과 포세이돈의 아들이라는 전승이 함께 전해졌던 것으로 보인다. 이 두 전승은 아폴로도로스에게서도 함께 나타난다. 아폴로도로스는 아파레우스와 아레네가 링케우스(Lynkeus), 이다스, 페이소스(Peisos)라는 아들들을 두었다고 기술하면서 이다스가 포세이돈의 자식이라는 전승을 덧붙인다.[69] 여기서 아폴로도로스는 아파레우스의 자식들 중에서 이다스만 포세이돈의 아들로 적고 있다. 다른 자료들도 이다스 이외의 다른 아들들에 대해서는 아파레우스의 아들이라고만 언급한다. 따라서 이 책에서는 이다스만 포세이돈의 아들 명단에 포함하기로 한다. 또한 포세이돈이 누구와 동침하여 이다스를 낳았는지도 불분명하다. 시모니데스는 그의 어머니를 전혀 거론하지 않으며, 아폴로도로스 역시 애매하기는 마찬가지이다. 다만 아폴로도로스가 이다스를 아파레우스와 아레네의 아들로 언급한 직후에 아버지가 포세이돈이라는 전승을 덧붙이므로 포세이돈이 아레네와의 사이에 이다스를 낳은 것으로 볼 수도 있다. 그러나 그 관계가 분명히 설명되지 않기 때문에 아레네를 포세이돈의 연인으로 분류하기는 어렵다고 본다. 어쨌든 현재 자료에 의하면 이다스를 아파레우스의 아들로 보는 전승이 좀 더 우세하게 나타나지만 그가 포세이돈의 아들이라는 전승도 함께 전해왔음이 확인된다.

고전기에 들어와 포세이돈의 자식으로 처음 언급된 자들은 에우아드네

---

69) 이 책의 675쪽 참조.

(Euadne), 페리클리메노스(Periklymenos), 압데로스(Abderos), 히리에우스 (Hyrieus), 테세우스, 시니스(Sinis), 나우플리오스(Nauplios), 할리로티오스 (Hallirrhothios), 부시리스(Busiris), 에우몰포스(Eumolpos), 킥노스(Kyknos), 아틀란티스 지배자들이다.

에우아드네는 포세이돈과 피타네 사이에 태어난 딸이었다고 한다. 핀다 로스에 의하면 피타네는 에우아드네의 임신 사실을 숨겼으며 산달이 되어 낳은 아이를 아르카디아의 아이피토스(Aipytos)에게 보내 기르도록 했다 고 한다. 이 에우아드네가 자라서 나중에 아폴론과의 사이에 야모스라는 아들을 낳게 된다.[70] 포세이돈의 딸, 에우아드네에 대한 언급은 핀다로스 에게서만 확인된다.

페리클리메노스는 핀다로스의 송가에서 처음으로 포세이돈의 아들로 언급된다. 핀다로스에 의하면 에우페모스와 페리클리메노스가 '에노시다 스', 즉 포세이돈의 자식들이라고 한다. 에우리피데스와 아폴로도로스 역 시 그를 포세이돈의 아들로 묘사한다. 그런데 페리클리메노스의 계보에 대해서는 또 다른 전승이 전한다. 아폴로니오스와 아폴로도로스가 페리클 리메노스를 넬레우스의 아들로 언급한 것이다. 그렇다면 포세이돈의 아 들 페리클리메노스와 넬레우스의 아들 페리클리메노스가 동일인물인가 에 대한 의문이 생긴다. 두 명의 페리클리메노스가 언급되는 이야기 배 경이 서로 다르기 때문이다. 하나는 테바이 공격에서 파르테노파이오스 (Parthenopaios)를 살해한 페리클리메노스이고, 또 하나는 아르고호의 항해 모험에 참가한 페리클리메노스이다. 핀다로스는 포세이돈의 아들 페리클 리메노스가 아르고호의 항해에 참가했다고 하고, 에우리피데스는 포세이 돈의 아들 페리클리메노스가 테바이 공격에 참가했다고 말한다. 그런데 아폴로니오스는 『아르고나우티카』에서 아르고호 항해에 참가한 것은 넬 레우스의 아들 페리클리메노스였다고 서술한다. 그후 아폴로도로스는 두

---

70) 핀다로스, 『올림피아 송가』 6.29-30, 35-44.

명의 페리클리메노스를 동시에 언급하면서 포세이돈의 아들 페리클리메노스는 테바이 공격에 참가하고 넬레우스의 아들 페리클리메노스는 아르고호 항해에 참가했다고 언급한다. 여기서 아폴로도로스는 아폴로니오스의 전승을 따랐던 것으로 보인다. 이 둘의 서술이 대체로 일치하는데, 둘 다 넬레우스의 아들 페리클리메노스가 아르고호 항해에 참가했다고 말하며 또 포세이돈이 넬레우스의 아들에게 변신술을 부여했다고 서술한다.[71] 아폴로니오스가 포세이돈이 페리클리메노스에게 변신술을 부여했다고 말한 것은 포세이돈과 페리클리메노스의 특별한 관계를 언급한 것이라 할 수 있다. 아마 두 명의 페리클리메노스는 서로 다른 인물들이었을 테지만, 포세이돈의 아들이라는 페리클리메노스의 전승의 영향을 받아 다른 페리클리메노스에게도 포세이돈과의 연관성이 부여된 것으로 보인다.

압데로스는 님프 티로니아와 포세이돈의 아들이었다고 전한다. 그러나 이에 대해서는 핀다로스만 간략하게 언급할 뿐이고 더 이상 부연되지 않는다.

아틀라스의 딸 알키오네와 포세이돈 사이에는 3명의 자식이 있었다고 한다. 히리에우스와 히페레노르는 아들이고 아이투사는 딸이다. 이들 가운데 히리에우스의 이름이 처음 확인되는 것은 코린나이다. 그러나 코린나는 히리에우스만 언급하고 다른 자식들의 이름은 거론하지 않는다. 이들의 이름을 모두 언급한 것은 아폴로도로스이다.[72] 히페레노르와 아이투사에 관해서는 헬레니즘 시대의 자료를 서술할 때 설명하기로 한다.

아테네의 전설적인 영웅 테세우스도 포세이돈의 아들이었다고 전한다. 그가 포세이돈의 아들이라는 것은 바킬리데스에게서 처음 확인된다. 바킬리데스에 의하면, 피테우스의 딸인 아이트라가 포세이돈과 동침하여 테세우스를 낳았다고 한다. 하지만 이미 상고기 때에는 테세우스를 인간 아이

---

71) 이 책의 675쪽 참조.
72) 이 책의 676쪽 참조.

게우스의 아들로 보는 전승이 전하고 있었다. 호메로스와 헤시오도스가 모두 그를 아이게우스의 아들로 언급한 것이다. 그렇다고 상고기 자료들이 모두 테세우스의 신적인 계보를 부인한 것은 아니었다. 호메로스는 테세우스와 페이리투스를 '신들의 고명한 자식들'(θεῶν ἐριχυδέα τέχνα)이라고 표현했던 것이다. 사실 호메로스는 다른 대목에서도 페이리투스를 제우스의 자식으로 언급한 바 있다.[73] 그렇다면 호메로스의 그 표현은 그가 테세우스를 신의 자식으로 여겼음을 말해준다. 그러나 호메로스는 그가 어떤 신의 자식인지는 구체적으로 밝히지 않는다. 그가 포세이돈의 자식이라는 언급은 바로 바킬리데스에게서 나타나는 것이다. 이후 그리스 자료에는 테세우스의 계보에 대한 이들 두 가지 전승이 모두 병존한다. 두 전승의 병존은 고전기와 헬레니즘 시대를 거쳐 그 이후에까지 지속된다. 즉 고전기에는 에우리피데스와 이소크라테스가 테세우스를 포세이돈의 아들이라고 언급한 반면, 소포클레스와 데모스테네스는 그를 아이게우스의 아들이라고 말한다. 헬레니즘 시대의 아폴로도로스는 두 가지 전승을 모두 소개한다. 이처럼 테세우스는 그리스인들 사이에서 인간 아이게우스의 아들이자 포세이돈의 아들로 여겨져왔다.

헬레니즘 시대 이후에 테세우스 전기를 기술한 플루타르코스(서기 45년경~120년경) 역시 두 가지 전승을 모두 언급한다. 특히 플루타르코스는 테세우스의 탄생에 대한 기존의 전승들을 합리적으로 해석하고자 한다. 즉 플루타르코스에 의하면 아이게우스가 트로이젠 왕인 피테우스의 딸 아이트라와 동침했고 그로 인해 테세우스가 태어났다고 한다. 그런데도 피테우스는 테세우스가 포세이돈에게서 태어났다는 소문을 퍼뜨렸다. 이는 당시 트로이젠인들이 포세이돈을 수호신으로 극진히 숭배했기 때문이라고 한다.[74] 플루타르코스의 기술에 따르면, 포세이돈과 테세우스의 부자

---

73) 호메로스, 『일리아스』 2.741, 14.317-318.

74) 플루타르코스, 『테세우스전』 3.3-4.1, 6.1.

관계 전승은 포세이돈의 후광을 통해 테세우스의 위신과 영예를 높이려는 과정에서 형성된 것이었다. 플루타르코스의 서술은 테세우스 신화에 대한 합리적인 해석의 일환이라 할 수 있다.

이스트모스의 약탈자 시니스(Sinis)도 포세이돈의 아들이었다고 전한다. 그것을 처음 언급한 것은 바킬리데스였다. 바킬리데스에 의하면 테세우스가 인간들 중에서 가장 힘이 센 시니스를 죽인 일이 있는데 그 시니스는 '리타이오스 세이식톤'의 아들이었다고 한다. '리타이오스'와 '세이식톤'은 포세이돈을 가리키는 호칭이므로 여기서 시니스는 포세이돈의 아들로 언급된 것이다. 그러나 그의 계보에 대해서는 다른 전승도 존재했던 것 같다. 아폴로도로스는 시니스를 코린토스의 딸 실레아(Sylea)와 폴리페몬(Polypemon)의 자식으로 언급하는 것이다.[75]

나우플리오스가 포세이돈의 아들이라는 것은 에우리피데스에게서 처음 확인된다. 에우리피데스는 포세이돈과 나우플리오스의 부자관계를 명시하지 않지만 팔라메데스에 대해 "포세이돈의 아들이 낳은 팔라메데스"(Παλαμήδεα θ', ὃν τέκε παῖς ὁ Ποσειδᾶνος)라고 표현한다.[76] 그런데 팔라메데스는 나우플리오스의 아들로 여겨지므로[77] 여기서 포세이돈의 아들은 나우플리오스를 가리킨다. 나우플리오스가 포세이돈의 아들임을 더욱 명확하게 표현한 것은 헬레니즘 시대의 자료들이다. 아폴로니오스와 아폴로도로스가 나우플리오스를 포세이돈과 아미모네의 아들로 언급한 것이다. 더욱이 나우플리오스는 항해에 대해 누구보다도 탁월했다고 한다.[78] 이는 바다의 신 포세이돈과의 관련성을 부각하는 일면이라 하겠다.

할리로티오스는 포세이돈과 님프 에우리테의 아들이었다고 전한다. 그

---

75) 이 책의 677쪽 참조.

76) 에우리피데스, 『아울리스의 이피게네이아』 198-199.

77) 아폴로도로스, 『비블리오테케』 2.1.5, 3.2.2; 『개요』 3.7, 6.8.

78) 이 책의 677쪽 참조.

가 포세이돈의 아들이라는 것은 에우리피데스에게서 처음 확인된다. 에우리피데스에 의하면 '바다의 지배자'(πόντου κρείων), 즉 포세이돈의 아들 할리로티오스가 아레스의 딸을 겁탈하자 아레스가 분노하여 그를 살해했고 이에 신들이 아레오파고스에서 아레스를 재판했다고 한다. 이 일화는 데모스테네스와 아폴로도로스에게서도 나타난다. 할리로티오스는 고전기부터 포세이돈의 아들로 언급되어 왔던 것이다. 그러나 할리로티오스의 어머니인 에우리테의 이름은 아폴로도로스에게서 처음 확인된다.[79]

포세이돈은 리비아와의 사이에 여러 명의 자식을 두었던 것으로 전한다. 이소크라테스는 그들 사이에 부시리스가 태어났다고 하고, 아폴로도로스는 아게노르와 벨로스가 태어났다고 한다. 그런데 부시리스와 아게노르를 형제로 함께 언급한 자료가 없으므로 포세이돈의 자식에 대한 이소크라테스와 아폴로도로스의 이야기는 별도의 전승에서 유래한 것이 아닌가 한다. 한편 아폴로도로스는 부시리스의 계보에 대해 이소크라테스의 서술과는 다소 다른 이야기를 전한다. 그는 부시리스를 에파포스의 딸 리시아나사(Lysianassa)와 포세이돈의 아들로 언급하는 것이다.[80] 아폴로도로스의 서술은 부시리스를 에파포스의 딸과 포세이돈의 자식으로 본다는 점에서 이소크라테스의 서술과 동일하지만 에파포스의 딸 이름은 리비아가 아닌 리시아나사라고 소개된다. 어찌하여 그런 차이가 생겼는지는 알수가 없다.

트라키아의 에우몰포스도 포세이돈의 아들이었다고 전한다. 트라키아인 에우몰포스가 포세이돈의 아들이라는 것은 아테네 연설가 이소크라테스에게서 처음 확인된다. 하지만 이소크라테스는 에우몰포스를 포세이돈의 아들이라고만 소개하고, 어머니 키오네를 언급하지 않았다. 그를 포세이돈과 키오네의 아들로 처음 언급한 것 리쿠르고스였고, 그후 아폴로도

---

79) 이 책의 677~78쪽 참조.

80) 이소크라테스, 11.10; 아폴로도로스, 『비블리오테케』 2.5.11.

로스는 포세이돈과 키오네 이야기를 좀 더 자세히 서술한다. 아폴로도로스에 의하면 키오네가 포세이돈과 동침한 후 남몰래 에우몰포스를 낳아 바다 속으로 내던지자 포세이돈이 아기를 건져 에티오피아로 데려갔다고 한다. 그곳에서 그를 양육한 것은 포세이돈의 딸 벤테시키메였고, 그는 나중에 트라키아의 왕이 되었다고 전한다.[81]

킥노스 역시 포세이돈의 아들이었다고 전한다. 그를 포세이돈의 아들로 언급한 것은 이소크라테스에게서 처음 확인된다. 이소크라테스에 의하면 트로이 원정에 대한 열기가 워낙 대단해서 신들도 제 자식들이 원정에 참가하는 것을 만류하지 못했다고 한다. 이소크라테스가 그 예로 든 것이 바로 제우스의 아들 사르페돈, 에오스의 아들 멤논, 포세이돈의 아들 킥노스, 테티스의 아들 아킬레우스였다.[82] 그러나 이소크라테스 외에는 킥노스를 포세이돈의 아들로 언급한 사례가 나오지 않는다.

또 포세이돈은 클레이토와의 사이에 5쌍의 쌍둥이형제들을 낳아 아틀란티스의 지배자로 삼았다고 한다. 이는 아틀란티스를 설명한 플라톤의 『크리티아스』 113D-114C에서 언급된다. 플라톤에 의하면 그 쌍둥이들의 이름은 순서대로 아틀라스(Atlas)와 가데이로스(Gadeiros, 혹은 에우멜로스Eumelos), 암페레스(Ampheres)와 에우아이몬(Euaimon), 므네세우스(Mneseus)와 아우톡손(Autokhthon), 엘라시포스(Elasippos)와 메스토르(Mestor), 아자에스(Azaes)와 다이프레페스(Daiprepes)라고 한다. 플라톤은 이들 쌍둥이의 어머니를 따로 명시하지 않지만 그 직전 대목에서 포세이돈이 클레이토와 동침한 것으로 나오기 때문에 그들의 어머니는 클레이토라 할 수 있다. 아틀란티스 지배자들이 포세이돈의 자식이라는 것은 플라톤에게서만 언급되기 때문에 그 전승이 어느 정도 유포되었는지는 확인하기 어렵다.

---

81) 이 책의 678쪽 참조.

82) 이 책의 678쪽 참조.

헬레니즘 시대의 자료에서 포세이돈의 자식으로 처음 확인된 자들은 아미코스(Amykos), 트리오파스(Triopas), 에르기노스, 앙카이오스(Ankaios), 에우리필로스(Eurypylos), 아게노르, 벨로스, 호플레우스(Hopleus), 니레우스(Nireus), 에포페우스(Epopeus), 알로에우스(Aloeus), 히페레노르(Hyperenor), 아이투사(Aithusa), 리코스(Lykos), 키크레오스(Kychreos), 타피오스(Taphios), 아우게아스, 에릭스(Eryx), 피네우스(Phineus), 안타이오스(Antaios), 사르페돈(제우스와 에우로페의 아들 사르페돈과 동명이인), 프로테우스, 얄레비온(Ialebion)과 데르키노스(Derkynos), 타소스(Thasos), 스키론(Skiron), 보이오토스(Boiotos)와 아이올로스(Aiolos), 파이악스(Phaiax)이다.

베브리케스(Bebrykes)의 왕 아미코스는 포세이돈의 아들이었다고 전한다. 그들의 부자관계는 헬레니즘 시대의 테오크리토스의 시에서 처음 확인된다. 그러나 테오크리토스는 아미코스의 어머니 이름은 밝히지 않는다. 그의 어머니 이름이 언급된 것은 아폴로니오스에게서였다. 아폴로니오스는 비티니아 님프인 멜리아가 포세이돈과 결합하여 아미코스를 낳았다고 진술하는 것이다. 아폴로도로스 역시 아미코스를 포세이돈과 비티니아 님프의 아들로 소개한다.[83]

포세이돈과 카나케 사이에는 여러 명의 자식들이 있었다고 전한다. 칼리마코스와 디오도로스는 트리오파스만 그들의 자식으로 소개한다. 하지만 아폴로도로스는 5명의 자식들을 열거한다. 호플레우스, 니레우스, 에포페우스, 알로에우스, 트리옵스가 그들이다. 여기서 트리옵스는 트리오파스를 잘못 표기한 것으로 추정된다. 그런데 디오도로스는 트리오파스의 계보에 대한 다른 전승을 소개하기도 한다. 그는 트리오파스가 헬리오스와 로도스의 아들이라는 전승과 라피테스와 스틸베의 아들이라는 전승을 함께 언급하는 것이다.[84] 이들 다른 전승은 그 외의 자료에서는 확인되지

---

83) 이 책의 679쪽 참조.

84) 이 책의 679쪽 참조.

않는다.

에르기노스도 포세이돈의 아들이었다고 전한다. 그를 포세이돈의 아들로 언급한 것은 아폴로니오스에게서 처음 확인된다. 아폴로니오스는『아르고나우티카』에서 아르고호 항해 참가자들을 열거하면서 포세이돈의 두 아들을 언급한다. 즉 밀레토스에서 온 에르기노스와 파르테니아에서 온 앙카이오스가 그들이다. 아폴로니오스는 그들이 항해술에 뛰어난 자들이라고 소개하는데, 이는 그들이 바다의 신 포세이돈과 연관된 자들임을 말해준다. 그후 아폴로도로스도 야손의 아르고호 항해에 참가한 그리스 영웅들을 소개하면서 포세이돈의 아들 에르기노스의 이름을 거론한다.[85] 여기서도 에르기노스는 아르고호 항해와 관련되어 포세이돈의 아들로 묘사된다.

포세이돈과 아스티팔라이아 사이에는 앙카이오스 혹은 에우리필로스라는 아들이 있었다고 한다. 그들은 별개의 자료에서 둘 사이의 아들로 언급될 뿐이고, 둘을 형제로 언급한 사례는 보이지 않는다. 아폴로니오스는 앙카이오스만 언급하고, 아폴로도로스는 에우리필로스만 언급하는 것이다. 앙카이오스는 사모스 렐레게스인들의 왕이었다고 하고, 에우리필로스는 코스의 왕이었다고 전한다. 그런데 서기 2세기의 파우사니아스는 앙카이오스가 아스티팔라이아와 포세이돈의 아들이라는 것을 기원전 7세기의 사모스 시인 아시오스(Asios)의 말을 인용하여 전한다.[86] 따라서 앙카이오스가 포세이돈의 아들이라는 전승은 이미 상고기에도 알려져 있었을 것으로 보인다.

아틀라스의 딸 알키오네와 포세이돈 사이의 자식은 히리에우스, 히페레노르, 아이투사인데, 이 가운데 히리에우스는 코린나에게서 언급되었지만 나머지 2명의 이름은 헬레니즘 시대에 처음 확인된다. 아폴로도로스가 이

---

85) 이 책의 679쪽 참조.

86) 이 책의 679~80쪽 참조.

3명의 자식들 이름을 모두 언급하는 것이다. 그런데 포세이돈과 알키오네의 자식들 이름을 모두 언급한 것은 아폴로도로스뿐이다. 한편 헬레니즘 시대 이후의 파우사니아스의 진술을 보면 다른 전승이 존재했을 가능성도 있어 보인다. 파우사니아스에 의하면 아틀라스의 딸 알키오네와 포세이돈 사이에 히페레스와 안타스라는 자식이 있었다고 한다.[87] 파우사니아스는 포세이돈과 알키오네의 연인관계에 대해서는 이전 자료와 동일하게 진술하지만 그들의 자식에 대해서는 전혀 다른 이름을 제시하는 것이다.

아게노르와 벨로스가 포세이돈의 아들이라는 것은 아폴로도로스에게서 처음 확인된다. 아폴로도로스에 의하면 에파포스의 딸 리비아가 포세이돈과의 사이에 두 명의 아들, 즉 아게노르와 벨로스를 낳았다고 한다. 아게노르는 페니키아로 가서 에우로파와 카드모스 등을 낳았고 벨로스는 이집트를 지배했다고 한다.[88] 아게노르와 벨로스가 포세이돈의 아들이라는 것은 아폴로도로스에게서만 확인된다.

포세이돈은 아틀라스의 또 다른 딸 켈라이노와도 동침했는데, 그들 사이에는 리코스라는 아들이 있었다고 한다. 이는 아폴로도로스가 언급한 유일한 전승이다. 그런데 아폴로도로스보다 후대의 자료를 보면 그와는 다른 전승들이 존재했을 가능성도 있어 보인다. 즉 스트라본(기원전 64년경~서기 21년경)은 다나오스의 딸 켈라이노와 포세이돈 사이에 켈라이노스라는 아들이 있었다고 하고, 히기누스의 위서(서기 2세기)는 아틀라스의 켈라이노와 포세이돈 사이에 리코스, 닉테우스, 그리고 에르게우스의 딸 켈라이노와 포세이돈 사이에 에우페모스, 리코스, 닉테우스라는 자식이 있었다고 한다.[89] 사실 켈라이노와 포세이돈의 관계에 대한 후대의 전승들은 신뢰하기 어렵다. 켈라이노의 신상에 대한 진술이 각기 다르고 그녀

---

87) 이 책의 680쪽 참조.

88) 이 책의 678쪽 참조.

89) 이 책의 680쪽 참조.

의 자식들에 대한 진술도 일치하지 않기 때문이다. 여기서 켈라이노의 계보가 다르게 표현된 것은 오류일 가능성이 있다. 하지만 그녀의 자식 명단에 대해서는 다들 다르게 기술하기 때문에 그에 관한 다수의 전승들이 존재했을 가능성도 있다고 본다.

아소포스의 딸 살라미스와 포세이돈 사이에는 키크레우스라는 아들이 있었다고 한다. 살라미스의 왕 키크레우스에 대한 언급은 아폴로도로스와 디오도로스에게서 나타난다.[90] 즉 포세이돈과 키크레우스의 부자관계는 헬레니즘 시대에 들어와 처음 언급된 것이다.

타피오스와 아우게아스, 에릭스도 포세이돈의 아들이었다고 전한다. 포세이돈과 이들의 부자관계 전승은 아폴로도로스에게서만 확인된다. 아폴로도로스에 의하면 포세이돈이 메스토르의 딸 히포토에를 납치하여 동침한 결과 타피오스라는 아들을 얻었다고 한다. 이 타피오스는 타포스(Taphos)에 식민을 했다고 전한다.[91]

엘리스 왕 아우게아스의 계보에 대해서는 다양한 전승이 전해온다. 아폴로도로스에 의하면 아우게아스는 헬리오스의 아들이라고도 하고 혹은 포세이돈의 아들 혹은 포르바스의 아들이라고도 한다. 그런데 아폴로도로스는 다른 대목에서는 아우게아스를 헬리오스의 아들로만 소개한다. 서기 2세기의 파우사니아스의 글에서도 아우게아스는 주로 헬리오스의 아들로 언급된다. 파우사니아스에 의하면 아우게아스는 원래 엘레이오스의 아들이었지만 아우게아스의 영예를 높이려고 엘레이오스의 이름을 헬리오스로 바꾸어 그를 헬리오스의 아들로 만들었다고 한다.[92] 여기서 파우사니아스는 아우게아스가 헬리오스의 아들이 아니라고 주장하지만, 그가 흔히 헬리오스의 아들로 여겨졌다는 사실은 받아들인다. 따라서 아우게아스는

---

90) 이 책의 680쪽 참조.

91) 이 책의 680쪽 참조.

92) 이 책의 680~81쪽 참조.

주로 헬리오스의 아들로 여겨졌음을 알 수 있다. 다만 아폴로도로스의 글을 통해 아우게아스가 포세이돈의 아들이라는 전승도 당시에 전해졌음을 알 수 있다.

아폴로도로스에 의하면 엘리모이 왕 에릭스는 포세이돈의 아들이었다고 전한다. 에릭스는 레슬링에서 헤라클레스에게 패해 죽임을 당했다고 한다. 그런데 에릭스의 계보에 대해서는 또 다른 전승이 전해온다. 디오도로스가 에릭스의 부모를 아프로디테와 부타스(Butas)라고 서술한 것이다.[93] 아폴로도로스와 디오도로스가 언급한 에릭스는 둘 다 헤라클레스의 모험과 관련된 인물이기 때문에 이들은 동일인물로 추정된다. 그러나 에릭스의 계보에 대해서는 여러 전승들이 존재했던 것 같다.

이들 외에도 아폴로도로스에게서 처음 확인되는 포세이돈의 아들들은 피네우스, 안타이오스, 사르페돈, 프로테우스, 얄레비온, 데르키노스, 타소스, 스키론이다.

아폴로도로스에 의하면 트라키아의 장님 예언자 피네우스가 포세이돈의 아들이었다고 한다. 그런데 아폴로도로스는 피네우스가 아게노르의 아들이라는 전승도 함께 소개한다. 더욱이 아폴로도로스보다 선대인 아폴로니오스도 그를 아게노르의 아들로만 언급하므로[94] 피네우스는 아게노르의 아들로 더 알려져 있었을 가능성이 크다. 그래도 아폴로도로스가 그를 포세이돈의 아들로 언급하므로 이 책에서는 피네우스도 포세이돈의 아들에 포함하기로 한다.

아폴로도로스는 리비아 왕 안타이오스도 포세이돈의 아들로 거론한다. 그러나 그의 어머니는 언급되지 않는다. 안타이오스는 행인과 레슬링 대결을 벌여 패배하면 죽이는 악한으로 나오는데, 리비아에 간 헤라클레스가 그와 대결을 벌여 승리했다고 한다. 아폴로도로스는 안타이오스를 단

---

93) 이 책의 681쪽 참조.

94) 이 책의 681쪽 참조.

지 '포세이돈의 자식'(παῖς Ποσειδῶνος)이라고만 소개할 뿐 그 내력에 대해서는 더 이상 설명하지 않는다. 그런데 아폴로도로스는 안타이오스가 게(Ge)의 아들이라는 전승을 추가적으로 서술한다.[95] 그의 몸이 땅에 닿으면 힘이 더 강해지는 습성이 있다는 것이었다. 만일 그 전승을 수용한다면 포세이돈은 게와 동침한 사이가 되고 안타이오스는 포세이돈과 게 사이에 태어난 아들이 될 수도 있다. 하지만 현재로서는 안타이오스의 계보에 대한 다른 정보가 없으므로 안타이오스의 아버지가 포세이돈이라는 전승과 그의 어머니가 게라는 전승은 별도의 전승으로 취급할 수밖에 없다.

사르페돈도 포세이돈의 자식이었다고 전한다. 여기서 사르페돈은 제우스와 에우로페의 아들 사르페돈이나 제우스와 라오다메이아의 아들 사르페돈과 동명이인이다. 포세이돈의 아들이라는 사르페돈은 그들과는 다른, 아이노스 출신의 사르페돈인 것이다. 아폴로도로스에 의하면 헤라클레스가 아이노스 해안에서 사르페돈을 죽였는데, 그자는 포세이돈의 아들이고 폴티스(Poltys)의 형제였다고 한다.[96] 이 사르페돈에 대해서는 달리 전하는 자료가 거의 없다. 여기서 폴티스는 사르페돈의 형제로 나오지만 그가 포세이돈의 아들인지는 불분명하다.

프로테우스도 포세이돈의 자식이었다고 전한다. 아폴로도로스에 의하면 헤라클레스가 토로네(Torone)에서 레슬링 경기를 벌여 프로테우스의 아들들을 죽였다고 하는데, 그 프로테우스가 포세이돈의 자식이라고 한다.[97] 프로테우스가 포세이돈의 자식이라는 언급은 다른 자료에서는 나오지 않는다.

아폴로도로스는 헤라클레스 모험을 서술하면서 헤라클레스가 리구리아(Liguria)에서 얄레비온과 데르키노스를 죽였다고 말한다. 그런데 그 얄

---

95) 이 책의 681쪽 참조.

96) 이 책의 681쪽 참조.

97) 이 책의 681쪽 참조.

레비온과 데르키노스가 포세이돈의 아들들이었다고 한다.[98] 이들을 포세이돈의 아들로 언급한 자료는 아폴로도로스뿐이다.

아폴로도로스는 타소스도 포세이돈의 아들이었다고 전한다. 아폴로도로스에 의하면 타소스는 에우로페의 오빠들과 함께 에우로페를 찾아 나선 인물이라고 한다. 그런데 아폴로도로스는 페레키데스(Pherecydes)의 말을 빌려 타소스가 킬릭스의 아들이라는 전승도 덧붙여 소개한다.[99] 페레키데스는 기원전 5세기 전반의 저술가이므로 고전기에는 타소스가 킬릭스의 아들이라는 전승이 유포되었던 것으로 보인다. 타소스가 페니키아인들과 함께 에우로페를 찾아 나섰다가 타소스섬에 식민했다는 이야기는 헤로도토스의 『역사』에도 기술되어 있다.[100] 그러나 타소스가 포세이돈의 아들이라는 전승은 아폴로도로스에게서만 확인된다.

아폴로도로스는 코린토스인 스키론도 포세이돈의 아들이었다고 전한다. 아폴로도로스는 테세우스에게 죽임을 당한 메가라의 도적 스키론을 언급하면서 그를 펠롭스의 아들 혹은 포세이돈의 아들로 소개한다.[101] 이처럼 아폴로도로스가 스키론의 가계에 대해 두 개의 전승을 소개한 것을 보면 그의 가계에 대한 전승이 일치하지 않았음을 알 수 있다. 그가 포세이돈의 아들이라는 언급은 아폴로도로스에게서만 확인된다.

한편 보이오토스와 아이올로스, 파이악스가 포세이돈의 아들이라는 것은 디오도로스에게서만 확인된다. 디오도로스에 의하면 보이오토스와 아이올로스는 포세이돈과 아르네의 아들이었다고 한다.[102] 디오도로스가 다른 대목에서 아이올로스의 아버지를 히포테스로 언급하기도 하지만, 어떤

---

98) 이 책의 681쪽 참조.

99) 이 책의 681쪽 참조.

100) 헤로도토스, 『역사』 2.44, 6.47.

101) 이 책의 681쪽 참조.

102) 이 책의 681쪽 참조.

전승이 더 유력한 것인지를 분간하기란 불가능하다. 따라서 이 책에서는 일단 그것들을 두 개의 다른 전승으로 보기로 한다.

그리고 파이악스는 포세이돈과 코르키라 사이의 아들이었다고 전한다. 포세이돈과 코르키라의 연애 전승은 이미 코린나와 아폴로니오스에게서 직간접적으로 언급된 바 있지만 파이악스가 그들의 아들로 거명된 것은 디오도로스가 처음이다. 디오도로스에 의하면 포세이돈이 코르키라를 코르키라 섬으로 데려가 동침하여 그들 사이에 파이악스가 태어났다고 한다.[103]

이들 외에도 포세이돈의 자식으로 분류될 수 있는 인간들이 있는데, 그들은 오이오클로스(Oioklos), 아스플레돈(Aspledon), 키오스, 아겔로스, 멜라스, 케르키온이다. 이들은 헬레니즘 시대까지의 자료에서 포세이돈의 자식으로 언급된 바가 없다. 그런데 후대 자료에서 헬레니즘 시대 이전의 전거를 인용하여 그들을 포세이돈의 자식으로 언급하기 때문에 각기 인용한 전거의 시기에 따라 그들을 포세이돈의 자식으로 분류할 여지가 있다고 본다.

오이오클로스를 포세이돈의 아들이라고 서술한 것은 서기 2세기의 파우사니아스이다. 그런데 파우사니아스는 헤게시누스의 말을 인용하여 포세이돈이 아스크레와 동침한 후 오이오클로스를 낳았다고 한다. 오이오클로스는 후일 헬리콘산 기슭에 아스크레라는 도시를 세웠다고 한다.[104] 파우사니아스가 인용한 헤게시누스가 헬레니즘 시대 혹은 그 이전의 인물이므로 적어도 헬레니즘 시대에는 포세이돈과 오이오클로스의 부자관계 전승이 알려져 있었을 것으로 보인다.

아스플레돈 역시 오이오클로스와 마찬가지로 서기 2세기의 파우사니아스에게서 포세이돈과 님프 미데이아의 아들로 언급된다. 그런데 그가 포세이돈의 아들이라는 전승은 이미 기원전 3세기의 칼리포스와 그 이전 시

---

103) 이 책의 681쪽 참조.

104) 이 책의 682쪽 참조.

기의 케르시아스도 언급했다고 하므로[105] 아스플레돈을 포세이돈의 아들에 포함하기로 한다.

파우사니아스는 키오스, 아겔로스, 멜라스도 포세이돈의 자식들이었다고 전한다. 파우사니아스는 기원전 5세기의 비극시인 이온의 말을 빌려 그 전승을 소개한다. 즉 이온이 말하기를, 포세이돈이 키오스에 가서 한 님프와 동침하여 키오스라는 아들을 낳았다고 한다. 이온은 또한 포세이돈이 그곳의 다른 님프와 동침하여 아겔로스와 멜라스라는 자식들을 얻었다고 말한다.[106] 이온은 키오스 출신이므로 이들에 관한 전승은 이미 고전기의 키오스에 알려져 있었다고 하겠다. 따라서 이 책에서는 키오스, 아겔로스, 멜라스도 포세이돈의 자식에 포함하기로 한다.

케르키온(Kerkyon) 역시 파우사니아스에게서 포세이돈의 자식으로 언급된다. 파우사니아스에 따르면 케르키온의 어머니는 암픽티온의 딸이고 아버지는 포세이돈이었다고 한다. 그런데 파우사니아스는 이 전승을 기원전 6~5세기 아테네의 비극시인 코이릴로스(Koililos)의 말을 인용하여 전한다.[107] 따라서 이 책에서는 코이릴로스가 늦어도 기원전 5세기에 이 전승을 언급한 것으로 보아 케르키온을 포세이돈의 아들에 포함하기로 한다. 이 케르키온은 행인들에게 행패를 부리다 테세우스에게 죽임을 당한 무법자 케르키온을 말하는데, 아폴로도로스는 그를 브랑코스(Branchos)와 님프 아르기오페(Argiope)의 아들로 전하기도 한다.

(3) 동물: 말

포세이돈은 신과 인간뿐만 아니라 동물도 자식으로 두었던 것으로 전한다. 특히 포세이돈이 말과 마차의 신으로 나오기 때문에 말이 그의 자식

---

105) 이 책의 682쪽 참조.

106) 이 책의 682쪽 참조.

107) 이 책의 682쪽 참조.

으로 언급되기도 한다. 말 페가소스와 아레이온이 포세이돈의 자식이었다고 전하는 것이다. 페가소스가 포세이돈의 자식이라는 것은 헤시오도스에게서 처음 암시되는데, 이에 대해서는 앞에서 크리사오르를 서술할 때 이미 설명한 바 있다.[108]

아드라스토스의 준마(駿馬) 아레이온(Areion)도 포세이돈의 자식이었다고 전한다. 아레이온이 신성한 계보의 말이라는 것은 이미 호메로스에게서 언급된 바 있다. 호메로스는 아드라스토스의 말 아레이온을 지칭하면서 그 말의 혈통이 '신들에게서 유래했다'(ἐκ θεόφιν ἦεν)고 서술한 것이다. 하지만 호메로스는 아레이온의 신성한 계보를 간단히 언급만 할 뿐 그것의 구체적인 계보는 밝히지 않는다. 그 말의 계보를 포세이돈과 연관시킨 언급은 아폴로도로스에게서 처음 나타난다. 아폴로도로스에 의하면 포세이돈이 분노의 여신의 모습을 한 데메테르와 동침하여 말 아레이온을 낳았다고 한다. 포세이돈이 그 말을 낳은 기이한 사연은 서기 2세기의 파우사니아스의 글에서 더욱 자세히 설명된다. 파우사니아스가 전하는 텔푸사인들의 이야기에 의하면 데메테르가 딸 페르세포네를 찾아 유랑하고 있을 때 포세이돈이 그녀를 탐해 쫓아다녔다고 한다. 이에 그녀가 암말로 변신하자 포세이돈도 수말로 변신하여 그녀와 관계를 맺었다고 한다. 그 후 데메테르는 포세이돈과의 사이에 그 이름을 말하기 어려운 딸 한 명과 말 아레이온을 낳았다는 것이다. 파우사니아스는 또한 피갈리아인들의 이야기도 전하는데, 그들에 따르면 포세이돈과 데메테르가 동침하여 낳은 자식이 말이 아니고 데스포이네였다고 한다. 이처럼 파우사니아스는 포세이돈과 데메테르의 동침 및 아레이온의 탄생에 대한 텔푸사인과 피갈리아인의 전승들을 자세히 전한다. 한편 파우사니아스는 안티마코스(기원전 5세기 후반~4세기 전반)의 시구를 인용하여 아레이온이 데메테르가 아닌 게(Ge), 즉 대지의 자식이라고 소개하기도 한다.[109]

---

108) 이 책의 341~42쪽 참조.

4. 출현과 모습: 출현, 거주지, 모습, 변신, 부수물

1) 출현

포세이돈의 출현에 대한 특별한 언급은 남아 있지 않다. 따라서 포세이돈의 인간세계 출현과정과 출현장소, 그리고 그에 대한 인간의 반응 등은 파악하기 어렵다.

2) 거주지

포세이돈은 바다의 신답게 바다 속에서 거주한 것으로 알려져 있다. 그것은 이미 호메로스 서사시에서도 분명하게 드러난다. 포세이돈은 『일리아스』 15.190에서 자신이 잿빛 바다를 거처로 배당받았다고 밝힌다. 또 『일리아스』에는 바다가 포세이돈의 집이라는 것을 말해주는 대목들이 자주 등장한다. 우선 『일리아스』 20.4-19에는 제우스가 테미스를 시켜 신들의 회의를 소집하는 장면이 나온다. 여기서 제우스는 테미스에게 올림포스의 산마루에 있는 신들을 회의장소로 모이게 하라고 지시한다. 그런데 이때 포세이돈은 '다른 신들과 합류하고자 바다에서 나온'(ἐξ ἁλὸς ἦλθε μετ᾽ αὐτούς) 것으로 묘사된다. 즉 다른 신들이 올림포스의 산마루에서 거주하는 반면, 포세이돈은 다른 신들과 떨어져 바다 속에서 지낸다는 것이다. 또 『일리아스』 15.157-183에서 제우스는 포세이돈이 그리스인을 도와 싸움에 관여하는 것을 보고, 그를 만류하러 이리스 여신을 보낸다. 이때 제우스는 포세이돈에게 명하기를, 당장 싸움을 멈추고 "신들에게로 오든지 아니면 장엄한 바다로 들어가라"(ἔρχεσθαι μετὰ φῦλα θεῶν ἢ εἰς ἅλα δῖαν)라고 한다. 그런데 이에 앞서 제우스는 이리스를 포세이돈에게 보내 싸움을

---

109) 이 책의 683쪽 참조.

멈추고 "집으로 가도록 하라"(πρὸς δῶμαθ᾽ ἱκέσθαι)[110]고 말한 바 있으므로 바다는 곧 포세이돈의 집이라 할 수 있다. 이처럼 호메로스는 해신(海神) 포세이돈이 주로 바다 속에서 거주한다고 보았다. 그래서 그의 서사시에서 포세이돈은 용무가 있을 때마다 수시로 바다를 들락거리는 것으로 묘사된다.[111]

헤시오도스도 포세이돈이 바다 속에서 기거했다고 전한다. 헤시오도스에 의하면 포세이돈과 암피트리테의 아들 트리톤은 '바다 속 깊은 곳'(θαλάσσης πυθμήν)의 '황금저택'(χρύσεα δῶ)에서 그의 부모와 함께 지낸다고 한다. 이는 포세이돈이 바다 속에 있는 화려한 저택에서 자신의 가족과 함께 기거한다는 것을 말해준다. 이처럼 호메로스와 헤시오도스가 바다를 포세이돈의 거주지로 언급한 이래 바다는 그의 대표적인 거주지로 간주되었다.

포세이돈의 거주지는 온 바다에 걸쳐 존재한 것이 아니고 특정 지역에 위치해 있었다고 한다. 호메로스는 포세이돈의 저택이 아이가이(Aigai) 부근의 바다 속에 있다고 전한다. 호메로스에 의하면 아이가이의 바다 깊은 곳에 포세이돈의 유명한 저택이 세워져 있는데 그것은 '영속적이고 찬란한 황금빛 저택'(δώματα χρύσεα μαρμαίροντα ἄφθιτα αἰεί)이라고 한다.[112] 그의 저택이 화려하고 찬란한 황금빛 가옥이고 불후의 영속성을 지녔다는 것은 바다의 지배자인 포세이돈의 위세를 반영한 것이라 하겠다. 포세이돈의 저택에 대한 호메로스의 묘사는 헤시오도스에게서도 유사하게 나타난다. 헤시오도스에 의하면 포세이돈의 아들 트리톤이 바다 속 심해에서 지내며 황금빛 저택(χρύσεα δῶ)에서 부모와 함께 거주한다고 되어 있다. 헤시오도스는 그곳이 아이가이 부근 바다라는 것은 명시하지 않지만,

---

110) 호메로스, 『일리아스』 15.58.

111) 이 책의 683쪽 참조.

112) 호메로스, 『일리아스』 13.21-22; 『오디세이아』 5.380-381.

포세이돈이 바다 속의 화려한 저택에서 거주한다는 것을 분명하게 밝힌
다. 한편 핀다로스도 포세이돈이 아이가이에서 나와 코린토스의 이스트모
스에 자주 들른다고 말하는데,[113] 이는 아이가이가 포세이돈의 주된 근거
지임을 가리킨다. 이처럼 아이가이는 호메로스 이래 포세이돈의 대표적인
거주지로 간주되었다.

그런데 아이가이가 어디에 위치한 것인지는 분명치 않다. 그리스 자료
에는 아이가이라는 지명이 여럿 등장한다. 아카이아의 아이가이, 에우보
이아의 아이가이, 마케도니아의 아이가이가 대표적인 사례들이다. 그런데
마케도니아의 아이가이는 내륙 도시이기 때문에 바다의 신 포세이돈과 그
다지 관련이 없다. 아카이아의 아이가이와 에우보이아의 아이가이는 바다
와 인접한 장소이므로 이들 중 하나가 포세이돈의 거처였을 것으로 보인
다. 헬레니즘 시대까지의 자료에는 포세이돈의 거처 아이가이의 정확한
위치를 알려주는 언급이 나오지 않는다. 디오도로스는 펠로폰네소스가 포
세이돈의 거주지(οἰκητήριον)라는 오랜 믿음이 존재했다고 말하지만[114] 그
가 말한 포세이돈의 거주지가 펠로폰네소스의 어디인지는 밝히지 않는다.
여기서 디오도로스가 펠로폰네소스에 위치한 아카이아의 아이가이를 염
두에 둔 것이라는 해석도 가능하지만 그에 대한 확실한 근거는 없다. 한편
후대의 스트라본(기원전 64년경~서기 21년경)이 두 곳의 아이가이를 설
명하면서 포세이돈의 바다 속 저택이 있는 곳은 에우보이아의 아이가이
일 것이라는 견해를 제시한다. 스트라본에 의하면 에게 해의 이름이 에우
보이아의 아이가이에서 유래했을 가능성이 크고 또 트로이 전쟁과 관련한
포세이돈의 활약이 그곳에서 이뤄졌다는 것이다.[115] 사실 그리스의 지형

---

113) 핀다로스, 『네메아 송가』 5.37.

114) 디오도로스, 15.49.4.

115) 스트라본, 『지리지』 8.7.4. 파우사니아스도 스트라본과 마찬가지로 호메로스가 말한 그곳
이 아카이아의 아이가이라고 주장한다(파우사니아스, 7.25.12). 한편 스트라본은 호메로
스가 언급한(호메로스, 『일리아스』 8.203) 포세이돈 숭배장소를 아카이아의 아이가이로

을 감안하면 아카이아의 아이가이보다는 에우보이아의 아이가이가 포세이돈의 거주지로서 더 적합해 보인다. 아카이아의 아이가이는 대해(大海)에 위치하지 않고 펠로폰네소스 반도 북쪽의 비좁은 해협에 위치해 있기 때문이다. 그보다는 에게해라는 큰바다에 인접한 에우보이아의 아이가이가 바다의 지배자 포세이돈의 거주지로서 더 적합하다고 할 수 있다.

포세이돈이 상주하는 거주지는 바다 속이었다. 그러나 그는 바다 이외에 보이오티아의 옹케스토스와 펠로폰네소스의 이스트모스에서도 머물렀다고 한다. 옹케스토스가 포세이돈의 성지라는 것은 이미 호메로스 때에도 언급되지만 그곳과 이스트모스가 포세이돈의 거주지로 언급된 것은 핀다로스 송가에서 처음 확인된다.[116]

3) 모습

포세이돈의 용모에 대한 언급은 호메로스에게서 처음 확인된다. 하지만 호메로스의 포세이돈 묘사는 매우 간략한 편이다. 포세이돈의 신체적 특징에 대해서는 그가 흑발(黑髮)이라는 것만 언급할 뿐이다. 그의 머리칼이 흑발이라는 것은 검푸른 바다의 색깔과 연관된 표현일 수도 있고, 제우스의 '검은 눈썹'처럼 젊음의 활기를 지닌 장년기 신의 역동적 이미지를 반영한 표현일 수도 있다. 포세이돈 역시 제우스와 같은 세대의 신이므로 젊은 청춘기 신과는 거리가 멀기 때문이다. 어쨌든 '흑발(黑髮)의'라는 의미의 '키아노카이테스'(κυανοχαῖτης)는 주로 포세이돈의 호칭으로 사용된 말이었다.[117] 그런데 '키아노카이테스'라는 수식어가 주로 호메로스와 헤시

보기도 한다(『지리지』 8.7.4). 아카이아의 아이가이와 에우보이아의 아이가이에는 모두 포세이돈 신전이 세워져 있었다고 한다(스트라본, 『지리지』 8.7.4, 9.2.13).

116) 핀다로스, 『이스트미아 송가』 4.19-20(옹케스토스, 이스트모스); 『네메아 송가』 5.37(이스트모스). 호메로스, 『일리아스』 2.506(포세이돈의 성지, 옹케스토스) 참조.

117) 이 책의 700쪽 참조.

오도스에게서 사용되었으므로 흑발의 포세이돈이라는 이미지는 상고기 때부터 확립된 것으로 보인다.

포세이돈은 또한 삼지창을 든 모습으로 자주 묘사된다. 삼지창을 든 그의 모습은 호메로스 때부터 나타난다. 호메로스 서사시에서 그는 삼지창을 손에 든 채 바다 위를 이동하고 또 삼지창으로 바위를 부수거나 바다를 뒤흔들기도 한다. 그는 삼지창 외에도 날이 기다란 검을 들기도 하지만 삼지창은 포세이돈의 대표적인 무기이자 부수물로 간주되어 왔다. 호메로스 이후에도 삼지창은 포세이돈을 상징하는 부수물로 자주 등장했고, 삼지창과 관련된 많은 호칭들이 포세이돈에게 사용된 바 있다.[118] '빛나는 삼지창을 든 자'라는 의미의 '아글라오트리아이네스' '멋진 삼지창을 든 자'라는 의미의 '에우트리아이나' '삼지창을 휘두르는 자'라는 의미의 '오르소트리아이나'가 그 예들이다.

포세이돈은 마차를 타고 이동하는 모습으로 묘사되기도 한다. 이에 대한 묘사 역시 호메로스에게서 처음 확인된다. 호메로스는 『일리아스』 13.10-38에서 포세이돈이 사모트라키아의 산지(山地)에서 출발하여 아이가이의 바다 속 저택에 들렀다가 테네도스와 임브로스 근처에 도착하는 일련의 이동과정을 서술한다. 호메로스에 의하면 포세이돈이 사모트라키아의 높은 산지에서 이데산과 트로이 및 그리스 군의 정황을 살피고 있었다고 한다. 그러던 중 그는 제우스가 트로이에서 다른 지역으로 관심을 돌리자 산에서 성큼성큼 내려와 네 걸음 만에 아이가이에 도착했다고 한다. 그가 이동할 때 "그의 발밑의 높은 산지와 삼림이 흔들렸다"(τρέμε δ' οὔρεα μακρὰ καὶ ὕλη ποσσὶν ὑπ' Ποσειδάωνος)고 한다. 아이가이에 들른 포세이돈은 근사한 두 마리의 쾌속마를 마차에 맨 후 자신도 금빛 옷을 두르고 황금채찍을 든 채 마차에 올라 파도 위를 달려 나갔다고 한다. 그러자 사방에서 그들의 지배자를 알아본 바다짐승들이 바다에서 뛰어오르고 바닷물

---

118) 이 책의 699~700쪽 참조.

이 스스로 그의 앞에서 갈라졌다. 이에 그들은 신속하게 앞으로 달려 나갔고 마차의 아래쪽 청동 바퀴굴대에는 물도 묻지 않았다고 한다. 포세이돈의 마차는 그리스인들의 배가 위치한 곳으로 갔다. 마침 테네도스와 임브로스의 중간쯤 깊은 바다 속에 큰 동굴이 있어서 그곳에 말을 세워 두었다. 그는 마차에서 말을 풀어주고 그들에게 먹을 사료를 주었으며 말의 다리 주위에 황금줄을 매어놓았다고 한다. 그의 말과 마차는 그가 귀환할 때를 대비하여 그렇게 세워져 있었고, 포세이돈 자신은 그리스 군을 찾아갔다고 한다. 호메로스의 이 대목에서 파악되는 것은 포세이돈의 이동방식이다. 그는 육지에서는 걸어서 이동했던 것으로 묘사된다. 그가 산에서 내려올 때 산지와 삼림이 발밑에 놓여 있었다고 한다. 그런데 그는 아이가이의 바다 속에 도달하자 두 마리 준마가 이끄는 마차를 준비하고 직접 마차를 몰아 바다 위를 달리는 것으로 묘사된다. 그리고 그가 바다에서 나갈 때 마차를 바다 속에 대기시킨 것을 보면 마차는 바다에서만 그의 이동수단으로 활용되었음을 알 수 있다. 그가 바다에서 나와 그리스 군을 찾아갈 때에는 마차에 타지 않고 혼자 이동하는 것으로 묘사되기 때문이다. 또 그가 금빛 옷을 입고 황금채찍을 들고 있는 모습은 그의 권세를 보여주는 것이고, 그의 주위에서 바다짐승들이 뛰어오르고 바닷물이 스스로 갈라지는 모습은 바다의 지배자로서의 위세를 드러내는 것이라 하겠다.

포세이돈의 이동방식은 다른 대목에서도 유사하게 서술된다. 호메로스의 『오디세이아』 5.380-381에서는 포세이돈이 말들을 채찍질하여 자신의 저택이 있는 아이가이로 가는 장면이 언급된다. 그런데 아이가이로 가기 전에 포세이돈이 바다에서 풍랑을 일으켜 오디세우스 일행을 괴롭힌다고 하므로 그가 마차를 타고 달린 곳은 바다였음이 드러난다. 이는 호메로스 이후의 자료에서도 마찬가지인데, 핀다로스의 송가에서 포세이돈은 날랜 마차를 타고 코린토스 해안으로 달려가는 것으로 묘사되는 것이다.[119]

---

119) 핀다로스, 『올림피아 송가』 8.48-52. 에우리피데스, 『안드로마케』 1010-1011(포세이돈

4) 변신

포세이돈도 제우스와 마찬가지로 변신의 능력을 지녔다고 전한다. 그러나 제우스만큼 다양한 변신 사례를 보여주지는 못한다. 제우스가 자신의 몸을 인간, 짐승, 무생물의 모습으로 변화시키고 또 남의 몸을 짐승이나 돌로 변화시키는 능력을 보인 데 비해, 포세이돈의 변신 사례는 빈도나 모습의 다양성에서 그보다 훨씬 미흡한 것으로 나타난다. 포세이돈이 스스로 변신한 사례는 강의 신 에니페우스로 변신한 사례와 몇몇 인간의 모습으로 변신한 사례가 전부이다. 에니페우스 변신 사례는 포세이돈의 연애행적과 관련된 것이다. 포세이돈 역시 인간 여성과 연애를 할 경우 제우스와 마찬가지로 본모습을 숨기고 변신한 채 접근했던 것이다. 그러나 연애행적과 관련된 제우스의 변신 사례가 많은 데 비해 포세이돈은 에니페우스 변신 전승만 전해올 뿐이다. 에니페우스 변신 전승은 호메로스 때부터 언급된다. 호메로스에 의하면 살모네우스의 딸 티로가 강의 신 에니페우스에게 반해 그를 자주 찾아갔는데, 이때 포세이돈이 에니페우스로 변신하여 그녀와 동침했다고 한다. 호메로스가 언급한 포세이돈의 에니페우스 변신 전승은 후대의 아폴로도로스에게서 다시 나타난다. 아폴로도로스에 의하면 살모네우스의 딸 티로가 강의 신 에니페우스에게 반해 그 강을 종종 찾아가 탄식을 했다는데, 이때 포세이돈이 에니페우스의 모습을 한 채 그녀와 동침했다는 것이다.[120] 포세이돈의 변신 전승에 대해서는 호메로스와 아폴로도로스만 언급하고 있지만 그래도 거의 일관된 전승이 전해오고 있음을 알 수 있다.

포세이돈은 인간의 모습으로 변신하여 등장하기도 한다. 이는 최고신 제우스와는 다른 양상이다. 앞서 살펴보았듯이 제우스의 인간 변신은 그

___

이 마차로 바다 이동) 참조.
120) 이 책의 684~85쪽 참조.

가 인간 여성과 연애할 경우에 일어난 일이었다. 제우스는 유부녀인 알크메네와 동침할 때 그녀의 남편 암피트리온의 모습으로 나타났다고 한다. 그런데 인간 여성과의 연애가 아닌 경우에는 좀처럼 제우스가 인간 앞에 직접 등장하지 않는다. 그가 인간에게 신의 뜻을 전하고자 할 때는 자신이 직접 나서지 않고 신의 사자인 헤르메스 등을 파견하곤 했던 것이다. 그러나 제우스 이외의 다른 신들의 경우에는 대개 자신이 직접 인간 앞에 나타나는 경우가 많았다. 그럴 때 신들은 인간의 모습으로 변신하여 자신의 뜻을 전하는 것이 보통이었다. 포세이돈 역시 마찬가지였는데, 그는 호메로스 서사시에서 인간의 모습으로 자주 등장한다. 그는 예언가 칼카스의 형상과 목소리를 지닌 채 그리스인들 앞에 나타나기도 하고, 한 인간의 모습으로 아킬레우스 앞에 나타나기도 하고, 또 노인의 모습으로 변신하여 아가멤논 앞에 나타나기도 한다.[121]

포세이돈이 자신이 아닌 남을 변신시킨 사례는 전하지 않는다. 그래도 그가 페리클리메노스에게 변신술을 부여했다는 것은 그도 남을 변신시킬 수 있는 능력을 지녔음을 말해준다. 페리클리메노스의 변신 일화는 아폴로도로스에게서 처음 언급된다. 아폴로도로스에 의하면 포세이돈에게서 변신능력을 부여받은 페리클리메노스가 헤라클레스와 싸울 때 스스로를 사자, 뱀, 벌로 변신했다고 한다.[122] 그렇다면 그 변신술을 부여한 포세이돈 역시 자신이나 남을 짐승으로 변신시킬 수 있었을 터이지만 포세이돈 신화에서 그런 사례는 전하지 않는다.

5) 부수물

포세이돈의 부수물로 언급된 것은 바다짐승과 삼지창, 날이 긴 칼이었

---

121) 이 책의 684~85쪽 참조.
122) 아폴로도로스, 『비블리오테케』 1.9.9.

다. 이것들에 대한 언급은 모두 호메로스에게서 처음 확인된다. 바다짐승은 바다의 신 포세이돈의 신성과 관련된 부수물이다. 호메로스에 의하면 포세이돈이 마차를 타고 바다를 달릴 때 사방에서 그들의 '지배자'(ἄναξ)를 알아본 '케테아'(κήτεα), 즉 '바다짐승들'이 바다에서 뛰어올랐다고 한다. 여기서 포세이돈이 바다짐승들의 지배자로 언급되는 것을 보면 그와 해상 동물들과의 긴밀한 연관성이 드러난다. 호메로스는 포세이돈의 마차를 에워싸고 뛰어오른 바다짐승들이 어떤 동물인지는 설명하지 않는다. 그런데 호메로스가 다른 대목에서 바다표범(φώκη)을 '케토스', 즉 '바다짐승'으로 표현하고 후대의 아리스토파네스가 포세이돈을 '돌고래의 지배자'(δελφίνων μεδέων)라고 언급한[123] 것을 감안하면 '바다짐승'은 바다표범과 돌고래 등을 가리키는 명칭인 것으로 여겨진다.

　삼지창도 포세이돈의 부수물이라고 전한다. 삼지창은 그리스 자료에서 포세이돈의 부수물로 가장 많이 언급되어 그의 대표적인 부수물로 여겨질 만했다. 이미 호메로스 때부터 삼지창을 손에 든 포세이돈의 모습이 자주 묘사된다. 호메로스 서사시에서 포세이돈은 삼지창을 손에 들고 바다 위를 이동하기도 하고, 삼지창을 들고 바다를 요동치거나 바다의 바위를 내리쳐 부수기도 한다. 여기서 포세이돈의 삼지창은 바다를 요동치거나 바위를 부수는 도구로 묘사된다. 이는 지진과 풍랑의 신인 포세이돈의 신성과 관련된 기능이라 하겠다. 호메로스 이후 고전기에도 삼지창은 포세이돈의 부수물로 자주 언급된다. 게다가 포세이돈이 삼지창을 사용하는 용도도 좀 더 다양해진다. 이제 삼지창이 포세이돈의 개인적인 무기로도 사용되는 것이다. 그가 헤라클레스와 맞서 대결할 때 삼지창으로 싸웠다고 하고 또 크레우사의 아버지를 삼지창으로 때려 죽였다고도 한다. 이제 아이스킬로스는 삼지창을 포세이돈의 상징(σημεῖον)이라 부르고, 핀다로스 송가에는 삼지창과 관련된 포세이돈 호칭들이 다양하게 등장한다. '아글

---

123) 이 책의 685쪽 참조.

라오트리아네스'(빛나는 삼지창을 든 자), '에우트리아이나'(멋진 삼지창을 든 자), '오르소트리아이나'(삼지창을 휘두르는 자)가 그 예들이다. 헬레니즘 시대에도 여전히 삼지창은 지진의 신 포세이돈의 이적(異蹟)이나 개인적인 전쟁무기로 묘사된다.[124]

한편 포세이돈이 삼지창을 갖게 된 내력에 대해서는 헬레니즘 시대의 자료에서 처음 설명된다.[125] 칼리마코스는 텔키네스가 포세이돈의 '세 갈래진 아오르'(ἄορ τριγλώχιν)를 만들어주었다고 말한다. 여기서 '아오르'는 '칼, 무기'를 의미하므로 '세 갈래진 아오르'는 형태로 보아 삼지창을 가리킨다고 하겠다. 또 포세이돈이 그 무기로 산들을 내리쳐 바다의 섬들이 생겨났다고 하니 그 용도도 기존에 언급된 삼지창의 용례와 일치한다. 그것을 만들었다는 텔키네스는 탈라사(θάλασσα, '바다')의 아들들로 로도스에 맨 처음에 거주한 자들이고 아기 포세이돈을 양육한 자들이라고 한다.[126] 아마 텔키네스의 삼지창 제작 전승은 텔키네스의 포세이돈 양육 전승과 연관되어 전해진 것이 아닌가 한다. 어쨌든 포세이돈과 텔키네스의 긴밀한 관계를 언급한 전승들은 모두 헬레니즘 시대에 처음 나타난다. 또한 텔키네스의 삼지창 제작 전승이 칼리마코스에게서만 언급되기 때문에 그 전승이 널리 퍼져 있었던 것 같지는 않다. 아폴로도로스도 포세이돈 삼지창의 내력을 설명한다. 그의 서술은 칼리마코스의 것과는 전연 다르다. 아폴로도로스에 의하면 타르타로스에서 풀려난 키클로페스가 제우스에게 천둥과 번개, 벼락을 부여하고 플루톤에게 투구, 포세이돈에게 삼지창을 주었다고 한다. 이에 제우스와 포세이돈, 플루톤은 이들 무기를 가지고 티타네스와 싸워 승리했다고 한다. 즉 포세이돈이 티타네스 전쟁 때에 처음으로 삼지창을 갖게 되었다는 설명이다. 그런데 키클로페스가 제우스에게

---

124) 이 책의 685~86쪽 참조.

125) 이 책의 686쪽 참조.

126) 디오도로스, 5.55.1.

370

천둥과 번개, 벼락을 주었다는 언급은 아폴로도로스 이전에도 나타난다. 일찍이 헤시오도스는 『신통기』 141에서 키클로페스가 제우스에게 천둥과 벼락을 만들어주었다고 말하며, 아폴로니오스와 디오도로스도 그와 유사한 진술을 남기고 있다.[127] 하지만 키클로페스가 포세이돈에게 삼지창을 주었다는 언급은 아폴로도로스에게서 처음 나타난다. 키클로페스의 삼지창 제작 전승 역시 텔키네스의 제작 전승과 마찬가지로 헬레니즘 시대에 처음 등장하는 것이다.

호메로스는 날이 긴 칼을 포세이돈의 부수물로 언급하기도 한다. 호메로스에 의하면 포세이돈이 그의 억센 손에 '날이 긴 아오르'(ἄορ τανύηκες)를 들고 그리스 군을 이끌었다고 한다. '아오르'는 '칼, 무기'를 의미하는 말인데, 주로 허벅지에 차고 다닌 칼로 묘사된다.[128] 이 칼을 포세이돈의 부수물로 언급한 것은 호메로스뿐이다. 호메로스 이후에는 아오르가 더 이상 포세이돈의 무기로 언급되지 않았고, 주로 삼지창이 포세이돈의 대표적인 무기이자 부수물로 묘사되었다.

5. 주요 신성

포세이돈은 파괴적인 자연력을 대표하고 통제하는 자연의 신이었다. 그의 주요 활동무대는 바다였다. 바다는 인간에게 유용한 자연환경이기도 하지만 인간에게 두려움을 주는 불안한 존재이기도 했다. 포세이돈은 불안정한 바다에서 일어나는 온갖 자연현상과 바다에서의 인간생활을 주관했다. 그는 또 지진을 일으켜 인간의 안정적 기반을 파괴하는 신이기도 했

---

127) 아폴로니오스, 『아르고나우티카』 1.509-510, 730-731; 아폴로도로스, 『비블리오테케』 1.2.1, 3.10.4; 디오도로스 4.71.3.

128) 호메로스, 『일리아스』 14.385-386; 『오디세이아』 10.439, 11.24.

다. 한편 그는 파괴적인 이미지와는 달리 말을 부리고 마차를 관리하는 실용적인 신이기도 했다. 이처럼 포세이돈의 주요 신성은 바다의 신, 지진의 신, 말과 마차의 신으로 요약된다.

1) 바다의 신

포세이돈은 그리스의 대표적인 해신(海神)으로 알려져 있다. 포세이돈이 바다의 신이라는 것은 그가 바다를 다스리는 지배자라는 점, 바다의 자연현상을 주관한다는 점, 또 인간의 항해를 관장하여 순항과 난파에 작용한다는 점 등을 통해 확인된다.

(1) 바다의 최고 권력자: 바다의 지배자

포세이돈의 주요 활동무대는 바다였다고 한다. 호메로스에 의하면 크로노스의 아들들인 제우스, 포세이돈, 하데스 3형제가 자신들의 영역을 나눌 때, 포세이돈은 잿빛 바다를 배당받고 하데스는 암울한 암흑세계, 제우스는 광활한 하늘과 구름을 배당받았다고 한다.[129] 이때 대지와 올림포스산이 그들의 공동 영역으로 남겨졌다고 하지만 포세이돈의 우월적인 영향력은 주로 바다에서 나타난다. 호메로스 서사시에 의하면 포세이돈이 신들의 회의에 참석한다거나 제우스를 만나기 위해 올림포스에 자주 오르긴 하지만 그곳에서의 포세이돈의 역할이 특별히 눈에 띄지 않는다. 올림포스의 최고신은 단연 제우스였던 것이다. 그에 비해 포세이돈의 존재감은 주로 바다에서 확인된다. 아폴로도로스도 신들의 지배권 분배를 서술하면서 제우스에게는 하늘이 배당되고 포세이돈에게는 바다, 플루톤에게는 하데스의 세계가 배당되었다고 언급한다.[130] 바다가 포세이돈의 관할 영역

---

129) 호메로스, 『일리아스』 15.187-193.
130) 아폴로도로스, 『비블리오테케』 1.2.1.

이라는 전승은 호메로스 이후에도 계속 계승되었던 것이다.

그리스 신화에서 포세이돈은 유일한 해신이 아니었다. 포세이돈 외에도 다른 해신들이 여럿 등장하는데, 암피트리테, 트리톤, 네레우스, 네레이데스(테티스 포함)가 대표적이다. 하지만 포세이돈은 이들 해신들 중에서도 가장 중심적인 신으로 묘사된다. 즉 암피트리테는 포세이돈의 아내이고 트리톤은 포세이돈의 아들로 나온다. 또 네레우스는 암피트리테의 아버지이자 포세이돈의 장인이고, 네레이데스는 네레우스의 50명의 딸들이라고 한다. 테티스는 이들 네레이데스 가운데 한 명인데, 비록 성사되지는 못했지만 한때 포세이돈의 연모를 받았다고 한다. 더욱이 포세이돈은 최고신 제우스의 형제로서 막강한 권한과 역량을 지녔으므로 바다의 최고 권력자, 즉 바다의 지배자로 간주되곤 했다.

포세이돈이 바다의 지배자라는 인식은 호메로스 때에 형성되었다고 할 수 있다. 바다를 자신의 영역으로 분배받은 포세이돈의 위상이 호메로스에게서 확인되기 때문이다. 또 호메로스는 포세이돈을 '지배자'로 호칭하기도 하고 특히 '바다짐승들의 지배자'라는 표현도 사용한다.[131] 하지만 호메로스는 포세이돈을 명시적으로 '바다의 지배자'라고 부른 적은 없다. '바다의 지배자'라는 명칭 자체는 고전기에 처음 나타난다. 포세이돈을 '바다의 지배자'로서 언급한 것은 핀다로스에게서 처음 확인된다. 핀다로스는 『올림피아 송가』 6.103에서 포세이돈을 '바다의 지배자, 절대 통치자'(δεσπότης ποντομέδων)라고 표현한다. 이는 포세이돈이 바다를 다스리는 최고의 해신으로 여겨졌음을 가리킨다.

고전기의 바킬리데스도 포세이돈을 '바다의 지배자'(ἀναξίαλος)라고 표현한다. 더욱이 바킬리데스의 『디티람보스』 17.50-124에는 바다의 지배자 포세이돈의 위상이 구체적으로 묘사된다. 이 대목에서 포세이돈의 아들 테세우스는 크레타에 가서 제우스의 아들 미노스와 대결을 벌이는데,

---

131) 이 책의 686, 692~93쪽 참조.

이 과정에서 해신 포세이돈의 지배자 신성이 잘 드러나는 것이다. 즉 테세우스와 미노스가 그들의 신성한 계보를 입증하는 이적(異蹟)을 서로에게 보여주면서 자신의 영웅성을 부각하는데, 먼저 미노스가 그의 아버지 제우스에게 하늘로부터 번개를 내려줄 것을 청하자 제우스가 번개를 때려 미노스의 말을 들어준다. 그에 대해 테세우스는 그의 아버지 포세이돈의 집인 바다로 뛰어들어 미노스의 황금 장신구를 바다에서 찾아와야 했다. 그런데 테세우스가 바다에 뛰어들자 바다의 신역(神域)이 그를 흔쾌히 받아들였다고 한다. 바다의 돌고래가 그를 포세이돈의 집으로 데려갔으며 그가 신들의 홀에 도착하자 네레우스의 딸들과 포세이돈의 부인 암피트리테가 맞이했다고 한다. 암피트리테는 그에게 진홍색 옷을 둘러주고 머리에 화관을 씌워주었다고 한다. 그런 후에 테세우스는 신들의 화려한 선물을 몸에 두른 채 바닷물에도 젖지 않고 바다에서 솟아올랐다는 것이다. 여기서 테세우스는 포세이돈의 아들답게 바다에서 죽지 않고 무사히 귀환한다. 이때 포세이돈은 모습을 직접 드러내지 않지만 포세이돈의 부수물 돌고래가 테세우스를 바다 속으로 인도하고 포세이돈과 연관된 바다의 여신들이 그를 환대한 것은 바다의 지배자인 포세이돈의 위상을 잘 나타낸 것이라 하겠다.

핀다로스와 바킬리데스 이외의 자료에서도 포세이돈은 바다의 지배자로 자주 묘사된다. 코린나는 포세이돈에 대해 '바다를 지배하는'(πόντω μέδων)이라는 표현을 사용하고, 아이스킬로스는 포세이돈을 '바다의 지배자, 군주'(ποντομέδων ἄναξ)라고 부른다. 또 에우리피데스도 '바다의 지배자'(πόντου ἀνάκτωρ), '바다를 지배하는'(πόντου κρέων)의 표현을 포세이돈에게 사용한다.[132] 따라서 포세이돈은 상고기 이래로 보다 분명하게는 고전기 이후로 줄곧 바다의 지배자로 인식되었음을 알 수 있다.

---

132) 이 책의 686~87쪽 참조.

(2) 바다의 자연현상 주관: 바람, 파도, 해일

포세이돈은 바다의 지배자답게 바다 위의 제반 자연현상을 주관한다고 알려져 있었다. 그가 주관하는 바다의 대표적인 자연현상은 바람과 파도, 해일이었다. 파도는 주로 바람으로 인해 발생하는 바다의 물결을 말하는데, 바람의 수위에 따라 그 크기가 달라진다. 해일은 바다의 지진이나 강풍으로 인해 발생한 커다란 바다물결이 육지로 넘쳐 오르는 현상을 가리킨다. 파도가 바다에서의 현상이라면 해일은 파도가 육지에까지 영향을 미치는 현상을 말한다.

포세이돈은 호메로스 때부터 바람과 파도, 해일을 일으키는 신으로 언급된다. 『일리아스』 12.27-32에는 포세이돈이 그리스인들의 성벽을 파괴하는 장면이 묘사된다. 이때 포세이돈은 삼지창을 손에 들고 성벽 파괴를 주도했는데, 그는 성벽의 모든 기반을 '파도'(κῦμα) 속으로 쓸어넣었으며 '헬레스폰토스의 강력한 물길로'(παρ' ἀγάρροον Ἑλλήσποντον) 그것을 무너뜨렸다고 한다. 또한 그는 성벽을 휩쓸 때, 넓은 해안을 모래로 가득 뒤덮었다고 한다. 여기서 포세이돈은 헬레스폰토스 해협에 엄청난 파도를 일으키고 그것을 육지에 몰아쳐서 그리스인의 성벽을 파괴하는 것으로 묘사된다. 즉 그는 거센 파도를 일으키는 신, 파도를 육지 위로 내리치는 신으로 언급되는 것이다. 그는 삼지창을 손에 들었다고 하는데, 그 삼지창이 거센 파도나 해일 발생에 어떻게 관여했는지는 서술되지 않는다. 그런데 『오디세이아』 5.291-296에서도 바다에서의 포세이돈의 활약이 기술된다. 이때 포세이돈은 구름을 모으고 삼지창을 손에 들어 '바다를 뒤흔들었다'(ἐτάραξε πόντον)고 한다. 그는 또 '온갖 강풍을'(ἀέλλας παντοίων ἀνέμων) 불러 일으키고 땅과 바다를 구름으로 가렸다고 한다. 이에 사방에서 바람이 불어 닥치고 '거센 파도'(μέγα κῦμα)가 굽이쳤다고 한다. 여기서는 포세이돈이 삼지창을 들어 바다를 뒤흔들고 사방에서 온갖 바람을 일으키고 거센 파도를 일으키는 존재로 묘사된다. 즉 그는 바람을 일으키는 신, 파도를 일으키는 신으로 언급되는 것이다. 그는 여기서도 삼지창을 들고 나타난다. 그가 삼지창을 들어 바다를 요동치게 했다고 하므로 삼지창은 바다를 동요시키는 수단으로 사용되었음을 알 수 있다. 이때 포세이돈이 '바다를 뒤흔들었다'는 것이 구체적으로 어떤 현상을 말하는지는 분명치 않다. 다만 문맥상으로 볼 때 그것이 바다에서의 강풍과 파도에 관련된 동요 현상이라는 것을 짐작할 수 있다.

그 밖에도 포세이돈은 『오디세이아』에서 '거칠고 무시무시한 격랑'(μέγα κῦμα δεινόν τ᾽ ἀργαλέον τε)을 일으켜 오디세우스에게 내리치기도 하고, 바람을 일으켜 항해를 막고 '바다를 엄청나게 뒤흔들었다'(ὤρινεν θάλασσαν ἀθέσφατον)고도 하고, '혹독한 바람'(ἀργαλέοι ἄνεμοι)과 '큰 파도'(κύματα μακρά)를 일으키는 신으로 그려진다.[133] 이들 대목에서도 포세이돈은 바람과 파도를 일으키는 신으로서 나타나는 것이다.

호메로스는 이처럼 포세이돈을 바람과 파도, 해일을 일으키는 신으로 묘사하는데, 호메로스 이후의 자료에서도 포세이돈의 그런 신성은 계속 언급된다. 우선 포세이돈은 바람을 일으키는 신으로 언급되었다. 사실 파도는 대개 바람으로 인해 발생하기 때문에 포세이돈이 파도를 일게 한다는 것은 그가 강한 바람을 일으킨다는 것을 의미한다. 따라서 파도에 관련된 포세이돈의 언급 사례들은 바람의 신 포세이돈의 신성을 보여주는 것이라 할 수 있다. 물론 포세이돈의 바람을 특별히 언급한 사례도 존재한다. 예컨대 헤로도토스는 아르테미시온 부근에서의 페르시아 해군의 난파를 서술하면서 그것을 포세이돈의 바람과 연관지어 설명한다. 헤로도토스에 의하면 에우보이아 고지대에서 망을 보던 자들이 바다의 폭풍과 페르시아 군의 난파 사실을 이야기하자 그 말을 들은 그리스인들이 '구원자 포세이돈'에게 기도를 드리고 헌주했다고 한다. 그리고 그리스인들은 그때부터 '구원자 포세이돈'이라는 호칭을 꾸준하게 사용했다고 한다.[134] 이는

---

133) 호메로스, 『오디세이아』 5.366-367, 7.271-273, 11.399-400, 11.406-407, 24.109-110.

그리스인들이 바다의 폭풍과 페르시아 함대의 난파를 포세이돈의 행위로 여겼음을 말해준다. 즉 포세이돈이 바다의 폭풍을 일으켜 적들의 배를 파괴했다고 보아 그에게 감사의 헌주를 바치고 '구원자'라는 호칭을 부여했던 것이다.

하지만 포세이돈만이 바람을 일으키는 신은 아니었다고 전한다. 포세이돈 외에 제우스, 아폴론, 아테나도 바람을 부르는 신으로 자주 언급되는 것이다.[135] 특히 제우스는 천상의 기후신이므로 가장 대표적인 바람 신으로 여겨졌다. 그에 비해 포세이돈의 주요 활동영역은 바다이기 때문에 그가 바람을 일으키는 곳도 주로 바다였다.

포세이돈은 또한 파도의 신으로 언급되곤 했다. 포세이돈은 호메로스 이후에도 아이가이오스 해협에 '거대한 파도'(τρικυμία)와 '소용돌이'(δίνη)를 일으키고, 파도를 일으켜 사람들을 휩쓸어버리는 신으로 묘사되었던 것이다.[136] 파도의 신 포세이돈은 바다를 동요시키는 신으로 묘사되기도 한다. 그는 '바다를 요동치게 하는'(ὁρσίαλος) 존재이고, 아이가이오스해를 뒤흔드는 신으로 언급되는 것이다. 앞서 호메로스도 포세이돈이 '바다를 뒤흔들었다'(ἐτάραξε πόντον)라는 표현을 사용한 적이 있다. 이처럼 포세이돈에게는 '바다를 뒤흔드는' '바다를 요동치게 하는' 등의 수식어가 곧잘 사용되는데, 그 구체적인 의미는 에우리피데스에게서 확인된다. 에우리피데스의 『트로이아데스』 88-91에서 포세이돈은 아이가이오스해를 '뒤흔들어'(ταράξω) 미코노스의 곶과 델로스 등의 암초, 카파레우스의 절벽을 시신들로 가득 채우겠다고 말한다. 여기서 아이가이오스해를 '뒤흔들다'는 표현의 의미는 직전 대목인 『트로이아데스』 82-84의 서술을 근거로

---

134) 헤로도토스, 『역사』 7.192-193.

135) 아폴론(호메로스, 『일리아스』 1.479), 아테나(호메로스, 『오디세이아』 2.420-421, 15.292-293). 바람의 신 제우스에 대해서는 이 책의 212~13쪽 참조.

136) 에우리피데스, 『트로이아데스』 82-84; 아폴로도로스, 『비블리오테케』 2.5.9.

유추할 수 있다. 『트로이아데스』82-84에서 아테나 여신이 포세이돈에게 아이가이오스 해협에 거대한 파도와 소용돌이를 일으켜 에우보이아의 움푹한 만을 시신으로 가득 차게 해달라고 요청한다. 이에 포세이돈이 아테나의 요청에 응해 아이가이오스해를 '뒤흔들어' 미코노스의 곶과 델로스 등의 암초, 카파레우스의 절벽을 시신들로 가득 채우겠다고 말한다. 문맥상 아테나의 요청과 포세이돈의 답변은 서로 부응하는 것이고, 언급한 내용도 유사하다. 두 대목은 모두 포세이돈이 바다에서 무언가 일을 벌여 뱃사람들을 파멸시킨다는 내용을 담고 있다. 또 포세이돈이 말한 카파레우스 절벽은 아테나가 말한 에우보이아의 남동부 해안에 위치해 있다. 그러므로 아테나가 말한 '바다를 뒤흔드는' 일과 포세이돈이 말한 '거대한 파도와 소용돌이를 일으키는' 일은 같은 내용이라 할 수 있다. 즉 바다를 뒤흔든다는 것은 파도나 소용돌이를 일으켜 바다를 요동치게 만드는 것을 이른다.

포세이돈의 파도는 육지에까지 밀어닥쳐 해일을 만들기도 했다. 호메로스 이후에도 포세이돈은 해일의 신으로 묘사되었다. 헤로도토스는 포티다이아인들의 말을 빌려 페르시아 군이 포세이돈에게 불경을 저질렀기 때문에 팔레네 공격 때에 엄청난 '바다 홍수'(πλημμυρίς)가 밀려들어 그들을 파멸시켰다고 서술한다. 즉 포세이돈이 분노하여 육지의 페르시아 군들에게 바다로부터의 밀물과 바다 홍수를 보내 그들을 죽게 했다는 것이다. 헤로도토스도 포티다이아인들의 그런 이야기를 옳다고 받아들인다.[137] 포티다이아인들과 헤로도토스는 육지에 밀어닥친 거대한 바닷물을 포세이돈의 행위로 여겼던 것이다. 여기서 육지에 갑자기 밀어닥친 거대한 바닷물은 일종의 해일이라 할 수 있다. 포세이돈이 그 거대한 바닷물을 어떻게 만들었는지는 설명되지 않지만 그것은 강풍이 수반된 거대한 파도였음이 분명하다. 포세이돈이 육지의 인간들에게 해일을 불러일으켰다는 것은 아폴로

---

137) 헤로도토스, 『역사』 8.129.

도로스와 디오도로스에게서도 언급된다. 아폴로도로스는 분노한 포세이돈이 트로이에 '바다 홍수'와 함께 바다괴물을 보내 사람들을 휩쓸어갔다고 하고, 디오도로스는 포세이돈이 분노하여 '지진과 홍수를 통해'(διὰ τοῦ σεισμοῦ καὶ τοῦ κατακλυσμοῦ) 도시들을 파괴했다고 말하는 것이다.[138]

(3) 항해의 신: 순항, 난파

포세이돈은 바다의 지배자로서 인간의 해상활동을 보호하고 통제하는 신성을 지녔다고 한다. 인간의 해상활동은 대개 어로(漁撈)와 통상, 여행 등을 목적으로 이뤄지는데, 모두 선박의 항해를 기반으로 하는 것들이다. 포세이돈은 항해의 목적과는 무관하게 항해 그 자체를 주관하고 보호하는 신으로 묘사된다. 포세이돈은 항해하는 배의 지배자가 되며, 배의 순항을 돕기도 하고, 항해를 방해하여 배를 난파시키기도 한다.

항해와 관련하여 포세이돈은 배의 지배자 역할을 한다. 그가 바다에서 항해하는 배와 선원들의 운명을 주관하는 신이니 배의 지배자라 할 만도 했다. 하지만 그를 배의 지배자로 직접 명시한 것은 핀다로스에게서 처음 확인된다. 핀다로스는 포세이돈을 '선박들의 지배자'(δεσπότης ναῶν)로 지칭했던 것이다. 헬레니즘 시대의 리코프론 역시 포세이돈에게 '나우메돈'이라는 호칭을 붙여준다. '나우메돈'(ναυμέδων)은 '배의 지배자(감독자)'라는 의미를 지닌다. 하지만 포세이돈을 배의 지배자로 표현한 핀다로스와 리코프론의 용례는 다른 자료에서는 나타나지 않는다.

한편 포세이돈이 배의 순항과 난파의 주관자라는 것은 호메로스 때부터 나타나기 시작한다. 호메로스의 『일리아스』 9.362에서 포세이돈은 항해자에게 순항(εὔπλοια)을 허용하는 존재로 언급된다. 이는 포세이돈이 순조로운 항해를 허용할 수도 있고 그것을 방해할 수도 있음을 의미한다. 항해의 신 포세이돈의 신성이 보다 구체적으로 빈번히 묘사된 것은 『오디세

---

138) 아폴로도로스, 『비블리오테케』 2.5.9; 디오도로스, 15.49.3.

이아』이다. 포세이돈은 육상의 트로이 전쟁을 다룬『일리아스』보다는 오디세우스의 해상 귀환을 다룬『오디세이아』에서 더욱 비중 있게 등장하기 때문이다.『오디세이아』에서 포세이돈은 인간들의 항해에 직접 개입하여 도움을 주거나 방해하는데, 특히 오디세우스의 귀환 항해를 끈질기게 방해하는 것으로 나온다. 그 외에도 포세이돈은 아이아스의 항해, 네스토르의 항해, 파이아키아인들의 항해에도 개입한 것으로 묘사된다.[139] 이 책에서는 오디세우스의 항해와 아이아스의 항해에 개입한 포세이돈의 일화를 통해 항해의 신 포세이돈의 면모를 구체적으로 설명하고자 한다.[140]

오디세우스의 귀환 항해를 방해하는 포세이돈의 입장은『오디세이아』 제1권에서부터 부각된다. 포세이돈이 제사에 참석하러 에티오피아에 가 있는 동안 오디세우스를 동정하는 다른 신들이 올림포스산의 제우스 저택에 모여 회합을 갖는다. 이때 제우스는 오디세우스의 귀환이 지체되는 이유를 분명하게 밝힌다. 그것은 바다의 신 포세이돈의 분노 때문이었다. 즉 오디세우스가 포세이돈의 아들 폴리페모스의 눈을 멀게 하자 분노한 포세이돈이 오디세우스의 귀환을 방해한다는 것이었다. 제우스를 비롯한 신들은 결국 오디세우스를 돕기로 하고, 포세이돈이 없는 틈을 타 오디세우스를 칼립소의 품에서 벗어나게 하여 귀향길에 오르게 한다. 그런데 오디세우스가 칼립소의 도움으로 순항하여 파이아키아인들의 땅에 도착할 무렵에 마침 에티오피아에서 돌아온 포세이돈이 오디세우스의 항해를 목도한다. 이에 분노한 포세이돈은 그것이 신들의 계획임을 알아채지만 아랑곳하지 않고 오디세우스를 괴롭히고자 한다. 여기서 항해의 신 포세이돈의 능력이 그대로 드러난다. 즉 포세이돈이 구름을 모으고 삼지창을 손에 들어 바다를 요동치게 했으며 강풍과 거센 파도를 불러 일으켜 오디세우

---

139) 호메로스,『오디세이아』 4.499-511(아이아스), 3.178-179(네스토르), 7.34-35(파이아키아인).

140) 이하에 서술되는, 오디세우스 항해에 대한 포세이돈의 개입에 대해서는 이 책의 688쪽 참조.

스를 곤경에 빠뜨린다(『오디세이아』 5.291-298). 또한 포세이돈은 계속해서 강풍을 동반한 무시무시한 격랑을 내리쳐 오디세우스의 배를 난파시켰고, 결국 오디세우스는 부서진 널판자에 의지하여 표류하고 만다(『오디세이아』 5.365-375). 이는 오디세우스의 항해가 포세이돈의 뜻에 따라 어떻게 달라지는지를 말해준다. 포세이돈이 인간의 항해에 결정적인 영향을 미치는 강력한 해신이라는 것은 포세이돈의 아들인 폴리페모스의 말을 통해서도 확인된다. 폴리페모스는 포세이돈이 오디세우스의 빠른 귀향을 도울 수 있다는 말을 늘어놓기도 하고, 포세이돈에게 오디세우스의 귀향을 방해하라고 간청하기도 한다. 즉 오디세우스의 귀향을 막아주든지 아니면 귀향하더라도 모든 동료를 잃고 고생하다가 뒤늦게야 남의 배를 타고 돌아가게 해달라고 청하는 것이다(『오디세이아』 9.526-535). 여기서 포세이돈은 오디세우스의 귀향을 도울 수도 있고 방해할 수도 있는 존재로 묘사된다.

『오디세이아』에서 언급된 또 하나의 항해 사례는 아이아스의 항해이다. 이 아이아스는 로크리스인의 왕 오일레우스(Oileus)의 아들인데, 트로이 전쟁이 끝난 후 고국으로 귀향하던 중이었다. 포세이돈은 처음에 난파당한 아이아스를 기라이(Gyrai) 바위로 밀쳐내어 바다에서 구해냈다고 한다. 그러나 오만한 그가 신들을 무시하고 스스로의 힘으로 바다의 위험에서 벗어났다고 말하자 포세이돈이 즉시 삼지창을 들고 그 바위를 때려 부쉈다고 한다. 그러자 아이아스가 앉아 있던 바위 조각이 바다로 떨어졌고 그도 깊은 바다 속으로 빠져 익사했다는 것이다(『오디세이아』 4.499-511). 여기서도 포세이돈은 항해자를 구조할 수도 있고 파멸시킬 수도 있는 존재로 나타난다.

호메로스가 묘사한 항해의 신 포세이돈의 면모는 호메로스 이후에도 그대로 반복되어 언급된다. 우선 헤시오도스에게서도 호메로스와 비슷한 언급이 나타난다. 헤시오도스는 항해기에 배가 난파되지 않고 바다에서 목숨을 잃지 않는 것은 포세이돈과 제우스에게 달려 있다고 말한다. 포세이돈이 그럴 마음이 없고 제우스가 그들을 죽이려고 하지 않는다면 그들은 무사하다는 것이다. 여기서 포세이돈은 자신의 뜻에 따라 배의 순항이나 난파를 결정할 수 있는 해신으로 묘사된다. 또 그는 바다에서 일어나는 좋고 나쁜 일을 관장하는 신으로도 언급된다. 바다에서 일어나는 일에 대해 제우스의 이름이 함께 언급된 것은 인간사를 지배하는 최고신 제우스의 신성 탓이 아닌가 한다. 헤시오도스 외에도 상고기의 아르킬로코스, 테오그니스, 고전기의 에우리피데스와 아리스토파네스 등이 항해의 신 포세이돈의 신성을 언급하곤 했다.[141]

2) 지진의 신

포세이돈은 대지를 요동치게 하는 신, 즉 지진의 신으로 알려져 있다. 그는 호메로스 때부터 지진을 일으키는 신으로 언급되어왔다. 호메로스의 『일리아스』 20.56-66에는 트로이 전쟁에서의 신들의 대결 장면이 서술되는데, 여기서 포세이돈은 지진의 신으로 묘사된다. 즉 제우스가 위에서 천둥을 울릴 때 포세이돈은 아래로부터 대지와 가파른 산지를 '뒤흔들었다'(ἐτίναξε)고 한다. 그러자 이데산의 기슭과 꼭대기, 트로이 시와 그리스인들의 선박들이 모두 '흔들거렸다'(ἐσσείοντο). 지하세계의 지배자인 하데스도 무서움에 떨며 옥좌에서 일어나 고성을 질러댔다고 한다. 그는 포세이돈이 '자신의 위쪽 땅을 무너뜨려'(οἱ ὕπερθε γαῖαν ἀναρρήξειε) 자신의 거주지가 다른 신들과 인간들에게 공개되지 않을까 두려워했던 것이다. 여기서 포세이돈의 신성은 대지를 '뒤흔들어' '무너뜨리고' 땅과 산을 '흔들리게' 하는 것으로 묘사된다. 이는 그가 땅이 흔들리고 갈라지는 현상, 즉 지진과 관련된 신임을 보여준다. 그런데 여기서 신들이 싸우는 장소는 트로이와 해변 사이에 위치한 지대이다. 포세이돈은 바다가 아닌 육지에서 지진

---

141) 이 책의 688~89쪽 참조.

을 무기 삼아 싸우고 있는 것이다.

호메로스에게서 처음 언급된, 지진의 신 포세이돈의 면모는 이후 자료에서도 계속 나타난다. 핀다로스는 그를 '대지를 움직이는 자'(ὁ κινητὴρ γᾶς)라고 부르고, 아이스킬로스는 그의 삼지창을 '대지를 뒤흔드는'(γῆς τινάκτειρα) 것이라고 표현한다. 또 소포클레스도 포세이돈을 '대지를 뒤흔드는 자'(τινάκτωρ γαίας)라고 부르고, 플라톤은 그를 '뒤흔드는 자'(ὁ σείων)라고 부른다. 디오도로스도 포세이돈이 '지진'(σεισμός)에 관한 능력을 지녔다고 말한다.[142] 더욱이 포세이돈에 대해서는 지진과 관련된 호칭이나 수식어들이 자주 사용되었다. 예를 들어 '에노식톤'(땅을 뒤흔드는 자, 땅을 진동시키는 자), '에노시가이오스'(땅을 뒤흔드는 자, 땅을 진동시키는 자), '가이에오코스'(땅을 품고 있는 자, 땅을 안고 있는 자)라는 말이 호메로스 때부터 포세이돈의 호칭으로 사용되어 왔던 것이다. '세이식톤'(땅을 뒤흔드는 자), '에노시다스'('에노시가이오스'의 도리아 방언), '다마식톤'(대지를 제압하는 자)이라는 호칭과 '엘렐릭톤'(땅을 흔드는, 땅을 진동시키는)이라는 수식어도 포세이돈의 지진현상을 가리키는 표현이었다.

그리스인들이 지진을 포세이돈의 일로 여겼음은 몇 가지 사례를 통해서도 확인된다. 헤로도토스가 전하는 테살리아인들의 이야기에 의하면 테살리아의 페네이오스(Peneios)강의 통로는 포세이돈이 만든 것이라고 한다. 테살리아인들은 포세이돈이 '땅을 진동시킨다'(τὴν γῆν σείειν)고 믿고 또 '지진에 의한 균열'(τὰ διεστεῶτα ὑπὸ σεισμοῦ)이 포세이돈 때문이라고 여겨 그에 의해 강의 통로가 만들어졌다고 생각한다는 것이다. 고전기의 아테네인들 역시 지진을 포세이돈의 행위로 여겼음이 드러난다. 투키디데스에 의하면 페리클레스 시대의 아테네인들은 스파르타의 대지진이 포세이돈에 대한 스파르타인들의 불경 때문에 일어난 것이라고 '믿는다'(νομίζουσι). 즉 스파르타인들이 예전에 타이나로스의 포세이돈 신전에

---

142) 이 책의 689~91쪽 참조.

서 헤일로타이 탄원자들을 끌어내 죽인 일이 있는데, 그에 대한 보복으로 포세이돈이 스파르타에 '대지진'(μέγας σεισμός)을 일으켰다는 것이다. 또한 크세노폰의 『헬레니카』에도 지진을 포세이돈의 행위로 여기는 스파르타인들의 일화가 서술되어 있다. 크세노폰에 의하면 스파르타 군대의 아르고스 원정 중에(기원전 388년) 지진이 일어나자 스파르타인들이 '포세이돈에 대한 찬가를 부르기 시작했고'(ὕμνησαν τὸν περὶ τὸν Ποσειδῶ παιᾶνα) 그 다음날에는 포세이돈에 대한 제물을 바쳤다고 한다.[143] 이처럼 고전기 스파르타인들도 지진이 일어나면 그것을 포세이돈의 계시로 받아들이고 그를 위무하는 제사를 지냈던 것이다. 이들 사례는 지진의 신으로서의 포세이돈에 대한 관념이 그리스인들 사이에 널리 퍼져 있었음을 말해준다.

3) 말과 마차의 신

포세이돈은 말과 마차의 신으로도 알려져 있었다. 포세이돈은 호메로스 때부터 말과 마차를 관리하고 스스로도 그것들을 애용하는 신으로 묘사되어 왔다. 『일리아스』에서 포세이돈은 말과 마차를 관리하는 신으로 언급된다. 제우스가 이데산으로부터 말과 마차를 몰아 올림포스에 도착했을 때 제우스의 마차에서 말들을 풀고 그 위에 천을 덮어준 신이 바로 포세이돈이었다(『일리아스』 8.438-441). 이는 그가 말과 마차를 잘 부리는 신이었음을 보여준다.

또 포세이돈은 이동할 때 흔히 마차를 이용한 것으로 묘사된다. 이런 모습 역시 호메로스에게서 처음 확인된다. 『일리아스』 13.23-38에는 포세이돈이 마차를 타고 바다에서 나와 그리스 군을 향해 이동하는 장면이 묘사된다. 즉 포세이돈은 준마 두 마리를 마차에 묶은 후 황금채찍을 들고 마차에 올라 파도 위를 달려 나갔다고 한다. 포세이돈의 마차는 그리스인

---

143) 헤로도토스, 『역사』 7.129; 투키디데스, 『역사』 1.128.1; 크세노폰, 『헬레니카』 4.7.4-5.

들의 배가 위치한 곳으로 향했고, 테네도스와 임브로스의 중간쯤 되는 바다 속 동굴에 말을 세워 두었다. 그는 마차에서 말을 풀어주고 그들에게 먹을거리를 주었으며 말의 다리 주위에 황금줄을 매어놓았다고 한다. 여기서 포세이돈은 직접 말과 마차를 준비하여 마차를 운행하고 운행 후에도 직접 말과 마차를 정리한 것으로 나온다. 포세이돈의 마차 이동은 『오디세이아』 5.380-381에서도 언급되는데, 여기서 포세이돈은 말들을 채찍질하여 자신의 집으로 이동한다고 되어 있다.

그런데 호메로스 서사시에서 말과 마차를 관리하거나 마차로 이동하는 것으로 묘사된 것은 포세이돈만이 아니었다. 포세이돈 이외의 다른 신들도 그와 같은 모습으로 서술되곤 했다. 즉 제우스, 헤라, 아프로디테, 아레스도 말과 마차를 관리하고 마차를 운행하는 것으로 나온다.

호메로스의 『일리아스』 8.41-51에는 제우스가 올림포스를 떠나 이데산을 향해 마차로 이동하는 장면이 묘사된다. 즉 제우스는 말들을 마차에 맨 후 황금채찍을 들고 마차에 올라 말들에게 채찍질을 가해 출발시켰다고 한다. 이데산에 도착해서는 말들을 멈추게 하고 마차에서 풀어준 후 말들 주위에 짙은 안개를 흩뿌렸다. 여기서 말과 마차를 준비하여 마차를 운행하고 운행 후에 말과 마차를 뒷정리하는 것은 제우스이다. 앞의 『일리아스』 8.438-441에서는 포세이돈이 제우스가 타고 온 말과 마차를 뒷정리하지만 여기서는 제우스가 자신의 마차 운행 후에 직접 말과 마차를 정리하는 것으로 나온다.

헤라도 마차를 타고 이동하는 것으로 묘사된다. 헤라는 올림포스에서 이데산의 제우스를 찾아갈 때 마차를 타고 갔으며 도착해서는 말들을 이데산의 기슭에 세워놓았다고 한다(호메로스, 『일리아스』 14.298-308). 또 헤라는 아테나와 함께 마차를 타고 이동하기도 한다. 『일리아스』 8.374-437에는 헤라와 아테나가 트로이 전쟁 때 그리스인들을 돕고자 출정하려는 모습이 서술되어 있다. 즉 두 여신은 말을 타고 출정할 채비를 하는데, 처음에 말의 고삐를 묶는 것은 헤라이고 나중에 말과 마차를 분리하여 정리하는 것은 호라이(Horai, 계절과 시간의 여신들)로 나온다. 즉 아테나가 무장을 준비할 동안 헤라가 직접 말고삐를 묶었다가 제우스의 경고를 받고 출정을 포기한 후에는 호라이가 말들을 마차에서 풀어 구유에 매어놓고 마차는 입구의 벽 쪽에 세워놓았던 것이다. 호라이는 올림포스산의 문을 지키는 문지기 신이었다고 하므로[144] 헤라의 말과 마차를 정리한 것도 그런 역할 때문이었다고 하겠다. 신들이 올림포스를 오갈 때 이용한 말과 마차가 입구에 위치해 있었기 때문에 문지기들인 호라이가 그것들을 관리해야 했을 것으로 보인다. 헤라와 아테나의 마차 운행 사례는 또 있다. 『일리아스』 5.711-777에서도 헤라와 아테나가 그리스인을 도우러 마차를 타고 이동하는 장면이 묘사되는 것이다. 즉 그리스 군이 위기에 처하자 헤라가 말들에 굴레를 씌우고 헤베는 마차 양쪽에 청동바퀴를 대고 아테나는 무장을 갖추었다고 한다. 그들은 준비를 마친 후에 마차에 올랐고 헤라는 말들을 채찍질하여 올림포스의 문을 통과했다고 한다. 그런데 헤라는 제우스가 올림포스 정상에 혼자 앉아 있는 것을 보게 되자 말들을 멈추게 하고 제우스에게 자신들의 뜻을 전했다. 제우스가 그들에게 동의하자 헤라는 다시 말들을 채찍질하여 트로이 땅으로 내려갔다. 트로이에 도착하자 헤라는 말들을 멈추게 한 후 마차에서 풀어주고 그 주위에 짙은 안개를 퍼뜨렸다고 한다. 이때 강의 신 시모이스(Simois)가 그들에게 먹을거리를 마련해주었다고 한다. 여기서 말과 마차의 운행준비를 하고 운행 후에 마차의 뒷정리를 하는 것은 헤라 여신이다. 트로이 부근에 있는 강의 신 시모이스가 말들에게 먹을거리를 주기도 했지만 말과 마차의 전반적인 정리는 헤라가 맡았던 것이다.

또한 아프로디테와 아레스도 마차를 타고 이동한 것으로 묘사된다. 아프로디테가 디오메데스에 의해 상처를 입고 올림포스로 갈 때 아레스의 준마와 마차를 타고 갔으며, 그때 동승하여 말의 고삐를 붙잡고 채찍질을

---

144) 호메로스, 『일리아스』 8.393.

한 것은 이리스였다고 한다. 마차가 올림포스에 도달하자 이리스가 말들을 멈추게 하여 마차에서 풀어주고 그들에게 먹이를 주었다는 것이다(호메로스, 『일리아스』 5.355-369). 아레스도 아들에 대한 복수를 위해 그리스 군대를 찾아가려고 데이모스(Deimos, '공포')와 포보스(Phobos, '공황, 도피')에게 마차를 준비시켰다고 한다(『일리아스』 15.113-120). 데이모스와 포보스는 아레스의 아들이고 수행원이었다고 한다.[145]

호메로스 이후에도 제우스, 하데스, 아테나, 아레스, 헬리오스 등의 마차 운행에 대한 언급이 자주 등장한다. 제우스는 기간테스나 티폰과 싸울 때 마차를 이용하고 세멜레에게 나타날 때에도 마차를 타고 나타났다 한다. 하데스도 페르세포네를 납치할 때에 마차를 타고 나타났으며, 그녀를 지상으로 돌려보낼 때에도 자신의 마차에 태워 보냈다고 한다. 페르세포네의 귀환 때에 하데스의 마차 고삐를 잡고 운행한 것은 헤르메스였다. 또 아테나는 황금마차를 타고 다니기도 하고, 기간테스 전쟁 때에도 마차를 타고 싸웠다 한다. 그 밖에 아레스, 헬리오스(태양), 에오스(새벽), 닉스(밤)의 마차 탄 모습도 자주 등장한다.[146]

이상의 사례를 보면 말과 마차를 잘 다루고 마차를 타고 운행한다는 것이 포세이돈만의 특별한 면모는 아니었음을 알 수 있다. 그러므로 호메로스 서사시에서 포세이돈이 제우스의 마차 뒷정리를 하고 마차로 자주 이동했다는 점을 들어 그를 말과 마차의 신으로 간주해서는 안 된다. 그러한

---

145) 호메로스, 『일리아스』 13.298-300; 헤시오도스, 『신통기』 933-935; 『방패』 195-196, 463-465.

146) 제우스(에우리피데스, 『미친 헤라클레스』 177-179); 아리스토파네스, 『평화』 722; 아폴로도로스, 『비블리오테케』 1.6.3, 3.4.3), 하데스(호메로스 찬가, 2.17-20, 2.80-81, 2.431-432, 2.374-389), 아테나(헤시오도스, 『방패』 455-456; 바킬리데스, 『우승송가』 13.194-195; 에우리피데스, 『헤카베』 467-468; 『이온』 1528-1529), 아레스(헤시오도스, 『신통기』 191, 195; 『방패』 463-466), 헬리오스(호메로스 찬가, 2.63, 2.87-89, 4.68-69; 소포클레스, 『아이아스』 845-846; 에우리피데스, 『이온』 82-83, 1148-1149; 『포이니사이』 1562-1563), 에오스(에우리피데스, 『오레스테스』 1004), 닉스(에우리피데스, 『이온』 1150-1151; 아리스토파네스, 『테스모포리아주사이』 1065).

점은 다른 신들에게서도 자주 확인되기 때문이다.

그런데 『일리아스』 23.581-585에는 포세이돈이 말과 마차의 신으로서 간주되었음을 말해주는 대목이 나온다. 그 대목에서 메넬라오스는 마차 경주에서 안틸로코스(Antilochos)의 속임수 때문에 간발의 차이로 뒤늦게 도착하자 화가 나서 그를 비난한다. 이때 메넬라오스는 안틸로코스더러 그가 마차경주에서 의도적으로 속임수를 쓴 것이 아님을 포세이돈에게 맹세하라고 요구한다. 이 대목에서 포세이돈의 이름이 명시되지는 않지만 '땅을 품고 뒤흔드는 자'(γαιήοχον έννοσίγαιον)는 지진의 신 포세이돈을 가리키는 호칭이다. 그런데 여기서 메넬라오스가 마차경주에서 부정을 저지른 자더러 포세이돈에게 맹세하라 한 것은 포세이돈이 마차경주의 공정한 감독자로 간주되고 있었음을 뜻한다. 또한 포세이돈에 대한 맹세의 구체적인 방식을 살펴보면 포세이돈에 대한 그런 맹세가 관례적으로 이뤄지고 있었음을 알 수 있다. 즉 메넬라오스는 안틸로코스에게 말하기를, '관례가 그러하니'(ἤ θέμις ἐστί) 말과 마차 앞에 서서 말채찍을 손에 들고 '말들을 붙잡은 채'(ἵππων ἀψάμενος) 포세이돈에게 맹세하라고 요구한다. 문맥상 이는 포세이돈이 마차경주의 감독자로서의 권한을 관례적으로 인정받고 있었음을 의미한다. 더욱이 포세이돈에 대한 맹세방식에서 말과 마차, 말채찍, 말과의 접촉을 계속 거론하는 것으로 보아 말과 마차의 신으로서의 그의 신성이 암시되기도 한다. 하지만 그것은 암시일 뿐이고 명확한 진술이 아니다. 아직 호메로스 서사시에서는 말과 마차의 신으로서의 포세이돈 신성이 명확하게 부각되지는 않았던 것 같다.

말과 마차의 신으로서의 포세이돈 위상이 보다 분명하게 드러난 것은 상고기의 스테시코로스에게서였다. 스테시코로스는 포세이돈을 '말들의 지배자'(ἵππων πρύτανις)라고 표현했다. 그가 포세이돈을 왜 그렇게 표현했는지에 대한 언급이 전하지 않기 때문에 그것의 자세한 의미는 파악할 수가 없다. 하지만 '지배자'가 뜻하는 상위적인 위상과 권한을 감안하면 '말들의 지배자'라는 표현은 말들을 통제하고 다스리는 신성을 가리킨다고 하겠다. 즉 그는 말을 잘 다루고 말과 관련된 신성을 대표하는 신으로 간주되었던 것 같다. 상고기의 호메로스 찬가에서도 포세이돈은 말과 마차에 관한 제식을 통해 숭배되는 신으로 묘사된다. 또 상고기의 아르킬로코스는 포세이돈에게 '히피오스'(ἵππιος, 말의, 말에 관한)라는 수식어를 사용했는데,[147] 이는 말과 관련된 포세이돈의 신성을 표현한 것이라 하겠다.

고전기의 핀다로스 송가에서도 말과 마차와 관련된 포세이돈의 신성이 확실하게 드러난다. 『올림피아 송가』 1.67-88에는 펠롭스와 히포다메이아의 결혼에 관한 이야기가 서술되어 있다. 그에 따르면 펠롭스가 피사(Pisa)의 왕녀 히포다메이아와 결혼하고 싶어서 밤중에 혼자 바다에 나가 큰 소리로 포세이돈에게 기원했다고 한다. 그는 포세이돈이 바다에서 모습을 드러내자 오이노마오스(Oinomaos)와의 마차경주에서 이기게 해달라고 청했다.[148] 그러자 포세이돈은 그에게 날개 달린 말과 황금마차를 주었고, 펠롭스는 마차경주에서 오이노마오스를 이겨 히포다메이아와 결혼했다고 한다. 여기서 포세이돈은 무적의 말과 마차를 제공하는 신으로 묘사된다. 펠롭스가 마차경주의 승리를 위해 포세이돈에게 도움을 청했다는 점과 포세이돈이 제공한 말로 승리했다는 점은 포세이돈이 말과 마차의 신으로 여겨졌음을 말해준다. 펠롭스가 포세이돈에게서 마차를 선사받았다는 것은 아폴로도로스에게서도 언급된다. 여기서 아폴로도로스는 마차경주의 승리와 관련하여 펠롭스의 기원과 포세이돈의 도움을 언급하지는 않는다. 하지만 아폴로도로스의 서술에서 포세이돈이 펠롭스에게 마차를 선사했고 그후 펠롭스가 마차경주에서 승리했다고 언급되므로 포세이돈

---

147) 이 책의 691쪽 참조.

148) 오이노마오스는 히포다메이아의 아버지였는데, 그는 딸의 구혼자들에게 자신과의 마차경주에서 승리해야만 그녀와 결혼할 수 있다고 선언했다 한다. 만일 구혼자가 패한 경우에는 목숨을 내놓아야 했다. 그는 펠롭스가 구혼자로 나서기 전까지 날랜 4두마차를 타고 계속 구혼자들에게 승리하여 그들의 목숨을 빼앗았다고 한다. 펠롭스와 히포다메이아의 결혼 이야기에 대해서는 아폴로도로스, 『개요』 2.3-7과 디오도로스, 4.73.2-73.6 참조.

과 마차경주의 연관성은 부인하기 어렵다고 본다. 또한 포세이돈은 펠롭스 외에도 펠레우스와 헤라클레스에게 말을 선사하고 이다스에게 마차를 선사했다고 한다.[149] 이렇듯 그가 인간들에게 베푼 중요한 은총 중의 하나가 말과 마차였다는 것은 그의 중요한 신성이 말과 마차에 관한 것임을 보여준다.

이외에도 핀다로스는 자주 말과 마차에 관련된 포세이돈의 신성을 묘사하곤 했다. 그는 마차경주에서 우승한 시라쿠사의 히에론(Hieron)을 찬미하면서 히에론이 말을 마차에 묶고 포세이돈에게 기원을 드렸다고 서술한다. 또 그는 포세이돈을 마차와 마차 경주의 신으로 언급하기도 하고, 포세이돈에게 '히파르코스'(말의 지배자)와 '다마이오스'(말의 조련사)라는 호칭과 '히포드로미오스'(마차경주의) 같은 수식어를 붙이기도 한다.[150]

핀다로스 이후에도 계속 바킬리데스나 아테네의 극시인들 등이 말과 마차에 관한 포세이돈의 신성을 언급한다. 이들의 자료에서 포세이돈은 '말의 지배자'(ἵππιος ἄναξ)나 '말의 신'(ἵππιος θεός)으로 불리고, '히피오스'라는 수식어로 묘사되고, 또 말들을 조련하는 자로 언급되는 것이다. 포세이돈의 그러한 신성은 헬레니즘 시대에도 반복되어 언급되는데, 리코프론은 그를 '히페게테스'(말의 인도자)라고 부르고 디오도로스는 그를 말 조련사 혹은 마술(馬術)을 도입한 자로 언급한다.[151]

---

149) 이 책의 691~92쪽 참조.

150) 이 책의 691, 698~99쪽 참조.

151) 이 책의 691~92쪽 참조.

6. 호칭과 수식어

포세이돈의 이름은 제우스와 마찬가지로 미케네 문명 시대 선상문자 B 점토판에서 처음 나타난다. 미케네 문명 시대의 크노소스 점토판에는 '포세다오'(Posedao)라는 이름이 나오고, 필로스 점토판에는 '포세다오네' (Posedaone)라는 이름이 나타나는 것이다.[152] 호메로스도 포세이돈을 '포세이다온'(Ποσειδάων)이라고 불렀다. 그런데 '포세이다온'이라는 이름의 의미와 유래는 확실치 않다. 일설에는 그 말이 '남편'을 뜻하는 '포시스' (πόσις)와 '땅'을 뜻하는 '다'(δᾶ) 혹은 '데'(δῆ)의 합성어로 여겨지기도 한다. 여기서 '다' 혹은 '데'는 '가'(γᾶ) 혹은 '게'(γῆ)의 도리아식 방언이다. 그럴 경우 '포세이다온'은 어원상 '땅의 남편'이라는 뜻을 지닌다. 그러나 이 어원학적인 설명은 추정일 뿐이고[153] 확실치가 않다. 또한 플라톤의 『크라틸로스』 402D-403A에서도 포세이돈의 이름의 유래를 그의 신성과 관련지어 어원학적으로 설명하는 대목이 나오는데, 이것도 하나의 가설들일 뿐이고 근거가 희박하다. 여기서 작중인물 소크라테스는 말하기를, 바닷가를 거닐 때 바닷물이 '발'(ποδῶν)을 '붙들어 매기'(δεσμός) 때문에 바다의 신에게 '발을 붙들어 매는 자'(ποσί-δεσμον)라는 이름을 붙였다고도 하고, 그가 '많은 것'(πολλά)을 '알고 있기'(εἰδότος) 때문에 그렇게 불렸다고도 하고, 그가 지진을 일으키기 때문에 '뒤흔드는 자'(ὁ σείων)로 불렸다고도 한다. 이것들은 소크라테스가 어떤 사물의 이름 속에 그 사물의 본질이 표현되어 있다는 견해를 주장하기 위해 제시한 가설들에 불과하다. 그러므로 현재로서는 '포세이돈'의 이름의 의미와 유래가 아직 확실하게 규명되지 않은 상태라 하겠다.

제우스와 마찬가지로 포세이돈에게도 다양한 호칭이나 수식어가 사용

---

152) J. Chadwick, *The Mycenaean World*, pp. 88~89; W. Burkert, *Greek Religion*, pp. 43~44.

153) J. Chadwick, *The Mycenaean World*, pp. 86~87; W. Burkert, *Greek Religion*, p. 136.

되었다. 포세이돈의 호칭과 수식어를 비교적 많이 언급한 대표적인 자료
는 호메로스의 서사시와 핀다로스 송가이다. 호메로스 서사시에서 포세이
돈은 제법 활발한 역할을 맡아 자주 등장한다. 즉 그는 『일리아스』에서 헤
라 및 아테나 여신과 더불어 그리스인을 지원하는 대표적인 신으로 나오
고 『오디세이아』에서는 오디세우스의 귀환을 가장 앞장서서 방해하는 신
으로 묘사되는 것이다. 그런 탓인지 포세이돈의 호칭과 수식어에 대한 언
급도 자주 눈에 띈다. 호메로스에게서 처음 확인되는 포세이돈의 호칭과
수식어는 '아낙스' '크레이온' '에우리크레이온' '에우리스테네스' '에노식
톤' '에노시가이오스' '가이에오코스' '키아노카이테스' '헬리코니오스'이
다. 이들 호칭과 수식어들은 포세이돈의 신성, 형상, 그리고 특정 지명과
연관된 것으로 호메로스 서사시의 도처에서 언급된다. 그중에서도 특히
'지배자' 호칭으로서의 '아낙스' '크레이온', 지진의 신과 관련된 호칭들인
'에노식톤' '에노시가이오스' '가이에오코스', 그리고 형상 수식어인 '키아
노카이테스'가 그의 단골 호칭과 수식어로 등장한다. 호메로스에게서 처
음 확인된 호칭과 수식어들은 그후에도 선례가 되어 많은 자료에서 반복
적으로 언급된다.

　포세이돈의 호칭과 수식어는 핀다로스에게서도 자주 등장한다. 포세이
돈은 제우스처럼 최고신도 아니고 광범위한 신성을 지닌 것도 아닌데 핀
다로스 송가에 자주 등장한다. 그것은 그의 특별한 제전과 신성 때문이다.
즉 핀다로스 송가 중에서 포세이돈이 언급된 경우는 대개 포세이돈을 기
리는 이스트미아 제전의 우승자나 혹은 포세이돈의 신성과 관련된 마차
경주의 우승자들을 위한 송가들이다. 핀다로스의 송가들 중에서 포세이돈
의 호칭과 수식어가 언급된 것은 모두 11개의 송가인데, 그중에서 이스트
미아 송가가 3개이고 마차경주와 관련된 송가가 5개에 달한다.[154] 핀다로

154) 포세이돈의 호칭이나 수식어가 언급된 핀다로스 송가는 『올림피아 송가』 1, 6, 8, 13과
　　『피티아 송가』 2, 4, 6, 『네메아 송가』 4, 그리고 『이스트미아 송가』 1, 6, 7이다. 이 가운데

스 송가에는 호메로스 이후에 등장한 포세이돈의 호칭과 수식어가 사용되기도 하지만 처음 사용된 것들도 많다. 예를 들면 '데스포테스' '에우리메돈' '에우리비아스' '폰토메돈' '폰티오스' '에날리오스' '세이식톤' '엘렐릭톤' '히파르코스' '다마이오스' '히포드로미오스' '페트라이오스' '아글라오트리아이네스' '에우트리아이나' '오르소트리아이나' '이스트미오스'는 핀다로스 송가에서 처음 확인된 사례들이다. 특히 삼지창과 관련된 형상 호칭 모두와 말과 마차에 관련된 다수의 신성 호칭 및 수식어들이 그에게서 처음 확인된다.

이 책에서는 포세이돈의 호칭과 수식어 역시 제우스와 같은 방식으로 분류하여 설명하고자 한다. 즉 제우스의 경우와 마찬가지로 신성 호칭과 수식어, 성격 및 행적 호칭과 수식어, 형상 호칭과 수식어, 인명 및 지명 호칭과 수식어, 기타 호칭과 수식어로 구분하기로 한다.

1) 신성 호칭과 수식어

그리스의 주요 신들은 각자의 영역에서 특별한 신성을 지니면서도 아울러 신성한 존재로서의 기본적인 신격을 공통적으로 갖추고 있었다. 즉 그들은 신으로서 누리는 신성한 권위와 그에 합당한 호칭과 수식어들을 지니고 있었던 것이다. 신격을 나타내는 대표적인 호칭은 '지배자'라는 의미의 여러 가지 호칭들이다. 이 책에서 다루는 제우스, 포세이돈, 데메테르는 모두 '지배자'에 해당하는 호칭들을 지니고 있다. 이들 외에 아폴론, 아테나, 디오니소스에게도 '지배자'라는 뜻의 호칭들이 사용되곤 했다. 그러므로 이 '지배자' 호칭은 특정 신에게만 붙여진 것이 아니고, 그리스의

마차경주와 관련된 송가는 『올림피아 송가』 1, 6과 『피티아 송가』 2, 4, 6이다. 『이스트미아 송가』 1도 마차경주 우승자를 위한 찬가이지만 이스트미아 제전의 송가를 따로 분류했기 때문에 중복을 피해 포함하지 않았음을 밝힌다.

주요 신들에게 공통적으로 붙여진 신격 호칭이라 할 수 있다. 사실 '지배자' 호칭이 가장 빈번하게 사용된 대표적인 신은 제우스였다. 그는 명실상부한 '지배자'라 할 만했다. 그는 인간과 신들을 지배하는 최고신으로서 '지배자'라는 호칭에 가장 걸맞은 존재였기 때문이다. 그래서 이 책에서는 제우스의 '지배자' 호칭을 최고 권력의 신으로서의 제우스 신성과 연관지어 설명했다. 그러나 제우스 외의 신들의 '지배자' 호칭은 최고 권력자로서의 신성과 연관된 것이라기보다 신격의 기본 호칭이라고 할 수 있다. 이 책에서는 '지배자' 호칭이 제우스 이외의 신들에게 사용될 경우 따로 신격의 기본 호칭으로 분류하고자 한다. 단, 신격의 기본 호칭으로서의 '지배자'는 일반적인 의미의 지배자를 가리킨다. 각 신들이 주관하는 고유 영역과 현상의 지배자를 의미할 경우에는 그 구체적인 신성과 연관된 호칭으로 분류했음을 밝힌다. 예컨대 바다의 지배자로서의 포세이돈 호칭들은 신격의 기본 호칭으로 분류하지 않고 해신으로서의 신성 호칭으로 분류했다.

(1) 신격의 기본 호칭과 수식어

포세이돈의 경우 신격의 기본 호칭과 수식어에 해당하는 것은 '지배자'를 나타내는 호칭들이나 그의 막강한 권력을 표현하는 수식어들이다. 우선 포세이돈에게 사용된 '지배자' 호칭은 '아낙스' '크레이온' '데스포테스' '메데온'이다. 이것들은 모두 '지배자, 통치자'의 의미를 지닌 말들이다. 이 가운데 호메로스 때부터 사용된 호칭은 '아낙스'와 '크레이온'이다. 호메로스 서사시에서 '아낙스'는 포세이돈 외에 제우스, 아폴론의 호칭으로도 사용되고, '크레이온'은 포세이돈과 제우스의 호칭으로 사용되었다. 이 가운데서 '아낙스'는 호메로스 이후에도 포세이돈의 호칭으로 자주 언급되었지만 '크레이온'의 용례는 드물게 나타난다.[155] 포세이돈의 '지배

---

155) 이 책의 692~93쪽 참조.

자' 호칭의 대표적인 표현은 '아낙스'인 셈이다. 한편 '데스포테스'가 포세이돈의 호칭으로 사용된 것은 핀다로스에게서 처음 확인된다. 그러나 핀다로스 말고는 '데스포테스'의 다른 용례가 확인되지 않는 것으로 보아 그역시 포세이돈의 호칭으로 자주 사용되지는 않았던 것 같다. '메데온'은 아리스토파네스에게서 처음 확인되는데, 포세이돈보다는 제우스의 호칭으로 더욱 자주 사용되었다. 제우스의 호칭으로서의 '메데온'은 이미 호메로스 때부터 사용된 바 있다.

포세이돈은 강력하고 광범위한 권력의 신으로서 알려져 있었다. 이는 지배자로서의 포세이돈의 신성과 연관된 특징이라 할 수 있다. 그러한 권력의 신 포세이돈을 표현하는 호칭으로는 '에우리크레이온'(εὐρυκρείων)과 '에우리메돈'(εὐρυμέδων)이 사용되고, 수식어로는 '에우리스테네스'와 '에우리비아스'가 사용되었다. 이 가운데 '에우리스테네스'와 '에우리비아스'는 제우스의 수식어로도 사용되었기 때문에 앞의 제우스 서술에서 이미 거론한 바 있다.[156]

'에우리크레이온'은 '넓은, 광범위한'을 뜻하는 '에우리스'(εὐρύς)와 '지배자, 군주'를 뜻하는 '크레이온'(κρείων)의 합성어로 '널리 다스리는 지배자, 광범위한 지배자'라는 의미를 지닌다. 이는 널리 막강한 권력을 행사하는 포세이돈의 신성을 나타낸다. '에우리크레이온'이 포세이돈의 호칭으로 언급된 것은 호메로스에게서 처음 확인된다. 그러나 '에우리크레이온'은 호메로스 이외의 다른 자료에서는 확인되지 않는다. 한편 '에우리메돈'은 '넓은, 광범위한'을 뜻하는 '에우리스'(εὐρύς)와 '지배자'를 뜻하는 '메돈'(μέδων)의 합성어로 '널리 다스리는 지배자, 광범위한 지배자'라는 의미를 지닌다. '에우리메돈'의 단어 구성과 의미는 '에우리크레이온'과 동일하다. 그러나 이 호칭 역시 핀다로스 외에는 달리 확인되지 않는다.[157]

---

156) 이 책의 257쪽 참조.

'에우리스테네스'는 호메로스 때부터 포세이돈에게 사용된 수식어인데, '힘이 막강한'이라는 의미를 지닌다. 이 수식어는 포세이돈뿐만 아니라 제우스와 아폴론에게도 사용된 말이지만 처음에는 포세이돈의 호칭으로 사용되었던 것 같다. 호메로스 서사시에서 '에우리스테네스'는 포세이돈의 수식어로만 사용되었고, 제우스와 아폴론의 수식어로 사용된 것은 이후 고전기에 가서야 처음 확인된다. '에우리비아스'가 포세이돈의 수식어로 사용된 것도 고전기의 핀다로스에게서 처음 확인된다. '에우리비아스'는 '널리 지배하는, 힘이 막강한'의 의미를 지니는데, 이 역시 '에우리스테네스'와 유사한 의미로서 지배자 포세이돈의 권력을 나타낸다고 하겠다. '에우리비아스' 역시 포세이돈 외의 다른 신들에게 사용된 바 있는데, 제우스와 트리톤의 수식어로도 사용되었다. 그것이 신들의 수식어로 사용된 것은 헤시오도스에게서 처음 확인되는데, 헤시오도스는 그것을 트리톤의 수식어로 언급했다. '에우리비아스'가 포세이돈의 수식어로 나타나는 것은 핀다로스뿐이고 그 외의 다른 용례는 확인되지 않는다.[158]

(2) 바다의 신

이 책에서는 바다의 신 포세이돈의 신성을 바다의 최고 권력자(지배자), 바다의 자연현상의 주관자, 항해의 주관자로 나누어 서술한 바 있다. 바다의 신으로서의 호칭과 수식어 역시 이러한 세 가지 구분에 따라 정리하기로 한다.

우선 바다의 최고 권력자로서의 신성과 관련된 포세이돈의 호칭에는 '폰토메돈'(ποντομέδων)과 '아낙시알로스'(ἀναξίαλος)가 있다. 둘 다 고전기에 처음으로 용례가 등장하는데, '폰토메돈'은 핀다로스, '아낙시알로스'는 바킬리데스에게서 처음 확인된다. 포세이돈이 '바다의 지배자'로 불린

---

157) 이 책의 693쪽 참조.
158) 이 책의 693~94쪽 참조.

다는 것은 그가 바다의 최고신으로 여겨졌음을 의미한다. 바다의 신으로는 포세이돈 외에도 암피트리테, 테티스, 네레우스, 네레이다이, 트리톤 등이 있는데, 그중 포세이돈만 '바다의 지배자'라는 호칭으로 불린 것이다.

'폰토메돈'은 '바다'를 뜻하는 '폰토스'(πόντος)와 '지배자, 감독자'라는 뜻의 '메돈'(μέδων)의 합성어로 '바다의 지배자(감독자)'를 의미한다. 이 호칭은 핀다로스 이후에도 아이스킬로스, 에우리피데스, 아리스토파네스 같은 아테네의 비극 및 희극시인들에 의해 사용된 바 있다.[159] 이는 그 호칭이 비교적 빈번히 사용되었음을 말해준다.

'아낙시알로스'도 바다의 최고신인 포세이돈의 호칭으로 사용되었다. '아낙시알로스'는 '지배자, 왕'을 뜻하는 '아낙스'(ἄναξ)와 '바다'를 뜻하는 '할스'(ἅλς)의 합성어로 '바다의 지배자'라는 의미를 지닌다. 이 역시 '폰토메돈'과 마찬가지로 포세이돈의 바다 지배권을 나타내는 말이다. 그런데 '아낙시알로스'는 바킬리데스에게서만 언급되고 그 외의 다른 용례가 나타나지 않는다. 아마 '폰토메돈'보다는 사용 빈도가 낮았을 것으로 추정된다.

한편 포세이돈에게는 바다의 신으로서의 신성을 가리키는 수식어들도 사용되었다. 그 대표적인 예로는 '폰티오스'(πόντιος)와 '에날리오스'(ἐνάλιος)를 들 수 있다. 이들 수식어가 포세이돈에 대해 사용된 것은 역시 고전기 자료에서 처음 확인된다. '폰티오스'와 '에날리오스'의 용례 모두 핀다로스에게서 처음 나타나는 것이다. 이들 수식어는 엄격하게 말해 '바다의 지배자'를 가리키는 말이 아니고 해신을 나타내는 수식어이다. 그것들은 다른 해신들의 수식어로도 사용되었기 때문이다. 그럼에도 불구하고 이들 수식어가 가장 빈번하게 사용된 신은 포세이돈이었다. 단순히 바다의 신임을 나타내는 수식어가 포세이돈에게 가장 자주 사용되었다는 것은 그가 바다의 대표적인 신으로 여겨졌음을 말해준다. 따라서 '폰티오스'와 '에날리오스'는 바다의 지배자라는 의미를 내포한 말이 아니지만 그것

---

159) 이 책의 694쪽 참조.

들이 바다를 대표하는 포세이돈의 신성을 반영한다고 보아 바다의 지배자 항목으로 분류했음을 밝힌다.

'폰티오스'는 '바다'를 뜻하는 '폰토스'(πόντος)의 형용사로 '바다의'라는 의미를 지닌다. '폰티오스'는 대개 '포세이돈'과 함께 사용되지만 '폰티오스'만 단독으로 사용되기도 한다. 이 수식어가 포세이돈의 수식어로 사용된 것은 핀다로스에게서 처음 확인된다. 핀다로스는 '폰티오스 오르시트리아이나'라는 표현을 사용하는데, '오르시트리아이나'가 포세이돈을 가리키는 수식어이므로 여기서 '폰티오스'는 포세이돈을 지칭한다. '폰티오스'의 용례는 주로 고전기에 집중되어 있다. 핀다로스 이후에 바킬리데스와 아테네의 비극/희극시인들이 그 수식어를 포세이돈에게 자주 사용했던 것이다. 그런데 '폰티오스'는 포세이돈 이외에 테티스와 네레이데스의 수식어로도 사용된다. 테티스와 네레이데스(Nereides, 네레우스의 딸들)는 모두 바다의 여신이므로 이들에게도 포세이돈과 마찬가지로 '폰티오스'라는 수식어가 붙여졌던 것이다. '폰티오스'가 여신들의 수식어로 사용될 경우에는 '폰티오스'의 여성형인 '폰티아'(πόντια)로 불린다.[160]

'에날리오스'도 바다의 신 포세이돈의 수식어로 사용된다. '에날리오스'는 '속의, 안의, 옆의'를 뜻하는 '엔'(ἐν)과 '바다'를 뜻하는 '할스'(혹은 할로스)의 합성어로 '바다 속의, 바다 곁의, 바다의'라는 의미를 지닌다. 포세이돈은 주로 '에날리오스 테오스' 혹은 '에날리오스 포세이돈'으로 불리는데, 이는 바다의 신 포세이돈을 지칭한다. '에날리오스'는 '폰티오스'와 마찬가지로 핀다로스 이후에 아테네의 비극시인들에게서도 용례가 나타난다. '에날리오스' 역시 포세이돈 이외의 다른 해신들의 수식어로 사용되었는데, 네레우스 및 네레이데스에 대한 수식어로 사용된 바 있다. '에날리오스'가 여신들의 수식어로 사용될 경우 '에날리오스'의 여성형인 '에날리아'(ἐναλία)로 불린다.[161]

---

160) 이 책의 694쪽 참조.

포세이돈은 호메로스 때부터 바다의 자연현상을 주관하는 신으로 자주 묘사되어왔지만 그의 그런 신성을 나타내는 수식어는 의외로 적다. 현재 전해오는 수식어는 '오르시알로스'(ὀρσίαλος)뿐이다. '오르시알로스'가 포세이돈의 수식어로 사용된 것은 바킬리데스에게서 처음 확인된다.[162] '오르시알로스'는 '움직이다, 일으키다'를 뜻하는 '오르니메나이'(ὀρνύμεναι)와 '바다'를 뜻하는 '할스'(혹은 할로스)의 합성어로 '바다를 움직이는, 바다를 요동치게 하는'의 의미를 지닌다. 이는 바다의 파도와 풍랑을 일으키는 포세이돈의 신성을 나타낸 표현이다. 하지만 '오르시알로스'가 바킬리데스에게서만 나타나고 다른 자료에서는 언급되지 않는다.

포세이돈은 호메로스 서사시에서 항해를 주관하는 해신으로 묘사된다. 특히 『오디세이아』에서는 오디세우스의 항해를 방해하고 그의 귀향을 지연시키는 신으로 나온다. 그러나 정작 항해의 신으로서의 신성을 나타내는 호칭과 수식어는 뒤늦게야 확인된다. '나우메돈'(ναυμέδων)이라는 호칭이 헬레니즘 시대의 리코프론에게서 처음 확인되는 것이다.[163] '나우메돈'은 '배'를 뜻하는 '나우스'(ναῦς)와 '지배자, 감독자'를 뜻하는 '메돈'(μέδων)의 합성어로 '배의 지배자(감독자)'를 의미한다. 배는 항해의 주요 수단이므로 배를 지배한다는 것은 바다의 항해를 주관하고 감독한다는 뜻이 된다. 이는 배와 배의 운항을 관리하는 포세이돈의 신성을 나타내는 표현이다. 그런데 '나우메돈'도 '오르시알로스'와 마찬가지로 용례가 극히 드물다. 단지 리코프론만이 '나우메돈'을 언급할 뿐이고, 다른 자료에서는 용례가 나타나지 않는다.

---

161) 이 책의 695쪽 참조.

162) 바킬리데스, 『디티람보스』 16.19.

163) 리코프론, 『알렉산드라』 157.

(3) 지진의 신

포세이돈은 호메로스 때부터 지진의 신으로 알려져 있었다. 지진의 신 포세이돈을 가리키는 호칭과 수식어는 다양하게 나타나는데, 호칭으로는 '에노식톤' '에노시가이오스' '가이에오코스' '다마식톤' '세이식톤'이 있고, 수식어로는 '바릭티포스' '에릭티포스' '엘렐릭톤' '리타이오스'가 있다. 이 호칭들 가운데 '에노식톤' '에노시가이오스' '가이에오코스'는 호메로스 때부터 확인되고, '다마식톤'은 상고기의 시모니데스, '세이식톤'은 고전기의 핀다로스에게서 처음 확인된다. 또 수식어 '바릭티포스'와 '에릭티포스'는 헤시오도스에게서 처음 확인되고, '엘렐릭톤'은 핀다로스, '리타이오스'는 바킬리데스에게서 처음 확인된다.

우선 '에노식톤'(ἐνοσίχθων)은 '진동, 동요'를 뜻하는 '에노시스'(ἔνοσις)와 '땅, 대지'를 뜻하는 '크톤'(χθών)의 합성어로 '땅을 뒤흔드는 자, 땅을 진동시키는 자'라는 의미를 지닌다. 이는 땅이 흔들리는 지진현상과 관련된 호칭인데, 여기서 포세이돈은 지진을 일으키는 존재로 묘사된다. '에노식톤'은 호메로스와 헤시오도스에게서만 확인된다.[164] '에노시가이오스'(ἐννοσίγαιος)[165]는 '진동, 동요'를 뜻하는 '에노시스'(ἔνοσις)와 '땅, 대지'를 뜻하는 '가이아'(γαῖα)의 합성어로 '땅을 뒤흔드는 자, 땅을 진동시키는 자'라는 의미를 지닌다. '에노시가이오스'는 단어의 구성과 의미에서 '에노식톤'과 동일한 것임을 알 수 있다. 핀다로스에게서 등장하는 '에노시다스'(ἐννοσίδας)는 '에노시가이오스'의 도리아 방언에 해당한다. '에노시가이오스'는 호메로스 이후에도 고전기와 헬레니즘 시대의 자료에서 계속 언급된다.[166]

한편 '가이에오코스'(γαιήοχος)[167]도 '땅, 대지'를 뜻하는 '가이아'와 관

---

164) 이 책의 695쪽 참조.

165) '에노시가이오스'(ἐννοσίγαιος)는 '에노시가이오스'(ἐνοσίγαιος)의 시적인 표현에 해당한다.

166) 이 책의 695~96쪽 참조.

련된 말로 '땅을 품고 있는 자, 땅을 안고 있는 자'의 의미를 지닌다. 여기서 포세이돈이 '땅을 품고 있다'는 것은 땅을 옮기고 움직이게 한다는 것을 내포한다. 그래서 '가이에오코스'도 역시 지진의 신 포세이돈을 가리키는 호칭이라 할 수 있다. 이들 호칭 중 '에노식톤'은 호메로스와 헤시오도스에게서만 언급되고 이후 자료에서는 확인되지 않는다. 반면 '에노시가이오스'와 '가이에오코스'는 상고기 이후에도 포세이돈의 호칭으로 자주 사용되곤 했다.[168]

'다마식톤'도 지진과 관련된 포세이돈 호칭이다. '다마식톤'($\delta\alpha\mu\alpha\sigma i\chi\theta\omega\nu$)은 '길들임, 제압'을 뜻하는 '다마시스'($\delta\dot{\alpha}\mu\alpha\sigma\iota\varsigma$)와 '땅, 대지'를 뜻하는 '크톤'($\chi\theta\dot{\omega}\nu$)의 합성어로 '대지를 제압하는 자'의 의미를 지닌다. 이는 땅의 움직임을 관장하는 포세이돈의 신성을 가리킨다. '다마식톤'이 포세이돈의 호칭으로 사용된 것은 시모니데스에게서 처음 확인된다. '다마식톤'은 이후 바킬리데스에게서만 확인되고 별다른 용례가 나타나지 않는다.[169]

한편 '세이식톤'은 핀다로스의 고전기 작품에서 처음 확인된다. '세이식톤'($\sigma\epsilon\iota\sigma i\chi\theta\omega\nu$)은 '진동, 뒤흔듦'을 뜻하는 '세이시스'($\sigma\epsilon\tilde{\iota}\sigma\iota\varsigma$)와 '땅, 대지'를 뜻하는 '크톤'($\chi\theta\dot{\omega}\nu$)의 합성어로 '땅을 뒤흔드는 자, 땅을 진동시키는 자'라는 의미를 지닌다. 이 호칭 역시 단어의 구성과 의미에서 '에노식톤'이나 '에노시가이오스'와 동일한 양상을 보인다. 또 이들과 마찬가지로 지진의 신 포세이돈의 신성을 가리키는 호칭에 속한다. 그런데 '에노식톤'이나 '에노시가이오스'가 호메로스 때부터 포세이돈의 호칭으로 사용된 데 비해, '세이식톤'은 핀다로스 송가에서 처음 확인된다. '세이식톤'이 언급된 『이스트미아 송가』 1은 저술 시기가 확실치 않으므로 그것이 상고기의 작

---

167) '가이에오코스'는 일부 자료에서 '가이아오코스'($\gamma\alpha\iota\dot{\alpha}o\chi o\varsigma$), '게에오코스'($\gamma\epsilon\dot{\eta}o\chi o\varsigma$)로 표현되기도 한다.

168) 이 책의 695~96쪽 참조.

169) 이 책의 696~97쪽 참조.

품인지 고전기의 작품인지를 판별하기 어렵다. 따라서 이 책에서는 일단 그것을 고전기의 작품으로 분류하기로 한다. 그것이 상고기 작품이라는 확실한 근거가 없기 때문이다. '세이식톤'은 고전기의 핀다로스와 바킬리데스의 저술들에서만 언급되고, 헬레니즘 시대까지의 다른 자료에서는 거의 언급되지 않는다.[170]

지진의 신 포세이돈의 신성과 연관된 수식어로는 '바릭티포스' '에릭티포스' '엘렐릭톤' '리타이오스'가 있다. '바릭티포스'(βαρύκτυπος)는 흔히 제우스의 수식어로 쓰이던 말이었다. 그 말은 '우렁차게 소리(천둥)를 울리는'의 뜻을 지니는데, 천둥과 번개의 신 제우스에게 붙여진 수식어였다. 하지만 그 수식어가 포세이돈에게 사용될 경우 다른 의미를 지닌다. 즉 '굉음을 울리는'이라는 뜻으로 번역되는 것이다. 포세이돈은 천둥의 신성과는 무관하다고 여겨지므로 그 말은 지진의 굉음을 표현한 것으로 보인다. 그래서 이 책에서는 '바릭티포스'를 지진의 신 포세이돈의 연관된 수식어로 분류했다. '바릭티포스'가 포세이돈의 수식어로 사용된 것은 헤시오도스에게서 처음 확인되고, 이후 핀다로스에게서도 나타난다.[171]

'에릭티포스'는 '바릭티포스'와 비슷한 의미와 유래를 갖는다. 그것은 '우렁차게 소리(천둥)를 울리는'의 의미로 제우스의 수식어로 사용된 말이었다. 그것이 포세이돈에게 쓰일 경우 역시 '굉음을 울리는'의 의미를 지닌다. 그 말이 포세이돈의 수식어로 쓰인 것도 헤시오도스에게서 처음 확인된다. 헤시오도스 이외의 다른 용례는 나타나지 않는다.[172]

'엘렐릭톤'(ἐλελίχθων)은 '진동시키다, 흔들다, 돌리다'를 뜻하는 '엘렐리제인'(ἐλελίζειν)과 '땅, 대지'를 뜻하는 '크톤'(χθών)의 합성어로 '땅을 흔드는, 땅을 진동시키는'의 의미를 지닌다. 이는 땅을 뒤흔드는 지진의 신 포

---

170) 이 책의 697쪽 참조.

171) 이 책의 697쪽 참조.

172) 이 책의 697쪽 참조.

세이돈의 신성을 가리키는 표현이다. '엘렐릭톤'이 포세이돈의 수식어로 사용된 것은 핀다로스의 상고기 송가에서 처음 확인된다. 현재로서는 핀다로스의 송가 이외의 다른 용례가 발견되지 않는다.[173] '엘렐릭톤'은 디오니소스에게도 사용된 바 있다. 소포클레스의 『안티고네』 153-154에서 디오니소스는 '테바이 땅을 진동시키는 바키오스'(ὁ Θήβας ἐλελίχθων Βάκχιος)로 언급되는 것이다. 이 경우에 '엘렐릭톤'은 지진의 신을 가리키는 말이 아니었다. 그것은 디오니소스의 신자들이 함께 춤을 출 때 땅이 울리는 것을 나타낸 말이다. 디오니소스는 여기서 신자들의 춤을 이끄는 자로 나오는 것이다.[174]

'리타이오스'(λυταῖος)도 포세이돈의 수식어로 언급된다. '리타이오스'라는 말의 유래와 의미는 불확실하다. 그 용례가 바킬리데스에게서만 확인될 뿐더러 바킬리데스 또한 그 말에 대해 자세한 언급을 하지 않기 때문이다.[175] 캠벨(D. A. Campbell)은 포세이돈이 테살리아에서 템페산의 바위들을 해체시킨 일화에서 그 말이 유래했다고 추정한다.[176] 이는 캠벨이 그 말의 뜻을 '해체시키는'으로 해석했음을 가리킨다. 아마도 '풀다, 끊다, 해체하다'라는 뜻의 '리에인'(λύειν)과 관련된 말로 여겼던 것 같다. 캠벨의 해석을 수용할 경우 이 수식어는 지진의 신 포세이돈의 신성과 관련된 것이 된다. 따라서 이 책에서는 일단 캠벨의 해석을 수용하여 '리타이오스'를 지진의 신과 관련된 수식어로 분류했다.

---

173) 이 책의 697쪽 참조.

174) 에우리피데스는 디오니소스의 여신도들인 바카이(Bakchai)를 '땅을 흔드는 자'(χθονὸς Ἔννοσι)로 표현하기도 한다(『바카이』 585).

175) 바킬리데스, 『디티람보스』 18.21.

176) D. A. Campbell, *Greek Lyric IV*, p. 229, 주3 참조.

(4) 말과 마차의 신

말과 마차의 신 포세이돈의 신성과 연관된 호칭으로는 '히파르코스' '다마이오스' '히페게테스'가 사용되었고, 수식어로는 '히피오스' '히포드로미오스'가 있다. 이 가운데 호칭 '히파르코스'와 '다마이오스'는 핀다로스에게서 처음 확인되고, '히페게테스'는 헬레니즘 시대의 리코프론에게서 처음 나타난다. 또 수식어 '히피오스'는 상고기의 아르킬로코스, '히포드로미오스'는 핀다로스에게서 처음 확인된다.

'히파르코스'(ἵππαρχος)는 '말'을 뜻하는 '히포스'(ἵππος)와 '우두머리, 지배자'를 뜻하는 '아르코스'(ἀρχός)의 합성어로 '말의 지배자'라는 의미를 지닌다. 이는 포세이돈이 말을 이끌고 다스리는 존재로 여겨졌음을 보여준다. 이 호칭이 포세이돈에게 사용된 것은 핀다로스에게서 처음 확인된다.[177] 그에 앞서 상고기의 스테시코로스가 '말들의 지배자'(ἵππων πρύτανις)라는 표현을 쓴 적이 있다. 이는 핀다로스 이전부터 포세이돈이 '말의 지배자'로 알려져 있었음을 뜻한다. 그런데 핀다로스 이외에는 '히파르코스' 용례가 달리 확인되지 않은 것을 보면, 그것이 자주 사용된 수식어는 아니었던 것 같다.

'다마이오스'(Δαμαῖος)도 포세이돈의 호칭이었다고 전한다. '다마이오스'는 '길들이다, 조련하다'라는 뜻의 '다마제인'(δαμάζειν)와 관련된 말로 '조련사'의 의미를 지닌다. '다마이오스'가 포세이돈의 호칭으로 사용된 것은 핀다로스 송가에서 한 번 확인되는데(『올림피아 송가』 13.69), 여기서 '다마이오스'는 '말의 조련사'를 가리킨다. 핀다로스에 의하면 아테나가 벨레로폰테스의 꿈에 나타나 천마(天馬) 페가소스를 잡을 굴레를 주면서 '다마이오스' 포세이돈에게 흰 소를 제물로 바치고 굴레를 보여주라고 말했다 한다. 여기서 '다마이오스' 포세이돈에게 바치는 제물은 굴레를 이용해 페가소스를 잡는 일과 관련되어 있다. 또 굴레는 흔히 동물을 잡거

---

177) 이 책의 698쪽 참조.

나 길들일 때 사용된다. 그러므로 굴레를 써서 말을 붙잡는 것은 '다마이오스', 즉 '조련사' 포세이돈의 신성과 연관된 것이다. 그런데 이 대목에서 천마 페가소스를 언급하고 있고 또 포세이돈이 말의 신이기 때문에 여기서의 '다마이오스'는 '말의 조련사'라는 의미를 지닌다고 하겠다. 한편 말의 조련사라는 신성은 포세이돈만의 전유물이 아니었다. 카스토르도 호메로스 때부터 '히포다모스'(ἱππόδαμος), 즉 '말 조련사'라는 호칭으로 불렸던 것이다.[178]

'히페게테스'(Ἱππηγέτης)는 '말'을 뜻하는 '히포스'와 '지도자, 인도자'를 뜻하는 '헤게테스'(ἡγέτης)의 합성어로 '말의 인도자(引導者)'라는 의미를 지닌다. 이는 말의 신 포세이돈의 신성과 연관된 호칭이다. '히페게테스'가 포세이돈의 호칭으로는 뒤늦게 헬레니즘 시대에 처음 나타나고 리코프론 외에는 다른 용례가 확인되지 않는 것을 보면[179] 포세이돈의 일반적인 호칭은 아니었던 것 같다.

'히피오스'(ἵππιος)는 포세이돈의 수식어로 사용되곤 했다. '히피오스'는 '말'을 뜻하는 '히포스'(ἵππος)의 형용사 표현으로 '말의, 말에 관한'의 의미를 지닌다. 이는 말의 신으로서의 포세이돈의 신성과 연관된 수식어였다. 디오도로스에 의하면 포세이돈이 '히피오스'라고 불린 이유는 그가 최초로 말을 길들이고 마술(馬術)을 도입했기 때문이라고 한다.[180] '히피오스'는 말과 마차의 신 포세이돈의 호칭이나 수식어들 중에서 그 용례가 가장 많은 것으로 나타난다. 그것은 아르킬로코스 이래 고전기의 시인들과 후대의 디오도로스에 이르기까지 폭넓게 언급되었다.[181] 그렇지만 '히피오스'는 포세이돈만의 수식어가 아니었다. 그것은 아테나에게도 사용되

---

178) 호메로스, 『일리아스』 3.237; 『오디세이아』 11.300.

179) 이 책의 698쪽 참조.

180) 디오도로스, 5.69.4.

181) 이 책의 698쪽 참조.

었던 것이다. 아테나에게 사용된 경우는 '히피오스'의 여성형인 '히피아' (ἵππια)로 표현되었다. '아테나 히피아'로 불린 경우를 살펴보면 아테나가 벨레로폰테스에게 페가소스를 잡을 굴레를 전해주는 대목과 그녀가 기사 (騎士)들의 숭배를 받는 신으로 언급되는 대목이다.[182] 이는 아테나가 말과 마술의 신으로 숭배되고 있었음을 말해준다. 그러나 아테나의 그런 신성은 말과 마차의 신으로서의 신성이라기보다 전쟁의 여신 혹은 기술의 여신으로서의 신성과 연관된 것이 아닌가 한다.

한편 '히포드로미오스'(ἱπποδρόμιος)도 포세이돈의 수식어로 사용된 바 있다. '히포드로미오스'는 '마차경주'를 뜻하는 '히포드로미아' (ἱπποδρομία)의 형용사 표현으로 '마차경주의'라는 의미를 지닌다. '히포드로미오스'가 포세이돈의 수식어로 사용된 것은 핀다로스에게서 처음 확인되고, 그 외의 다른 용례는 나타나지 않는다.[183] 이 수식어는 마차경주를 주관하는 포세이돈의 신성을 표현한 것이다.

(5) 기타 신성

포세이돈의 신성과 연관된 수식어 중에 '아스팔레이오스'와 '게네틀리오스'는 기타 신성으로 분류하기로 한다. 그것들이 앞서 언급된 포세이돈의 신성에 해당하지 않거나 혹은 그의 어떤 신성과 연관된 것인지가 불분명하기 때문이다. 우선 '아스팔레이오스'(ἀσφάλειος)는 '안전하게 지키는'의 의미를 지닌다. 그것이 포세이돈의 수식어로 사용된 것은 아리스토파네스에게서 처음 확인되는데, 용례가 많지는 않다. 아리스토파네스의 『아카르니아인』 676-686에는 나이 든 아테네인들이 법정에서 말을 잘하지 못해 손해를 겪는다고 한탄하는 장면이 나오는데, 여기서 포세이돈이 그들을 '안전하게 지켜주는'(ἀσφάλειος) 자로 언급된다. 그런데 이 대목에서

---

182) 핀다로스, 『올림피아 송가』 13.82; 소포클레스, 『콜로노스의 오이디푸스』 1070-1071.
183) 이 책의 698~99쪽 참조.

는 포세이돈이 왜 그들을 지켜주는지가 자세히 설명되지 않는다. 작중의 나이 든 아테네인들이 과거에 해전 승리를 많이 거두었다고 말하므로 '아스팔레이오스 포세이돈'은 바다에서의 보호자로서 거론된 것일 수 있다. 하지만 여기서는 해신으로서의 포세이돈 신성과 직접 연관된 면이 보이지 않는다. 그렇다고 포세이돈이 아테네인의 수호신이나 노인들의 보호자로 특별히 거론된 바도 없는만큼 그 수식어의 유래를 정확하게 파악하기가 어렵다.

포세이돈에게는 '게네틀리오스'라는 수식어가 붙여지기도 한다.[184] '게네틀리오스'는 '가족, 종족'을 뜻하는 '게네틀레'에서 유래한 말로 '가족의'라는 의미를 지닌다. 즉 '게네틀리오스 포세이돈'은 '가족의 신 포세이돈'을 지칭하는 말이다. '게네틀리오스 포세이돈'이라는 표현은 아폴로니오스의 『아르고나우티카』에서 한 번 언급된다. 『아르고나우티카』 2.1-4에서는 님프 멜리아가 '게네틀리오스 포세이돈'과 결합하여 아미코스 왕을 낳았다고 언급되어 있다. 여기서 '게네틀리오스' 포세이돈은 아미코스 가문의 '가족의' 신으로 묘사된다. '게네틀리오스'는 포세이돈만의 수식어가 아니고, 가족이나 종족의 수호신으로 불리는 신들에게 흔히 적용되는 수식어였다. 그것은 포세이돈보다는 제우스의 호칭으로 더 자주 사용되었다. '게네틀리오스'가 제우스의 호칭으로 사용된 용례는 앞에서 이미 설명한 바 있다.[185]

2) 성격 및 행적 호칭과 수식어

포세이돈의 성격 및 행적과 관련된 호칭으로는 '소테르'가 사용되었고, 수식어로는 '페트라이오스'가 있다. '소테르'는 '구원자'의 의미를 지니는

---

184) 아폴로니오스, 『아르고나우티카』 2.3.

185) 이 책의 220~21쪽 참조.

데, 그것이 포세이돈의 호칭으로 사용된 것은 헤로도토스에게서 처음 확인된다. 헤로도토스는 그의 『역사』 7.192-193에서 '소테르 포세이돈'이라는 표현을 두 번 사용했다. 헤로도토스에 의하면, 페르시아 해군이 아르테미시온 근처에서 폭풍을 만나 난파되자 그리스인들이 '소테르 포세이돈'에게 기도를 올리고 제주를 바쳤다고 한다. 그리고 그후 '소테르 포세이돈'의 칭호가 그리스인들 사이에서 사용되었다고 한다. 이는 포세이돈의 호칭 '소테르'의 유래를 설명해준다. 즉 그리스인들이 페르시아 군의 침입으로 큰 곤경에 처했을 때 포세이돈이 페르시아 군을 난파시켜 그들을 구원했기 때문에 그리스인들이 그를 '소테르'로 부르게 되었다는 것이다. 결국 '소테르' 호칭은 그리스-페르시아 전쟁 때 페르시아 해군을 난파시킨 포세이돈의 행적과 연관된 것이었다. 헤로도토스는 그후로 그리스인들이 '소테르' 호칭을 사용했다고 말하지만 헤로도토스 이외에는 그에 대한 언급이 나타나지 않는다.[186] '소테르' 호칭은 포세이돈보다는 제우스에게 더욱 자주 사용되었다. 제우스의 호칭으로는 상고기에서 헬레니즘 시대에 이르기까지 다양한 자료에서 언급되었던 것이다. '소테르'는 제우스 외에도 아폴론, 헤르메스, 아테나, 데메테르, 티케 등의 호칭으로 사용되곤 했다.[187]

'페트라이오스'(πετραῖος)도 포세이돈의 수식어로 사용되었는데, 핀다로스에게서 처음 확인된다.[188] '페트라이오스'는 '바위, 암석'을 뜻하는 '페트라'(πέτρα)에서 유래한 말로 '바위의, 암석의'라는 의미를 지닌다. 이 수식어가 포세이돈에게 사용될 경우 '바위를 쪼개는'의 의미를 지닌다. 이는 포세이돈의 특별한 행적에서 유래한 것으로 보이는데, 포세이돈이 템페의

---

186) 호메로스 찬가, 22.5에서 포세이돈이 '배들의 구원자'(σωτὴρ νηῶν)라고 불려 '소테르'라는 호칭이 언급되지만 호메로스 찬가 22의 저술시기가 확실치 않으므로 그것이 헤로도토스의 『역사』보다 이전의 저술인지는 확인되지 않는다.

187) 제우스와 여타 신들의 '소테르' 호칭에 대해서는 이 책의 632~33쪽 참조.

188) 이 책의 699쪽 참조.

바위들을 쪼개어 페네우스(Peneus)강이 바다로 흘러가게 했다는 일화나 포세이돈이 삼지창으로 바위를 부수어 말을 창조했다는 일화에서 비롯되었을 것으로 추정된다.[189]

3) 형상 호칭과 수식어

포세이돈의 형상 호칭으로는 '아글라오트리아이네스' '에우트리아이나' '오르소트리아이나'가 사용되었고, 형상 수식어로는 '키아노카이테스'가 있다. 이 가운데 '아글라오트리아이네스' '에우트리아이나' '오르소트리아이나'는 모두 핀다로스에게서 처음 확인되고, '키아노카이테스'는 호메로스 때부터 나타난다.

'아글라오트리아이네스'(Ἀγλαοτριαίνης), '에우트리아이나'(Εὐτρίαινα), '오르소트리아이나'(Ὀρσοτρίαινα)는 모두 포세이돈의 부수물인 삼지창, 즉 '트리아이나'(τρίαινα)와 관련된 호칭들이다. '아글라오트리아이네스'는 '빛나는 삼지창을 든 자', '에우트리아이나'는 '멋진 삼지창을 든 자', '오르소트리아이나'는 '삼지창을 휘두르는 자'라는 의미를 지닌다. '오르소트리아이나'는 '오르시트리아이나'(Ὀρσιτρίαινα)라는 표현으로 사용되기도 한다. 그런데 이들 호칭들은 모두 핀다로스에게서 처음 확인된다. 현재로서는 이것들 모두 핀다로스 이외의 다른 용례가 확인되지 않는다. 포세이돈의 삼지창에 대한 언급은 호메로스 이후 줄곧 나타나지만 삼지창과 관련된 호칭 자체는 핀다로스에게서만 확인될 뿐이다.[190]

포세이돈에게는 '키아노카이테스'(κυανοχαίτης)라는 수식어도 붙여졌다. '키아노카이테스'는 '검은색의 검푸른'을 뜻하는 '키아네오스'(κυάνεος, 혹은 '키아노스'κύανος)와 '늘어뜨린 머리칼'을 뜻하는 '카이테'(χαίτη)의 합성

---

189) D. A. Campbell, *Greek Lyric IV*, p. 203 참조.

190) 이 책의 699~700쪽 참조.

어로 '흑발의'라는 의미를 지닌다. 이는 아마 바다의 검은색 혹은 군청색 물결에서 연유한 호칭으로 추정된다. 이 호칭은 주로 호메로스와 헤시오도스에게서 확인되고, 이후 자료에서는 거의 나오지 않는다. 호메로스 찬가에서 사용된 적이 있지만 그것은 포세이돈이 아니라 하데스의 호칭으로 쓰인 것이었다.[191]

4) 인명 및 지명 호칭과 수식어

포세이돈의 인명 호칭으로는 '크로니온'과 '크로니데스'가 사용되었다. '크로니온'과 '크로니데스'는 모두 '크로노스의 아들'이라는 뜻으로 포세이돈의 아버지인 크로노스에게서 유래한 호칭들이다. 이것들이 포세이돈 호칭으로 사용된 것은 고전기에 처음 확인된다. 사실 이 호칭들은 앞에서 살펴보았듯이 포세이돈보다는 제우스에게 더욱 자주 사용되었다. 상고기에는 이 호칭들이 제우스에게만 사용되었고, 포세이돈에게 사용된 용례는 확인되지 않는다. '크로니온'은 고전기에도 포세이돈의 호칭으로 사용된 예가 드물다. 그 용례가 핀다로스에게서만 확인될 뿐이다. '크로니데스'는 핀다로스와 바킬리데스에게서 사용되었던 것으로 전한다. 핀다로스의 『이스트미아 송가』 8.45에서는 '크로니데스'(Κρονίδης)의 복수형인 '크로니다이'(Κρονίδαι, '크로노스의 아들들')가 언급되는데, 여기서의 '크로노스의 아들들'은 제우스와 포세이돈을 가리킨다. 크로노스의 아들은 3형제이고 지하세계의 신 하데스는 지상의 신들의 모임에 참석하지 않기 때문에 결국 '크로노스의 아들들'이란 제우스와 포세이돈을 지칭하는 것이다. 또한 바킬리데스도 '크로니데스'를 포세이돈에게 사용한 바 있다. 바킬리데스가 사용한 '높은 자리에 앉아 계시는 크로니데스'(Κρονίδης ὑψίζυγος)라는 표현은 흔히 제우스에게 적용되던 것이었다.[192] 그러나 바킬리데스의

---

191) 이 책의 700쪽 참조.

시에서 '크로니데스'는 이스트미아의 우승자를 만드는 신으로 묘사되므로 문맥상 포세이돈을 지칭한다. '크로니데스'는 이미 코린나에게서도 용례가 확인된 바 있지만 그것이 해석상 포세이돈을 지칭하는지는 분명치 않다.

한편 포세이돈의 지명 수식어로는 '헬리코니오스' '이스트미오스' '수니아라토스'가 사용되었다. 이 가운데 '헬리코니오스'가 포세이돈의 수식어로 사용된 것은 호메로스에게서 처음 확인되고, '이스트미오스'는 핀다로스, '수니아라토스'는 아리스토파네스에게서 처음 확인된다.

'헬리코니오스'(Ἑλικώνιος)는 포세이돈 숭배지로 유명한 '헬리케'(Ἑλίκη)에서 유래한 것으로 보인다. 그 말은 '헬리케의'라는 뜻을 지닌다. 헬리케는 호메로스 때부터 이미 포세이돈의 대표적인 숭배지로 알려져 있었다.[193] 또 헤로도토스에 의하면 이오니아인들이 '헬리코니오스 포세이돈'을 공동으로 숭배했다는데, 이오니아인들이 소아시아로 이주하기 전에 살았던 곳 중의 하나가 헬리케였다고 하므로[194] 그 수식어는 헬리케와 연관된 것이 분명하다. 더욱이 헬레니즘 시대 직후의 스트라본도 헬리케와 '헬리코니오스 포세이돈'의 연관성을 언급한다.[195] 한편 '헬리코니오스'가 보이오티아의 헬리콘산에서 유래한 것이라고 볼 수도 있지만 포세이돈과 헬리콘산의 연관성은 분명치 않다. 오히려 헬리콘산은 무사이(Musai)의 거주지로 알려져 있었고, '헬리코니아이 파르테노이'(Ἑλικώνιαι παρθένοι, 헬리콘의 처녀들) 혹은 '님파이 헬리코니아데스'(Νύμφαι Ἑλικωνίδες, 헬리콘의 님프들), '헬리코니아데스'(Ἑλικωνιάδες, 헬리콘의 거주자들)는 무사이의 호칭으로 사용되었다.[196] 그래서 '헬리코니오스'는 '헬리콘의'가 아니라 '헬리케

---

192) Ͱρονίδης ὑψίζυγος(호메로스, 『일리아스』 4.166, 7.69, 18.185; 헤시오도스, 『일과 날들』 18). Ζεύς ὑψίζυγος(호메로스, 『일리아스』 11.544).

193) 호메로스, 『일리아스』 8.203-204, 20.404.

194) 헤로도토스, 『역사』 1.145.

195) 스트라본, 『지리지』 8.7.2.

196) 핀다로스, 『이스트미아 송가』 2.34, 8.57; 소포클레스, 『오이디푸스 티라노스』 1108.

의'라는 뜻으로 보는 것이 더 타당하다고 본다.

'이스트미오스'('Ἴσθμιος)는 코린토스의 지협(地峽) '이스트모스'('Ἰσθμός)에서 유래한 말로 '이스트모스의'라는 뜻을 지닌다. '이스트미오스'는 핀다로스에게서 처음 확인된다.[197] 이스트모스는 포세이돈 신전이 있는 곳이고, 포세이돈을 기리는 이스트미아 제전이 2년마다 열리는 포세이돈 숭배의 중심지였다.[198] 더욱이 이스트미아 제전은 올림피아, 피티아, 네메아 제전과 더불어 그리스인들이 공동으로 참가하는 범그리스적인 제전이었다.[199] 아폴로도로스의 신화적 서술에 의하면 시지포스(Sisyphos)가 이노(Ino)의 아들 멜리케르테스(Melikertes)를 기려 이스트미아 제전을 창시했다고 한다.[200] 한편 역사적 인물 중에서는 아테네의 솔론의 이름이 이스트미아 제전과 관련되어 최초로 언급된다. 플루타르코스에 의하면 이스트미아 경기 우승자에게 100드라크마를 지급한다는 규정이 솔론 때에 제정되었다고 한다.[201] 플루타르코스의 이 진술이 사실이라면 이스트미아 제전은 적어도 솔론의 시대인 기원전 6세기 초나 그 이전에 그리스의 주요 제전으로 여겨졌던 것 같다. 또 기원전 6~5세기의 시인 핀다로스가 이스트미아 경기의 우승자 찬가인 『이스트미아 송가』를 저술한 것으로 보아 핀다로스 이전 시기인 기원전 6세기 중엽에는 분명 그 제전이 주요 제전으로 거행되었음을 알 수 있다. 그래서 '이스트미오스'가 포세이돈의 수식어로서 사용된 것은 핀다로스에게서 처음 확인되지만 그전에도 사용되었을

---

197) 핀다로스, 『올림피아 송가』 13.4.

198) 이스트모스의 포세이돈 신전과 이스트미아 제전에 대해서는 핀다로스, 『네메아 송가』 5.37-39; 『이스트미아 송가』 6.5; 『올림피아 송가』 13.4-5; 헤로도토스, 『역사』 9.81; 크세노폰, 『헬레니카』 4.5.1-2; 아폴로도로스, 『비블리오테케』 1.9.27; 디오도로스, 4.73.3; 스트라본, 『지리지』 8.6.4, 8.6.22; 파우사니아스, 2.1.6, 2.9.6 참조.

199) 데모스테네스, 18.91.

200) 아폴로도로스, 『비블리오테케』 3.4.3. 파우사니아스, 1.44.8, 2.1.3 참조.

201) 플루타르코스, 『솔론전』 23.3.

가능성이 크다고 하겠다.

'수니아라토스'(Σουνιάρατος)는 지명 '수니온'(Σούνιον)과 '기원되는, 간구 되는'을 뜻하는 '아라토스'(ἀρατός)의 합성어로 '수니온에서 간구되는(숭 배되는)'의 의미를 지닌다. 수니온에 대한 언급은 호메로스 때부터 나타난 다. 호메로스의 『오디세이아』 3.278에는 '아테네의 곶, 성스러운 수니온' (Σούνιον ἱρὸν ἄκρον Ἀθηνέων)이라는 표현이 나온다. 여기서는 왜 수니온이 성스러운 곳인지 설명되지 않지만 여하간 호메로스 때에는 그곳이 신성한 성소로 간주되었음을 알 수 있다. 에우리피데스의 『키클로페스』 293-294 에는 '신성한 아테나의 수니온 바위'(ἡ Σουνίου δίας Ἀθάνας πέτρα)라는 표현 이 나오는데, 이는 수니온이 바로 아테나의 성지였음을 말해준다. 수니온 곶의 정상에는 아테나 여신의 신전이 있었다고 하므로[202] 그곳은 아테나 의 성지로 불릴 만도 했다. 그러나 수니온에는 포세이돈의 신전도 세워져 있었다. 에우리피데스의 『키클로페스』 290-295에는 포세이돈의 신전 장 소가 나열되는데, 타이나론, 말레아, 수니온, 게라이스토스가 그곳이다. 그 렇다면 적어도 고전기에는 수니온에 포세이돈 신전이 세워져 있었고 그곳 을 중심으로 포세이돈 숭배가 이뤄지고 있었다. 아티카 반도의 남단(南端) 에 위치한 수니온 곶은 바다와 직면한 육지 끝이었기 때문에 아티카인들 이 항해할 때 포세이돈 신전에 들러 제사를 드리곤 했다. '수니아라토스' 는 수니온의 그러한 포세이돈 숭배를 반영한 수식어였다고 하겠다. 이 수 식어가 포세이돈에게 사용된 것은 아리스토파네스의 『기사』 560에서 처 음 확인된다. 아리스토파네스는 또 다른 작품 『새』 868에서 포세이돈을 풍자적으로 개칭하면서 '수니아라토스'를 '수니에라코스'(Σουνιέρακος)라 고 바꿔 부르기도 한다. '수니에라코스'는 지명 '수니온'과 '매'를 뜻하는 '히에락스'(ἱέραξ)의 합성어로 '수니온의 매'라는 의미를 지닌다. 여기서 아리스토파네스는 포세이돈의 수식어를 패러디하여 매를 신으로 지칭한

---

202) 파우사니아스, 1.1.1.

것이다. 그러므로 아리스토파네스의 '수니에라코스' 용례는 '수니아라토스'의 변형된 용례라 할 수 있다. 하지만 '수니아라토스'는 아리스토파네스에게서만 나타나고 다른 용례가 확인되지 않으므로 자주 사용된 수식어가 아니었던 것 같다.

5) 기타 호칭과 수식어

포세이돈의 호칭과 수식어들 가운데 그 의미와 유래를 파악할 수 없는 것으로는 '타우레오스'(Ταύρεος), '에렉테우스'(Ἐρεχθεύς), '멜란토스'(Μέλανθος)가 있다. 이 가운데 '에렉테우스'와 '멜란토스'는 호칭이고 '타우레오스'는 수식어로 사용되었다. '에렉테우스'와 '멜란토스'는 헬레니즘 시대의 리코프론에게서 처음 확인되고, '타우레오스'는 상고기의 헤시오도스에게서 처음 나타난다.

에렉테우스라는 명칭은 호메로스 때부터 나타나지만 그것이 포세이돈의 호칭으로 쓰인 것은 헬레니즘 시대의 리코프론에게서 처음 확인된다.[203] 그러나 리코프론은 에렉테우스라는 호칭만을 거론할 뿐이고 그것의 유래와 의미는 밝히지 않는다. '에렉테우스 포세이돈'을 언급한 아폴로도로스 역시 그 호칭에 대한 설명은 따로 제시하지 않는다. '에렉테우스'는 아테네의 전설적인 왕의 이름이다. 그 이름이 왜 포세이돈의 호칭으로 사용되었는지를 정확히 규명하는 것은 어렵지만 그래도 에렉테우스와 포세이돈의 연관성을 통해 어느 정도 추정이 가능할 것으로 본다. 호메로스의 『일리아스』 2.547-551에 의하면 에렉테우스는 아테네인이며 '땅에서 태어났다'(τέκε ἄρουρα)고 한다. 그는 태어나서 아테나 여신의 보살핌을 받았는데, 여신이 그를 아테네에 있는 자신의 신전에 머물게 했다고 한다. 그래서 아테네 청년들은 해마다 그곳에서 제물을 바치며 그를 숭배했다고

---

203) 이 책의 701쪽 참조.

한다. 또 『오디세이아』 7.80-81에는 아테나 여신이 아테네에 가서 '에렉테우스의 집으로 들어갔다'(δῦνε Ἐρεχθῆος δόμον)는 표현이 나온다. 여기서 '에렉테우스의 집'은 아테나 여신의 신전을 가리킨다. 그렇다면 호메로스는 에렉테우스와 아테나의 긴밀한 관계를 일관되게 묘사한 셈이다. 그에 반해 호메로스에게서는 에렉테우스와 포세이돈의 연관성을 추측할 만한 단서가 드러나지 않는다.

호메로스 이후 헤로도토스는 에렉테우스를 '땅에서 태어난'(γηγενής) 자라고 언급한다. 이는 땅에서 유래한 에렉테우스의 계보를 언급했다는 점에서 호메로스의 서술과 매우 유사하다. 호메로스와 헤로도토스는 에렉테우스를 땅에서 태어난 원초적인 존재로 묘사한 것이다. 하지만 에우리피데스 이후로는 에렉테우스가 더 이상 원초적인 존재로 묘사되지 않는다. 에우리피데스는 『이온』에서 에렉테우스와 에릭토니오스(Erichthonios)를 구분하고, 전자를 후자의 후손으로 묘사한다. 즉 에릭토니오스는 크레우사의 '아버지의 조상'(πατρὸς πρόγονος πατήρ) 혹은 크레우사 일족의 '최초의 선조'(πρῶτος πρόγονος)로 언급되고, 에렉테우스는 크레우사의 '아버지'(πατήρ)로 언급되는 것이다.[204] 에우리피데스가 묘사한 에렉테우스는 호메로스의 서술과 다른 것이었다. 에우리피데스에 의하면 에렉테우스는 나라를 위해 자신의 딸들을 희생 제물로 바쳤고 바다의 신의 삼지창에 의해 죽임을 당했다고 한다.[205] 이는 에렉테우스가 포세이돈의 아들 에우몰포스와 벌인 싸움에 관한 내용이다. 이소크라테스와 리쿠르고스도 에렉테우스와 에우몰포스의 싸움을 언급한다. 이소크라테스는 포세이돈의 아들 에우몰포스가 트라키아인들을 거느리고 아테네에 침입하여 에렉테우스와 싸움을 벌였다고 하고, 리쿠르고스는 에렉테우스가 포세이돈과 키오네의 아들인 에우몰포스와 싸워 그를 패퇴시켰다고 한다.[206] 에우리피데스

---

204) 헤로도토스, 『역사』 8.55; 에우리피데스, 『이온』 267, 277, 1000.

205) 에우리피데스, 『이온』 277-280, 282.

와 이소크라테스, 리쿠르고스의 에렉테우스 서술은 헬레니즘 시대에도 그대로 반복된다. 아폴로도로스에 의하면 판디온이 죽자 그의 두 아들인 에렉테우스와 부테스가 아버지를 승계했는데 에렉테우스가 왕이 되고 부테스는 아테나와 '포세이돈 에렉테우스'의 사제가 되었다고 한다. 또 포세이돈과 키오네의 아들 에우몰포스가 트라키아인들을 거느리고 아테네의 에렉테우스와 싸웠는데, 에렉테우스는 신탁에 따라 자신의 딸을 제물로 바치고 승리했다고 한다. 이때 에렉테우스가 에우몰포스를 죽였으며 그 역시 나중에 포세이돈에게 죽임을 당했다고 한다.[207] 그렇다면 에우리피데스 이후의 자료에서는 에렉테우스와 포세이돈의 불편한 관계가 일관되게 서술된 셈이다.

그런데 그리스 자료에는 에릭토니오스라는 이름의 아테네 왕도 등장한다. 에렉테우스와 에릭토니오스의 이름은 서로 혼동되어 사용되었던 것 같다. 그들의 계보와 일화에 대한 묘사가 서로 중복되어 묘사되었기 때문이다. 특히 땅과 연관된 계보, 아테나 여신과의 긴밀한 관계는 에렉테우스와 에릭토니오스 묘사에서 공통적으로 나타나는 특징이다. 그런데 그 특성이 호메로스와 헤로도토스에게서는 에렉테우스의 특징으로 언급되고, 에우리피데스 이후에는 에릭토니오스의 특징으로 묘사된다. 헤로도토스가 에렉테우스에게 사용했던 '땅에서 태어난'(γηγενής)이라는 표현을 에우리피데스는 바로 에릭토니오스에게 사용했던 것이다.[208] 또 에우리피데스는 아테나가 에릭토니오스를 보살핀 일화를 자주 언급했다.[209] 에우리피데스의 에릭토니오스 묘사는 이후 자료에서도 유사하게 서술된다. 이소크

---

206) 이소크라테스, 12.193; 리쿠르고스, 1.98-99.

207) 아폴로도로스, 『비블리오테케』 3.15.1, 3.15.4, 3.15.5.

208) 에우리피데스, 『이온』 20-21. 에우리피데스는 에릭토니오스에 대해 '땅에서 발생한'(ἐκ γῆς ἔβλαστεν), '땅이 배출한'(ἐξανῆκε γῆ) 등의 표현을 사용하기도 한다(『이온』 267-268, 1000).

209) 에우리피데스, 『이온』 20-24, 269-274, 999-1015, 1429.

라테스는 에릭토니오스를 헤파이스토스와 '게'(Γῆ, '땅, 대지')의 아들로 소개하고, 아폴로도로스도 헤파이스토스의 정액이 '땅'에 떨어져 그가 태어났다고 말한다.[210] 아폴로도로스에 의하면 에릭토니오스는 아테나 성역에서 아테나에게 양육되었고 죽은 후에는 아테나 성역 내에 묻혔다고 한다. 또 판아테나이아 제전을 개설한 것도 그였다고 한다.[211]

결국 에렉테우스 혹은 에릭토니오스는 포세이돈과 특별한 연관성을 갖지 않은 것으로 확인된다. 오히려 에우몰포스 일화를 보면 에렉테우스가 포세이돈을 배척한 것이 된다. 그런데 헬레니즘 시대 이후의 자료인 파우사니아스에게서 포세이돈과 에렉테우스 사이의 관련성이 다소나마 암시된다. 파우사니아스에 의하면 아크로폴리스의 에렉테이온 입구 안쪽에 포세이돈 제단이 있는데 그곳에서는 에렉테우스에 대한 제사도 함께 거행되었다고 한다. 또 에렉테이온 안에는 포세이돈이 아테네를 차지하려 했던 사건의 흔적들이 남아 있었다고 한다. 즉 바닷물이 있는 웅덩이, 파도소리, 삼지창 모양의 자국이 그 증거라는 것이다.[212] 여기서 포세이돈과 에렉테우스 간의 연관성이 어느 정도 확인되는데, 포세이돈과 에렉테우스가 제단을 함께 쓰고 있다는 점과 에렉테우스의 신전인 에렉테이온 안에 포세이돈의 흔적이 남아 있다는 점이 바로 그것이다. 이는 포세이돈과 에렉테우스가 신화상의 비우호적인 관계에도 불구하고 서로의 숭배가 융합되었음을 말해준다. 에렉테이온에서 왜 포세이돈이 함께 숭배되었는지의 자세한 내막은 알기 어렵다. 중요한 것은 여하튼 포세이돈과 에렉테우스가 함께 숭배되었다는 사실이다. 포세이돈에게 '에렉테우스'라는 호칭이 붙여지게 된 것은 바로 그러한 공동숭배 관행에서 유래했다고 본다.

'멜란토스'(Μέλανθος)라는 포세이돈의 호칭 역시 그 의미와 유래가 분명

---

210) 이소크라테스, 12.126; 아폴로도로스, 『비블리오테케』 3.14.6.

211) 아폴로도로스, 『비블리오테케』 3.14.6-7.

212) 파우사니아스, 1.26.5.

치 않다. 리코프론은 '멜란토스 히페게테스'라는 표현을 사용하여 '멜란토스'가 포세이돈의 호칭임을 나타낸다. 그러나 그는 '멜란토스'라는 말에 대해 더 이상 언급하지 않으므로 그 의미를 파악하기 어렵다. 더욱이 리코프론 외에는 그것을 포세이돈의 수식어로 언급한 자료도 등장하지 않는다.

한편 '타우레오스'는 '황소'를 뜻하는 '타우로스'(ταῦρος)에서 유래한 말로 '황소의, 황소와 같은'의 의미를 지닌다. 이 수식어가 왜 포세이돈의 수식어로 사용되었는지는 불분명하다. 아마 포세이돈과 황소의 긴밀한 관계 때문에 그런 수식어가 생겨난 것으로 추정된다. 황소는 포세이돈에게 바치던 대표적인 제물이었다고 전한다. 포세이돈에게 황소 제물을 바치는 것은 호메로스 때부터 언급된다. 『일리아스』 11.728에 의하면 필로스인들이 에페이오이(Epeioi)인들과 싸우기에 앞서 알페이오스강가에서 포세이돈에게 타우로스, 즉 황소를 바쳤다고 한다. 또 『오디세이아』 3.5-8에서도 필로스인들이 포세이돈에게 검은색 황소들을 제물로 바쳤다고 언급되며, 『오디세이아』 13.181-183에서는 파이아키아인들의 왕 알키누스가 포세이돈의 진노를 피하기 위해 황소 12마리를 바치자고 말한다. 핀다로스 역시 『피티아 송가』 4.204-206에서 포세이돈에게 바칠 진홍색 트라키아 황소들을 거론한다. 더욱이 포세이돈의 황소 제물 이야기는 미노스 설화에서도 나타난다. 즉 미노스가 크레타의 왕이 될 때 포세이돈에게 도움을 기원하면서 바다에서 황소를 보내주면 그 황소를 포세이돈에게 제물로 바치겠다고 맹세했다 한다. 포세이돈은 그의 기원에 부응하여 황소를 보내주었지만 미노스는 약속을 어기고 다른 황소를 제물로 바쳤다고 한다. 이에 분노한 포세이돈이 미노스의 아내 파시파에(Pasiphae)와 황소가 교접하도록 했고 그들 사이에 미노타우로스가 태어났다는 것이다.[213] 여기서 황소

---

213) 아폴로도로스, 『비블리오테케』 3.1.3-4. 에우리피데스의 『크레타인』의 현존 단편에도 황소 제물에 관한 포세이돈과 미노스의 일화가 언급되어 있다. 극중에서 미노스의 부인 파시파에는 미노스가 바다의 신에게 황소를 바치겠다는 맹세를 지키지 않았다고 비난하는 것이다(cf. Euripides, *The Cretans*, fr. 472e Kannicht). 한편 디오도로스는 포세이돈과 미노스의

는 포세이돈이 보낸 약속의 징표이자 그에게 바쳐지는 제물로 묘사된다. 이처럼 황소는 상고기 때부터 포세이돈의 대표적인 제물로 묘사되었다. '타우레오스'라는 말이 포세이돈의 수식어로 사용된 것은 바로 이런 관계를 반영한 것이라고 본다.[214] 그러나 수식어 '타우레오스'는 헤시오도스에게서만 확인되고 다른 자료에서는 나타나지 않는다.

7. 특별 행적: 포세이돈과 아테나의 경쟁 일화

포세이돈의 특별 일화 중에서는 그가 아테네를 차지하기 위해 아테나와 경쟁을 벌였다는 일화가 대표적이다. 두 신의 경쟁 일화는 고전기의 자료에서 처음 확인된다. 그 일화가 가장 먼저 확인된 문헌 자료는 헤로도토스의 『역사』이다. 에우리피데스도 『이온』에서 그 일화를 일부 거론하지만 시기상 『이온』이 헤로도토스의 『역사』보다 이후 저술로 간주된다. 헤로도토스의 『역사』는 기원전 420년대의 작품으로 추정되는 데 비해, 『이온』의 저술 시기는 419~416년 사이의 저술로 알려져 있기 때문이다.[215] 한편 서기 2세기의 파우사니아스는 아크로폴리스의 파르테논 신전과 에렉테이온을 묘사하면서 포세이돈과 아테나의 경쟁 일화를 언급한다. 파우사니아스에 의하면 파르테논 신전의 후면 박공, 즉 서쪽 박공에 아테네를 차지하기 위한 아테나와 포세이돈의 경쟁이 묘사되어 있다고 한다. 그런데 파르

이야기를 약간 다르게 서술한다. 즉 미노스가 관례적으로 매년 가장 아름다운 황소를 포세이돈에게 바치곤 했는데, 언젠가 미노스가 다른 황소를 바쳤기 때문에 분노한 포세이돈이 파시파에와 황소를 교접하게 했고 그로부터 미노타우로스가 태어났다는 것이다(디오도로스, 4.77.2-3). 여기서 디오도로스의 서술이 세부 내용에서는 다르지만 포세이돈에게 바친 제물이 황소였다는 점에서는 일치된 서술을 보인다.

214) W. Burkert, *Greek Religion*, p. 138.
215) 김봉철, 「지중해세계 최초의 역사서, 헤로도토스의 『역사』」, 『서양사론』 제109집, 2011, 282~93쪽; A. S. Way, *Euripides*, vol.1, p.xi.

테논 신전은 기원전 447～432년에 건립된 것이므로 그 박공 조각의 묘사
는 기원전 5세기 중엽의 자료라 할 수 있다. 시기적으로 볼 때 그 조각상
들은 헤로도토스의 『역사』 저술보다도 앞선 것이 된다. 그래서 이 책에서
는 파르테논 신전의 박공 조각을 먼저 언급하기로 한다.

파우사니아스는 파르테논의 서쪽 박공 조각이 두 신의 경쟁 일화를 묘
사한 것이라고 말하지만 그 조각상들의 구체적인 모습에 대해서는 따로
설명하지 않는다. 파우사니아스의 경쟁 일화 언급은 에렉테이온 서술 대
목에서도 나타난다. 그에 따르면 에렉테이온 내부에 포세이돈 제단과 바
닷물 웅덩이가 있는데 그 웅덩이에서 파도 소리가 나고 암석 위에는 삼지
창 자국이 나 있다고 한다. 파우사니아스는 덧붙이기를, 전하기에 그것들
은 다 포세이돈이 그 땅을 차지하려는 경쟁에서 내보인 증거들이라고 한
다.[216] 이는 포세이돈이 아테나와 경합을 벌일 때 삼지창을 던지고 바닷물
웅덩이를 만들었음을 말해준다.

사실 파우사니아스의 진술 중에서 중요한 것은 파르테논 신전의 후면
박공 조각이 두 신의 경쟁을 묘사하고 있다는 언급이다. 그러므로 그 박
공 조각을 살펴보면 그 경쟁 일화가 기원전 5세기 중엽의 아테네에 어떻
게 알려져 있었는지를 알 수 있다. 지금은 박공 부조가 대부분 망실되었
지만 그래도 과거의 스케치가 남아 있어서 박공 조각의 대체적인 면모는
파악된다. 그것은 1674년에 아테네를 방문한 프랑스의 화가 자크 카레이
(Jacques Carrey)가 그린 파르테논 스케치이다.[217] 하지만 카레이의 스케치
에도 서쪽 박공의 중앙 부분이 정확하게 나타나지 않는다. 그 부분은 카레
이의 방문 이전에 이미 훼손되었던 것이다. 그가 묘사한 서쪽 박공 조각의
중앙 부분에는 발목까지 내려오는 키톤을 입은 여성과 텁수룩한 턱수염의

---

216) 파우사니아스, 1.24.5, 1.26.5.

217) 자크 카레이의 스케치에 대해서는 J. Boardmann, *Greek Sculpture Classical Period*,
London, 1995, pp. 98～102 참조.

남성이 서로 맞서 있다. 사실 여성의 두상은 훼손되어 스케치에도 나타나지 않고 턱수염의 남성도 특별한 부수물이 수반되지 않아 그들의 신원이 그림에서 분명하게 드러나지는 않는다. 그러나 서쪽 박공 조각이 포세이돈과 아테나의 경쟁을 묘사한 것이라는 점과 경쟁 일화의 두 주인공은 당연히 박공의 중앙에 위치했을 것이라는 점을 고려할 때 그들은 분명 포세이돈과 아테나를 가리킨다고 할 수 있다. 그런데 카레이의 스케치에는 두 신들의 양 팔이 훼손되어 조각에 묘사된 그들의 구체적인 행동을 짐작하기가 어렵다. 즉 그들이 손에 무엇을 들고 무슨 행동을 하려 했는지가 분명히 드러나지 않는 것이다. 그들은 서로 자신의 대표 부수물을 들고 경쟁하는 자세를 취했을 것인데, 아테나는 창과 방패, 포세이돈은 삼지창을 들고 있었을 가능성이 크다. 또 후대의 전승에서 언급된 올리브나무가 그들 사이에 위치해 있었을 가능성도 있다. 하지만 현재로서는 그들의 구체적인 경쟁 모습을 파악하기 어렵다. 따라서 파르테논 신전의 서쪽 박공 조각은 포세이돈과 아테나의 경쟁 신화가 전래되고 있었음을 보여주는 자료이지만 그 신화의 구체적인 내용은 설명해주지 못한다.

두 신의 경쟁에 관한 개괄적인 스토리가 처음 확인된 것은 헤로도토스의 『역사』이다. 헤로도토스의 『역사』 8.55에 의하면 아테네 아크로폴리스의 에렉테우스 신전 안에는 올리브나무와 바닷물 웅덩이가 있는데, 그것들은 포세이돈과 아테나가 그 땅을 차지하려고 다툴 때 그들이 증거로 제시한 것들이었다고 한다. 여기서 확인되는 것은 포세이돈과 아테나가 그곳, 즉 아테네인들의 땅을 차지하려고 경쟁을 벌였다는 점과 두 신이 각각 아크로폴리스에 바닷물 웅덩이와 올리브나무를 자신의 신성의 증거로 제시했다는 점, 그리고 그 증거들이 에렉테우스 신전에 남아 있다는 점이다. 헤로도토스의 서술은 두 신이 왜 경쟁을 벌였고 어떤 방식으로 신성을 겨뤘는지를 설명해준다. 한편 헤로도토스는 이 대목에서 경쟁의 결말에 대해서는 언급하지 않는다. 그러나 『역사』의 다른 대목을 보면 아테나가 경쟁에서 승리하여 아테네를 차지했음이 드러난다. 헤로도토스의 『역사』

5.82에 의하면 에피다우로스인들이 아테네인들에게 신성한 올리브나무를 달라고 부탁하자 아테네인들은 그들이 '폴리아스'(Πολιάς) 아테나, 즉 국가수호신 아테나와 에렉테우스에게 제물을 바친다는 조건 아래 그리하겠다고 말했다 한다. 이는 아테나가 당시에 아테네의 수호신으로 불렸음을 보여준다. 더욱이 아테나는 신성한 올리브나무와 연관된 신으로 언급되어 포세이돈과의 경쟁에서 올리브나무를 제시한 아테나의 모습과도 일치한다. 따라서 헤로도토스의 『역사』에는 포세이돈과 아테나 여신의 경쟁의 원인과 경과, 결과가 대강은 서술되어 있는 셈이다.

헤로도토스 이후에도 두 신의 경쟁 일화는 자주 언급된다. 에우리피데스와 크세노폰, 이소크라테스, 플라톤이 단편적이나마 그 일화를 거론했다. 에우리피데스는 아테나가 아크로폴리스에서 처음 자라게 했다는 올리브나무를 주로 거론한다. 그는 『이온』 1433-1436에서 '아테나가 바위언덕에 처음 들여온 올리브나무' 혹은 '순혈의 올리브나무'라는 표현을 사용한다. 여기서 '아테나가 바위언덕에 처음 들여온 올리브나무'(ἐλαία, ἣν πρῶτ᾽ Ἀθάνα σκόπελον εἰσηνέγκατο)란 아테나가 바위언덕, 즉 아크로폴리스에서 처음으로 자라게 했다는 올리브나무를 가리킨다. 그리고 '순혈의'(ἀκήρατος) 올리브나무란 어느 것과도 섞이지 않은 순수한 나무를 가리키는 것이니, 그것은 바로 아테나가 처음 들여온 나무를 뜻한다고 하겠다. 한편 크세노폰은 신들의 경쟁이 케크롭스 왕 때 일어났고 케크롭스가 신들에 대한 판정을 내렸다고 말한다. 이는 헤로도토스의 서술에서는 언급되지 않은 내용이다. 여기서 크세노폰은 신들의 경쟁이 일어난 시기와 그 경쟁에서 신들을 판정한 자가 누구였는지를 설명한다. 두 신의 경쟁 일화는 이소크라테스에게서도 언급된다. 이소크라테스에 의하면, 포세이돈의 아들 에우몰포스가 아테네에 침입하여 에렉테우스와 아테네를 차지하기 위한 싸움을 벌였다고 한다. 그런데 이때 에우몰포스는 포세이돈이 아테나 여신보다 먼저 아테네를 차지했다고 주장했다 한다.[218] 여기서 에우몰포스가 포세이돈의 아테네 선점을 주장하며 침입했다는 것은 포세이돈을 침입의 명분으로 내세웠음을 뜻한다. 그는 자신이 포세이돈의 아들이라는 점을 내세워 침입을 정당화하려 했던 것으로 보인다. 그렇다면 에우몰포스와 에렉테우스의 싸움은 포세이돈과 아테나의 싸움을 연상시킨다. 에우몰포스는 포세이돈의 아들이고, 에렉테우스는 아테나 여신이 아끼는 인물이기 때문이다. 그렇다면 이소크라테스도 포세이돈과 아테나의 경쟁 일화를 잘 알고 있었던 것으로 보인다.

고전기 이후의 아폴로도로스도 두 신의 경쟁 일화를 언급한다. 아폴로도로스는 이전 시기의 자료들과는 달리 두 신의 경쟁 일화를 비교적 체계적으로 다루고 있다. 아폴로도로스에 의하면 아티카의 초대 왕 케크롭스 때에 신들이 자신을 특별히 숭배할 국가들을 차지하느라 경쟁하고 있었는데, 그때 아티카에는 포세이돈이 맨 먼저 찾아왔다고 한다. 그는 아크로폴리스 한가운데를 삼지창으로 내리쳐 바다를 만들어 보였다고 한다. 그 다음으로 아테나가 찾아왔는데, 그녀는 케크롭스를 증인으로 삼아 올리브나무를 자라게 했다. 두 신이 경합을 벌이고 있을 때 제우스는 둘을 갈라놓고 12신을 중재자로 선정했으며, 아테네는 신들의 판정에 따라 아테나의 것이 되었다고 한다. 이때 케크롭스는 아테나가 올리브나무를 최초로 자라게 했다는 것을 증언했다고 한다. 그리하여 아테나는 자신의 이름을 따서 그곳을 아테네라고 불렀고, 포세이돈은 화가 나서 트리아시아평원을 범람시키고 아티카를 물속에 빠뜨렸다 한다.[219] 여기서 아폴로도로스는 두 신의 경쟁의 원인과 경과, 결과를 자세하게 서술한다. 그에게서 처음 확인되는 것은 포세이돈이 삼지창을 써서 바닷물의 기적을 보였다는 점, 아테나가 케크롭스를 증인으로 삼아 올리브나무의 기적을 행했다는 점, 제우스의 개입과 신들의 중재에 따라 아테나가 승리했다는 점, 케크롭스가 신들의 판정과정에 증인으로 참여했다는 점, 패배한 포세이돈이 화가

---

218) 이 책의 702쪽 참조.

219) 이상은 아폴로도로스, 『비블리오테케』 3.14.1의 내용을 재구성한 것이다.

나서 아테네에 홍수를 불러일으켰다는 점이다. 그 외의 점들은 대개 아폴로도로스 이전의 자료들에서 이미 언급된 바 있다. 다만 차이가 있다면 아테나의 승리를 판정한 자가 누구였는지에 대한 서술이다. 크세노폰은 아테네의 케크롭스 왕이 신들에 대한 판정을 내렸다고 하지만 아폴로도로스의 서술은 그와 다르다. 아폴로도로스도 크세노폰이 언급한 전승의 존재에 대해 알고 있는 것으로 나온다. 그는 일부 사람들이 케크롭스와 크라나오스(Kranaos) 혹은 에리식톤(Erysichthon)을 두 신의 조정자로 언급한다는 것을 알고 있었던 것이다.

앞서 살펴보았듯이 두 신의 경쟁 일화는 기원전 5세기 중엽의 자료에서 처음 확인된다. 그러나 신들의 경쟁 일화는 파르테논 신전이 세워지기 이전에 이미 알려져 있었을 것으로 보인다. 아테나 여신과 아테네의 긴밀한 연관성이 기원전 6세기의 솔론 때부터 자주 언급되기 때문이다. 솔론은 그의 시에서 아테나 여신을 '에피스코포스 팔라스 아테나이에'(ἐπίσκοπος Παλλὰς Ἀθηναίη), 즉 '수호자 팔라스 아테나'라고 부르고, 아테나의 이름을 들어 아테네의 영속(永續)을 희구했다.[220] 여기서 '팔라스'는 아테나의 호칭에 해당한다. 솔론이 아테나를 수호자라 칭하고 그녀의 이름을 들어 아테네 국가의 영속을 기원했다는 것은 이미 그때에 그녀가 아테네의 수호신으로 인정되었음을 가리킨다. 그렇다면 아테나와 포세이돈의 경쟁 일화도 당시에 알려져 있었을 가능성이 크다. 아테나와 아테네의 긴밀한 연관성은 특히 고전기의 아테네 자료에서 빈번하게 나타난다. 여기서 아테네는 '팔라스의 도시'(πόλις Παλλάδος)나 '팔라스의 땅'(χθών Παλλάδος) 혹은 '팔라스의 영역'(ὄρισμα Παλλάδος)으로 불리고,[221] 아테네 관련 명칭들

---

220) 솔론, *Elegies*, no.4,3-4(Edmonds I).

221) 아이스킬로스, 『페르사이』 347; 『에우메니데스』 79, 772, 1017; 에우리피데스, 『히케티데스』 377; 『헤카베』 466; 『엘렉트라』 1319-1320(πόλις Παλλάδος); 에우리피데스, 『메데이아』 771(ἄστυ καὶ πόλισμα Παλλάδος); 『히폴리토스』 1459(ὄρισμα Παλλάδος); 『미친 헤라클레스』 1323; 『타우리스의 이피게네이아』 1014(πόλισμα Παλλάδος); 아리스토파네스,

도 아테나의 이름을 통해 표현되곤 했다. 그래서 아크로폴리스는 '팔라스의 바위'(πέτρα Παλλάδος)나 '팔라스의 언덕'(Παλλάδος ὄχθος) 혹은 '팔라스의 지대'(Παλλάδος πέδον)로 표현되고, 아테네인들은 '팔라스의 사람들'(Παλλάδος λαός) 혹은 '팔라스의 시민들'(Παλλάδος ἀστοί)로 표현되었던 것이다.[222] 이런 용례들은 아테나 여신이 아테네의 대표적인 신으로서의 위상을 확립했음을 보여준다. 이는 아테나의 최종적인 승리를 가리키는 것이므로 그와 관련된 두 신의 경쟁 일화가 유포되어 있었음을 짐작하게 한다. 물론 아테나 여신의 수호신 확립과 두 신의 경쟁 일화가 반드시 직결된 문제가 아닐 수도 있다. 하지만 아테나 여신의 수호신 용례는 경쟁 일화가 기원전 5세기 중엽 이전에도 존재했음을 추정케 하는 중요한 단서라 하겠다.

포세이돈과 아테나의 경쟁 일화와 관련하여 특기할 점은 그 일화의 출처가 대부분 아테네인들의 자료에서 유래한다는 것이다. 우선 그 일화를 전하는 자료 중에서 파르테논 신전의 박공 부조는 아테네의 아크로폴리스 위에 있던 것이고, 에우리피데스, 크세노폰, 이소크라테스, 플라톤은 모두 아테네 출신 저술가들이다. 또 헤로도토스는 자신이 아테네인들의 이야기를 듣고 그 경쟁 일화를 서술했다고 밝힌다. 그렇다면 헬레니즘 시대의 아폴로도로스를 제외하면 그 경쟁 일화의 모든 자료가 아테네와 관련된 것으로 드러난다. 아폴로도로스는 후대의 저술가로서 이전 자료들을 종합적으로 정리한 것이므로 이 책에서 언급하지 못한 다른 자료들도 참조했음이 분명하다. 하지만 그의 참고 자료들을 구체적으로 확인하기는 어렵다. 현재의 자료 사정을 감안할 때 그 역시 대개는 아테네의 자료들에 의거하여 저술했을 것으로 추정된다. 그렇다면 이 경쟁 일화는 왜 아테네인들의

『구름』 300(χθὼν Παλλάδος).

222) 아이스킬로스, 『에우메니데스』 1045(Παλλάδος ἀστοί); 에우리피데스, 『히폴리토스』 30(πέτρα Παλλάδος); 『이온』 12(Παλλάδος ὄχθος); 『타우리스의 이피게네이아』 960(Παλλάδος λαός); 아리스토파네스, 『플루토스』 772(Παλλάδος πέδον).

자료에서 집중적으로 거론되었던 것일까? 사실 포세이돈과 아테나의 경쟁 일화는 아테네에 관계된 것이므로 아테네인 이외 사람들이 굳이 큰 관심을 갖기는 어려웠을 것이다. 고대 그리스의 폴리스들은 각기 자신의 수호신에 대한 신화가 있었을 것이기 때문이다. 아테네인들이 집중적으로 이 경쟁 일화를 언급한 것은 그들의 국가정체성 강화와 어느 정도 관련된 것이라 할 수 있다. 그들의 조국 아테네가 아테나와 포세이돈 같은 중요 신들의 경쟁 대상이었고 결국 문명의 여신 아테나의 보호와 후견을 받아 성장했다는 이야기는 그들의 자긍심을 높여줄 만한 것이었다. 플라톤의 『메넥세노스』 237C에서도 바로 그 점을 지적하고 있다. 작품 속의 소크라테스는 아테네가 칭찬받아 마땅한 이유들 중에서 무엇보다 중요한 이유는 신들이 아테네를 차지하려고 서로 경쟁을 벌였다는 점이라고 말한다. 실제로도 아테네인들은 아크로폴리스에 수호신 아테나 여신의 신전을 짓고 주기적인 제사를 거행하고 있었으니 아테나와 아테네의 긴밀한 관계를 부각하고자 했을 것이다. 아테네인들이 두 신의 경쟁 일화를 자주 언급한 것은 그들 자신의 이런 소망을 반영한 것이라고 본다.

제5장

데메테르 신화의 변천과정

데메테르는 그리스 신화에서 곡물생산을 주관하는 대표적인 농경신으로 묘사된다. 그런데 인간생활에서 곡물이 지닌 중요성과는 달리 데메테르는 그다지 주목받는 신이 아니었던 것 같다. 데메테르에 대한 전승은 일부 자료에 편중되어 있는 편이다. 데메테르는 곡물과 농업의 신이라서 영웅전사들의 서사시인 호메로스 작품에서 별다른 역할을 하지 않는다. 그녀는 『일리아스』에서 5회, 『오디세이아』에서 1회 언급되지만 그녀의 이름은 일화적인 연애담이나 곡물을 언급할 때 간단히 거론될 뿐이다.[1] 그녀는 트로이 전쟁의 전개과정이나 오디세우스의 귀환과정에서 아무 역할을 하지 못하는 것이다. 그녀에 대한 무관심은 호메로스 서사시의 성향과도 관련이 있다. 호메로스 서사시는 주로 상류계층의 관심사와 천신 위주의 신화세계를 묘사했다는 평가를 받기 때문이다. 한편 헤시오도스는 데메테르의 계보와 신성에 대해 호메로스보다는 좀 더 자세히 서술하지만 그다지 체계적이지는 않다. 데메테르 신화에 대한 체계적인 서술은 호메로스

---

1) 호메로스, 『일리아스』 2.696, 5.500-501, 13.322, 21.76, 14.326; 『오디세이아』 5.125-127.

찬가 2에서 처음 개진된다. 그런데 데메테르 신화에 대한 자료가 이처럼 빈약한 것은 데메테르 숭배의 밀교적인 성격 때문이기도 하다. 그녀에 대한 제사는 폐쇄적인 비밀공간에서 입회 신자들끼리만 거행되었고 신자들은 그 제사에 대한 비밀을 엄수해야 했다. 따라서 데메테르의 신화와 숭배에 대한 자료는 다른 신들에 비해 전반적으로 빈약한 편이다.

데메테르에 대한 대표적인 숭배지역은 아티카의 엘레우시스였다. 그곳은 데메테르의 신전과 성스런 숲, 제식으로 유명한 곳이었고 데메테르는 그곳의 수호자로 불리기도 했다.[2] 특히 엘레우시스는 그녀에 대한 제사가 비밀리에 거행되던, 데메테르의 대표적인 성지였다. 그러나 데메테르 숭배는 엘레우시스에 국한되지 않았다. 그녀는 파로스, 시칠리아의 엔나와 시라쿠사, 에페소스, 아이기나, 플라타이아, 미칼레, 트리오피온 등에서도 숭배되었다고 전한다.[3]

1. 출생: 부모, 탄생과정, 자매/남매

1) 부모

데메테르의 계보에 대한 서술은 헤시오도스에게서 처음 확인된다. 헤시오도스에 의하면 데메테르의 부모는 크로노스와 레아였다고 한다. 크로노

---

2) 호메로스 찬가, 2.270-274, 296-298, 2.354-356, 2.490-492; 핀다로스, 『이스트미아 송가』 1.57; Threnos, fr.137; 에우리피데스, 『히케티데스』 1; 헤로도토스, 『역사』 8.65, 9.65; 칼리마코스 찬가, 6.29-30.

3) 호메로스 찬가, 2.491-492(파로스, 안트론); 핀다로스, 『올림피아 송가』 6.92-95(시라쿠사); 바킬리데스, 『우승송가』 3.1-2(시칠리아); 헤로도토스, 『역사』 6.16(에페소스), 6.91(아이기나), 6.134(파로스), 7.200(안텔라), 9.57(플라타이아), 9.97(미칼레), 9.101(플라타이아, 미칼레); 테오크리토스, Poems, XVI.83-84(시라쿠사); 칼리마코스 찬가, 6.29-30(트리오피온, 엔나).

스와 레아에게는 세 명의 아들과 세 명의 딸이 있었는데, 데메테르는 그중 두 번째 딸이었다고 한다. 그의 자매/남매는 헤스티아, 헤라, 하데스(혹은 플루톤), 포세이돈, 제우스로 나온다. 헤시오도스가 밝힌 데메테르의 계보는 이후 자료에서도 그대로 반복된다. 호메로스 찬가 2에서도 데메테르를 레아의 딸로 언급하고 있으며, 아폴로도로스와 디오도로스가 제시한 데메테르의 부모 및 자매/남매의 이름도 헤시오도스가 밝힌 내용과 똑같다.[4]

2) 탄생과정

데메테르의 탄생과정 역시 포세이돈의 탄생과정과 동일하다고 할 수 있다. 데메테르는 포세이돈과 마찬가지로 크로노스 자식들의 공통적인 탄생과정을 그대로 거쳤기 때문이다. 헤시오도스와 아폴로도로스, 디오도로스는 데메테르의 계보와 출생순서, 자식을 삼킨 크로노스의 행위와 그 이유, 제우스의 성장과 형제/남매들의 복귀에 대해 대체로 비슷하게 서술한다. 이에 대해서는 앞서 포세이돈의 탄생과정을 설명하면서 언급한 바 있기 때문에[5] 여기서는 서술을 생략하기로 한다.

3) 자매/남매

데메테르의 부모인 크로노스와 레아는 데메테르 이외에도 5명의 자식들을 두었다고 전한다. 헤스티아, 헤라, 하데스(혹은 플루톤), 포세이돈, 제우스가 그들인데, 데메테르는 그중 둘째딸이었다고 한다. 크로노스와 레아의 자식들 6명에 대해서는 이미 제우스의 형제/남매를 서술할 때 설명했기 때문에[6] 여기서는 생략하기로 한다.

---

4) 이 책의 703쪽 참조.
5) 이 책의 309~11쪽 참조.

2. 결혼과 자녀: 배우자(연인), 자녀

1) 배우자 혹은 연인

데메테르에게는 정식 배우자가 없었던 것으로 전한다. 데메테르의 연애 상대로는 제우스와 포세이돈, 인간 야시온이 언급되는데, 이들은 데메테르의 정식 배우자가 아니었다. 제우스는 헤라, 포세이돈은 암피트리테와 정식 부부관계를 맺었기 때문에 그들과 데메테르와의 관계는 일시적인 연인 사이가 되는 것이다. 인간 야시온도 데메테르와 동침한 후 제우스의 벼락을 맞아 죽었다고 하니 데메테르와 야시온의 연애도 한시적이라 할 수 있다. 그러므로 데메테르는 정식 남편을 두지 않고, 몇 번의 연애경험을 간직한 채 혼자서 기거하거나 혹은 딸 페르세포네와 함께 지낸 것으로 나타난다.

(1) 신

데메테르의 연인으로 언급된 신은 제우스와 포세이돈뿐이다. 그 가운데서 제우스는 호메로스 때부터 데메테르의 연인으로 소개되고 포세이돈은 헬레니즘 시대에 가서야 데메테르의 연인으로 언급된다. 그렇다면 상고기와 고전기 동안 데메테르의 연인으로 여겨진 신은 제우스뿐이었다고 할수 있다.

제우스는 데메테르의 대표적인 연인으로 소개된다. 제우스와 데메테르의 연인관계를 처음 언급한 것은 호메로스인데, 호메로스는 '아름다운 머리칼의 여왕, 데메테르'(Δημήτηρ καλλιπλόκαμος ἄνασσα)를 제우스의 연인으로 적고 있다. 하지만 호메로스는 둘이 연인 사이라는 것만 언급하고, 더 이상의 자세한 내막을 서술하지 않는다. 그 사연을 좀 더 자세히 서술한 것은 헤시오도스이다. 헤시오도스에 의하면 데메테르가 자신의 침대를 찾아온

---

6) 이 책의 91~95쪽 참조.

제우스와 동침한 후 페르세포네를 낳았다고 한다. 제우스와 데메테르의 연인 전승은 고전기의 이소크라테스에게서도 확인되는데 이소크라테스는 코레, 즉 페르세포네를 제우스와 데메테르의 자식으로 소개하는 것이다.[7]

포세이돈도 데메테르의 연인이었다고 전한다. 하지만 포세이돈과 데메테르의 연인 전승은 헬레니즘 시대에 처음 언급되므로 그전의 그리스인들이 포세이돈을 데메테르의 연인으로 여겼는지는 확인하기 어렵다. 데메테르와 포세이돈의 관계에 대해서는 이미 포세이돈의 연인들을 설명하면서 언급한 바 있기 때문에[8] 이 장에서는 논의를 생략하기로 한다.

(2) 인간

데메테르는 인간과도 연애를 한 것으로 나타난다. 인간인 야시온 (Iasion)이 데메테르의 연인으로 언급되는 것이다. 야시온은 제우스와 엘렉트라의 아들이었다고 한다.[9] 야시온을 데메테르의 연인으로 언급한 것은 호메로스에게서 처음 확인된다. 『오디세이아』에는 헤르메스가 여신 칼립소를 찾아와 오디세우스를 풀어주어 귀향시키라는 제우스의 명을 전달하는 대목이 나온다.[10] 이에 칼립소는 여신들이 인간과 동침한 것을 신들이 시기하여 훼방 놓는다고 불평하면서 그런 사례의 하나로 데메테르와 야시온의 경우를 언급한다. 즉 데메테르가 격정에 사로잡혀 '세 번 갈아 일군 어느 휴경지에서'(νειῷ ἔνι τριπόλῳ) 야시온과 동침했을 때 제우스가 이를 알고 야시온에게 벼락을 내리쳐 죽게 했다는 것이다. 호메로스가 간략하게 언급한 데메테르와 야시온의 연애 전승은 헤시오도스에게서도 거의 비슷하게 나타난다. 헤시오도스는 불사의 신이 인간과 동침하여 신

---

7) 이 책의 704쪽 참조.

8) 이 책의 318쪽 참조.

9) 아폴로도로스, 『비블리오테케』 3.12.1; 디오도로스, 5.48.2.

10) 호메로스, 『오디세이아』 5.92-144.

적인 존재를 낳은 사례를 열거하면서 데메테르와 야시온의 사례도 기술한다. 즉 헤시오도스에 의하면 데메테르가 크레타에 있는 '세 번 갈아 일군 어느 휴경지에서' 영웅 야시온과 동침하여 플루토스를 낳았다고 한다. 헤시오도스가 새로 언급한 것은 그들이 동침한 휴경지가 크레타에 있다는 것과 그들 사이에 플루토스가 태어났다는 것이다. 헤시오도스 이후의 디오도로스도 그와는 약간 다른 전승을 소개한다. 디오도로스는 데메테르가 야시온에게 반해 동침했고 그들 사이에 플루토스가 '크레타의 트리폴로스에서'(ἐν Τριπόλῳ τῆς Κρήτης) 태어났다고 전한다. 여기서 디오도로스는 데메테르와 야시온의 자식인 플루토스가 크레타에서 태어났다고 기술함으로써 헤시오도스의 서술을 대체로 반복하고 있다. 하지만 디오도로스는 '세 번 갈아 일군'이라는 뜻의 '트리폴로스'를 지명으로 사용한다는 점에서 차이를 보인다. 한편 아폴로도로스의 서술도 앞서의 자료들과 다소의 차이를 보인다. 즉 호메로스, 헤시오도스, 디오도로스의 서술에서는 데메테르가 야시온을 사랑하여 동침한 것으로 묘사된다. 그런데 아폴로도로스는 야시온이 데메테르를 연모하여 그녀를 더럽히려다가 벼락 맞아 죽었다고 전한다.[11] 즉 야시온이 데메테르를 능욕하려 하자 제우스가 벼락을 내려 그를 응징했다는 것이다. 여기서 아폴로도로스는 야시온의 일방적인 구애와 그로 인한 제우스의 응징을 언급하는데, 이는 아폴로도로스의 서술에서만 나타나는 점이다. 이렇듯 데메테르와 야시온의 연애 전승에 대해서는 다양한 이야기들이 전해졌던 것으로 보인다.

제우스와 포세이돈 같은 남신(男神)들이 다수의 신과 인간을 상대로 자유롭게 연애를 벌인 반면, 데메테르의 연애경험은 지극히 한정되어 있다. 이 책의 자료조사에 의하면 제우스는 정식 부인 헤라 이외에도 여신 혹은 여신급 여성 19명과 인간 여성 17명, 남성 1명(동성애)을 상대하고, 포

---

11) 이 책의 705쪽 참조.

세이돈은 정식 부인 암피트리테 이외에 여신 혹은 여신급 여성 20명과 인간 여성 16명, 남성 1명(동성애)을 상대로 연애를 벌인 것으로 나타난다.[12] 그에 비해 데메테르는 단지 2명의 신과 1명의 인간을 연인으로 두었다. 이처럼 그리스 신화에서 남신들이 다수의 여신과 인간들을 상대로 자유분방하게 왕성한 연애행각을 벌이는 반면, 여신들의 연애는 드물게 나타난다. 더욱이 헤스티아, 아테나, 아르테미스 같은 여신들은 미혼의 처녀신으로 나오기 때문에 더더욱 연애경험이 일천한 것으로 묘사된다. 이는 고대 그리스 사회가 남성중심 사회이기 때문에 생겨난 결과라 할 수 있다. 그리스의 결혼제도는 일부일처제였기 때문에 부부간의 정절의무는 미덕으로 간주되었다. 하지만 옥외의 공공생활을 주관하는 남성들에게는 정식 배우자 외에도 연인 및 창녀 등과 혼외관계를 즐길 수 있는 기회가 많은 반면, 옥내 생활 위주의 여성들은 남편 외의 남성교제가 제한적일 수밖에 없었다. 또한 정절의 미덕도 남성들보다는 여성들에게 더 강조되었다. 이 때문에 여신들은 정숙한 면모를 보여야 했을 것이고, 그들의 연애경험도 아주 드물게 묘사되었던 것 같다.[13]

2) 자녀

데메테르의 연애 상대가 몇 명 되지 않으므로 그녀의 자식들의 수도 많지는 않다. 이 책의 조사에 따르면 제우스가 적어도 41명 이상의 신과 36명의 인간, 1개의 강을 자식으로 낳고 포세이돈도 8명의 신과 60명 이상의 인간, 2마리의 말을 낳은 것으로 나타난다.[14] 그에 비해 데메테르의 자

---

12) 이 책의 564~75, 661~70쪽 참조.

13) 호메로스, 『오디세이아』 5.118-129에서 여신 칼립소는 여신의 연애에 대한 신들의 태도를 비난한다. 즉 그녀는 신들이 여신들과 인간의 연애를 시기하여 여신들과 연애한 인간들을 처벌했다고 지적한다. 여기서 칼립소가 예로 든 것은 에오스의 연인 오리온과 데메테르의 연인 야시온의 경우였다.

식은 6명의 신과 1마리의 말뿐이다. 데메테르의 자식으로 언급된 신들은 페르세포네, 플루토스, 아르테미스, 데스포이네, 에우불로스(Eubulos), 디오니소스이고 말은 아레이온이다.

(1) 신

데메테르의 자식으로 분류된 신들 중에서 상고기에 처음 언급된 것은 페르세포네와 플루토스이다. 여신 페르세포네가 제우스의 딸이라는 것은 이미 호메로스 때에 언급되었지만 그녀가 데메테르와 제우스의 딸이라는 것은 헤시오도스에게서 처음 확인된다. 헤시오도스에 의하면 제우스가 데메테르의 침대를 찾아가 동침한 후 데메테르가 페르세포네를 낳았다고 한다. 호메로스와 헤시오도스의 언급은 이후의 자료에서도 그대로 반복된다. 데메테르를 찬미하는 호메로스 찬가 2에서는 페르세포네의 부모가 제우스와 데메테르라는 것이 수시로 언급되고, 고전기와 그 이후의 자료들에서도 페르세포네는 데메테르의 딸로 소개되는 것이다.[15]

한편 아폴로도로스는 페르세포네가 제우스와 스틱스의 딸이라는 전승을 소개하기도 한다.[16] 스틱스는 오케아노스와 테티스의 딸로 지하세계의 강의 여신이다. 하지만 이 전승은 아폴로도로스만 언급할 뿐이고 다른 자료에는 나타나지 않는다. 따라서 그리스에서는 페르세포네가 제우스와 데메테르의 딸이라는 전승이 훨씬 더 유력하게 퍼져 있었던 것으로 보인다.

---

14) 이 책의 575~97, 670~83쪽 참조. 제우스의 자식으로 언급된 신들의 수를 '41명 이상'이라고 적은 것은 나이아데스와 크레나이아이를 제외한 신들의 수가 41명이고 복수(複數)의 신들인 나이아데스와 크레나이아이의 수를 정확하게 산출할 수 없기 때문이다. 또 에일레이티이아이의 경우는 단수형으로 정리하여 1명으로 계산했음을 밝힌다. 한편 포세이돈의 인간 자식들의 수를 '60명 이상'으로 적은 것은 아틀란티스의 지배자들을 제외한 자식들의 수가 60명이기 때문이다. 플라톤의 『크리티아스』 113D-114C에 의하면 포세이돈과 클레이토에게서 태어난 5쌍의 쌍둥이들이 아틀란티스의 지배자들이 되었다고 한다.

15) 이 책의 705~06쪽 참조.

16) 아폴로도로스, 『비블리오테케』 1.3.1.

부(富)의 신 플루토스도 데메테르의 아들이었던 것으로 전한다. 이는 헤시오도스에게서 처음 확인된다. 호메로스는 데메테르와 야시온의 동침에 대해 거론했지만 그들의 소산에 대해서는 언급한 바가 없는 것이다. 헤시오도스에 의하면 데메테르가 영웅 야시온과 동침하여 아들 플루토스를 낳았다고 한다. 플루토스는 그가 만나는 자들을 부자로 만들어주는, 이른바 부의 신이었다. 플루토스가 데메테르와 야시온의 자식이라는 것은 후대의 디오도로스에게서 다시 언급된다. 디오도로스에 의하면 플루토스는 데메테르와 야시온의 자식으로 크레타의 트리폴로스에서 태어났다고 한다. 덧붙여 디오도로스는 부의 신 플루토스의 유래에 대한 두 가지 해석을 소개하기도 한다. 그중 한 해석에 따르면 야시온이 땅에 씨를 뿌리고 적절하게 경작하여 풍성한 결실을 거두자 이를 본 자들이 그 풍성한 결실을 특별히 '플루토스'(πλοῦτος)라고 부른 데서 유래한 것이라고 한다. 이 해석은 야시온의 땅 경작을 야시온과 데메테르의 결합으로 보고 그로부터 풍성한 수확이 실현된다는 생각을 반영한 것이다. 이는 곡물의 신 데메테르의 신성과 연관된 해석이기도 하다. 또 하나의 해석은 데메테르와 야시온에게서 플루토스라고 불리는 아들이 태어나 그가 인간들에게 처음으로 근면한 생활과 재산의 축적에 대해 알려준 데서 유래한 것이라고 본다. 디오도로스는 이 두 가지 해석이 사람들 사이에 전래되고 있다고 말한다.[17] 이처럼 디오도로스 시기에는 플루토스의 계보 전승에 대한 여러 해석이 나타났지만, 플루토스가 데메테르와 야시온의 아들이라는 전승은 큰 변화 없이 수용되었음을 알 수 있다.

고전기에는 아르테미스가 데메테르의 딸로 언급되기도 한다. 헤로도토스에 의하면 에우포리온의 아들 아이스킬로스가 아르테미스를 데메테르의 자식으로 언급했다고 한다. 현재로서는 아이스킬로스가 그렇게 말했

---

17) 이 책의 706쪽 참조.

다는 작품이나 대목이 전하지 않기 때문에 아이스킬로스의 언급 내용을 자세히 알기 어렵다. 아르테미스를 데메테르의 딸로 언급한 그리스 자료는 아이스킬로스가 처음이었던 것으로 보인다. 헤로도토스는 이전의 시인들 중에서 아이스킬로스만 그런 언급을 했다고 지적하기 때문이다. 그런데 헤로도토스는 아이스킬로스의 그런 언급이 이집트 신화에서 유래했다고 밝힌다. 그렇다면 아이스킬로스는 헤로도토스처럼 이집트 신과 그리스 신을 동일시하여 이집트 신의 계보를 그리스 신의 이름으로 고쳐 설명했던 것 같다. 파우사니아스 역시 아이스킬로스의 언급을 이집트와 연관시킨다. 파우사니아스에 따르면 아르테미스가 레토의 딸이 아니고 데메테르의 딸이라는 언급은 이집트인들의 이야기인데, 아이스킬로스가 그 이야기를 그리스인들에게 가르쳐주었다고 한다. 즉 아이스킬로스가 이집트인들의 이야기를 받아들여 그리스인들에게 전해주었다는 것이다. 물론 아이스킬로스가 그의 작품에서 이집트 신을 서술한 것인지 혹은 그리스 신을 서술한 것인지가 분명치 않기 때문에 그가 언급한 진의는 파악하기 어렵다. 한편 헤로도토스와 파우사니아스가 전하는 아이스킬로스의 진술에는 데메테르의 딸 아르테미스의 아버지가 누구인지가 언급되지 않는다. 그러나 어쨌든 아르테미스가 데메테르의 자식이라는 전승이 늘 이집트 신화와 관련지어 거론되기 때문에 그것이 그리스 자체의 전승은 아니었던 것 같다. 그보다는 아르테미스를 레토의 딸로 보는 전승이 이미 상고기 때부터 훨씬 우세하게 나타난다. 호메로스 이후 헬레니즘 시대에 이르기까지의 많은 자료에서 그녀는 레토의 딸로 언급되어왔던 것이다.[18]

데스포이네, 에우불로스, 디오니소스, 아레이온은 헬레니즘 시대에 들어와 데메테르의 자식으로 처음 언급된다. 이 가운데 데스포이네는 데메테르의 딸이었다고 전한다. 포세이돈과 데메테르의 연애 및 그로 인한 데

---

18) 이 책의 706쪽 참조.

스포이네의 탄생에 대해서는 이미 포세이돈 편에서 언급했으므로[19] 이 장에서는 논의를 생략하기로 한다.

에우불로스는 데메테르의 아들이었다고 전한다. 그것을 언급한 것은 디오도로스인데, 디오도로스는 에우불로스가 데메테르에게서 태어났다고 말한다. 그런데 디오도로스는 그가 태어난 사연을 전혀 설명하지 않으므로 에우불로스의 아버지가 누구이고 그가 어떻게 해서 태어났는지 알 수가 없다. 그에 대한 단서를 제공하는 것은 서기 2세기의 파우사니아스뿐이다. 파우사니아스는 에우불로스의 아버지 이름을 카르마노르 (Karmanor)라고 밝히고 있다. 여기서 디오도로스의 에우불로스와 파우사니아스의 에우불로스는 동일한 존재인 것으로 간주된다. 디오도로스와 파우사니아스 모두 에우불로스를 카르메의 아버지라고 소개하고 그 카르메와 제우스에게서 태어난 딸을 브리토마르티스라고 언급하기 때문이다.[20] 이들 에우불로스가 동일한 존재라면 에우불로스의 어머니는 데메테르이고 아버지는 카르마노르가 된다. 하지만 헬레니즘 시대까지의 자료에서는 데메테르와 카르마노르의 연인관계나 카르마노르와 에우불로스의 부자관계에 대한 언급이 전혀 제시된 바 없으므로 데메테르와 카르마노르, 에우불로스 사이의 계보를 확실하게 단정할 수는 없다. 다만 후대의 자료인 파우사니아스의 서술을 근거로 에우불로스의 부모가 데메테르와 카르마노르라는 추정도 가능하다고 본다.

에우불로스는 계보상 신에 속하는 것으로 판단된다. 헬레니즘 시대까지의 자료에서 보건대 에우불로스의 어머니는 데메테르이고 에우불로스의 딸은 카르메이다. 또 카르메와 제우스 사이에 태어난 딸이 브리토마르티스이다. 브리토마르티스는 크레타인들에게 숭배되는 여신으로 묘사된다.[21] 이 책에서는 카르메와 에우불로스도 크레타 신들의 계보에 속한다

---

19) 이 책의 318, 336~37쪽 참조.

20) 이 책의 707쪽 참조.

고 보아 에우불로스를 신의 범주로 분류하기로 한다.

디오니소스가 데메테르의 아들이라는 전승도 존재했던 것으로 보인다. 디오니소스를 데메테르와 제우스의 아들로 언급한 것은 디오도로스였다. 디오도로스는 디오니소스에 대한 그리스인들의 이야기를 기술하겠다고 밝힌 후 디오니소스에 대한 다양한 전승을 소개하는데, 디오니소스가 제우스와 데메테르의 자식이라는 전승도 함께 소개한다. 디오도로스에 의하면 디오니소스는 제우스와 세멜레의 자식 혹은 제우스와 페르세포네의 자식 혹은 제우스와 데메테르의 자식으로 언급된다는 것이다. 그런데 디오니소스를 데메테르의 자식으로 보는 전승은 디오도로스에게서만 나타난다. 디오니소스의 부모를 언급한 다른 자료들은 대부분 디오니소스를 제우스와 세멜레의 자식으로 기술한다. 그 전승은 이미 호메로스와 헤시오도스 때부터 소개되기 시작했으며, 디오도로스에게서도 나타난다.[22] 그리스에서는 제우스와 세멜레를 디오니소스의 부모로 보는 전승이 가장 널리 알려져 있었던 것이다.

(2) 동물

말 아레이온도 데메테르의 딸이었다고 전한다. 포세이돈과 데메테르의 연애 및 그로 인한 아레이온의 탄생에 대해서는 이미 포세이돈 편에서 언급한 바 있으므로[23] 이 장에서는 논의를 생략하기로 한다.

---

21) 디오도로스, 5.76.3-5.76.4.

22) 이 책의 707쪽 참조.

23) 이 책의 318, 360쪽 참조.

3. 출현과 모습: 출현, 거주지, 모습, 변신, 부수물

1) 출현

데메테르의 출현에 대한 전승은 아티카, 특히 엘레우시스에서의 출현에 대해 서술한다. 데메테르의 엘레우시스 출현 이야기는 데메테르의 딸 페르세포네의 납치와 그에 이은 데메테르의 유랑 이야기의 일환으로 언급된다. 페르세포네 납치의 자세한 내막은 호메로스 찬가 2에서 처음 확인된다. 호메로스 찬가 2에 의하면 하데스가 제우스의 협력 아래 페르세포네를 지하세계로 납치하자 데메테르는 사라진 딸을 찾아 인간세계를 정처 없이 돌아다녔다고 한다. 그러던 중 그녀가 잠시 머문 곳이 엘레우시스였는데, 바로 그곳에서 데메테르 출현의 이야기가 시작된다. 그녀의 엘레우시스 방문을 인간세계 출현으로 보는 이유는 그녀가 엘레우시스인들에게 그녀에 대한 제식을 가르치고 곡물재배를 위한 방법을 전수했기 때문이다. 즉 그녀의 엘레우시스 방문을 계기로 데메테르 제의와 인간의 곡물경작이 시작되었다는 것이다.

호메로스 찬가 2에 의하면 데메테르는 딸을 잃은 슬픔과 제우스에 대한 분노 때문에 신들을 떠나 인간세상을 돌아다녔다고 한다. 그녀는 변장한 모습으로 돌아다녔는데 아무도 그녀가 누구인지 알아보지 못했다고 한다. 그러다 그녀는 엘레우시스에 도착하여 그곳의 왕 켈레오스(Keleos)의 왕궁에 머무르게 되었는데, 왕자 데모폰(Demophoon)을 불사의 존재로 만들기 위해 밤중에 그를 불속에 집어넣곤 했다. 하지만 왕비 메타네이라(Metaneira)가 여신의 행동을 보고 놀라서 비명을 내질렀다 한다. 그러자 여신은 자신이 데메테르임을 밝히고, 늙은이의 행색을 벗어나 본래의 모습으로 변했다. 그리고 데메테르는 엘레우시스인들에게 자신의 신전과 제단을 세우게 하고, 트립톨레모스 등에게 여신에 대한 제식수행 방법과 비의(秘儀)를 가르쳐주었다고 한다.[24] 여기서 데메테르가 변장을 벗고 자신

의 본모습을 드러낸 것은 여신이 인간에게 처음으로 출현한 장면이라 하
겠다. 또한 데메테르의 출현은 단지 신의 정체를 확인하는 것에 그치지 않
고, 데메테르 신앙의 시작을 의미했다. 그녀는 엘레우시스인들에게 자신
을 모시는 제식을 가르치고 자신의 신성이 인간세계에서 실현되게 만들었
던 것이다.

　호메로스 찬가의 데메테르 출현 전승은 고전기 아테네의 자료들에서
다소 수정된다. 그것들은 호메로스 찬가처럼 데메테르 출현 전승을 상세
히 서술하지 않지만 호메로스 찬가에서 언급하지 않은 새로운 요소를 추
가한다. 추가된 요소는 엘레우시스 출현 때에 데메테르가 인간들에게 곡
물경작 기술을 전수했다는 점이다. 크세노폰은 『헬레니카』에서 트립톨레
모스가 데메테르 제식과 곡물경작을 전파했다는 전승을 소개한다. 즉 칼
리아스라는 아테네인의 연설 중 트립톨레모스가 데메테르와 코레의 비의
를 처음으로 알려준 외지인이 헤라클레스이고 또 트립톨레모스가 '데메테
르의 결실'(Δήμητρος καρπός)인 곡물의 씨앗을 처음으로 나눠준 곳이 펠로
폰네소스라는 언급이 나온다. 여기서 트립톨레모스는 데메테르 제의뿐만
아니라 곡물경작 방법을 처음으로 인간들에게 전파한 인물로 묘사된다.
하지만 크세노폰은 트립톨레모스가 그것들을 누구에게서 배웠는지는 설
명하지 않는다. 사실 호메로스 찬가 2의 서술을 참조하면 데메테르가 엘
레우시스에 출현하여 그것들을 트립톨레모스에게 전수했다는 것을 능히
짐작할 수 있다. 이소크라테스의 서술도 마찬가지이다. 이소크라테스에
의하면 데메테르가 아테네인들의 땅에 와서 최대의 두 가지 선물인, 곡물
과 제의(祭儀)를 최초로 부여했다고 한다.[25] 이제 데메테르의 엘레우시스
출현과 인간의 곡물경작 사이의 관련성이 분명하게 제시되는 것이다.

　호메로스 찬가와 고전기의 아테네 저술들에 나온 데메테르 출현 전승

---

24) 호메로스 찬가, 2.90-304.

25) 크세노폰, 『헬레니카』 6.3.6; 이소크라테스, 4.28. 플라톤, 『법률』 782D 참조.

은 후대에도 반복적으로 서술된다. 우선 아폴로도로스에 의하면 데메테르는 플루톤의 페르세포네 납치 행적을 알고 신들에게 분노하여 하늘을 떠나 인간 여성의 모습으로 엘레우시스에 갔다고 한다. 그녀는 엘레우시스의 왕 켈레오스의 아들 데모폰의 보모가 되었는데 그를 불사의 존재로 만들기 위해 불속에 집어넣었다고 한다. 하지만 그녀는 그 일이 들키자 여신의 모습을 드러냈다. 이어서 데메테르는 트립톨레모스에게 날개 달린 뱀들이 이끄는 마차를 만들어주고 곡물도 함께 주면서 마차를 타고 인간이 사는 온 세상에 곡물 씨앗을 뿌리게 했다고 한다.[26] 아폴로도로스의 서술은 데메테르의 엘레우시스 출현과정에 대해서는 호메로스 찬가의 서술과 유사하고, 데메테르의 곡물경작 전파와 트립톨레모스의 역할에 대해서는 크세노폰과 플라톤의 서술에 가깝다.

한편 디오도로스는 기존의 데메테르 전승에 시칠리아인의 데메테르 전승을 덧붙여 설명한다. 디오도로스에 의하면 데메테르는 딸을 잃은 후 횃불을 밝히며 아이트네산과 세상 일대를 돌아다녔다고 한다. 그때 아테네인들이 여신을 환대하여 여신에게서 곡물의 결실을 선물로 받았다고 한다. 그녀는 트립톨레모스에게 곡물 씨앗을 주어 그더러 다른 사람들에게도 씨앗을 나눠주고 파종법을 가르치라 일렀다 한다. 이렇게 여신의 선물은 아테네인들로부터 다른 사람들에게로 전파되어 마침내 온 인간세상으로 퍼지게 되었고, 아테네인들은 엘레우시스 비의를 통해 여신을 극진히 숭배했다고 한다. 그런데 디오도로스는 데메테르가 누구에게 처음으로 나타나 곡물을 선사했는지에 대해 전승들이 서로 다르다고 지적한다. 아테네인과 시칠리아인, 이집트인들이 각기 자신들이 최초의 수혜자라고 주장한다는 것이다.[27] 여기서 디오도로스는 특히 시칠리아인들의 이야기를 많이 반영한다. 데메테르가 시칠리아에 가장 먼저 출현하여 시칠리아인들

---

26) 아폴로도로스, 『비블리오테케』 1.5.1-5.2.

27) 디오도로스, 5.4.3-4.7, 5.68.1-69.3.

에게 최초로 곡물을 선사하고 그다음에 아테네인들에게 선사했다는 것이다. 디오도로스 역시 데메테르 출현 신화에서의 엘레우시스와 트립톨레모스의 역할을 부인하지 않는다. 그러나 데메테르가 아테네 이전에 시칠리아를 먼저 방문하여 시칠리아인들에게 가장 먼저 곡물을 선사했다고 언급함으로써 시칠리아인들의 이야기를 대폭 반영한다. 이는 데메테르의 출현에 대한 다양한 전승이 당시 그리스에 존재했음을 뜻한다. 그러나 디오도로스 이외의 자료들은 대부분 엘레우시스 출현 전승을 기반으로 데메테르 비의와 곡물경작의 유래를 설명한다.

2) 거주지

데메테르는 올림포스 신으로서 올림포스산에 거주했던 것으로 전한다. 사실 데메테르의 거주지에 대해 상세하게 언급한 자료는 보이지 않는다. 다만 페르세포네 납치에 이은 데메테르의 유랑 전승에서 그녀의 거주지를 짐작할 수 있을 뿐이다. 역시 데메테르의 유랑을 처음으로 상술한 호메로스 찬가 2에서 그에 대한 단서가 발견된다. 호메로스 찬가 2에 의하면 데메테르가 딸을 잃은 슬픔과 제우스에 대한 분노 때문에 '신들의 모임과 높은 올림포스를 마다하고'(νοσφισθεῖσα θεῶν ἀγορὴν καὶ μακρὸν Ὄλυμπον), 인간세계를 여기저기 돌아다녔다고 한다. 그녀는 엘레우시스의 켈레오스 왕궁에서 자신의 정체를 드러낸 후 엘레우시스인들에게 자신의 신전과 제단을 짓게 했고, 그곳에서 "모든 신들과 따로 떨어져 있었다"(καθεζομένη μακάρων ἀπὸ νόσφιν ἁπάντων)고 한다. 그런데 그녀의 부재 동안에 대지가 씨앗을 피우지 못하고 황폐해졌다 제우스는 신들을 차례로 보내 그녀더러 "신들의 무리에 합류하라"(ἐλθέμεναι μετὰ φῦλα θεῶν)고 전했지만 데메테르는 "올림포스에 올라가는 것"(Οὐλύμποιο ἐπιβήσεσθαι)을 거부했다. 하지만 그녀는 결국 딸을 찾았고, "올림포스로 가서 여타 신들의 모임에 합류했다"(βάν ἴμεν Οὔλυμπόνδε θεῶν μεθ' ὁμήγυριν ἄλλων)고 한다.[28] 이 전승에 의하면 평상시에는 데메테르가 다른 신들과 함께 올림포스에 머무른 것으로 나타난다. 그녀는 딸을 잃었다는 특별한 상황 아래 신들의 세계를 떠나 자신의 임무를 태만히 했고, 이에 제우스는 그녀에게 올림포스로 돌아와 신들에게 합류하라고 지시했던 것이다.

한편 후대의 아폴로도로스는 데메테르가 딸을 잃고 신들에게 화가 나서 '하늘을 떠나'(κατέλιπεν οὐρανόν) 엘레우시스로 갔다고 한다.[29] 아폴로도로스는 데메테르가 하늘을 떠났다고 하는데, 이는 하늘이 데메테르의 거주지였음을 나타낸다. 그리스인들은 신들이 높은 곳에서 머문다고 보아 하늘을 신들의 거처로 간주했던 것 같다. 그런데 여기서 데메테르가 머물던 하늘이 구체적으로 어디인지는 설명되지 않는다. 그곳은 저 높은 대기 공간일 수도 있고 하늘 높이 솟은 올림포스산일 수도 있다. 그런데 호메로스는 신들이 사는 '하늘'이 '올림포스'를 가리킨다는 것을 지적한 바 있다. 호메로스의 『일리아스』 24.97-104에 따르면 바다의 여신 테티스가 제우스의 부름을 받고 '하늘'로 갔을 때 그녀는 제우스가 다른 신들과 함께 '올림포스'에 앉아 있는 것을 발견했다고 한다. 이는 곧 신들이 사는 '하늘'이 '올림포스'임을 말해주는 것이다. 그렇다면 올림포스를 데메테르의 거주지로 본 호메로스 찬가 2의 서술이 후대에도 그대로 수용되었다고 할 수 있다.

호메로스 찬가 2의 데메테르 출현 전승에서는 엘레우시스가 데메테르의 거주지로 언급되기도 한다. 데메테르가 다른 신들과 떨어져 엘레우시스에서 머물렀다고 하기 때문이다. 이는 이리스가 데메테르를 찾아갔을 때 그녀가 신전에 있는 것을 발견했다는 데에서도 확인된다. 그녀는 딸을 다시 찾을 때까지 엘레우시스에 계속 머물렀다고 한다. 하지만 그녀의 엘레우시스 거주는 데메테르의 신전에서의 일시적인 체류에 불과하다. 그리

---

28) 호메로스 찬가, 2.92, 2.303, 2.322, 2.331-332, 2.484.

29) 아폴로도로스, 『비블리오테케』 1.5.1.

스의 신들은 특정 지역에서의 정기적인 제전이나 제물공여가 있을 경우 그곳의 신전을 방문하여 제전에 임석했다고 여겨진다. 신전이나 성소는 신들의 상주 거주지가 아니고 제사 같은 특별한 숭배행위가 있을 경우에 일시적으로 머무는 체류장소였던 것이다. 따라서 엘레우시스가 데메테르 신앙의 중심지이긴 하지만 그곳을 그녀의 거주지로 분류할 수는 없다. 데메테르 출현 전승에서도 그녀는 딸을 찾게 되자 평상시처럼 다시 올림포스에 복귀하는 것으로 나온다.

3) 모습

그리스 자료에 나타난 데메테르의 모습은 그녀 자신의 외모, 그녀가 착용하는 복장, 그녀의 부수물에 대한 묘사를 통해 짐작할 수 있다. 데메테르의 모습에 대한 최초의 언급은 호메로스에게서 나타난다. 호메로스 시에서 데메테르는 '금발'(ξανθός)에다 바람 속에서 곡물 알곡과 껍질을 골라내는 모습으로 나온다. 짤막한 묘사이지만, 바람 속에서 금발을 나부끼며 수확물을 처리하는 곡물의 여신의 풍모가 드러난다. 그러나 호메로스의 데메테르 묘사는 그뿐이다.

데메테르의 모습을 좀 더 상술한 것은 호메로스 찬가 2이다. 그것은 데메테르를 기리는 찬가이므로 데메테르에 대한 묘사가 비교적 자세한 편이다. 특히 호메로스 찬가 2.275-280은 데메테르가 엘레우시스에서 자신의 본모습을 드러내는 대목인데, 그녀는 아름다운 용모에 금발을 어깨 위로 드리운 채 신성한 옥체에서 광채를 발산하며 향내 나는 옷을 입은 자태로 묘사된다. 여기서 데메테르 여신의 전반적인 모습이 그려진다.

이제 데메테르의 용모 묘사를 구체적으로 살펴볼 것인데, 이는 호메로스 찬가 2의 서술을 바탕으로 한 것이다. 우선 그녀는 아름다운 외모를 지닌 여신이었다고 전한다. 그녀는 '주위에 아름다움이 배어나고'(περί τ᾽ ἀμφί τε κάλλος ἄητο), '용모가 대단히 아름다운'(πολυήρατον εἶδος ἔχουσαν) 존재로 묘사되는 것이다.[30] 그녀의 아름다운 용모를 좀 더 구체적으로 표현하면 아름다운 머리칼, 예쁜 발목, 붉은색 발로 설명된다. 그녀의 아름다운 머리칼에 대한 표현들은 다양하다. '아름다운 머리칼의'라는 뜻을 지닌 '칼리플로카모스'(καλλιπλόκαμος)와 '에우플로카모스'(εὐπλόκαμος), '에우코모스'(ἠυκόμος)가 데메테르를 묘사하는 수식어로 사용되는 것이다.[31] 이 가운데 '칼리플로카모스'와 '에우플로카모스'는 호메로스에게서 확인되고 '에우코모스'는 호메로스 찬가에서 나타난다. 데메테르는 호메로스 때부터 머리칼이 아름다운 여신으로 간주되어왔던 것이다. 그런데 데메테르의 머리칼은 금발로 묘사되기도 한다. 그녀의 금발이 '아름다운 머리칼'을 가리킨다고 단정할 수는 없다. 하지만 호메로스가 데메테르의 머리칼에 대해 '아름다운 머리칼'과 '금발'이라는 표현을 함께 사용했다는 점과, '금발'이라는 표현이 신들의 외모 묘사에 자주 사용된 긍정적 용어라는 점을 감안하면 '금발'과 '아름다운 머리칼'은 서로 연관된 묘사였을 것으로 보인다.

데메테르는 예쁜 발목과 붉은색 발을 지닌 여신으로 묘사된다. 그녀의 예쁜 발목을 언급한 것은 상고기의 호메로스 찬가 2이고, 붉은색 발에 대한 언급은 고전기의 핀다로스 시가에서 처음 확인된다. 그녀의 발목이 예쁘다는 언급은 '칼리스피로스'(καλλίσφυρος)라는 호칭에서 확인된다. 칼리스피로스는 '발목이 예쁜 자'라는 의미를 지닌다. 이 호칭은 여성의 아름다움을 표현하는 말이었던 것 같다. 그 말에 '아름다운, 예쁜'을 뜻하는 '칼리'(καλλι)가 포함되어 있고, 또 그것이 다른 여신이나 여성들을 표현하는 데에도 자주 사용되었기 때문이다. 발목이 예쁘다는 것이 구체적으로 무엇을 의미하는지는 알 수 없지만, 그것은 분명 데메테르의 아름다운 용모를 표현한 것이다.

---

30) 호메로스 찬가, 2.276, 2.315.

31) 이 책의 709쪽 참조.

또 데메테르의 발은 붉은색이었다고 전한다. 그것은 데메테르의 호칭 '포이니코페자'(φοινικόπεζα)에서 확인된다. '포이니코페자'는 '발이 붉은 자, 붉은색 발을 지닌 자'라는 의미이다. 그것은 데메테르의 아름다운 용모를 표현한 것이라기보다 잘 익은 곡물 색깔이나 대지 색깔에서 유래했을 것으로 보인다.

헬레니즘 시대의 칼리마코스 찬가는 데메테르를 거구로 언급하기도 한다. 칼리마코스 찬가에 의하면 에리식톤(Erysichthon) 일행이 데메테르의 신성한 숲에 침범하여 성수(聖樹)를 자르고도 뉘우치지 않자 데메테르 여신이 자신의 본모습을 드러냈다고 한다. 그때 여신은 땅에 발을 딛고 머리가 올림포스에 닿았다고 한다. 칼리마코스는 데메테르를 땅에서 올림포스에 이를 정도의 엄청난 거구로 표현한 것이다. 앞서의 호메로스 찬가 2에서 그녀의 본모습을 묘사할 때에는 아름다운 자태를 부각한 반면, 칼리마코스 찬가에서는 거대한 외형에 대해서만 언급한다. 신을 이처럼 거구로 표현한 것은 호메로스에게서도 나타나는데, 호메로스는 분쟁의 여신 에리스가 발을 땅에 디딘 채 머리가 하늘에 이르렀다고 묘사한 것이다.[32] 이는 데메테르의 거구에 대한 묘사가 전혀 엉뚱한 것이 아님을 보여주지만 그래도 거구 데메테르를 언급한 것은 헬레니즘 시대의 칼리마코스뿐이었다.

데메테르의 복장을 살펴보면 그녀는 머리에 관을 두르거나 베일을 쓰고 검정색 옷을 입었다고 전한다. 우선 데메테르는 머리에 화려한 관 혹은 아름다운 관을 두른 것으로 묘사된다. 이는 데메테르의 호칭에서 확인된다. 데메테르에게는 '에우스테파노스'와 '칼리스테파노스'라는 수식어가 사용되었는데, '에우스테파노스'는 '화려한 관을 쓴'이라는 뜻이고 '칼리스테파노스'는 '아름다운 관을 쓴'이라는 뜻이다. 이는 데메테르가 화려하고 아름다운 관을 쓴 모습으로 여겨졌음을 가리킨다. 그녀가 구체적으로 착용한 관의 모습은 자세히 묘사되지 않는다. 그러나 이들 수식어는 데

---

32) 호메로스, 『일리아스』 4.442-443.

메테르에게만 사용된 것이 아니고 다른 여신들에게도 자주 사용되었으므로 관을 쓴 모습은 데메테르 복장의 특징이 아니고 여신의 기품을 드러내는 일반적인 표현이었을 것으로 보인다.

데메테르 여신의 머리 베일과 검정색 옷에 대한 묘사는 호메로스 찬가 2에서 언급된다. 호메로스 찬가 2.40-44에 의하면 딸의 비명을 들은 데메테르가 고통에 휩싸여 머리에 쓴 '크레뎀논'(κρήδεμνον)을 찢고 '검정색 칼리마'(κάλυμμα κυάνεον)를 어깨에서 벗어제친 채 딸을 찾으려고 쏜살같이 땅과 바다를 내달렸다고 한다. 여기서 데메테르는 딸을 찾으려는 급한 마음에 크레뎀논과 검정색 칼리마를 벗고 질주하는 것으로 표현되는데, 이는 그녀가 평상시에 크레뎀논과 칼리마를 착용한다는 것을 말해준다. 크레뎀논은 여성의 머리에 두르는 베일을 가리킨다. 그녀가 머리에 쓴 베일인 크레뎀논은 일반 복장의 장식물이거나 슬픔을 표출하는 복장으로 사용되었던 것 같다. 크레뎀논의 용례 중에는 슬픔과 무관한 장식물로서 쓰인 경우가 많다. 예를 들어 헥토르의 아내 안드로마케가 남편이 전사한 것을 알고 낙담하여 머리 장식들을 모두 제거할 때 그 머리 장식 중에는 크레뎀논도 있었다고 한다. 또한 헤라가 제우스를 유혹하기 위해 온갖 치장을 할 때에도 크레뎀논을 두르는 것으로 묘사된다. 오디세우스의 아내 페넬로페도 남들 앞에 나설 때에 크레뎀논을 두르곤 했고, 알키누스 왕의 딸 나우시카의 일행이 해변에 나올 때에도 크레뎀논을 착용한 것으로 묘사된다.[33] 이들 용례에서는 크레뎀논의 장식적 성격이 분명하게 드러난다. 반면에 그것이 슬픔을 표출하는 복장이라고 볼만한 용례도 존재한다. 호메로스 찬가 2.181-183에는 데메테르가 슬픔에 젖어 머리에 베일을 두르고 검정색 페플로스를 입은 채 걸어가는 것으로 나온다. 여기서 머리에 두르

---

33) 헤라(호메로스, 『일리아스』 14.184), 안드로마케(『일리아스』 22.470), 페넬레페(호메로스, 『오디세이아』 1.334, 16.416, 18.210, 21.65), 나우시카 일행(『오디세이아』 6.100), 안티고네(에우리피데스, 『포이니사이』 1490).

는 베일이 문맥상 그녀의 슬픈 모습과 연관된 것으로 볼 수도 있다. 이처럼 데메테르는 종종 베일을 두른 모습으로 묘사되었는데, 그녀가 머리에 베일을 두른 이유는 다양했던 것 같다.

한편 데메테르가 착용한 칼리마는 머리에서부터 두르는 망토를 가리킨다. 칼리마는 머리의 두건을 의미하기도 하지만 몸을 가리는 덮개 옷으로도 사용되었던 것이다. 예를 들어 호메로스의 『일리아스』24.93-97에서는 바다의 여신 테티스가 검정색 칼리마를 입고 하늘로 올라가는데, 여기서 칼리마는 두건이 아니라 겉옷의 의미로 사용된다. 그런데 테티스가 입은 검정색 칼리마는 문맥상 슬픔과 애도의 복장임이 드러난다. 제우스의 사절 이리스가 테티스를 찾아갔을 때 테티스는 그녀의 아들 아킬레우스가 곧 트로이에서 죽을 운명이라는 것을 알고 눈물을 흘리고 있었다고 한다. 그녀는 제우스의 호출 소식을 듣고, 자신이 큰 슬픔에 젖어 있으니 가고 싶지 않지만 제우스의 말이므로 부득이 간다면서 입은 옷이 바로 검정색 칼리마이다. 더욱이 제우스는 그녀가 큰 슬픔 속에서도 올림포스를 찾아온 데 대해 위로한다.[34] 이는 테티스가 바다 속에서부터 올림포스에 이르기까지 내내 아들 문제로 슬퍼하고 있었음을 말해준다. 그런 테티스가 굳이 검정색 칼리마를 입었으니 그것은 여느 색깔의 칼리마와 달리 비탄과 슬픔을 드러내는 복장이라 하겠다. 그런데 호메로스 찬가 2에서 데메테르가 검정색 칼리마를 입었을 때 그것이 문맥상 슬픔과 비탄의 복장인지는 불분명하다. 그 찬가에서는 데메테르가 딸의 비명을 듣고서야 크레뎀논과 검정색 칼리마를 벗어제친 채 질주했다고 하므로 여신은 딸의 비극을 알아채기 이전부터 크레뎀논과 검정색 칼리마를 입고 있었던 것으로 추정된다. 그녀는 딸에 대한 슬픔을 느끼기 전에 이미 그런 복장을 하고 있었던 것이다. 그렇다면 여기서 데메테르의 '검정색 칼리마'를 슬픔의 복장으로 볼 수 있는지가 명확하지 않다. 그런데 그녀의 검정색 복장을 슬픔과 비통

---

34) 호메로스, 『일리아스』24.85-105.

의 복장으로 여길 만한 단서도 제시된다. 사실 데메테르는 검정색 옷을 입은 여신으로 자주 묘사된다. 그녀는 검정색 페플로스(peplos)를 입은 모습으로 묘사되곤 한다. 페플로스는 그리스인들이 키톤(chiton) 위에 걸치는 겉옷을 가리킨다. 검정색 페플로스를 입은 데메테르의 모습은 호메로스 찬가 2에서 처음 묘사된다. 호메로스 찬가 2.181-183은 데메테르가 켈레오스의 딸들을 따라 그의 집으로 가는 대목인데, 그녀는 '고귀한 마음속에 슬픔을 안고'(φίλον τετιημένη ἦτορ) '머리에 베일을 두른 채'(κατὰ κρῆθεν κεκαλυμμένη) 걸어갔으며, 여신의 '검정색 페플로스'(πέπλος κυάνεος)가 가느다란 발 주위에서 흔들거렸다고 한다. 여기서 여신이 머리에 쓴 베일과 검정색 페플로스는 그녀의 슬픈 마음과 연관되어 비탄에 찬 복장으로 여겨진다. 따라서 이런 용례를 감안하면 데메테르가 슬픔에 차서 검정색 페플로스를 입었을 가능성도 존재한다. 하지만 그녀가 그것을 입은 이유와 관계없이 검정색 페플로스를 입은 데메테르의 모습은 그녀의 주요 수식어로까지 연결된다. 그녀의 대표적인 수식어 중의 하나가 '키아노페플로스'(κυανόπεπλος)인데, 그것은 '검정색 페플로스의, 검정색 페플로스를 두른'이라는 의미를 지닌다. '키아노페플로스'가 레토 여신에게도 사용된 용례가 있지만[35] 대부분 데메테르에게 사용되므로 검정색 페플로스는 데메테르의 특징적인 용모를 나타내는 것이라 하겠다. 헬레니즘 시대의 테오크리토스는 '아름다운 페플로스의'라는 의미의 '에우페플로스'(εὔπεπλος)를 데메테르의 수식어로 사용하기도 하는데, 이는 데메테르가 검정색 페플로스의 모습으로만 묘사된 것이 아님을 보여준다. 검정색 페플로스를 '아름다운 페플로스'라고 표현할 수는 없기 때문이다. 다만 '에우페플로스'라는 수식어가 후대의 테오크리토스에게서만 확인되므로 그것을 데메테르의 일반적인 페플로스로 해석하기는 어렵다.

데메테르의 모습은 부수물을 통해서도 묘사되는데, 그녀의 부수물로 자

---

35) 헤시오도스, 『신통기』 406.

주 언급된 것은 횃불, 황금검, 황금고삐였다. 무엇보다도 데메테르는 횃불을 든 모습으로 묘사되곤 했다. 그녀와 횃불의 관계를 보여주는 언급은 호메로스 찬가에서 처음 확인된다. 호메로스 찬가 2에 의하면 데메테르가 딸을 잃은 후 9일 동안을 '타오르는 횃불을 손에 들고'(αἰθομένας δαΐδας μετὰ χερσὶν ἔχουσα) 돌아다녔다고 한다. 그녀는 10일째 날에 헤카테를 만나 딸에 대한 이야기를 조금 들었지만 아무 말 없이 '타오르는 횃불을 손에 들고' 계속 질주했다고 한다. 여기서 그녀가 든 횃불은 '다이스'(δαίς)로 표현된다. 후대의 아폴로도로스도 데메테르가 페르세포네를 찾는 대목을 서술하면서 그녀가 밤낮으로 '횃불을 들고'(μετὰ λαμπάδων) 돌아다녔다고 한다. 여기서는 횃불이 '람파스'(λαμπάς)로 표현된다. 디오도로스 역시 유사한 서술을 하는데, 그에 의하면 페르세포네의 납치 후에 데메테르가 아이트네의 분화구에서 '횃불에 불을 붙여'(λαμπάδας ἐκ τῶν κατὰ τὴν Αἴτνην κρατήρων ἀναψαμένην) 사방을 돌아다녔다고 한다. 여기서 디오도로스는 그녀가 불을 붙인 곳이 아이트네산이라는 언급을 덧붙이지만 아폴로도로스와 마찬가지로 횃불을 '람파스'라고 표현한다. 또 서기 2세기의 파우사니아스는 데메테르의 한 조각상을 언급하면서 그녀가 오른손에 '다이스', 즉 '횃불'을 들고 있다고 묘사한다. 그 조각상은 다모폰(Damophon, 기원전 2세기 전반)의 작품이었다고 하므로 헬레니즘 시대의 자료로 분류될 수 있다. 이처럼 횃불을 든 데메테르의 모습은 호메로스 찬가 이래 자주 언급되고 있다.[36] 횃불을 든 모습은 '피르포로스'라는 데메테르의 수식어에서도 나타난다. '피르포로스'는 '불을 수반한, 불을 든'이라는 의미인데, 데메테르의 경우에는 그녀의 횃불과 연관된 수식어로 추정된다.

데메테르는 또한 황금검과 황금고삐를 든 모습으로도 묘사된다. 하지만 데메테르에 대한 그런 묘사는 아주 드문 편이다. '황금검을 지닌'이라는 뜻의 '크리사오로스'가 데메테르의 수식어로 사용된 것은 호메로스 찬

---

36) 이 책의 711쪽 참조.

가 2뿐이고, '황금고삐를 든'이라는 뜻의 '크리세니오스'가 데메테르의 수식어로 사용된 것도 핀다로스의 송가뿐이다. 또한 황금검과 황금고삐가 데메테르만의 특별한 부수물은 아니었다. 황금검은 아폴론과 아르테미스를 묘사하는 데에도 등장하고, 황금고삐도 아레스, 아르테미스, 아프로디테를 묘사하는 데에 나타나는 것이다.[37]

4) 변신

데메테르의 변신 사례는 매우 드물게 나타난다. 그녀가 동물이나 사물로 변신한 사례는 확인되지 않으며, 인간으로 변신한 사례만이 드물게 전해올 뿐이다. 그녀의 인간 변신 사례는 호메로스 찬가와 칼리마코스 찬가에서 언급된다. 호메로스 찬가 2에 의하면 데메테르는 인간의 모습으로 지상세계를 돌아다녔다고 한다. 즉 그녀는 자신의 딸이 제우스와 하데스의 공모 아래 납치된 것을 알고서 신들의 세계를 떠났는데, 이때 '자신의 모습을 변장한 채'(εἶδος ἀμαλδύνουσα) 인간세상을 돌아다녔다는 것이다.[38] 여기서 여신의 변장 모습이 구체적으로 서술되지 않지만 늙은 노파의 모습이었던 것으로 나타난다. 그녀를 본 켈레오스의 딸들이 그녀를 '노부인'(γραῦς)이라고 부른다거나 나중에 그녀가 '늙음을 떨쳐내고'(γῆρας ἀπωσαμένη) 제 모습을 보였다고 하기 때문이다.[39]

칼리마코스 찬가에서도 유사한 사례가 언급된다. 칼리마코스 찬가에 의하면, 에리식톤 일행이 데메테르의 신성한 숲에 침범하여 성수(聖樹)를 잘라내자 이에 분노한 데메테르가 니키페(Nikippe)라는 여사제의 모습으로

---

37) 이 책의 499쪽 참조.

38) 호메로스 찬가, 2.94.

39) 호메로스 찬가, 2.113, 276.

그들 앞에 나타났다고 한다.[40] 하지만 니키페의 모습이 어떠했는지는 더 이상 설명되지 않는다.

5) 부수물

데메테르의 대표적인 부수물은 곡물과 횃불이었다고 전한다. 우선, 곡물은 데메테르의 주된 신성과 연관된 부수물이다. 데메테르는 곡물의 신으로 숭배되었던지라 곡물과 연관된 표현으로 묘사되곤 했다. 그녀에 대해 사용된 '곡물' 표현은 '아크테'(ἀκτή)와 '스타키스'(στάχυς), '시토스'(σῖτος)이다. 이것들은 모두 특정 작물을 지칭하지 않고 곡물 전체를 가리키는 용어이다. '아크테'는 '곡물, 곡식'을 뜻하고 '스타키스'는 '곡물 이삭, 곡물, 곡식', '시토스'는 '곡물, 곡식'을 뜻하는 말이다. '스타키스'와 같은 의미인 '아스타키스'(ἄσταχυς)라는 말도 사용되었다. 이뿐 아니라 특정 작물을 가리키는 말도 데메테르에 대해 사용되었는데, '밀, 밀알'을 가리키는 '피로스'(πυρός)와 '보리, 보리알'을 뜻하는 '크리'(κρῖ)가 그 예이다. '크리'는 '크리테'(κριθή)의 서사시적 표현으로, '크리테'와 의미가 같은 말이다. 이 말들의 용례를 보면 데메테르와 곡물의 긴밀한 관계가 확인된다. '데메테르의 곡식'(Δημήτερος ἀκτή), '데메테르의 성스런 곡식'(Δημήτερος ἱερὸν ἀκτή), '데메테르의 곡물 이삭'(Δημήτερος στάχυς)이라는 표현에서는 데메테르가 곡물의 소유주 혹은 주인으로 묘사된다. 또 '데메테르의 결실'(Δήμητρος καρπός)이라는 표현은 곡물을 지칭하는 것인데, 이는 데메테르가 곡물 결실의 주관자임을 나타낸다. 이외에도 데메테르는 곡물 생산 과정에 직접 참여하는 모습을 보이기도 하고 인간에게 곡물 생산과 관련된 기술을 전수해준 신으로 묘사되기도 한다.[41]

---

40) 칼리마코스 찬가, 6.42-43.

41) 이 책의 710~11쪽 참조.

454

데메테르는 이렇듯 곡물의 주인, 곡물 생산의 주관자, 곡물 생산기술의 전수자 등으로 묘사되므로 당연히 곡물은 데메테르의 대표적 부수물로 간주될 만했다. 그런데 사실 데메테르의 곡물 소지를 직접적으로 묘사한 대목은 그리 많지 않다. 데메테르가 인간에게 곡물을 전수하는 모습이나 곡물 이삭을 베어 묶는 모습에서 곡물이 데메테르의 부수물임을 짐작할 수 있을 뿐이다. 그런 모습들이 언급된 것은 고전기 이후의 자료들에서이다. 한편 시각 자료에서는 데메테르가 곡물 혹은 곡물 이삭을 든 모습으로 자주 묘사된다. 예를 들어 기원전 5세기 전반 아테네의 것으로 추정되는, 한 적색문양 도자기(Beazley Archive Number 204683)의 회화에는 데메테르와 페레파타(Perephatta, 페르세포네의 다른 이름[42]), 트립톨레모스의 모습이 묘사되어 있다. 이 도자기에는 묘사된 자들의 이름이 각각 명기되어 있어 그들의 이름과 모습이 분명하게 확인된다. 여기서 데메테르라고 표기된 여성은 오른손에는 횃불, 왼손에는 곡물 이삭을 들고 있고, 트립톨레모스는 마차에 앉은 채 왼손에 역시 곡물 이삭을 들고 있다. 트립톨레모스 앞에 서 있는 페레파타는 왼손에 횃불을 들고 있다. 이는 인간에게 곡물을 전파하기 위해 떠나는 트립톨레모스를 데메테르와 페르세포네가 환송하는 장면으로 해석된다. 트립톨레모스와 이들 여신들의 모습을 함께 묘사한 도자기들 중에서도 이 도자기는 특히 구체적인 이름을 명기하고 있어서 사료로서의 가치가 높다. 이 도자기와 문헌 자료의 묘사를 근거로 하면 적어도 기원전 5세기 전반, 즉 상고기 말기 혹은 고전기 초기에는 곡물이 데메테르의 주요 부수물로 간주되었음이 확인된다.

횃불도 데메테르의 대표적인 부수물이었다고 전한다. 그녀와 관련하여 언급된 '횃불' 표현은 '다이스' '피르'(πῦρ), '람파스'였다. '다이스'는 '다

---

42) 페레파타(Pherephatta)는 페르세포네의 예전 이름이었다고 전한다(플라톤, 『크라틸로스』 404C-D). 아리스토파네스도 페르세포네를 페레파타(Pherrephata)로 부르기도 한다(『테스모포리아주사이』 287; 『개구리』 671).

오스'(δάος) 혹은 '달로스'(δαλός)와 같은 뜻으로 '횃불, 관솔'의 의미를 지니고, '피르'는 '불, 횃불', '람파스'는 '횃불, 등불'을 의미한다. 데메테르와 '횃불'의 연관성은 데메테르 신화에서도 확인된다. 호메로스 찬가 2에 의하면 데메테르는 사라진 딸의 행방을 찾아 양손에 활활 타는 '다이데스'(δαῖδες, '다이스'의 복수형)를 들고 9일 동안 대지를 돌아다녔다고 하고, 10일째 되는 날에도 양손에 활활 타는 '다이데스'를 든 채 급히 헬리오스를 찾아갔다고 한다. 또 아폴로도로스에 의하면 데메테르가 딸을 찾으려고 '람파데스'(λαμπάδες, '람파스'의 복수형)를 들고 밤낮으로 온 대지를 돌아다녔다고 하고, 디오도로스에 의하면 딸을 찾지 못한 데메테르가 아이트네산의 분화구에서 '람파데스'에 점화하여 인간세상을 돌아다녔다고 한다.[43] 이는 데메테르의 '횃불'이 페르세포네를 찾는 데메테르의 유랑 일화와 관련된 것임을 말해준다. 여기서 '횃불'은 밤의 어둠을 밝히는 조명수단인 동시에 딸을 찾으려는 그녀의 열렬한 의지를 보여주는 탐색도구이다. 이 일화는 '횃불'을 든 데메테르의 모습을 각인시켰고, 이에 따라 횃불은 그녀의 중요한 부수물로 여겨졌던 것 같다. 데메테르 신화에서 그녀와 '횃불'의 연관성이 확인되는 또 다른 일화는 영생을 위한 불의 의식 이야기이다. 호메로스 찬가 2에 의하면 데메테르가 엘레우시스에서 그곳의 왕자 데모폰을 불로불사의 존재로 만들려고 밤이면 그를 '피르', 즉 '불'의 화염 속에 집어넣었다고 한다. 하지만 데모폰의 어머니 메타네이라에게 들키자 분노하여 아이를 '피르'에서 꺼내 바닥에 팽개쳤다고 한다.[44] 이 일화에서 데메테르의 불은 영생을 위한 수단으로 나타난다. 또한 의식이 밤에 거행되었다는 언급은 어떤 조명수단이 필요했음을 의미한다. 이렇듯 데메테르 신화에서는 그녀와 불과의 관계가 긴밀한 것으로 나타난다. 횃불이 그녀의 중요한 부수물로 간주된 것은 이러한 연관성 탓이 아닌가 한다.

---

43) 호메로스 찬가, 2.47-48, 2.61; 아폴로도로스, 『비블리오테케』 1.5.1; 디오도로스, 5.4.3.

44) 호메로스 찬가, 2.239-262.

신화뿐만 아니라 데메테르의 숭배의식에서도 횃불이 등장했다고 전한다. 아리스토파네스의 『테스모포리아주사이』101-103에 의하면 극중 인물 아가톤(Agathon)이 여인들에게 '성스런 횃불'(ἱερὰ λαμπάς)을 들고 '지하 여신들'(χθόνιαι)에 대한 가무를 행하라고 권한다. 여기서 '지하 여신들'은 데메테르와 페르세포네를 가리킨다.[45] 이처럼 데메테르 여신도들이 횃불을 들고 가무의 의식을 행한다는 것은 실제의 데메테르 숭배에서도 횃불이 중시되었음을 말해준다. 더욱이 엘레우시스의 데메테르 제식에는 '다이두코스'(δᾳδοῦχος)라는 직책이 존재했는데, '다이두코스'는 '횃불을 든 자'라는 의미를 지닌다. '다이두코스'는 '히에로판테스'와 더불어 데메테르 제식을 거행했는데, 이 직책들은 특정 가문에서 세습되었다고 한다. 이런 직책이 따로 존재했다는 것은 데메테르 의식에서 횃불이 관례적인 의식도구로 사용되었음을 뜻한다. 이렇듯 데메테르 신화와 제식에서는 데메테르와 불 혹은 횃불 간의 연관성이 확인되는데, 그 연관성을 반영하듯 '횃불'은 데메테르의 수식어에도 사용되었다. 즉 데메테르에게는 '피르포로스'(πυρφόρος)라는 수식어가 사용되었는데, 그것은 '불을 수반한, 횃불을 든'의 의미를 지녔던 것이다. 이 수식어는 횃불을 들고 다니는 데메테르의 모습을 표현한 것으로 보인다.

또한 시각자료에서도 데메테르는 횃불을 든 모습으로 묘사되곤 했다. 특히 앞서 인용한 아테네의 적색문양 도자기에서도 데메테르와 페르세포네는 횃불을 든 모습으로 그려졌던 것이다.

그 밖에도 황금검이 데메테르의 부수물로 간주될 수 있지만 그 용례가 매우 드물어 이 책에서는 일단 데메테르 부수물에서 제외하기로 한다. 데메테르가 황금검을 지닌다는 것은 데메테르의 수식어 '크리사오로스'('황금검을 지닌')에서 확인된다. 그러나 이 수식어 용례가 1회뿐인데다 황금

---

45) 헤로도토스는 데메테르와 페르세포네를 '지하 여신들'(χθόνιαι θεαί)이라고 표현한다(『역사』 6.134, 7.153).

검을 그녀의 부수물로 볼 만한 다른 근거들이 전하지 않으므로 그것을 데메테르의 부수물에 포함하지 않기로 한다.

4. 주요 신성

데메테르는 디오니소스와 더불어 그리스의 대표적인 농경신으로 간주되었다. 디오니소스가 포도 같은 과수작물의 신이었다면 데메테르는 밀과 보리 같은 곡물을 담당하는 신이었다고 한다. 또 데메테르는 인간에게 법률과 질서를 부여하는 신이기도 했다. 이는 인간의 농경생활에 따른 문명사회의 질서였을 것으로 보인다. 그녀는 인간의 불멸과 영생을 추구하는 신이기도 했는데, 내세에서의 인간의 행복한 삶에 대해 가르치는 영적인 신이었다. 이렇듯 데메테르의 주요 신성은 곡물의 신, 법률과 질서의 신, 영생의 신으로 요약된다.

1) 곡물의 신

데메테르의 신성 가운데 가장 중요한 것은 곡물의 신으로서의 신성이었다. 곡물신으로서의 데메테르의 위상은 곡물의 주인, 곡물 생산의 주관자, 곡물 및 곡물 생산기술의 전수자(傳授者)로 나타난다.

(1) 곡물의 주인

우선 곡물의 주인으로서의 데메테르의 면모를 살펴보자. 데메테르와 곡물의 관계에 대한 언급들에서 데메테르는 곡물의 소유자로 표현되곤 했다. '데메테르의 곡식' '데메테르의 곡물 이삭' 같은 표현이 그런 것이다. 여기서 곡물이나 곡식은 '데메테르의 것'으로 표현되어 데메테르의 소유물로 간주된다. 이런 표현들은 곡물에 대한 데메테르의 지배적 권한과 역할을 나타낸다고 하겠다. 그녀가 곡물 생산을 주관하고 곡물과 곡물 생산기술을 인간에게 전수했다는 것도 곡물이 그녀의 것이기에 가능한 일이었다.

곡물을 데메테르의 것이라고 처음 언급한 것은 호메로스였다. 호메로스는 사실 데메테르 여신을 부각시키지 않으므로 그녀의 신성을 자세히 서술하지 않는다. 그래도 호메로스는 곡물을 데메테르의 것이라고 언급한다. 그는 『일리아스』에서 곡물을 '데메테르의 곡식'(Δημήτερος ἀκτή)으로 표현한 것이다.[46]

헤시오도스도 호메로스와 마찬가지로 곡물을 데메테르의 소유물로 간주한다. 헤시오도스는 호메로스가 사용한 '데메테르의 곡식'이라는 말을 그대로 사용하기도 하고, 그 말에 '성스런'이라는 표현을 덧붙여 '데메테르의 성스런 곡식'(Δημήτερος ἱερά ἀκτή)으로 부르기도 한다. 또 헤시오도스는 곡물을 '데메테르의 성과'(ἔργα Δημήτερος)로 표현하기도 한다. 그는 『일과 날들』 391-393에서 제때에 '데메테르의 성과'를 거두어들이려면 파종하고 쟁기질하고 수확하라고 말한다. 그렇지 않으면 궁핍하게 되어 이웃집으로 구걸하러 다닐 것이라고 한다. 여기서 '데메테르의 성과'는 파종, 쟁기질, 수확을 통해 거두어지는 것이니, 그것은 곧 농경의 결실인 곡물을 나타낸다. 이처럼 헤시오도스는 곡물을 데메테르의 것으로 표현함으로써 그녀가 곡물의 주인임을 드러낸다.

곡물의 주인으로서의 데메테르의 면모는 호메로스와 헤시오도스 이후에도 계속해서 확인된다. 더욱이 표현의 용례도 더욱 다양해진다. 고전기에는 '데메테르의 물자(物資)'(βίος Δημήτριος), '데메테르의 곡물 이삭'(Δημήτερος στάχυς), '데메테르의 결실'(Δήμητρος καρπός)이라는 표현이 등장한다. 이 가운데 '데메테르의 물자(物資)'는 아이스킬로스가 언급한 말이다. 여기서 '물자'로 번역한 말은 '비오스'(βίος)인데, '비오스'는 '생활, 생

---

46) 호메로스, 『일리아스』 13.322, 21.76.

계, 생활수단, 물자'의 의미를 지닌다. 아이스킬로스는 서술하기를, 하늘에서 비가 내려 대지를 잉태시키고 이에 대지는 인간들에게 가축 떼의 목초와 '데메테르의 물자'를 가져다준다고 한다. 여기서 아이스킬로스는 대지가 우라노스와 결합하여 생산한 산물을 가축의 먹을 것과 '데메테르의 물자'로 구분하는데, '데메테르의 물자'는 문맥상 인간의 먹을 것인 곡물을 가리킨다. '데메테르의 물자'라는 표현 역시 곡물이 데메테르의 것임을 나타낸다. 또 아이스킬로스와 에우리피데스는 '데메테르의 곡물 이삭'이라는 표현도 사용한다. 곡물 이삭은 곡물 줄기에 낟알이 달린 것을 말하므로 이는 곡물의 결실이 데메테르의 것임을 가리킨다. 한편 헤로도토스와 아리스토파네스, 크세노폰은 '데메테르의 결실'이라는 표현을 사용한다. '데메테르의 결실'도 '데메테르의 물자'와 마찬가지로 곡물을 의미한다. 헤로도토스는『역사』1.193에서 바빌론 지역의 풍부한 곡물 생산을 서술하면서 '데메테르의 결실'이라는 말을 사용한다. 헤로도토스는 바빌론 지역에서는 무화과나무나 포도나무, 올리브나무는 잘 자라지 않는 데 비해 '데메테르의 결실'은 산출이 아주 잘된다고 소개한다. 여기서 '데메테르의 결실'은 무화과나무나 포도나무, 올리브나무와는 다른 작물을 말한다. 그런데 그는 '데메테르의 결실'의 풍부한 수확상태를 설명하면서 밀(πυρός)과 보리(κριθή), 기장(κέγχρος), 참깨(σήσαμον)의 사례를 든다. 아리스토파네스도 서술하기를, 쟁기로 땅을 갈아 '데메테르의 결실'을 거둔다고 말한다. 여기서 '데메테르의 결실'은 땅을 쟁기질하여 거두는 결실이니 이는 곧 곡물을 가리킨다. 크세노폰도 '데메테르의 결실의 씨앗'(Δήμητρος καρποῦ σπέρμα)이라는 표현을 쓰는데 이는 그것이 땅에 뿌려져 경작될 농작물임을 말해준다.[47] 헤로도토스나 아리스토파네스, 크세노폰이 모두 '데메테르의 결실'을 곡물의 의미로 사용했다는 것은 곡물이 데메테르의 것임을

---

47) 헤로도토스,『역사』1.193, 4.198: 아리스토파네스,『플루토스』515; 크세노폰,『헬레니카』 6.3.6.

말해준다. 고전기 시각자료에서 곡물 혹은 곡물 이삭이 데메테르의 부수물로서 자주 언급된 것도 곡물이 데메테르의 소유물임을 분명하게 지적한 것이라 하겠다.

헬레니즘 시대에도 '데메테르의 곡물 이삭'과 '데메테르의 곡식'이라는 표현이 이전과 똑같이 등장한다.[48] 데메테르는 호메로스 이후 줄곧 곡물의 대표적인 주인으로 여겨졌던 것이다.

(2) 곡물 생산 주관

데메테르는 곡물의 주인으로서 곡물 생산을 주관하는 신이기도 했다. 데메테르의 이런 신성은 호메로스 때부터 나타나는데, 그는 특히 데메테르의 탈곡 장면을 언급한다. 『일리아스』 5.500-501에 의하면 데메테르가 바람이 몰아치는 속에서 곡식알(καρπός)과 껍질(ἄχνη)을 가르는 것으로 묘사된다. 여기서 데메테르는 곡물 수확 이후의 농사일에 관여하는 신으로 그려진다. 그런데 호메로스는 데메테르의 작업을 탈곡작업에만 국한해서 언급하고 다른 농사일에 관한 역할은 거론하지 않는다. 호메로스는 확실히 데메테르를 곡물의 신으로 여겼을 것이지만 데메테르에 대한 서술 자체가 워낙 적기 때문에 그녀의 작업이 부분적으로만 언급되었던 것이 아닌가 한다.

헤시오도스의 『일과 날들』에서는 곡물의 신 데메테르의 작업이 좀 더 다양하게 설명된다. 헤시오도스는 『일과 날들』 299-301에서 아우 페르세스(Perses)에게 권유하기를, "열심히 일하면 굶주림(λιμός)이 너를 마다할 것이고 화려한 관을 쓴 존엄한 데메테르가 너를 사랑하여 곳간에 양식(βίοτος)을 채워놓을 것"이라고 말한다. 여기서 '양식'으로 번역한 '비오토스'(βίοτος)는 원래 뜻이 '생계수단, 물품, 재산'이므로 그 말이 반드시 '곡식'을 가리키는 것은 아니다. 하지만 문맥상 '굶주림'의 기아상태와 '비오

---

48) 이 책의 712쪽 참조.

토스'가 대조적인 의미로 쓰이므로 데메테르가 제공하는 '물품, 재산'은 곧 곡식을 가리킨다. 여기서 데메테르는 인간의 농사일에 관여하는 신으로 묘사된다. 즉 인간이 열심히 농사일을 하면 데메테르가 그를 도와 곡식을 얻게 해준다는 것이다. 헤시오도스가 데메테르와 관계된 농사일로 언급한 것은 쟁기질과 파종, 수확작업이다. 그는 『일과 날들』 391-393에서 '데메테르의 성과', 즉 곡물을 제 때에 거두어들이려면 파종하고 쟁기질하고 수확하라고 권유한다. 또 467-469에서는 쟁기질을 처음 시작할 때가 되면 '데메테르의 성스런 곡식'이 잘 익게 해달라고 '제우스 크토니오스'(Ζεύς χθόνιος)[49]와 데메테르에게 기원하도록 권하기도 한다. 호메로스는 수확 후의 탈곡작업을 언급할 뿐이지만 헤시오도스는 곡물의 경작지를 고르고 파종하여 수확에 이르는 모든 작업을 데메테르의 작업에 포함시킨다. 헤시오도스에게서는 곡물 생산의 주관자로서의 데메테르의 모습이 좀 더 분명하게 드러나는 것이다.

데메테르가 곡물 생산의 주관자로서 절대적인 권한을 지녔다는 것은 호메로스 찬가 2에서 여실히 드러난다. 호메로스 찬가 2는 데메테르에 대한 찬가인데, 페르세포네의 납치와 그에 이은 데메테르의 방랑 이야기를 다룬다. 호메로스 찬가, 2.305-313에서는 데메테르가 딸을 찾느라 제 소임을 다하지 못해 벌어지는 부작용이 잘 나타나 있다. 그것은 바로 데메테르의 신성을 확인할 수 있는 대목이기도 하다. 그에 따르면 데메테르의 태업(怠業)은 세상의 인간들에게 큰 재앙을 불러왔다고 한다. 데메테르가 씨앗을 숨겨버렸기 때문에 대지는 씨앗의 싹을 틔우지 못했으며, 들판에서 황소들이 쟁기질을 했지만 소용이 없고 보리씨앗을 땅에 뿌려도 소용이 없었다는 것이다. 이때 만일 제우스가 수습하지 않았더라면 그녀는 극

---

49) '제우스 크토니오스'는 하데스를 가리킨다. '크토니오스'(χθόνιος)는 '대지의, 지하의'라는 의미이므로 '제우스 크토니오스'는 '지하의 제우스'를 뜻한다. 호메로스는 하데스를 '지하의 제우스'(Ζεύς καταχθόνιος)라 부르고(『일리아스』 9.457), 소포클레스도 하데스를 '크토니오스 제우스'라고 부른다(『콜로노스의 오이디푸스』 1606).

심한 기아로 인간을 파멸시켰을 것이라고 한다. 또 2.449-453에 묘사된 라로스(Rharos) 평원의 모습도 데메테르의 위력을 잘 보여준다. 그 평원이 예전에는 비옥하고 풍요로운 농경지였지만 이제 데메테르가 씨앗을 숨기는 통에 완전히 황폐된 땅으로 변했다는 것이다. 그리고 2.471-473에는 데메테르가 신들에게 복귀하면서 일어나는 대지의 변화가 언급된다. 즉 데메테르가 비옥한 대지에서 결실을 맺도록 하자 드넓은 대지가 잎과 꽃으로 가득 찼다고 한다.[50] 이상의 대목들은 데메테르의 신성이 곡물 생산과 어떻게 연관되는지를 잘 보여준다. 즉 데메테르가 자신의 소임을 태만히 하자 인간세계에서는 곡물이 싹트지 못하고 결실도 맺지 못해 인간이 기아로 파멸지경에 이를 정도였다는 것이다. 반면에 데메테르가 복귀한 후에는 곡물의 생장과 결실이 다시 가능해졌다고 한다. 이렇듯 호메로스 찬가 2에서는 데메테르가 곡물의 생장을 담당하는 여신으로 묘사된다.

호메로스 찬가 2 이후의 자료에서도 데메테르는 곡물 생산의 주관자로서 자주 묘사되곤 했다. 에우리피데스는 데메테르가 대지(大地)이며 '고체(固體) 식량으로'(ἐν ξηροῖσιν) 인간을 양육한다고 말한다. 여기서 '고체 식량'이란 물기가 없는 건조 식량, 즉 곡물을 가리킨다. 이처럼 데메테르는 대지의 생산성을 반영하는, 곡물 생산의 신으로 간주되어왔다. 아리스토파네스와 플라톤 역시 데메테르에 대해 유사한 언급을 남기고 있다. 아리스토파네스는 데메테르가 '밀'(πυρός)을 제공하는 존재라고 하고, 플라톤은 데메테르가 어머니처럼 '먹거리 선물'(ἡ δόσις τῆς ἐδωδῆς)을 가져다준다고 말하는 것이다. 또 헬레니즘 시대의 테오크리토스는 데메테르를 '풍부한 과실과 풍부한 곡물 이삭의'(πολύκαρπος πολύσταχυς) 여신으로 보고 그녀에게 최대의 수확을 기원한다. 칼리마코스도 데메테르를 풍부한 곡물의 여신으로 간주하고 그녀에게 들판에서의 가축 번식과 곡물의 풍작을 기원

---

50) 이 외에 호메로스 찬가, 2.331-333, 2.351-356에서도 데메테르는 곡물 생산의 주관자로서 나타난다.

한다.[51] 특히 일부에서는 풍요로운 곡창지대를 데메테르와 연관시켜 데메테르의 신성을 부각하기도 한다. 예를 들어 바킬리데스는 데메테르가 '최상의 결실이 열리는'(ἀριστοκάρπος) 시칠리아를 지배한다고 말했고, 디오도로스도 시칠리아인들의 이야기를 빌려 시칠리아가 가장 풍요로운 옥토이므로 데메테르와 코레가 그곳을 중히 여겨 곡물을 최초로 선사했을 것이라고 언급했다.[52] 곡창지역인 시칠리아와 데메테르 간의 특별한 관계가 언급되었다는 것은 그만큼 그녀가 곡물 생산의 대표적인 신으로 인식되었음을 말해준다.

데메테르의 태업으로 인해 곡물 생산이 중단되었다는 일화는 호메로스 찬가 2 이후에도 반복해서 나타난다. 에우리피데스에 의하면 데메테르가 유랑을 멈추고 이데산에 칩거해 있는 동안 대지가 수확의 결실을 거두지 못했고 인간과 동물이 파멸할 지경에 이르렀다고 한다. 디오도로스도 유사한 서술을 남겼는데, 딸을 잃은 데메테르가 제우스에 대한 분노와 딸에 대한 슬픔 때문에 곡물의 결실을 모두 불태워버렸다고 전한다.[53] 이들의 서술에서도 곡물 생산에 대한 데메테르의 절대적인 권한이 분명하게 드러난다.

또한 데메테르는 곡물 생산과 관련된 여러 가지 수식어를 지니기도 했다. 그 대표적인 예로는 '폴리포르보스'(πολύφορβος), '카르포포이오스'(καρποποιός), '카르포포로스'(καρπόφορος), '폴리트로포스'(πολύτροφος)를 들 수 있다. 이 가운데 '폴리포르보스'는 '많은 식량의, 많은 자를 먹이는'을 뜻하고 '카르포포이오스'는 '결실을 맺는, 열매를 맺는', '카르포포로스'는 '결실을 맺는, 결실을 가져오는', '폴리트로포스'는 '풍부하게 부양하는, 풍

---

51) 에우리피데스, 『바카이』 275-277; 아리스토파네스, 『새』 580; 플라톤, 『크라틸로스』 404B; 테오크리토스, Poems, VII.33-34, X.42-43; 칼리마코스 찬가, 6.2, 6.119, 6.136-137.

52) 바킬리데스, 『우승송가』 3.1-2; 디오도로스, 5.69.3.

53) 에우리피데스, 『헬레네』 1325-1329; 디오도로스, 5.68.2; 디오도로스, 5.5.1 참조.

부한 양식을 제공하는'의 의미를 지닌다. 이것들은 데메테르의 신성 수식어로 사용된 것들인데,[54] 모두 곡물 생산과 관련된 수식어들이다. 이 수식어들이 데메테르에게 사용되었다는 것은 그녀가 곡물 생산의 주관자로 인식되었음을 말해준다.

(3) 곡물과 생산기술을 인간에게 전수(傳授)

데메테르는 곡물을 처음 발견하여 그것의 재배와 사용법을 인간들에게 가르쳐주었다고 전한다. 이에 관한 전승은 고전기의 자료에서 처음 확인된다. 아테네의 이소크라테스가 기원전 380년경에 발표한 한 연설문에서 데메테르의 곡물 전수 전승이 구체적으로 명시되었던 것이다.[55] 여기서 이소크라테스는 아테네의 과거 행적을 찬미하면서 데메테르의 선물을 그 예로 소개한다. 그에 따르면 데메테르가 코레를 잃고 방랑하다가 아테네인들의 땅에 오게 되었을 때 최대의 선물 두 가지를 아테네인들에게 선사했다고 한다. 그중 하나는 '결실'(οἱ καρποί)이고 다른 하나는 제식(τελετή)이었다고 한다. 이 '결실'은 대지의 산물인 곡물을 가리킨다. 아테네인들은 이 선물들을 독점하지 않고 모든 사람들과 공유했는데, 다른 사람들에게도 '결실'의 사용과 생산에 대해 가르쳐주었다는 것이다. 즉 이소크라테스가 소개한 전승에는 데메테르가 딸을 잃고 방랑하다가 아테네인들에게로 와서 곡물을 최초로 선사했고 그것을 아테네인들이 세상에 전파했다고 되어 있다.

이소크라테스에 이어 크세노폰도 곡물 전수 전승을 소개한다. 크세노폰은 『헬레니카』 6.3.6에서 기원전 371년의 사건을 기술하면서 아테네인 칼리아스(Kallias)의 말을 빌려 트립톨레모스의 행적을 소개한다. 그에

---

54) 헤시오도스, 『신통기』 912(폴리포르보스); 에우리피데스, 『레소스』 964(카르포포이오스); 아리스토파네스, 『개구리』 384(카르포포로스); 칼리마코스 찬가, 6.2(폴리트로포스).

55) 이소크라테스, 4.28-29.

따르면 트립톨레모스가 '데메테르와 코레의 비의'(τὰ Δήμητρος καὶ Κόρης ἄρρητα ἱερά) 및 '데메테르의 결실의 씨앗'(Δήμητρος καρποῦ σπέρμα)을 외지인들에게 전해주었다고 한다. 이 '데메테르의 결실'은 물론 곡물을 가리킨다. 크세노폰은 여기서 트립톨레모스와 데메테르의 관계에 대해서는 언급하지 않는다. 즉 데메테르가 곡물을 처음 발견하고 그것을 트립톨레모스를 통해 인간에게 전수했다는 스토리가 나타나지 않는 것이다. 그는 다만 트립톨레모스의 곡물 전파에 대해서만 거론한다. 그런데 트립톨레모스가 데메테르 비의와 곡물을 인간들에게 전파했다는 것은 그 전에 그가 데메테르에게서 그것들을 전수받았음을 전제로 한다. 트립톨레모스는 흔히 데메테르의 지시를 받아 그것들을 인간세계에 전파한 인물로 여겨지기 때문이다. 더욱이 크세노폰이 언급한 칼리아스는 엘레우시스 비의를 담당하는 다이두코스였다고 하므로 그가 데메테르와 트립톨레모스의 일화를 몰랐을 리 없는 것이다.

데메테르와 엘레우시스의 트립톨레모스의 관계에 대해서는 이미 호메로스 찬가 2에서 설명된 바 있다. 호메로스 찬가, 2.473-478에 의하면 데메테르가 엘레우시스의 트립톨레모스 등에게 그녀의 제식수행을 보여주고 신성한 비의를 가르쳐주었다고 한다. 그런데 호메로스 찬가 2는 그녀의 곡물 전수에 대해서는 전혀 언급하지 않는다. 즉 데메테르가 자신의 제식을 전수했다는 것은 호메로스 찬가 2에서 언급되지만 트립톨레모스를 통한 곡물 전수의 전승은 크세노폰에게서 처음 확인된다. 하지만 데메테르의 곡물 전수 전승은 이소크라테스나 크세노폰 이전에도 널리 알려져 있었을 것으로 보인다. 로마 시대의 스트라본은 전하기를, 소포클레스의 『트립톨레모스』에서 트립톨레모스가 대지에 씨앗을 뿌리고 돌아다니는 인물로 서술되었다고 말했다.[56] 그렇다면 고전기의 아테네 시인 소포클레스가 『트립톨레모스』라는 작품에서 트립톨레모스의 곡물 전파 일화를

---

56) 스트라본, 『지리지』 1.2.20.

언급했음이 확인된다. 이는 소포클레스 당대에 그 일화가 널리 알려져 있었음을 의미한다. 또 아테네의 한 적색문양 도자기(Beazley Archive Number 204683)에는 트립톨레모스가 왼손에 곡물 이삭을 들고 마차에 앉아 있는 모습이 나온다. 트립톨레모스의 뒤에는 역시 왼손에 곡물 이삭을 든 데메테르가 서 있는데, 이 모습은 인간에게 곡물을 전파하러 떠나는 트립톨레모스를 데메테르와 페르세포네가 환송하는 장면으로 해석된다. 이 도자기가 기원전 5세기 전반의 것으로 추정되므로 적어도 고전기 초에는 데메테르의 곡물 전수에 대한 전승이 알려져 있었던 것으로 보인다.

데메테르의 곡물 전수 전승이 좀 더 체계적으로 설명된 것은 헬레니즘 시대에 가서였다. 우선 칼리마코스 찬가, 6.19-21에서는 데메테르가 최초로 '곡물 이삭'(ἄσταχυς)을 베어 묶고 트립톨레모스에게 '훌륭한 기술'(ἀγαθὴ τέχνη)을 가르친 것으로 나온다. 여기서 '훌륭한 기술'은 문맥상 곡물 생산과 관련된 기술일 것으로 추정된다. 그런데 칼리마코스 찬가에서는 데메테르가 곡물을 최초로 수확하고 그에 대한 기술을 트립톨레모스에게 전수했다고만 언급할 뿐 더 이상 자세한 설명을 제시하지 않는다. 한편 기원전 3세기의『파로스 연대기』는 좀 더 자세한 내막을 소개한다.『파로스 연대기』에 의하면 데메테르가 아테네에 와서 '곡물을 심었고'(καρπὸν ἐφυτεύεν), 트립톨레모스를 통해 그것을 최초로 다른 곳에 전파했다고 한다. 또 트립톨레모스는 엘레우신(Eleusin)이라 불리는 라리아(Rharia)에서 곡물을 파종했고, 오르페우스는 '곡물을 받은 자들'(οἱ ὑποδεξάμενοι τὸν καρπόν)에 관한 이야기를 지었다고 한다.[57] 이상의『파로스 연대기』기술을 정리하면 데메테르가 아테네에 와서 곡물을 심고 그것을 여러 사람들에게 수여했으며, 특히 트립톨레모스로 하여금 가장 먼저 곡물을 다른 곳으로 전파하도록 했다고 한다. 또 트립톨레모스가 곡물을 처음 파종한 곳은 라리아였다고 한다. 여기서 데메테르는 곡물을 처음 재배하고 그것을

---

57)『파로스 연대기』Ep.12, 13, 14.

인간들에게 전수하고 트립톨레모스를 시켜 다른 지역에도 곡물을 전파한 신으로 나온다. 트립톨레모스가 곡물을 파종한 곳이 라리아라고 하는데 이는 데메테르가 곡물을 전수한 장소가 엘레우시스였음을 가리킨다. 라리 아는 라로스 평원을 말하고, 엘레우시스에 위치해 있기 때문이다. 파로스 연대기도 라리아가 엘레우신으로 불린다고 말하는데, 엘레우신은 엘레우 시스의 다른 이름이다. 이로써 『파로스 연대기』에서는 곡물 전수 전승이 데메테르의 첫 곡물 재배(혹은 발견)와 곡물 전수, 트립톨레모스의 곡물 전 파라는 이야기 요소를 갖추게 된다.

한편 아폴로도로스도 데메테르의 엘레우시스 체류와 트립톨레모스를 통한 곡물 전수를 간략하게 언급한다. 아폴로도로스에 의하면 데메테르가 엘레우시스에 머물던 중 메타네이라의 장남 트립톨레모스에게 날개 달린 뱀들의 마차와 밀을 주었고 트립톨레모스는 하늘을 다니면서 그 밀을 살 포했다고 한다.[58]

데메테르의 곡물 전수 전승을 가장 자세히 풀어낸 것은 디오도로스였 다. 이 전승은 디오도로스, 5.68.1-2, 5.69.1-3에 잘 요약되어 있다. 디오 도로스에 의하면 '곡물'(σῖτος)이 야생으로 자라고 아직 인간에게 알려지 지 않았을 때에 데메테르가 최초로 그것을 거두어들이고 곡물의 재배와 보존법을 고안했으며, 인간에게 곡물의 파종법을 가르쳐주었다고 한다. 그녀는 페르세포네를 낳기 전에 이미 곡물을 발견했는데, 나중에 페르세 포네가 하데스에게 납치되자 제우스에 대한 분노와 딸에 대한 슬픔 때문 에 모든 곡물의 결실을 불태워버렸다고 한다. 그러나 페르세포네를 다시 찾고 제우스와 화해한 후에는 트립톨레모스에게 '곡물'을 파종하도록 했 으며, 트립톨레모스를 시켜 그녀의 선물을 모든 사람에게 나누어주고 파 종에 관한 일을 가르치도록 했다 한다. 여기서 데메테르는 야생의 곡물을 발견하고 그 재배와 보존법을 강구하여 인간에게 전수한 신으로 나타난

---

58) 아폴로도로스, 『비블리오테케』 1.5.1-1.5.2.

다. 또 그녀는 트립톨레모스에게 최초로 곡물을 전수하고 그를 시켜 인간 세계에 곡물을 전파하도록 한 신으로 나온다. 하지만 디오도로스는 데메테르가 곡물을 최초로 전수한 자들이 누구인지는 단언하지 않는다. 그는 트립톨레모스가 데메테르에게서 곡물을 처음 받았다고 언급하지만 데메테르에게서 곡물을 처음 받았다는 지역을 다양하게 제시한다. 디오도로스는 5.69.1-3에서 '그것의 결실의 발견에 대해'(περὶ τῆς εὑρέσεως τοῦ καρποῦ τούτου) 이견들이 많다고 하면서 그에 관한 이집트인, 아테네인, 시칠리아인들의 전승을 모두 소개한다. 여기서 '그것'은 곡물을 가리킨다. 그들은 각기 자신들에게 데메테르 여신이 최초로 나타나 '그것의 본성과 사용'(τὴν τούτου φύσιν τε καὶ χρῆσιν)에 대해 알려주었다고 주장한다는 것이다. 즉 이집트인들은 데메테르가 최초로 씨앗을 전해준 곳이 이집트라고 주장하는 반면, 아테네인들은 곡물이 엘레우시스에서 처음 전수되어 아테네에 전해진 것으로 여겼다 한다. 또 시칠리아인들은 곡물 선물이 그들에게 최초로 수여되었다고 주장했다 한다. 이처럼 디오도로스는 데메테르의 곡물 전수 전승을 종합적으로 정리하면서 다양한 계보의 전승을 소개하고 있다. 특히 엘레우시스 위주의 전승과는 다른, 시칠리아인들의 전승을 부각한 점이 크게 돋보인다.

2) 법률과 질서의 신

데메테르는 법률과 질서의 신으로 간주되었다. 법률의 신 데메테르의 행적에 대한 직접적인 언급은 헬레니즘 시대 자료에서 처음 확인된다. 칼리마코스는 그의 데메테르 찬가에서 여신의 행적을 열거하며, 데메테르가 여러 국가에 '만족스런 법률들'(ἑαδότα τέθμια)을 부여했다고 말한다.[59] 여기서 '법률들'로 번역한 '테트미아'(τέθμια)는 '테스미아'(θέσμια)의 도리아

---

59) 칼리마코스 찬가, 6.18.

식 표현으로 '법률, 규범, 관습'의 의미를 지닌다. 그러나 칼리마코스는 그녀의 법률에 대해 더 이상 부언하지 않기 때문에, 그 법률의 성격과 내용을 파악하기 어렵다.

디오도로스도 데메테르가 인간에게 법률을 부여했다고 서술한다. 디오도로스는 5.5.2-3에서 데메테르가 인간에게 베푼 두 가지 은혜를 서술하면서 그 가운데 하나는 곡물이고 다른 하나는 '노모이'(νόμοι, 법률)이라고 말한다. 즉 그녀는 곡물을 발견하고 그것의 재배법을 인간에게 가르쳤을 뿐만 아니라 '노모이'를 도입하여 인간이 '정의롭게 행하도록'(δικαιοπραγεῖν) 했다고 한다. 데메테르가 '테스모포로스'(θεσμοφόρος)라는 호칭으로 불린 것은 그 때문이고, 인간은 그 혜택으로 인해 '생존'(τὸ ζῆν)과 '올바른 삶'(τὸ καλῶς ζῆν)을 누리게 되었다 한다. 또 디오도로스는 5.68.1-68.3에서도 유사한 언급을 한다. 즉 데메테르가 곡물을 발견하여 인간에게 파종법을 가르치고 '노모이'도 도입했다고 한다. '노모이'는 인간이 서로를 '정의롭게 대하게'(τὸ δίκαιον διδόναι) 했으며, 이 때문에 여신은 '테스모포로스'라고 불렀다 한다. 이상의 디오니소스 대목들에서 데메테르는 인간에게 곡물과 법률을 함께 전수한 신으로 묘사된다. 특히 '노모이'는 인간의 정의롭고 올바른 삶을 도모하고 인간 사이의 정의로운 관계를 가능하게 한다. 그러나 디오도로스에게서도 '노모이'의 구체적인 내용은 밝혀지지 않는다.

이처럼 칼리마코스와 디오도로스는 데메테르 법률의 정체(正體)를 설명하지 않는다. 데메테르가 왜 법률과 질서의 신성을 지니게 되었는지에 대한 언급도 보이지 않는다. 그런데 칼리마코스와 디오도로스는 모두 데메테르의 법률 전수 이야기를 그녀의 곡물 전수 전승과 함께 서술한다. 이는 데메테르가 인간에게 부여한 두 가지 선물, 즉 곡물과 법률이 서로 연관되었을 가능성을 제기한다. 그녀의 법률이 곡물 전수와 연관된 것이라면, 그것은 곡물 전수 이후 정착된 농경사회에 대한 규범이 아닌가 한다. 즉 인간이 곡물을 재배하면서 정주(定住) 공동체가 구성되고 그에 대한 사회질서와 규범이 필요하게 되자 곡물신이 나서서 법률을 부여한 것이라 볼 수 있다. 하지만 이런 해석은 확실한 근거가 없으므로 현재로서는 데메테르 법률의 정확한 실상을 파악하기 어렵다.

그런데 디오도로스는 데메테르의 '테스모포로스' 호칭이 그녀의 법률 전수 행적에서 유래했다고 본다. '테스모포로스'라는 말은 '법률, 규범'을 뜻하는 '테스모스'(θεσμός)와 '가져오는, 제공하는, 만드는'을 뜻하는 '포로스'(φορός)의 합성어로 '법률을 부여하는, 법률을 제정하는'의 의미를 지닌다. 그 말이 데메테르의 호칭으로 쓰이면 '입법자'라는 의미를 지닌다. 그러므로 데메테르의 법률 부여와 그녀의 호칭을 연관시킨 디도도로스의 설명은 어원적으로 충분히 일리 있다고 본다. 그럴 경우 '테스모포로스' 호칭의 용례는 데메테르가 법률을 전수했다는 전승이 존재했음을 알려주는 근거가 된다.

'테스모포로스'가 신의 호칭으로 사용된 것은 핀다로스에게서 처음 확인된다. 핀다로스의 단편, fr.37에는 '입법자 여왕이여, 황금고삐를 든……' (πότνια θεσμοφόρε χρυσάνιον)이라는 표현이 나와 있다. 여기서 '입법자 여왕', 즉 '포트니아 테스모포로스'로 언급된 여신이 누구인지에 대해서는 논란이 있다. 그녀는 데메테르라 하기도 하고 혹은 데메테르의 딸 페르세포네라 하기도 한다. 사실 데메테르와 페르세포네는 '테스모포로스'의 복수형인 '테스모포로이'로 불리기 때문에[60] '테스모포로스' 호칭이 데메테르와 페르세포네 모두에게 적용될 수 있다. 그런데 파우사니아스는 그녀를 페르세포네로 볼 만한 근거를 제시한다. 파우사니아스에 의하면 핀다로스가 죽기 전에 꿈속에서 페르세포네를 만난 후 그녀에 대한 송가를 지었다고 한다. 핀다로스는 이 송가에서 하데스를 '황금고삐를 든 자'(ὁ χρυσήνιος)라는 별명으로 불렀다고 한다. 파우사니아스는 이것이 페르세포네의 납치를 언급한 표현이라고 본다.[61] 그렇다면 앞의 핀다로스 단편에

---

60) 아리스토파네스, 『테스모포리아주사이』 296.

서도 '황금고삐를 든'을 뜻하는 '크리사니오스'(χρυσάνιος)라는 말이 나오
므로 그 '입법자 여신'을 하데스와 관련된 페르세포네로 볼 수도 있다. 하
지만 핀다로스의 '입법자 여왕'이 반드시 페르세포네를 뜻한다고 보기는
어렵다. 핀다로스의 시구가 단편적으로만 전하므로 전체적인 맥락을 파악
하기 어려운 것이다. 즉 호격으로 쓰인 '입법자 여왕'과 '크리사니오스'의
대격(對格)인 '크리사니온'이 문장 구성에서 어떻게 연결되는지가 불분명
하다. 더욱이 파우사니아스 이전에 '크리사니오스'가 하데스의 호칭으로
사용된 용례가 확인되지 않으므로 그 호칭이 반드시 하데스를 가리킨다고
볼 수는 없다. 오히려 '크리사니오스'는 아레스, 아르테미스, 아프로디테
에게 사용된 호칭이었던 것이다.[62] 또 '테스모포로스'가 대개 페르세포네
보다는 데메테르의 호칭으로 사용되었다는 것도 고려해야 할 점이다. 그
래서 나는 핀다로스가 말한 '테스모포로스'가 데메테르일 것으로 본다.[63]
하지만 핀다로스의 '테스모포로스'가 페르세포네라고 해도 여기서의 논
지 전개상 큰 문제가 되지는 않는다. 그것이 페르세포네의 호칭으로 사용
되었다면 동시에 데메테르의 호칭으로도 쓰였을 것이기 때문이다. 현재로
서는 페르세포네 신화에서 법률과 관련된 별도의 전승이 전하지 않으므로
페르세포네의 '테스모포로스' 호칭은 데메테르의 호칭에서 유래한 것이라
할 수 있다. 어쨌든 두 여신의 '테스모포로스' 호칭은 서로 연관된 것이므
로 핀다로스의 '테스모포로스'가 페르세포네여도 별 문제가 되지 않는다.
결국 핀다로스가 위의 단편에서 묘사한 여신이 데메테르이건 페르세포네
이건 간에 핀다로스 때에는 '테스모포로스'가 데메테르의 호칭으로 사용되
었다고 볼 수 있다. '테스모포로스'는 핀다로스 이후에도 헤로도토스와 아

---

61) 파우사니아스, 9.23.3-23.4.

62) 호메로스, 『일리아스』 6.205(아르테미스); 『오디세이아』 8.285(아레스); 소포클레스, 『콜로
노스의 오이디푸스』 693(아프로디테).

63) 이에 대한 논의는 G. P. Goold, *Pindar*, vol. II, Harvard Univ. Press, 1997, pp. 236~37 참조.

리스토파네스, 디오도로스에게서 데메테르의 호칭으로 사용되곤 했다.[64]

또한 '테스모포로스'와 관련된 파생적 표현들도 여럿 사용되었다. '테스모포리온'(θεσμοφόριον), '테스모포리아'(θεσμοφόρια), '테스모포리아제인'(θεσμοφοριάζειν)이 그것들이다. '테스모포리온'은 '테스모포로스의 신전'을 의미하고, '테스모포리아'는 '테스모포로스의 제전', '테스모포리아제인'은 '테스모포리아 제전을 거행하다'라는 의미를 지닌다. '테스모포리온' 용례는 아리스토파네스에게서 확인되고, '테스모포리아'는 헤로도토스, 아리스토파네스, 리시아스, 또 '테스모포리아제인'은 크세노폰에게서 확인된다.[65] 또 아리스토파네스는 기원전 411년에 『테스모포리아주사이』라는 희극을 공연했는데, '테스모포리아주사이'(θεσμοφοριάζουσαι)는 '테스모포리아를 기리는 여인들'을 의미한다. 이렇듯 기원전 5세기에 '테스모포로스'가 데메테르의 호칭으로 사용되고 또 '테스모포로스'와 관련된 파생적 표현들이 다수 사용된 것을 볼 때 적어도 그때에는 데메테르가 법률의 신으로 숭배되었던 것 같다.

3) 영생(永生)의 신

데메테르는 생명을 불어넣는 영생의 신이었다고 전한다. 데메테르가 영생의 신으로 언급된 것은 호메로스 찬가 2에서 처음 확인된다. 호메로스 찬가 2의 473-482에서는 데메테르의 비밀의식(秘密儀式)이 내세의 행복과 관련된 것으로 언급된다. 데메테르가 인간세계에서의 방랑을 끝내고 올림포스로 돌아가려 할 때 엘레우시스의 유력자들을 찾아가 자신의 비밀의식에 대해 알려주었다고 한다. 즉 그녀는 트립톨레모스와 디오클레스(Diokles), 에우몰포스, 켈레오스에게 그녀의 '제식(祭式) 수행'(δρησμοσύνη

---

64) 이 책의 722쪽 참조.

65) 이 책의 722~23쪽 참조.

ἱερῶν)을 보여주고 트립톨레모스와 폴릭세이노스(Polyxeinos), 디오클레스에게 '비의'(秘儀, ὄργια)를 가르쳐주었다는 것이다. 그 비의는 누구도 위배해서는 안 되고 또 캐묻거나 발설해서도 안 되는 것이었다고 한다. '지상의 인간들 중에서 그것(비의)을 목격한 자는 행복하지만'(ὄλβιος, ὃς τάδ' ὄπωπεν ἐπιχθονίων ἀνθρώπων) 비의에 입회하지 않고 불참한 자는 '죽은 후 지하의 암울한 하계에서'(φθίμενός περ ὑπὸ ζόφῳ ἠερόεντι) '그 같은 것'(ὁμοίων)을 누리지 못한다는 것이었다. 여기서 '그 같은 것'의 의미는 문맥상 비의를 겪은 자가 누리는 '행복'과 연관되어 있다. 그런데 그 '행복'은 '죽은 후'에 누린다고 하므로 데메테르 비의는 내세의 행복을 염원한 것이라 하겠다. 인간이 내세에서 행복을 누린다는 것은 죽음 이후에도 인간의 삶이 계속된다는 것을 의미한다. 죽음으로 인간의 삶이 끝난다면 '행복'을 누리는 것이 불가능하기 때문이다. 그러므로 데메테르 비의를 받아들이는 자들은 인간의 삶이 사후에도 어떤 형태로든 계속된다는 믿음을 지녔을 것으로 보인다. 하지만 호메로스 찬가의 저자는 데메테르 비의가 염원하는 사후세계의 행복을 구체적으로 설명하지 않는다. 다만 확실한 것은 데메테르 신앙이 인간의 죽음에 대한 불안을 해소하고 죽음 이후의 행복을 추구하는 내세 신앙으로서의 경향을 보였다는 점이다.

그런데 호메로스 찬가 2에서는 그 내세의 행복이 무엇인지를 추정할 수 있는 단서가 하나 제시된다. 호메로스 찬가 2의 233-264에는 인간의 죽음과 생명에 관한 데메테르 일화가 소개되는데, 그것을 데메테르 비의의 내세의 행복과 관련지을 수 있다. 그 대목에 의하면 데메테르가 엘레우시스에서 켈레오스의 아들 데모폰을 돌보게 되었다고 한다. 아이는 불사의 신처럼 자라났는데, 데메테르가 아이에게 성유(聖油)를 발라주고 여신의 달콤한 숨을 불어넣었다고 한다. 또 밤에는 부모 몰래 아이를 화로에 집어넣곤 했다고 한다. 만일 데모폰의 어머니 메타네이라가 방을 엿보지 않았다면 '그녀(데메테르)는 아이를 불로불사의 존재로 만들 수 있었을 것'(κέν μιν ποίησεν ἀγήρων τ' ἀθάνατόν τε)이라고 한다. 메타네이라가 엿본 것을 알고 여신은 분노하여 이렇게 말했다고 한다. "어리석은 인간이여, 그대는 우둔하여 그대에게 다가올 앞일을 내다보지 못하는구나. 그대는 지금 돌이킬수 없는 경망한 짓을 저질렀도다. 나는 그대의 사랑스런 아들을 평생 불노불사의 존재로 만들고 그에게 영원한 명예를 부여하고자 했는데(ἀθάνατόν κέν τοι καὶ ἀγήραον ἤματα πάντα παῖδα φίλον ποίησα καὶ ἄφθιτον ὤπασα τιμήν), 이젠 그가 죽음과 운명을 피할 수 없게 되었으니 말이다(νῦν δ' οὐκ ἔσθ' ὥς κεν θάνατον καὶ κῆρας ἀλύξαι). 그래도 그는 내 품에서 자라났으니 '불멸의 영예를 누릴 것이다'(τιμὴ δ' ἄφθιτος αἰὲν ἐπέσσεται)." 이 일화에서 데메테르는 죽어야 할 유한(有限)의 인간에게 불사의 생명을 부여하는 신으로 묘사된다. 그녀는 인간 데모폰에게 영원한 생명을 불어넣어 그를 불로불사의 존재로 만들고자 했던 것이다. 만일 그 일이 여신의 의도대로 비밀리에 성사되었다면 데모폰은 불로불사의 영원한 생명을 얻게 될 것이었다. 여기서 영생을 부여하는 데메테르의 신성과 비의의 연관성이 드러난다. 즉 데메테르가 데모폰을 불사의 존재로 만드는 일은 남에게 노출되지 않고 비밀리에 거행되어야 했다. 이는 영생과 관련된 여신의 과업이 그녀의 비의와 연관된 것임을 말해준다. 그렇다면 데메테르 비의를 통해 추구된 내세의 행복은 인간의 영생에 대한 염원과 관련된 것이라 할 수 있다. 즉 호메로스 찬가 2에서는 데메테르가 그녀의 비의(秘儀)를 통해 인간에게 영원한 생명을 부여하는 신으로 나타났던 것이다.

호메로스 찬가 2에 이어 고전기의 핀다로스와 이소크라테스도 데메테르를 영생의 신으로 언급한다.[66] 핀다로스는 '엘레우시스의 비의에 대해'(περὶ τῶν ἐν Ἐλευσῖνι μυστηρίων) 이런 말을 했다고 전한다. 즉 '그것(비의)을 목격하고 지하세계로 간 자는 복되도다'(ὄλβιος ὅςτις ἰδὼν κεῖν' εἶσ' ὑπὸ χθόν). 그는 삶의 결말을 알고 제우스가 주신 (삶의) 시초를 알도다(οἶδε μὲν βίου τελευτάν, οἶδεν δὲ διόσδοτον ἀρχάν)'라고 말했다 한다. 여기서 핀다로스

---

66) 이 책의 716쪽 참조.

의 첫 문장은 앞 단락에서 언급한 호메로스 찬가 2의 표현과 거의 유사하다. 핀다로스에게서도 역시 데메테르 비의를 목격한 자는 '행복한'(ὄλβιος) 사람으로 언급되고 또 그 행복은 지하세계에서 이뤄지는 것으로 묘사된다. 한편 뒷 문장은 그 행복의 내용을 보완 설명한다. 즉 데메테르 비의를 목격한 자는 인생의 결말과 시초를 이해한 자라고 되어 있다. 여기서 '행복한' 자는 인생의 과정과 의미를 이해하고 죽음 이후의 삶의 모습을 깨달은 자로 나온다. 그렇다면 핀다로스가 말한, 데메테르 비의의 '행복' 역시 내세의 영생과 관련된 것이라 할 수 있다. 한편 이소크라테스도 데메테르 제식의 의미를 다음과 같이 설명한다. 이소크라테스의 연설문, 4.28에 의하면 데메테르가 코레를 찾아 헤매다가 아테네인의 땅에 와서 두 가지 선물, 즉 곡물과 '제식'(τελετή)을 전해주었다고 한다. 그런데 '그 제식의 참가자들은 삶의 결말과 영원함에 대해 즐거운 희망을 가진다'(τὴν τελετήν, ἧς οἱ μετασχόντες περί τε τῆς τοῦ βίου τελευτῆς καὶ τοῦ σύμπαντος αἰῶνος ἡδίους τὰς ἐλπίδας ἔχουσιν)라고 한다. 여기서도 데메테르 제식은 인간의 죽음과 영원함에 관련되어 있다. 그것은 신자들에게 죽음과 영원한 삶에 대한 희망을 갖게 해주었으니 말이다.

고전기 이후에는 영생의 신 데메테르에 대한 언급이 다소 뜸해진다. 아폴로도로스가 그에 관한 짤막한 언급을 남기고 있을 뿐이다. 아폴로도로스는 페르세포네 납치 전승을 서술하면서 데모폰에게 불사의 생명을 불어넣으려 한 데메테르의 시도를 언급한다. 아폴로도로스에 의하면 데메테르가 켈레오스의 아들 데모폰을 보살필 때 '그(데모폰)를 불사의 존재로 만들어주려고'(βουλομένη δὲ αὐτὸ ἀθάνατον ποιῆσαι) 밤중에 아이를 불 위에 올려놓고 인간의 살을 벗겨냈다고 한다. 그런데 프락시테아가 여신이 아이를 불속에 넣는 것을 보고 비명을 질렀고, 아이는 불속에서 타버렸다고 한다.[67] 아폴로도로스는 여신을 엿본 자의 이름과 데모폰의 최후에 대

---

67) 아폴로도로스, 『비블리오테케』 1.5.1.

해서는 호메로스 찬가 2와 다르게 서술하지만 데메테르가 불의 의식을 통해 인간에게 불사의 생명을 부여하려 한 점과 그녀의 행동이 비밀리에 진행되다가 남에게 노출되자 실패한 점은 호메로스 찬가 2의 서술과 일치한다. 즉 아폴로도로스에게서도 데메테르의 비의와 인간의 영생 간의 연관성이 확인되는 것이다.

한편 디오도로스는 페르세포네 납치에 대한 다양한 전승을 소개하면서도 데모폰 일화는 언급하지 않는다. 사실 디오도로스는 디오니소스의 환생 이야기를 통해 영생의 신 데메테르의 면모를 암시한 바 있다. 즉 디오도로스, 3.62.6에 의하면 디오니소스가 가이아의 자식들에게 찢겨 죽임을 당했지만 데메테르에 의해 사지가 합쳐져 새로이 탄생했다고 한다. 이는 죽은 자를 되살리고 생명을 불어넣는 데메테르의 신성이 돋보이는 일화이다. 하지만 디오도로스는 이집트 서술대목에서 데메테르를 언급하기 때문에 그것을 그리스의 데메테르로 보기는 어렵다. 디오니소스가 찢겨 죽임을 당하고 환생했다는 이야기는 이집트의 오시리스 신화와 유사한 면이 있다. 오시리스가 세트에게 찢겨 죽임을 당하고 그의 아내 이시스가 시신을 수합하여 오시리스에게 생명을 불어넣었다는 이야기와 동일한 것이다. 그리스인들은 그리스의 신 디오니소스와 데메테르를 이집트의 신 오시리스와 이시스에 비견하여 동일시했기 때문에[68] 디오니소스의 죽음과 데메테르의 되살림 이야기는 이집트의 오시리스 신화를 가리키는 것이었다. 따라서 이 책에서는 데메테르의 디오니소스 되살림 이야기를 그리스의 데메테르와 무관한 것으로 보아 논의에서 제외하기로 한다.

영생의 신 데메테르의 신성을 언급한 자료는 그리 많지 않다. 그에 대해

---

68) 헤로도토스, 『역사』 2.59, 2.156(데메테르와 이시스), 2.42, 2.144(디오니소스와 오시리스); 디오도로스 1.11.3, 1.15.6(디오니소스와 오시리스), 1.13.5(디오니소스와 오시리스, 데메테르와 이시스).

서는 호메로스 찬가 2에서 처음 언급된 이래 고전기 이후의 자료들에서도 단편적으로만 서술될 뿐이다. 이런 양상은 아마도 제의의 비밀을 엄격하게 지키려는 데메테르 숭배자들의 의도가 반영된 것으로 보인다. 어쨌든 현존 자료에 의하면 데메테르가 적어도 상고기 말에는 불멸과 영생의 신으로 인식되었음을 알 수 있다.

5. 호칭과 수식어

'데메테르'라는 이름의 유래와 의미는 정확하게 규명되지 않는다. 그 이름에 '어머니'를 뜻하는 '메테르'(μήτηρ)가 포함되어 있어서, 어머니와 관련지어 의미를 설명하려는 주장들이 제시되곤 했다. 예를 들어 플라톤은 그 여신이 '어머니로서'(ὡς μήτηρ) 먹을 것을 선물로 내려주기 때문에 '데메테르'로 불린다고 말한다. 이 설명은 한 사물의 이름에 사물의 본질이 표현되어 있다는 견해를 입증하기 위한 하나의 예시로 제시된 것이므로 그것을 진지하게 받아들이기는 어렵다. 또 '다'(δᾶ)가 '땅, 대지'를 뜻하는 '게'(γῆ)의 도리아식 표현이라고 보고, 그 이름이 '땅'을 뜻하는 '데'(δῆ)와 '어머니'를 뜻하는 '메테르'(μήτηρ)의 합성어로 '땅의 어머니'라는 의미를 지닌다고 주장되기도 한다. 사실 이런 주장은 디오도로스의 서술에도 나와 있다. 즉 디오도로스에 의하면 이집트인들이 땅을 어머니라고 불렀는데 그리스인들도 마찬가지로 이를 데메테르라고 불렀다고 한다. 또 데메테르는 옛날에 '게 메테르'라고 불렸고 나중에 그 말이 약간 변형되어 '데메테르'가 되었다고 한다.[69] 이런 디오도로스의 서술은 '데메테르'라는 이름이 원래 '게 메테르'에서 유래했다는 주장을 반영하고 있는 것이다. 이런 설명은 데메테르가 농경신으로서 땅과 연관된 신이기 때문에 어느 정

---

69) 디오도로스, 1.12.4.

도 수긍되는 바가 있긴 하지만 어원상 근거가 확실치는 않다.[70]

'데메테르'라는 이름은 호메로스 때부터 사용된다. 호메로스는 그의 서사시에서 데메테르라는 이름을 수차례 언급했던 것이다.[71] 데메테르는 '데오'(Δηώ)라고도 불렸는데, 호메로스 찬가에서 그 용례가 처음 확인된다. '데오'는 '땅'을 뜻하는 '데'(δῆ), '식품, 음식, 식사'를 뜻하는 '다이스'(δαίς) 혹은 '보리'를 뜻하는 크레타 말 '데아'(δηά)와 연관된 말로 추정되지만 확실한 근거는 없다. '데메테르'와 '데오'는 차별 없이 함께 사용되었다. 같은 저자의 작품들이나 같은 작품 속에서도 '데오'와 '데메테르'의 이름이 혼용되곤 했다.[72]

데메테르의 호칭 및 수식어는 다양하게 등장한다. 주로 호메로스 찬가 2와 헤로도토스의 『역사』, 리코프론의 『알렉산드라』에서 그녀에 대한 호칭과 수식어가 자주 나타난다. 특히 헬레니즘 시대의 리코프론은 데메테르의 호칭과 수식어로 '엔나이아' '헤르킨나' '에리니스' '투리아' '크시페포로스' '키리타'를 소개한다. 이것들은 대부분 리코프론에게서만 그 용례가 확인된다. 따라서 그것들의 유래와 의미를 정확하게 파악하기란 쉽지 않다. 이 책에서는 이 가운데 '에리니스'를 행적과 연관된 호칭으로 분류하고, '크시페포로스'는 형상 수식어, '엔나이아'와 '헤르킨나'는 지명 및 인명 수식어로 분류하고, 그 유래를 설명하기 어려운 '투리아' '키리타'는 기타 호칭과 수식어로 분류했음을 밝힌다.

---

70) J. Chadwick, *The Mycenaean World*, p. 87.

71) 호메로스, 『일리아스』 2.696, 5.500, 13.322, 14.326, 21.76; 『오디세이아』 5.125.

72) 호메로스 찬가, 2.47, 2.211, 2.492(데오), 2.1, 2.4, 2.54, 2.75, 2.192, 2.224, 2.236a, 2.251, 2.268, 2.295, 2.297, 2.302, 2.307, 2.315, 2.319, 2.321, 2.374, 2.384, 2.439, 2.442, 2.453, 2.470(데메테르); 에우리피데스, 『히케티데스』 290(데오), 1, 34, 173, 261(데메테르); 『헬레네』 1343(데오); 아리스토파네스, 『플루토스』 515(데오), 64, 364, 555, 872(데메테르); 테오크리토스, Poems, VII.3(데오), VII.32(데메테르).

1) 신성 호칭과 수식어

(1) 신격의 기본 호칭과 수식어

데메테르는 '지배자, 여왕'을 뜻하는 여러 가지 호칭으로 불리곤 했는데, '아나사' '포트니아' '폴리포트니아' '크레이우사'(혹은 '크레우사'), '바실레이아' '데스포이나'가 그런 호칭들이다. 이 가운데 '아나사' '포트니아' '폴리포트니아'는 상고기에 처음 확인되고, '크레우사' '바실레이아' '데스포이나'는 고전기에 나타난다.

그런데 이것들은 데메테르를 최고의 여신으로 여겨 붙여진 호칭이 아니다. 그녀가 제우스처럼 최고신도 아니고 막강한 제왕의 권력을 지닌 것도 아니어서 그녀를 특별히 '지배자, 여왕'이라고 부를 이유가 없는 것이다. 그런데도 데메테르를 '지배자'라고 칭한 것은 그녀의 신성한 권위를 가리키는 표현이라 할 수 있다. 즉 그 표현은 그녀만의 특수한 신성을 가리킨다기보다 신들 일반에 대한 경외감을 표출한 것이라 하겠다. 따라서 데메테르의 '지배자' 호칭도 포세이돈의 경우와 마찬가지로 신격의 기본 호칭으로 분류하고자 한다.

데메테르에게 가장 먼저 사용된 것으로 확인된 '지배자' 호칭은 '아나사'이다. '아나사'(ἄνασσα)는 '지배자, 군주, 주인'을 뜻하는 '아낙스'의 여성형 호칭으로 '여성 지배자, 여왕'의 의미를 지닌다. 그 호칭이 가장 처음 확인된 것은 호메로스의 『일리아스』 14.326인데, 여기서 그녀는 '아름다운 머리칼의 아나사'(καλλιπλόκαμος ἄνασσα)라고 불린다. 호메로스는 데메테르를 드물게 언급하기 때문에 그녀의 '아나사' 호칭도 딱 한 번만 언급되고 더 이상 나타나지 않는다. 그러나 '아나사'는 호메로스 이후에도 호메로스 찬가와 에우리피데스, 아리스토파네스의 시에서 데메테르의 호칭으로 자주 언급되었다.[73]

---

73) 이 책의 717쪽 참조.

하지만 '아나사'는 데메테르만의 호칭이 아니었다. 그것은 아테나, 아르테미스, 레토 같은 여신들에게도 사용되었다. 호메로스가 '아나사'라고 부른 여신은 데메테르와 아테나뿐이었다. 한편 호메로스 찬가 5의 92-97에는 '아나사'라고 불리는 여신들의 이름이 나열되어 있는데, 그 가운데는 아르테미스, 레토, 아프로디테, 아테나, 테미스, 카리테스, 님페가 포함되어 있다. 여기에는 정작 데메테르의 이름이 빠져 있지만 데메테르 외에 '아나사'라고 불리는 여신들이 매우 많았음을 알 수 있다. '아나사'는 여신들의 신적인 권위를 나타내는 신격 호칭으로 자주 사용되었던 것이다.[74]

'아나사' 다음으로 확인된 데메테르의 신격 호칭은 '포트니아'였다. '포트니아'(πότνια)는 '아나사'와 마찬가지로 '여성 지배자, 여왕'이라는 의미를 지니는 경칭이다. '포트니아'는 축약형인 '포트나'(πότνα)로도 불린다. '포트니아'는 호메로스 찬가에서 처음 확인된다. 호메로스 찬가 2에서는 데메테르가 '아나사'로 불리기도 하고 '포트니아' 혹은 '포트나'라고도 불린다. 여기서 '아나사'와 '포트니아'는 특별히 구분되는 호칭이 아니다. 데메테르는 '데메테르 아나사' 혹은 '데메테르 포트니아' '포트니아 메테르(어머니)'라고 불리는 것이다. 또한 그녀는 축약형인 '포트나'를 사용하여 '포트나 테아온'(πότνα θεάων), 즉 '여신들의 여왕'이라고도 불리는데, 이는 데메테르의 상위적인 위상을 말해준다. 그녀는 최고의 여신은 아니지만, 뭇 여신들을 대표하는 권위를 인정받고 있었던 것이다. '포트니아'는 호메로스 찬가 이후에도 데메테르의 호칭으로 자주 사용되곤 했다.[75]

'포트니아' 역시 데메테르만의 호칭은 아니었다. 그것은 헤라, 아테나, 아르테미스, 아프로디테, 테티스(Thetis), 레토, 헤베 등에게도 사용되었다.[76] '포트니아'가 데메테르 호칭으로 쓰인 것은 호메로스 찬가에서 처음

---

74) 이 책의 718~19쪽 참조.

75) 이 책의 717쪽 참조.

76) 이 책의 717~20쪽 참조.

확인되지만 헤라와 아르테미스, 아테나, 테티스, 헤베의 호칭으로는 이미 호메로스 때부터 사용되었다. 반면 레토의 호칭으로는 호메로스 찬가 3, 아프로디테의 호칭으로는 에우리피데스의 『히폴리토스』에서 처음 확인된다. '포트니아'는 그리스 여신들의 호칭으로서 '아나사'보다 더 자주 사용된 호칭이었다. 그것은 그리스 여신들의 신격을 나타내는 가장 대표적인 호칭이었던 것 같다.

데메테르에게는 '폴리포트니아'(πολυπότνια)라는 호칭도 사용되었다. '폴리포트니아'는 '많은, 위대한'을 뜻하는 '폴리스'(πολύς)와 '지배자, 여왕'을 뜻하는 '포트니아'의 합성어로 '위대한 여왕'이라는 의미를 지닌다. 이는 '포트니아'의 강조 호칭이라고 할 수 있다. '폴리포트니아'가 데메테르의 호칭으로 사용된 것은 호메로스 찬가 2에서 처음 확인된다. 그후 아리스토파네스의 『테스모포리아주사이』에서도 나타나지만 그 용례가 매우 드물다.[77]

'폴리포트니아' 역시 데메테르만의 호칭은 아니었다. 그것은 레아와 키벨레의 호칭으로도 사용되었다. 그런데 여기서의 레아와 키벨레는 모두 그리스 여신이 아니고 이방의 프리기아 여신을 가리킨다. '폴리포트니아'가 레아와 키벨레의 호칭으로 언급된 것은 아폴로니오스의 『아르고나우티카』에서이다. 『아르고나우티카』 1.1125에는 '딘디몬(Dindymon)산의 어머니, 폴리포트니아'(μήτηρ Δινδυμίη πολυπότνια)라는 표현이 나오는데, '딘디몬산의 어머니'는 프리기아의 여신 키벨레를 가리킨다. 이 대목에서는 아르고호의 영웅들이 딘디몬산에 올라가서 프리기아의 여신에게 제물을 바치고 기도하는 장면이 묘사된다. 그런데 그 앞 대목인 1.1092-1094에서는 딘디몬산의 신전에 올라가 '모든 신들의 어머니'(μήτηρ συμπάντων μακάρων)를 달라는 언급이 나온다. 프리기아의 여신 중에서 '신들의 어머니'로 불릴 만한 여신은 키벨레이다. 그녀는 그리스의 자료에서 '신과

---

77) 호메로스찬가, 2.211; 아리스토파네스, 『테스모포리아주사이』 1154.

인간의 어머니' 혹은 '어머니'로 불렸던 것이다.[78] 더욱이 키벨레는 '딘디메네'라고도 불렸는데, 이는 그녀의 신전이 있었다는 딘디몬산의 이름에서 유래한 것으로 추정된다. 따라서 1.1125의 '폴리포트니아'는 키벨레의 호칭이라 할 수 있다. 또한 아폴로니오스는 1.1151에서도 '폴리포트니아 레이에'라는 표현을 사용한다. 레이에(Rheie)는 레아(Rhea)의 이오니아식 표현이다. 그런데 여기서 레아는 앞에서 언급한 프리기아의 여신과 동일한 존재이다. 아폴로니오스에 의하면 아르고호의 영웅들이 딘디몬산의 신전에서 제사를 지낸 후 프리기아인들이 그들의 방식을 본떠 레아에 대한 제사를 지냈다고 한다.[79] 아폴로니오스는 딘디몬산의 여신과 프리기아의 레아를 동일시하고 있는 것이다. 그러므로 1.1151의 '폴리포트니아'도 실은 키벨레를 가리키는 것으로 볼 수 있다. 키벨레는 흔히 그리스의 레아 혹은 데메테르와 동일시되곤 했는데, 이들이 모두 '폴리포트니아'라는 호칭으로 불렸다. 이는 데메테르의 호칭인 '폴리포트니아'가 그녀와 동일시되는 외국 여신의 호칭으로까지 전용된 것이 아닌가 한다.

  '크레이우사'도 데메테르의 호칭으로 사용되었다. '크레이우사'(κρείουσα)는 '크레이온'(κρείων)의 여성형이고 '크레이오이사'(κρείοισα)는 '크레이우사'의 도리아식 표현이다. '크레이온'이 '지배자, 군주, 주인'을 뜻하므로 '크레이우사'는 '여왕, 여주인'을 의미한다. 호메로스 이후에는 '크레이온'과 '크레이우사'가 '크레온'(κρέων)과 '크레우사'(κρέουσα)로 표현되기도 했다. '크레이우사'가 데메테르의 호칭으로 사용된 것은 바킬리데스의 시구(詩句)에서 처음 확인된다. 바킬리데스는 데메테르를 '최상의 결실을 맺는 시칠리아의 여왕(크레우사)'(ἀριστοκάρπου Σικελίας κρέουσα)으로 표현한다. 칼리마코스 찬가에서도 데메테르는 '여신들의 위대한 여

---

78) 에우리피데스, 『바카이』 59, 128; 헤로도토스, 『역사』 1.80(어머니); 아리스토파네스, 『새』 875(신과 인간의 어머니).

79) 아폴로니오스, 『아르고나우티카』 1.1138-1139.

왕(크레이오이사)'(μέγα κρείοισα θεάων)이라고 불린다.[80] 이는 '포트나 테아온'과 마찬가지로 뭇 여신들을 능가하는 데메테르의 지배적 권위를 표현한 것으로 보인다. '크레이우사'는 데메테르의 신격 호칭으로 자주 사용되지는 않았던 것 같다. 칼리마코스 찬가 이외에는 더 이상 용례가 확인되지 않는다. 한편 '크레이우사'는 칼립소와 레아 여신에게도 신격 호칭으로 사용되었는데, 둘 다 헬레니즘 시대의 자료에서 용례가 확인된다. 칼립소는 아폴로니오스의 『아르고나우티카』 4.574에서 '크레이우사 칼립소'라 불리고, 레아는 테오크리토스의 시(Poems, XVII.132)에서 '크레이우사 레아'라고 불리는 것이다.

'바실레이아'(βασίλεια)도 데메테르의 신격 호칭으로 사용되었다. '바실레이아'는 '왕, 지배자'를 뜻하는 '바실레우스'(βασιλεύς)의 여성형으로 '여왕, 여성 지배자'의 의미를 지닌다. '바실레이아'가 데메테르의 호칭으로 사용된 것은 아리스토파네스의 『개구리』 384에서 처음 확인된다. 그러나 '바실레이아' 호칭은 아리스토파네스 이외에는 다른 용례가 보이지 않는다. '바실레이아'는 다른 여신들의 호칭으로도 사용되었다. 그것은 헤라, 에이레네, 카리테스(Charites) 등에게 사용되었던 것이다. 헤라와 카리테스의 호칭으로 사용된 것은 핀다로스 송가에서 처음 확인되고, 에이레네의 호칭으로 사용된 것은 아리스토파네스에게서 처음 확인된다.[81] 특히 헤라는 '테온 바실레아'(θεῶν βασιλέα), 즉 '여신들의 여왕'으로 표현되는데, 이는 그녀가 여신들 가운데 최고임을 나타낸다. '바실레이아'가 다른 여신들의 호칭으로 쓰일 경우에는 신격 호칭인데 비해, 헤라의 경우에는 최고신의 배우자로서의 위상을 나타낸 것이라 하겠다.

'데스포이나'(δέσποινα)는 '통치자, 주인'을 뜻하는 '데스포테스'의 여성형으로 '여성 통치자, 여주인'이라는 의미를 지닌다. '데스포이나'가 데메

---

80) 바킬리데스, 『우승송가』 3.1-2; 칼리마코스 찬가, 6.138.

81) 이 책의 717~20쪽 참조.

테르의 신성 호칭으로 사용된 것은 아리스토파네스의 『테스모포리아주사이』286에서 처음 확인된다. 그러나 아리스토파네스 외에는 다른 용례가 나타나지 않는다. 오히려 그것은 아테나, 아르테미스, 아프로디테, 에이레네, 헤카테, 니케에게 빈번히 사용되었던 것이다.[82] '데스포이나'는 데메테르보다는 다른 여신들의 호칭으로 더 자주 사용된 것으로 드러난다.

(2) 곡물의 신

곡물의 신 데메테르의 신성을 나타낸 호칭으로는 '클로에' '할로아스' '이울로'가 사용되었다. 이것들이 데메테르의 호칭으로 언급된 것은 모두 헬레니즘 시대의 자료에서 처음 확인된다. '할로아스'는 테오크리토스의 시에서 처음 나타나고, '클로에'와 '이울로'는 서기 3세기 전반의 아테나이오스의 『오찬의 소피스트들』에서 처음 확인된다.[83] 사실 아테나이오스의 시기는 헬레니즘 시대 이후이므로 '클로에'와 '이울로'는 이 책의 서술 대상에 포함되지 않는다. 하지만 아테나이오스는 기원전 200년경의 저자인 세모스(Semos)의 말을 빌려 '클로에'와 '이울로'를 데메테르의 호칭으로 소개한다. 이 책에서는 아테나이오스가 인용한 세모스의 시기를 고려하여 그 언급 대목을 헬레니즘 시대의 자료에 포함하기로 한다. 그런데 '클로에'는 적어도 고전기부터 사용되었다고 볼 만한 몇몇 근거들이 있으므로 이 호칭들 가운데 가장 먼저 사용된 것으로 보인다.

'클로에'(χλόη)는 '새파란 싹, 어린 가지'를 뜻하는 말인데, 데메테르에게 사용될 경우 신록의 어린 곡물을 가리킨다. 즉 '클로에'는 어린 곡물의

---

82) 소포클레스, 『아이아스』 38, 105; 에우리피데스, 『키클롭스』 350; 아리스토파네스, 『기사』 763; 『평화』 271(아테나), 소포클레스, 『엘렉트라』 626; 에우리피데스, 『히폴리토스』 228, 1325, 1395(아르테미스), 에우리피데스, 『히폴리토스』 117, 415, 522(아프로디테), 아리스토파네스, 『평화』 976(에이레네), 아이스킬로스, Fr.216(헤카테), 아리스토파네스, 『리시스트라타』 317(니케).

83) 테오크리토스, Poems, VII.155('할로아스'); 아테나이오스, 『오찬의 소피스트들』 14,618D-E('클로에' '이울로').

생장을 돌보는 데메테르의 신성을 나타낸다. 앞서 언급했듯이 '클로에'를 데메테르의 호칭이라고 전한 것은 헬레니즘 시대의 세모스였다. 그런데 '클로에'는 고전기에도 데메테르의 호칭으로 사용되었던 것 같다. 아리스토파네스에 의하면 아테네에 '클로에'의 신전이 있었다고 한다.[84] 아리스토파네스는 '클로에'를 단독으로 표기하고 그 여신이 누구인지는 명시하지 않는다. 그러나 후대 자료에서 '클로에' 호칭이 데메테르에게만 사용되는데다 그 호칭의 의미가 곡물신과 관련된 것이어서 '클로에'는 데메테르를 가리킨다고 볼 수 있다. 더욱이 고전기의 소포클레스가 '클로에'와 유사한 의미의 '에우클로스'를 데메테르 수식어로 사용한 바 있으므로 '클로에'는 고전기에도 데메테르 호칭으로 사용되었을 것으로 보인다.

'할로아스'(Ἁλῶας)는 '탈곡장'을 뜻하는 '할로스'(ἅλως) 혹은 '알로에'(ἀλωή)와 관련된 말로 '탈곡장의'라는 의미를 지닌다. 이 말이 데메테르의 호칭으로 사용될 때에는 '탈곡장의 여신'이라는 의미로 쓰인다. 이 호칭은 곡물의 신 데메테르의 신성을 나타낸 것이다. 데메테르는 곡물 생산뿐만 아니라 수확 이후의 탈곡과 저장작업에도 관여한다고 알려져 있었으므로, '탈곡장의 여신'이라는 호칭이 붙여질 만했다. 호메로스도 데메테르의 탈곡장 작업을 거론한 바 있다. 호메로스는『일리아스』499-501에서 '신성한 탈곡장들'(ἱεραὶ ἀλωαί)에서의 일을 데메테르와 관련지어 묘사했던 것이다. '할로아스' 호칭을 유일하게 언급한 테오크리토스도 '탈곡장'을 데메테르의 곡물과 관련된 것으로 표현한다. 즉 그는 '할로아스' 호칭이 사용된 시(Poems, VII)의 33-34에서 데메테르 여신이 탈곡장을 보리로 가득 채웠다고 말하는 것이다. 이렇듯 '할로아스'는 탈곡을 관장하는 데메테르의 신성과 관련된 호칭이다. 하지만 그 호칭은 헬레니즘 시대의 테오크리토스에게서만 나타난다.

한편 '이울로'(Ἰουλώ)는 '갓 생긴 수염이나 털, 솜털, 곡물다발'을 뜻하는

---

84) 아리스토파네스,『리시스트라타』835.

데, 데메테르에게 사용될 경우 '곡물다발의 여신'을 의미한다. 이는 곡물 경작을 담당하는 데메테르의 신성을 나타낸다. '이울로'는 세모스의 말을 통해 전해질 뿐 다른 용례는 확인되지 않는다.

곡물의 신 데메테르의 신성을 나타내는 수식어로는 '폴리포르보스' '호레포로스' '아글라오도로스' '아글라오카르포스' '에우클로스' '카르포포이오스' '카르포로스' '폴리트로포스'가 있다. 이 가운데 '폴리포르보스'는 헤시오도스, '호레포로스' '아글라오도로스' '아글라오카르포스'는 호메로스 찬가 2, '에우클로스'는 소포클레스, '카르포포이오스'는 에우리피데스, '카르포로스'는 아리스토파네스, '폴리트로포스'는 칼리마코스 찬가에서 처음 확인된다.

'폴리포르보스'(πολύφορβος)는 '많은, 다수의'를 뜻하는 '폴리스'(πολύς)와 '식량, 음식, 사료'를 뜻하는 '포르베'(φορβή)의 합성어로 '많은 식량의, 다수를 먹이는'의 의미를 지닌다. 이 수식어는 풍부한 양식을 제공하는, 곡물의 여신 데메테르의 신성을 가리키는 수식어라 할 수 있다. 이 수식어는 호메로스 때부터 가이아, 대지에 대해 사용되었는데, 데메테르의 수식어로는 헤시오도스에게서 처음 확인된다. 하지만 이 수식어는 헤시오도스 이후에 별다른 용례가 나타나지 않는다. 오히려 그것은 가이아에 대한 수식어로 자주 쓰이곤 했다.[85] '폴리포르보스'와 유사한 의미의 '폴리트로포스'(πολύτροφος)도 곡물의 여신에 대한 수식어로 사용되었다. '폴리트로포스'는 '많은, 다수의'를 뜻하는 '폴리스'(πολύς)와 '부양자, 양육자, 음식물'을 뜻하는 '트로포스'(τροφός)의 합성어로 '풍부하게 부양하는, 풍부한 양식을 제공하는'의 의미를 지닌다. 그런데 이것은 칼리마코스 찬가에서만 데메테르의 수식어로 언급되고, 그 외에는 더 이상 용례가 나타나지 않는다.[86]

---

85) 이 책의 721쪽 참조.

'호레포로스' '아글라오도로스' '아글라오카르포스'는 모두 호메로스 찬가 2에서 처음 확인되는 데메테르 수식어이다. 특히 '호레포로스'와 '아글라오도로스'는 그들의 모든 용례에서 함께 언급된다. 호메로스 찬가 2.54, 2.192, 2.492에서 모두 '데메테르, 호레포로스 아글라오도로스' (Δημήτηρ ὡρηφόρος, ἀγλαόδωρος)라는 표현이 나오는 것이다. [86]

'호레포로스'(ὡρηφόρος)는 '시간, 계절'을 뜻하는 '호라'(ὥρα, 혹은 호레 ὥρη)와 '가져오다, 데려오다'를 뜻하는 '페레인'(φέρειν)의 합성어로 '계절을 데려오는, 계절에 결실을 거두는'의 의미를 지닌다. 이는 계절순환과 농작물 경작의 연관성을 가리키는 말로 곡물경작을 주관하는 여신의 신성을 나타낸 것이라 하겠다. 데메테르의 수식어 '호레포로스'는 호메로스 찬가 2에서만 용례가 확인된다.

'아글라오도로스'(ἀγλαόδωρος)는 '찬란한, 훌륭한, 멋진'을 뜻하는 '아글라오스'(ἀγλαός)와 '선물, 증여'를 뜻하는 '도론'(δῶρον)의 합성어로 '훌륭한 선물의, 훌륭한 선물을 가져다주는'의 의미를 지닌다. 그런데 호메로스 찬가 2에서는 이 수식어의 구체적인 의미를 명시하지 않는다. 즉 '훌륭한 선물'이 무엇을 의미하고 데메테르가 어떻게 그 '훌륭한 선물'을 가져다주는지에 대한 설명이 나오지 않는다. 그런데 '아글라오도로스'와 형태가 유사한 '아글라아 도라'(ἀγλαά δῶρα)라는 말은 호메로스 때부터 사용되었다. 호메로스는 신이 인간에게 내리는 특별한 은총이나 왕들이 공훈을 세운 부하에게 내리는 물질적인 포상에 대해 '아글라아 도라'라는 표현을 사용했던 것이다. [87] 여기서의 '선물'은 그것을 부여하는 주체에 따라 내용이 달라진다. 데메테르의 경우, 그녀가 인간에게 부여했다는 '선물'로 가장 많이 거론된 것은 단연 곡물이다. 플라톤이 『법률』782B에서 언급한 데메테르의 '선물'(δῶρα)은 곡물을 가리키고, 이소크라테스가 언급한 데메

---

86) 칼리마코스 찬가, 6.2.

87) 호메로스, 『일리아스』 1.213, 4.97, 11.124, 16.86, 16.381.

테르의 '선물'(δωρεά)은 곡물과 제의를 말하며, 디오도로스가 언급한 데메테르의 '선물'(δωρεά)도 곡물을 가리킨다.[88] 그렇다면 '아글라오도로스'는 '훌륭한 곡물의, 훌륭한 곡물을 맺게 하는'의 의미로 해석할 수 있다. 이처럼 데메테르의 '선물'은 곡물신의 신성과 관련된 것이고, '아글라오도로스'는 곡물신의 신성을 나타낸 수식어라 할 수 있다. '아글라오도로스' 역시 호메로스 찬가 2에서만 용례가 확인된다.

한편 '아글라오카르포스'(ἀγλαοκάρπος)도 데메테르의 수식어로 사용되었는데, 그 의미는 '아글라오도로스'와 유사하다. 즉 '아글라오카르포스'는 '찬란한, 훌륭한, 멋진'을 뜻하는 '아글라오스'(ἀγλαός)와 '결실, 과실'을 뜻하는 '카르포스'(καρπός)의 합성어로 '훌륭한 결실의, 훌륭한 결실을 맺게 하는'의 의미를 지닌다. '아글라오카르포스'는 곡물의 결실을 맺게 하는 데메테르의 신성을 나타낸 말이다. '아글라오카르포스'도 호메로스 찬가 2에서만 언급되고 다른 자료에서는 확인되지 않는다.

'에우클로스'(εὔχλοος)도 데메테르의 수식어였다고 전한다. '에우클로스'는 '신록의, 어린 가지의'라는 뜻의 수식어인데, 어린 식물을 보호하는 데메테르의 신성을 나타낸 말이다. 이 수식어는 '새파란 싹, 어린 가지'를 뜻하는 '클로에'(χλόη)와 연관된 말로 추정된다. 데메테르의 수식어로 사용된 '에우클로스' 용례는 소포클레스에게서만 확인될 뿐이다.[89]

'카르포포이오스'(καρποποιός)는 '결실, 과실'을 뜻하는 '카르포스'(καρπός)와 '만들다, 생산하다'를 뜻하는 '포이에인'(ποιέιν)의 합성어로 '결실을 맺는, 열매를 맺는'의 의미를 지닌다. 이는 곡물의 결실을 거두는 데메테르의 신성을 가리키는 수식어이다. '카르포포이오스'가 데메테르의 수식어로 사용된 것은 에우리피데스에게서 처음 확인된다.[90] 하지만 에우

---

88) 플라톤, 『법률』 782B; 이소크라테스, 4.28; 디오도로스, 5.4.5, 5.4.6, 5.68.2.

89) 소포클레스, 『콜로노스의 오이디푸스』 1600.

90) 에우리피데스, 『레소스』 964.

리피데스 외에는 다른 용례가 나타나지 않는다.

'카르포포로스'(καρπόφορος)는 '결실, 과실'을 뜻하는 '카르포스'(καρπός)와 '다산의, 산출하는'을 뜻하는 '포로스'(φορός)의 합성어로 '결실을 맺는, 결실을 가져오는'의 의미를 지닌다. '카르포포로스'가 데메테르의 수식어로 사용된 것은 아리스토파네스에게서 처음 확인된다.[91] 이 역시 '카르포포이오스'와 마찬가지로 곡물생산을 주관하는 데메테르의 신성과 관련된 수식어이다. '카르포포로스'의 용례도 매우 드물게 나타나는데, 자주 사용된 수식어는 아니었던 것 같다.

(3) 법률과 질서의 신

법률과 질서의 신 데메테르를 가리키는 호칭으로는 '테스모포로스'가 대표적이다. '테스모포로스'는 '입법자'의 의미를 지니며, 데메테르의 호칭으로는 핀다로스에게서 처음 확인된다. '테스모포로스' 호칭의 자세한 의미와 내력에 대해서는 앞서 데메테르의 신성을 다룰 때 언급했기 때문에[92] 여기서는 논의를 생략하기로 한다.

2) 성격 및 행적 호칭과 수식어

데메테르의 행적 호칭 및 수식어로는 '에리니스' 호칭과 '크토니아' 수식어를 들 수 있다. '에리니스'는 헬레니즘 시대의 리코프론에게서 처음 확인되지만 안티마코스의 시구를 보면 고전기에도 사용되었음을 추정할 수 있다. '크토니아'는 고전기의 헤로도토스에게서 그 용례가 처음 확인된다.

'에리니스'(Ἐρινύς)는 데메테르의 행적 호칭으로 사용되었다. '에리니스'는 '죄, 징벌, 응징'을 뜻하는데, 죄악을 응징하는 복수(復讐)의 여신으

---

91) 아리스토파네스, 『개구리』 384.

92) 이 책의 471~73쪽 참조.

로 의인화되어 사용되기도 한다. 복수의 여신으로는 단수형(單數形)인 '에리니스'보다 복수형(複數形)인 '에리니에스'(Ἐρινύες)로 사용되곤 했다. 이 말이 데메테르의 호칭으로 사용된 것은 리코프론에게서만 나타난다.[93] 그런데 리코프론도 호칭만 언급하고 더 이상 설명하지 않으므로 그녀가 왜 그런 호칭으로 불렸는지 파악하기가 어렵다. 아폴로도로스만 데메테르와 에리니스의 연관성을 언급할 뿐이다. 아폴로도로스의 『비블리오테케』 3.6.8에 의하면 데메테르가 '분노의 여신의 모습을 한 채'(εἰκασθεῖσα ἐρινύι) 포세이돈과 동침하여 그로부터 아레이온이라는 말을 낳았다고 한다. 아폴로도로스는 데메테르가 분노의 여신으로 변신한 내력을 설명하지 않는다. 후대의 파우사니아스도 포세이돈과 데메테르의 동침에 대해 서술하지만[94] 데메테르와 에리니스의 연관성은 거론하지 않는다. 그런데 파우사니아스는 아르카디아의 텔푸사(Thelpusa) 지역에 대한 기술에서 '에리니스'라는 데메테르 호칭을 언급한다. 파우사니아스에 따르면 텔푸사 부근의 옹케이온(Onkeion)에 데메테르 성소가 있는데 텔푸사인들이 그 여신을 '에리니스'라고 불렀다 한다. 파우사니아스는 덧붙이기를, 테바이 원정 이야기를 쓴 안티마코스도 텔푸사인과 마찬가지로 그곳의 데메테르를 '에리니스 데메테르'라고 지칭했다 한다.[95] 여기서의 안티마코스는 『테바이스』를 저술한 안티마코스를 가리키므로 파우사니아스의 진술을 받아들인다면 적어도 기원전 4세기 전반에는 '에리니스'라는 데메테르 호칭이 사용되었음이 분명하다. 이 안티마코스는 펠로폰네소스 전쟁이 끝날 무렵에 한창때를 누렸다고 하니[96] 기원전 5세기 후반과 4세기 전반에 살았을 것이기 때문이다. 또 파우사니아스는 데메테르가 '에리니스'라고 불린 이유

---

93) 리코프론, 『알렉산드라』 153.

94) 파우사니아스, 8.25.5-8.

95) 파우사니아스, 8.25.3-4.

96) 디오도로스, 13.108.1.

를 설명하기도 한다. 그에 따르면 그 호칭은 앞서 언급한 데메테르와 포세이돈의 동침 일화에서 유래한 것이라고 한다. 즉 데메테르가 딸을 찾아다닐 때 포세이돈이 그녀를 탐했다고 한다. 이에 데메테르가 암말로 변신하여 숨었는데 포세이돈 역시 수말로 변신하여 그녀와 동침했다고 한다. 그런데 데메테르는 이 일을 겪고 처음엔 분노했으나 나중에는 라돈(Ladon)강에서 목욕을 했다고 한다. 바로 그 때문에 여신은 '에리니스'와 '루시아'(Λουσία)라는 두 개의 별명을 얻게 되었다고 한다. 즉 전자의 별명은 데메테르가 분노한 것 때문에 생겨난 것인데, 아르카디아인들은 분노한 상태를 '에리니스'라고 불렀다는 것이다. 또 그녀가 라돈강에서 목욕했기 때문에 '루시아', 즉 '입욕자'라는 별칭을 얻게 되었다고 한다.[97] 여기서 '에리니스'에 대한 파우사니아스의 설명을 보면 '에리니스'를 분노와 관련지어 설명한다. 따라서 데메테르는 '분노' 혹은 '분노의 여신'과 어떤 관련을 맺었을 것으로 보인다. 그러나 현재로서는 그 연관성을 자세히 파악할 수 없고 오직 파우사니아스의 설명에 의거하여 추정할 뿐이다. 그래서 이 책에서는 일단 파우사니아스의 설명을 받아들여 '에리니스'의 유래를 데메테르와 포세이돈의 동침 일화에서 찾고자 한다. '에리니스'를 데메테르의 행적 호칭으로 분류한 것은 바로 그 때문이다.

한편 데메테르의 행적 수식어로는 '크토니아'(χθόνια)가 있다. '크토니아'는 '대지의, 지하의'를 뜻하는 '크토니오스'의 여성형이다. '크토니오스'나 '크토니아'는 대지신이나 지하세계의 신을 가리키는 수식어로 자주 사용되었다. 데메테르에게도 '크토니아'라는 수식어가 붙여지곤 했는데, 헤로도토스에게서 용례가 처음 확인된다. 헤로도토스의 『역사』 6.134-135에는 밀티아데스의 파로스 원정에 대한 이야기가 서술되어 있다. 그에 따르면 밀티아데스가 파로스섬에서 '크토니아이 테아이'(χθόνιαι θεαί) 여사

---

97) 파우사니아스, 8.25.4-6. '루시아'는 헬레니즘 시대까지의 자료에서 데메테르 호칭으로 사용된 적이 없어 이 책의 호칭 논의에서 제외했음을 밝힌다.

제의 조언에 따라 데메테르 신전에 들어가 무언가를 하려 했다고 한다. 그리고 밀티아데스가 파로스에서 철수하자 파로스인들은 적군에게 조언한 여사제를 처벌하기 위해 델포이에 신탁을 문의했다고 한다. 그녀의 죄목은 적이 조국을 점령하도록 협조하고 또 남성들에게 금지된 제의를 밀티아데스에게 보여주었다는 것이다. 헤로도토스는 여기서 '크토니아이 테아이'가 누구인지를 명시하지 않는다. 그러나 밀티아데스가 여사제의 조언을 듣고 데메테르 신전에 들어가려 했다는 점이나 그 여신들의 제의가 비밀의식이었다는 점을 고려하면 '크토니아이 테아이'는 곧 데메테르와 페르세포네를 가리킨다고 하겠다. 한편 헤로도토스는 『역사』 7.153에서도 '크토니아이 테아이'를 언급하는데, 여기서는 '크토니아이 테아이'의 히에로판테스(Hierophantes) 직책을 거론한다. 히에로판테스는 데메테르의 엘레우시스 제의를 거행하는 사제들이었다고 하므로 여기서의 '크토니아이 테아이'는 데메테르와 페르세포네를 가리킨다. 즉 헤로도토스 때에는 데메테르와 페르세포네에게 '크토니아이'라는 수식어가 함께 사용되었던 것이다. 이 수식어는 고전기 이후에도 나타났는데, 아폴로니오스가 『아르고나우티카』 4.986-987에서 '크토니아 데오'라는 표현을 사용했던 것이다. 이렇듯 데메테르와 페르세포네의 공동 수식어로 사용될 경우에는 '크토니아이'라는 복수형이 사용되고 데메테르의 단독 수식어로 쓰일 때에는 단수형인 '크토니아'가 사용되었다.

'크토니아'는 지하의 여신 데메테르를 가리키는 수식어였다. 이 수식어는 데메테르만의 수식어가 아니고, 하데스나 헤르메스와 같은 지하의 신을 가리키는 수식어로도 자주 사용되었다.[98] 하데스는 지하의 사자(死者)들의 세계를 지배하는 신이고 헤르메스는 지하세계의 인도자로 알려져 있었다. 또 페르세포네는 하데스의 아내이므로 지하의 여신으로 분류되었다. 데메테르가 페르세포네와 함께 '크토니아이 테아이', 즉 '지하의 여신

---

98) 이 책의 723쪽 참조.

들'로 불린 것은 그녀의 딸 페르세포네와 하데스의 부부관계 때문이 아닌가 한다. 물론 곡물이 생장과정에서 일정 기간 땅속에 머물기 때문에 곡물신 데메테르가 지하의 신으로서의 신성을 가질 만도 했다. 하지만 그녀와 페르세포네가 함께 '지하의 여신들'로 불렸다는 점과 페르세포네의 남편 하데스의 주요 수식어가 '크토니오스'였다는 점을 고려하면 그 수식어는 하데스의 페르세포네 납치 일화에서 유래했을 가능성이 크다. 그래서 이 책에서는 '크토니오스'를 곡물신의 신성 호칭으로 보지 않고 여신의 행적과 관련된 호칭으로 분류했음을 밝힌다.

3) 형상 호칭과 수식어

데메테르의 형상 호칭으로는 '칼리스피로스'와 '포이니코페자'가 있다. 둘 다 데메테르의 발에 관한 호칭이다. '칼리스피로스'가 데메테르 호칭으로 사용된 것은 호메로스 찬가 2에서 처음 확인되고 '포이니코페자'는 핀다로스 송가에서 처음 확인된다. 한편 데메테르에 대한 수식어로는 그녀의 머리칼, 머리 관(冠), 페플로스, 도구, 햇불에 관한 것들이 있다. 데메테르의 머리칼에 관한 수식어로 사용된 것은 '칼리플로카모스' '에우플로카모스' '에우코모스'가 있는데, '칼리플로카모스'와 '에우플로카모스'는 호메로스에게서 처음 확인되고 '에우코모스'는 호메로스 찬가 2에서 처음 확인된다. 데메테르의 머리 관에 관한 수식어로는 '에우스테파노스'와 '칼리스테파노스'가 있는데, '에우스테파노스'는 헤시오도스에게서 처음 확인되고 '칼리스테파노스'는 호메로스 찬가 2에서 처음 나타난다. 또 데메테르의 페플로스에 관한 수식어로는 '키아노페플로스'와 '에우페플로스'가 있는데, '키아노페플로스'는 호메로스 찬가 2, '에우페플로스'는 헬레니즘 시대 테오크리토스에게서 처음 확인된다. 데메테르의 도구에 관한 수식어로 사용된 것은 '크리사오로스' '크리세니오스' '크시페포로스'인데, '크리사오로스'는 호메로스 찬가 2, '크리세니오스'는 핀다로스 송가, '크시페포로스'는 리코프론의 『알렉산드라』에서 처음 확인된다. 데메테르의 수식어 중에는 횃불에 관한 수식어도 있었는데, '피르포로스'가 그것이다. '피르포로스'의 용례는 에우리피데스에게서 처음 확인된다.

'칼리스피로스'($\kappa\alpha\lambda\lambda\iota\sigma\phi\nu\rho\rho\varsigma$)는 '아름다운, 예쁜'을 뜻하는 '칼리'($\kappa\alpha\lambda\lambda\iota$)와 '발목'을 뜻하는 '스피론'($\sigma\phi\nu\rho\dot{o}\nu$)의 합성어로 '발목이 예쁜 자'라는 의미를 지닌다. 이 표현이 데메테르의 호칭으로 사용된 것은 호메로스 찬가에서만 확인된다. 그런데 그것은 데메테르만의 호칭이 아니었고, 이미 호메로스 때부터 다른 여성들에게도 사용되어왔다. 그것은 니케 여신뿐만 아니라 제우스의 연인 다나에와 알크메네, 카드모스의 딸 이노, 야페토스의 아내 클리메네의 호칭으로도 사용되었던 것이다.[99] 이는 '칼리스피로스'가 데메테르만의 특별한 외모를 묘사했다기보다 아름다운 여성을 일반적으로 일컫는 용어였음을 짐작케 한다.

'포이니코페자'($\phi\omega\iota\nu\iota\kappa\dot{o}\pi\epsilon\zeta\alpha$)는 '붉은색, 진홍색'을 뜻하는 '포이닉스'($\phi\tilde{o}\iota\nu\iota\xi$)와 '발'을 뜻하는 '페자'($\pi\dot{\epsilon}\zeta\alpha$)의 합성어인데, '발이 붉은 자, 붉은색 발을 지닌 자'라는 의미를 지닌다. 데메테르에게 왜 그런 수식어가 붙여졌는지는 명확치 않다. 아마 그것은 무르익은 곡물의 색깔이나 곡물이 자라는 땅의 색깔에서 유래했을 것으로 보인다. 이 호칭이 데메테르에게 사용된 것은 핀다로스에게서만 확인된다. 핀다로스는 헤카테에게도 그 호칭을 사용하는데, 이는 헤카테가 데메테르와 페르세포네의 동반자로 그려진 탓이 아닌가 한다. 한편 핀다로스는 아프로디테에 대해서는 '아르기로페자'($\dot{\alpha}\rho\gamma\nu\rho\dot{o}\pi\epsilon\zeta\alpha$, 은백색의 발을 지닌 자)라는 호칭을 사용했다.[100]

---

99) 니케(헤시오도스, 『신통기』 384), 다나에(호메로스, 『일리아스』 14.319), 알크메네(헤시오도스, 『신통기』 526), 이노(호메로스, 『오디세이아』 5.333), 클리메네(헤시오도스, 『신통기』 507).

100) 핀다로스, Paeans, 2.77(헤카테); 핀다로스, 『피티아 송가』 9.9(아프로디테: '아르기로페자'). 호메로스와 헤시오도스 등은 '아르기로페자'를 주로 테티스 여신의 호칭으로 사용하곤 했다(호메로스, 『일리아스』 1.538, 1.556, 9.410, 16.222, 16.574, 18.127, 18.369, 19.28, 24.89, 24.120; 『오디세이아』 24.92; 헤시오도스, 『신통기』 1006; 호메로스 찬가,

데메테르의 형상 수식어 중에는 그녀의 머리칼을 묘사한 것들이 많다. '칼리플로카모스'와 '에우플로카모스', '에우코모스'가 그것들이다. '칼리플로카모스'(καλλιπλόκαμος)는 '아름다운, 예쁜'을 뜻하는 '칼리'(καλλι)와 '머리칼, 머리털'을 뜻하는 '플로카모스'(πλόκαμος)의 합성어로 '아름다운 머리칼의'라는 의미를 지닌다. 이는 여신의 아름다운 용모를 나타낸 수식어였던 것 같다. 이 말이 데메테르의 수식어로 사용된 것은 호메로스에게서만 확인된다. 그런데 '칼리플로카모스'는 데메테르만의 수식어가 아니었다. 호메로스 때부터 그것은 여신이나 인간 여성의 외모를 찬미하는 수식어로 자주 사용되곤 했다. 호메로스는 데메테르뿐만 아니라 여신 테티스와 키르케, 인간 여성 아리아드네에 대해서도 '칼리플로카모스'를 사용했고, 호메로스 이후에는 핀다로스 등이 레토, 무사이, 헬레네에 대해 그 말을 사용했다.[101]

호메로스는 데메테르에 대해 '에우플로카모스'(εὐπλόκαμος)라는 수식어도 사용한다. '에우플로카모스'는 '잘, 알맞게, 훌륭하게'를 뜻하는 '에우'(εὖ)와 '머리칼, 머리털'을 뜻하는 '플로카모스'(πλόκαμος)의 합성어로 '멋진 머리칼의, 아름다운 머리칼의'라는 의미를 지닌다. '에우플로카모스'는 말의 구성과 의미에서 '칼리플로카모스'와 유사하다고 하겠다. 그 용례도 '칼리플로카모스'와 마찬가지로 호메로스에게서만 나타난다. '에우플로카모스' 역시 데메테르보다는 다른 여신이나 여성들에게 더 자주 사용되었다. 호메로스는 이것을 아테나, 아르테미스, 칼립소, 키르케, 에오 등의 수식어로 사용했고 테네도스(Tenedos)의 처녀 헤카메데(Hekamede)에게도 사용한 바 있다. 또 호메로스 찬가에서는 마야, 카리테스의 수식어로 쓰이기도 했다.[102]

3.319).

101) 이 책의 724쪽 참조.

102) 이 책의 724~25쪽 참조.

'에우코모스'(εὔκομος)는 '잘, 알맞게, 훌륭하게'를 뜻하는 '에우'(εὖ)와 '머리칼, 머리털'을 뜻하는 '코메'(κόμη)의 합성어로 '아름다운 머리칼의' 라는 의미를 지닌다. '에우코모스'는 서사시나 서정시에서 '에우코모스' (ἠυκόμος)로 표현되기도 한다. '에우코모스'가 데메테르의 수식어로 사용된 것은 호메로스 찬가 2에서 처음 확인된다. '에우코모스'도 데메테르에 게만 사용된 수식어가 아니었다. 그것은 여성의 아름다운 외모를 표현하는 일반적인 수식어였던 것 같다. 데메테르의 수식어로는 호메로스 찬가에서만 몇 번 확인되지만 다른 여신이나 여성들의 수식어로는 호메로스에서 아폴로니오스에 이르기까지 여러 자료에서 수시로 언급되기 때문이다. 호메로스는 그 수식어를 아테나, 레토, 테티스(Thetis), 헤라, 칼립소에 대해 사용하고, 인간인 헬레네와 니오베 등에게도 사용한다. 헤시오도스 역시 여신들인 레아와 테티스(Tethys)뿐만 아니라 인간인 헬레네, 다나에에 대해 '에우코모스'를 수식어로 사용한다. 또 그후에도 '에우코모스'는 호메로스 찬가, 핀다로스, 아폴로니오스 등에게서 여신과 인간에 대한 수식어로 언급되곤 했다.[103]

데메테르의 수식어 중에는 그녀의 머리 관을 표현한 것들도 있었는데, '에우스테파노스'와 '칼리스테파노스'가 그것들이다. '에우스테파노스' (ἐυστέφανος)는 '잘, 알맞게, 후하게'를 뜻하는 '에우'(εὖ)와 '관, 화관(花冠)' 을 뜻하는 '스테파노스'(στέφανος)의 합성어로 '화려한 관을 쓴'이라는 의미를 지닌다. 또 '칼리스테파노스'(καλλιστέφανος)는 '아름다운, 예쁜'을 뜻하는 '칼리'(καλλί)와 '스테파노스'의 합성어로 '아름다운 관을 쓴'이라는 의미를 지닌다.

이 가운데 데메테르의 수식어로 더 자주 사용된 것은 '에우스테파노스' 였다. 그것은 일찍이 헤시오도스 때부터 사용되었거니와 사용 빈도도 더 많다. 그런데 '에우스테파노스'는 데메테르에게만 사용된 수식어가 아니

---

103) 이 책의 725쪽 참조.

었다. 호메로스는 이미 그 수식어를 아르테미스나 아프로디테에게 사용했고 헤시오도스도 아프로디테에게 사용한 바 있는 것이다.[104] 그것은 데메테르의 특별한 형상을 묘사했다기보다 여신들의 권위와 품격을 표현한 일반적인 묘사였다고 여겨진다. 한편 '칼리스테파노스'는 호메로스 찬가에서만 확인되고 그 외에는 언급되지 않는다. 이 수식어는 헤라에게도 사용된 적이 있다.[105]

한편, 데메테르의 복장을 표현한 수식어로는 '키아노페플로스'와 '에우페플로스'가 있다. '키아노페플로스'(κυανόπεπλος)는 '검정색의'를 뜻하는 '키아네오스'(κυάνεος)와 '가리는 베일, 겉옷'을 뜻하는 '페플로스'(πέπλος)의 합성어로 '검정색 페플로스의, 검정색 페플로스를 두른'의 의미를 지닌다. '키아노페플로스'가 데메테르의 수식어로 쓰인 것은 호메로스 찬가 2에서 처음 확인되는데, 검정색 페플로스를 두른 데메테르의 모습을 처음 언급한 것도 호메로스 찬가 2에서였다. 호메로스 찬가 2의 181-183에 따르면 데메테르가 슬픔에 젖어 머리에 베일을 두른 채 걸어갈 때 여신의 '검정색 페플로스'(πέπλος κυάνεος)가 가느다란 발 주위에서 흔들거렸다고 한다. 여기서 머리에 쓴 베일과 검정색 페플로스는 그녀의 슬픔과 연관되어 묘사된다. '키아노페플로스'는 레토에게도 사용된 바 있다.[106]

데메테르에게는 '아름다운 페플로스의'라는 의미를 지닌 '에우페플로스'(εὔπεπλος)도 수식어로 사용되었다. 그런데 '에우페플로스' 용례는 헬레니즘 시대의 테오크리토스에게서만 확인될 뿐이다. 이 수식어는 다른 여신들에게도 사용되었는데, 그라이아이(Graiai)의 일원인 에니오(Enyo)와 카리테스에게 사용된 바 있다. 에니오에 대한 수식어로는 헤시오도스에게서 처음 나타나고 카리테스의 수식어로는 바킬리데스에게서 확인된다. 즉

---

104) 이 책의 725~26쪽 참조.

105) 이 책의 726쪽 참조.

106) 이 책의 726쪽 참조.

'에우페플로스'는 데메테르의 수식어보다는 에니오와 카리테스의 수식어로 먼저 사용되었던 것이다.[107]

　데메테르에게는 그녀의 도구를 표현한 수식어들로도 있었는데, '크리사오로스' '크리세니오스' '크시페로스'가 그것들이다. '크리사오로스'(χρυσάορος)는 '황금'을 뜻하는 '크리소스'(χρυσός)와 '칼, 검'을 뜻하는 '아오르'(ἄορ)의 합성어로 '황금검을 지닌'이라는 의미를 지닌다. '크리사오로스'가 데메테르의 수식어로 쓰인 것은 호메로스 찬가 2에서 처음 나오는데, 이 수식어가 왜 데메테르에게 쓰였는지는 알 수가 없다. 데메테르는 흔히 곡물경작의 신으로서 평화로운 이미지를 지니기 때문이다. 그것은 아마 여신의 권위를 강력하게 부각하려는 의도에서 사용되었을 수 있다. 혹은 황금검을 추수에 사용되는 낫의 대용으로 본다면 곡물의 신 데메테르의 신성과 관련된 수식어로 볼 수도 있겠다. 사실 이 수식어는 데메테르보다는 아폴론에게 더 자주 사용되었다. 아폴론은 호메로스 때부터 줄곧 '크리사오로스'라는 수식어로 불렸던 것이다. 반면 그 수식어가 데메테르에게 쓰인 용례는 호메로스 찬가 2뿐이다.[108] 따라서 '크리사오로스'는 데메테르의 통상적인 수식어가 아니었음이 분명하다. .

　'크리세니오스'(χρυσήνιος)는 '황금'을 뜻하는 '크리소스'(χρυσός)와 '고삐'를 뜻하는 '헤니아'(ἡνία)의 합성어로 '황금고삐를 든'이라는 의미를 지닌다. 이는 데메테르가 이동할 때 마차를 타기도 했음을 말해준다. 그러나 이 수식어는 데메테르 이외에 아레스와 아르테미스 등의 신에게도 사용되므로 데메테르만의 특별한 수식어는 아니었다.[109]

　'크시페로스'(ξιφηφόρος)는 '칼, 검'을 뜻하는 '크시포스'(ξίφος)와 '가져오는, 나르는'을 뜻하는 '포로스'(φορός)의 합성어로 '칼을 든, 칼을 지닌'

---

107) 이 책의 726쪽 참조.

108) 이 책의 726쪽 참조.

109) 이 책의 727쪽 참조.

의 의미를 지닌다. 이 수식어는 리코프론에게서 처음 언급되며 다른 용례는 확인되지 않는다.[110] 이 수식어가 데메테르에게 사용된 이유도 파악하기 어렵다. '크시페포로스'도 '크리사오로스'와 마찬가지로 데메테르의 평화적인 이미지와는 어울리지 않기 때문이다. 아마도 추수용 낫으로 쓰인 칼을 가리키는 말이거나 그녀의 어떤 특별한 일화와 관련된 말이 아닐까한다.

데메테르의 횃불에 관한 수식어인 '피르포로스'는 '불, 횃불'을 뜻하는 '피르'(πῦρ)와 '가져오는, 나르는'을 뜻하는 '포로스'(φορός)의 합성어로 '불을 수반한, 횃불을 든'의 의미를 지닌다. '피르포로스'가 데메테르의 수식어로 쓰인 경우에는 '횃불을 든'의 의미가 더 적합해 보인다. 이 수식어는 횃불이 데메테르의 중요한 부수물이었음을 말해준다. 불은 데메테르 신화에도 등장하는데, 데메테르가 딸 페르세포네를 찾아 유랑할 때 들었던 것이 횃불이고 또 그녀가 엘레우시스의 왕자 데모폰에게 영생을 부여하는 수단으로 사용한 것도 불이었다. 그래서 데메테르는 불 혹은 횃불을 든 모습으로 묘사되고 '피르포로스'라는 수식어로 불렸던 것이다. 이 수식어가 데메테르에게 사용된 것은 에우리피데스에게서 처음 확인된다. 에우리피데스는 '피르포로스'의 복수형인 '피르포로이'를 언급하기도 하는데, 이는 데메테르와 그녀의 딸 페르세포네를 함께 지칭할 때 사용된다. '피르포로스'는 데메테르만의 수식어가 아니었다. 이 수식어는 제우스에게도 사용되는데, 제우스의 경우에는 횃불이 아니고 번갯불과 연관되어 사용된다. 제우스의 수식어로서 '피르포로스'는 소포클레스에게서만 나타난다.[111]

---

110) 리코프론, 『알렉산드라』 153.

111) 이 책의 727쪽 참조.

4) 지명 및 인명 호칭과 수식어

데메테르의 지명 및 인명 호칭으로는 '암픽티오니스'와 '헤르킨나'가 있고, 수식어로는 '엘레우시니아'와 '엔나이아'가 있다. '암픽티오니스'라는 데메테르 호칭은 헤로도토스에게서 처음 확인되고, '헤르킨나'는 리코프론에게서 처음 나타난다. 수식어 '엘레우시니아'는 소포클레스에게서 처음 나타나고, '엔나이아'는 '헤르킨나'와 마찬가지로 리코프론에게서 처음 확인된다.

'암픽티오니스'(Ἀμφικτυονίς)는 안텔라(Anthela)에서 숭배되는 데메테르의 호칭으로 사용되었다. '암픽티오니스'는 '인보동맹'을 뜻하는 '암픽티오니아'(Ἀμφικτυονία)와 연관된 말이었다. '암픽티오니스'가 데메테르의 호칭으로 사용된 것은 헤로도토스에게서 처음 확인된다. 헤로도토스의 『역사』 7.200에 따르면 안텔라 주변의 넓은 터에 '암픽티오니스 데메테르'의 성소와 암픽티오니아 국가들의 회의장, 암픽티온(Ἀμφικτυών)의 성소가 세워져 있었다고 한다. 여기서 안텔라는 테르모필라이 부근에 있는 한 촌락의 지명이고, 암픽티오니아는 공동 성소에서 함께 제사를 지내는 국가들 간의 인보동맹(隣保同盟)을 말한다. 또 암픽티온은 그 인보동맹을 처음으로 창시한 자였다고 하며, 그의 이름에서 바로 '암픽티오니아'라는 명칭이 유래했던 것으로 전한다. 그리스에는 여러 개의 종교적 인보동맹이 있었다고 하는데, 가장 대표적인 것은 두 개의 신전, 즉 델포이의 아폴론 신전과 안텔라의 데메테르 신전을 공동의 성소로 하는 것이었다. 안텔라의 데메테르 신전이 어떤 연유로 인보동맹의 공동 성소가 되었는지는 분명치 않지만, '암픽티오니스 데메테르'라는 표현은 그녀의 신전이 인보동맹의 한 축이었음을 말해준다. 그러나 '암픽티오니스'라는 데메테르 수식어는 헤로도토스에게서만 나타나고 다른 용례는 확인되지 않는다.[112]

---

112) 이 책의 727쪽 참조.

'엘레우시니아'는 아티카의 지명 엘레우시스에서 유래한 데메테르 수식어이다. 엘레우시스는 데메테르 비의가 거행되던 성지로서 데메테르 신앙의 대표적인 중심지였다. '엘레우시니아'(Ἐλευσίνια)는 '엘레우시스'(Ἐλευσίς)의 형용사인 '엘레우시니오스'(Ἐλευσίνιος)의 여성형이다. '엘레우시니아'가 데메테르의 수식어로 쓰인 것은 고전기의 소포클레스의 비극에서 처음 확인된다. 소포클레스는 '엘레우시니아 데오'라는 표현을 사용했다. 헤로도토스도 이 수식어를 사용했는데, 그는 플라타이아와 미칼레에 있는 엘레우시니아 데메테르 성소를 언급한다. 한편 스트라본은 『지리지』 8.5.3에서 시인 안티마코스의 말을 빌려 '엘레우시니아 데메테르'를 언급한다. 여기서의 안티마코스는 콜로폰(혹은 클라로스)의 시인 안티마코스를 가리킨다. 스트라본은 『지리지』에서 안티마코스를 자주 인용하는데, 9.2.24를 보면 그가 『테바이스』를 저술한 안티마코스임을 짐작할 수 있다. 스트라본에 의하면 안티마코스가 그의 시구(詩句)에서 여러 번 테바이 지역 내의 테우메소스(Teumessos)를 찬미했다고 하기 때문이다. 이 안티마코스는 기원전 5세기 후반과 4세기 전반에 걸쳐 살았을 것으로 보인다. 그는 고전기에 속하지만 소포클레스나 헤로도토스보다는 후대의 인물이었다. 이처럼 '엘레우시니아'는 고전기 자료에 자주 등장하는 데메테르 수식어였다.[113] 그런데 헤로도토스나 후대의 파우사니아스의 저술을 보면 엘레우시니아 데메테르의 신앙이 아티카 외부에서도 유행했던 것으로 나타난다. 헤로도토스는 플라타이아와 미칼레를 언급하고, 파우사니아스는 스파르타, 텔푸사, 플라타이아 등의 이름을 거론한다. 엘레우시스 외부의 데메테르에 대해서도 '엘레우시니아' 수식어가 사용된 것을 보면 데메테르 신앙에서 원래 숭배장소와의 연관성이 강하게 유지되었음을 알 수 있다.

'엔나이아'(Ἐνναία)는 데메테르의 숭배장소인 시칠리아 엔나(Ἔνναν)에서 유래한 수식어이다. '엔나이아'는 엔나의 형용사인 '엔나이오스'

---

113) 이 책의 727~28쪽 참조.

('Ενναῖος)의 여성형으로 '엔나의'라는 의미를 지닌다. 헬레니즘 시대의 칼리마코스는 데메테르가 엘레우시스, 트리오폰(Triopon), 엔나를 크게 애호했다고 말한다.[114] 여기서 데메테르가 '크게 애호한'(ἐπεμαίνετο) 곳이란 그녀가 즐겨 찾는 장소, 곧 데메테르의 숭배 중심지를 일컫는다. 스트라본에 따르면 엔나에 데메테르 신전이 있었다고 한다. 또 디오도로스에 의하면 데메테르의 딸 페르세포네가 시칠리아의 엔나에서 납치되었다고도 한다.[115] 이처럼 헬레니즘 시대와 그후 자료에서는 엔나가 데메테르 신화와 숭배에 밀접하게 연관된 것으로 묘사된다. '엔나이아'는 엔나와 데메테르의 연관성이 부각되면서 등장한 수식어였을 것으로 보인다.

'헤르킨나'('Ερκυννα)는 님프 헤르키나('Ερκυνα, 혹은 헤르킨나) 혹은 지명 헤르키나와 연관된 호칭이었을 것으로 추정된다. 님프 헤르키나에 대한 언급은 헬레니즘 시대 이후의 자료에서 처음 나타난다. 서기 2세기의 파우사니아스에 따르면 헤르키나가 레바데이아(Lebadeia)에 있는 트로포니오스(Trophonios)의 신성한 숲에서 페르세포네와 함께 놀다가 거위를 놓쳤다고 한다. 그 거위는 돌 밑에 숨었고 페르세포네가 그 돌을 들어올리자 그곳에서 물이 흘러나왔다고 한다. 그렇게 흘러나온 강은 헤르키나라고 불렸고 강변에는 헤르키나의 신전이 세워졌다고 한다. 또 트로포니오스의 신성한 숲 근처에는 데메테르 신전이 있었다고 한다.[116] 이상의 파우사니아스 서술에서 헤르키나와 데메테르의 연관성이 드러나는 것은 헤르키나가 페르세포네의 놀이친구였다는 점과 헤르키나강 근처의 트로포니오스 숲에 데메테르 신전이 있다는 점이다. 하지만 헤르키나와 데메테르의 직접적인 연관성이 부각되지 않고, 또 헤르키나강이 데메테르만의 숭배장소는 아니었다고 한다. 파우사니아스에 따르면 트로포니오스 숲에는 데메

---

114) 칼리마코스 찬가, 6.29-30.

115) 스트라본, 『지리지』 6.2.6; 디오도로스, 5.3.2.

116) 파우사니아스, 9.29.2-5.

테르뿐만 아니라 제우스, 헤라, 아폴론 등의 성소도 있었다고 하기 때문이다. 그러므로 파우사니아스의 서술만으로는 '헤르킨나'의 유래와 의미를 자세히 규명하기가 어렵다. 그러나 어찌되었든 '헤르킨나'는 '헤르키나'와 연관된 호칭일 가능성이 크기 때문에 이 책에서는 '헤르킨나'를 지명 및 인명 호칭에 포함했음을 밝힌다.

5) 기타 호칭과 수식어

데메테르의 기타 호칭으로는 '어머니' '소테이라' '아카이아' '투리아' '키리타'가 있다. 이 가운데 '어머니'가 데메테르의 호칭으로 사용된 것은 멜라니피데스에게서 처음 확인되고 '소테이라'는 아리스토파네스, '아카이아'는 헤로도토스에게서 처음 확인된다. 그리고 '투리아'와 '키리타'는 리코프론의 『알렉산드라』에서만 언급된다.

데메테르는 고전기 자료에서 '어머니'라고 불린다. 그런데 데메테르가 왜 '어머니'로 불리는지가 분명치 않다. 그녀가 가이아처럼 신들의 계보에서 근원적인 어머니인 것도 아니고 또 최고 여신으로 군림한 것도 아니었기 때문이다. 물론 그녀가 곡물 생산을 담당하는 대지의 여신이므로 생산성을 상징하는 어머니로서 인식될 만도 했다. 그러나 그녀의 '어머니' 호칭 용례를 보면 어머니의 생산성과는 무관한 용례들뿐이다. 이에 나는 데메테르의 '어머니' 호칭의 유래를 그녀의 신성, 성격, 형상, 지명 등과 관련지어 설명하기 어렵다고 보아 그것을 기타 호칭으로 분류하기로 한다. 데메테르의 '소테이라' 호칭의 유래도 명확하지 않다. 포세이돈의 '소테르' 호칭의 유래는 그리스-페르시아 전쟁 때의 일화와 관련된 것이어서 그것을 행적 호칭으로 분류했지만 데메테르의 '소테이라' 호칭의 경우에는 그 유래가 언급되지 않기 때문에 기타 호칭으로 분류하고자 한다.

'어머니'를 데메테르의 호칭으로 사용한 것은 기원전 5세기의 멜라니피데스에게서 처음 확인된다. 멜라니피데스의 원문 자체는 전하지 않지만 그가 데메테르와 '신들의 어머니'(μάτηρ θεῶν)를 동일한 존재로 보았다는 전승이 전해온다. 그러나 그 언급이 단편적으로만 전하므로 전후 맥락을 파악하기 어렵다. 또 그가 왜 데메테르를 '신들의 어머니'와 동일시했는지도 설명되지 않는다. 멜라니피데스 이후에도 데메테르는 '어머니'로 불렸다. 에우리피데스와 헤로도토스가 그녀를 '어머니'라고 불렀던 것이다.[117] 에우리피데스는 하데스의 페르세포네 납치 일화를 묘사하는 대목에서 데메테르를 '산악의 여신, 신들의 어머니'(ὀρεία, μάτηρ θεῶν)라 표현한다. 멜라니피데스가 말한 '신들의 어머니'라는 표현이 다시 나타난다. 그런데 에우리피데스는 데메테르를 '산악의 여신'으로도 부른다. 사실 '신들의 어머니'나 '산악의 여신'이란 표현은 데메테르와 그다지 관련이 없어 보인다. 그리스 신화의 계보에서 데메테르는 크로노스와 레아의 자식으로 제우스와 동세대의 신이므로 특별히 '신들의 어머니'로 불릴 만한 이유가 없다. 그녀는 만물의 모태(母胎)도 아니고 많은 신들을 생산한 것도 아니다. 더욱이 데메테르는 곡물을 주관하는 농경의 신이어서 산악보다는 풍요로운 들판이 그녀와 더 어울려 보인다.

여신들에 대한 '어머니' 호칭은 데메테르보다는 가이아와 레아에게 더 어울리는 것이었다. 가이아는 최초의 여성적 존재이고 그녀에게서 태초의 많은 생명들이 태어났다고 하니 그녀는 충분히 '어머니'로 불릴 만했다. 상고기의 헤시오도스는 가이아를 '모두의 어머니'라 불렀고 솔론도 그녀를 '올림포스 신들의 최고의 어머니'라고 불렀다. 그후로도 가이아는 어머니라는 호칭으로 자주 불리곤 했다. 또 레아도 핀다로스와 에우리피데스에 의해 '어머니'로 불렸다. 전승에 의하면 레아가 제우스와 그의 형제 누이들의 어머니였다고 하므로 그녀에게도 '어머니'라는 호칭은 어울리는 이름이었다. 그럼에도 불구하고 그 호칭들이 데메테르에게 붙여진 이유는 무엇일까?

---

117) 이 책의 728~29쪽 참조.

데메테르에 대한 '어머니' 호칭은 아마도 데메테르와 레아, 키벨레(프리기아의 여신)를 동일시하거나 혼동한 데서 유래한 것 같다. 이들 세 여신의 연관성을 추정할 수 있는 단서는 '어머니, 산악의 여신'이라는 표현이다. 에우리피데스는 데메테르를 '산악의 여신, 신들의 어머니'라 부르는 한편, 키벨레에 대해서도 '어머니, 산악의 여신'(Μήτηρ ὀρεία)이라고 지칭한다. 그는 두 여신에 대해 '어머니, 산악의 여신'이라는 공통적인 표현을 사용하는 것이다. 한편 아리스토파네스도 레아를 '어머니, 산악의 여신'(Μήτηρ ὀρεία)이라고 칭한다.[118] 이들 세 여신들 중에서 특별히 '산악의 여신'이라 불릴 만한 여신은 키벨레이다. 에우리피데스와 아폴로도로스가 디오니소스 제식과 키벨레 제식의 연관성 및 디오니소스 제식과 프리기아의 트몰로스(Tmolos)산의 연관성을 자주 언급하기 때문이다.[119] 즉 디오니소스 제식의 유래와 성격을 통해 키벨레와 산악의 관련성이 어느 정도 드러나는 것이다. 그렇다면 '산악의 여신'이라는 표현은 키벨레에서 유래했을 가능성이 가장 크다. 그런데 키벨레는 그리스의 여신 레아와 동일시되곤 했다. 에우리피데스는 프리기아의 키벨레를 '어머니 레아'라고 부르고, 아폴로도로스도 키벨레와 레아를 동일시한다. 아폴로도로스에 의하면 디오니소스가 프리기아의 키벨라(Kybela)에 도착하여 여신 레아에게서 정화를 받고 그녀의 제식을 배웠다고 한다.[120] 여기서 프리기아의 '레아'는 키벨레를 가리킨다. 레아에게 키벨레의 속성이나 호칭이 부여된 것은 그들을 동일시했기 때문이다. 한편 레아와 키벨레 사이와는 달리 데메테르와 레아

---

118) 에우리피데스, 『헬레네』 1301-1302; 『히폴리토스』 144; 아리스토파네스, 『새』 746.

119) 에우리피데스, 『바카이』 55, 65, 78-82, 135-140, 154, 462; 아폴로도로스, 『비블리오테케』 3.5.1.

120) 에우리피데스, 『바카이』 59, 128; 아폴로도로스, 『비블리오테케』 3.5.1. 서기 2세기의 파우사니아스도 키벨레와 레아를 동일시한다. 파우사니아스에 의하면, 프리기아인들이 레아를 '신들의 어머니'라고 부르며 숭배했다고 한다. 그런데 프리기아인들이 그녀를 이다이아(Idaia), 딘디메네(Dindymene), 키벨레 등으로 불렀다는 것이다(파우사니아스, 10.3.12).

혹은 데메테르와 키벨레 간의 동일시 사례는 특별히 부각되지 않는다. 하지만 데메테르와 레아, 키벨레가 모두 '어머니'나 '산악의 여신'으로 불렸다는 점에서 데메테르와 레아 혹은 데메테르와 키벨레가 서로 동일시되었을 것으로 추정된다.

한편 헤로도토스는 데메테르와 페르세포네를 함께 언급하면서 그들을 '어머니와 코레'라고 표현한다.[121] 여기서 데메테르는 그의 딸 코레와 함께 병기되면서 어머니 호칭으로 불린다. 즉 데메테르는 일반적인 모성을 나타내는 어머니 호칭으로 불리기보다 코레의 어머니라는 특별한 관계 호칭으로 불렸던 것이다. 그러므로 헤로도토스가 언급한 데메테르의 '어머니' 호칭은 그녀의 일반적인 호칭으로 보기 어렵다.

'소테이라'(σώτειρα)는 '구원자'를 뜻하는 '소테르'(σωτήρ)의 여성형으로 '여성 구원자'를 의미한다. '소테이라'가 데메테르의 호칭으로 사용된 것은 아리스토파네스에게서 확인된다. 아리스토파네스에 의하면 '소테이라' 데메테르가 토리키온(Thorykion)의 뜻에 반해 '나라'(χώρα)를 구원하겠다는 말을 했다고 한다. 여기서 데메테르는 나라를 구하는 구원자로 묘사된다. 그녀가 '소테이라'로 불리는 연유는 언급되지 않지만 그래도 데메테르는 국가의 수호신으로 나온다. 아리스토텔레스도 데메테르를 '소테이라'라고 부른다.[122] 그러나 아리스토텔레스 역시 데메테르가 '소테이라'로 불리는 이유를 설명하지 않는다.

'소테이라'는 데메테르만의 호칭이 아니었다. 그것은 '소테르'와 마찬가지로 수호신에 대한 일반적인 호칭으로 사용되었다. 티케, 테미스, 에우노미아의 호칭으로는 핀다로스에게서 처음 확인되고, 아테나의 호칭으로는 리쿠르고스에게서 처음 확인된다. 티케의 경우는 남성형인 '소테르'로 불리기도 한다.[123]

---

121) 헤로도토스, 『역사』 8.65.

122) 이 책의 729쪽 참조.

데메테르는 아티카에서 '아카이아 데메테르'라고 불렸다. 그녀가 왜 '아카이아'라는 호칭을 갖게 되었는지는 내력이 분명치 않다. 헤로도토스에 따르면 페니키아 출신의 게피라이오이 씨족이 아티카에 정착하여 '아카이아 데메테르'에 대한 특별한 제식을 수립했다고 하므로[124] 그 호칭은 게피라이오이 씨족의 정착과 연관된 것으로 추정된다. 사실 헬레니즘 시대까지의 자료에서는 '아카이아'의 유래에 대한 명확한 언급이 나오지 않는다. 다만 그 이후의 저술인 플루타르코스의 『이시스와 오시리스에 대해』에서 그에 대한 단서가 간략하게나마 제시된다. 『이시스와 오시리스에 대해』 69는 보이오티아의 아카이아 제전에 대해 서술하는데, 그에 따르면 보이오티아인들은 데메테르가 코레의 지하세계 하강 때문에 '비탄에'(ἐν ἄχει) 싸여 있어서 데메테르의 제전을 '아카이아'라고 이름 지어 거행했다고 한다. 여기서는 '아카이아'와 데메테르가 겪은 '아코스'(ἄχος, '비탄')를 연관시킨다. 즉 데메테르의 '아코스'에서 '아카이아'라는 호칭이 생겨났다는 설명이다. 그러나 플루타르코스의 이런 진술이 '아카이아'의 유래에 대한 정확한 설명인지는 확언하기 어렵다. 또 아티카의 아카이아 데메테르 제식과 보이오티아의 아카이아 제전에 대한 설명도 각기 다르다. 따라서 이 책에서는 그 정확한 유래와 의미를 파악할 수 없다고 보아 '아카이아'를 기타 호칭으로 분류했음을 밝힌다.

'투리아'(θουρία)는 '격렬한, 맹렬한, 격노한'의 뜻을 가진 '투로스'(θοῦρος)에서 유래한 말이다. '투리아'는 '투로스'의 시적 표현인 '투리오스'(θούριος)의 여성형으로 '투로스'와 같은 의미를 지닌다. 이 수식어가 데메테르에게 사용된 것은 리코프론에게서만 확인된다.[125] 사실 이 수식어는 데메테르보다는 아레스의 수식어로 더 자주 사용되었다. 특히 호메로

---

123) 이 책의 729쪽 참조.

124) 헤로도토스, 『역사』 5.57-61.

125) 리코프론, 『알렉산드라』 153.

스는 '투로스 아레스'(θοῦρος Ἄρης)라는 표현을 수시로 사용했고, 호메로 스 이후의 티르타이오스, 에우리피데스, 디오도로스도 아레스에게 '투로 스'라는 수식어를 붙였다.[126] 이 수식어는 맹렬하고 호전적인 전쟁신 아레 스에게 적합한 수식어였다. 반면에 데메테르는 곡물경작을 주관하는 농경 신이고 법률과 질서, 인간의 영생과 관련된 신인만큼 격정적이고 호전적 인 이미지와는 거리가 멀다. 그러므로 '투리아' 수식어는 그녀의 주요 신 성과 관련되기보다 그녀의 특별한 행적이나 일화와 관련된 것일 가능성이 크다. '에리니스'가 데메테르의 분노와 관련된 수식어이므로 그와 의미가 유사한 '투리아'의 내력도 '에리니스'를 근거로 유추해볼 수 있다. 즉 딸 페르세포네의 납치 혹은 포세이돈의 능욕 등으로 인한 데메테르의 격정적 이고 격노한 모습을 '투리아'로 표현했을 수도 있다. 그러나 이런 추정은 근거가 충분하지 않아 이 책에서는 '투리아'를 기타 수식어로 분류했다.

리코프론이 언급한 '키리타'의 의미와 유래는 분명치 않다.[127] 다른 용 례도 확인되지 않으므로 이 책에서는 '키리타'를 의미 불명으로 보고 기타 호칭과 수식어로 분류했음을 밝힌다.

6. 특별 행적: 페르세포네 납치 일화

데메테르의 특별한 행적으로는 페르세포네의 납치 일화가 있다. 데메 테르는 그녀의 딸 페르세포네가 지하의 신 하데스에게 납치되자 딸을 찾 아 유랑생활을 한다. 그 일화에서는 특히 곡물신과 영생의 신인 데메테르 의 신성 및 그녀와 지하세계와의 연관성이 부각된다. 페르세포네 납치 일 화를 처음 언급한 것은 헤시오도스의 『신통기』이다. 호메로스는 그 일화

---

126) 이 책의 730쪽 참조.

127) 리코프론, 『알렉산드라』 1392.

를 간접적으로 암시할 뿐이고, 정작 그것을 직접 언급하지는 않는다. 호메로스는 하데스와 페르세포네를 지하세계의 사자(死者)의 신으로 함께 묘사하곤 했다. 호메로스는 『일리아스』 9.457에서 '지하의 제우스'(Ζεὺς καταχθόνιος)와 '무서운'(ἐπαινή) 페르세포네를 함께 언급한다. 두 신은 작중(作中)에서 아민토르(Amyntor)의 저주를 실현하는 신들로 함께 거론되는데, 이는 페르세포네를 지하의 신 하데스와 동류의 신으로 서술한 것이다. 페르세포네는 하데스처럼 무서운 지하의 신으로서 간주되었던 것이다. 또한 『일리아스』 9.568-571에도 이와 유사한 언급이 나온다. 즉 멜레아그로스(Meleagros)의 어머니 알타이아(Althaia)가 아들이 죽게 해달라고 기원하는데, 이때 손으로 땅을 두드리면서 하데스와 '무서운' 페르세포네의 이름을 불렀다고 한다. 여기서도 하데스와 페르세포네는 죽음을 가져다주는 무서운 신으로 등장한다. 또 그녀가 땅을 두드리면서 기원했다는 것은 두 신들이 땅속에 거주하고 있음을 말해준다. 여기서도 역시 두 신은 공동으로 함께 언급되고 지하세계의 신으로 나타난다. 한편 호메로스는 『오디세이아』에서 하데스와 페르세포네의 관계를 좀 더 구체적으로 묘사한다. 『오디세이아』 10.490-495에서는 키르케가 오디세우스에게 지하세계 여행을 지시하는 장면이 나온다. 여기서 여신은 오디세우스에게 테이레시아스의 혼령의 예언을 들으러 '하데스와 무서운 페르세포네의 거처로'(εἰς Ἀΐδαο δόμους καὶ ἐπαινῆς Περσεφονείης)[128] 가보라고 말한다. 페르세포네는 테이레시아스가 죽었는데도 그에게 지각(知覺)을 부여하여 그는 여전히 분별력을 지니고 있다는 것이다. 여기서 하데스와 페르세포네의 거처는 사자(死者)의 세계로 묘사되고, 페르세포네는 죽은 테이레시아스가 예지력을 유지하도록 해주는 사자의 신으로 등장한다. 더욱이 '하데스와 페르세포네의 거처'라는 표현은 그들이 함께 거주하고 있음을 말해준다. 『오디세이아』의 다른 대목에서도 둘은 함께 병기되어 나타난다.[129] 하지만

---

128) 호메로스, 『오디세이아』 10.491. 10.564 참조.

호메로스는 페르세포네의 납치 일화 자체를 언급하지 않는다. 사실 페르세포네가 하데스와 함께 지하의 신으로 여겨졌다는 것은 하데스의 페르세포네 납치 일화가 알려져 있었음을 의미한다. 즉 호메로스 때에도 이미 그 일화는 그리스인들에게 유포되어 있었다고 할 수 있다.

페르세포네 납치 일화에 대한 언급은 헤시오도스의 『신통기』에서 처음 확인된다. 그런데 헤시오도스의 서술은 매우 빈약한 셈이다. 페르세포네의 납치에 관한 언급은 『신통기』 912-914에서 간략하게 제시될 뿐이다. 즉 헤시오도스에 따르면 제우스가 데메테르의 침실을 찾아간 후 데메테르에게서 페르세포네가 태어났는데 하데스가 그녀를 어머니에게서 납치해갔다는 것이다. 하지만 제우스가 그녀를 하데스에게 준 것이라고 한다. 그렇다면 하데스가 제우스의 묵인 혹은 협조 아래 페르세포네를 납치해간 것이 된다. 헤시오도스는 페르세포네 납치에 대해 더 이상 설명하지 않는다. 다만 그는 '지하의 신인 강력한 하데스와 무서운 페르세포네의 거처'(θεοῦ χθονίου δόμοι ἰφθίμου τ᾽ Ἀΐδεω καὶ ἐπαινῆς Περσεφονείης), '강력한 하데스와 무서운 페르세포네의 관문'(πύλαι ἰφθίμου τ᾽ Ἀΐδεω καὶ ἐπαινῆς Περσεφονείης)[130]이라는 표현을 통해 페르세포네가 지하에서 하데스와 함께 지낸다는 것을 말해준다. 여기서 '하데스와 페르세포네의 관문'이란 이들 두 신이 관장하는 사자(死者)의 세계의 입구에 세워진 문을 가리킨다. 이처럼 헤시오도스는 하데스의 페르세포네 납치 일화를 직접 언급하기도 하고, 또 그것을 에둘러 표현하기도 한다.

페르세포네 납치 일화의 스토리가 더욱 상세하게 서술된 것은 호메로스 찬가 2에서이다. 호메로스 찬가 2의 2-3에 의하면 하데스가 데메테르의 딸을 납치해갔는데 제우스가 그녀를 그에게 준 것이었다고 한다. 이는 다소의 표현 차이가 있지만 『신통기』 912-914의 내용과 정확하게 일치한

---

129) 호메로스, 『오디세이아』 10.534, 11.47.

130) 『신통기』 767-768, 773-774.

다. 즉 하데스는 제우스의 뜻에 따라 페르세포네를 납치한 것이 된다. 호메로스 찬가 2는 이에 그치지 않고 2.4-486에서 페르세포네의 납치와 그 후의 사건에 대해 자세하게 서술한다. 여기서 처음으로 페르세포네 납치 일화의 전반적인 스토리가 소개된다. 호메로스 찬가 2에 서술된 페르세포네 납치 일화를 정리하면 다음과 같다.

데메테르에게는 페르세포네라는 예쁜 딸이 한 명 있었다. 페르세포네는 백옥 같은 팔에 가느다란 발목을 지닌 매력적인 처녀였다. 언젠가 제우스의 형제이자 데메테르의 오라비인 지하세계의 신 하데스가 페르세포네를 납치해갔는데, 실은 제우스가 하데스에게 그녀를 주기로 했다고 한다.
어느 날 페르세포네가 어머니와 떨어져서 오케아노스의 딸들과 함께 니사(Nysa)의 초원에서 꽃을 따며 놀고 있었다. 들판에는 장미, 크로커스, 제비꽃, 붓꽃, 히아신스, 수선화가 아름답게 만발하고 감미로운 꽃향기가 그득했다. 황홀한 광경에 하늘과 땅과 바다가 모두 기뻐하며 미소를 지었다. 그렇게 멋진 꽃밭을 만들어놓은 것은 가이아였다. 가이아가 제우스의 뜻에 따라 하데스를 기쁘게 해주려고 페르세포네를 유혹할 유인거리를 만들었던 것이다. 문득 페르세포네가 노리개를 잡으려고 양손을 펼쳤을 때 갑자기 땅이 갈라지더니 하데스가 말들을 거느리고 그녀에게로 솟아올랐다. 그녀가 반항했지만 그는 그녀를 자신의 황금마차에 납치하여 끌고 갔다. 그녀는 슬퍼하며 아버지 제우스를 소리쳐 불렀지만 신이건 인간이건 아무도 그녀의 소리를 듣지 못했다. 다만 여신 헤카테와 헬리오스만 그녀가 외치는 소리를 듣게 되었다. 그때 제우스는 다른 신들과 떨어져서 혼자 자신의 신전에서 인간들의 기도와 제물을 받고 있었다. 그렇게 하데스는 제우스의 제의에 따라 그녀를 자신의 마차에 강제로 태워 데려가버렸다.
페르세포네는 끌려가면서 세상을 둘러보았다. 별이 총총한 하늘과 땅, 물고기가 떼 지어 다니는 바다, 그리고 태양빛까지. 그때까지도 그녀는 어머니와 신들을 볼 수 있다는 희망을 가졌고, 그런 희망으로 마음을 다잡았다. 그녀의 외침 소리는 산과 바다 깊숙이 울려 퍼지고, 마침내 그녀의 어머니가 딸의 목소리를 들었다. 순간 데메테르의 마음은 고통에 휩싸였다. 그녀는 머리에 둘러쓴 베일을 찢고 어깨에 두른 검은 외투를 벗어던지고, 딸을 찾아 쏜살같이 땅과 바다를 내달렸다. 그러나 신이건 인간이건 아무도 그녀에게 진실을 말해주지 않았다. 새들도 그녀에게 소식을 가져오지 않았다. 데메테르는 슬픔에 젖어 모든 식음을 전폐한 채 횃불을 손에 들고 9일 동안 대지를 돌아다녔다. 그러다 10일째 되는 날 동틀 무렵에 역시 횃불을 손에 든 헤카테 여신이 그녀에게 딸의 소식을 알려주었다. "데메테르여, 대체 어떤 신 혹은 인간이 페르세포네를 납치해 그대의 마음을 이렇게 아프게 한 거요? 나는 그녀의 외침 소리를 들었건만 그가 누구인지는 보지 못했소. 하지만 내가 알고 있는 것은 모두 말해주겠소." 데메테르는 횃불을 손에 들고 헤카테와 함께 헬리오스에게로 달려갔다. 그들이 헬리오스를 찾아갔을 때 마침 헬리오스는 그의 말들 앞에 서 있었다. 데메테르는 헬리오스에게 딸의 소식을 물었다. "헬리오스여, 나는 내 딸이 강제로 납치된 것처럼 떨리는 목소리로 외치는 것을 들었소. 그러나 나는 아무것도 보지 못했다오. 그대는 밝은 하늘에서 땅과 바다의 모든 것을 내려다보고 있으니 그 애를 보았다면 어떤 신 혹은 인간이 그녀를 강제로 납치해 데려갔는지 사실대로 내게 말해주시오."

헬리오스가 대답했다. "데메테르여, 나는 그대를 존경하고 또 딸 때문에 가슴 아파하는 그대를 동정하므로 사실대로 말하겠소. 다른 신들은 잘못이 없소. 오로지 제우스 때문이오. 제우스가 자신의 형제인 하데스에게 그녀를 아내로 주었으니 말이오. 하데스가 그녀를 붙잡아서 울부짖는 그녀를 마차에 태우고 암울한 그의 영역으로 내려갔다오. 하지만 이제 그만 슬퍼하고 화를 풀도록 하시오. 하데스는 그대의 오라비이고 같은 가계 출신이므로 그대의 딸에게 적합한 남편감이니 말이오. 또 그는 처음에 세상을 삼분할 때 제 몫을 받고 지금 그가 거주하는 곳의 지배자가 되었소." 헬리오스는 그렇게 말하고 말들을 독려하여 마차를 달리게 했다.

그러나 데메테르의 슬픔은 더욱 깊어지고 그녀의 마음속에는 제우스에 대한 분노가 솟아올랐다. 그녀는 신들의 모임에도 나가지 않고, 올림포스산에도 가지 않았으며, 변장한 모습으로 오랫동안 인간들의 도시와 들판을 돌아다녔다. 그녀가 엘레우시스의 왕 켈레오스의 궁에 이를 때까지는 그녀를 본 어떤 인간도 그녀가 누구인지 알아보지 못했다. 어느 날 그녀는 마음이 애절하여 길가의 올리브나무 그늘에 위치한 샘 곁에 앉아 있었다. 그녀의 생김새는 출산과 연애와는 거리가 먼 늙은 여인의 모습이었는데, 마치 집안의 보모나 가정부처럼 보였다. 그 샘은 근방의 여자들이 흔히 들러 물을 길어가는 곳이었다. 그곳에 마침 켈레오스의 딸들이 물을 긷기 위해 청동 물동이를 들고 찾아왔다. 그들은 모두 4명이었고 다들 한창 때의 소녀들이었다. 그녀들의 이름은 칼리디케(Kallidike), 클레이시디케(Kleisidike), 데모(Demo), 칼리토에(Kallithoe)였는데, 이들 가운데 칼리토에가 맏딸이었다. 인간이 신들을 알아보기란 정말 어려웠으므로 그녀들은 데메테르가 누구인지 알지 못한 채 그녀 곁에 서서 말을 걸었다. "노부인, 노부인은 어디서 오신 누구세요? 왜 이렇게 도시를 떠나와 계시고 집으로 들어가지 않으세요? 집안에는 노부인 같은 연세의 여성분들이 계시니 그들이 노부인을 반갑게 맞아줄 겁니다." 그러자 여신이 말했다. "그래 안녕, 얘들아. 내 이야기를 해주마. 내 이름은 도소(Doso)이고 멀리 크레타에서 바다 건너 왔단다. 해적들이 나를 강제로 붙잡아 끌고 왔는데, 그들이 토리코스(Thorikos)에 정박하여 우리들을 상륙시켰을 때 나는 몰래 도망쳐서 여기까지 왔단다. 나는 이곳이 어디이고 또 어떤 사람들이 사는지 모른단다. 부디 올림포스 신들이 너희들에게 남편감을 주어 자식들을 낳을 수 있게 해주기를 빈다. 그러니 너희들도 나를 가엾게 여겨 내가 누구의 집으로 가서 내 또래 여자들에게 맞는 일을 할 수 있는지 알려다오. 나는 갓 태어난 아기를 보살피거나 집을 돌보거나 침실을 정리할 수도 있고 혹은 여자들의 일을 가르칠 수도 있단다." 이에 용모가 가장 출중한 칼리디케가 대답했다. "노부인, 제가 말씀드리지요. 이곳에서 권세와 명예를 누리는 대표적인 인사들은 트립톨레모스(Triptolemos), 디오클레스(Diokles), 폴릭세이노스(Polyxeinos), 에우몰포스(Eumolpos), 돌리코스(Dolichos), 그리고 우리들의 아버지랍니다. 이분들의 부인은 다 노부인을 거절하지 않고 반가이 맞이할 것입니다. 그러나 노부인이 원하신다면 우리가 집에 가서 어머니에게 사정을 말하고 노부인을 우리 집에 모시도록 할 테니 여기서 좀 기다리세요. 우리 집에는 늦둥이 외아들이 하나 있으니 노부인이 그를 키우신다면 좋을 겁니다." 여신이 고개를 끄덕여 동의하자 그들은 물동이에 물을 가득 담아 즐거이 돌아갔다. 집에 도착한 그들이 어머니에게 자신들이 보고 들은 것을 그대로 말하자 어머니는 얼른 가서 그녀를 데려오라고 말했다. 그녀들은 옷을 추켜올리고 재빠르게 달려갔는데, 그녀들의 머리칼이 크로커스꽃처럼 어깨 위로 휘날렸다. 그들은 그녀가 여전히 길가에 그대로 있는 것을 보고 그녀를 자신들의 집으로 데려갔다. 그녀는 머리에 베일을 쓰고 발아래까지 흐느적거리는 검은 페플로스를 두른 채 애통한 마음으로 그녀들의 뒤를 따라갔다.

그녀가 켈레오스의 집에 도달하여 현관으로 들어갈 때 그녀의 머리는 지붕까지 닿았고 집의 입구는 천상의 광채로 그득했다. 켈레오스의 아내 메타네이라는 아들을 품에 안고 있던 중 경외감에 사로잡혀 침상에서 벌떡 일어나 그녀에게 자리를 권유했다. 그러나 데메테르는 침상에 앉으려 하지 않고 잠자코 서 있었다. 얌베(Iambe)가 그녀를 위해 좌석을 마련해주고 그 위에 은빛 양모를 깔자 그때서야 그곳에 앉았다. 그녀는 슬픔에 젖어 오랫동안 말없이 앉아 있었고 누구에게도 인사를 건네지 않았다. 그녀는 딸을 보고 싶은 생각에 골몰하여 웃지도 않고 아무것도 입에 대지 않은 채 가만히 있었다. 그러자 얌베가 익살을 부려 그녀를 웃게 하고 마음을 풀어주었다. 메타네이라는 포도주를 한 잔 가득 따라 그녀에게 건넸다. 데메테르는 포도주를 마시는 것은 온당치 않다고 말하면서 잔을 거절했다. 대신 그녀는 보릿가루와 물, 연한 박하를 혼합한 음료수를 마시겠다고 주문했다. 메타네이라는 여신의 주문대로 그것을 만들어주었고, 여신은 성

사(聖事) 거행을 위해 그것을 받았다.[131]

그러자 메타네이라가 말했다. "부인, 내가 보기에 그대는 비범한 가문에서 태어난 것 같아요. 그대의 눈에는 왕후와 같은 기품이 흐르고 있군요. 이왕 여기에 오셨으니 내가 늘그막에 신들로부터 선사받은 아이를 돌봐 주었으면 해요. 아이가 다 자랄 때까지 잘 키워준다면 나중에 큰 보답을 해주겠어요." 데메테르가 대답했다. "그러지요, 마님. 제가 아이를 잘 돌보겠습니다. 잘못하여 마법이나 해충이 그를 해치는 일이 없도록 하겠습니다." 여신은 아이를 품에 안아들었다. 그렇게 하여 여신은 켈레오스의 궁에서 그의 아들 데모폰을 키우게 되었다. 아이는 불사의 신들처럼 자라났다. 데메테르는 아이에게 인간의 음식을 먹이지 않았으며, 신의 자식에게 하듯이 암브로시아를 바르고 여신의 달콤한 숨을 불어넣었다. 또 밤에는 부모 몰래 아이를 불의 화염 속에 집어넣곤 했다. 아이는 나이에 비해 크게 성장했다. 만일 메타네이라가 부주의하게도 방을 엿보지 않았다면 여신은 아이를 불로불사의 존재로 만들 수 있었을 것이다. 하지만 메타네이라가 그것을 엿보고는 놀랍고 두려워 소리를 내고 말았다. 그녀는 낯선 여인이 아들을 불속에 묻고 있다고 말하면서 흐느꼈다. 여신은 그 소리를 듣고 크게 분노했다. 여신은 아이를 불속에서 꺼내 바닥에 팽개치며 메타네이라에게 말했다. "어리석은 인간이여, 그대는 우둔하여 그대에게 다가올 앞일을 내다보지 못하는구나. 그대는 지금 돌이킬 수 없는 경망한 짓을 저질렀도다. 나는 그대 아들을 불사의 존재로 만들고 그에게 영원한 명예를 부여하고자 했던 것인데, 이젠 그가 죽음과 운명을 피할 수 없게 되었으니 말이다. 그래도 그는 내 품에서 자라났으니 불멸의 영예를 누릴 것이다. 그러나 세월이 흘러 그가 한창 나이에 이르면 엘레우시스인들의 자

---

131) 이 혼합 음료수를 마시는 행위는 일종의 영성체 의식으로, 엘레우시스 비의에서 가장 중요한 예식 가운데 하나였다. 이 의식은 데메테르 여신의 슬픔을 기념하기 위한 것이었다고 한다(H. G. Evelyn-White, *Hesiod*, p. 303, 주2 참조).

손은 서로 싸우고 내분을 일으킬 것이다. 나는 신과 인간들에게 도움과 기쁨을 주는 데메테르이다. 이곳의 모든 주민들을 시켜 내 신전과 제단을 세우도록 하라. 그리고 내가 직접 나의 제식을 가르쳐줄 테니 이후로는 그것을 잘 거행하여 내 환심을 사도록 하라."

여신은 이렇게 말하고 늙은이의 행색을 벗어나 본래의 모습으로 변했다. 그녀의 아름다운 미모가 드러나고 그녀의 옷에서는 기분 좋은 향기가 풍겼다. 그녀의 금발이 어깨 위로 흘러내리고 여신의 신성한 옥체에서는 광채가 빛났다. 메타네이라는 무릎이 탁 풀려 오랫동안 말없이 그대로 있었다. 바닥에 팽개쳐진 그녀의 늦둥이 아들을 들어올리는 것마저 잊고 있었다. 아이의 울음소리를 듣고 누나들이 침대에서 뛰어나왔다. 그녀들은 우는 아이를 어르고 불을 되살리고 어머니를 방에서 데리고 나갔다. 그녀들은 아이를 씻기고 품에 안아주었지만 여신처럼 아이를 편안하게 해주지는 못했다.

그들은 밤새 두려움에 떨며 여신의 마음을 달래려고 애썼다. 이윽고 새벽이 되자 그들은 켈레오스 왕에게 데메테르가 분부한 내용을 그대로 전했다. 켈레오스는 사람들을 회당에 불러모으고, 언덕 위에 데메테르의 신전과 제단을 세우도록 지시했다. 한편 그 아이는 불사의 존재처럼 성장했다.

그들은 여신을 위한 건물을 완공한 후 노역을 끝내고 집으로 돌아갔다. 그러나 여신은 다른 신들과 떨어져서 딸을 그리워하며 세월을 보내고 있었다. 이는 세상의 인간들에게 큰 재앙을 불러왔다. 대지는 씨앗의 싹을 틔우지 못하고 있었다. 데메테르가 씨앗을 숨겨버렸기 때문이다. 들판에서 황소들이 쟁기질을 했지만 허사였고 보리씨앗을 땅에 뿌려도 아무 소용이 없었다. 만일 제우스가 일을 수습하지 않았더라면 그녀는 극심한 기아로 인간을 파멸시키고 올림포스 신들에게서도 제물과 제사를 앗아갔을 것이다. 제우스는 먼저 황금날개의 이리스를 보내 아름다운 데메테르를 불러오게 했다. 이리스는 제우스의 명에 따라 신속하게 이동하여 엘레우시스에 도착했다. 그녀는 그곳의 데메테르 신전에서 여신을 발견하자 간청했다. "데메테르여, 제우스께서 그대더러 불사의 신들에게로 합류하라고 하셨소. 자, 제우스의 명에 따르도록 하시오." 그러나 데메테르의 마음은 움직이지 않았다. 그후 다시 제우스가 보낸 신들이 번갈아 찾아와서 갖은 선물을 주고 설득했지만 그녀의 마음을 돌리지 못했다. 그녀는 직접 딸의 모습을 보기 전에는 절대로 올림포스에 가지 않고 또 땅의 결실이 이루지 못하도록 하겠다고 맹세했다.

그 이야기를 들은 제우스는 마침내 황금지팡이의 헤르메스를 지하세계에 보내 하데스를 설득하도록 했다. 즉 페르세포네를 다시 광명의 세계로 내보내 데메테르가 딸을 직접 보고 분노를 풀게 하라는 것이었다. 헤르메스는 제우스의 명에 따라 올림포스산에서 땅속의 세계로 신속하게 내려갔다. 헤르메스는 하데스와 페르세포네가 함께 있는 것을 보았는데, 페르세포네는 어머니를 그리워하며 찡찡하게 앉아 있었다. 헤르메스는 그들에게 가서 제우스의 뜻을 전했다. "흑발의 하데스, 사자(死者)들의 지배자여. 제우스께서는 데메테르가 그녀의 딸을 직접 보고 신들에 대한 분노를 풀도록 페르세포네를 데려오라 하셨습니다. 그녀가 씨앗을 땅속에 숨김으로써 인간을 파멸시키고 신들의 영예를 끝장내려 하니 말입니다. 데메테르는 엄청나게 화가 나서 신들과 어울리지도 않고 엘레우시스에 있는 신전에서 따로 지내고 있답니다." 이 말을 들은 하데스는 섬뜩하게 웃으면서 제우스의 명에 따랐다. 그는 페르세포네에게 말했다. "페르세포네여, 이제 그대의 어머니에게 가도록 하시오. 그렇게 낙담해 있지 말고 내게도 상냥한 마음을 품도록 해요. 나는 제우스의 친형제이니 그대 남편감으로 부적합하지는 않을 거요. 그대가 여기에 있으면 이곳에 있는 모든 것들을 지배하고 신들 중에서 최대의 권능을 누릴 것이오. 또 그대를 기만하고 제식의 제물로 그대의 마음을 위무하지 않는 자는 응징을 당할 거요." 하데스가 이렇게 말하자 페르세포네는 크게 기뻐하며 재빨리 일어섰다. 그러나 하데스는 그녀가 데메테르와 계속 살지 못하게끔 그녀에게 은밀히 달콤한 석류씨를 먹도록 했다. 하데스는 황금마차에 불사의 말들을 준비시켰다.

518

페르세포네가 마차에 오르자 헤르메스는 고삐를 잡고 채찍을 가해 마차를 몰았다. 그들은 쏜살같이 질주했고 바다, 강, 산과 골짜기를 지나 창공을 헤치고 달려갔다. 헤르메스는 데메테르가 머물고 있는 곳으로 가서 그녀의 신전 앞에 마차를 세웠다.

데메테르는 딸을 보고 마치 디오니소스 여신도가 울창한 숲의 산에서 뛰어다니듯 달려 나왔다. 페르세포네는 데메테르를 보자 마차에서 달려 나가 어머니를 와락 껴안았다. 데메테르는 딸을 안고 있으면서도 순간 어떤 덫이 있지 않나 의심했다. 그녀는 두려운 마음에 딸을 어루만지는 것을 멈추고 그녀에게 물었다. "애야, 혹시 지하에 있는 동안 어떤 음식을 먹은 적이 있느냐? 아무것도 숨기지 말고 모두 말해라. 네가 혼합 음료수도 먹지 않았다면 하데스로부터 돌아와 부모와 함께 신들의 존경을 받으며 지낼 것이다. 하지만 네가 무언가 음식을 먹었다면 다시 으슥한 땅속으로 돌아가 거기서 해마다 1년의 삼분의 일을 지내야 한단다. 반면에 1년의 삼분의 이는 나와 함께 지낼 수 있다. 대지에 온갖 봄꽃이 만발할 때가 되면 너는 음울한 암흑의 세계에서 올라와 인간과 신들에게 경이로운 존재가 될 것이다. 자 그럼, 하데스가 어떻게 너를 음울한 지하세계로 납치했는지, 또 하데스가 무슨 계교를 부려 너를 현혹했는지 말해다오."

페르세포네가 대답했다. "어머니, 모두 다 틀림없이 말씀드릴게요. 헤르메스가 하데스에게 저를 돌려보내 어머니의 분노를 멈추게 하라고 요구했을 때 전 기뻐서 벌떡 일어났어요. 그런데 하데스가 비밀리에 제 입에 달콤한 석류씨를 집어넣고 억지로 그것을 먹게 했어요. 또 하데스가 아버지 제우스의 은밀한 계획에 따라 어떻게 저를 납치하여 지하세계로 데려갔는지도 모두 말씀드릴게요. 저는 정말 멋진 들판에서 놀고 있었어요. 그곳에는 레우키페, 파이노, 엘렉트라, 티케, 로도페, 칼립소, 스틱스, 우라니아, 아테나, 아르테미스도 함께 있었어요. 우리는 함께 향기로운 꽃들을 따면서 놀고 있었지요. 크로커스, 붓꽃, 히아신스, 장미, 백합, 수선화가 만발해 있었거든요. 그런데 홀연 아래서 땅이 갈라지고 하데스가 솟아올라 저를 황금마차에 억지로 태워 땅속으로 데려갔어요. 그래서 저는 날카로운 비명을 질렀어요. 저로서는 이런 이야기가 고통스럽지만 이 모든 게 사실이랍니다."

그래도 그들은 다시 만났다는 안도감에 부둥켜안고 기뻐했다. 그때 헤카테가 그들에게 다가와 데메테르의 딸을 얼싸안았다. 그후부터 헤카테는 페르세포네의 대행자이며 동반자가 되었다. 이어서 제우스가 그들에게 레아를 사자로 보내 데메테르가 신들에게 합류하도록 데려오게 했다. 제우스는 데메테르에게 그녀가 갖고자 하는 영예를 주겠다고 약속했다. 또 그는 페르세포네가 1년의 삼분의 일은 음울한 암흑의 세계로 내려가 살지만 나머지 삼분의 이는 어머니와 함께 사는 것에 동의했다. 데메테르는 제우스의 말에 따르기로 했다. 그녀는 신속하게 올림포스산에서 라로스(Rharos) 평원으로 내려왔다. 그 평원은 예전에 비옥하고 풍요로운 농경지였지만, 그 당시에는 데메테르가 씨앗을 숨기는 통에 완전히 황폐화된 땅이었다. 그러나 이제 봄이 오면 곡물 이삭이 물결치고 이랑은 곡물로 가득 찰 것이었다. 그녀가 도착하자 여신들은 매우 기뻐했다. 레아가 그녀에게 말했다. "얘야, 제우스가 네게 그처럼 약속하고 맹세했으니 너도 그에게 너무 노여워하지 말고 그의 말을 듣도록 해라. 이제 인간들을 위해 그들이 먹고 살 수확물을 증대시키도록 해라."

데메테르는 그 말을 거역하지 않고 곧장 비옥한 대지에서 결실이 맺어지도록 했으며, 이제 드넓은 대지가 잎과 꽃으로 가득 찼다. 이어서 그녀는 엘레우시스의 유력자들인 트립톨레모스, 디오클레스, 에우몰포스, 켈레오스를 찾아가 그들과 폴릭세이노스에게 그녀의 제식 수행법과 신성한 비의(秘儀)를 가르쳐주었다. 그 비의는 어느 누구도 위배하거나 캐묻거나 발설해서는 안 되는 것이었다. 지상의 인간들 중에서 그 비의를 경험한 자는 행복하지만 비의에 입회하지 않고 불참한 자는 죽은 후 지하의 암울한 하계에서 그 같은 것을 누리지 못한다고 했다. 여신은 그들에게 그것을 다 가르쳐준 후 제우스를 위시한 신들이 함께 살고 있는 올림포스산으로 돌

아갔다고 한다.[132]

이처럼 호메로스 찬가 2는 페르세포네 납치 일화의 전말을 자세히 묘
사한다. 호메로스 찬가 2에 서술된 내용을 이야기 요소별로 구분하면 납
치의 발생배경, 발생과정, 납치 후 데메테르의 대응, 페르세포네의 귀환,
타협, 데메테르 비밀의식의 전수(傳授)로 나뉜다. 그것을 좀 더 세분화하
면, (I)납치의 발생배경(제우스의 계획), (II)발생과정: (II-1)발생장소(니
사의 초원), (II-2)납치 방법(하데스가 강제로 마차에 태워 지하세계로 납치),
(II-3)목격자(헤카테와 헬리오스가 페르세포네의 비명을 들었고 헬리오스는 목
격), (III)납치 후 데메테르의 대응: (III-1)올림포스산을 떠남(신들과 결별),
(III-2)딸을 찾아 유랑, (III-3)엘레우시스 도착과 보모 생활, (III-4)데모
폰에게 영생을 부여하려는 시도와 좌절, (III-5)여신의 현현과 신전 건설,
(III-6)데메테르의 곡물경작 포기와 그로 인한 재앙, (IV)페르세포네의 귀
환, (V)타협(페르세포네의 양쪽 거주), (VI)데메테르 비밀의식의 전수로 나
눌 수 있다. 이런 이야기 요소 구분은 페르세포네 납치 전승의 시대별 비
교를 위해서도 유용하다.

이들 요소 가운데 헤시오도스는 납치의 발생배경과 발생과정을 짤막하
게 언급할 뿐이다. 발생배경에 대해서는 헤시오도스의 서술과 호메로스
찬가의 서술이 일치한다. 그것들은 모두 제우스가 페르세포네를 하데스
에게 주었다고 기술한다. 차이가 있다면 서술 분량인데, 헤시오도스가 그
것을 단지 단문(單文)으로만 언급한 데 비해, 호메로스 찬가 2는 제우스의
계획을 좀 더 상세하게 설명한다는 점이다. 이런 차이는 발생과정에 대한
서술에서도 똑같이 나타난다. 헤시오도스는 하데스가 페르세포네를 납치
했다고만 언급하나 호메로스 찬가 2는 하데스가 어떤 방법으로 그녀를 납
치했는지 자세하게 설명한다. 어쨌든 호메로스 찬가 2의 서술은 헤시오도

---

132) 이상은 호메로스 찬가 2.1-486의 내용을 재구성한 것이다.

스의 서술과 내용상 배치(背馳)되지 않는다.

　호메로스 찬가 2의 서술 내용은 이후 자료들의 서술과 다소의 차이가 있긴 하나 대체로 일치한다. 사실 이후 자료들의 서술 내용이 호메로스 찬가 2에 비하면 매우 간략하기 때문에 서술상의 차이가 단편적으로 부각될 뿐이다. 예를 들어 바킬리데스는 페르세포네 납치가 크레타에서 발생했다고 하고, 이소크라테스는 데메테르가 딸이 납치된 후 방랑하다가 아테네인들의 땅에 와서 '결실'(οἱ καρποί)과 제식(τελετή)이라는 두 가지 선물을 주었다고 말한다.[133] 그렇다면 바킬리데스는 납치장소를 니사가 아닌 크레타로 언급하고, 이소크라테스는 데메테르가 제식 외에도 '결실', 즉 곡물을 인간에게 선사했다고 말하는 것이다. 한편 에우리피데스는 바킬리데스나 이소크라테스에 비해 좀 더 자세히 납치 일화를 서술한다. 에우리피데스의 서술 내용은 다음과 같다.

　언젠가 신들의 어머니 데메테르가 차마 그 이름을 댈 수 없는 딸을 찾으려고 산과 강, 바다를 헤집고 내달렸다. 그녀의 딸은 다른 소녀들과 함께 원무(圓舞)를 추다가 납치당한 터였다. 그녀가 딸을 찾으러 마차를 타고 돌아다닐 때에 그녀의 뒤로는 소란한 악기 소리가 크게 울려 퍼졌다. 아르테미스와 아테나도 소녀를 찾기 위해 데메테르를 따라 쏜살같이 내달렸다. 그러나 "하늘의 옥좌에서 명확하게 보고 있는 제우스는 다른 운명을 실현시켰다"(Ζεὺς δ᾽ ἑδράνων αὐγάζων ἐξ οὐρανίων ἄλλαν μοῖραν ἔκραινε). 이에 데메테르는 납치된 딸을 찾아다니는 힘든 일을 그만두고, 이데산의 눈 덮인 봉우리로 가서 슬픔에 젖어 백설의 삼림 속에 몸을 맡겼다. 그러는 동안 그녀는 메마른 대지에서 수확의 결실을 이루지 못하게 했고, 그로써 인간들을 파멸시키고 가축들도 굶주리게 했다. 또 신전에는 제물의 연기가 피어오르지 않고 제단에는 태울 음식도 없었다. 그녀는 딸에 대한 슬픔

---

133) 바킬리데스, Fragments, fr.47; 이소크라테스, 4.28.

으로 샘물의 흐름도 막아버렸다. 이에 신과 인간들에게 연회가 끊기고 말았다. 그러자 제우스는 카리테스와 무사이 등의 신들에게 데메테르의 노여움을 풀어주라고 명했다. 가장 먼저 아프로디테가 악기를 들어 데메테르를 위로했고, 마침내 데메테르도 웃음을 터뜨리며 아울로스를 함께 연주했다고 한다.[134)]

에우리피데스의 서술은 호메로스 찬가 2의 이야기 구도를 부분적으로 기술하고 있다. 즉 납치 후 데메테르의 대응(III)에 대해 주로 서술하는데, 그 내용은 신들과 결별하여(III-1) 딸을 찾아 유랑하다가(III-2) 곡물경작 포기로 인간과 신들에게 재앙을 초래한다(III-6)고 되어 있다. 이런 내용은 호메로스 찬가 2의 서술과 대체로 일치한다. 반면에 호메로스 찬가 2와는 다른 내용도 일부 나타나는데, 에우리피데스는 데메테르가 딸을 찾다가 그만두고 이데산의 삼림에 몸을 맡겼다고 기술한다. 호메로스 찬가 2에서 자세히 서술한 엘레우시스 이야기는 전혀 언급되지 않는다. 또 신들이 데메테르를 달래자 데메테르가 신들과 함께 악기를 연주했다는 것이 그녀의 화해와 복귀를 암시하긴 하지만 그 타협적인 결과가 구체적으로 무엇이었는지는 명확하게 언급되지 않는다. 한편 에우리피데스는 납치의 발생배경(I)에 대해 그것이 제우스의 의도 아래 이루어진 것임을 암시한다. 에우리피데스에 따르면 "하늘의 옥좌에서 명확하게 보고 있는 제우스는 다른 운명을 실현시켰다"[135)]고 한다. 여기서 제우스는 하늘에서 모든 것을 분명하게 주시하는 전능한 신으로 묘사되므로 제우스가 하데스의 납치를 보지 못했을 리 없다. 그런 제우스가 '다른 운명을 실현시켰다'는 것은 제우스가 페르세포네의 납치와 관련하여 모종의 역할을 수행했음을 가리킨다. 에우리피데스 역시 페르세포네 납치에 제우스가 관련된 것으로

---

134) 이상은 에우리피데스, 『헬레네』 1301-1352의 내용을 재구성한 것이다.

135) 에우리피데스, 『헬레네』 1317-1319.

묘사했다고 할 수 있다. 또 납치의 발생과정(II)에 대해서는 페르세포네가 다른 소녀들과 함께 원무를 추다가 납치되었다고만 할 뿐 납치자와 납치 방법, 목격자에 대해서는 따로 서술하지 않는다. 대체로 에우리피데스의 서술은 호메로스 찬가 2의 이야기 일부만을 소개한 것이다. 물론 일부 서술상의 차이가 드러나긴 하지만 이야기의 전반적인 줄거리는 비슷한 편이다. 또 에우리피데스가 호메로스 찬가 2의 이야기 중 많은 부분을 언급하지 않았지만 이야기 일부를 누락했다는 것을 둘 간의 중대한 차이로 보기는 어렵다. 에우리피데스가 자신의 필요에 따라 페르세포네 납치 일화의 일부만을 소개했고 그것이 호메로스 찬가 2의 서술과 크게 다르지 않다면 에우리피데스의 서술은 호메로스 찬가 2의 서술을 준용한 것이라 할 수 있다.

호메로스 찬가 2의 납치 일화 서술은 아폴로도로스의 서술에서도 비슷하게 나타난다. 아폴로도로스는 1.5.1-1.5.3에서 납치 일화를 언급하는데, 그 내용을 정리하면 다음과 같다.

플루톤은 페르세포네에게 반한 나머지 제우스의 도움으로 그녀를 몰래 납치했다. 데메테르는 딸을 찾아 밤이나 낮이나 횃불을 들고 온 세상을 돌아다녔다. 그러다 그녀는 헤르미온인들에게서 플루톤이 딸을 납치했다는 이야기를 듣고 신들에게 분노하여 하늘을 떠났고, 인간 여성의 모습을 한 채 엘레우시스로 갔다. 그녀는 샘물 근처에 앉아 있다가 엘레우시스 왕 켈레오스의 집으로 향했는데, 그의 집으로 들어갔을 때 얌베라는 할멈이 그녀에게 농담을 하자 웃음을 터뜨렸다고 한다. 이 때문에 테스모포리아 제전에서 여자들이 농담을 하게 된 것이라고 한다. 켈레오스의 아내 메타네이라에게는 데모폰이라는 아들이 한 명 있었는데, 데메테르가 그를 보살피게 되었다. 데메테르는 그 아이를 불사의 존재로 만들어주려고 밤중에 아이를 불 위에 올려놓고 인간의 살을 벗겨냈다. 그런데 아이가 부쩍부쩍 자라자 프락시테아가 엿보다가 여신이 아이를 불속에 넣는 것을 보고 비명을 질렀다. 그래서 아이는 불속에서 타버렸고 데메테르는 여신으로서의 본모습을 드러냈다고 한다. 여신은 메타네이라의 아들인 트립톨레모스에게 날개 달린 뱀들이 이끄는 마차를 만들어주고 곡물도 함께 주었다. 그리고 그에게 마차를 타고 하늘을 날아다니면서 인간이 사는 온 세상에 곡물 씨앗을 뿌리도록 했다고 한다. 한편 제우스는 플루톤에게 페르세포네를 돌려보내라고 명했다. 그러나 플루톤은 페르세포네에게 석류씨를 먹으라고 주었는데, 이는 그녀가 데메테르에게서 오래 머물지 못하게 하려는 것이었다. 페르세포네는 어떤 일이 일어날지를 모른 채 그 씨를 삼켰다. 이에 대해 아스칼라포스(Askalaphos)가 그녀에게 반대되는 증언을 했으므로 데메테르는 지하세계에서 그에게 무거운 바위를 지게 했다고 한다. 결국 페르세포네는 해마다 1년의 삼분의 일의 기간은 플루톤과 함께 지내고 나머지 기간에는 신들과 함께 지내야 했다고 한다.[136]

여기서 아폴로도로스의 서술은 납치의 발생배경과 발생과정, 납치 후 데메테르의 대응, 페르세포네의 귀환, 타협에 대해 언급한다. 서술 내용이 더욱 간략하고 일부 내용에서 다소 차이가 있긴 하지만 전반적으로 호메로스 찬가 2의 서술을 반영하고 있다. 내용의 차이를 들자면 목격자를 헤카테나 헬리오스가 아니라 헤르미온인들로 언급한 점, 데메테르의 행위를 메타네이라가 아니라 프락시테아가 엿보았다는 점, 데모폰이 불타버렸다는 점, 트립톨레모스 개인에게 곡물 씨앗을 주어 전파하도록 했다는 점을 들 수 있다. 또 호메로스 찬가 2에서는 언급되지 않던 아스칼라포스의 증언 이야기가 추가되었다는 점도 특기할 만하다. 그러나 플루톤이 제우스의 도움을 얻어 페르세포네를 납치했다는 점, 데메테르가 유랑하다 엘레우시스에서 보모생활을 했다는 점, 여신이 얌베의 농담으로 웃음을 터뜨렸다는 점, 데모폰을 영생의 존재로 만들다 실패한 점, 데메테르가 현현하

---

136) 이상은 아폴로도로스, 『비블리오테케』 1.5.1-1.5.3의 내용을 재구성한 것이다.

여 인간에게 선물을 주었다는 점, 제우스가 페르세포네의 귀환을 명했다는 점, 페르세포네가 결국 데메테르와 플루톤에게서 일정 기간씩 번갈아 지내게 되었다는 점에서는 두 서술이 일치한다.

한편 디오도로스는 호메로스 찬가 2에서 언급하지 않은 다른 전승들을 함께 소개한다. 그는 특히 시칠리아인들의 전승을 부각시킨다. 페르세포네 납치에 대한 디오도로스의 서술을 정리하면 다음과 같다.

플루톤의 페르세포네 납치는 시칠리아의 엔나(Enna) 부근의 한 평원에서 일어났다고 한다. 그 평원은 시칠리아 섬의 한가운데에 위치해 있었는데, 그곳에는 제비꽃을 위시하여 온갖 종류의 꽃들이 1년 내내 만발해 있었다. 그곳에 핀 꽃들의 향내는 얼마나 향기로운지 잘 훈련된 개도 그곳에서는 사냥물을 쫓아갈 수 없었다고 한다. 평원 근처의 한 동굴에는 깊게 갈라진 틈이 있었는데, 그곳은 땅속으로 들어가는 입구였다. 플루톤은 그곳에서 마차를 타고 나와 페르세포네를 납치했다고 한다. 그때 역시 처녀인 아르테미스와 아테나 역시 페르세포네와 함께 그곳에서 꽃을 따고 있었다. 하데스는 그녀를 납치한 후 그녀와 함께 지하세계로 하강했다. 한편 데메테르는 딸을 찾으려고 햇불을 밝히며 아이트네산과 세상 일대를 돌아다녔다. 여신은 그녀를 환대한 인간들에게 은혜를 베풀어 곡물의 결실을 선사했다. 그 가운데서도 특히 아테네인들이 여신을 따뜻하게 환대하여 여신에게서 시칠리아인들 이후로 맨 먼저 곡물의 결실을 선물로 받았다. 이에 대한 보답으로 아테네인들은 남다른 제물과 엘레우시스 비의를 통해 누구보다 더 극진히 여신을 숭배했다. 여신의 선물은 아테네인들에게서 다른 사람들한테 전파되어 마침내 인간이 사는 온 세상으로 퍼지게 되었다고 한다. 그러나 시칠리아인들은 곡물의 발견 이후 가장 먼저 곡물을 갖게 된 것이 자신들이라고 주장한다. 그래서 그들은 곡물이 결실을 거둘 무렵에 코레의 귀환을 기념하는 제사를 지낸다. 또 데메테르에 대해서는 파종기에 제사를 지내는데, 이때 서로 간에 상스런 말들을 주고받는다.

이는 여신이 딸을 잃고 슬퍼할 때 상스런 말로 여신을 웃게 만들었던 데에서 유래한 것이라고 한다. 그런데 데메테르는 페르세포네를 낳기 전에 이미 곡물을 발견했으며, 나중에 페르세포네가 하데스에게 납치되자 제우스에 대한 분노와 딸에 대한 슬픔 때문에 모든 곡물의 결실을 불태워버렸다고 한다. 하지만 페르세포네를 다시 찾고 제우스와 화해한 후에는 트립톨레모스에게 '곡물'을 파종하도록 했으며, 그녀의 선물을 모든 사람에게 나누어주고 파종에 관한 일을 가르치도록 했다 한다. 데메테르가 누구에게 처음으로 나타나 곡물을 선사했는지에 대해서는 의견이 엇갈린다. 아테네인과 시칠리아인, 이집트인들이 각기 자신들이야말로 최초의 수혜자라고 주장한다. 이집트인들은 데메테르와 이시스를 동일한 존재로 생각하고 그녀가 이집트에 가장 먼저 곡물의 씨를 주었다고 주장한다. 아테네인들도 곡물이 그들의 땅에서 처음 발견되었다고 주장하며 그 선물이 원래 엘레우시스에서 유래했다고 말한다. 반면 시칠리아인들은 그 선물이 그들에게 가장 먼저 부여되었다고 주장한다.[137]

이상의 디오도로스의 서술 속에는 호메로스 찬가 2의 내용과 시칠리아인들의 전승이 뒤섞여 있다. 발생과정의 납치 방법, 납치 후의 데메테르의 대응(제우스와 결별, 유랑, 엘레우시스 현현, 곡물경작 포기, 여신의 웃음), 페르세포네의 귀환과 화해, 엘레우시스 비의의 창시는 호메로스 찬가 2의 내용과 대체로 일치한다. 반면 납치장소(시칠리아 엔나)와 여신의 최초 현현 장소(시칠리아)에 대한 이야기는 시칠리아인들의 전승을 소개한 것으로 볼 수 있다. 한편 트립톨레모스의 곡물 전수 이야기는 아폴로도로스의 서술과 일치한다. 그렇다면 디오도로스는 그 이전의 다양한 전승들을 종합적으로 소개한 셈이 된다.

---

137) 이상은 디오도로스, 5.3.1-5.5.1, 5.68.2-69.3의 내용을 재구성한 것이다. 그런데 디오도로스는 하데스의 페르세포네 납치가 시라쿠사 부근에서 일어났다고 진술하기도 한다(5.4.2).

페르세포네의 납치장소가 시칠리아라는 전승은 디오도로스 외에도 언급된 바 있다. 헤시오도스의 한 주석에 의하면 그녀가 시칠리아에서 납치되었다는 전승도 있고 크레타에서 납치되었다는 전승도 있다고 한다.[138] 크레타 납치설은 고전기의 바킬리데스가 주장한 것이고 시칠리아 납치설은 다른 자들의 주장이라고 한다. 그러나 시칠리아 납치설을 주장한 자들의 이름을 명시하지 않기 때문에 그들이 누구인지는 알 수가 없다. 헬레니즘 시대의 모스코스(Moschos)는 페르세포네가 시칠리아와 아이트네산에서 노닐었다고 언급하는데, 아마 그녀가 납치될 때의 상황을 표현한 것이 아닌가 한다. 그러나 모스코스가 자신의 진술의 구체적 맥락을 전혀 설명하지 않기 때문에 시칠리아 납치설을 주장한 것인지는 확인할 수 없다.

납치의 발생배경에 대한 디오도로스의 서술은 다소 애매한 편이다. 디오도로스는 납치사건에서의 제우스의 역할을 분명하게 명시하지 않는다. 다만 데메테르가 딸의 납치에 대해 제우스에게 분노했고 딸의 귀환 후 제우스와 화해했다는 언급이 나온다. 이는 제우스가 그 일에서 특별한 역할을 했음을 암시해 준다. 그러나 그 역할이 만사를 주관하는 최고신으로서의 역할인지 납치사건에 대한 특별한 역할인지는 가늠하기 어렵다.

---

138) 바킬리데스, Fragments, fr.47.

제6장

맷음말

그리스 신화의 역사 속에는 1,500여 년 이상의 시간이 담겨 있다. 일부 그리스 신들의 이름이 처음 확인된 것은 기원전 15세기경의 미케네 문명 문자판에서였다. 그러나 신들의 구체적인 계보와 신성, 행적 등을 서술하기 시작한 것은 기원전 8세기의 호메로스와 헤시오도스 때였다. 호메로스와 헤시오도스는 그리스 신화 서술의 기반을 확립한 시인들이었다. 그들의 신화 서술은 이후 그리스 신화 서술의 출발점이자 전범(典範)이 되었다. 그들의 신화 서술을 보완하여 보다 풍요롭게 만든 것은 상고기 시인들의 저작 단편과 호메로스 찬가, 핀다로스 송가, 아테네의 고전기 비극시인들, 역사가와 연설문 작가들의 작품, 그리고 헬레니즘 시대의 칼리마코스 찬가, 아폴로니오스, 아폴로도로스, 디오도로스 등의 저술이었다. 이처럼 그리스 신화는 여러 세기에 걸쳐 이전 시기의 전승을 수용하여 보완하는 오랜 작업을 통해 형성된 결과였다.

이 책은 호메로스와 헤시오도스의 서술에서부터 기원전 1세기의 디오도로스 서술에 이르기까지 약 700여 년간의 신화 자료를 다룬다. 그리스 신화가 미케네 문명으로부터 유래했다는 것은 부인할 수 없지만 호메로스 이전의 자료가 워낙 희소하기 때문에 이 책의 연구는 호메로스에서 시작할 수밖에 없다. 이 책은 호메로스와 그 이후 자료들을 상고기, 고전기, 헬레니즘 시대의 세 시기로 구분하고 각 신화의 변천과정을 여러 신화 요소들을 중심으로 살펴보았다. 이를 위해 나는 그리스 신화의 신화 요소를 (1) 출생(부모, 탄생과정, 탄생지, 형제/남매), (2) 양육(양육과정, 양육자, 양육 장소), (3) 결혼과 자녀(배우자(연인), 자녀), (4) 출현과 모습(출현, 거주지, 모습, 변신, 부수물), (5) 주요 신성(神性), (6) 호칭과 수식어, (7) 특별 행적, (8) 기타 사항으로 분류했다. 단, 제우스의 경우에는 집권과 도전(집권, 제우스 권력에 대한 도전) 항목을 따로 추가했다. '집권과 도전'이라는 신화 요소는 최고신 제우스에게만 해당되는 특별한 요소이기 때문이다.

이 책은 그리스 신화의 모든 신들을 다루지 않는다. 이 책에서 서술되는 신화는 특히 제우스와 포세이돈, 데메테르 신화이다. 내가 이들 세 신의 신화를 다루기로 한 것은 이들이 그리스에서 주기적인 제전을 통해 특별히 숭배되던 신들이기 때문이다. 물론 이들 외에 아폴론과 아테나, 디오니소스도 주요 숭배 대상이었다. 이들은 앞의 세 신과 마찬가지로 주기적인 제전을 통해 열렬히 숭배되었으며 그리스의 종교 및 문화생활의 주요 원천이기도 했다. 그러나 이들 신을 모두 함께 다룬다는 것은 지극히 방대한 작업이다. 이에 나는 포세이돈과 데메테르가 제우스와 동일한 세대의 신들이라는 점을 고려하여 먼저 이 3명의 신들을 다루고자 한다. 나머지 신들에 대한 신화는 추후 작업을 통해 보완될 것으로 기대한다.

이 책은 제2장에서 그리스 신화의 대표적인 자료들을 시기별로 개괄한 후, 제3~5장에서는 제우스, 포세이돈, 데메테르 신화의 변천과정을 신화 요소별로 점검했다. 이들 세 신의 신화 변천과정에서는 다음과 같은 특징들이 드러난다.

(1) 그리스 신화의 기본적인 근간은 이미 상고기 때에 확립된 것으로 나타난다. 상고기는 후대에 비해 상대적으로 신화적 사유가 더 중시되던 시기였으므로 신들에 대한 서술의 비중이 높은 편이었다. 초인간적 존재

에 의존하는 신화적 사유에서는 이야기의 구도가 초인적인 신들을 중심으로 전개된다. 호메로스 서사시 『일리아스』에서도 인간 영웅들의 전쟁과 모험 이야기를 신들을 중심으로 서술하고 인간을 신의 대리인으로 묘사한다. 여기서 이야기의 중심무대는 신들이 거주하는 올림포스산이고, 올림포스 신들은 양편으로 나뉘어 전쟁을 수행한다. 헤라와 아테나, 포세이돈, 헤르메스 등은 그리스인의 승리를 위해 온갖 노력을 다하고, 아프로디테와 아레스, 아폴론, 아르테미스 등은 트로이 군을 지원한다. 심지어 신들은 인간들처럼 나뉘어 직접 맞서 싸우기도 하는데, 포세이돈이 아폴론과 싸우고, 헤라가 아르테미스, 헤르메스가 레토와 싸움을 벌이는 것이다. 한편 『오디세이아』에서도 신들은 이야기를 풀어나가는 주역으로 등장한다. 여기서 오디세우스의 항해와 귀환은 포세이돈의 방해와 아테나의 도움에 따라 시련과 평안을 반복한다. 인간 오디세우스의 이야기이면서도 그 이면에는 신들의 의지와 개입이 중요한 변수로 작용하고 있는 것이다. 이처럼 호메로스 서사시에서 신들이 이야기의 주역이다 보니 신들의 계보와 형상, 신성, 호칭/수식어 등에 대한 기본적인 언급들이 자주 등장한다. 이런 언급들은 대개 단편적이기는 하지만 신화의 기본적인 골격을 형성하고 후대 신화 서술의 출발점을 이루었다. 또한 헤시오도스와 호메로스 찬가도 그리스 신화의 형성과정에서 중요한 역할을 수행했다. 특히 헤시오도스의 『신통기』는 그리스 신들의 전반적인 계보를 체계적으로 서술하고 있으며, 호메로스 찬가도 데메테르와 아폴론, 헤르메스, 디오니소스에 대해 비교적 자세히 설명한다. 그 외에도 상고기의 많은 시인들의 단편적인 시구들이 전하는데, 이들 역시 부분적이나마 신화의 초기 형성에 나름의 기여를 했다고 할 수 있다.

고전기에도 그리스 신화의 형성과정은 계속 전개되었다. 고전기의 대표적인 신화 서술 자료는 핀다로스 송가와 아테네의 비극작품들을 들 수 있다. 비극작품에서는 여전히 신화가 중요한 소재로 활용되기 때문에 신화에 대한 언급이 많은 편이다. 그러나 고전기에는 상고기에 비해 전반적으로 신화 서술의 비중이 축소되었다고 할 수 있다. 고전기에는 인간 중심의 합리적 사유가 부각되던 시기였으므로 신화적 사유에 대한 비판적 주장들이 부상했다. 신화는 고전기의 역사 서술이나 연설문 혹은 철학 저술 등에서 예전처럼 중시되지 않았으며, 비판과 극복의 대상으로 전락했다. 역사 서술은 인간의 과거 행적을 세속적인 관점에서 설명하고, 연설문은 현실 인간사회의 다양한 정치적·경제적 문제를 다루고, 철학 저술, 특히 플라톤과 아리스토텔레스로 대표되는 합리주의 철학의 저술은 신화를 비이성적인 산물로 간주하는 만큼 그들의 서술에서 신화의 의미는 퇴색되고 신화는 목적이라기보다 한낱 수단으로 다루어질 뿐이었다. 고전기 자료는 핀다로스와 몇몇 비극작품들을 제외하면 신화를 진지하게 다루지 않았다. 따라서 고전기의 자료에서는 상고기의 신화 서술을 능가할 정도의 신화의 확장성을 보여주지 못했고, 그로써 상고기 신화 서술의 근간을 벗어나지 못했다고 할 수 있다.

헬레니즘 시대의 신화 서술 역시 상고기 서술을 근간으로 전개된 것으로 볼 수 있다. 헬레니즘 시대의 신화 서술로는 아폴로도로스와 디오도로스의 서술이 대표적인데, 이것들은 기존의 다양한 전승들을 수집하여 정리한 일종의 신화집이었다. 아폴로도로스와 디오도로스의 저술은 '비블리오테케'라는 저술 제목에서 알 수 있듯이 새로운 창작물이라기보다 기존의 저작물들을 수합하여 정리한 편저에 해당한다. 따라서 이것들이 이전에 언급되지 않은 전승들을 다양하게 소개하여 신화 형성과정에 기여한 면이 있지만 그렇다고 상고기 그리스 신화의 기본적인 골격을 부정하는 것은 아니었다. 그것들 역시 상고기 신화 서술의 계보를 계승하면서 좀 더 보완적으로 체계화하는 작업을 추구했던 것이다.

(2) 상고기 이후의 신화 서술은 이전에 비해 더욱 구체화되고 체계화되는 양상을 보여준다. 그리스의 신화 서술은 상고기 신화의 기본적인 근간을 유지하며 단편적 서술에서 종합적인 서술로 점차 변화해 갔던 것이다.

이러한 데에는 몇 가지 이유가 작용했던 것으로 보인다.

첫째로는 기존의 신화를 더욱 확장하려는 지속적인 작업 덕분에 신화의 체계적인 서술이 가능했던 것으로 보인다. 대표적인 사례로 핀다로스와 바킬리데스, 아테네의 비극시인들의 작품을 들 수 있다. 이들은 이전 자료에 비해 더욱 상세하게 신화를 서술하거나 새로운 서술을 추가하기도 한다. 예를 들어 핀다로스는 포세이돈과 펠롭스의 동성애 이야기를 비교적 상술하고, 바킬리데스와 아이스킬로스는 제우스와 에우로페 및 제우스와 이오의 연애 이야기를 상세하게 서술했다. 또 에우리피데스는 제우스와 세멜레의 연애 이야기 및 기간테스 전쟁 이야기를 자세히 설명한 바 있다. 이러한 신화 확장은 신화 요소 전반에 걸쳐 나타난다기보다 일부 신화 요소에 국한하여 나타난다. 일부이긴 하지만 그래도 이들 신화 요소에서의 신화 확장이 결합하여 신화의 내용을 더욱 풍성하게 만들었다.

둘째로는 다양한 지역의 전승들이 결합되면서 더욱 체계적인 서술이 가능했던 것으로 보인다. 이는 상고기의 신화 서술에서 언급되지 않은 다른 전승들이 후대에 추가된 것을 말한다. 이런 전승들의 추가로 인해 한편으로는 기존의 것과 전혀 다른 새로운 전승체계가 소개되기도 하고, 다른 한편으로는 기존 신화의 세부적인 내용이 약간 변형되어 나타나기도 한다. 기존의 것과 전혀 다른 새로운 전승의 도입 사례는 제우스와 데메테르 신화에서 나타난다. 예를 들어 제우스의 탄생과 양육 신화에는 다양한 전승들이 전래했다고 알려져 있다. 칼리마코스와 디오도로스도 제우스의 탄생에 관한 다양한 전승이 존재한다는 것을 언급한 바 있다. 상고기의 자료에서는 흔히 제우스가 크레타에서 태어났다는 전승이 소개된다. 그런데 헬레니즘 시대의 자료에서는 그와 다른 전승이 거론되거나 소개된다. 디오도로스는 다른 전승들이 존재한다고 언급은 하지만 구체적으로 설명하지는 않는다. 반면 칼리마코스는 제우스가 아르카디아에서 태어났다는 아르카디아인의 전승을 직접 소개한다. 그는 오히려 크레타 전승에 대해 부정적인 입장을 취하기도 한다. 키레네인 칼리마코스는 펠로폰네소스에서 유래한 아르카디아인의 전승을 더 선호했던 것이다. 제우스의 양육에 대해서도 다양한 전승이 존재했던 것으로 전한다. 제우스가 크레타에서 양육되었다는 것은 상고기 이래 대부분의 자료에서 공통적으로 언급된다. 그러나 그를 키운 양육자가 누구였는지에 대해서는 다양한 전승이 소개된다. 제우스의 양육 전승을 비교적 상술한 헬레니즘 시대의 자료에서는 양육자에 대한 설명이 일치하지 않는다. 서기 2세기의 파우사니아스는 제우스가 메세니아인들 사이에서 양육되었다고 주장하는 메세니아인들의 이야기를 소개하면서 메세니아인들처럼 제우스의 탄생과 양육을 자신들과 관련지어 말하는 자들이 많았다고 부언한다.[1] 이는 위에 소개된 전승들 외에도 제우스의 탄생과 양육에 관한 전승들이 실로 많았음을 말해준다. 또 디오도로스에 의하면 제우스의 집권과정에 대해서도 다양한 전승들이 존재했던 것으로 전한다. 즉 제우스가 크로노스의 지배권을 폭력적인 방식으로 차지했다는 전승도 있지만 그와 달리 관례적인 방식으로 정당하게 계승했다는 주장도 있다는 것이다. 디오도로스를 포함하여 고대의 저자들이 후자의 전승 내용을 밝히지 않기 때문에 그에 대해 알 수가 없으나 그리스의 여러 지역에서 제우스 신화에 대한 다양한 이야기들이 전하고 있었음을 짐작할 수 있다.

상고기와 다른 전승이 후대에 소개된 사례는 제우스 신화만이 아니다. 데메테르의 출현과 곡물 전수 신화에서도 기존의 것과 전혀 다른 전승이 추가되었다. 상고기 전승에서는 대체로 데메테르의 엘레우시스 출현 전승이 소개된다. 그러나 디오도로스에 의하면 데메테르가 누구에게 출현하여 곡물을 선사했는지에 대한 전승들이 서로 일치하지 않았다고 한다. 즉 아테네인과 시칠리아인, 이집트인들이 각기 자신들이 최초의 수혜자라고 주장했다는 것이다.[2] 이는 데메테르 출현에 대한 전승이 당시 그리스에 다

---

1) 파우사니아스, 4.33.1.

2) 디오도로스, 5.4.3-4.7, 5.68.1-69.3.

양하게 존재했음을 의미한다. 여기서 디오도로스는 아테네인들의 전승 외에 시칠리아인들의 전승도 많이 언급한다. 그에 따르면 데메테르가 시칠리아에 가장 먼저 출현하여 시칠리아인들에게 최초로 곡물을 선사한 다음에 아테네인들에게도 선사했다는 것이다. 디오도로스는 시칠리아 출신이었으므로 그리스 본토의 신화와는 다른 시칠리아인들의 이야기를 더불어 소개했던 것으로 보인다.

셋째로는 후대 신화 자료의 시대적인 특성도 신화 서술의 체계화의 한 요인이었던 것으로 보인다. 고전기의 자료에서는 일부 비극시인들의 작품을 제외하면 대체로 신화에 대한 관심이 전에 비해 저하된 것으로 나타난다. 이제 신화는 중심적인 서술 주제가 아니었고 다른 목적, 즉 역사 서술이나 각종 연설문 혹은 철학적인 저술 등을 위한 수단으로 활용되었다. 신화는 여전히 대중적인 기반을 지닌 친근한 소재였으므로 여러 저자들이 그들의 목적에 맞게 신화적 소재를 이용하곤 했던 것이다. 반면 헬레니즘 시대의 자료 중에는 신화를 중시하는 작품들이 더욱 많이 전해온다. 고전기 후반의 신화 자료들이 대개 신화를 진지하게 배려하지 않는 역사가, 연설가, 철학자들의 저술이었다면 헬레니즘 시대의 자료들은 대체로 신화적 사유를 존중하는 시인들의 작품이었다. 대표적인 작품으로는 리코프론의 『알렉산드라』, 칼리마코스의 찬가들, 아폴로니오스의 『아르고나우티카』를 들 수 있다. 그런데 헬레니즘 시대는 폴리스가 무너지고 그리스의 국내외적 교류가 더욱 활성화되던 시기였다. 문화적인 측면에서도 아테네와 알렉산드리아를 중심으로 학자들의 교류가 활발해졌고 각지의 문헌 자료들에 대한 접근도 훨씬 용이해졌다. 이런 여건 아래 그리스의 다양한 신화적 전승들이 광범위하게 교류되었고, 이에 신화에 대한 종합적인 서술이 가능하게 되었다. 그런 가운데 등장한 종합적인 신화 자료가 바로 아폴로도로스의 『비블리오테케』와 디오도로스의 『역사편서』이다. 이 작품들에서는 이전의 단편적인 신화 서술들이 전체적인 맥락 속에서 체계화되고 개괄적인 서술들이 보다 구체적으로 묘사된다. 사실 이런 종합적이고 체계적인 서술을 지향한 작품들 덕분에 그리스 신화에 대한 전체적인 분석이 가능하게 되었다. 결국 그리스의 신화 자료의 추이를 살펴볼 때 상고기에는 일부 작품의 서술을 제외하면 신화의 기본 개요가 단편적으로 서술되다가 고전기에는 일부 서술이 보완되어 내용이 좀 더 풍부해지고, 헬레니즘 시대에는 더욱 체계적으로 상술되는 경향을 보인다. 따라서 신화의 체계화 양상은 고전기보다는 헬레니즘 시대에 더욱 두드러지게 나타난다. 이런 변화의 양상은 시기별 신화 자료의 특성을 반영한 것이었다고 하겠다.

(3) 그리스 신화의 변천 양상은 신화 요소별로 각기 다르게 나타난다. 즉 거의 변화가 없는 요소들과 현저한 변화를 보이는 요소들이 혼재해 있다. 전자는 상고기에 확립된 초기 서술의 내용이 후대에도 거의 변함없이 유지되는 경우이고, 후자는 후대에 새로운 전승들이 추가되어 상고기의 초기 서술과 상당한 차이가 드러나는 경우이다. 그런데 후자의 경우는 후대 서술이 이전 서술과 서로 부합하지 않는 차별적 서술 사례와, 이전 서술에 일부 내용을 추가하는 식의 보완적 서술 사례로 나눌 수 있다. 즉 이전 자료와 후대 자료의 서술이 서로 어떻게 연관되는가에 따라 신화 서술의 변화 양상이 달라지는 것이다.

이 책에서 분류한 신화 요소들을 기준으로 살피자면 먼저 출생 신화의 경우 부모와 형제/남매에 대한 서술에서는 거의 변화가 나타나지 않는다. 제우스와 포세이돈, 데메테르의 부모가 크로노스와 레아라는 것은 이미 호메로스와 헤시오도스 때에 언급되었고 그 이후로도 아무런 변화 없이 전래되었다. 또 제우스를 포함한 6남매가 크로노스와 레아의 자식들이라는 것도 이미 헤시오도스 때에 확립되어 후대에 수정 없이 계속 수용되었다. 제우스 3형제의 출생 순서에 대해서는 호메로스와 헤시오도스의 서술이 엇갈리기도 하지만 후대에는 제우스를 막내로 보는 헤시오도스의 서술이 대체로 수용되었다. 그들의 출생 순서에 대해서도 상고기의 전승이 후대에 변함없이 유지되었던 것이다. 제우스의 형제에 관한 서술에서 후대에 변화가 보이는 것은 케이론에 대한 것뿐이다. 상고기 자료에서는 케이론이 제우스의 형제로서 언급된 바가 없는데, 고전기 자료에서는 그가 크로노스의 아들 혹은 제우스의 형제로 묘사되었던 것이다. 이런 케이론의 사례를 제외하면 부모와 형제/남매에 대한 신화 서술은 호메로스와 헤시오도스 때에 원형이 확립되어 후대에 계속 승계된 것으로 나타난다.

출생 신화 중에서 탄생과정과 탄생장소에 대한 서술은 후대에 새로운 전승들이 추가되어 상당한 변화를 드러낸다. 포세이돈과 데메테르의 탄생 신화는 따로 서술되지 않고 제우스의 탄생 신화 속에서 함께 언급되기 때문에 제우스 탄생 신화의 변천을 통해 나머지 두 신들의 탄생 신화의 변천 양상도 파악할 수 있다. 제우스 탄생 신화의 근간은 헤시오도스에 의해 확립되었고, 헤시오도스의 서술이 후대의 일부 자료에서 잘 수용된 것으로 보인다. 그런데 제우스의 탄생 신화에 대해서는 여러 가지 전승이 존재했다고 전한다. 그래서인지 탄생과정의 세부 대목이나 구체적인 탄생장소에 대해서는 서술상의 차이가 나타난다. 특히 칼리마코스는 아르카디아인들의 전승을 소개하여 기존의 크레타 전승을 비판하기도 한다. 따라서 탄생과정과 탄생장소에 대한 서술에서는 상고기의 전승과 후대에 추가된 전승이 서로 배치되는 차별적 서술의 변화 양상을 보인다.

양육 신화도 탄생 신화와 마찬가지로 후대에 다양한 전승이 추가되어 차별적 서술의 변화 양상을 보인다. 이 책에서 다룬 신들의 양육 신화 가운데 상고기 때부터 전래한 것은 제우스의 양육 신화뿐이다. 포세이돈의 양육 신화는 디오도로스에 의해 처음 언급되므로 변천 양상을 파악하기 어렵다. 데메테르의 양육 신화는 따로 전해오는 것이 없다. 제우스 양육에 대해서는 헤시오도스의 서술이 이야기의 근간을 이룬다. 헤시오도스 때에 이야기의 대체적인 구도가 확립되었고, 이후에도 헤시오도스의 이야기 틀이 대체로 유지된다. 그러나 헬레니즘 시대의 자료에서는 양육 신화에 대한 세부 묘사가 다양하게 나타난다. 헤시오도스가 제우스의 양육과정을 개괄적으로 설명한 데 비해, 후대 자료들은 각기 그 과정을 구체적으로 상술했다. 즉 양육자들의 구체적인 이름과 그들의 역할이 다양하게 제시되었던 것이다. 양육장소에 대해서도 마찬가지이다. 제우스가 크레타에서 양육되었다는 것은 헤시오도스와 후대 자료들의 일치된 진술이지만 그가 구체적으로 크레타의 어디에서 양육되었는지에 대해서는 서술의 차이가 드러난다. 특히 헬레니즘 시대의 자료들은 헤시오도스의 서술과 다른 장소들을 다양하게 언급한다. 아라토스와 아폴로도로스는 딕톤 혹은 딕테산, 칼리마코스와 아폴로니오스는 딕테산과 이데산, 디오도로스는 이데산을 양육장소로 거론하는 것이다. 헬레니즘 시대 자료들의 언급이 이렇게 다양한 것을 보면 당시에 제우스 양육에 관한 전승들이 여럿 전하고 있었던 것 같다. 로마 시대의 파우사니아스에 의하면 제우스 양육에 관한 전승들 가운데 메세니아인들의 전승도 있었다고 하는데, 헬레니즘 시대까지의 그리스 자료에는 그것을 소개한 것이 없다.

결혼과 자녀에 관한 신화 서술에서도 상고기의 서술이 신화의 근간을 이룬다. 우선 배우자 혹은 연인에 대한 서술을 살펴보면 호메로스와 헤시오도스가 신들의 배우자와 주요 연인들을 대거 언급하고 있다. 제우스와 헤라의 배우자 관계는 이미 호메로스 때부터 언급되고, 포세이돈과 암피트리테의 배우자 관계도 헤시오도스에게서 확인된다. 한편 데메테르에게는 정식 배우자가 없었던 것으로 보인다. 그녀의 배우자를 언급한 자료는 현존하지 않는다. 그러므로 신들의 배우자에 대해서는 상고기 서술이 후대에도 그대로 변함없이 전해졌다고 할 수 있다.

반면 신들의 연인에 대한 서술은 이와 다른 양상을 보인다. 이 책에서 헬레니즘 시대까지의 문헌 자료를 조사한 바에 따르면 제우스는 정식 부인 헤라 이외에 여신 혹은 여신급 여성 19명과 인간 여성 17명, 남성 1명의 연인을 거느린 것으로 나타난다. 그런데 이 가운데 여신 혹은 여신급 여성 12명과 인간 여성 11명, 남성 연인 1명의 이름이 상고기 때에 처음 언급되었다. 그후 고전기에는 여신급인 님프 1명과 인간 여성 2명, 헬레니즘 시대에는 여신 혹은 여신급 여성 6명과 인간 여성 4명의 이름이 추가적으로 언급된다. 제우스의 경우에는 연인들의 명단이 대개 상고기에 처음 언급된 것으로 나온다. 특히 데메테르, 레토, 디오네, 마야, 메티스, 테미스, 테티스 같은 주요 여신들과 세멜레, 알크메네, 다나에, 에우로페, 레다 같은 유명 여성들이 모두 호메로스와 헤시오도스 때부터 제우스의 연인으로 언급된다. 그런데 상고기에 언급된 제우스의 연인들에 대해 후대 자료가 연인임을 부정한 경우는 존재하지 않는다. 후대 자료는 이전에 언급된 제우스의 연인 이름을 수용하거나 혹은 이전에 언급되지 않은 연인을 새로 추가만 할 뿐 이전 자료의 명단을 부인하지는 않았던 것이다. 그러므로 제우스 연인들에 대한 신화 서술은 보완적 서술의 변화 양상을 보였다고 할 수 있다. 포세이돈도 이 책의 조사에 따르면 암피트리테 이외에 여신 혹은 여신급 여성 20명, 인간 여성 16명, 남성 1명과 연애를 벌인 것으로 나타난다. 이 가운데 여신 혹은 여신급 여성 3명과 인간 여성 7명의 이름이 상고기 때에 처음 언급된다. 그후 고전기에는 여신 혹은 여신급 여성 6명과 인간 여성 3명, 남성 1명, 헬레니즘 시대에는 여신 혹은 여신급 여성 11명과 인간 여성 6명의 이름이 추가적으로 언급된다. 포세이돈의 경우에는 제우스와 달리 상고기에 연인들 이름이 집중적으로 언급되지 않고 오히려 후대에 더욱 많이 거론되었다. 또 중량급 여신이나 유명 여인들의 이름이 상고기에 먼저 나타난 것도 아니었다. 하지만 포세이돈의 경우에도 연인에 대한 후대 자료의 서술이 이전 자료의 언급을 부정한 사례는 없었다. 한편 데메테르는 이 책의 조사에 따르면 2명의 신과 1명의 인간을 연인으로 두었다고 전한다. 이 가운데 상고기에 신 1명과 인간 1명의 이름이 언급되고, 나머지 신 1명은 헬레니즘 시대에 처음 언급된다. 데메테르의 연인에 대한 후대의 서술 역시 이전의 서술을 부인하지 않는다. 그러므로 제우스와 포세이돈, 데메테르의 연인에 대한 서술은 모두 보완적 서술의 변화 양상을 보였다고 하겠다.

자녀에 관한 신화 서술의 변화 양상도 연인에 대한 서술 양상과 유사한 것으로 나타난다. 이 책의 조사에 따르면 제우스는 적어도 41명 이상의 신과 36명의 인간, 1개의 강을 자식으로 낳은 것으로 나타난다. 그런데 이 가운데 34명 이상의 신과 19명의 인간, 1개의 강의 이름이 상고기 때에 처음 언급된다. 그후 고전기에는 4명의 신과 5명의 인간, 헬레니즘 시대에는 3명의 신과 12명의 인간 이름이 추가적으로 언급된다. 제우스의 자녀들은 제우스의 연인들과 마찬가지로 그 대부분의 명단이 상고기에 처음 언급된 것으로 나온다. 특히 아테나, 아폴론, 아르테미스, 아프로디테, 아레스, 헤르메스, 헤파이스토스, 디오니소스 같은 주요 올림포스 신들과 헤라클레스, 페르세우스, 헬레네, 미노스 같은 유명 인간들이 모두 호메로스 때부터 제우스의 아들로 언급된다. 그리고 상고기에 언급된 제우스의 자녀들 역시 후대의 자료에서 부인되지 않는다. 제우스 자녀들에 대한 신화 서술 역시 보완적 서술의 변화 양상을 보였던 것이다. 또 포세이돈도 8명의 신과 60명 이상의 인간, 2마리의 말을 낳은 것으로 나타난다. 이 가운데 3명의 신과 14명의 인간, 1마리의 말이 상고기 때에 처음 언급된다. 그후 고전기에는 15명 이상의 인간, 헬레니즘 시대에는 5명의 신과 31명의 인간, 1마리 말이 추가적으로 언급된다.[3] 포세이돈의 자녀에 대한 서술에서는 포세이돈의 연인과 마찬가지로 상고기에 명단이 집중되지도 않고 또 주요 자녀들이 이름이 특별히 상고기에 먼저 나온 것도 아니었다. 한편 데메테르는 6명의 신과 1마리의 말을 자식으로 두었다고 전한다. 이 가운데 2명의 신의 이름이 상고기에 처음 언급되고, 이후 고전기에 1명의 신, 헬레니즘 시대에 3명의 신과 1마리 말이 추가적으로 언급된다. 포세이돈과 데메테르의 자녀에 대한 서술에서도 후대 자료의 서술이 상고기 자료의 서술을 부정하지 않는다.

신들의 연인이나 자녀에 관한 언급이 이처럼 후대에 늘어난 이유는 여

---

3) 포세이돈의 인간 자식들 가운데 키오스, 아겔로스, 멜라스, 케르키온은 고전기, 오이오클로스와 아스플레돈은 헬레니즘 시대에 처음 언급된 것으로 분류했다. 이들은 모두 서기 2세기의 파우사니아스가 전대(前代)의 자료를 인용하여 포세이돈의 자식으로 서술한 자들인데, 그가 인용한 자료의 시기에 따라 위와 같이 분류했음을 밝힌다.

러 가지로 추정된다. 이미 존재해 있던 전승들이 초기 신화 서술에서 누락되었다가 후대 자료에서 언급된 것일 수도 있고 혹은 초기에는 존재하지 않다가 후대에 새로 만들어져 추가된 것일 수도 있다. 현존 근거로는 신들의 연인과 자녀에 관한 후대의 언급이 늘어난 이유를 정확하게 파악하기 어렵다. 하지만 그런 언급이 늘었다는 것은 그로써 신들과의 연고를 주장하려는 자들이 많아졌음을 의미한다. 이는 신들과의 연고를 통해 자신들의 정체성을 확립하거나 강화하려는 노력이 존재했음을 말해준다. 예컨대 포세이돈의 연인 중에는 지명과 연관된 이름인 살라미스, 케르키라(혹은 코르키라), 리비아 같은 명칭이 등장한다. 또한 포세이돈의 자녀 중에도 지명과 연관된 로도스, 압데로스, 나우플리오스, 보이오토스, 아이올로스, 키오스 등의 이름이 나온다. 이런 사례들은 특정 신과의 연고를 주장하려는 지역이나 집단의 뜻이 반영된 것으로 여겨진다.[4]

신들의 출현에 대해서는 데메테르의 출현 신화만 비교적 상세히 서술되고 제우스와 포세이돈의 출현 신화는 거의 언급되지 않는다. 데메테르의 출현 신화는 호메로스 찬가 2에서 처음 확인된다. 상고기 초기의 호메로스와 헤시오도스는 그것을 언급하지 않았다. 호메로스 찬가 2에 의하면 데메테르가 아티카의 엘레우시스에 출현하여 인간들에게 자신에 대한 제식(祭式)과 비의(秘儀)를 가르쳐주었다고 한다. 호메로스 찬가 2의 서술은

---

4) 디오도로스는 『역사편서』 4.72.2-72.5에서 특정 지역의 이름이나 조상을 신들의 계보와 연관 지어 설명한다. 그에 따르면 아폴론이 아소포스의 딸 시노페를 지금 시노페가 위치한 곳으로 데려가 동침하고 그들 사이에서 시로스가 태어났는데, 시로스는 그의 이름을 따서 불린 시리아인들의 왕이 되었다고 한다. 또한 포세이돈은 코르키라를 그녀의 이름을 따서 코르키라로 불리는 섬으로 데려갔고 그들 사이에 파이악스(Phaiax)가 태어났는데, 파이악스의 이름을 따서 파이아키아인이라는 명칭이 생겨났다고 한다. 포세이돈은 또 살라미스를 지금 살라미스라고 불리는 섬으로 데려갔고 그들 사이에 키크레오스가 태어났는데, 키크레오스가 후일 살라미스의 왕이 되었다고 한다. 그리고 제우스는 아이기나를 지금 아이기나로 불리는 섬으로 데려가 동침했고 그들 사이에 아이아코스가 태어났는데, 아이아코스가 아이기나의 왕이 되었다고 한다. 부르케르트도 제우스가 많은 여성과 동침하여 자녀들을 양산한 일을 언급하면서, 많은 가족과 부족들이 스스로를 하늘신의 후손으로 주장하고자 했음을 지적한다(W. Burkert, J. Raffan 영역, *Greek Religion*, pp. 128~29).

데메테르 출현 신화의 근간을 이루며 후대에 승계되지만 새로운 전승들이 추가되기도 한다. 고전기의 서술에서는 상고기에 언급되지 않았던 곡물 전수 이야기가 추가된다. 즉 데메테르가 인간에게 출현하여 그녀의 제식뿐만 아니라 곡물 경작방법도 전수해주었다는 것이다. 또한 헬레니즘 시대의 디오도로스는 데메테르 출현과 곡물 전수에 대한 전승이 다양하게 존재하고 있음을 지적한다. 그에 의하면 데메테르가 누구에게 출현하여 곡물을 선사했는지에 대한 전승들이 서로 일치하지 않았다고 한다. 디오도로스는 특히 데메테르 출현에 대한 시칠리아인들의 전승을 추가적으로 언급한다. 데메테르가 시칠리아에 최초로 출현하고 시칠리아인들에게 최초로 곡물을 선사했다는 것이다. 그녀가 아테네인들에게 간 것은 시칠리아 다음이었다고 한다. 이처럼 데메테르의 출현에 대해서는 후대 자료들이 상고기 자료와 크게 다른 전승들을 많이 언급하므로 초기와는 다른 차별적 서술의 변화 양상을 보인다고 할 수 있다.

신들의 거주지와 모습에 대해서는 대체로 상고기의 서술이 후대에 그대로 전수되는 양상을 보인다. 신들의 거주지에 대해서는 제우스의 거주지 올림포스산은 이미 호메로스 때부터 수시로 언급된다. 올림포스산은 제우스만의 거주지가 아니었고, 다른 신들도 함께 그곳에 거주했다고 한다. 그러나 올림포스산의 중심은 제우스의 집이었고 신들의 회의도 제우스의 집에서 열렸다고 한다. 제우스는 올림포스산을 대표하는 신으로서 '올림피오스'라는 수식어로 불리기도 했다. 올림포스산을 제우스의 거주지로 묘사한 호메로스의 서술은 그후 서술에서 거의 그대로 반복된다. 상고기에서 헬레니즘 시대에 이르는 많은 자료들이 올림포스산을 제우스의 거주지로 묘사하고 '올림피오스'라는 수식어를 사용하곤 했다. 포세이돈의 경우에는 거주지가 바다, 특히 아이가이 부근의 심해였다고 하는데, 바다 혹은 아이가이 부근의 심해를 포세이돈의 거주지로 언급한 것은 호메로스 때부터 확인된다. 이런 호메로스의 언급은 후대에도 거의 변함없이 승계된다. 한편 데메테르의 거주지는 올림포스산이었다고 하는데, 이에 대한 언급은 호메로스 찬가 2에서 처음 확인된다. 후대의 자료에서도 호메로스 찬가 2에서와 마찬가지로 올림포스산을 데메테르의 거주지로 서술한다.

　제우스의 모습에 대한 서술은 이미 호메로스 때에 그 근간이 확립되었다. 호메로스는 제우스를 검은 눈썹과 성스런 머리칼의 제우스, 옥좌에 앉은 장엄한 제우스, 아이기스를 착용한 제우스로 묘사했다. 제우스에 대한 호메로스의 묘사는 후대 자료에서도 거의 변함없이 나타났다. 포세이돈의 모습에 대한 서술도 마찬가지이다. 호메로스는 포세이돈을 흑발(黑髮)의 포세이돈, 삼지창을 든 포세이돈, 마차에 올라 산과 바다를 이동하는 포세이돈으로 묘사했는데, 그의 포세이돈 묘사 역시 대체로 후대에 승계되었다. 한편 데메테르 모습에 대한 서술의 근간은 호메로스 찬가 2에서 나타난다. 여기서 그녀는 금발에 용모 준수한 데메테르, 아름다운 머리칼과 예쁜 발목의 데메테르, 화려한 관을 두른 데메테르, 검은 페플로스를 입은 데메테르 등으로 묘사된다. 호메로스 찬가 2에 묘사된 데메테르의 모습은 후대 자료에서도 거의 유사하게 그려진다.

　신들의 변신에 대한 서술은 신에 따라 다른 양상을 보인다. 제우스의 변신능력은 헤시오도스 때부터 확인된다. 그러나 헤시오도스는 제우스가 에우로페를 유혹하기 위해 황소로 변신했다는 일화를 간략하게 언급할 뿐이다. 반면 후대 자료에는 에우로페 연애 때의 황소 변신 사례도 언급되지만 그 외의 다른 사례들도 많이 서술된다. 제우스는 여러 일화에서 황소뿐만 아니라 백조, 황금 물줄기, 신 혹은 인간의 모습으로 자신을 변화시킨다. 이런 후대의 추가 서술은 상고기의 간략한 서술을 더욱 자세하게 설명한 것이므로 보완적인 서술에 해당한다. 한편 포세이돈과 데메테르의 변신에 대한 서술은 제우스와는 다른 양상을 보인다. 이들도 변신능력을 지닌 것으로 묘사되지만 서술된 변신 사례는 소수에 불과하다. 포세이돈이 티로와 동침하기 위해 강의 신 에니페우스의 모습으로 나타나고 데메테르가 엘레우시스에서 노부인(老婦人)의 모습으로 나타난 것이 대표적인 사례이다. 이들 사례는 모두 상고기에 처음 언급된 것들인데, 후대 자료에서도 똑같이 묘사되거나 그와 유사한 사례가 언급된다. 즉 포세이돈과 데메테르의 변신에 관해서는 후대에 새로운 변신 사례가 추가된다기보다 상고기 서술이 대체로 승계되는 양상을 보인다.

신들의 부수물에 대한 서술에서도 신에 따라 다른 양상을 보인다. 제우스의 대표적인 부수물은 번개와 왕홀, 독수리인데, 호메로스 때에는 번개만 언급되고 왕홀과 독수리는 고전기의 핀다로스에게서 처음 언급된다. 번개는 상고기 이후의 다른 자료에서도 제우스의 부수물로 묘사된다. 즉 제우스의 부수물에 관해서는 후대에 상고기 서술 내용이 그대로 반복되면서도 새로운 내용이 추가적으로 서술된다. 즉 제우스 부수물에 대한 서술은 보완적 서술의 변화 양상을 보인다. 한편 포세이돈과 데메테르의 부수물에 대한 서술은 제우스와는 다소 다른 양상을 보인다. 포세이돈의 대표적인 부수물로 묘사된 것은 바다동물과 삼지창, 긴 날의 칼인데, 그것들은 모두 호메로스에게서 처음 언급된다. 데메테르의 부수물로는 곡물과 횃불이 언급되는데, 그것들도 모두 호메로스와 호메로스 찬가 같은 상고기 자료에서 처음 거론된다. 포세이돈과 데메테르의 부수물에 대한 서술은 모두 상고기에 처음 언급되었고 후대에도 상고기 서술이 거의 변함없이 재현되었다.

신들의 주요 신성에 대한 서술은 신에 따라 다른 양상을 보인다. 먼저 제우스의 신성에 대한 서술은 보완적 서술의 변화 양상을 보인다. 제우스의 주요 신성에 대한 서술은 이미 호메로스와 헤시오도스 때부터 확립되어 나타난다. 이때 제우스는 최고신(최고 서열의 신, 최고 권력의 신, 인간사와 만물을 주관하는 신), 천상의 기후신(천신, 천둥번개, 구름과 비, 바람의 신), 신탁과 조언의 신(신탁의 신, 꿈의 신, 조언의 신), 가족(친족)의 신, 서약의 신, 약자들의 수호신(외국인/빈객의 신, 탄원자의 신)으로 묘사된다. 또 정의와 법률의 신으로서의 신성도 호메로스와 헤시오도스 때에 확립된 것으로 나타나고, 제왕의 신으로서의 관념도 상고기 때에 이미 확인된다. 이처럼 제우스의 주요 신성들은 대부분 상고기 때에 확립된 것으로 나온다. 상고기에 확인된 이들 신성은 후대 자료에서 부인되지 않고 그대로 언급되곤 한다. 그에 비해 국가의 신, 협의회의 신, 부족 및 프라트리아의 신, 우애의 신, 정화의 신으로서의 신성은 고전기 때에 처음 확인되고, 도망자의 신으로서의 신성은 헬레니즘 시대에 처음 확인된다. 물론 이들 신성이 상고기보다 후대에 언급되었다고 해서 그 신성들이 상고기가 아닌 후대에 처음 형성된 것으로 단정할 수는 없다. 그러나 어쨌든 그것들이 상고기 이후에 처음 언급된 것을 보면 그것들이 다른 신성보다 중시되지 않았거나 다른 신성보다 뒤늦게 형성되었을 가능성이 있다. 예를 들어 국가제도의 신으로서의 신성 가운데 제왕의 신으로서의 신성은 상고기에 나타나지만, 국가 수호신이나 협의회의 신으로서의 신성은 보다 후대에 등장한다. 또 사회집단 중에서 가족(친족)의 신으로서의 신성은 상고기에 먼저 등장하고 부족 및 프라트리아 신으로서의 신성은 고전기에 처음 등장한다. 이는 시기별로 중시되는 국가제도나 사회집단의 범주가 달랐던 탓이 아닌가 한다. 즉 상고기에는 왕제 같은 국가제도나 가족(친족)집단이 더 중시되었고 고전기에는 국가 공동체나 협의회 같은 조직, 부족과 프라트리아 집단도 함께 중시되었던 것으로 볼 수 있다.

포세이돈의 주요 신성에 관한 서술은 대부분 상고기 때에 완성되었다고 할 수 있다. 포세이돈의 주요 신성인 바다의 신(바다의 지배자, 바다의 자연현상의 신, 항해의 신), 지진의 신, 말과 마차의 신으로서의 신성이 모두 호메로스 때에 확립되었던 것이다. 특히 트로이 전쟁 동안의 포세이돈의 활약과 오디세우스의 귀환을 저지하는 해신 포세이돈의 역할을 통해 포세이돈의 신성이 자세히 묘사되었다. 호메로스가 서술한 포세이돈의 신성은 후대의 자료에서도 거의 변함없이 언급되곤 했다. 바다의 지배자로서의 신성이 고전기에 더욱 분명하게 부각되는 측면이 있지만 바다를 자신의 영역으로 관장하는 포세이돈의 위상은 이미 호메로스 때에 확인된 바 있다. 그러므로 포세이돈의 주요 신성에 대한 핵심적인 서술은 이미 호메로스 때에 완성되었다고 하겠다.

데메테르의 주요 신성에 대한 서술은 제우스의 신성 서술과 비슷한 양상을 보인다. 데메테르의 주요 신성은 곡물의 신, 법률과 질서의 신, 영생의 신으로서의 신성을 들 수 있는데, 이 가운데 곡물의 신과 영생의 신으로서의 신성이 상고기 때에 언급된다. 그녀는 호메로스 때부터 곡물의 신으로 등장하는데, 특히 헤시오도스의 작품과 호메로스 찬가 2에서 곡물의 주인이자 곡물 생산을 주관하는 신으로 자세히 서술된다. 곡물의 신으로서의 그녀의 위상은 페르세포네 납치 이후의 그녀의 파업과정에서 가장 명확하게 묘사된다. 또 호메로스 찬가 2에서는 영생의 신으로서의 위상이 묘사된다. 여기서 데메테르는 인간에게 영생을 부여하는 신, 비의(秘儀) 제식을 전수하는 신으로 서술된다. 하지만 데메테르의 신성에 대한 상고기의 서술은 완성된 것이 아니고 후대의 자료에서 계속 보완된다. 곡물신의 신성과 연관된, 곡물 전수의 전승은 고전기의 아테네 저술가인 이소크라테스와 크세노폰에게서 서술된다. 또 시칠리아인 디오도로스는 곡물전수에 관한 시칠리아인들의 전승을 추가적으로 서술한다. 영생의 신으로서의 신성도 상고기 이후의 자료에서 더욱 보완적으로 설명된다. 한편 법률과 질서의 신으로서의 신성은 고전기에 간접적으로 확인된다. 고전기에 '테스모포로스'라는 호칭이 처음 확인되기 때문이다. 하지만 그 호칭은 그녀가 법률과 질서의 신으로 여겨졌을 것임을 추정케 하는 것이고, 정작 데메테르가 법률을 제정하고 부여했다는 직접적인 언급이 나타난 것은 헬레니즘 시대였다. 이처럼 데메테르의 주요 신성에 대한 서술은 상고기에 근간이 확립된 이후 후대 자료에서 더욱 상술되고 추가되는 식의 보완적인 변화 양상을 보인다.

신들의 호칭과 수식어에 대한 서술도 대체로 보완적 서술의 변화 양상을 보인다. 제우스의 경우 신성 호칭[5]에 대한 서술은 대개 제우스의 주요

---

5) 이하의 결론 서술에서는 논지의 개괄적인 정리를 위해 호칭과 수식어를 따로 구분하지 않

신성에 대한 서술 양상과 일치한다. 제우스의 대부분의 주요 신성이 호메로스와 헤시오도스 때에 언급되었으므로 그의 신성 호칭도 그때 언급된 것들이 많다. 그러나 제우스의 신성 호칭은 그 이후에도 계속 추가되었는데, 특히 상고기와 고전기에 대부분의 주요 호칭이 등장하고 헬레니즘 시대에는 추가되는 호칭이 드문 편이다. 성격 및 행적 호칭과 형상 호칭의 경우에는 모두 상고기와 고전기에 처음 등장하는데, 그들 호칭의 수가 매우 적다 보니 유의미한 서술상의 변화가 눈에 띄지 않는다. 인명 및 지명 호칭 중에서 인명 호칭은 모두 호메로스에게서 처음 나타나고, 지명 호칭 중에서도 중요한 것들은 대개 상고기에 처음 언급된다. 지명 호칭은 고전기와 헬레니즘 시대에도 상당수가 추가되어 나타난다. 제우스의 지명 호칭의 수가 많고 상고기 이후에도 다른 호칭들이 계속 추가되는 것은 해당 지역과 제우스의 연고를 부각하려는 의도가 작용한 것으로 보인다. 이상에서 살펴본 제우스의 호칭들은 후대로 갈수록 그 수가 더욱 많아지지만 모두 다 이전의 호칭 사례와 배치되지 않고 새로 추가되는 것이어서 이전 자료의 서술과 보완적 관계에 있다.

포세이돈의 호칭 중에서 신성 호칭은 대부분 상고기와 고전기에 처음 언급된다. 헬레니즘 시대에 추가된 신성 호칭은 그 수가 많지 않다. 포세이돈의 주요 신성이 모두 호메로스 때부터 서술된 것과는 달리 바다의 신에 관련된 호칭은 상고기에 나타나지 않는다. 그것은 대부분 고전기의 핀다로스와 바킬리데스에게서 처음 확인된다. 말과 마차의 신에 관련된 호칭 가운데 '히피오스'는 상고기에 처음 언급되지만 역시 대부분 호칭은 핀다로스에게서 처음 언급된다. 반면 지진의 신과 연관된 호칭은 호메로스와 상고기 자료에서 처음 언급된 것들이 많고 그 이후에 핀다로스와 바킬리데스에게서도 일부가 추가된다. 성격 및 행적 호칭은 모두 고전기에 처

고 '호칭'으로만 표현한다. 따라서 이하의 '호칭'에는 호칭과 수식어가 함께 포함된 것임을 밝힌다.

음 언급되고, 형상 호칭은 '키아노카이테스'만 호메로스 때에 처음 언급될 뿐 나머지는 모두 핀다로스에게서 처음 나타난다. 한편 인명 호칭은 모두 핀다로스에게서 처음 언급되며, 지명 호칭은 '헬리코니오스'가 호메로스 때에 나타나고 나머지는 고전기에 처음 등장한다. 포세이돈의 호칭 서술에서는 핀다로스의 비중이 높은 편이다. 이는 핀다로스 송가가 이스트미아 제전(포세이돈 제전)이나 마차경주(포세이돈의 관할 종목) 혹은 포세이돈과 관련된 국가나 개인을 많이 다루었기 때문으로 여겨진다. 이상에서 살펴본 포세이돈의 호칭에 대한 서술은 대체로 보완적 서술의 변화 양상에 해당한다.

데메테르의 호칭 가운데 신성 호칭은 곡물의 신과 법률의 신에 관련된 것들뿐이다. 영생의 신에 연관된 호칭은 파악되지 않는다. 곡물 신의 신성과 관련된 호칭은 헤시오도스와 호메로스 찬가 2에 처음 언급된 것들이 많고 고전기의 자료에서 추가된 것들도 많은 편이다. 법률의 신의 신성과 연관된 호칭은 상고기에 나오지 않고 고전기와 헬레니즘 시대의 자료에서 나타난다. 이는 법률 신으로서의 신성이 고전기에 형성되었던 탓으로 여겨진다. 성격 및 행적 호칭은 고전기와 헬레니즘 시대에 나타나지만 그 용례가 많지 않다. 형상 호칭은 주로 호메로스와 호메로스 찬가 2 같은 상고기 자료에 처음 언급되고, 후대에도 일부가 추가적으로 서술된다. 한편 인명 호칭은 언급된 것이 없고, 지명 호칭은 고전기와 헬레니즘 시대의 자료에서 서술된다. 전반적으로 데메테르의 호칭에 대한 서술 역시 보완적 서술의 변화 양상에 해당한다.

이처럼 신화의 변천 양상은 신화 요소별로 다르게 나타난다. 그 변천 양상을 크게 세 가지로 나누면 상고기의 서술이 완성된 형태로 확립되어 후대에 별다른 변화를 보이지 않는 서술 양상, 상고기 서술과 후대의 서술이 서로 부합되지 않는 차별적 서술의 변화 양상, 그리고 상고기 서술이 후대에 더욱 상술되고 보충되는 보완적 서술의 변화 양상으로 나뉜다. 신화 요소별로 변천 양상을 정리하면 변화가 거의 나타나지 않는 양상은 신들의 부모와 형제/남매에 대한 서술, 배우자에 대한 서술, 거주지, 모습, 변신(포세이돈과 데메테르), 부수물(포세이돈과 데메테르), 주요 신성(포세이돈)에 대한 서술에서 확인된다. 또 차별적 서술의 변화 양상은 신들의 탄생과정과 탄생장소에 대한 서술, 양육자와 양육장소에 대한 서술, 출현 신화(데메테르)에서 확인된다. 가장 많은 신화 요소들에서 확인된 양상은 보완적 서술의 변화 양상이다. 즉 신들의 연인과 자녀에 대한 서술, 변신(제우스), 부수물(제우스), 주요 신성(제우스와 데메테르), 호칭(제우스, 포세이돈, 데메테르)에 대한 서술에서 보완적 서술 양상이 나타난다.

이상으로 그리스 신화의 변천과정에 나타난 몇 가지 특징을 살펴보았다. 그러나 이 특징들은 제우스와 포세이돈, 데메테르의 신화를 바탕으로 정리한 것이기 때문에 이를 그리스 신화 변천의 일반적인 특징으로 단정할 수는 없다. 이 점은 추후 다른 신들의 신화에 대한 후속 연구를 통해 더욱 보완되어야 할 것이다. 그래도 이 책은 최고신 제우스 같은 주요 신들의 신화의 변천과정을 면밀히 점검한 것이므로 그리스 신화의 변천과정에 나타난 기본 양상과 특징을 어느 정도 규명했다고 볼 수 있다.

신화 요소별 출처 목록

1. 제우스 신화의 신화 요소별 출처[1]

1. 출생: 부모, 탄생과정, 탄생지, 형제/남매

1) 부모
(1) 부모 모두 언급: 크로노스(Kronos)와 레아(Rhea)
- ◈ 상고기 자료
- * 호메로스, 『일리아스』 15.187-188.
- * 헤시오도스, 『신통기』 453-458, 624-625.
- ◈ 고전기 자료
- * 핀다로스, 『올림피아 송가』 2.12.
- * 플라톤, 『티마이오스』 41A(크로노스와 레아에게서 제우스와 헤라 등이 태어남).
- ◈ 헬레니즘 시대 자료
- * 아폴로도로스, 『비블리오테케』 1.1.6.
- * 디오도로스, 『비블리오테케 히스토리케』(역사편서歷史編書) 3.73.4, 5.65.4, 5.68.1(이하에서는 디오도로스의 서명을 명기하지 않고 그 출처만 적기로 한다).

(2) 아버지 언급: '크로니온'(Κρονίων, '크로노스의 아들'), '크로니데스'(Κρονίδης, '크로노스의 아들'), '크로누 파이스'(Κρόνου παῖς, '크로노스의 아들')

---

1) 이 책에서 참고한 상고기 및 고전기 그리스 시인들의 작품은 캠벨(D. A. Campbell)의 편저 (*Greek Lyric*, 5vols., Harvard Univ. Press, 1992~2002)와 에드먼즈(J. M. Edmonds)의 편저 (*Elegy and Iambus. Anacreontea*, 2vols., Harvard Univ. Press, 1968)에 정리된 사례들을 참조했다. 그 가운데 캠벨의 편저가 더 최근의 것인데다 더 많은 작품들을 수록하고 있기 때문에 캠벨의 편저를 기준으로 했다. 그래서 캠벨의 편저를 출처로 하는 경우에는 따로 출처를 표기하지 않았다. 반면 에드먼즈의 편저를 출처로 하는 경우에는 Edmonds I 혹은 Edmonds II로 표기하여 그 출처를 밝혔다.

① 크로니온
◆ 상고기 자료
* 호메로스, 『일리아스』 1.397, 1.405, 1.502, 1.528, 1.539, 2.102, 2.350,
  2.403, 2.419, 2.670, 3.302, 4.249, 5.522, 5.753, 5.869, 5.906, 6.267,
  7.194, 7.200, 7.209, 7.315, 7.481, 8.175, 8.210, 8.470, 9.511, 11.27,
  11.78, 11.336, 11.406, 11.727, 13.226, 13.242, 13.319, 13.783,
  14.247, 15.254, 16.662, 17.209, 17.269, 17.441, 19.120, 19.340,
  21.184, 21.193, 21.230, 24.290, 24.611; 『오디세이아』 1.386, 3.88,
  3.119, 4.699, 10.21, 11.620, 12.399, 12.405, 14.184, 14.303, 14.406,
  15.477, 16.117, 16.291, 17.424, 18.376, 19.80, 20.236, 20.273,
  21.102, 22.51, 24.472.
* 『키프리아』 fr.8.
* 헤시오도스, 『신통기』 534, 949; 『일과 날들』 69, 242; 『여인명부』
  fr.19A.11, fr.40A.16, fr.58.11, fr.98.33; 『방패』 53, 56.
* 티르타이오스, Elegiac Poems, no.2-3(Edmonds I).
* 호메로스 찬가, 2.91, 2.316, 2.396, 2.468, 4.6, 4.214, 4.230, 4.307,
  4.312, 4.323, 4.367, 4.575, 5.220.
◆ 고전기 자료
* 핀다로스, 『피티아 송가』 1.71, 3.57, 4.23; 『네메아 송가』 1.16, 9.28,
  9.19-20, 10.76; Paeans, 8a.15, 14.5; Dithyrambs, 4.17; Fragments,
  140a.64.
* 에우리피데스, 『트로이아데스』 1288.
◆ 헬레니즘 시대 자료
* 테오크리토스, Poems, XVII.70-73.
* 디오도로스, 8.29.1.

② 크로니데스
◆ 상고기 자료
* 호메로스, 『일리아스』 1.498, 1.552, 2.111, 2.375, 4.5, 4.25, 4.166,
  5.419, 5.756, 6.234, 7.69, 8.31, 8.141, 8.462, 9.18, 9.172, 9.236,
  11.53, 11.289, 15.152, 16.440, 16.845, 17.593, 18.185, 18.361,
  18.431, 20.31, 20.301, 20.304, 21.508, 21.570, 22.60, 24.143,
  24.241; 『오디세이아』 1.45, 9.552, 13.25, 24.539, 24.544.

* 헤시오도스, 『신통기』 53, 450; 『일과 날들』 18, 158, 239; 『소(小)일리아 스』 fr.7.
* 사포, fr.44A.3.
* 솔론, Epic Poems, no.31.1(Edmonds I).
* 알카이오스, fr.38A, fr.112, fr.306(g)fr.9.9, fr.387.
* 스테시코로스, Fragments, fr.222A.176, 228.
* 테오그니스, Elegiac Poems, Book 1.37, 738, 804; Book 2.1346(Edmonds I).
* 호메로스 찬가, 2.21, 2.27, 2.408, 2.414, 3.308, 4.57, 4.395.
* 핀다로스, 『피티아 송가』 6.23.
◆ 고전기 자료
* 핀다로스, 『올림피아 송가』 8.43-44; 『피티아 송가』 4.56, 4.171; 『네메아 송가』 1.72, 4.9; 『이스트미아 송가』 2.23, 8.45-47; Fragments, fr.155.2.
* 바킬리데스, 『우승송가』 5.178, 10.29, 11.73.
* 소포클레스, 『트라키니아이』 128, 500.
* 에우리피데스, 『바카이』 95.
* 헤로도토스, 『역사』 8.77.
◆ 헬레니즘 시대 자료
* 테오크리토스, Poems, XVIII.18, 52.
* 칼리마코스 찬가, 1.90.
* 아폴로니오스 로디오스, 『아르고나우티카』 1.1101, 2.524, 2.1083, 2.1147, 2.1211, 4.520, 4.753, 4.1643(이하에서는 편의상 '아폴로니오스' 로 적는다).
* 모스코스, II.50, 74, 166.

③ 크로누 파이스
◆ 상고기 자료
* 호메로스, 『일리아스』 2.205, 2.319, 4.75, 8.415, 9.37, 12.450, 14.346, 15.91, 16.431, 18.293, 21.216; 『오디세이아』 21.415.
* 시모니데스, Fragments, no.511, fr.1a.3(Κρόνοιο παῖς).
◆ 고전기 자료
* 핀다로스, 『올림피아 송가』 1.10, 4.6, 7.67; Paeans, 6.134.
* 아이스킬로스, 『묶인 프로메테우스』 188.
* 소포클레스, 『필록테테스』 679-680.

④ 기타: '크로누 히오스'(Κρόνου υἱός, '크로노스의 아들'), '크로니오스 파이스'(Κρόνιος παῖς, '크로노스의 아들'), '파테르 크로노스'(πατήρ Κρόνος, '아버지 크로노스')

◈ 상고기 자료

* 호메로스, 『일리아스』13.345(크로누 히오스).
* 헤시오도스, 『신통기』73(파테르 크로노스).

◈ 고전기 자료

* 핀다로스, 『올림피아 송가』2.12(크로니오스 파이스).
* 아이스킬로스, 『묶인 프로메테우스』578(크로니오스 파이스); 『에우메니데스』641(파테르 크로노스).
* 플라톤, 『크라틸로스』396B(크로누 히오스).

(3) 어머니만 언급

◈ 고전기 자료

* 크세노폰, 『사냥』1.4(제우스 어머니는 레아).

◈ 헬레니즘 시대 자료

* 테오크리토스, Poems, XVII.131-134(레아가 '올림포스의 제왕들'βασιλεῖς Ὀλύμπου을 낳음).
  (참고) 아이스킬로스, 『히케티데스』892, 902(가이아의 아들 제우스); 소포클레스, 『필록테테스』391-392(제우스의 어머니 가이아).

2) 탄생과정

◈ 상고기 자료

* 헤시오도스, 『신통기』453-491.

◈ 고전기 자료

* 코린나, Fragments, fr.654, col.i.12-16(레아가 아기 제우스를 은닉).
* 에우리피데스, 『바카이』120-122(동굴에서의 쿠레테스 노래와 제우스의 탄생).

◈ 헬레니즘 시대 자료

* 칼리마코스 찬가, 1.10-44.
* 아폴로도로스, 『비블리오테케』1.1.6-7.
* 디오도로스, 5.65.4, 5.70.1-6.

3) 탄생지

◆ 상고기 자료

* 헤시오도스, 『신통기』 477-479(레아가 크레타의 릭토스Lyktos에 가서 출산).

◆ 헬레니즘 시대 자료

* 칼리마코스 찬가, 1.6-7(제우스 탄생지가 이데산이라고도 하고 아르카디아라고도 함).

* 아폴로도로스, 『비블리오테케』 1.1.6(딕테산의 동굴).

* 디오도로스, 4.17.3(크레타는 제우스가 태어나고 양육된 곳), 5.70.6(딕테).

4) 형제/남매

(1) 헤스티아(Hestia, 혹은 히스티아Histia)

◆ 상고기 자료

* 헤시오도스, 『신통기』 453-458(크로노스와 레아의 자식 히스티아, 데메테르, 헤라, 하데스, 포세이돈, 제우스).

* 호메로스 찬가, 5.22-23(크로노스의 첫째 딸이며 막내딸).

◆ 고전기 자료

* 핀다로스, 『네메아 송가』 11.1-3.

◆ 헬레니즘 시대 자료

* 아폴로도로스, 『비블리오테케』 1.1.5-1.1.6(크로노스와 레아의 자식 헤스티아, 데메테르, 헤라, 플루톤, 포세이돈, 제우스).

* 디오도로스, 5.68.1(크로노스와 레아의 자식 헤스티아, 데메테르, 헤라, 제우스, 포세이돈, 하데스).

(2) 데메테르(Demeter)

◆ 상고기 자료

* 헤시오도스, 『신통기』 453-458(크로노스와 레아의 자식 히스티아, 데메테르, 헤라, 하데스, 포세이돈, 제우스).

* 호메로스 찬가, 2.60, 2.75('아름다운 머리칼의'ἠυκόμος 레아의 딸), 2.460(레아의 딸).

◆ 헬레니즘 시대 자료

* 아폴로도로스, 『비블리오테케』 1.1.5-1.1.6(크로노스와 레아의 자식 헤스티아, 데메테르, 헤라, 플루톤, 포세이돈, 제우스).

* 디오도로스, 5.68.1(크로노스와 레아의 자식 헤스티아, 데메테르, 헤라, 제우스, 포세이돈, 하데스).

(3) 헤라(Hera)
  ◆ 상고기 자료
  * 호메로스, 『일리아스』 4.58-59, 5.721, 8.383, 14.155-156(제우스는 헤라의 친동기이자 남편), 14.194, 14.243, 14.356, 18.356.
  * 헤시오도스, 『신통기』 453-458(크로노스와 레아의 자식 히스티아, 데메테르, 헤라, 하데스, 포세이돈, 제우스).
  * 호메로스 찬가, 5.40-44.
  ◆ 고전기 자료
  * 핀다로스, 『피티아 송가』 2.39('크로노스의 딸'θυγάτηρ Κρόνου).
  * 플라톤, 『티마이오스』 41A(크로노스와 레아에게서 제우스와 헤라가 태어남).
  ◆ 헬레니즘 시대 자료
  * 아폴로도로스, 『비블리오테케』 1.1.5-1.1.6(크로노스와 레아의 자식 헤스티아, 데메테르, 헤라, 플루톤, 포세이돈, 제우스).
  * 디오도로스, 5.68.1(크로노스와 레아의 자식 헤스티아, 데메테르, 헤라, 제우스, 포세이돈, 하데스), 10.31.1.

(4) 하데스(Hades, 혹은 플루톤Pluton)
  ◆ 상고기 자료
  * 호메로스, 『일리아스』 15.187-188(크로노스와 레아에게서 태어난 3형제 제우스, 포세이돈, 하데스).
  * 헤시오도스, 『신통기』 453-458(크로노스와 레아의 자식 히스티아, 데메테르, 헤라, 하데스, 포세이돈, 제우스).
  * 호메로스 찬가, 2.18, 2.32('크로노스의 아들'Κρόνου υἱός 하데스), 2.79-80(제우스의 친형제), 2.364(페르세포네의 아버지인 제우스의 친형제 하데스), 2.85(하데스는 데메테르의 형제이고 같은 가계 출신).
  ◆ 고전기 자료
  * 소포클레스, 『트라키니아이』 1040-1041(하데스).
  * 플라톤, 『고르기아스』 523A(크로노스의 자식 제우스, 포세이돈, 플루톤); 『크라틸로스』 402D(제우스의 형제 포세이돈과 플루톤).
  ◆ 헬레니즘 시대 자료

* 아폴로도로스, 『비블리오테케』 1.1.5-1.1.6(크로노스와 레아의 자식: 헤스티아, 데메테르, 헤라, 플루톤, 포세이돈, 제우스).
* 디오도로스, 5.68.1(크로노스와 레아의 자식 헤스티아, 데메테르, 헤라, 제우스, 포세이돈, 하데스).

(5) 포세이돈(Poseidon)
① 형제 포세이돈
◆ 상고기 자료
* 호메로스, 『일리아스』 13.345(크로노스의 두 아들 제우스와 포세이돈), 13.354-355(같은 부모의 자식 제우스와 포세이돈), 15.187-188(크로노스와 레아에게서 태어난 3형제 제우스, 포세이돈, 하데스), 21.469(아폴론의 아버지(=제우스)의 형제 포세이돈); 『오디세이아』 13.341-342(아테나의 아버지(=제우스)의 형제 포세이돈).
* 헤시오도스, 『신통기』 453-458(크로노스와 레아의 자식 히스티아, 데메테르, 헤라, 하데스, 포세이돈, 제우스).
◆ 고전기 자료
* 핀다로스, 『이스트미아 송가』 1.52(크로노스의 아들 에노식톤), 8.45(크로노스의 자식 제우스와 포세이돈).
* 에우리피데스, 『트로이아데스』 48-49(아테나의 아버지(=제우스)와 혈통상 아주 가까운 신 포세이돈).
* 이소크라테스, 10.23(제우스와 포세이돈은 형제).
* 플라톤, 『고르기아스』 523A(제우스, 포세이돈, 플루톤의 아버지는 크로노스); 『크라틸로스』 402D(제우스의 형제 포세이돈과 플루톤).
◆ 헬레니즘 시대 자료
* 모스코스, II.122(제우스와 포세이돈은 형제).
* 아폴로도로스, 『비블리오테케』 1.1.5-1.1.6(크로노스와 레아의 자식 헤스티아, 데메테르, 헤라, 플루톤, 포세이돈, 제우스).
* 디오도로스, 5.68.1(크로노스와 레아의 자식 헤스티아, 데메테르, 헤라, 제우스, 포세이돈, 하데스).

② 제우스의 동생 포세이돈: 맏형 제우스
◆ 상고기 자료
* 호메로스, 『일리아스』 13.354-355, 15.165-166, 15.181-182, 15.187-188.

③ 제우스의 형 포세이돈: 막내 제우스
◈ 상고기 자료
* 호메로스,『오디세이아』13.141-142.
* 헤시오도스,『신통기』453-458, 478-479(막내아들 제우스), 497(가장 나중에 삼킨 돌맹이).
◈ 헬레니즘 시대 자료
* 아폴로도로스,『비블리오테케』1.1.5-1.1.6(크로노스와 레아의 자식 헤스티아, 데메테르, 헤라, 플루톤, 포세이돈, 제우스).

(6) 케이론(Cheiron): 아버지는 크로노스
◈ 고전기 자료
* 핀다로스,『피티아 송가』3.1-4(크로노스의 자식 케이론), 4.115(크로노스의 아들 케이론).
* 크세노폰,『사냥』1.4(제우스와 케이론은 형제. 케이론 어머니는 님프 나이스Nais).
(참고) 헤시오도스,『신통기』1001-1002(필리라Philyra의 아들 케이론).
(참고) 핀다로스,『피티아 송가』3.1, 6.22(필리라의 아들 케이론).
(참고) 아폴로도로스,『비블리오테케』1.2.4(케이론은 크로노스와 필리라의 아들).

2. 양육: 양육자, 양육장소

1) 양육자
◈ 상고기 자료
* 헤시오도스,『신통기』479-485(가이아).
◈ 고전기 자료
* 코린나, Fragments, fr.654, col.i.12-16(쿠레테스가 크로노스 몰래 아기를 동굴에 은닉).
* 에우리피데스,『바카이』120-122(제우스 탄생. 쿠레테스).
◈ 헬레니즘 시대 자료
* 아라토스,『파이노메나』32-37(키노수라와 헬리케가 이데산 부근의 딕톤 동굴에서 제우스 양육. 딕테의 쿠레테스), 162-164(신성한 염소가 제우스

에게 젖을 먹임).

* 칼리마코스 찬가, 1.45-53(멜리아이, 아드라스테이아, 아말테이아. 쿠레테스).
* 아폴로니오스, 『아르고나우티카』 2.1233-1234(제우스가 크레타의 동굴에
  서 이데산의 쿠레테스에게 양육됨), 3.133-134(아드라스테이아가 이데산
  동굴에서 아기 제우스를 키움).
* 모스코스, II.158-159(크레타. 인명).
* 아폴로도로스, 『비블리오테케』 1.1.6-7(아드라스테이아, 이다, 아말테이아,
  쿠레테스).
* 디오도로스, 5.65.4, 5.70.3-4.
  (참고) 포킬리데스, Epic Poems, no.7(염소 아말테이아)(Edmonds I).
  (참고) 아나크레온, Text, no.361(염소 아말테이아).
  (참고) 필록세노스(Philoxenos of Leukas), Fragments, fr.836(e).4(염소 아말
  테이아).
  (참고) 플라톤, 『법률』 796B(쿠레테스의 군무軍舞 언급).

2) 양육장소

◈ 상고기 자료
* 헤시오도스, 『신통기』 479-485(크레타의 아이가이온산의 동굴).
◈ 헬레니즘 시대 자료
* 아라토스, 『파이노메나』 32-37(이데산 부근에 있는 딕톤의 동굴).
* 칼리마코스 찬가, 1.33-53(크레타의 딕테산).
* 아폴로니오스, 『아르고나우티카』 1.508-509(제우스가 아기였을 때 딕테의
  동굴에서 지냄), 2.1233-1234(제우스가 크레타의 동굴에서 이데산의 쿠레
  테스에게 양육됨), 3.132-134(아드라스테이아가 이데산 동굴에서 아기 제
  우스를 키움).
* 모스코스, II.158-159(크레타. 인명이지만 지명 유추).
* 아폴로도로스, 『비블리오테케』 1.1.6.
* 디오도로스, 4.17.3(크레타는 제우스가 태어나고 양육된 곳), 5.70.4(이데산).

3. 결혼과 자녀: 배우자(연인), 자녀

1) 배우자 혹은 연인
(1) 여신
  ① 헤라(Hera): 크로노스의 딸, 제우스의 누이
  ◆ 상고기 자료
  * 호메로스, 『일리아스』 1.546, 5.893-896, 7.411, 10.5, 10.329, 13.154,
    14.312-360, 14.155-156(제우스는 헤라의 친동기이자 남편), 15.91,
    16.88, 16.432, 18.184, 18.356, 21.479; 『오디세이아』 8.465, 15.112,
    15.180.
  * 헤시오도스, 『신통기』 328, 921-923; 『여인명부』 fr.98.29.
  * 티르타이오스, Elegiac Poems, no.2-3('아름다운 관을 쓴 헤라의 남편'
    καλλιστεφάνου πόσις Ἥρης 제우스)(Edmonds I).
  * 호메로스 찬가, 3.313, 3.329, 5.40-44(헤라는 누이이자 아내, 가장 아름다
    운 여신).
  ◆ 고전기 자료
  * 핀다로스, 『피티아 송가』 2.27, 2.34; 『네메아 송가』 7.95.
  * 바킬리데스, 『우승송가』 11.51-52.
  * 아이스킬로스, 『히케티데스』 302; 『묶인 프로메테우스』 895-896;
    Fragments, fr.211.
  * 에우리피데스, 『메데이아』 1284-1285('제우스의 아내'ἡ Διὸς δάμαρ); 『헤
    라클레이다이』 349; 『미친 헤라클레스』 857, 1312; 『트로이아데스』 977-
    978; 『헬레네』 241-242, 672-675, 1093-1094; 『아울리스의 이피게네이
    아』 1306.
  * 아리스토파네스, 『새』 1731-1734, 1740-1741; 『리시스트라타』 1286(알
    로코스 헤라).
  * 플라톤, 『크라틸로스』 404C.
  ◆ 헬레니즘 시대 자료
  * 테오크리토스, Poems, XV.64, XVII.133.
  * 아폴로니오스, 『아르고나우티카』 1.997, 4.1152('제우스의 아내'Ζηνὸς
    ἄκοιτις, 헤라), 4.96('제우스의 배우자'Διὸς εὐνέτις 헤라), 4.753, 4.967('제
    우스의 아내'ἄλοχος Διός), 4.959('제우스의 아내'Διὸς δάμαρ).
  * 아폴로도로스, 『비블리오테케』 1.3.1, 1.7.4, 2.5.11.

* 디오도로스, 5.72.4, 10.31.1.
  (참고) 바킬리데스, 『디티람보스』 19.21-22 ('최고의 여왕, 황금 페플로스의 헤라' μεγιστοάνασσα χρυσόπεπλος Ἥρα).

② 데메테르(Demeter): 크로노스의 딸, 제우스의 누이
◆ 상고기 자료
* 호메로스, 『일리아스』 14.326.
* 헤시오도스, 『신통기』 912-913.
◆ 고전기 자료
* 이소크라테스, 10.20.

③ 레토(Leto): 티탄 코이오스의 딸
◆ 상고기 자료
* 호메로스, 『일리아스』 14.327, 21.498-499; 『오디세이아』 11.580 (제우스의 '아내' παράκοιτις).
* 헤시오도스, 『신통기』 918-920.
* 호메로스 찬가, 3.205-206, 3.545.
◆ 고전기 자료
* 에우리피데스, 『타우리스의 이피게네이아』 385-386, 1230.
◆ 헬레니즘 시대 자료
* 아폴로도로스, 『비블리오테케』 1.4.1 (라토나).

④ 디오네(Dione): 티탄 오케아노스의 딸
◆ 상고기 자료
* 호메로스, 『일리아스』 5.370-371, 382 (아프로디테의 어머니 디오네), 『일리아스』 5.820 (제우스의 딸 아프로디테).
◆ 고전기 자료
* 에우리피데스, 『헬레네』 1098 (디오네의 딸 아프로디테).
* 플라톤, 『향연』 180D (제우스와 디오네의 딸 아프로디테).
◆ 헬레니즘 시대 자료
* 아폴로도로스, 『비블리오테케』 1.3.1 (제우스가 디오네와의 사이에 아프로디테를 얻음).

⑤ 마야(Maia): 아틀라스의 딸, 님프
◆ 상고기 자료
* 호메로스, 『오디세이아』 14.435(마야의 아들 헤르메스); 『일리아스』
  24.333; 『오디세이아』 8.335(제우스의 아들 헤르메스), 5.28(제우스의 아
  들. 헤르메스 지칭).
* 헤시오도스, 『신통기』 938-939(마야가 제우스에게 헤르메스를 낳아줌);
  『천문』 fr.1.
* 호메로스 찬가, 4.1-9(제우스와 님프 마야의 아들), 4.57-59(제우스와 마야
  의 연애. 헤르메스의 탄생), 4.235, 4.301, 4.550-551, 4.579.
◆ 고전기 자료
* 아이스킬로스, Fragments, fr.212.
* 에우리피데스, 『이온』 1-4.
◆ 헬레니즘 시대 자료
* 아폴로도로스, 『비블리오테케』 3.10.2.

⑥ 메티스(Metis): 티탄 오케아노스의 딸
◆ 상고기 자료
* 헤시오도스, 『신통기』 886-900, 929g-t.
◆ 헬레니즘 시대 자료
* 아폴로도로스, 『비블리오테케』 1.3.6.

⑦ 테미스(Themis): 우라노스의 딸
◆ 상고기 자료
* 헤시오도스, 『신통기』 901-906.
◆ 고전기 자료
* 핀다로스, Hymns, fr.30.1-5(테미스는 제우스의 '원래의 아내'ἀρχαία
  ἄλοχος).
* 에우리피데스, 『메데이아』 208.
◆ 헬레니즘 시대 자료
* 아폴로도로스, 『비블리오테케』 1.3.1, 2.5.11.

⑧ 에우리노메(Eurynome): 티탄 오케아노스의 딸
◆ 상고기 자료

* 헤시오도스, 『신통기』 907-911, 929e.
◈ 헬레니즘 시대 자료
* 아폴로도로스, 『비블리오테케』 1.3.1, 3.12.6.

⑨ 므네모시네(Mnemosyne): 우라노스의 딸
◈ 상고기 자료
* 헤시오도스, 『신통기』 53-62, 915-917.
◈ 헬레니즘 시대 자료
* 아폴로도로스, 『비블리오테케』 1.3.1.
* 디오도로스, 4.7.1.

⑩ 테티스(Thetis): 네레우스의 딸, 네레이데스. 미완의 사랑
◈ 상고기 자료
* 헤시오도스, 『여인명부』 fr.57(제우스의 구혼 기피).
◈ 고전기 자료
* 핀다로스, 『이스트미아 송가』 8.27-46(제우스와 포세이돈의 테티스 구애
  경쟁. 테티스 후손에 대한 테미스의 예언과 둘의 포기).
* 멜라니피데스, Fragments, fr.765.
◈ 헬레니즘 시대 자료
* 아폴로니오스, 『아르고나우티카』 4.793-804(테티스가 제우스와의 동침을
  거부. 테미스의 예언 때문에 제우스가 테티스를 포기).
* 아폴로도로스, 『비블리오테케』 3.13.5(제우스와 포세이돈의 테티스 구애 경
  쟁. 테미스의 예언과 둘의 포기).

⑪ 엘렉트라: 아틀라스의 딸
◈ 상고기 자료
* 헤시오도스, 『여인명부』 fr.102(엘렉트라가 제우스와의 사이에 다르다노스
  와 에에티온을 낳음).
◈ 헬레니즘 시대 자료
* 리코프론, 『알렉산드라』 72-73(아틀라스의 딸. 엘렉트라 지칭).
* 아폴로도로스, 『비블리오테케』 3.12.1(아틀라스의 딸 엘렉트라와 제우스가
  야시온과 다르다노스를 낳음).
* 디오도로스, 5.48.2(제우스와 엘렉트라 사이에 다르다노스, 야시온, 하르모

니아가 태어남. 엘렉트라는 아틀라스의 딸).

(참고) 호메로스, 『일리아스』 20.215-216(제우스가 다르다노스를 낳음. 다
르다니아 건설), 20.304-305(제우스가 인간 여성에게서 낳은 모든 자식들
이상으로 다르다노스를 총애).

⑫ 네메시스(Nemesis): 닉스의 딸

◆ 상고기 자료

* 『키프리아』 fr.8.

◆ 고전기 자료

* 이소크라테스, 10.59(알크메네, 다나에, 네메시스, 레다).

◆ 헬레니즘 시대 자료

* 아폴로도로스, 『비블리오테케』 3.10.7.

⑬ 셀레네(Selene): 티탄 히페리온의 딸

◆ 상고기 자료

* 알크만, Fragments, fr.57.

(참고) 호메로스 찬가, 32.14-15(시기 불명)(제우스와 셀레네가 동침하여
딸 판데이아를 낳음).

⑭ 아이기나(Aigina): 아소포스의 딸 나이아데스

◆ 고전기 자료

* 핀다로스, 『네메아 송가』 7.50(제우스와 아이기나의 자식 아이아코스), 8.6-
8(제우스와 아이기나의 자식, 오이노네의 왕. 아이아코스 지칭); 『이스트미
아 송가』 8.21-23(아소포스 딸이 제우스와의 사이에 아이아코스를 낳음).

* 에우리피데스, 『아울리스의 이피게네이아』 697-699.

◆ 헬레니즘 시대 자료

* 아폴로도로스, 『비블리오테케』 1.9.3(제우스가 아이기나를 몰래 납치함),
3.12.6.

* 디오도로스, 4.61.1, 4.72.5.

(참고) 헤시오도스, 『여인명부』 fr.53.

⑮ 스틱스(Styx): 오케아노스의 딸

◆ 헬레니즘 시대 자료

* 아폴로도로스 1.3.1.
  (참고) 헤시오도스,『신통기』383-384(팔라스와 결합하여 젤로스와 니케 등을 낳음).
  (참고) 아폴로도로스,『비블리오테케』1.2.4(팔라스와 스틱스에게서 젤로스와 니케 등이 태어남).

⑯ 기타: 히브리스(Hybris), 타이게테(Taygete), 님페(Nymphe), 히말리아 (Himalia), 카르메(Karme)
◈ 헬레니즘 시대 자료
* 아폴로도로스,『비블리오테케』1.4.1(히브리스), 1.4.1(엘라레), 1.7.2(프로 토게네이아), 3.1.2(카시에페이아), 3.10.3(타이게테).
* 디오도로스, 5.48.1(님페), 5.55.5(히말리아), 5.76.3(카르메).

(2) 인간 여성
① 세멜레(Semele) 혹은 티오네(Thyone)
◈ 상고기 자료
* 호메로스,『일리아스』14.325.
* 헤시오도스,『신통기』940-942.
◈ 고전기 자료
* 핀다로스,『피티아 송가』3.98-99(제우스와 동침한 티오네Thyone. 세멜레 지칭).
* 에우리피데스,『포이니사이』;『바카이』1-9, 460-518, 581.
◈ 헬레니즘 시대 자료
* 호메로스 찬가, 1.21(디오니소스의 어머니 세멜레. 세멜레는 티오네로 불림) (헬레니즘 시대 혹은 이전).
* 아폴로도로스,『비블리오테케』3.4.3.
* 디오도로스, 4.2.1-4.

② 알크메네(Alkmene)
◈ 상고기 자료
* 호메로스,『일리아스』14.323-324(테바이의 알크메네가 제우스와의 사이 에 헤라클레스를 낳음);『오디세이아』11.266-268(암피트리온의 아내 알 크메네가 제우스와 동침하여 헤라클레스를 낳음).

* 헤시오도스, 『신통기』 943-944; 『방패』 35-36(엘렉트리온의 딸), 48, 52-53, 56.

◆ 고전기 자료

* 핀다로스, 『피티아 송가』 4.171-172, 9.84-86(알크메네가 암피트리온, 제우스와 동침하여 쌍둥이를 낳음).

* 소포클레스, 『트라키니아이』 1148-1149.

* 에우리피데스, 『미친 헤라클레스』 826-829.

* 이소크라테스, 10.16, 10.59.

◆ 헬레니즘 시대 자료

* 아폴로도로스, 『비블리오테케』 2.4.5(헤라가 질투로 인해 알크메네의 출산을 지연), 2.4.8(제우스가 암피트리온의 모습으로 알크메네와 동침. 암피트리온과의 동침. 헤라클레스는 제우스 아들, 이피클레스는 암피트리온 아들).

* 디오도로스, 4.9.1-3(제우스가 암피트리온의 모습으로 알크메네를 속여 동침), 4.14.4(알크메네는 제우스와 동침한 마지막 인간 여성).

③ 다나에(Danae)

◆ 상고기 자료

* 호메로스, 『일리아스』 14.319-320.

◆ 고전기 자료

* 소포클레스, 『안티고네』 946-950(제우스가 '황금 물줄기로 흘러들어' χρυσόρυτος 다나에를 잉태시킴).

* 이소크라테스, 11.37, 10.59(제우스가 '황금 물줄기로 흘러서' χρυσὸς ρυείς 다나에와 동침).

◆ 헬레니즘 시대 자료

* 아폴로도로스, 『비블리오테케』 2.4.1(제우스가 '황금으로 변신하여' μεταμορφωθεὶς εἰς χρυσόν 지붕을 통해 다나에의 가슴으로 흘러들어 관계를 가짐. 아르고스 왕 프로이토스가 그녀를 유혹했다는 전승도 소개).

* 디오도로스, 4.9.1.

④ 에우로페(Europe)

◆ 상고기 자료

* 호메로스, 『일리아스』 14.321-322(포이닉스의 딸).

* 헤시오도스, 『여인명부』 fr.19, fr.19A.1-15.

* 알크만, Fragments, fr.52.

◈ 고전기 자료

* 바킬리데스, 『디티람보스』 17.29-33(포이닉스의 딸(에우로페)이 이데산의 기슭에서 제우스와 결합하여 미노스를 낳음), 17.53-54(페니키아의 처녀(= 에우로페)가 제우스에게 미노스를 낳아줌); Fragments, fr.10(제우스와 포이닉스 딸 에우로페의 연애. 황소 변신한 제우스가 에우로페를 크레타로 데려감. 에우로페는 미노스, 사르페돈, 라다만티스를 낳음).

* 아이스킬로스, Fragments, fr.50.1-19(제우스가 황소를 통해 에우로페를 납치. 제우스와 혼인하여 세 아들 미노스, 라다만티스, 사르페돈을 낳음).

* 헤로도토스, 『역사』 2.44, 4.45, 4.147.

* 프락실라, Fragments, fr.753.

◈ 헬레니즘 시대 자료

* 모스코스, II.7(포이닉스의 딸 에우로페이아), 77-79(제우스의 황소 변신), 115-124(황소가 에우로페를 데리고 바다를 건넘), 153-166(크레타에 이르러 에우로페와 동침. 고명한 자식들을 낳음).

* 아폴로도로스, 『비블리오테케』 2.5.7(제우스를 위해 에우로페를 싣고 온 황소), 3.1.1-3.

* 디오도로스, 4.60.2(에우로페를 황소 등에 태우고 페니키아에서 크레타로 데려가 동침), 5.78.1(아게노르의 딸 에우로페가 신들의 계획에 의해 황소 등에 태워져 크레타로 옴).

* 「아나크레온테아」 no.54.1-10(황소가 에우로페를 태우고 바다를 건넘)(헬레니즘 시대 혹은 이후).
   (참고) 에우리피데스, 『바카이』 170-172(아게노르의 아들 카드모스가 시돈에서 테바이로 옴).
   (참고) 『파로스 연대기』 Ep.7(아게노르의 아들 카드모스가 테바이에 도착)(기원전 3세기).[2]

---

2) 『파로스 연대기』는 파로스 섬에서 발견된 비문의 연대기로 기원전 264년에 건립되었다고 한다. 이 연대기 내용의 진위에 대해서는 논란의 여지가 많지만 연대기에 기술된 신화 관련 언급은 신화 자료로서 가치가 있기 때문에 이 책에서는 『파로스 연대기』의 신화 기술을 헬레니즘 시대의 자료로 활용하기로 한다.

⑤ 레다(Leda)

◆ 상고기 자료

* 호메로스, 『오디세이아』 11.298-304.

* 알카이오스, fr.34(제우스와 레다의 아들 카스토르와 폴리데우케스).

◆ 고전기 자료

* 핀다로스, 『피티아 송가』 4.171-172.

* 에우리피데스, 『헬레네』 17-21, 213-216, 257-259, 1144-1146; 『아울리스의 이피게네이아』 793-800.

* 이소크라테스, 10.16, 10.59.

◆ 헬레니즘 시대 자료

* 아폴로니오스, 『아르고나우티카』 1.150(제우스의 여자 레다).

* 아폴로도로스, 『비블리오테케』 1.8.2, 3.10.7.

* 디오도로스, 4.63.2.

⑥ 안티오페(Antiope)

◆ 상고기 자료

* 호메로스, 『오디세이아』 11.260-262.

◆ 헬레니즘 시대 자료

* 아폴로도로스, 『비블리오테케』 3.5.5, 3.10.1.

⑦ 라오다메이아(Laodameia)

◆ 상고기 자료

* 호메로스, 『일리아스』 6.198-199(벨레로폰테스의 딸 라오다메이아).

◆ 헬레니즘 시대 자료

* 아폴로도로스, 『비블리오테케』 3.1.1(호메로스는 사르페돈이 제우스와 라오다메이아의 아들이었다고 함).

⑧ 익시온(Ixion)의 아내

◆ 상고기 자료

* 호메로스, 『일리아스』 14.317-318.

(참고) 디오도로스, 4.69.3(익시온이 디아와 결혼하여 페이리투스를 낳음).

⑨ 판도라(Pandora)
◈ 상고기 자료
* 헤시오도스, 『여인명부』 fr.2,
  (참고) 아폴로도로스, 『비블리오테케』 1.7.2(에피메테우스와 결혼).

⑩ 티이아(Thyia)
◈ 상고기 자료
* 헤시오도스, 『여인명부』 fr.3.

⑪ 칼리스토(Kallisto)
◈ 상고기 자료
* 헤시오도스, 『천문』 fr.3.
◈ 고전기 자료
* 에우리피데스, 『헬레네』 375-380.
◈ 헬레니즘 시대 자료
* 아폴로도로스, 『비블리오테케』 3.8.2(제우스가 아르테미스 혹은 아폴론의
  모습으로 칼리스토와 동침).
  (참고) 호메로스, 『일리아스』 18.487; 『오디세이아』 5.273; 소포클레스, 『트
  라키니아이』 130; 에우리피데스, 『이온』 1154(아륵토스Ἄρκτος, '곰자리'
  언급).
  (참고) 파우사니아스, 『그리스안내기』 8.3.6-7(제우스와 칼리스토의 동침.
  헤라가 곰으로 만듦. 아르테미스가 곰 사살. 제우스가 어머니에게서 아기 구
  출하고 칼리스토를 별로 만들고 큰곰자리라 부름)(서기 2세기)(이하에서는
  파우사니아스의 서명을 명기하지 않고 출처만 적기로 한다).

⑫ 이오(Io)
◈ 고전기 자료
* 바킬리데스, 『디티람보스』 19.15-45(이나코스의 딸인 암소가 아르고스 땅
  을 떠남. 헤라가 아르고스를 시켜 이오를 감시. 헤르메스가 아르고스를 죽임.
  이오가 나일강에 이르러 에파포스를 낳음).
* 아이스킬로스, 『히케티데스』 15-18, 40-48, 291-315(제우스와 이오의
  연애. 헤라가 이오를 암소로 만들자 제우스가 황소로 변신하여 접근. 헤라
  가 아르고스를 시켜 이오 감시. 암소가 등에에 쫓겨 이집트에 이름. 제우스

가 암소에게 손길을 대어 에파포스를 낳게 함), 531-589(다나오스 딸들이 말하는 제우스와 이오 이야기), 547-555(이오의 유랑), 562-564(헤라가 사주한 고생 때문에 이오가 광란에 빠짐), 580-581(이오는 제우스의 자식을 낳음), 586-587(헤라가 꾸민 재앙);『묶인 프로메테우스』561-569(이오의 유랑), 588(암소 모양의 이오), 589-592(제우스와의 사랑, 헤라의 질투), 600-601(헤라의 복수), 640-686(이오 이야기: 꿈속에서 제우스와의 결합을 피하지 말라는 환영이 나타남. 꿈 해몽을 위해 피토와 도도나에서 신탁 문의. 이오를 떠나보내라는 신탁. 이오에게 뿔이 나고 등에에게 쫓김), 703-741(이오의 유랑), 786-815(이오의 이후 유랑), 842-876(이오의 후손들에 대한 설명. 에파포스의 탄생), 877-886(이오의 호소), 898-900(헤라에 의한 이오의 고생스런 유랑).

* 에우리피데스,『포이니사이』676-678.
◆ 헬레니즘 시대 자료
* 모스코스, II.43-62(제우스와 이오)
* 아폴로도로스,『비블리오테케』2.1.3.
  (참고) 호메로스,『일리아스』2.103, 16.181, 21.497;『오디세이아』5.43, 5.49 외('아르게이폰테스 Ἀργειφόντης, '아르고스 살해자').
  (참고) 헤시오도스,『아이기미오스』fr.3-fr.6(저자와 시기 불명): 제우스가 헤라의 여사제 이오를 유혹. 이오의 암소 변신. 아르고스의 감시와 헤르메스의 아르고스 살해.

⑬ 칼케도니아(Kalchedonia)
◆ 고전기 자료
* 안티마코스, B.Lyde no.16.

⑭ 니오베
◆ 헬레니즘 시대 자료
* 아폴로도로스,『비블리오테케』2.1.1(니오베는 제우스가 동침한 최초의 인간 여성), 3.8.1.
* 디오도로스, 4.14.4(니오베는 제우스와 동침한 최초의 인간 여성).

⑮ 기타: 엘라레(Elare), 프로토게네이아(Protogeneia), 카시에페이아(Kassiepeia)

◆ 헬레니즘 시대 자료

* 아폴로도로스, 『비블리오테케』 1.4.1(엘라레), 1.7.2(프로토게네이아),
  3.1.2(카시에페이아).

(3) 동성

① 가니메데스

◆ 상고기 자료

* 호메로스, 『일리아스』 5.265-266(제우스가 가니메데스에 대한 보상을 아
  버지에게 제공), 20.232-235(가장 아름다운 인간 가니메데스. 아름다운 용
  모 때문에 제우스에게 술시중을 들며 신들과 함께 지냄).

* 호메로스 찬가, 5.202-217(제우스가 그의 아름다움에 반해 회오리바람으
  로 납치. 가니메데스는 신들처럼 불사불로의 존재가 됨).

* 테오그니스, Elegiac Poems, Book 2.1345-1348(가니메데를 사랑한 제우스
  가 그를 올림포스로 데려가 '신령'δαίμων으로 만듦)(Edmonds I).

◆ 고전기 자료

* 핀다로스, 『올림피아 송가』 1.43-45(가니메데스가 제우스 저택에서 제우스
  에게 봉사).

* 플라톤, 『파이드로스』 255C(가니메데스를 사랑한 제우스).

* 아리스토텔레스, 『시학』 25.21(가니메데스가 제우스에게 술을 따름).

◆ 헬레니즘 시대 자료

* 아폴로니오스, 『아르고나우티카』 3.115-117(제우스가 가니메데스의 아름
  다움에 반해 그가 신들과 함께 지내도록 함).

* 아폴로도로스, 『비블리오테케』 2.5.9, 3.12.2.
  (참고) 데모스테네스, 61.30(가니메데스와 아도니스는 아름다움 때문에 신
  들의 사랑을 받음).

2) 자녀

(1) 신

① 아테나: 어머니는 메티스

◆ 상고기 자료

* 호메로스, 『일리아스』 1.202, 2.157, 2.547-548, 4.515, 5.115, 5.714,
  5.733, 5.747, 5.815, 6.304, 6.312, 7.24, 8.352, 8.384, 8.391, 8.427,
  10.284, 10.296, 10.553, 19.342, 21.420, 22.183; 『오디세이아』 1.64,

1.101, 2.296, 2.433, 3.42, 3.337, 3.378, 3.393-394, 4.752, 4.762, 5.22, 5.382, 6.229, 6.324, 13.190, 13.252, 13.300, 13.318, 13.341-342, 13.371, 22.205, 24.502, 24.521, 24.529, 24.540, 24.547.
* 헤시오도스, 『신통기』 13, 886-900, 924-926, 929g-t; 『방패』 126.
* 호메로스 찬가, 3.308-309, 3.313-315, 5.8.
* 솔론, Elegies, no.4.3-4(Edmonds I).
* 아르킬로코스, Fragments, fr.94.1-2, fr.98.7.
* 스테시코로스, Fragments, fr.233(아테나가 제우스 머리로부터 무장한 채 뛰어올랐다는 것은 스테시코로스가 처음으로 말했다고 함).
* 이비코스, Fragments, fr.298.
◆ 고전기 자료
* 핀다로스, 『올림피아 송가』 7.39-53.
* 아이스킬로스, 『에우메니데스』 415.
* 소포클레스, 『아이아스』 91, 401-402, 952-953; 『오이디푸스 티라노스』 160.
* 에우리피데스, 『키클롭스』 350; 『이온』 991, 1606; 『트로이아데스』 46-47, 93; 『포이니사이』 1373.
* 아리스토파네스, 『새』 516.
* 플라톤, 『크리티아스』 109C.
◆ 헬레니즘 시대 자료
* 아폴로니오스, 『아르고나우티카』 3.11.
* 아폴로도로스, 『비블리오테케』 1.3.6.
* 디오도로스, 5.72.5.
* 「아나크레온테아」 no.55.30-38(헬레니즘 시대 혹은 이후).

② 아폴론: 어머니는 레토
◆ 상고기 자료
* 호메로스, 『일리아스』 1.9, 1.21, 7.23, 7.37, 15.236, 16.720, 16.804, 17.326, 20.82, 20.103, 21.229, 22.302; 『오디세이아』 8.334, 11.318.
* 헤시오도스, 『신통기』 918-920.
* 호메로스 찬가, 3.14-16, 3.177-178, 3.182, 3.205-206, 3.301, 3.437, 3.480, 3.514, 3.531, 3.545, 4.158, 4.176, 4.189, 4.215, 4.227, 4.243, 4.253, 4.261, 4.314, 4.321, 4.500, 4.513.

* 테오그니스, Elegiac Poems, Book 1.1-10(레토의 아들, 제우스의 자식) (Edmonds I).
* 알크만, Fragments, fr.46.
* 알카이오스, fr.307a.
* Skythinus, fr.1.
◆ 고전기 자료
* 아이스킬로스,『에우메니데스』89-90.
* 소포클레스,『콜로노스의 오이디푸스』793.
* 에우리피데스,『알케스티스』6-7;『히폴리토스』15;『이온』1619(제우스와 레토의 아들);『헬레네』1475;『오레스테스』1633-1637.
* 크세노폰,『헬레니카』4.7.2.
* 아리스토텔레스,『수사학』3.8.6.
◆ 헬레니즘 시대 자료
* 아폴로도로스,『비블리오테케』1.4.1.
* 디오도로스, 5.72.5.

③ 아르테미스: 어머니는 레토
◆ 상고기 자료
* 호메로스,『일리아스』9.536, 9.538(제우스의 자식), 21.504-508(아버지 제우스, 어머니 레토 언급), 21.512;『오디세이아』6.151, 20.61(제우스의 자식), 24.605-609(레토 언급).
* 헤시오도스,『신통기』918-920.
* 스테시코로스, Fragments, no.222B, fr.2.7.
* 알크만, Fragments, fr.46.
* 테오그니스, Elegiac Poems, Book 1.11(Edmonds I).
* 아나크레온, Text, no.348.
◆ 고전기 자료
* 소포클레스,『아이아스』172.
* 에우리피데스,『히폴리토스』15, 59-60, 64-66, 713, 1092-1093, 1138-1139, 1285;『타우리스의 이피게네이아』1230, 1384;『포이니사이』191-192;『아울리스의 이피게네이아』1468-1469, 1521-1522, 1543-1544, 1570-1571.
◆ 헬레니즘 시대 자료

* 아폴로도로스, 『비블리오테케』 1.4.1, 1.9.3.
* 디오도로스, 5.72.5
    (참고) 헤로도토스, 『역사』 2.156; 파우사니아스, 8.37.6(아이스킬로스: 아르테미스는 데메테르의 딸).

④ 아프로디테: 어머니는 디오네
◈ 상고기 자료
* 호메로스, 『일리아스』 5.370-371, 5.382(어머니 디오네), 3.374, 5.131, 5.312, 5.348, 5.357-362, 5.426-428, 5.820, 14.193, 14.224, 20.105, 21.416, 23.185; 『오디세이아』 8.289, 8.308.
* 호메로스 찬가, 3.195, 5.81, 5.107, 5.191(제우스의 딸 아프로디테).
* 사포, Fragments, fr.1.1-2.
◈ 고전기 자료
* 에우리피데스, 『헬레네』 1098(디오네의 딸 키프리스).
* 플라톤, 『향연』 180D(제우스와 디오네의 딸).
◈ 헬레니즘 시대 자료
* 아폴로도로스, 『비블리오테케』 1.3.1.
* 디오도로스, 5.72.5.
    (참고) 헤시오도스, 『신통기』 188-195(우라노스의 잘려진 생식기가 바다에 던져져 생긴 거품에서 아프로디테가 태어남. 어머니 없음).
    (참고) 플라톤, 『향연』 180D(어머니 없이 태어난 아프로디테, 제우스와 디오네의 딸 아프로디테를 함께 언급).

⑤ 아레스: 어머니는 헤라
◈ 상고기 자료
* 호메로스, 『일리아스』 5.357-362(제우스의 딸 아프로디테의 오빠), 5.892-893(헤라), 5.896(제우스, 헤라).
* 헤시오도스, 『신통기』 921-923.
◈ 헬레니즘 시대 자료
* 아폴로도로스, 『비블리오테케』 1.3.1.
* 디오도로스, 5.72.5.

⑥ 헤르메스: 어머니는 마야

◆ 상고기 자료

* 호메로스, 『일리아스』 24.333; 『오디세이아』 5.28, 8.335(제우스의 아들 헤르메스), 14.435(마야의 아들 헤르메스).

* 헤시오도스, 『신통기』 938-939(아틀라스의 딸 마야와 제우스의 아들).

* 호메로스 찬가, 4.1-4, 4.57-59, 4.183, 4.235, 4.301, 4.446, 4.550-551, 4.579(제우스와 마야의 아들), 4.19, 4.73, 4.89, 4.145, 4.214, 4.230, 4.408, 4.424, 4.430, 4.432, 4.439, 4.455, 4.498, 4.514, 4.521, 4.567, 4.574.

* 히포낙스, Fragments, fr.3.

◆ 고전기 자료

* 코린나, Fragments, fr.654, (a)col. iii.17-18(마야의 아들 헤르메스).

* 바킬리데스, 『디티람보스』 19.25-26.

* 아이스킬로스, 『에우메니데스』 89-90; Fragments, fr.212.

* 에우리피데스, 『레소스』 216-217(마야의 아들 헤르메스); 『안드로마케』 275-276(제우스와 마야의 아들. 헤르메스 지칭); 『이온』 1-4(마야가 제우스에게 헤르메스를 낳아줌), 28-29; 『헬레네』 1670; 『엘렉트라』 462-464(마야의 아들 헤르메스, 제우스의 사자).

◆ 헬레니즘 시대 자료

* 아폴로도로스, 『비블리오테케』 3.10.2.

* 디오도로스, 5.72.5.

⑦ 헤파이스토스: 어머니는 헤라

◆ 상고기 자료

* 호메로스, 『일리아스』 1.578, 20.11-12(아버지 제우스), 14.338-339(제우스의 아들), 1.572, 1.577, 1.585, 14.166-167, 14.239, 18.396, 21.331, 21.330-331, 21.378-379(헤라의 아들로 언급).

* 헤시오도스, 『신통기』 580(아버지 제우스), 927-929(헤라의 단독 생산), 929a-929d(헤라의 단독 생산).

* 『소(小)일리아스』 7.

* 호메로스 찬가, 3.316-317(헤라의 아들).

◆ 고전기 자료

* 아이스킬로스, 『묶인 프로메테우스』 4, 17(아버지(제우스)).

* 플라톤, 『에우티프론』 8B(헤라의 아들); 『국가』 378D(아버지(제우스)); 『알키비아데스 I』 121A(제우스 아들).

◆ 헬레니즘 시대 자료

* 아폴로도로스, 『비블리오테케』 1.3.5(헤라의 단독 생산 전승, 제우스와 헤라의 아들이라는 전승을 함께 소개).

* 디오도로스, 5.72.5('제우스에게서 태어난'τοῦ δὲ Διὸς ἔκγονος 자식).

(참고) 호메로스 찬가, 3.349-352(헤라의 티파온 단독 생산. 제우스의 아테나 출산에 분노하여 단독 생산).

⑧ 디오니소스: 어머니는 세멜레

◆ 상고기 자료

* 호메로스, 『일리아스』 14.325.

* 헤시오도스, 『신통기』 940-942.

* 알카이오스, fr.346.3-4.

◆ 고전기 자료

* 핀다로스, 『올림피아 송가』 2.25-27(세멜레의 '담쟁이덩굴을 두른' κισσοφόρος 아들. 디오니소스 지칭).

* 소포클레스, 『안티고네』 1115-1123, 1148-1149.

* 에우리피데스, 『히폴리토스』 559-562; 『포이니사이』 649-656; 『바카이』 1-9, 88-103, 358-369, 460-518, 550-551, 581, 602-603, 859-860, 1340-1341, 1349.

* 헤로도토스, 『역사』 2.146.

* 아리스토파네스, 『개구리』 216, 631, 991.

* 호메로스 찬가, 7.56-58(제우스와 세멜레의 아들).

◆ 헬레니즘 시대 자료

* 호메로스 찬가, 1.4(제우스와 세멜레의 자식), 1.21(디오니소스의 어머니 세멜레. 세멜레는 티오네Thyone로 불림)(헬레니즘 시대 혹은 이전).

* 아폴로도로스, 『비블리오테케』 3.4.3.

* 디오도로스, 3.62.6-7(디오니소스를 제우스와 데메테르의 아들로 보는 전승도 언급), 3.64.3-7, 4.2.2-4, 4.15.1, 5.72.5, 5.75.4(디오니소스를 제우스와 페르세포네의 아들로 보는 크레타인들의 전승도 언급).

* 「아나크레온테아」 no.5.10-11, no.49.1(헬레니즘 시대 혹은 이후).

(참고) 프락실라, Fragments, fr.752(프락실라는 디오니소스가 아프로디테의

아들이라고 함).

⑨ 페르세포네(Persephone): 어머니는 데메테르
◆ 상고기 자료
* 호메로스, 『오디세이아』 11.217(제우스의 딸).
* 헤시오도스, 『신통기』 912-913(제우스가 데메테르와 동침하여 페르세포네
  를 낳음).
* 호메로스 찬가, 2.21, 2.27(페르세포네의 아버지 제우스), 2.27(아버지 크로
  니데스), 2.39(페르세포네의 어머니 데메테르), 2.79-80(페르세포네의 아
  버지 제우스), 2.408(아버지 크로니데스), 2.414-415(페르세포네의 아버
  지 크로니데스), 2.439(데메테르의 딸), 2.492-493(데메테르의 딸 페르세
  포네).
◆ 고전기 자료
* 에우리피데스, 『레소스』 963-964('지하세계의 신부, 수확하는 데메테르
  의 자식'νύμφην τὴν ἔνερθ' τῆς καρποποιοῦ παῖδα Δήμητρος); 『알케스티스』
  358(데메테르의 딸과 그녀의 남편. 페르세포네와 하데스 지칭); 『미친 헤라
  클레스』 1104(데메테르의 딸. 페르세포네 지칭).
* 이소크라테스, 10.20(제우스와 데메테르의 딸).
◆ 헬레니즘 시대 자료
* 아폴로도로스, 『비블리오테케』 1.5.3(페르세포네의 어머니. 데메테르 지칭);
  『개요』 1.23.
  (참고) 아폴로도로스, 『비블리오테케』 1.3.1(페르세포네가 제우스와 스틱스
  의 자식이라는 전승 언급).

⑩ 헤베: 어머니는 헤라
◆ 상고기 자료
* 호메로스, 『오디세이아』 11.603-604.
* 헤시오도스, 『신통기』 921-923, 950-953; 『여인명부』 fr.98.28-29.
◆ 고전기 자료
* 핀다로스, 『이스트미아 송가』 4.59-60; 『네메아 송가』 10.18(어머니 헤라).
* 에우리피데스, 『헤라클레이다이』 917-918(제우스의 두 자식. 헤라클레스
  와 헤베 지칭).
◆ 헬레니즘 시대 자료

* 아폴로도로스, 『비블리오테케』1.3.1(제우스와 헤라), 2.7.7(헤라의 딸).

⑪ 아테(Ate)

◆ 상고기 자료

* 호메로스, 『일리아스』19.91(제우스의 딸).
  (참고) 헤시오도스, 『신통기』230(에리스의 딸).

⑫ 무사이(Musai): 어머니는 므네모시네

◆ 상고기 자료

* 호메로스, 『일리아스』2.491-492(제우스의 딸들인 올림포스의 무사이),
  2.598(무사이, 제우스의 딸들); 『오디세이아』1.10, 8.488(무사, 제우스의 딸).
* 헤시오도스, 『신통기』25, 52, 966, 1022(제우스의 딸들인 올림포스의 무
  사이), 29(제우스의 딸들), 53-62, 915-917(제우스와 므네모시네의 딸
  9명), 75-79(제우스의 9명 딸들 명단), 81(제우스의 딸); 『일과 날들』
  1-2(피에리아의 무사이의 아버지 제우스).
* 솔론, Elegies, no.13.1-2(므네모시네와 올림피오스 제우스의 자식)
  (Edmonds I).
* 테오그니스, Elegiac Poems, Book 1.15(Edmonds I).
* 알크만, Fragments, fr.8(므네모시네가 무사이 낳음), fr.27(무사 칼리오페),
  fr.28(제우스의 딸 무사).
* 호메로스 찬가, 4.429-430(무사이의 어머니 므네모시네).

◆ 고전기 자료

* 핀다로스, 『올림피아 송가』10.96; 『네메아 송가』, 3.10.
* 바킬리데스, 『우승송가』1.1-2.
* 크라테스, Elegiac Poems, no.1.1-2(므네모시네와 올림피오스 제우스의 자
  식)(Edmonds I).
* 아리스토파네스, 『개구리』875-876(9명의 무사이).
* 플라톤, 『테아이테토스』191D(무사이의 어머니 므네모시네).

◆ 헬레니즘 시대 자료

* 테오크리토스, Poems, XVI.1-3.
* 아폴로니오스, 『아르고나우티카』4.2(제우스의 딸 무사).
* 아폴로도로스, 『비블리오테케』1.3.1(9명의 무사이 이름 언급).
* 디오도로스, 4.7.1-7.2(우라노스와 가이아의 딸들이라는 전승과 인원수가

3명이라는 전승도 함께 소개), 5.72.5.

(참고) 호메로스, 『일리아스』 24.60(무사이는 9명).

(참고) 밈네르모스, Elegies, Book 2, no.13(Edmonds I)(무사이는 우라노스의 딸들).

(참고) 알크만, Fragments, fr.67(우라노스와 가이아의 딸들).

(참고) 파우사니아스, 9.29.2(무사이는 3명이라는 전승)(서기 2세기).

⑬ 나이아데스(Naiades), 크레나이아이(Krenaiai)

◈ 상고기 자료

* 호메로스, 『오디세이아』 13.356('제우스의 딸들'κοῦραι Διός인 나이아데스 님프들), 17.240(제우스의 딸들, 크레나이아이 님프들).

⑭ 에일레이티이아이(Eileithyiai): 어머니는 헤라

◈ 상고기 자료

* 호메로스, 『일리아스』 11.270-271(에일레이티이아이는 헤라의 딸들).

* 헤시오도스, 『신통기』 921-923(에일레이티이아는 제우스와 헤라의 자식).

◈ 고전기 자료

* 핀다로스, 『네메아 송가』 7.2.

◈ 헬레니즘 시대 자료

* 아폴로도로스 1.3.1(제우스와 헤라의 딸).

* 디오도로스, 4.9.4(헤라의 딸), 5.72.5(제우스의 자식).

⑮ 카스토르(Kastor), 폴리데우케스(Polydeukes) 혹은 폴룩스(Pollux): 어머니는 레다

◈ 상고기 자료

* 호메로스, 『일리아스』 3.237-238(카스토르와 폴리데우케스는 헬레네와 어머니가 같은 친오라비).

* 헤시오도스, 『여인명부』 fr.66(카스토르와 폴리데우케스는 제우스 아들).

* 알카이오스, fr.34(제우스와 레다의 아들 카스토르와 폴리데우케스).

◈ 고전기 자료

* 핀다로스, 『피티아 송가』 4.171-172(둘 다 제우스의 아들로 언급); 『네메아 송가』 10.55-56(디오스쿠로이의 아버지는 제우스), 10.76-80(폴리데우케스는 제우스 아들), 10.80-82(카스토르는 틴다레오스의 아들).

* 에우리피데스, 『헬레네』 284, 1644-1645(제우스의 아들)), 1680(제우스와 레다의 아들); 『오레스테스』 1689(제우스의 아들들인, 틴다레오스의 자식들); 『헤카베』 943(디오스쿠로이의 누이 헬레네); 『엘렉트라』 1238-1240(제우스의 아들 카스토르와 폴리데우케스), 1292(제우스 아들 디오스쿠로이).

◈ 헬레니즘 시대 자료

* 테오크리토스, Poems, XXII.1(제우스와 레다의 아들 카스토르와 폴리데우케스).
* 아폴로니오스, 『아르고나우티카』 1.146-150(제우스의 여자 레다가 틴다레오스 집에서 카스토르와 폴리데우케스를 낳음).
* 아폴로도로스, 『비블리오테케』 1.8.2(제우스와 레다의 아들 카스토르와 폴룩스), 1.9.16(제우스의 아들 카스토르와 폴룩스), 3.10.7(폴룩스는 제우스의 아들, 카스토르는 틴다레오스의 아들).
* 디오도로스, 6.6.1(카스토르와 폴리데우케스).

(참고) 호메로스, 『오디세이아』 11.298-301(카스토르와 폴리데우케스는 레다가 틴다레오스와의 사이에 낳은 아들. 제우스의 은혜를 받아 교대로 생사를 누리면서 신과 같은 영예를 지님).

(참고) 『키프리아』 fr.7(폴리데우케스는 아레스의 자식).

(참고) 호메로스 찬가, 33.1-3(시기 불명)(제우스와 레다의 아들 카스토르와 폴리데우케스).

(참고) 핀다로스, 『올림피아 송가』 3.1, 3.39(탄다레오스의 자식), 3.35(레다의 쌍둥이자식); 『네메아 송가』 10.66-73(레다의 아들, 틴다레오스의 아들 폴리데우케스).

(참고) 에우리피데스, 『헬레네』 137; 『엘렉트라』 1295(틴다레오스의 아들들).

⑯ 호라이(Horai: 에우노미아, 디케, 에이레네): 어머니는 테미스

◈ 상고기 자료

* 헤시오도스, 『신통기』 901-903(호라이: 에우노미아, 디케, 에이레네); 『일과 날들』 256(디케).

◈ 고전기 자료

* 핀다로스, 『올림피아 송가』 13.6-8(테미스의 딸 에우노미아, 디케, 에이레네); Hymns, fr.30.6-7(호라이).
* 아이스킬로스, 『테바이를 향한 7인』 662(디케); 『제주를 바치는 여인들』

949(디케).
* 에우리피데스, 『메데이아』 764(디케).
◆ 헬레니즘 시대 자료
* 아폴로도로스, 『비블리오테케』 1.3.1(호라이: 에이레네, 에우노미아, 디케),
  2.5.11(님프들).
* 디오도로스, 5.72.5(호라이: 에우노미아, 디케, 에이레네).
  (참고) 파우사니아스, 5.11.7(3명의 호라이는 제우스의 딸. 서사시 인용)(서
  기 2세기).

⑰ 모이라이(Moirai: 클로토, 라케시스, 아트로포스): 어머니는 테미스
◆ 상고기 자료
* 헤시오도스, 『신통기』 904-906(모이라이: 클로토, 라케시스, 아트로포스).
◆ 헬레니즘 시대 자료
* 아폴로도로스, 『비블리오테케』 1.3.1(모이라이: 클로토, 라케시스, 아트로
  포스).
  (참고) 헤시오도스, 『신통기』 217-219(닉스의 딸 클로토, 라케시스, 아트로
  포스); 아이스킬로스, 『에우메니데스』 961-962(모이라이는 에리니에스와
  어머니가 같은 자매), 321-322(에리니에스는 닉스의 딸).
  (참고) 플라톤, 『국가』 617C(모이라이, 즉 클로토, 라케시스, 아트로포스는
  아낭케Ananke의 딸).

⑱ 카리테스(Charites: 아글라이아Aglaia, 에우프로시네Euphrosyne, 탈레이아
  Thaleia): 어머니는 에우리노메
◆ 상고기 자료
* 헤시오도스, 『신통기』 907-911(카리테스: 아글라이아, 에우프로시네, 탈레
  이아).
* 테오그니스, Elegiac Poems, Book 1.15(카리테스)(Edmonds I).
* 사포, fr.53.1(제우스의 딸 카리테스).
* 핀다로스, 『올림피아 송가』 14.8-17(카리테스: '최강의 신의 자식들'θεῶν
  κρατίστου παῖδες, 아글라이아, 에우프로시네, 탈리아).
◆ 헬레니즘 시대 자료
* 아폴로도로스, 『비블리오테케』 1.3.1(카리테스: 아글라이아, 에우프로시네,
  탈레이아. 어머니는 에우리노메).

* 디오도로스, 5.72.5.

    (참고) 아폴로도로스 3.12.6(아소포스는 제우스와 에우리노메의 아들. 아소포스가 오케아노스와 테티스의 아들이라는 전승과 포세이돈과 페로의 아들이라는 전승도 언급).

    (참고) 파우사니아스, 5.11.7(3명의 카리테스는 제우스의 딸. 서사시 인용), 9.35.5(카리테스, 즉 에우프로시네, 아글라이아, 탈레이아는 제우스와 에우리노메의 딸. 헤시오도스의『신통기』와 오노마크리토스 인용. 카리테스가 아이글레와 헬리오스의 딸이라는 안티마코스(기원전 5세기 후반, 콜로폰 시인)의 말도 인용)(서기 2세기).

⑲ 네메시스(Nemesis)

◈ 상고기 자료

*『키프리아』 8.

◈ 고전기 자료

* 에우리피데스,『레소스』 342.

    (참조) 헤시오도스,『신통기』 223(닉스의 딸).

    (참조) 파우사니아스, 1.33.3(아버지는 오케아노스), 7.5.3(스미르나인 전승: 어머니가 닉스. 아테네인 전승: 아버지가 오케아노스)(서기 2세기).

⑳ 헤르세(Herse): 어머니는 셀레네

◈ 상고기 자료

* 알크만, Fragments, fr.57.

    (참고) 호메로스 찬가, 32.14-15(시기 불명)(제우스와 셀레네가 동침하여 딸 판데이아를 낳음).

㉑ 티케(Tyche)

◈ 고전기 자료

* 핀다로스,『올림피아 송가』 12.1-2(엘레우테리오스 제우스의 딸).

    (참고) 헤시오도스,『신통기』 360-362(오케아노스와 테티스의 딸); 호메로스 찬가, 2.5, 420(오케아노스의 딸); 파우사니아스, 4.30.4(오케아노스의 딸).

    (참고) 알크만, Fragments, fr.64(프로메테우스의 딸).

㉒ 알라테이아(Alatheia)

◈ 고전기 자료

* 핀다로스, 『올림피아 송가』 10.3-4.

㉓ 에로스(Eros)

◈ 고전기 자료

* 에우리피데스, 『히폴리토스』 534.

　(참고) 헤시오도스, 『신통기』 201(아프로디테가 바다의 포말에서 태어날 때
　함께 나타남).

　(참고) 시모니데스, Fragments, no.575(아레스와 아프로디테의 아들).

　(참고) 플라톤, 『파이드로스』 242D(아프로디테의 아들).

㉔ 카이로스(Kairos)

◈ 고전기 자료

* 이온(Ion of Chios), fr.742.

㉕ 판(Pan): 어머니는 히브리스

◈ 헬레니즘 시대 자료

* 아폴로도로스, 『비블리오테케』 1.4.1(제우스와 히브리스의 아들).

　(참고) 에우리피데스, 『레소스』 36('크로니오스 판'Κρόνιος Πάν: 크로노스의
　후손).

　(참고) 헤로도토스, 『역사』 2.145; 아폴로도로스, 『개요』 7.38(헤르메스와
　페넬로페의 아들).

　(참고) 플라톤, 『크라틸로스』 408B(헤르메스의 아들).

　(참고) 호메로스 찬가, 19.1, 32-36(헤르메스의 아들)(시기 불명).

㉖ 하르모니아(Harmonia): 어머니는 엘렉트라

◈ 헬레니즘 시대 자료

* 디오도로스, 5.48.2(다르다노스, 야시온, 하르모니아는 제우스와 엘렉트라의
　자식).

　(참고) 헤시오도스, 『신통기』 933-937(아레스와 아프로디테의 딸 하르모니
　아), 975(아프로디테의 딸 하르모니아).

(참고) 에우리피데스, 『바카이』 1332, 1357(아레스의 딸 하르모니아); 『포이니사이』 7(키프리스(=아프로디테)의 딸 하르모니아).

(참고) 아폴로도로스, 『비블리오테케』 3.4.2(아레스와 아프로디테의 딸 하르모니아).

(참고) 디오도로스, 4.2.1(아프로디테의 딸 하르모니아), 5.48.5(하르모니아가 아레스의 딸이라는 전승을 부정).

㉗ 브리토마르티스(Britomartis) 혹은 딕티나(Diktynna): 그물의 여신
◈ 헬레니즘 시대 자료
* 디오도로스, 5.76.3(제우스의 딸. 어머니는 카르메).
  (참고) 파우사니아스, 2.30.3(제우스와 카르메의 딸)(서기 2세기).

(2) 인간
① 헤라클레스: 어머니는 알크메네
◈ 상고기 자료
* 호메로스, 『일리아스』 14.266, 14.323-324, 19.98-105(알크메네가 테바이에서 제우스 아들 헤라클레스를 낳음); 『오디세이아』 11.266-268, 11.620, 21.25-26.
* 헤시오도스, 『신통기』 316-318(제우스의 아들, 암피트리온 가문의 헤라클레스), 526-527, 950-951(알크메네의 아들), 943-944; 『방패』 35-56, 371, 413, 424, 448; 『대(大)에오이아이』 fr.2.
◈ 고전기 자료
* 핀다로스, 『올림피아 송가』 6.68-69('알카이오스 가문의 후손' 헤라클레스가 아버지 제우스의 제전과 경기를 개설), 10.43; 『피티아 송가』 4.171-172(알크메네), 9.84-88(알크메네는 한번에 암피트리온 및 제우스와 동침하여 쌍둥이 헤라클레스와 이피클레스를 낳음); 『네메아 송가』 1.35-36(제우스 아들이 쌍둥이형제와 함께 태어남); 『이스트미아 송가』 7.5-7.
* 바킬리데스, 『우승송가』 5.57-59, 79; 『디티람보스』 16.28(제우스의 아들. 헤라클레스 지칭).
* 소포클레스, 『트라키니아이』 19, 510-513, 644, 959; 『필록테테스』 943.
* 에우리피데스, 『알케스티스』 509; 『헤라클레이다이』 210, 917-918(제우스의 두 자식. 헤라클레스와 헤베 지칭); 『미친 헤라클레스』 826-829, 876, 1263-1264.

* 크세노폰, 『향연』 8.29; 『사냥』 1.7.
* 에우리피데스, 『이온』 191-192.
* 이소크라테스, 10.16, 10.23, 4.60.
* 플라톤, 『알키비아데스 I』 121A.
◆ 헬레니즘 시대 자료
* 테오크리토스, Poems, XVII.32-33, XXV.42, 159.
* 아폴로도로스, 『비블리오테케』 1.9.16, 2.4.8-9.
* 디오도로스, 4.9.1, 4.11.1, 4.15.1, 5.72.5, 5.76.1.
  (참고) 호메로스, 『일리아스』 5.392; 『일리아스』 11.270(암피트리온의
  아들).
  (참고) 헤시오도스, 『방패』 416, 433, 459(암피트리온의 아들).
  (참고) 핀다로스, 『올림피아 송가』 3.14(암피트리온의 아들).
  (참고) 바킬리데스, 『우승송가』 5.85(암피트리온의 아들); 『디티람보스』
  16.15(암피트리온의 아들).
  (참고) 에우리피데스, 『미친 헤라클레스』 1-3(헤라클레스의 아버지 암피트
  리온), 14(암피트리온 아들), 353-354(제우스의 아들 혹은 암피트리온의
  아들), 1192(암피트리온의 아들).
  (참고) 헤로도토스, 『역사』 2.43-44, 2.146, 6.53(암피트리온과 알크메네의
  자식).
  (참고) 테오크리토스, Poems, XIII.5, XXV.113, 152(암피트리온의 아들),
  XXIV.56(아버지 암피트리온).

② 페르세우스(Perseus): 어머니는 다나에
◆ 상고기 자료
* 호메로스, 『일리아스』 14.319-320.
* 헤시오도스, 『방패』 216, 229(다나에의 아들).
* 핀다로스, 『피티아 송가』 12.17(다나에의 아들).
◆ 고전기 자료
* 헤로도토스, 『역사』 6.53(다나에의 아들), 7.61(제우스와 다나에의 아들).
* 이소크라테스, 11.37(제우스와 다나에의 아들).
* 플라톤, 『알키비아데스 I』 120E.
◆ 헬레니즘 시대 자료
* 아라토스, 『파이노메나』 249-253.

* 아폴로도로스, 『비블리오테케』 2.4.1.
* 디오도로스, 3.55.3, 4.9.1.

③ 헬레네: 어머니는 레다
◆ 상고기 자료
* 호메로스, 『일리아스』 3.426(제우스의 딸), 3.237-238(카스토르와 폴리데
  우케스는 헬레네와 어머니가 같은 남매지간), 3.199, 3.418; 『오디세이아』
  4.184, 4.219, 23.218('제우스에게서 태어난'Διὸς ἐκγεγαυῖα 헬레네).
* 헤시오도스, 『여인명부』 fr.66(헬레네는 레다나 네메시스의 자식이 아니고
  오케아노스 딸과 제우스의 자식).
* 『키프리아』 fr.8(어머니는 네메시스).
◆ 고전기 자료
* 에우리피데스, 『헬레네』 17-21(아버지 틴다레오스. 제우스가 백조로 변신
  하여 어머니 레다와 동침했다는 이야기도 소개), 77, 257-259(레다가 제
  우스에게 낳아줌), 470, 489, 616(레다의 딸), 638, 1144-1146(레다),
  1527(제우스의 딸). 『오레스테스』 1633-1637; 『트로이아데스』 398; 『아
  울리스의 이피게네이아』 781, 793-800; 『헤카베』 943(디오스쿠로이의 누
  이 헬레네).
* 이소크라테스, 10.16, 10.38, 12.72(메넬라오스는 제우스의 사위).
◆ 헬레니즘 시대 자료
* 아폴로도로스, 『비블리오테케』 3.10.7(제우스와 레다의 딸. 제우스와 네메시
  스의 딸이라는 전승도 언급); 『개요』 1.23, 3.1.
* 디오도로스, 4.63.2.
  (참고) 에우리피데스, 『안드로마케』 898-899; 『트로이아데스』 34-35(틴다
  레오스의 딸), 766(틴다레오스의 자식, 제우스 자식 아님), 770(제우스 자
  식 아님); 『헬레네』 472, 604, 1179('틴다레오스의 자식'ἡ Τυνδαρὶς παῖς),
  614(틴다레오스의 딸), 568(헬레네의 아버지 틴다레오스); 『오레스테스』
  249-250(틴다레오스의 딸들. 헬레네와 클리타임네스트라 지칭), 470,
  1154, 1512(틴다레오스의 딸); 『아울리스의 이피게네이아』 49-51(레다의
  세 딸 포이베, 클리타임네스트라, 헬레네 언급), 55(이들의 아버지 틴다레오
  스), 1335, 1417; 『헤카베』 269(틴다레오스의 딸).
  (참고) 헤로도토스, 『역사』 2.112(틴다레오스의 딸).
  (참고) 아리스토파네스, 『테스모포리아주사이』 860, 919(틴다레오스의 딸).

(참고) 파우사니아스, 1.33.7-8(제우스와 네메시스가 부모. 틴다레오스 딸이 아님. 레다는 유모. 페이디아스 이전 전승).

④ 미노스(Minos), 라다만티스(Rhadamanthys), 사르페돈(Sarpedon), 카르노스(Karnos): 어머니는 에우로페
◈ 상고기 자료
* 호메로스, 『일리아스』 13.450(제우스가 낳은 미노스), 14.321-322(포이닉스의 딸. 미노스, 라다만티스); 『오디세이아』 11.568(제우스 아들 미노스).
* 헤시오도스, 『여인명부』 fr.19(포이닉스의 딸 에우로페. 미노스, 사르페돈, 라다만티스), fr.19A.1-31(미노스, 라다만티스, 사르페돈. 트로이 전쟁 때의 사르페돈의 행적).
◈ 고전기 자료
* 바킬리데스, 『우승송가』 1.123-124; 『디티람보스』 17.20, 17.29-33, 17.53-54, 17.86(미노스); Fragments, fr.10(미노스, 사르페돈, 라다만티스).
* 아이스킬로스, Fragments, fr.50.2-19(미노스, 라다만티스, 사르페돈).
* 헤로도토스, 『역사』 1.173(미노스, 사르페돈).
* 프락실라, fr.753(프락실라 이야기: 카르노스는 제우스와 에우로페의 아들).
* 이소크라테스, 12.205(미노스).
* 플라톤, 『법률』 624B(미노스), 625A(라다만티스); 『미노스』 318D(미노스와 라다만티스), 319D(미노스).
◈ 헬레니즘 시대 자료
* 아폴로도로스, 『비블리오테케』 3.1.1(미노스, 사르페돈, 라다만티스).
* 디오도로스, 4.60.2(미노스, 라다만티스, 사르페돈), 5.78.1(미노스, 라다만티스, 사르페돈).

⑤ 암피온(Amphion), 제토스(Zethos): 어머니는 안티오페
◈ 상고기 자료
* 호메로스, 『오디세이아』 11.260-262(암피온, 제토스).
◈ 고전기 자료
* 아이스킬로스, 『테바이를 향한 7인』 528(암피온).
* 에우리피데스, 『미친 헤라클레스』 30(암피온, 제토스).
◈ 헬레니즘 시대 자료
* 아폴로도로스, 『비블리오테케』 3.5.5(암피온, 제토스), 3.10.1(암피온, 제토스).

(참고) 호메로스, 『오디세이아』 11.283(야소스의 아들 암피온).

⑥ 사르페돈(에우로페의 아들 사르페돈과 동명이인): 어머니는 라오다메이아
◈ 상고기 자료
* 호메로스, 『일리아스』 5.635(제우스의 자식), 5.683(제우스의 아들),
  6.198-199(사르페돈은 라오다메이아와 제우스의 아들), 12.292, 15.67,
  16.522(제우스의 아들).
◈ 고전기 자료
* 이소크라테스, 10.52(제우스의 자식).
◈ 헬레니즘 시대 자료
* 아폴로도로스, 『비블리오테케』 3.1.1(미노스, 사르페돈, 라다만티스. 호메로
  스는 사르페돈을 제우스와 라오다메이아의 아들로 서술); 『개요』 3.35(리키
  아의 사르페돈, 제우스의 아들), 4.6(아킬레우스가 제우스의 아들 사르페돈
  을 죽임).
* 디오도로스, 5.79.3(사르페돈이 에우안드로스와 데이다메이아의 아들이라
  는 전승도 함께 언급).

⑦ 페이리투스(Peirithous): 어머니는 익시온의 아내
◈ 상고기 자료
* 호메로스, 『일리아스』 2.741, 14.317-318.
◈ 고전기 자료
* 플라톤, 『국가』 391D(제우스 아들).
  (참고) 호메로스, 『오디세이아』 11.631(테세우스와 페이리투스는 신들의
  자식).
  (참고) 아폴로도로스, 『비블리오테케』 1.8.2(익시온의 아들).
  (참고) 디오도로스, 4.6.31(익시온의 아들), 4.69.3(익시온이 디아와 결혼하
  여 낳은 자식).
  (참고) 스트라본, 『지리지』 9.5.19(익시온의 아들)(기원전 64년경~서기 21
  년경).
  (참고) 파우사니아스, 5.10.8(제우스의 아들. 호메로스 인용)(서기 2세기).

⑧ 다르다노스(Dardanos), 에에티온(Eetion), 야시온(Iasion): 어머니는 엘렉트라
◈ 상고기 자료

* 호메로스, 『일리아스』 20.215-216(제우스가 다르다노스를 낳음. 다르다니아 건설), 20.304-305(제우스가 인간 여성에게서 낳은 모든 자식들 이상으로 다르다노스를 총애).
* 헤시오도스, 『여인명부』 fr.102(엘렉트라가 제우스와의 사이에 다르다노스와 에에티온을 낳음).
◆ 헬레니즘 시대 자료
* 리코프론, 『알렉산드라』 72-73(아틀라스 딸의 아들. 다르다노스 지칭).
* 아폴로도로스, 『비블리오테케』 3.12.1(제우스와 엘렉트라의 아들 야시온, 다르다노스).
* 디오도로스, 4.75.1(다르다노스), 5.48.2(다르다노스, 야시온, 하르모니아는 제우스와 엘렉트라의 자식).

⑨ 그라이코스(Graikos): 어머니는 판도라
◆ 상고기 자료
* 헤시오도스, 『여인명부』 fr.2.

⑩ 마그네스(Magnes), 마케돈(Makedon): 어머니는 티이아
◆ 상고기 자료
* 헤시오도스, 『여인명부』 fr.3.

⑪ 에파포스(Epaphos): 어머니는 이오
◆ 상고기 자료
* 헤시오도스, 『여인명부』 fr.40A.16(제우스의 자식).
◆ 고전기 자료
* 바킬리데스, 『디티람보스』 19.41-42.
* 아이스킬로스, 『히케티데스』 40-48, 312-314(제우스가 암소에게 손길을 대어 에파포스를 낳게 함), 574-589(제우스가 이오에게 에파포스를 낳게 함); 『묶인 프로메테우스』 848-851.
* 에우리피데스, 『포이니사이』 676-678(이오에게서 태어난 제우스의 아들).
* 이소크라테스, 11.10(제우스의 아들).
◆ 헬레니즘 시대 자료
* 아폴로도로스, 『비블리오테케』 2.1.3(제우스와 이오의 연애. 이오가 나일강변에서 에파포스를 낳음).

⑫ 아이틀리오스(Aithlios): 어머니는 프로토게네이아

◈ 상고기 자료

* 헤시오도스, 『여인명부』 fr.8(제우스의 아들).

◈ 헬레니즘 시대 자료

* 아폴로도로스, 『비블리오테케』 1.7.2(제우스와 프로토게네이아의 아들).
  (참고) 파우사니아스, 5.1.3(데우칼리온 딸 프로토게네이아와 제우스의 아들),
  5.8.2(제우스의 아들. 아이올로스의 아들이라는 전승도 소개)(서기 2세기).

⑬ 아르고스(Argos, 이오의 감시자 아르고스와 동명이인), 펠라스고스(Pelasgos):
  어머니는 니오베

◈ 상고기 자료

* 헤시오도스, 『대(大)에오이아이』 fr.1(아르고스는 제우스의 아들).

◈ 헬레니즘 시대 자료

* 아폴로도로스, 『비블리오테케』 2.1.1, 3.8.1(아르고스와 펠라스고스. 아쿠실
  라오스 인용: 펠라스고스는 제우스와 니오베의 아들).
  (참고) 아폴로도로스, 『비블리오테케』 2.1.1, 3.8.1(헤시오도스는 펠라스고
  스를 제우스의 아들로 보지 않고 '땅에서 태어난 자'αὐτόχθων라고 말함).

⑭ 아르카스(Arkas): 어머니는 칼리스토

◈ 상고기 자료

* 헤시오도스, 『천문』 fr.3.

◈ 헬레니즘 시대 자료

* 아폴로도로스, 『비블리오테케』 3.8.2.

⑮ 아이아코스(Aiakos): 어머니는 아이기나

◈ 고전기 자료

* 핀다로스, 『네메아 송가』 7.50(제우스와 아이기나의 자식), 7.82-84(제우스
  의 자식), 8.6-8(제우스와 아이기나의 자식, 오이노네의 왕. 아이아코스 지
  칭);『이스트미아 송가』 8.21-23(아소포스 딸이 제우스에게 아이아코스를
  낳아줌).

* 에우리피데스, 『아울리스의 이피게네이아』 699(제우스가 오이노네의 왕을
  낳음).

* 이소크라테스, 9.14(제우스 아들), 3.42.

* 플라톤, 『국가』 391C(펠레우스는 제우스 손자, 즉 아이아코스는 제우스 아들).
◆ 헬레니즘 시대 자료
* 아폴로니오스, 『아르고나우티카』 3.364.
* 아폴로도로스, 『비블리오테케』 3.12.6.
* 디오도로스, 4.61.1, 4.72.5.
  (참고) 헤시오도스, 『여인명부』 fr.53(아이아코스의 출생. 부모 언급 없음).

⑯ 아이올로스(Aiolos)
◆ 고전기 자료
* 에우리피데스, 『이온』 63, 292.

⑰ 탄탈로스(Tantalos)
◆ 고전기 자료
* 에우리피데스, 『오레스테스』 5; 『아울리스의 이피게네이아』 504.
◆ 헬레니즘 시대 자료
* 디오도로스, 4.74.1.
  (참고) 이소크라테스, 1.50(제우스는 헤라클레스와 탄탈로스의 아버지)(작자 불명).
  (참고) 파우사니아스, 2.22.3(탄탈로스는 제우스와 플루토의 아들)(서기 2세기).

⑱ 솔리모스(Solymos): 어머니는 칼케도니아
◆ 고전기 자료
* 안티마코스, B.Lyde no.16.

⑲ 티티오스(Tityos): 어머니는 엘라레
◆ 상고기 자료
* 헤시오도스, 『여인명부』 fr.25(티티오스는 엘라레의 아들).
◆ 헬레니즘 시대 자료
* 아폴로니오스, 『아르고나우티카』 1.759-762(엘라레의 아들. 레토를 범하려다 아폴론에게 죽지만 가이아가 재탄생시킴).
* 아폴로도로스, 『비블리오테케』 1.4.1(괴물 티티오스는 제우스와 엘라레의

아들. 티티오스가 피토에서 라토나에게 음욕을 품고 접근하자 아폴론 남매
가 활로 그를 죽임).
(참고) 호메로스, 『오디세이아』 7.324, 11.576(티티오스는 가이아의 아들),
11.576-581(레토가 피토에 왔을 때 티티오스가 그녀를 범하려고 함).

⑳ 엔디미온(Endymion)
◈ 헬레니즘 시대 자료
* 아폴로도로스, 『비블리오테케』 1.7.5(제우스의 아들. 칼리케와 아이틀리오
스의 아들이라는 전승도 언급).
(참고) 헤시오도스, 『여인명부』 fr.8(아이틀리오스와 칼리케의 아들).
(참고) 파우사니아스, 5.1.2, 5.8.1(아이틀리오스의 아들)(서기 2세기).

㉑ 아팀니오스(Atymnios)
◈ 헬레니즘 시대 자료
* 아폴로도로스, 『비블리오테케』 3.1.2(아팀니오스. 어머니는 카시에페이아).

㉒ 라케다이몬(Lakedaimon)
◈ 헬레니즘 시대 자료
* 아폴로도로스, 『비블리오테케』 3.10.3(라케다이몬. 어머니는 타이게테).
(참고) 파우사니아스, 3.1.2(어머니는 타이게테, 아버지는 제우스)(서기 2세
기).

㉓ 헬렌(Hellen)
◈ 헬레니즘 시대 자료
* 아폴로도로스, 『비블리오테케』 1.7.2.
(참고) 투키디데스, 『역사』 1.3.2(데우칼리온의 아들).
(참고) 아폴로도로스, 『비블리오테케』 1.7.2(데우칼리온과 피라의 아들).
(참고) 스트라본, 『지리지』 8.7.1, 9.5.6, 9.5.23(데우칼리온과 피라의 아들)
(기원전 64년경~서기 21년경).

㉔ 사온(Saon): 어머니는 님페
◈ 헬레니즘 시대 자료
* 디오도로스, 5.48.1(어머니는 님페. 헤르메스와 레네의 아들이라는 전승도

언급).

㉕ 스파르타이오스(Spartaios), 크로니오스(Kronios), 키토스(Kytos): 어머니는 히말리아
◈ 헬레니즘 시대 자료
* 디오도로스, 5.55.5(스파르타이오스, 크로니오스, 키토스. 어머니는 히말리아).

㉖ 크리나코스(Krinakos)
◈ 헬레니즘 시대 자료
* 디오도로스, 5.81.4.

(3) 자연
① 크산토스(Xanthos)
◈ 상고기 자료
* 호메로스, 『일리아스』 14.434, 21.2, 24.693.

4. 집권과 도전: 집권, 제우스 권력에 대한 도전

1) 집권: 크로노스 축출
◈ 상고기 자료
* 호메로스, 『일리아스』, 5.478-479(크로노스가 땅속 가장 깊은 곳에서 머
　묾), 14.202-204(제우스가 크로노스를 지하세계에 머물게 함), 14.274,
　15.225(크로노스가 지하세계에 머묾).
* 헤시오도스, 『신통기』 71-73, 453-506.
◈ 고전기 자료
* 아이스킬로스, 『묶인 프로메테우스』 96, 148-151, 199-233(크로노스와
　제우스의 싸움. 제우스가 신들에게 권한을 분배), 306-307(프로메테우스가
　제우스의 집권을 지원), 956-961(제우스 집권); 『에우메니데스』 641(제우
　스의 크로노스 제거).
* 플라톤, 『에우티프론』 6A(제우스가 아버지를 구금).
◈ 헬레니즘 시대 자료
* 아폴로도로스, 『비블리오테케』 1.2.1.

* 디오도로스, 5.70.1, 5.71.1

2) 신들의 영역 분배
- ◆ 상고기 자료
- * 호메로스, 『일리아스』 15.187-199(제우스의 일방적인 분배가 아니고 분담).
- * 헤시오도스, 『신통기』 73-74(제우스가 신들에게 똑같이 각자의 몫을 분배).
- * 호메로스 찬가, 2.85-87(신들의 영역 분배. 하데스의 영역).
- ◆ 고전기 자료
- * 핀다로스, 『올림피아 송가』 2.58-59(제우스는 지상세계), 7.54-63.
- * 아이스킬로스, 『묶인 프로메테우스』 230-233.
- * 아이스킬로스, 『에우메니데스』 848-850(제우스가 아테나에게 지혜를 부여).
- * 플라톤, 『고르기아스』 523A(제우스, 포세이돈, 플루톤이 아버지에게서 '지배권'ἀρχή을 물려받은 후 그들끼리 권력을 나눔).
- ◆ 헬레니즘 시대 자료
- * 칼리마코스 찬가, 1.58-82(제우스가 하늘을 배정받음. 추첨배정 전승은 잘못된 것).
- * 아폴로도로스, 『비블리오테케』 1.2.1.
- * 디오도로스, 5.69.4(크로노스가 포세이돈에게 바다의 일을 관장하도록 맡겼다는 크레타인의 전승을 소개), 5.73.1-5(제우스가 자신의 자식인 신들에게 각각의 분야를 할당했다는 크레타인의 전승을 소개).

3) 제우스에 대한 도전
(1) 티탄 전쟁('티타노마키아')
- ◆ 상고기 자료
- * 호메로스, 『일리아스』 14.274, 14.278-279.
- * 헤시오도스, 『신통기』 389-403, 421-429, 617-735, 820, 881-885.
- ◆ 고전기 자료
- * 아이스킬로스, 『묶인 프로메테우스』 199-233.
- ◆ 헬레니즘 시대 자료
- * 리코프론, 『알렉산드라』 709(제우스가 기간테스 및 티타네스와 맞서고자 함).
- * 아폴로도로스, 『비블리오테케』 1.2.1(제우스가 크로노스 및 티타네스와 10년 동안 전쟁. 가이아의 조언에 따라 타르타로스에 갇힌 자들을 풀어주어 협력자로 삼음. 키클로페스가 제우스에게 천둥과 번개, 플루톤에게 투구, 포세

이돈에게 삼지창을 주고 이로써 신들이 티타네스를 물리침. 티타네스는 타르타로스에 갇힘), 1.2.3(제우스가 티타노마키아에서 메노이티오스에게 천둥번개를 때려 타르타로스에 내던짐).

(2) 기간테스 전쟁('기간토마키아')

◆ 상고기 자료

* 핀다로스, 『이스트미아 송가』 6.33-34(헤라클레스가 플레그라이 평원에서 알키오네우스Alkyoneus를 화살로 쏘아죽임).

◆ 고전기 자료

* 핀다로스, 『피티아 송가』 8.5, 8.17-18(기간테스의 왕(포르피리온)이 아폴론의 화살에 맞아 죽음); 『네메아 송가』 1.67-71(신들이 기간테스와 플레그라이 평원에서 싸울 때 헤라클레스가 화살을 쏘아 기간테스를 쓰러뜨림. 활약함), 7.90(헤라클레스가 기간테스를 무찌름).

* 아이스킬로스, 『에우메니데스』 295-296(아테나가 플레그라이아Phlegraia 평원을 주시함).

* 에우리피데스, 『미친 헤라클레스』 1192-1194(헤라클레스가 플레그라이평원에서 신과 기간테스의 싸움에 참전); 『이온』 205-218(팔라스가 엥켈라도스에게 고르곤 머리의 방패를 휘두름. 제우스 손에 들린 천둥번개가 미마스에게 닥침. 바케우스 브로미오스는 담쟁이덩굴 지팡이로 가이아의 자식을 죽임), 988-997(신들과 기간테스의 플레그라이 싸움. 가이아가 자신의 자식들을 도우려고 괴물 고르곤을 낳음. 팔라스가 고르곤을 죽여 그 가죽을 가슴에 달고 다님. 뱀들이 그녀의 가슴받이 주변을 에워쌈), 1478('고르곤 살해자Γοργοφόνη), 1528-1529(아테나 니케가 제우스의 곁에서 싸움); 『키클롭스』 5-8(기간테스와의 싸움에서 실레노스가 디오니소스의 곁에서 싸움. 실레노스가 창으로 엥켈라도스의 방패를 뚫음).

* 이소크라테스, 10.53(신들과 기간테스의 전쟁 언급).

* 플라톤, 『국가』 378C; 『소피스테스』 246A(기간토마키아 언급).

◆ 헬레니즘 시대 자료

* 리코프론, 『알렉산드라』 709(제우스가 기간테스 및 티타네스와 맞서고자 함).

* 아폴로니오스, 『아르고나우티카』 3.1226-1227(아레스가 플레그라이에서 미마스를 죽임).

* 아폴로도로스, 『비블리오테케』 1.6.1-2(기간토마키아 상술), 2.7.1(헤라클레스는 아테나의 중개로 플레그라이로 가서 신들과 기간테스의 싸움에서 신

들의 편을 지원).
* 디오도로스, 5.71.2-6.

(3) 티포에우스(혹은 티포스, 티폰)의 도전
◈ 상고기 자료
* 호메로스,『일리아스』2.781-783(제우스가 티포에우스에게 천둥번개를 내
  리침).
* 헤시오도스,『신통기』820-868.
* 스테시코로스, Fragments, fr.239(헤라가 단독으로 낳은 아들).
◈ 고전기 자료
* 핀다로스,『올림피아 송가』4.6(100개의 머리가 달린 티폰);『피티아 송가』
  1.15-28(신들의 적수, 킬리키아에서 자람. 100개 머리의 티포스가 타르타
  로스에 머물러 있는데, 아이트네산 밑에서 불길을 올려 보냄), 8.16-17(킬
  리키아의 티포스가 벼락에 의해 제압됨); Prosodia, fr.93.1-2(제우스가 50
  개 머리의 티포스를 처치함).
* 아이스킬로스,『묶인 프로메테우스』353-369(킬리키아의 100개 머리 티
  폰이 신들과 대결. 제우스가 티폰을 천둥번개로 죽임);『테바이를 향한 7인』
  510-517(방패에 새겨진, 제우스와 티폰의 싸움 장면).
◈ 헬레니즘 시대 자료
* 아폴로니오스,『아르고나우티카』2.1211-1215(티파온이 신들에게 대항하
  다가 제우스의 벼락을 맞고 피를 흘림. 티파온은 니사 평원의 호수 아래에
  누워 있음).
* 아폴로도로스,『비블리오테케』1.6.3(티폰).
* 디오도로스, 5.71.2(제우스가 기간테스의 추종자인 프리기아의 티폰을 죽임).

5. 출현과 모습: 출현, 거주지, 모습, 변신, 부수물

1) 거주지
(1) 올림포스산
◈ 상고기 자료
* 호메로스,『일리아스』1.394, 1.419-420, 2.48-49(올림포스의 제우스),
  5.398(올림포스의 제우스 집), 1.426, 21.438, 21.505(올림포스에 있는,

청동문의 제우스 집), 1.498-499, 5.753-754, 8.2-3(제우스가 올림포스 최정상에서 지냄), 8.2-3, 20.4-12(제우스가 올림포스에서 신들의 회의 소집), 1.221-222, 1.532-535, 15.84-85(올림포스의 제우스 집에서 신들이 모임), 1.423-425, 493-495(제우스가 제사 참석을 위해 모든 신들과 함께 에티오피아인들에게 갔다가 12일째 날에 올림포스로 돌아옴);『오디세이아』1.26-27(신들은 올림피오스 제우스의 홀에 모임), 20.73-75(올림포스에 있는 제우스), 20.103(올림포스에서 천둥을 울리는 제우스).

* 헤시오도스,『신통기』36-37, 51, 68-71, 853-855(올림포스의 제우스), 40-41(올림포스의 제우스 집), 390-391(제우스가 신들을 올림포스에 모이게 함), 803-804(올림포스신들의 회의);『방패』30-32(제우스가 올림포스에서 잠), 470-471(올림포스의 제우스 집).

* 호메로스 찬가, 2.484-485(올림포스의 제우스), 4.322-323(올림포스 꼭대기에 있는 제우스), 3.186-187(올림포스의 제우스 집에서의 신들의 회합).

◈ 고전기 자료

* 핀다로스,『올림피아 송가』2.12(제우스의 '올림포스의 거처'ἕδος Ὀλύμπου);『이스트미아 송가』4.55-59(제우스가 올림포스에서 머묾);『네메아 송가』1.13('올림포스의 지배자'τὰν Ὀλύμπου δεσπότας, 제우스); Hymns, fr.36('올림포스의 주인'Ὀλύμπου δεσπότης); Paeans, 6.92-94(올림포스 봉우리에 거주하는 '신들의 수호자'θεῶν σκοπός).

* 아이스킬로스,『제주를 바치는 여인들』783-784;『에우메니데스』618, 664.

* 소포클레스,『트라키니아이』274-275.

* 에우리피데스,『메데이아』1415;『트로이아데스』92-93(올림포스에 있는 제우스);『엘렉트라』782.

◈ 헬레니즘 시대 자료

* 아폴로니오스,『아르고나우티카』3.158-160(올림포스의 제우스 저택).

* 아폴로도로스,『비블리오테케』1.3.5.

* 디오도로스, 5.71.6.

   (참고) 호메로스,『일리아스』1.18('올림포스에 거주하는 신들'θεοὶ Ὀλύμπια δώματ' ἔχοντες), 2.13-14, 2.30-31, 2.67-68('올림포스에 거주하는 신들' Ὀλύμπια δώματ' ἔχοντες ἀθάνατοι), 5.404, 5.890, 13.68, 24.427('올림포스에 사는 신들'θεοὶ οἳ Ὄλυμπον ἔχουσι), 5.360, 8.456('신들의 거처'ἀθανάτων

ἕδος), 5.367, 5.868('신들의 거처 올림포스'θεῶν ἕδος Ὄλυμπος), 1.606-
608, 11.76-77(올림포스에 신들의 각자 집이 있음), 18.186('올림포스에
거주하는 신들'ἀθανάτων, οἳ Ὄλυμπον ἀμφινέμονται), 8.438-443(올림포스
산의 신들의 회합);『오디세이아』 6.42('신들의 거처'θεῶν ἕδος), 20.79('올
림포스에 거주하는 자들'Ὀλύμπια δώματ' ἔχοντες).
(참고) 헤시오도스,『일과 날들』 101, 110, 128, 804(올림포스에 거주하는 신
들), 139, 257('올림포스에 사는 신들');『방패』 203(신들의 거처 올림포스).
(참고) 호메로스 찬가, 2.135-136, 2.312, 4.445, 7.21('올림포스에 거주하
는 신들'), 3.498, 3.512('올림포스에 사는 신들'), 3.109(신들의 거처 올림
포스), 2.92, 2.484-485, 4.325-326(올림포스의 신들의 회의).

2) 모습

◆ 상고기 자료
* 호메로스,『일리아스』 1.524-525(머리를 아래로 끄덕여 동의), 1.528-
530(검은 눈썹, 신성한 늘어진 머리칼, 올림포스 진동), 8.438-443(마차,
황금의자, 올림포스 진동), 12.236(머리를 아래로 끄덕임), 17.593-596(술
이 달린 아이기스. 번개와 천둥을 울리고 아이기스를 흔듦).
* 헤시오도스,『신통기』 842-843(제우스가 움직이자 올림포스가 흔들리고
대지가 으르렁거림).
◆ 고전기 자료
* 에우리피데스,『바카이』 100('황소뿔의'ταυρόκερως 신 제우스).
* 플라톤,『파이드로스』 246E(날개 달린 마차).
◆ 헬레니즘 시대 자료
* 호메로스 찬가, 1.13-15(검은 눈썹. 머리칼이 앞으로 흘러내림. 눈썹을 움직
여 동의함)(헬레니즘 시대 혹은 이전).

3) 변신

◆ 상고기 자료
* 헤시오도스,『여인명부』 fr.19(에우로페 연애. 황소 변신).
◆ 고전기 자료
* 바킬리데스, Fragments, fr.10(에우로페 연애. 황소 변신).
* 아이스킬로스,『히케티데스』 300-301(이오 연애. 황소 변신).
* 소포클레스,『안티고네』 946-950(다나에 연애. 황금 물줄기).

* 에우리피데스, 『헬레네』 17-21, 213-216(레다 연애. 백조);『아울리스의 이피게네이아』 793-796(레다 연애. 백조).
* 이소크라테스, 10.59(암피트리온의 모습으로 알크메네와 동침. 황금 물줄기의 모습으로 다나에와 동침. 백조의 모습으로 네메시스의 품으로 피신. 백조의 모습으로 레다와 동침).
◈ 헬레니즘 시대 자료
* 아폴로도로스, 『비블리오테케』 2.4.1(다나에 연애. 황금 변신), 2.4.8(제우스가 암피트리온의 모습으로 알크메네와 동침. 헤라클레스와 이피클레스를 낳음), 3.1.1(에우로페 연애. 황소변신), 3.8.2(아폴론 혹은 아르테미스의 모습으로 칼리스토와 동침), 3.10.7(제우스가 백조로 변신하여 레다와 동침하고 같은 날 틴다레오스도 그녀와 동침. 폴룩스와 헬레네는 제우스 자식이고 카스토르와 클리타임네스트라는 틴다레오스 자식. 제우스가 백조로 변신하여 네메시스와 동침했다는 전승도 언급).
* 모스코스, II.77-79, 125, 156(에우로페 연애. 황소).
* 디오도로스, 4.9.3(제우스가 암피트리온의 모습으로 알크메네를 속여 동침).
* 「아나크레온테아」 no.54.1-10(황소)(헬레니즘 시대 혹은 이후).
　(참고) 헤시오도스, 『방패』 27-56(제우스와 암피트리온이 같은 날 밤에 알크메네와 동침. 제우스의 아들 헤라클레스와 암피트리온의 아들 이피클레스).
　(참고) 헤시오도스, 『천문』 fr.3(아르테미스가 칼리스토를 곰으로 변신시켰다고 함).
　(참고) 바킬리데스, Fragments, fr.20D.1-12(니오베를 돌로 변신시킴)
　(참고) 아폴로도로스, 『비블리오테케』 2.4.7(제우스가 여우와 개를 돌로 변하게 함), 3.4.3(디오니소스를 새끼염소로 변하게 함), 3.5.6(니오베를 돌로 변하게 함), 3.8.2(제우스가 연인 칼리스토를 곰으로 변신시킴), 3.12.6(개미들을 인간으로 변하게 함).

4) 부수물
(1) 번개
　◈ 상고기 자료
* 호메로스, 『일리아스』 11.184(제우스가 손에 번개를 들고 있음), 13.242-244(제우스가 올림포스에서 번개를 손에 들고 휘두름).
　◈ 고전기 자료

* 아이스킬로스, 『테바이를 향한 7인』 513(번갯불βέλος φλέγων을 손에 지님).
* 에우리피데스, 『트로이아데스』 92-93(제우스 손에 있는 '벼락들'κεραυνίους
βολὰς).

(2) '스켑트론'(σκῆπτρον): '지팡이, 왕홀'
  ◈ 고전기 자료
  * 핀다로스, 『피티아 송가』 1.6.
  * 바킬리데스, 『우승송가』 3.70.
  * 아이스킬로스, 『묶인 프로메테우스』 170-172('신들의 지배자'μακάρων
    πρύτανις의 왕홀. 제우스).
  * 아리스토파네스, 『새』 480, 1535, 1600-1601.
  * 플라톤, 『미노스』 320D.
    (참고) 호메로스, 『일리아스』 6.159(제우스가 왕홀에 복종하게 만듦),
    2.205-206, 9.38, 9.98-99(제우스가 왕홀 부여).
    (참고) 아이스킬로스, 『페르사이』 762-764(제우스가 왕홀 부여); 『아가멤
    논』 42-43(아가멤논에게 제우스가 왕홀과 옥좌 부여).
    (참고) 소포클레스, 『필록테테스』 139-140(제우스가 왕홀 부여).
    (참고) 파우사니아스, 5.11.1(올림피아 제우스의 신상: 왼손에 홀, 홀 위에는
    독수리)(서기 2세기).

(3) 독수리
  ◈ 고전기 자료
  * 핀다로스, 『피티아 송가』 1.6-7(제우스의 홀 위에서 쉬고 있는 독수리. 새들
    의 수장).
  * 아리스토파네스, 『새』 515(지배자 제우스의 새인 독수리가 제우스 머리에
    앉아 있음).
    (참고) 파우사니아스, 5.11.1(올림피아 제우스의 신상: 왼손에 홀, 홀 위에는
    독수리)(서기 2세기).

6. 주요 신성(神性)

1) 최고신, 주신

(1) 최고 서열의 신

◈ 상고기 자료

* 호메로스, 『일리아스』 1.494-495(제우스가 신들을 인솔), 1.531-536(제우스의 입장에 모든 신들이 자리에서 일어남), 8.1-40(제우스의 회의 소집, 제우스의 권위가 인정됨), 13.154(최상의 신), 14.213, 19.95-96(인간과 신들 가운데 최상의 존재), 19.258('최고신'θεῶν ὕπατος), 20.4-30(제우스의 회의 소집), 24.98-99(신들이 제우스를 중심으로 앉아 있음); 『오디세이아』 19.303('최고이자 최상의 신 제우스'Ζεὺς θεῶν ὕπατος καὶ ἄριστος; 『일리아스』 1.581('단연 최상'ὃ πολὺ φέρτατός ἐστιν); 『일리아스』 1.544, 4.68, 5.426, 8.49, 8.132, 11.182, 15.12, 15.47, 16.458, 20.56, 22.167, 24.103; 『오디세이아』 1.28, 12.445, 18.137(신과 인간의 아버지); 『일리아스』 1.534(그들(신들)의 아버지), 8.31; 『오디세이아』 1.45, 1.81, 24.437('우리들(신들)의 아버지'πατὴρ ἡμέτερος).

* 헤시오도스, 『신통기』 49('신들 중에서 가장 뛰어나고 가장 강력하다' φέρτατός ἐστι θεῶν κρατεί τε μέγιστος), 548('신들 중에서 가장 고귀하고 위대한 존재'); 『여인명부』 fr.2; 『방패』 56('모든 신들의 지도자'θεῶν σημάντωρ πάντων); 『일과 날들』 59, 175; 『신통기』 47, 457, 468, 542, 643, 838, 929m; 『여인명부』 fr.53; 『방패』 27, 103(인간과 신들의 아버지).

* 아르킬로코스, Fragments, fr.122.2('올림포스에 사는 자들의 아버지'πατὴρ Ὀλυμπίων).

* 호메로스 찬가, 2.21, 4.367(θεῶν σημάντωρ πάντων), 5.37('가장 위대하고 최대의 영예를 부여받은 존재').

* 테르판드로스, fr.3('모두의 지도자'πάντων ἀγητήρ).

◈ 고전기 자료

* 핀다로스, 『올림피아 송가』 13.24(ὕπατος); 『네메아 송가』 1.60, 11.1-3('최고의 제우스'Ζεὺς ὕψιστος).

* 바킬리데스, 『우승송가』 5.178-179('신들의 지도자'ἀρχηγὸς θεῶν), 6.1('가장 위대한'μέγιστος 제우스); Fragments, fr.20.7('최고의'ὕπατος 신).

* 아이스킬로스, 『아가멤논』 509; 『히케티데스』 595-599(제우스보다 상위적인 존재는 없다); 『제주를 바치는 여인들』 244-245; 『에우메니데스』 28,

826; 『묶인 프로메테우스』 50-51 (제우스는 유일하게 자유로운 존재).
* 소포클레스, 『필록테테스』 1289 (Ζεὺς ὕψιστος).
* 에우리피데스, 『레소스』 456-457; 『이온』 4, 1606 ('가장 위대한 제우스' Ζεὺς μέγιστος).
* 플라톤, 『에우티프론』 5E (제우스는 신들 중에서 '최상'ἄριστος); 『파이드로스』 247A (제우스는 일군의 신들과 신령δαίμων들을 이끌고 다님); 『크리티아스』 121B (신들 중의 신 제우스).
* 아리스토텔레스, 『정치학』 1.5.2 (신과 인간의 아버지).
* 데모스테네스, 21.52, 43.66 ('최고의'ὕπατος), 48.2 ('가장 위대한'μέγιστος).
◆ 헬레니즘 시대 자료
* 테오크리토스, Poems, XVII.2 (ἀθανάτων ὁ ἄριστος), XXV.159 ('최고의' ὕψιστος), XXVI.34 (ὕπατος).
* 칼리마코스 찬가, 1.90 ('최고이신'πανυπέρτατος 크로노스 아드님).
* 디오도로스, 4.9.2, 4.53.4-5 ('가장 위대한 신'ὁ μέγιστος τῶν θεῶν), 5.72.1 (제우스에게는 다른 모든 신들을 능가하는 제물이 바쳐짐), 16.57.3 ('가장 위대한 신들'οἱ μέγιστοι τῶν θεῶν. 제우스와 아폴론).
(참고) Anonymous Fragments, fr.937.2 ('가장 위대한 제우스'Ζεὺς μεγίστος) (서기 3세기 혹은 4세기)(Campbell V).

(2) 최고 권력의 신
◆ 상고기 자료
* 호메로스, 『일리아스』 2.116, 2.350, 2.403, 7.315, 7.481, 8.470, 9.23, 13.226, 14.69 ('엄청 강력한'ὑπερμενής); 『일리아스』 13.54, 19.355, 21.184; 『오디세이아』 8.289 ('대단히 강력한'ἐρισθενής); 『오디세이아』 1.276 ('힘이 막강한'μέγα δυναμένος); 『일리아스』 2.118 ('가장 힘이 세다'τοῦ κράτος ἐστὶ μέγιστον), 4.56 (헤라: 제우스는 훨씬 더 강력한 존재), 8.211 (포세이돈: 제우스는 훨씬 더 강력한 존재), 15.165, 15.181 (제우스 자신이 포세이돈보다 더 강력한 존재), 15.107-108 ('모든 신들 가운데 권력과 힘에서 현저히 최고'ἐν ἀθανάτοισι θεοῖσι κάρτεΐ τε σθένεΐ τε διακριδὸν εἶναι ἄριστος, 20.243 ('모두 중에서 가장 강력하다'ὁ κάρτιστος ἁπάντων; 『일리아스』 8.31; 『오디세이아』 1.45, 1.81 ('최고의 지배자'ὕπατος κρειόντων), 9.552, 13.25 ('모두를 지배하는 자'ὃς πᾶσιν ἀνάσσει), 20.112 (신과 인간들을 '지배하는'ἀνάσσεις 당신(제우스)); 『일리아스』 2.669 (신과 인간들을 '지

배하는'ἀνάσσει 제우스), 4.61, 18.366(당신(제우스)은 모든 신들을 '지배
한다'ἀνάσσεις), 12.241-242(모든 인간과 신들을 '지배하는'ἀνάσσει 제우
스), 1.533-569(신들의 회의에서 제우스의 권위 인정), 8.1-32(신들의 회
의에서 최고권력 과시), 8.402-405, 8.416-419(신들을 위협하여 복종
시킴);『오디세이아』5.103-104, 5.137-140(신들이 제우스의 명령에 복
종), 13.148(포세이돈이 제우스를 두려워함);『일리아스』3.365(가장 '파
멸적인'ὀλοός 신), 4.25, 8.462, 14.330, 16.440, 18.361('가장 두려운'
αἰνότατος 제우스).

* 헤시오도스,『일과 날들』416;『신통기』4(ἐρισθενής);『신통기』49('모든 신
들 중에서 최상이고 가장 강력하다'φέρτατός ἐστι θεῶν κράτεί τε μέγιστος),
73-74(신들에게 각자의 몫을 분배), 491(불멸의 존재들을 지배), 886('신
들의 왕'θεῶν βασιλεύς), 892-893('영원한 신들에 대해 제왕적인 권위
βασιληίς τιμή를 지님').

* 테오그니스, Elegiac Poems, Book 1.374('영예'τιμή와 '막강한 권력'μεγάλη
δύναμις을 지님), 376(제우스의 힘κράτος은 모든 것들의 상위에 있음)
(Edmonds I).

* 호메로스 찬가, 4.395-396(헤르메스가 제우스에게 복종).

* 테오그니스, Elegiac Poems, Book 1.373('모두를 다스리는'πάντεσσιν ἀνάσσεις
제우스), 1.743('불사의 존재들의 왕'ἀθανάτων βασιλεύς), 1.803('신과 인
간을 다스리는 제우스'θνητοῖσι καὶ ἀθανάτοισιν ἀνάσσει), 2.1346(ἀθανάτων
βασιλεύς)(Edmonds I).

◈ 고전기 자료
* 핀다로스,『올림피아 송가』7.34('신들의 대왕'θεῶν βασιλεὺς ὁ μέγας),
14.14-15('최강의 신'θεῶν κράτιστος;『이스트미아 송가』7.5-7; Hymns,
fr.36('올림포스의 주인'Ὀλύμπου δεσπότης); Paeans, 6.92-94(올림포
스 봉우리에 거하시는 '신들의 수호자'θεῶν σκοπός), 7b.50('최강의 존재'
ὁ κράτιστος).

* 바킬리데스,『우승송가』3.37('최강의 신령'ὑπέρβιος δαίμων), 13.58('최상
의 지배'ἀρίσταρχος);『디티람보스』17.66('모두를 지배하는 자'ὁ πάντων
μεδέων), 19.17('막강한 힘을 가진 최상의 제우스'εὐρυσθενὴς φέρτατος Ζεύς).

* 아이스킬로스,『히케티데스』479(제우스는 인간이 가장 두려워하는 존재),
524-526('왕들 중의 왕'ἄναξ ἀνάκτων, '복된 자들 중에서 가장 복된 자, 완
전한 자들 중에서 가장 완전한 권력자').

* 소포클레스, 『안티고네』 607-611; 『오이디푸스 티라노스』 903-904.
* 에우리피데스, 『트로이아데스』 949-950(신들 중의 유력자 제우스, 아프로
  디테에게는 복종).
* 아리스토파네스, 『새』 1732-1733(신들을 지배하는 위대한 자); 『테스모포
  리아주사이』 368-369('전능한'παγκρατής); 『플루토스』 130(신들을 지배하
  는 제우스).
* 이소크라테스, 10.59('모두의 지배자'ὁ κρατῶν πάντων), 3.26(신들이 제우스
  의 '지배를 받음'βασιλεύεσθαι).
* 아리스토텔레스, 『정치학』 1.5.2(바실레우스: '그들 모두(신과 인간들)의 지
  배자'βασιλεὺς τούτων ἁπάντων).
◈ 헬레니즘 시대 자료
* 아폴로니오스, 『아르고나우티카』 4.558('신들의 왕'θεῶν βασιλῆα).
* 디오도로스, 5.71.6(βασιλεία), 5.72.2('최고의 통치자'ὕπατος βασιλεύς).
  (참고) 호메로스, 『일리아스』 1.176, 2.196; 헤시오도스, 『신통기』 82 ('제우
  스가 돌보는 제왕들의'διοτρεφέων βασιλήων).
  (참고) 호메로스, 『일리아스』 2.196-197(제왕들의 명예는 제우스에게서 나
  옴. 제우스는 그들을 총애함), 9.38-39(디오메데스: 제우스가 아가멤논에게
  왕홀을 부여함).
  (참고) 칼리마코스 찬가, 1.79-84(제왕과 그 권력은 제우스에게서 나옴).

(3) 인간사와 만물의 주관자: 전세(戰勢), 죽음, 재능, 흥망, 부(재산), 수확 등을
    주관
  ◈ 상고기 자료
* 호메로스, 『일리아스』 2.670(부), 4.84(전쟁), 8.68-72(전세), 8.143-
  144(인간을 압도하는 제우스), 8.169-171(전세), 8.175-176(승리와 명
  성), 8.216(승리), 10.71(불행), 11.761(승리), 13.1-9, 13.358-360(전
  세), 13.632, 19.238-275(승리), 20.242-243(미덕), 22.209-213(운명
  의 저울, 죽음), 24.529-533(행/불행); 『오디세이아』 4.237(길흉, 만사萬
  事), 4.722-723(인간의 불행), 6.188-189(인간의 행복), 19.73-80(흥망),
  20.75-76(운세), 20.201-203(불행과 고통).
* 헤시오도스, 『신통기』 949(인간을 불사의 존재로 만듦); 『일과 날들』
  1-10(인간의 상태와 명성), 247(항해), 474(수확), 637-638(부), 665-
  668(항해).

* 아르킬로코스, Fragments, fr.177.2-3(인간의 일을 다 보는 제우스).
* 세모니데스, fr.1.1-2(모든 일의 결말을 파악하고 자신의 의사대로 함).
* 알카이오스, fr.200.10-11.
* 테르판드로스, fr.3('모두의 시원始原'πάντων ἀρχή).
* 솔론, Elegies, no.13.17('제우스는 모든 것의 실현(결말)을 주시한다'Ζεὺς πάντων ἐφορᾷ τέλος)(Edmonds I).
* 테오그니스, Elegiac Poems, Book 1.157-158(부), 1.197(부), 1.375(모든 인간의 '마음'νόος과 '심정'θυμός을 파악), 1.894(킵셀로스 가문의 멸망), 2.1345-1348(제우스가 인간을 신령으로 만듦)(Edmonds I).
◆ 고전기 자료
* 핀다로스, 『피티아 송가』 4.191-200(항해, 모험); 『네메아 송가』 4.61(숙명), 10.29-30(만사), 10.79-90(카스토르 소생); 『이스트미아 송가』 3.4-5(만사), 5.48-53(전쟁); Paeans, 6.132(모든 일을 주관하는 존재).
* 바킬리데스, 『우승송가』 3.11-12(그리스인들에 대한 지대한 권력을 제우스에게서 부여받음), 3.25-27(국가의 몰락); 『디티람보스』 15.51(모든 것을 주시하는 제우스).
* 아이스킬로스, 『페르사이』 532-536(승리); 『히케티데스』 139(만물을 보는 아버지), 157-158(사자死者들을 후대하는 제우스), 360('분배하는' Κλάριος 제우스), 529(항해), 592-594(만사), 688-697(농경과 목축의 번성); 『아가멤논』 42-44(왕권을 부여하는 제우스), 60-67(전쟁), 174, 525-526(승리), 973, 1022-1024(죽은 자를 일으킨 자), 1485-1487(만사의 원인); 『제주를 바치는 여인들』 783-786(집안의 운세); 『에우메니데스』 759-760, 1045(모든 것을 보는 제우스); 『테바이를 향한 7인』 116-117; 『묶인 프로메테우스』 527-528(모든 것을 분배); Fragments, fr.34(제우스는 대기이고 땅이고 하늘. 제우스는 모든 것이고 그 이상의 것).
* 소포클레스, 『엘렉트라』 176('모든 것을 주시하고 지배하는'ἐφορᾷ πάντα καὶ κρατύνει 제우스), 1176-1177?(인간의 모든 일을 보는 제우스), 1280-1283(전쟁); 『안티고네』 143(승리), 184(모든 것을 보는 제우스); 『콜로노스의 오이디푸스』 705(올리브나무의 보호자), 1086-1087)(모든 것을 주시하는 제우스); 『트라키니아이』 26(전쟁 종식), 303(승리); Epic Poems, fr.3A(제우스는 '시초와 종말을 다 파악하고 있는'ἔχει τέλος καὶ ἀρχήν 존재) (Edmonds I).
* 에우리피데스, 『오레스테스』 1633-1637(헬레네를 불사의 존재로 만듦. 아

폴론은 제우스의 대리인으로서 말하는 것이므로 불사의 존재로 주체는 제우스라고 볼 수 있음);『헤라클레이다이』867(승리);『헬레네』1659(디오스쿠로이를 신으로 만듦);『포이니사이』1250-1251(제우스 상으로 전승비를 세움).

* 아리스토파네스,『평화』371-372(죽음).

* 플라톤,『국가』379D(인간의 행/불행을 지정함);『에우티프론』12A(제우스는 만물을 만든 창시자);『파이드로스』246E(제우스는 만사를 돌보는 존재).

* 데모스테네스, 21.53('재산을 보호하는 자'Ζεὺς κτήσιος).

◆ 헬레니즘 시대 자료

* 아라토스,『파이노메나』1-14(제우스는 온 세상, 즉 인간세상과 바다, 항구에 출두하여 인간사를 지배. 제우스는 천계의 전조를 내리고 별자리를 구획하고 계절에 따른 별자리의 징후를 보여줌. 그래서 인간은 시종일관 제우스를 숭배함).

* 아폴로니오스,『아르고나우티카』2.1123('주시하는'ἐπόψιος 제우스), 2.1179-1180(제우스는 모든 것을 '주시한다'ἐπιδέρχεται. 어떤 자도 그의 눈길을 벗어나지 못한다).

* 모스코스, VII.5-6(풍작).

* 아폴로도로스,『비블리오테케』3.6.8(아테나가 제우스에게서 얻은 약으로 티데우스를 불사의 존재로 만들고자 함. 제우스가 바톤Baton을 불사의 존재로 만듦).

2) 천상의 기후신

(1) 천신(天神): '우라니오스'(οὐράνιος, '천상의'), '힙시지고스'(ὑψίζυγος, '높은 곳에 앉아 있는'), '힙시메돈'(ὑψιμέδων, '높은 곳의 지배자'), '힙시브레메테스'(ὑψιβρεμέτης, '높은 데서 소리(천둥)를 울리는'), '천공(天空)에 기거하는'(αἰθέρι ναίων), '높은 곳에 있는'(ὑψόθι ἐών) 등

◆ 상고기 자료

* 호메로스,『일리아스』15.189-193(제우스, 포세이돈, 하데스의 영역 분배, 제우스는 하늘의 신), 2.412(αἰθέρι ναίων), 4.166(힙시지고스, ὑψίζυγος αἰθέρι ναίων), 7.69, 11.544, 18.185(힙시지고스), 10.16(ὑψόθι ἐών), 11.184(οὐρανόθεν), 20.155;『오디세이아』15.523(αἰθέρι ναίων).

* 헤시오도스,『신통기』71(ὃ οὐρανῷ ἐμβασιλεύει), 529(힙시메돈), 601(힙

시브레메테스), 929j(힙시지고스: ὑψίζυγος αἰθέρι ναίων);『일과 날들』8(힙
시브레메테스), 18(힙시지고스: ὑψίζυγος αἰθέρι ναίων), 491-492(계절의
변화를 담당);『천문』fr.2(제우스가 별을 만듦), fr.3(제우스가 별을 만듦),
fr.4(제우스가 별을 만듦).
* 아르킬로코스, Fragments, fr.122.3-4(일식현상은 제우스의 행위).
* 테오그니스, Elegiac Poems, Book 1.757(αἰθέρι ναίων)(Edmonds I).
◈ 고전기 자료
* 핀다로스,『네메아 송가』3.10; Paeans, 20.9(우라니오스).
* 바킬리데스,『우승송가』1.1-2;『디티람보스』15.51(힙시메돈); Fragments,
fr.20D.9(힙시지고스: ὑψίζυγος, οὐρανόθεν).
* 아이스킬로스,『묶인 프로메테우스』314-315; Fragments, fr.34(제우스는
'천공'αἰθήρ이고 '땅'γῆ이고 '하늘'οὐρανός).
* 소포클레스,『엘렉트라』175-176(천상).
* 에우리피데스,『타우리스의 이피게네이아』749;『이온』446;『헬레네』491;
『포이니사이』84-85;『키클롭스』353-354(별들의 자리에 기거하시는 제
우스).
* 헤로도토스,『역사』6.56(우라니오스 제우스).
* 아리스토파네스,『평화』104.
* 크세노폰,『아나바시스』3.1.12(번개), 3.4.12(브론테: 천둥).
* 플라톤,『파이드로스』246E('천상의 위대한 지도자'μέγας ἡγεμὼν ἐν
οὐρανῷ): 헤게몬).
◈ 헬레니즘 시대 자료
* 아라토스,『파이노메나』10-13(제우스는 천계의 전조를 내리고 별자리를
구획하고 계절에 따른 별자리의 징후를 보여줌), 30-37(제우스가 자신을
양육한 키노수라와 헬리케를 별자리로 만듦).
* 칼리마코스 찬가, 1.54; 칼리마코스,『경구집』(Epigrammata) 53.3(우라니
오스).
* 디오도로스, 4.3.4(비), 5.72.1(모든 천계현상의 지배자: 비, 천둥, 번개, 기
타 자연현상을 주관).

(2) 천둥과 번개의 신: '브론테'(βροντή, '천둥'), '브론탄'(βροντᾶν, '천둥을 울
리다'), '스테로페'(στεροπή, 혹은 아스테로페ἀστεροπή, 아스트라페ἀστραπή,
'번개'), '아스트랍테인'(ἀστράπτειν, '번개를 날리다'), '아스테로페테스'

(ἀστεροπητής, '번개를 날리는 자'), '스테로페게레테스'(στεροπηγερέτης, '번개를 일으키는 자'), '케라우노스'(κεραυνός, '천둥번개, 벼락, 천둥, 번개'), '케라우눈'(κεραυνοῦν, '천둥번개(벼락)를 때리다'), '테르피케라우노스'(τερπικέραυνος, '천둥번개(벼락)를 즐기는'), '아르기케라우노스'(ἀργικέραυνος, '번쩍이는 번개를 휘두르는'), '힙시브레메테스'(ὑψιβρεμέτης, '높은 데서 소리(천둥)를 울리는'), '에릭두포스'(ἐρίγδουπος, '우렁차게 소리(천둥)를 울리는'), '바릭두포스(바리두포스)'(βαρύγδουπος(βαρύδουπος), '우렁차게 소리(천둥)를 울리는'), '오르식티포스'(ὀρσίκτυπος, '굉음(천둥)을 일으키는'), '바리스파라고스'(βαρυσφάραγος, '큰소리를 내는'), '에리브레메테스'(ἐριβρεμέτης, '우렁차게 소리(천둥)를 울리는'), '바리브레메테스'(βαρυβρεμέτης, '우렁차게 소리(천둥)를 울리는'), '에리스마라고스'(ἐρισμάραγος, '우렁차게 소리(천둥)를 울리는'), '에릭티포스'(ἐρίκτυπος, '우렁차게 소리(천둥)를 울리는'), '바릭티포스'(βαρύκτυπος, '우렁차게 소리(천둥)를 울리는'), '셀라스'(σέλας, '불빛, 섬광, 번개섬광'), '달로스'(δαλός, '번갯불, 번개섬광'), 플록스(φλόξ, '번갯불'), '케라우니온 피르'(κεραύνιον πῦρ, '번갯불'), '케라우넹케스'(κεραυνεγχής, '천둥번개를 날리는')='엥케이케라우노스'(ἐγχεικέραυνος, '천둥번개를 날리는'), '포이니코스테로파스'(φοινικοστερόπας, '새빨간 번개를 던지는'), '아이올로브론테스'(αἰολοβρόντης, '번쩍이는 천둥을 부리는 자'), '크티페인'(κτυπέιν, '소리를 울리다, 천둥을 울리다') 등

◈ 상고기 자료

* 호메로스, 『일리아스』 21.198-199(브론테 및 케라우노스); 『오디세이아』 20.121(브론테), 20.103, 20.113(브론탄); 『일리아스』 8.133; 『오디세이아』 12.415, 14.305(케라우노스 및 브론탄); 『일리아스』 10.154(스테로페), 11.184, 13.242(아스테로페), 9.237(아스트랍테인), 17.595(아스트랍테인 및 크티페인), 1.580, 1.609, 7.443, 12.275(아스테로페테스), 16.298(스테로페게레테스), 8.405, 8.419, 8.455, 14.417, 15.117, 21.401; 『오디세이아』 5.128, 5.131, 7.249, 23.330, 24.539(케라우노스); 『일리아스』 19.121, 20.16, 22.178(아르기케라우노스), 1.354, 12.68, 14.54, 16.121; 『오디세이아』 5.4, 23.331(힙시브레메테스); 『일리아스』 5.672, 7.411, 10.329, 12.235, 13.154, 15.293, 16.88; 『오디세이아』 8.465, 15.112, 15.180(에릭두포스); 『일리아스』 13.624(에리브레메테스), 1.419, 2.478, 2.781, 8.2, 11.773, 12.252, 16.232, 24.529; 『오디

612

세이아』 7.164, 7.180, 14.268, 17.437, 20.75(테르피케라우노스);『일리
아스』 7.479, 8.75, 8.170;『오디세이아』 21.413(크티페인);『일리아스』
8.76(셀라스), 13.320(달로스).

* 헤시오도스,『신통기』 458(브론테), 839(브론탄), 72, 141(브론테 및 케라
우노스), 286(브론테 및 스테로페), 504-505, 690-691, 707, 845-846,
854(브론테 및 스테로페, 케라우노스), 690(아스트랍테인), 390(아스테로
페테스), 515, 929i(케라우노스), 859(케라우눈), 568, 601(힙시브레메테
스), 388(바릭티포스), 41(에릭두포스), 815(에리스마라고스);『일과 날들』
8(힙시브레메테스), 52(테르피케라우노스), 79(바릭티포스);『여인명부』
fr.3.3(테르피케라우노스), 40A.19(에릭티포스), 68B.4(힙시브레메테스),
90.2(케라우노스);『방패』 318(바릭티포스), 383(크티페인), 322(아스테로
페), 422(케라우노스).

* 아르킬로코스, Fragments, fr.94.2(에릭티포스).

* 세모니데스, Fragments, fr.1.1(바릭티포스).

* 호메로스 찬가, 5.288(케라우노스), 2.3, 2.334, 2.460(바릭티포스), 3.5,
5.36(테르피케라우노스), 4.329(힙시브레메테스).

* 핀다로스,『피티아 송가』 6.23-24('번개와 천둥의 지배자'(스테로페 및 케
라우노스στεϱοπᾶν κεϱαυνῶν τε πϱύτανις).

◈ 고전기 자료

* 핀다로스,『올림피아 송가』 4.1(브론테), 6.81, 8.44(바릭두포스), 8.3(아
르기케라우노스), 9.6(포이니코스테로파스), 9.42(아이올로브론테스),
10.81(오르식티포스), 13.77(엥케이케라우노스);『피티아 송가』 3.58(케
라우노스), 4.194(엥케이케라우노스);『네메아 송가』 9.19(아스테로페),
9.24-25(케라우노스: 천둥번개로 대지를 갈라놓음), 10.8(케라우눈),
10.71(케라우노스);『이스트미아 송가』 8.23(바리스파라고스), 8.34; 핀다
로스, Paeans, 4.43(케라우노스), 12.9(아르기브렌타스(ἀϱγιβϱέντας, '번쩍이
는 천둥번개의')); Fragments, fr.155.1(카르테로브론테스(καϱτεϱοβϱόντης,
'강력한 천둥의').

* 바킬리데스,『우승송가』 5.58-59(아르기케라우노스), 8.26(케라우넹케스'),
12.40(포이니코스테로파스);『디티람보스』 17.56(아스트라페), 17.66(아
낙시브렌타스(ἀναξιβϱέντας, '천둥의 지배자')), 17.71(아스트랍테인);
Fragments, fr.20E.7(케라우노비아스(κεϱαυνοβίας, '천둥번개로 막강한')),
fr.65.a12(아르기케라우노스).

* 아이스킬로스, 『히케티데스』 34(브론테 및 스테로페); 『묶인 프로메테우스』 361, 374, 668(케라우노스), 361, 992(플록스), 1017(브론테 및 케라우니오스 플록스); 『테바이를 향한 7인』 513(번갯불βέλος φλέγων), 630(케라우노스).

* 소포클레스, 『콜로노스의 오이디푸스』 1461(브론테), 1502(케라우노스), 1514-1515(브론테 및 스트랍테인); 『안티고네』 1116(바리브레메테스); 『엘렉트라』 824(케라우노스), 1063(아스트라페); 『트라키니아이』 437(카타스트랍테인(καταστράπτειν, '번개를 내려치다'); 『필록테테스』 1198-1199(브론테 및 아스테로페테스).

* 에우리피데스, 『키클롭스』 320(케라우노스), 328(브론테); 『알케스티스』 4(플록스), 5-6('제우스의 불 Διου πῦρ을 만든 키클로페스), 129(케라우니온 피르); 『헤카베』 68(스테로페); 『히케티데스』 831(피로스 플록모스(πυρός φλογμός, '번갯불')); 『미친 헤라클레스』 177(케라우노스); 『트로이아데스』 80(피르 케라우니온), 92(케라우니아이 볼라이(κεραυνίαι βολαί, '벼락 세례')); 『헬레네』 1162(플록스); 『포이니사이』 182-183(브론테 및 케라우노스), 1181(케라우노스); 『바카이』 90(브론테), 244-245(람파데스 케라우니아이(λαμπάδες κεραυνίαι, '번갯불')), 288(피르 케라우니온), 599(브론테); 『이온』 212(케라우노스).

* 아리스토파네스, 『벌』 323(브론탄); 『평화』 376(케라우노브론테스(κεραυνοβρόντης, '천둥번개를 울리는')), 722(아스트라페포레인(ἀστραπηφορέιν, '번개를 나르다')); 『새』 570(브론탄), 576(브론탄 및 케라우노스), 1746-1749(브론테 및 아스테로페), 1538, 1714; 『플루토스』 125(케라우노스).

* 크세노폰, 『아나바시스』 3.4.12(브론테).

* 플라톤, 『국가』 408C(케라우눈).

◆ 헬레니즘 시대 자료

* 아폴로니오스, 『아르고나우티카』 1.510-511(케라우노스 및 브론테, 스테로페: 키클로페스가 제우스에게 천둥과 번개를 구비하게 함. 천둥과 번개가 제우스를 영예롭게 함), 1.730-731(케라우노스: 키클로페스가 제우스에게 케라우노스를 만들어줌), 2.1210-1212(케라우노스: 티파온이 신들에게 대항하다가 제우스의 케라우노스를 맞고 피를 흘림), 4.185(스테로페), 4.520(케라우노스).

* 호메로스 찬가, 1.4(테르피케라우노스)(헬레니즘 시대 혹은 이전. 디오도로

스 3.66.3에 언급).

* 아폴로도로스, 『비블리오테케』 1.2.1(키클로페스가 제우스에게 브론테, 아스트라페, 케라우노스를 부여. 플루톤에게 투구, 포세이돈에게는 삼지창을 줌), 1.2.3(케라우눈), 1.6.2(케라우눈 및 케라우노스), 1.6.3(케라우노스), 1.9.7(브론탄 및 아스트랍테인, 케라우눈: 살모네우스가 제우스를 자칭하며 자신이 천둥과 번개를 부린다고 주장. 이에 제우스가 그를 벼락으로 내리침), 2.6.2(케라우노스: 아폴론과 헤라클레스가 싸울 때 제우스가 그들 사이에 천둥번개를 내리침), 3.6.7(케라우노스: 제우스가 테바이 성벽을 공격하는 카파네우스에게 천둥번개를 내리침), 3.6.8(케라우노스: 제우스가 천둥번개를 내리쳐 땅을 갈라놓음), 3.8.1(케라우눈: 제우스가 리카온에게 천둥번개를 내리침), 3.10.4(케라우눈: 제우스가 천둥번개를 내리쳐 아스클레피오스를 죽임. 키클로페스가 제우스에게 천둥번개를 만들어줌), 3.11.2(케라우눈: 제우스가 천둥번개를 내리쳐 이다스를 죽임).

* 디오도로스, 3.66.3(테르피케라우노스), 4.68.2(천둥번개), 5.72.1(브론테 및 케라우노스), 6.7.2-3(제우스의 천둥소리와 경쟁. 제우스의 번개에 의해 죽음).

(참고) 헤시오도스, 『신통기』 456, 930(에릭티포스ἐρίκτυπος Ἐννοσίγαιος: 포세이돈).

(참고) 헤시오도스, 『신통기』 818(바릭티포스βαρύκτυπος Ἐννοσίγαιος: 포세이돈).

(참고) 핀다로스, 『올림피아 송가』 1.72(바릭티포스βαρύκτυπος Εὐτρίαινα: 포세이돈); Paeans, 4.41(바릭티포스: 포세이돈).

(3) 구름과 비의 신

① 구름의 신: '네펠레게레타'(νεφεληγερέτα, '구름을 모으는 자'), '켈라이네페스'(κελαινεφής, '검은 구름에 싸인'), '오르시네페스'(ὀρσινεφής, '구름을 일으키는'), 힙시네페스(ὑψινεφής, '높이 구름 속에 있는'), '에우리네페스'(εὐρυνεφής, '광대한 구름의') 등

◈ 상고기 자료

* 호메로스, 『일리아스』 1.511, 1.517, 1.560, 4.30, 5.631, 5.736, 5.764, 5.888, 7.280, 7.454, 8.38, 8.387, 8.469, 10.552, 11.318, 14.293, 14.312, 14.341, 15.154, 15.220, 16.666, 17.198, 20.10, 20.19, 20.215, 21.499, 22.182, 24.64; 『오디세이아』 1.63, 5.21, 9.67, 12.313,

12.384, 13.139, 13.153, 24.477(네펠레게레타); 『일리아스』1.397, 2.412, 6.267, 11.78, 15.46, 21.520, 22.178, 24.290; 『오디세이아』 9.552, 13.25, 13.147(켈라이네페스); 『일리아스』14.342-345, 17.594; 『오디세이아』12.314-315, 12.405, 14.303(구름 생성), 5.303(구름으로 하늘을 덮음); 『일리아스』16.298(구름을 치워 움직임), 11.27-28, 17.547-549(무지개).

* 헤시오도스, 『신통기』558, 730, 944; 『일과 날들』53, 99(네펠레게레타); 『여인명부』fr.99.22; 『방패』53(켈라이네페스).
* 솔론, Elegies, no.13.17-25(구름을 치우고 강렬한 햇볕으로 대지를 소모. 제우스의 복수)(Edmonds I).
* 호메로스 찬가, 2.78, 3.96, 3.312(네펠레게레타), 2.91, 2.316, 2.396, 2.468, 5.220(켈라이네페스).
* 핀다로스, 『네메아 송가』5.34-35(오르시네페스).

◈ 고전기 자료
* 핀다로스, 『올림피아 송가』5.17(힙시네페스); 『피티아 송가』4.193-198(제우스가 구름들에서 천둥소리를 내려 기도에 답함); Paeans, 6.55-56, 12.9(켈라이네페스).
* 바킬리데스, 『우승송가』3.55(구름); 『디티람보스』16.17-18(에우리네페스).
* 아이스킬로스, 『히케티데스』780.
* 아리스토파네스, 『새』1501-1502(구름을 모으거나 치우는 제우스).

◈ 헬레니즘 시대 자료
* 아폴로니오스, 『아르고나우티카』2.1083-1084(구름, 우박).

② 비의 신: 비, 폭풍우, 눈
◈ 상고기 자료
* 호메로스, 『일리아스』5.91, 11.493, 12.25-26, 12.278-284(눈), 12.286(눈, 폭우), 10.6-7(폭우, 우박, 눈), 16.385-390(폭우, 홍수), 19.357(눈); 『오디세이아』9.111, 9.358, 14.457(비, 비바람).
* 헤시오도스, 『일과 날들』416, 485-490, 676.
* 아르킬로코스, Fragments, fr.230(가뭄).
* 알카이오스, fr.338(비).
* 테오그니스, Elegiac Poems, Book 1.25-26(비)(Edmonds I).
◈ 고전기 자료

* 핀다로스, 『이스트미아 송가』 5.48-53(폭풍우).

* 바킬리데스, 『우승송가』 3.55-56(구름을 만들어 불을 끔. 비를 내림).

* 아이스킬로스, 『히케티데스』 33-36(눈보라, 천둥번개, 비바람); 『묶인 프로메테우스』 989-994(눈보라).

* 에우리피데스, 『트로이아데스』 78-79(비, 우박, 강풍); 『키클롭스』 320-331(비, 눈).

* 헤로도토스, 『역사』 2.13, 3.124-125(비).

* 아리스토파네스, 『개구리』 246.

* 이소크라테스, 11.13(비와 가뭄을 주시는 제우스), 9.14(비).

* 플라톤, 『크리티아스』 111C(매년 비를 내리는 제우스).

◆ 헬레니즘 시대 자료

* 테오크리토스, Poems, XVII.77-78(비), IV.43(비, 화창한 날씨).

* 리코프론, 『알렉산드라』 79-80(제우스의 빗물), 160(비의 신 제우스), 622(제우스의 비).

* 아라토스, 『파이노메나』 964(제우스에게서 나오는 비의 전조).

* 아폴로니오스, 『아르고나우티카』 2.522('익마이오스 ἰχμαῖος, '비를 내리는' 제우스), 2.1099, 2.1120, 4.270-271(비), 3.1399(폭우), 2.1083(우박).

* 아폴로도로스, 『비블리오테케』 1.7.1, 1.7.2(제우스의 폭우로 그리스에 대홍수. 데우칼리온의 홍수), 2.7.1.

* 디오도로스, 4.3.4, 4.61.1(가뭄), 5.72.1.

(4) 바람의 신

◆ 상고기 자료

* 호메로스, 『일리아스』 12.252-253, 16.364-367; 『오디세이아』 5.176, 5.291-298, 5.299-305, 9.67-69(바람, 구름, 밤), 12.313-314(강풍, 구름), 15.297, 15.475.

* 호메로스 찬가, 3.427(제우스의 순풍), 3.433-434('제우스의 신의神意에 의해'ἐκ Διὸς αἴσης 강력한 서풍이 불어옴).

◆ 고전기 자료

* 에우리피데스, 『타우리스의 이피게네이아』 354; 『헬레네』 1504-1505; 『트로이아데스』 78-79(비, 우박, 강풍).

◆ 헬레니즘 시대 자료

* 테오크리토스, Poems, XXVIII.5(제우스에게 순풍 항해를 요청함).

* 아라토스, 『파이노메나』 886(제우스에게서 나오는 폭풍).
* 아폴로니오스, 『아르고나우티카』 2.525, 2.993-994, 2.1098, 4.1224 (바람).
* 아폴로도로스, 『비블리오테케』 1.9.24(제우스가 폭풍을 보내 아르고호의 항해를 벗어나게 함).

3) 정의와 질서의 신: 법과 정의 수호, 불의 응징
(1) 정의와 법률의 신
◆ 상고기 자료
* 호메로스, 『일리아스』 1.238-239(제우스에 의한 법θέμιστες πρὸς Διός), 2.205-206(제우스가 왕βασιλεύς에게 홀과 법θέμιστες을 부여), 9.98-99(제우스가 지배자ἄναξ에게 홀과 법θέμιστες을 부여), 16.386-388(정의를 배격하는 자들을 응징).
* 헤시오도스, 『일과 날들』 36(제우스에게서 유래한 공정한 판결), 225-285(정의를 추구하고 실현), 276(제우스가 정해준 '법'νόμος).
◆ 고전기 자료
* 아이스킬로스, 『페르사이』 827-28(징벌); 『테바이를 향한 7인』 485(보복); 『아가멤논』 525-526(보복); 『제주를 바치는 여인들』 382-385(악행에 대한 보복).
* 에우리피데스, 『히케티데스』 511(보복); 『바카이』 1344-1351(징벌).
* 플라톤, 『에우티프론』 5E(제우스는 신들 중에서 '가장 공정함'δικαιότατος); 『법률』 624B(제우스의 말씀에 의해 미노스의 법률이 확립됨), 632D(미노스가 제정한 제우스의 법률), 634A(제우스의 '입법가'νομοθέτης, 미노스 지칭), 636D(크레타인들이 제우스에게서 법률을 도출함); 『크리티아스』 121B(법으로 지배하는 제우스).
◆ 헬레니즘 시대 자료
* 칼리마코스 찬가, 1.82-83(제우스는 왕들이 부당한 판결을 내리는지 주시).
* 아폴로니오스, 『아르고나우티카』 2.215-216(죄인들에게 가장 가혹한 존재).
* 디오도로스, 5.71.1-2(인간사회에 정의를 실현하고자 함. 정의를 장려하고 불의를 응징), 5.71.5(정의의 규범을 어긴 기간테스를 응징).

(2) 국가제도의 신: 국가, 정치조직(왕, 협의회)
◆ 상고기 자료

* 호메로스, 『일리아스』 2.196-197(제왕들의 명예는 제우스에게서 나옴. 제우스는 그들을 총애함), 2.205-206(제우스가 왕βασιλεύς에게 홀과 법 θέμιστες을 부여), 9.38-39(디오메데스: 제우스가 아가멤논에게 왕홀을 부여함), 9.98-99(제우스가 지배자ἄναξ에게 홀과 법θέμιστες을 부여), 1.176, 2.98, 2.196; 『오디세이아』 4.63('제우스가 돌보는 제왕들의'διοτρεφέων βασιλήων).
* 헤시오도스, 『신통기』 82(διοτρεφέων βασιλήων).
◆ 고전기 자료
* 호메로스 찬가, 7.11(διοτρεφέων βασιλήων).
* 아이스킬로스, 『아가멤논』 42-44(왕권을 부여하는 제우스).
* 안티폰, 6.45('불라이오스'Βουλαῖος, '협의회의, 협의회를 관장하는').
* 플라톤, 『법률』 921C(폴리우코스(πολιοῦχος, '국가(도시)를 보호하는')).
◆ 헬레니즘 시대 자료
* 리코프론, 『알렉산드라』 435('불라이오스').
* 칼리마코스 찬가, 1.79-84(제왕과 그 권력은 제우스에게서 나옴).
(참고) 파우사니아스, 1.3.5(아테네 협의회관 안의 불라이오스 제우스의 목상)(서기 2세기).
(참고) 아리스토텔레스 위서, 『우주론』 401 a19('폴리에우스'πολιεύς, '국가(도시)를 수호하는')(서기 1~2세기 추정).

(3) 사회집단의 신: 부족, 프라트리아, 가족
① 부족 및 프라트리아의 신: '호모필로스'(ὁμόφυλος, '같은 부족의, 동족의'), '프라트리오스'(φράτριος, '프라트리아의')
◆ 고전기 자료
* 플라톤, 『에우티데모스』, 302D(프라트리오스); 『법률』 843A(호모필로스).
* 데모스테네스, 43.14(프라트리오스).
(참고) 플라톤, 『에우티데모스』, 302D(아테나 프라트리아).

② 가족(친족)의 신: '시나이모스'(σύναιμος, '동일한 혈족의'), '헤르케이오스'(ἑρκεῖος, '마당(경내)의'), '에피스티오스 혹은 에페스티오스'(ἐπίστιος, ἐφέστιος, '화로의, 가정의'), '시네스티오스'(συνέστιος, '화로를 함께 쓰는'), 크테시오스(κτήσιος, '집의, 가산家産의'), '게네틀리오스'(γενέθλιος, '같은 친족(가족)의'), '호모그니오스'(ὁμόγνιος, '같은 게노스의, 같은 가족의'), '게

네토르'(γεννήτωρ, '친족의 조상, 선조'), '파트로이오스'(πατρῷος, '조상 전래의, 조상의') 등

◈ 상고기 자료
* 호메로스, 『오디세이아』 22.335(헤르케이오스).
* 『일리온 함락』 1.19(헤르케이오스).
* 헤시오도스, 『일과 날들』 327-334(아버지에 대한 대우).

◈ 고전기 자료
* 핀다로스, 『올림피아 송가』 8.16; 『피티아 송가』 4.167(게네틀리오스); Paeans, 6.114(제우스 헤르케이오스의 제단).
* 아이스킬로스, 『히케티데스』 206(게네토르), 445; 『아가멤논』 1038(이상, 크테시오스), 『아가멤논』 703(시네스티오스); Fragments, fr.83.2-3(H. Loyd-Jones)(=플라톤, 『국가』 391E)(이데산에 있는 파트로이오스 제우스의 제단, 탄탈로스 가문의 조상신).
* 소포클레스, 『안티고네』 487(헤르케이오스), 658-659(시나이모스); 『아이아스』 388(아이아스의 조상), 492(에피스티오스); 『트라키니아이』 288, 753(헤라클레스의 조상신).
* 에우리피데스, 『히폴리토스』 683(게네토르); 『안드로마케』 921(호모그니오스); 『트로이아데스』 17(헤르케이오스); 『엘렉트라』 671(오레스테스의 조상신).
* 헤로도토스, 『역사』 1.44(에피스티오스), 6.68(헤르케이오스).
* 아리스토파네스, 『구름』 1468-1469(부권父權의 신); 『개구리』 750(호모그니오스).
* 크세노폰, 『키로파이데이아』 1.6.1, 3.3.22, 7.1.1, 8.7.3(키로스의 조상신).
* 플라톤, 『에우티데모스』, 302D(헤르케이오스); 『법률』 881D(부권의 신); 『에우티데모스』 302B-C; 『국가』 391E(파트로이오스).
* 안티폰, 1.16.(크테시오스).
* 데모스테네스, 21.53(크테시오스), 57.67(헤르케이오스).
* 아리스토텔레스, 『아테네인의 국제』 55.3(헤르케이오스).

◈ 헬레니즘 시대 자료
* 아폴로도로스, 『개요』 5.21(헤르케이오스); 2.8.4(헤라클레스 자손들의 조상신).
  (참고) 아리스토텔레스 위서, 『우주론』 401 a21(게네틀리오스, 호모그니오스, 파트로이오스)(서기 1~2세기 추정).

(참고) 에우리피데스,『이온』136(게네토르 파테르γενέτωρ πατήρ: 아폴론).
(참고) 파우사니아스, 4.17.4(헤르케이오스)(서기 2세기).

(4) 사회질서의 신: 우애, 서약
 ① 우애의 신: '헤타이레이오스'(ἑταιρεῖος, '우애의'), '필리오스'(φίλιος, '우애의')
 ◆ 고전기 자료
 * 헤로도토스,『역사』1.44(헤타이레이오스).
 * 아리스토파네스,『아카르니아인』730(필리오스).
 * 플라톤,『파이드로스』234E;『에우티프론』6B;『고르기아스』500B,
   519E(필리오스).
 ◆ 헬레니즘 시대 자료
   (참고) 디온 크리소스토무스, 1.39(헤타이레이오스)(서기 1세기).
   (참고) 파우사니아스, 8.31.4(필리오스)(서기 2세기).

 ② 서약의 신: '호르키오스'(ὅρκιος, '서약의') 등
 ◆ 상고기 자료
 * 호메로스,『일리아스』7.76, 7.411(서약의 증인), 10.329, 19.258;『오디세
   이아』14.158, 16.422-423, 17.155, 19.303, 20.230(증인).
 ◆ 고전기 자료
 * 핀다로스,『피티아 송가』4.167(제우스의 이름으로 서약).
 * 소포클레스,『필록테테스』1324(호르키오스);『트라키니아이』399,
   1188(서약의 증인).
 * 에우리피데스,『메데이아』169-170(인간의 서약을 관리하는 제우스);『히
   폴리토스』1025(호르키오스);『안드로마케』37;『히케티데스』1174;『타우
   리스의 이피게네이아』749, 1077(증인).
 * 아리스토파네스,『아카르니아인』729-730, 911(증인).
 * 플라톤,『법률』936E(제우스, 아폴론, 테미스의 이름을 걸고 서약); 플라톤
   서간 7.350B(제우스의 이름으로 서약).

4) 약자(弱者)들의 수호신
(1) 외국인, 빈객의 신
 ◆ 상고기 자료
 * 호메로스,『일리아스』13.624;『오디세이아』6.206-210(유랑하는 외국인

에 대한 우대. '모든 외국인과 걸인은 제우스로부터 유래한다'πρὸς Διός εἰσιν
ἅπαντες ξεῖνοί τε πτωχοί τε), 9.252-278(탄원자와 빈객의 신), 14.276-
284, 14.388-389.

* 헤시오도스, 『일과 날들』 327-334(손님 우대).
* 핀다로스, 『네메아 송가』 5.26-34(주인의 아내와 동침 거부), 11.8.

◆ 고전기 자료
* 핀다로스, 『올림피아 송가』 7.54-63, 8.21.
* 아이스킬로스, 『아가멤논』 60-62, 362-363, 748; 『히케티데스』 627.
* 에우리피데스, 『키클롭스』 353-354.
* 헤로도토스, 『역사』 1.44.
* 아리스토텔레스, Poems, fr.842.19-20.

◆ 헬레니즘 시대 자료
* 아폴로니오스, 『아르고나우티카』 2.1131-1133, 3.192-193, 2.378.

(2) 탄원자의 신
◆ 상고기 자료
* 호메로스, 『일리아스』 24.568-570; 『오디세이아』 9.269-270(탄원자와 외
국인을 위한 보복자), 13.213('탄원자의 제우스'Ζεὺς ἱκετήσιος).
* 헤시오도스, 『일과 날들』 327-334(탄원자 우대).

◆ 고전기 자료
* 핀다로스, 『올림피아 송가』 5.19.
* 아이스킬로스, 『히케티데스』 1, 191-192, 347, 385('탄원자의 제우스'Ζεὺς
ἱκταῖος), 478-479, 616; 『에우메니데스』 91-92(박탈자들의 존엄성을
존중).
* 소포클레스, 『필록테테스』 484.
* 에우리피데스, 『헤라클레이다이』 70(제우스의 탄원자), 763-768(탄원자
보호); 『헤카베』 345.
* 투키디데스, 『역사』 1.103.2(τὸν ἱκτην τοῦ Διὸς τοῦ Ἰθωμήτα: 제우스의 탄원
자), 3.14.1(올림피오스 제우스의 신전에서 탄원).

◆ 헬레니즘 시대 자료
* 아폴로니오스, 『아르고나우티카』 2.215, 2.1132, 4.358, 4.700('히케시
오스').
(참고) 사포, fr.17.9(ἀντίαος Ζεὺς).

(참고) 알카이오스, fr.129.5(ἀντίαος Ζεύς).

(3) 정화의 신
◈ 고전기 자료
* 아이스킬로스, 『에우메니데스』 717-718(익시온 정화); Fragments, fr.182.1-2(돼지 피를 뿌려 정화시킴).
* 에우리피데스, 『미친 헤라클레스』 922-924(제우스의 제단에 정화를 위한 제물을 바침).
* 헤로도토스, 『역사』 1.44.
◈ 헬레니즘 시대 자료
* 아폴로니오스, 『아르고나우티카』 4.708('카타르시오스'(καθάρσιος, '정화의') 제우스).
* 아폴로도로스, 『비블리오테케』 2.1.5(아테나와 헤르메스가 제우스 명에 따라 다나오스 딸들의 살인행위를 정화).

(4) 도망(도망자)의 신
◈ 헬레니즘 시대 자료
* 리코프론, 『알렉산드라』 288.
* 아폴로니오스, 『아르고나우티카』 2.1147, 4.119.
* 아폴로도로스, 『비블리오테케』 1.7.2, 1.9.1.

5) 신탁과 조언의 신
(1) 신탁의 신
◈ 상고기 자료
* 호메로스, 『일리아스』 15.63-71(전쟁의 미래를 예언), 16.233-235(도도나의 지배자. 신탁해석자 셀로이인); 『오디세이아』 14.327-330, 19.296-299(도도나 신탁소), 16.403-404(제우스 신탁에 따름).
* 헤시오도스, 『여인명부』 fr.40A.12(파놈파이오스), fr.97.2-11(도도나 신탁소).
* 호메로스 찬가, 4.471-473(제우스의 신탁), 4.533-538.
◈ 고전기 자료
* 핀다로스, 『올림피아 송가』 6.5(βωμός μαντεῖος, 피사의 제우스 신탁제단).
* 아이스킬로스, 『묶인 프로메테우스』 658-660(이오의 꿈 해몽을 위해 피토

와 도도나에 신탁 문의), 829-835(제우스의 신탁소 도도나);『에우메니데
스』1-19.
* 소포클레스,『트라키니아이』171-172(도도나 신탁: 오크나무가 비둘기 두
마리를 통해 말함), 1164-1167(도도나의 신탁).
* 에우리피데스,『안드로마케』886-887(도도나의 제우스 신탁).
* 헤로도토스,『역사』1.46, 2.5(도도나 신탁소), 2.52(그리스의 신탁소들 중
에서 가장 오래된 것, 초기의 유일한 신탁소), 2.54-57(도도나 신탁소의 이
집트 유래설 언급).
* 아리스토파네스,『새』716-718(신탁의 신 아몬과 아폴론, 신탁소 델포이와
도도나).
* 크세노폰,『헬레니카』4.7.2(올림피아에서 제우스 신탁 문의);『세입론』
6.2(도도나와 델포이 신탁).
* 플라톤,『파이드로스』244B(도도나의 여사제가 그리스의 공사무에 기여:
도도나 신탁), 275B(도도나의 제우스 성소의 오크나무의 말이 최초의 예
언: 최초의 예언자 제우스);『법률』738C(델포이, 도도나 혹은 아몬의 말씀:
신탁).
* 데모스테네스, 18.253, 21.53(도도나의 제우스 신탁), 21.51(델포이와 도
도나 신탁); 서간 1.16, 서간 4.3(도도나의 제우스).
* 히페레이데스, 4.24(도도나 제우스의 신탁).
* 데이나르코스, 1.78(도도나 신탁).
◈ 헬레니즘 시대 자료
* 칼리마코스 찬가, 1.67-68(가장 탁월한 새(독수리)를 통해 징조를 보임).
* 아폴로니오스,『아르고나우티카』1.196.

(2) 꿈의 신
◈ 상고기 자료
* 호메로스,『일리아스』1.63, 2.1-34(꿈을 통해 제우스의 뜻을 전함),
2.26(꿈은 제우스의 사자使者).
◈ 고전기 자료
* 크세노폰,『아나바시스』3.1.12, 6.1.22(제우스로부터의 꿈이라고 여김).
* 플라톤,『국가』383A(제우스가 꿈을 보냄).

(3) 조언의 신: '메티에타'(μητίετα, '전지자全知者, 조언자'), '메티오에이스'

(μητιόεις, '전지적全知的인'). '히파토스 메스토르'(ὕπατος μήστωρ, '최고의 조
언자') 등

◆ 상고기 자료
* 호메로스, 『일리아스』 1.175, 1.508, 2.197, 2.324, 6.198, 7.478, 8.170,
9.377, 10.104, 11.278, 12.279, 12.292, 15.377, 15.599, 16.249,
24.314(메티에타), 8.22, 17.339(히파토스 메스토르), 13.631-632('생
각에 있어서 신이건 인간이건 다른 모든 자들보다 우위에 있는'περὶ φρένας
ἔμμεναι ἄλλων), 24.88('영원한 조언을 알고 있는'ἄφθιτα μήδεα εἰδώς); 『오디
세이아』 14.243, 16.298, 20.102(메티에타).
* 헤시오도스, 『신통기』 56, 520, 904, 914(메티에타), 286, 457(메티오에이
스), 545, 550, 561('영원한 조언을 알고 있는'); 『일과 날들』 104(메티에
타), 51, 273, 769(메티오에이스), 267('모든 것을 보고 모든 것을 이해하
는'); 『여인명부』 fr.19A.15, fr.21(메티에타), fr.26('영원한 조언을 알고 있
는'), 『방패』 33, 383(메티에타).
* 호메로스 찬가, 2.321('영원한 것을 알고 있는'ἄφθιτα εἰδώς), 3.205, 4.469,
4.506, 5.202(메티에타), 3.344(메티오에이스), 4.538(제우스의 조언),
5.43('영원한 조언을 알고 있는').

◆ 고전기 자료
* 에우리피데스, 『헬레네』 1441(지혜로운 제우스).

◆ 헬레니즘 시대 자료
* 아폴로니오스, 『아르고나우티카』 1.1345, 2.154(제우스의 조언).
* 호메로스 찬가, 1.16(메티에타)(헬레니즘 시대 혹은 이전).
* 디오도로스, 5.72.2(훌륭한 조언자).
 (참고) 호메로스 찬가, 24.5(메티오에이스), 28.4, 16(메티에타)(시기 불명).

7. 호칭과 수식어

1) 신성 호칭과 수식어
(1) 최고 서열의 신
 ① '파테르'(πατήρ): '아버지'
 ◆ 상고기 자료
 * 호메로스, 『일리아스』 1.503, 1.544, 1.578, 2.146, 2.371, 3.276, 3.320,

3.350, 3.365, 4.23, 4.235, 4.288, 5.33, 5.362, 5.421, 5.457, 5.734, 5.757, 5.762, 5.872, 7.60, 7.132, 7.179, 7.202, 7.446, 8.236, 8.397, 8.438, 5.460, 10.154, 11.66, 11.201, 11.544, 12.164, 13.631, 13.796, 13.818, 14.414, 15.372, 15.637, 16.97, 16.227, 16.253, 17.19, 17.46, 17.498, 17.630, 17.645, 17.648, 19.121, 19.270, 20.11, 20.192, 21.83, 21.273, 21.508, 21.520, 22.60, 22.178, 22.209, 22.221, 24.100, 24.287, 24.308;『오디세이아』4.341, 5.7, 7.311, 7.316, 7.331, 8.306, 12.63, 12.371, 12.377, 13.51, 13.128, 14.440, 15.341, 16.260, 17.132, 18.235, 20.98, 20.112, 20.201, 21.200, 24.351, 24.376, 24.518(아버지 제우스);『일리아스』1.579, 8.69, 8.245, 21.508(아버지);『일리아스』1.544, 4.68, 5.426, 8.49, 8.132, 11.182, 15.12, 15.47, 16.458, 20.56, 22.167, 24.103;『오디세이아』1.28, 12.445, 18.137(신과 인간의 아버지).

* 헤시오도스,『일과 날들』143, 168;『신통기』36, 40;『방패』322(아버지 제우스);『일과 날들』84;『신통기』532;『여인명부』fr.19A.3(아버지);『일과 날들』59, 175;『신통기』47, 457, 468, 542, 643, 838, 929m;『여인명부』fr.19A.9, fr.53, fr.90;『방패』27, 103(인간과 신들의 아버지).

* 아르킬로코스, Fragments, fr.122.2('올림포스에 사는 자들의 아버지'πατὴϱ Ὀλυμπίων), fr.197.

* 사포, fr.44A.8(신들의 아버지).

* 알카이오스, fr.69.1, fr.306(a)fr.1.18.

* 히포낙스, Fragments, fr.38.

* 알크만, Fragments, fr.81.

* 테오그니스, Elegiac Poems, Book 1.731(Edmonds I).

* 호메로스 찬가, 2.321, 2.348, 3.307, 5.29.

* 핀다로스,『올림피아 송가』14.12;『네메아 송가』5.10, 5.33;『이스트미아 송가』6.42.

◆ 고전기 자료

* 핀다로스,『올림피아 송가』1.57, 2.27, 6.81, 7.87, 13.26, 14.12;『피티아 송가』3.98-99, 4.23;『네메아 송가』8.35, 9.31, 9.53, 10.29; Paeans, 14.5; Fragments, 140a.64.

* 코린나, Fragments, fr.654, col.iii.13.

* 바킬리데스,『우승송가』5.199-200;『디티람보스』17.53; Fragments,

fr.20D.8.

* 아이스킬로스, 『히케티데스』 592; 『테바이를 향한 7인』 512; 『제주를 바치는 여인들』 783-786(신들의 아버지); 『에우메니데스』 618; fr.42.1-2(아버지 제우스가 록시아스에게 신탁 임무를 맡김).
* 소포클레스, 『오이디푸스 티라노스』 201, 『트라키니아이』 274-275(모두의 아버지).
* 에우리피데스, 『레소스』 816; 『메데이아』 1352; 『트로이아데스』 1288-1289; 『헬레네』 1441; 『오레스테스』 1634.
* Anonymous Inscriptions, no.22.3(기원전 430년경, 올림피아)(Edmonds II).[3]
* 아리스토파네스, 『아카르니아인』 225; 『기사』 726.
* 아리스토텔레스, 『니코마코스 윤리학』 8.10.4; 『정치학』 1.5.2(신과 인간의 아버지).
◆ 헬레니즘 시대 자료
* 아라토스, 『파이노메나』 15.
* 칼리마코스 찬가, 1.7, 1.42, 1.93.
* 아폴로니오스, 『아르고나우티카』 4.1673.
* 호메로스 찬가, 1.6(인간과 신들의 아버지)(헬레니즘 시대 혹은 이전. 디오도로스 3.66.3에 언급).
* 디오도로스, 3.66.3(인간과 신들의 아버지), 4.14.1, 5.72.2.

② '히파토스'(ὕπατος), '히페르타토스'(ὑπέρτατος): '최고의, 최상의'
◆ 상고기 자료
* 호메로스, 『일리아스』 5.756, 8.22, 8.31, 17.339, 19.258, 23.43; 『오디세이아』 1.45, 1.81, 19.303, 24.473.
* 호메로스 찬가, 2.21.
* 테오그니스, Elegiac Poems, Book 1.376(Edmonds I).
◆ 고전기 자료
* 핀다로스, 『올림피아 송가』 4.1(히페르타토스 제우스), 13.24.

---

3) Anonymous Fragments와 Anonymous Inscriptions의 출처는 각각 D. A. Campbell, *Greek Lyric*, vol. V, Harvard Univ. Press, 1993와 J. M. Edmonds, *Elegy and Iambbus*, vol. II인데, 이를 Campbell V, Edmonds II로 표기한다.

* 바킬리데스, Fragments, fr.20.7.
* 아이스킬로스, 『아가멤논』 509.
* 에우리피데스, 『레소스』 456.
* 데모스테네스, 21.52, 43.66.
◆ 헬레니즘 시대 자료
* 테오크리토스, Poems, XXVI.34.
* 디오도로스, 5.72.2.
　(참고) 데모스테네스, 43.66('최고의'ὕπατη 아테나).
　(참고) 파우사니아스, 1.26.5, 3.17.5, 8.2.3, 8.14.7, 9.19.3(히파토스 제우
　스)(서기 2세기).
　(참고) 소포클레스, 『안티고네』 338(히페르타토스: '신들 중의 최고 가이아'
　(θεῶν ἡ ὑπέρτατη Γαῖα))

　③ '힙시스토스'(ὕψιστος): '최고의'
◆ 고전기 자료
* 핀다로스, 『네메아 송가』 1.60, 11.2.
* 아이스킬로스, 『에우메니데스』 28.
* 소포클레스, 『필록테테스』 1289.
◆ 헬레니즘 시대 자료
* 테오크리토스, Poems, XXV.159.
　(참고) 파우사니아스, 2.2.8(서기 2세기).

(2) 최고 권력의 신
　① 지배자(통치자): '아낙스'(ἄναξ, '지배자'), '크레이온'(κρείων, '지배자'), '메
　데온'(μεδέων, '지배자'), '바실레우스'(βασιλεύς, '왕'), '팔미스'(πάλμυς, '왕'),
　'프리타니스'(πρύτανις, '지배자'), '데스포테스'(δεσπότης, '절대 통치자'), '키
　리오스'(κύριος, '지배자'), '티라노스'(τύραννος, '절대 통치자')
◆ 상고기 자료
* 호메로스, 『일리아스』 1.502, 2.102, 3.351, 7.194, 7.200, 16.233,
　18.118(아낙스), 8.31(크레이온: '최고의 지배자'ὕπατος κρειόντων), 3.276,
　3.320, 7.202, 24.308(이다의 '메데온' 아버지 제우스), 16.234(도도나의
　'메데온'); 『오디세이아』 1.45, 1.81, 24.473(메데온: '최고의 지배자'ὕπατος
　κρειόντων), 17.354(아낙스).

* 헤시오도스, 『신통기』 660(아낙스), 886(바실레우스), 923(신과 인간들의 '바실레우스'); 『일과 날들』 69(아낙스); 『여인명부』 fr.40A.19(크레이온).
* 『키프리아』 fr.8(신들의 '바실레우스').
* 솔론, Epic Poems, no.31(바실레우스)(Edmonds I).
* 알카이오스, fr.38A, fr.387(바실레우스).
* 테오그니스, Elegiac Poems, Book 1.376(바실레우스), 1.743, 1.1120, 2.1346(신들의 '바실레우스')(Edmonds I).
* 스테시코로스, Fragments, fr.S14(바실레우스: '팜바실레우스'παμβασιλεύς, '절대적인 왕').
* 히포낙스, Fragments, fr.38(올림포스 신들의 '팔미스').
* 호메로스 찬가, 2.358(바실레우스).
* 핀다로스, 『피티아 송가』 6.24('천둥과 번개의 프리타니스'στεϱοπᾶν κεϱαυνῶν τε πϱύτανις); 『네메아 송가』 5.35(신들의 '바실레우스').
◆ 고전기 자료
* 핀다로스, 『올림피아 송가』 7.34(신들의 '메가스 바실레우스'(βασιλεὺς ὁ μέγας, '대왕'), 7.87-88(아타비리온 능선의 '메데온'); 『네메아 송가』 1.13-14(올림포스의 '데스포테스'), 3.10(크레이온), 7.82(신들의 '바실레우스'), 10.77(아낙스); 『이스트미아 송가』 5.53(모두의 '키리오스'), 8.18(바실레우스).
* 코린나, Fragments, fr.654, col.iii.13(바실레우스).
* 바킬리데스, 『우승송가』 5.19-20('에우리아낙스'(ἐυϱύαναξ, '널리 지배하는 자')); 『디티람보스』 17.66(모두의 '메데온').
* 아이스킬로스, 『히케티데스』 524(아낙스 중의 아낙스), 574(크레이온), 592, 1062(아낙스); 『페르사이』 532(바실레우스), 762(아낙스); 『묶인 프로메테우스』 170('신들의 프리타니스'μακάϱων πϱύτανις), 224, 736(신들의 '티라노스'); 『아가멤논』 355(바실레우스).
* 소포클레스, 『트라키니아이』 274; 『콜로노스의 오이디푸스』 1483(아낙스).
* 에우리피데스, 『타우리스의 이피게네이아』 749('하늘의 아낙스'ἄναξ οὐϱανοῦ), 1306(아낙스); 『트로이아데스』 1288(프리기아의 '프리타니스'); 『아울리스의 이피게네이아』 1306(아낙스).
* 아리스토파네스, 『벌』 625(바실레우스); 『새』 514(바실레우스: '현재의 바실레우스'ὁ νῦν βασιλεύων 제우스), 515, 568(바실레우스); 『리시스트라타』 940(데스포테스); 『개구리』 1278(바실레우스); 『구름』 563-564('신들의

티라노스'θεῶν τύραννος).

* 크세노폰, 『아나바시스』 3.1.12, 6.1.22, 7.6.44.
* 플라톤, 『알키비아데스 II』 143A(바실레우스).
* 데모스테네스, 35.40(아낙스).
* 아리스토텔레스, 『정치학』 1.5.2(바실레우스: '그들 모두(신과 인간들)의 바실레우스'βασιλεύς τούτων ἀπάντων).

◆ 헬레니즘 시대 자료
* 리코프론, 『알렉산드라』 691(팔미스).
* 칼리마코스 찬가, 1.2, 1.8(아낙스).
* 아폴로니오스, 『아르고나우티카』 1.242, 1.731(아낙스).
* 디오도로스, 5.72.2(바실레우스: '최고의 바실레우스'ὕπατος βασιλεύς), 15.53.4(바실레우스).

(참고) 호메로스, 『일리아스』 2.669(신과 인간들을 '지배하는'ἀνάσσει 제우스), 4.61, 18.366(당신(제우스)은 모든 신들을 '지배한다'ἀνάσσεις), 12.241-242(모든 인간과 신들을 '지배하는'ἀνάσσει 제우스); 『오디세이아』 20.112(신과 인간들을 '지배하는'ἀνάσσεις 당신(제우스)), 9.552, 13.25('모두를 지배하는 자'ὃς πᾶσιν ἀνάσσει).

(참고) 헤시오도스, 『신통기』 491('불멸의 존재들을 지배'ἐν ἀθανάτοισι ἀνάξειν), 892-893(βασιληὶς τιμή, 모든 신들에 대한 '제왕의 권력'); 『방패』 328(신들을 '지배하는'ἀνάσσων 제우스).

(참고) 테오그니스, Elegiac Poems, Book 1.803(신과 인간을 '지배하는' ἀνάσσει 제우스)(Edmonds I).

(참고) 핀다로스, 『올림피아 송가』 13.24(올림피아를 '지배하는'ἀνάσσων).

(참고) 소포클레스, 『엘렉트라』 176(모든 것을 주시하고 '지배하는'κρατύνει 제우스).

(참고) 에우리피데스, 『이온』 446(하늘을 '지배하는'κρατεῖ 제우스).

(참고) 아리스토파네스, 『플루토스』 124(제우스의 '티라니스'(τυραννις, '통치')).

(참고) 이소크라테스, 10.59(모두의 '크라톤'(ὁ κρατῶν, '지배자')), 3.26(신들이 제우스의 '지배를 받음'βασιλεύεσθαι).

(참고) 디오도로스, 5.71.6(제우스의 '바실레이아'(βασίλεια, '왕권')).

(참고) 호메로스 찬가, 4.2(킬레네와 아르카디아의 '메데온' 헤르메스)(헤르메스에게 사용).

② 지도자: '세만토르'(σημάντωρ, '지도자'), '하게토르'(ἁγήτωρ, '지도자'), '아
리스타르코스'(ἀρίσταρχος, '최고의 지도자'), '헤게몬'(ἡγεμών, '지도자'),
'아르케고스'(ἀρχηγός, '우두머리, 창시자'), '판타르코스'(πάνταρχος, '총지
도자'), 아게토르(ἁγήτωρ, '지도자')

◆ 상고기 자료
* 헤시오도스, 『여인명부』 fr.2; 『방패』 56('모든 신들의 세만토르'θεῶν
σημάντωρ πάντων).
* 테르판드로스, fr.3(모두의 '하게토르').
* 호메로스 찬가, 4.367('모든 신들의 세만토르'θεῶν σημάντωρ πάντων).
* 시모니데스, Fragments, no.614(아리스타르코스).

◆ 고전기 자료
* 핀다로스, 『올림피아 송가』 9.57(올림포스의 '하게몬'ἁγεμών).
* 바킬리데스, 『우승송가』 5.179(신들의 '아르케고스'), 13.58(아리스타르코스).
* 소포클레스, 『콜로노스의 오이디푸스』 1085(신들의 '판타르코스').
* 크세노폰, 『라케다이몬인들의 정체』 13.2(아게토르).
* 플라톤, 『파이드로스』 246E('천상의 위대한 헤게몬'μέγας ἡγεμὼν ἐν
οὐρανῷ).
(참고) 호메로스, 『일리아스』 1.494-495(제우스가 신들을 '이끌었음'
ἦρχε).
(참고) 플라톤, 『향연』 197B(신과 인간들을 '지도함'κυβερνᾶν θεῶν τε καὶ
ἀνθρώπων).
(참고) 호메로스 찬가, 4.14('꿈의 헤게토르(인도자)'ἡγήτωρ ὀνείρων: 헤르
메스).
(참고) 크세노폰, 『키로파이데이아』 3.3.58, 7.1.1, 7.1.10(헤게몬: 페르시아
의 '제우스').

③ '히페르메네스'(ὑπερμενής): '엄청 강력한, 막강한'
◆ 상고기 자료
* 호메로스, 『일리아스』 2.116, 2.350, 2.403, 7.315, 7.481, 8.470, 9.23,
11.727, 13.226, 14.69.
* 헤시오도스, 『신통기』 535; 『방패』 413.

④ '에리스테네스'(ἐρισθενής): '대단히 강력한, 막강한'
◈ 상고기 자료
* 호메로스, 『일리아스』 13.54, 19.355, 21.184; 『오디세이아』 8.289.
* 헤시오도스, 『일과 날들』 416; 『신통기』 4.

⑤ '에우리스테네스'(εὐρυσθενής): '힘이 막강한'
◈ 고전기 자료
* 바킬리데스, 『디티람보스』 19.17.
  (참고) 호메로스, 『일리아스』 7.455, 8.201; 『오디세이아』 13.140; 핀다로
  스, 『올림피아 송가』 13.80(포세이돈).
  (참고) 핀다로스, 『이스트미아 송가』 2.18(아폴론).

⑥ '에우리비아스'(εὐρυβίας): '널리 지배하는, 힘이 막강한'
◈ 고전기 자료
* 바킬리데스, 『우승송가』 11.52.
  (참고) 핀다로스, 『올림피아 송가』 6.58; 『피티아 송가』 2.12(포세이돈).
  (참고) 헤시오도스, 『신통기』 931; 아폴로니오스, 『아르고나우티카』 4.1552
  (트리톤).

⑦ '팡크라테스'(παγκρατής): '전능한'
◈ 고전기 자료
* 아이스킬로스, 『히케티데스』 816; 『테바이를 향한 7인』 255; 『에우메니데
  스』 918.
* 아리스토파네스, 『테스모포리아주사이』 368-369.

(3) 인간사와 만물의 주관자
  ① '소테르'(σωτήρ): '구원자'
  ◈ 상고기 자료
  * 핀다로스, 『이스트미아 송가』 6.8.
  ◈ 고전기 자료
  * 핀다로스, 『올림피아 송가』 5.17.
  * 아이스킬로스, 『히케티데스』 26; 『테바이를 향한 7인』 520; Fragments,
    fr.26.5.

* 에우리피데스, 『미친 헤라클레스』 48, 521-522.
* 아리스토파네스, 『테스모포리아주사이』 1009; 『개구리』 738, 1433; 『에클
  레시아주사이』 761; 『플루토스』 877, 1175, 1186, 1189.
* 크세노폰, 『아나바시스』 1.8.16, 3.2.9, 4.8.25(구원자 제우스에게 감사제
  물), 6.5.25.
* 리시아스, 26.6.
* 이소크라테스, 9.57.
* 플라톤, 『카르미데스』 167A; 『국가』 583B; 『법률』 692A, 960C; 서간
  7.334D, 7.340A.
* 리쿠르고스, 1.17, 136, 137.
* 데모스테네스, 54.1.
* 아리스토텔레스, 『아테네인의 국제』 56.5.
* 사포, Testimonia, no.26.2(기원전 4세기 후반, 디필로스의 저술).
* 데이나르코스, 1.36, 3.15.
◈ 헬레니즘 시대 자료
* 리코프론, 『알렉산드라』 512.
* 아폴로도로스, 『비블리오테케』 2.5.1.
* 디오도로스, 4.3.4, 13.102.2, 14.30.3('소테리오스' (σωτήριος, '구원의').
  (참고) 아이스킬로스, 『아가멤논』 1387(νεκρῶν σωτήρ, '죽은 자들의 구원자',
  제우스).
  (참고) 아리스토텔레스 위서, 『우주론』 401 a24(서기 1~2세기 추정).
  (참고) 헤로도토스, 『역사』 7.192, 193(포세이돈에게 사용).
  (참고) 아이스킬로스, 『아가멤논』 512; 데모스테네스, 43.66(아폴론에게
  사용).
  (참고) 아이스킬로스, 『제주를 바치는 여인들』 2(헤르메스에게 사용).

② '엘레우테리오스' (ἐλευθέριος): '해방자'
◈ 고전기 자료
* 핀다로스, 『올림피아 송가』 12.1.
* 에우리피데스, 『레소스』 358-359.
* 헤로도토스, 『역사』 3.142.
* 투키디데스, 『역사』 2.71.2.
* 크세노폰, 『경제학』 7.1.

* 플라톤, 『테아게스』 121A.
◆ 헬레니즘 시대 자료
* 디오도로스, 11.72.2.
　(참고) 시모니데스, Inscriptions, XV.3(플루타르코스, 『아리스테이데스 전』
　19.7. 저자 불명).
　(참고) 아리스토텔레스 위서, 『우주론』 401 a24(서기 1~2세기 추정).

③ '클라리오스'(Κλάριος): '분배하는, 분배자'
◆ 고전기 자료
* 아이스킬로스, 『히케티데스』 360.
◆ 헬레니즘 시대 자료
　(참고) 파우사니아스, 8.53.9(서기 2세기).

④ '텔레이오스'(τέλειος): '실현시키는, 소원을 들어주는, 완성하는, 전능한, 결
　혼(식)의')
◆ 고전기 자료
* 핀다로스, 『올림피아 송가』 13.115; 『피티아 송가』 1.67.
* 아이스킬로스, 『아가멤논』 973; 『에우메니데스』 28; 『히케티데스』 526.
◆ 헬레니즘 시대 자료
* 디오도로스, 5.73.2.
　(참고) 핀다로스, 『네메아 송가』 10.18; 아이스킬로스, 『에우메니데스』 214;
　아리스토파네스, 『테스모포리아주사이』 973('결혼(식)의' 헤라); 디오도로
　스, 5.73.2('완성자' 헤라).
　(참고) 테오크리토스, Poems, XXV.22(아폴론).
　(참고) 아이스킬로스, 『테바이를 향한 7인』 167(신들 일반).
　(참고) 아리스토텔레스 위서, 『우주론』 401 a23('팔람나이오스'παλαμναῖος,
　'보복자')(서기 1~2세기 추정).

⑤ '트로파이오스'(τροπαῖος): '상황을 변화시키는, 승리를 가져다주는'
◆ 고전기 자료
* 소포클레스, 『안티고네』 143; 『트라키니아이』 303.
* 에우리피데스, 『헤라클레이다이』 867, 937.
　(참고) 아리스토텔레스 위서, 『우주론』 401 a22('트로파이우코스'

(τροπαιοῦχος, '전리품(전승물)을 가지는'))(서기 1~2세기 추정).
(참고) 플루타르코스 위서, Parallela Minora, 3(트로파이우코스)(시기 불명).

⑥ '아고니오스'(ἀγώνιος): '경연의, 싸움의'
◆ 고전기 자료
* 소포클레스,『트라키니아이』26.
(참고) 핀다로스,『이스트미아 송가』1.60(아고니오스 헤르메스);『올림피아
송가』6.79(경기를 주관하는 헤르메스).

⑦ '스트라티오스'(στράτιος): '전쟁의, 군대의'
◆ 고전기 자료
* 헤로도토스,『역사』5.119.
(참고) 아리스토텔레스 위서,『우주론』401 a22(서기 1~2세기 추정).

⑧ '에폽시오스'(ἐπόψιος): '주시하는(바라보는)'
◆ 헬레니즘 시대 자료
* 아폴로니오스,『아르고나우티카』2.1123, 1133.
* 칼리마코스 찬가, 1.82-83(지배자들을 주시하는 제우스).
(참고) SIG 1264(이타노스, 기원전 4세기 추정).
(참고) 호메로스 찬가, 3.495-496(아폴론 에폽시오스의 제단).
(참고) 파우사니아스(서기 2세기).

⑨ '나이오스'(νάιος): '선박의, 물의'
◆ 고전기 자료
* 데모스테네스, 21.53.

(4) 천신(天神)
① '힙시메돈'(ὑψιμέδων): '높은 곳의 지배자'
◆ 상고기 자료
* 헤시오도스,『신통기』529.
◆ 고전기 자료
* 바킬리데스,『우승송가』1.1-2;『디티람보스』15.51.
* 아리스토파네스,『구름』563.

② '힙시지고스'(ὑψίζυγος): '높은 곳에 앉아 있는'
◆ 상고기 자료
* 호메로스,『일리아스』7.69, 11.544, 18.185, 4.166(ὑψίζυγος αἰθέρι ναίων).
* 헤시오도스,『신통기』929j;『일과 날들』18(힙시지고스: ὑψίζυγος αἰθέρι ναίων).
◆ 고전기 자료
* 바킬리데스,『우승송가』1.156; Fragments, fr.20D.9.

③ '아이트리오스'(αἴθριος): '창공의'
◆ 상고기 자료
* 헤라클레이토스, Fragments, fr.120.
◆ 헬레니즘 시대 자료
* 테오프라스토스,『식물의 근원』5.12.2.
* 테오크리토스, Poems, IV.43.
　(참고) 아리스토텔레스 위서,『우주론』401 a17(서기 1∼2세기 추정).
　(참고) 스트라본,『지리지』1.1.6(기원전 64년경∼서기 21년경).
　(참고) 아리스토파네스,『구름』380('아이테리오스 디노스'(αἰθέριος Δῖνος, '천상의 디노스')).
　(참고) 아리스토텔레스 위서,『우주론』401 a17(아이테리오스)(서기 1∼2세기 추정).

④ '우라니오스'(οὐράνιος): '하늘의, 천상의'
◆ 고전기 자료
* 핀다로스, Paeans, 20.9.
* 헤로도토스,『역사』6.56.
◆ 헬레니즘 시대 자료
* 칼리마코스 찬가, 1.55;『경구집』52.3.
* 디오도로스, 1.15.3(우라니오스 제우스: 이집트의 제우스).
　(참고) 아리스토텔레스 위서,『우주론』401 a25(서기 1∼2세기 추정).
　(참고) 핀다로스, Fragments, fr.30.1; 소포클레스,『엘렉트라』1064(우라니아 테미스).
　(참고) 핀다로스, Fragments, fr.122.4-5(우라니아 아프로디테); 플라톤,『향연』181C(우라니아: 아프로디테); 헤로도토스,『역사』1.105, 1.131,

4.59(우라니아 아프로디테: 외국의 아프로디테).
(참고) 에우리피데스,『히폴리토스』59(우라니아 아르테미스).

(5) 천둥과 번개의 신
① '아스테로페테스'(ἀστεροπητής): '번개를 날리는 자'
◈ 상고기 자료
* 호메로스,『일리아스』1.580, 1.609, 7.443, 12.275.
* 헤시오도스,『신통기』390.
◈ 고전기 자료
* 소포클레스,『필록테테스』1198.
(참고) 아리스토텔레스 위서,『우주론』401 a16('아스트라파이오스'
ἀστραπαῖος, '번개의, 번개를 수반한')(서기 1~2세기 추정).
(참고) 스트라본,『지리지』9.2.11(아스트라파이오스)(기원전 64년경~서
기 21년경).

② '스테로페게레테스'(στεροπηγερέτης): '번개를 일으키는 자'
◈ 상고기 자료
* 호메로스,『일리아스』16.298.

③ '아르기케라우노스'(ἀργικέραυνος): '번쩍이는 번개를 휘두르는 자'
◈ 상고기 자료
* 호메로스,『일리아스』19.121, 20.16, 22.178.
◈ 고전기 자료
* 핀다로스,『올림피아 송가』8.3.
* 바킬리데스,『우승송가』5.58-59; Fragments, fr.65.a12.

④ '힙시브레메테스'(ὑψιβρεμέτης): '높은 데서 소리(천둥)를 울리는 자'
◈ 상고기 자료
* 호메로스,『일리아스』1.354, 12.68, 14.54, 16.121;『오디세이아』5.4,
23.331.
* 헤시오도스,『일과 날들』8;『신통기』568, 601;『여인명부』fr.68B.4.
* 호메로스 찬가, 4.329.
◈ 고전기 자료

* 아리스토파네스, 『리시스트라타』 773.
  (참고) 파우사니아스, 10.9.11 (서기 2세기).

⑤ '에리브레메테스'(ἐριβρεμέτης): '우렁차게 소리(천둥)를 울리는 자'
◈ 상고기 자료
* 호메로스, 『일리아스』 13.624.

⑥ '포이니코스테로파스'(φοινικοστερόπας): '새빨간 번개를 던지는 자'
◈ 고전기 자료
* 핀다로스, 『올림피아 송가』 9.6.
* 바킬리데스, 『우승송가』 12.40.

⑦ '아이올로브론테스'(αἰολοβρόντης): '천둥을 부리는 자'
◈ 고전기 자료
* 핀다로스, 『올림피아 송가』 9.42.

⑧ 아르기브렌타스(ἀργιβρέντας): '번쩍이는 번개를 부리는 자'
◈ 고전기 자료
* 핀다로스, Paeans, 12.9.

⑨ '아낙시브렌타스'(ἀναξιβρέντας): '천둥의 지배자'
◈ 고전기 자료
* 바킬리데스, 『디티람보스』 17.66.

⑩ '바리브레메테스'(βαρυβρεμέτης): '우렁차게 소리(천둥)를 울리는 자'
◈ 고전기 자료
* 소포클레스, 『안티고네』 1116.

⑪ '카타이바테스'(καταιβάτης): '하강하는, 천둥번개 속에서 하강하는 자'
◈ 고전기 자료
* 아리스토파네스, 『평화』 42.
◈ 헬레니즘 시대 자료
* 리코프론, 『알렉산드라』 1370.

(참고) 파우사니아스, 5.14.10(서기 2세기).

⑫ '공길라테스'(Γογγυλάτης): '불덩이를 던지는 자'
◆ 헬레니즘 시대 자료
* 리코프론, 『알렉산드라』 435('공길라테스' '불라이오스' '밀레우스').

⑬ '테르피케라우노스'(τερπικέραυνος): '천둥번개를 즐기는'
◆ 상고기 자료
* 호메로스, 『일리아스』 1.419, 2.478, 2.781, 8.2, 11.773, 12.252, 16.232,
  24.529; 『오디세이아』 7.164, 7.180, 14.268, 17.437, 19.365, 20.75,
  24.24.
* 헤시오도스, 『일과 날들』 52; 『여인명부』 fr.3.3.
* 호메로스 찬가, 2.485, 3.5, 5.36.
◆ 헬레니즘 시대 자료
* 디오도로스, 3.66.3.

⑭ '에릭두포스'(ἐρίγδουπος): '우렁차게 소리(천둥)를 울리는'
◆ 상고기 자료
* 호메로스, 『일리아스』 5.672, 7.411, 10.329; 12.235, 13.154, 15.293,
  16.88; 『오디세이아』 8.465, 15.112, 15.180.
* 헤시오도스, 『신통기』 41.
  (참고) 호메로스 찬가, 12.3(시기 불명).

⑮ '에리스마라고스'(ἐρισμάραγος): '우렁차게 소리(천둥)를 울리는'
◆ 상고기 자료
* 헤시오도스, 『신통기』 815.

⑯ '바릭티포스'(βαρύκτυπος): '우렁차게 소리(천둥)를 울리는'
◆ 상고기 자료
* 헤시오도스, 『일과 날들』 79; 『신통기』 388; 『방패』 318.
* 세모니데스, Fragments, fr.1.1.
* 호메로스 찬가, 2.3, 2.334, 2.441, 2.460.
  (참고) 헤시오도스, 『신통기』 818(바릭티포스βαρύκτυπος Ἐννοσίγαιος: 포세

이돈).

(참고) 핀다로스, 『올림피아 송가』 1.72 (바릭티포스βαρύκτυπος Εὐτρίαινα: 포세이돈); 『네메아 송가』 4.87; Paeans, 4.41 (바릭티포스: 포세이돈).

⑰ '에릭티포스'(ἐρίκτυπος): '우렁차게 소리(천둥)를 울리는'
◆ 상고기 자료
* 헤시오도스, 『여인명부』 fr.40A.19.
* 아르킬로코스, Fragments, fr.94.2.
  (참고) 헤시오도스, 『신통기』 441, 456, 930 (에릭티포스ἐρίκτυπος Ἐννοσίγαιος: 포세이돈).

⑱ '바리스파라고스'(βαρυσφάραγος): '큰소리를 내는'
◆ 고전기 자료
* 핀다로스, 『이스트미아 송가』 8.23.

⑲ '엥케이케라우노스'(ἐγχεικέραυνος): '천둥번개를 날리는'
◆ 고전기 자료
* 핀다로스, 『올림피아 송가』 13.77; 『피티아 송가』 4.194.

⑳ '바릭두포스'(βαρύγδουπος): '우렁차게 소리(천둥)를 울리는'
◆ 고전기 자료
* 핀다로스, 『올림피아 송가』 6.81, 8.44.

㉑ '오르식티포스'(ὀρσίκτυπος): '굉음(천둥)을 일으키는'
◆ 고전기 자료
* 핀다로스, 『올림피아 송가』 10.81.

㉒ '케라우넹케스'(κεραυνεγχής): '천둥번개를 날리는'
◆ 고전기 자료
* 바킬리데스, 『우승송가』 8.26.
  (참고) 아리스토텔레스 위서, 『우주론』 401 a17 ('케라우니오스'(κεραύνιος, '천둥번개의')(서기 1~2세기 추정).

㉓ '케라우노비아스'(κεραυνοβίας): '천둥번개로 막강한'
◈ 고전기 자료
* 바킬리데스, Fragments, fr.20E.7.

㉔ '에리스파라고스'(ἐρισφάραγος): '크게 고함치는'
◈ 고전기 자료
* 바킬리데스, 『우승송가』 5.20.
 (참고) 호메로스 찬가, 4.187('에리스파라고스': 포세이돈)(상고기).

㉕ '피르포로스'(πυρφόρος): '불을 수반한, 불을 지닌'
◈ 고전기 자료
* 소포클레스, 『필록테테스』 1198(피르포로스 아스테로페테스(=제우스)).
 (참고) 에우리피데스, 『히케티데스』 260-261; 『포이니사이』 687-688(데
 메테르에게 사용).
 (참고) 소포클레스, 『콜로노스의 오이디푸스』 55-56(피르포로스 테오스 티
 탄 프로메테우스).

(6) 구름과 비의 신
 ① '네펠레게레타'(νεφεληγερέτα): '구름을 모으는 자'
 ◈ 상고기 자료
 * 호메로스, 『일리아스』 1.511, 1.517, 1.560, 4.30, 5.631, 5.736, 5.764,
  5.888, 7.280, 7.454, 8.38, 8.387, 8.469, 10.552, 11.318, 14.293,
  14.312, 14.341, 15.154, 15.220, 16.666, 17.198, 20.10, 20.19,
  20.215, 21.499, 22.182, 24.64; 『오디세이아』 1.63, 5.21, 9.67, 12.313,
  12.384, 13.139, 13.153, 24.477.
 * 헤시오도스, 『신통기』 558, 730, 944; 『일과 날들』 53, 99.
 * 호메로스 찬가, 2.78, 3.96, 3.312.
  (참고) 스트라본, 『지리지』 13.1.24(기원전 64년경~서기 21년경).

 ② '켈라이네페스'(κελαινεφής): '검은 구름에 싸인, 검은 구름을 두른'
 ◈ 상고기 자료
 * 호메로스, 『일리아스』 1.397, 2.412, 6.267, 11.78, 15.46, 21.520,
  22.178, 24.290; 『오디세이아』 9.552, 13.25, 13.147.

* 헤시오도스, 『여인명부』 fr.99.22; 『방패』 53.
* 호메로스 찬가, 2.91, 2.316, 2.396, 2.468, 5.220.
◆ 고전기 자료
* 핀다로스, Paeans, 6.55-56, 12.9.
  (참고) 호메로스 찬가, 15.3, 17.4, 33.5(시기불명).

③ '오르시네페스'(ὀρσινεφής): '구름을 일으키는'
◆ 상고기 자료
* 핀다로스, 『네메아 송가』 5.34.

④ '힙시네페스'(ὑψινεφής): '높이 구름 속에 있는'
◆ 고전기 자료
* 핀다로스, 『올림피아 송가』 5.17.

⑤ '에우리네페스'(εὐρυνεφής): '넓은 구름의'
◆ 고전기 자료
* 바킬리데스, 『디티람보스』 16.17.

⑥ '익마이오스'(ἰκμαῖος): '비를 내리는 자'
◆ 헬레니즘 시대 자료
* 아폴로니오스, 『아르고나우티카』 2.522.
  (참고) 아리스토텔레스 위서, 『우주론』 401 a18('히에티오스'(ὑέτιος, '비의,
  비를 내리게 하는'))(서기 1~2세기 추정).
  (참고) 파우사니아스, 2.19.8(히에티오스)(서기 2세기).

⑦ 옴브리오스(ὄμβριος): '비의, 우천의'
◆ 헬레니즘 시대 자료
* 리코프론, 『알렉산드라』 160.
  (참고) 파우사니아스, 1.32.2(서기 2세기).

(7) 국가제도의 신
  ① '폴리우코스'(Πολιοῦχος): '국가(도시)를 보호하는'
◆ 고전기 자료

* 플라톤,『법률』921C(폴리우코스 제우스).
  (참고) 헤로도토스,『역사』1.160; 아리스토파네스,『구름』602(폴리우코스 아테나);『기사』581; 핀다로스,『올림피아 송가』5.10(폴리우코스 팔라스: 아테나).
  (참고) 아폴로니오스,『아르고나우티카』1.312(폴리우코스 아르테미스).
  (참고) 아리스토텔레스 위서,『우주론』401 a25(서기 1~2세기 추정).
  (참고) 아리스토텔레스 위서,『우주론』401 a20('폴리에우스'(πολιεύς, '국가(도시)를 수호하는') 제우스)(서기 1~2세기 추정).
  (참고) 파우사니아스, 1.24.4, 1.28.10(폴리에우스 제우스)(서기 2세기).

② '아고라이오스'(ἀγοραῖος): '아고라의, 민회의'
◆ 고전기 자료
* 아이스킬로스,『에우메니데스』973.
* 에우리피데스,『헤라클레이다이』70.
* 헤로도토스,『역사』5.46.
* 아리스토파네스,『기사』410, 500.
  (참고) 아리스토파네스,『기사』297(아고라이오스 헤르메스).
  (참고) 파우사니아스, 3.11.9, 5.15.4, 9.25.4(아고라이오스 제우스), 1.15.1, 2.9.8, 3.11.11, 7.22.2, 9.17.2(아고라이오스 헤르메스)(서기 2세기).

③ '불라이오스'(Βουλαῖος): '협의회의, 협의회를 관장하는'
◆ 고전기 자료
* 안티폰, 6.45.
◆ 헬레니즘 시대 자료
* 리코프론,『알렉산드라』435.
  (참고) 파우사니아스, 1.3.5(아테네 협의회관 안의 '불라이오스 제우스'의 목상)(서기 2세기).

(8) 사회집단의 신: 부족, 프라트리아, 친족
① '호모필로스'(ὁμόφυλος): '같은 부족의, 동족의'
◆ 고전기 자료
* 플라톤,『법률』843A.

② '프라트리오스'(φράτριος): '프라트리아의'
◆ 고전기 자료
* 플라톤, 『에우티데모스』, 302D(제우스 프라트리오스, 아테나 프라트리아).
* 데모스테네스, 43.14.

③ '게네토르'(γεννήτωρ): '친족의 조상, 선조, 아버지'
◆ 고전기 자료
* 아이스킬로스, 『히케티데스』 206.
* 에우리피데스, 『히폴리토스』 683.

④ '시나이모스'(σύναιμος): '동일한 혈족(친족)의'
◆ 고전기 자료
* 소포클레스, 『안티고네』 658-659.

⑤ '호모그니오스'(ὁμόγνιος): '같은 게노스(씨족)의'
◆ 고전기 자료
* 에우리피데스, 『안드로마케』 921.
* 아리스토파네스, 『개구리』 750.
* 플라톤, 『법률』 881D.
  (참고) 아리스토텔레스 위서, 『우주론』 401 a21(서기 1~2세기 추정).

⑥ '파트로이오스'(πατρῷος), '아버지의, 아버지에게서 유래한'
◆ 고전기 자료
* 아이스킬로스, Fragments, fr.83.2-3(H. Loyd-Jones)(=플라톤, 『국가』 391E)
  (이데산에 있는 파트로이오스 제우스의 제단: 탄탈로스 가문의 조상신).
* 소포클레스, 『트라키니아이』 288, 753(헤라클레스의 조상신).
* 에우리피데스, 『엘렉트라』 671(오레스테스의 조상신).
* 아리스토파네스, 『구름』 1468-1469(부권의 신).
* 크세노폰, 『키로파이데이아』 1.6.1, 3.3.22, 7.1.1, 8.7.3(키로스의 조상신).
* 플라톤, 『법률』 881D(부권의 신); 『에우티데모스』 302B-C; 『국가』 391E.
◆ 헬레니즘 시대 자료
* 아폴로도로스, 『비블리오테케』 2.8.4(헤라클레스 자손들의 조상신).
  (참고) 아리스토텔레스 위서, 『우주론』 401 a21(서기 1~2세기 추정).

⑦ ‘게네틀리오스’(γενέθλιος): ‘친족(가족)의’
◈ 고전기 자료
* 핀다로스, 『올림피아 송가』8.16; 『피티아 송가』4.167.
   (참고) 아리스토텔레스 위서, 『우주론』401 a21(서기 1~2세기 추정).
   (참고) 아폴로니오스, 『아르고나우티카』2.3(게네틀리오스 포세이돈).

⑧ ‘헤르케이오스’(ἑρκεῖος): ‘경내(境內)의, 마당의’
◈ 상고기 자료
* 호메로스, 『오디세이아』22.335.
* 『일리온 함락』1.19.
◈ 고전기 자료
* 핀다로스, Paeans, 6.114(‘헤르케이오스의 제단’ἑρκεῖος βωμός).
* 소포클레스, 『안티고네』487.
* 에우리피데스, 『트로이아데스』17.
* 헤로도토스, 『역사』6.68.
* 플라톤, 『에우티데모스』, 302D.
* 데모스테네스, 57.67.
* 아리스토텔레스, 『아테네인의 국제』55.3.
◈ 헬레니즘 시대 자료
* 아폴로도로스, 『개요』5.21.
   (참고) 파우사니아스, 4.17.4(서기 2세기).
   (참고) 아리스토텔레스 위서, 『우주론』401 a20(서기 1~2세기 추정).

⑨ ‘크테시오스’(κτήσιος): ‘집의, 가산(家産)의’
◈ 고전기 자료
* 아이스킬로스, 『히케티데스』445; 『아가멤논』1038(크테시오스의 제단).
* 안티폰, 1.16.
* 데모스테네스, 21.53.

⑩ ‘시네스티오스’(συνέστιος): ‘화로를 함께 쓰는’
◈ 고전기 자료
* 아이스킬로스, 『아가멤논』703.

⑪ '에피스티오스'(ἐπίστιος): '화로의, 가정의'

◈ 고전기 자료

* 소포클레스, 『아이아스』 492.
* 헤로도토스, 『역사』 1.44.

(9) 사회질서의 신: 우애, 서약

① '헤타이레이오스'(ἑταιρεῖος): '동료의, 친구의'

◈ 고전기 자료

* 헤로도토스, 『역사』 1.44.
  (참고) 디온 크리소스토무스, 1.39(서기 1세기).
  (참고) 아리스토텔레스 위서, 『우주론』 401 a22(서기 1~2세기 추정).

② '필리오스'(φίλιος): '친구의, 우애의, 우호적인'

◈ 고전기 자료

* 아리스토파네스, 『아카르니아인』 730.
* 플라톤, 『파이드로스』 234E; 『에우티프론』 6B; 『고르기아스』 500B, 519E.
  (참고) 아리스토텔레스 위서, 『우주론』 401 a22(서기 1~2세기 추정).

③ '호르키오스'(ὅρκιος): '서약의, 서약에 관한'

◈ 고전기 자료

* 소포클레스, 『필록테테스』 1324.
* 에우리피데스, 『히폴리토스』 1025.

◈ 헬레니즘 시대 자료

* 아폴로니오스, 『아르고나우티카』 4.95.

(10) 약자들의 보호자: 외국인, 빈객, 탄원자, 정화 대상자, 도망자의 신

① '크세이니오스'(ξείνιος, 혹은 '크세니오스'ξένιος): '외국인(혹은 빈객)의, 외국인(혹은 빈객)을 보호하는'

◈ 상고기 자료

* 호메로스, 『일리아스』 13.624-625; 『오디세이아』 9.270-271(탄원자와 외국인을 위한 보복자, 크세이니오스), 14.283-284, 14.389.

◈ 고전기 자료

* 핀다로스, 『올림피아 송가』 8.21; 『네메아 송가』 5.33, 11.8.

* 아이스킬로스, 『히케티데스』 627, 671-672; 『아가멤논』 61-62, 362, 748.
* 에우리피데스, 『키클롭스』 354.
* 크세노폰, 『아나바시스』 3.2.4.
* 플라톤, 『법률』 730A, 843A, 953E; 서간 7.329B.
◆ 헬레니즘 시대 자료
* 아폴로니오스, 『아르고나우티카』 2.1132, 3.193.
  (참고) 아리스토텔레스 위서, 『우주론』 401 a22(서기 1~2세기 추정).

② '에욱세이노스'(εὔξεινος): '환대의'
◆ 헬레니즘 시대 자료
* 아폴로니오스, 『아르고나우티카』 2.378.

③ '히케테시오스'(ἱκετήσιος), '탄원자의, 탄원자를 위하는'
◆ 상고기 자료
* 호메로스, 『오디세이아』 13.213.

④ '히케시오스'(ἱκέσιος): '탄원자의, 탄원자를 위하는'
◆ 고전기 자료
* 아이스킬로스, 『히케티데스』 347, 616.
* 소포클레스, 『필록테테스』 484.
◆ 헬레니즘 시대 자료
* 아폴로니오스, 『아르고나우티카』 2.215, 2.1132, 4.358, 4.700.
  (참고) 아리스토텔레스 위서, 『우주론』 401 a23(서기 1~2세기 추정).
  (참고) 아이스킬로스, 『히케티데스』 360(히케시아 테미스).

⑤ '힉타이오스'(ἱκταῖος): '탄원자의'
◆ 고전기 자료
* 아이스킬로스, 『히케티데스』 385.

⑥ '카타르시오스'(καθάρσιος): '정화의, 정화를 위한'
◆ 고전기 자료
* 헤로도토스, 『역사』 1.44.
◆ 헬레니즘 시대 자료

* 아폴로니오스,『아르고나우티카』4.708-709.
　(참고) 파우사니아스, 5.14.8(서기 2세기).
　(참고) 아리스토텔레스 위서,『우주론』401 a23(서기 1~2세기 추정).

⑦ '픽시오스'(φύξιος): '도망의, 추방의'
◈ 헬레니즘 시대 자료
* 리코프론,『알렉산드라』288.
* 아폴로니오스,『아르고나우티카』2.1147, 4.119.
* 아폴로도로스,『비블리오테케』1.7.2, 1.9.1.
　(참고) 파우사니아스, 2.21.2, 3.17.9(서기 2세기).

(11) 신탁과 조언의 신
① '파놈파이오스'(πανομφαῖος): '모든 신탁을 내리는 자'
◈ 상고기 자료
* 호메로스,『일리아스』8.250.
* 헤시오도스,『여인명부』fr.40A.12.
　(참고) 시모니데스, Inscriptions, LXI.2(기원전 3세기 비문. 저자 불확실: 파
　놈파이오스 제우스).

② '에우리오파'(εὐρύοπα): '멀리 내다보는 자' '소리가 넓게 울리는 자'
◈ 상고기 자료
* 호메로스,『일리아스』1.498, 5.265, 8.206, 8.442, 9.419, 9.686, 13.732,
　14.203, 14.265, 15.152, 15.724, 16.241, 17.545, 24.98, 24.296,
　24.331;『오디세이아』2.146, 3.288, 4.173, 11.436, 14.235, 17.322,
　24.544.
* 헤시오도스,『일과 날들』169c, 229, 239, 281;『신통기』514, 884;『여인
　명부』fr.58.8.
* 호메로스 찬가, 2.3, 2.334, 2.441, 2.460, 3.339, 4.540
◈ 고전기 자료
* 핀다로스, Paeans, 6.134, 8a.15.
* 헤로도토스,『역사』7.141, 8.77.
* 플라톤,『법률』777A.
* 아이스키네스, 3.135.

③ '메티에타'(μητίετα): '조언자, 전지자(全知者)'
◆ 상고기 자료
* 호메로스, 『일리아스』 1.175, 1.508, 2.197, 2.324, 6.198, 7.478, 8.170,
  9.377, 10.104, 11.278, 12.279, 12.292, 15.377, 15.599, 16.249,
  24.314; 『오디세이아』 14.243, 16.298, 20.102.
* 헤시오도스, 『신통기』 56, 520, 904, 914; 『일과 날들』 104; 『여인명부』
  fr.19A.15, fr.21; 『방패』 33, 383.
* 호메로스 찬가, 3.205, 4.469, 4.506, 5.202.
◆ 헬레니즘 시대 자료
* 호메로스 찬가, 1.16(헬레니즘 시대 혹은 이전).
  (참고) 호메로스 찬가, 28.4, 16(시기 불명).

④ '히파토스 메스토르'(ὕπατος μήστωρ): '최고의 조언자'
◆ 상고기 자료
* 호메로스, 『일리아스』 8.22, 17.339.

⑤ '에우불레우스'(εὐβουλεύς, '훌륭한(탁월한) 조언자')
◆ 헬레니즘 시대 자료
* 디오도로스, 5.72.2.

⑥ '메티오에이스'(μητιόεις): '전지적인, 지혜롭게 조언하는'
◆ 상고기 자료
* 헤시오도스, 『일과 날들』 51, 273, 769 『신통기』 286, 457.
* 호메로스 찬가, 3.344.
  (참고) 호메로스 찬가, 24.5(시기 불명).

(12) 기타 신성
① '호리오스'(ὅριος): '경계의'
◆ 고전기 자료
* 플라톤, 『법률』 842E.
* 데모스테네스, 7.39, 7.40('호리오스 제우스'의 제단).

2) 성격 및 행적 호칭과 수식어

(1) '메일리키오스'(μειλίχιός): '인자한, 은혜로운'

  ◈ 고전기 자료

  * 투키디데스,『역사』1.126.6.

  * 크세노폰,『아나바시스』7.8.4.

    (참고) 아리스토텔레스 위서,『우주론』401 a24(서기 1~2세기 추정).

    (참고) 파우사니아스, 1.37.4, 2.9.6, 2.20.1-2(서기 2세기).

3) 형상 호칭과 수식어

(1) '아이기오코스'(αἰγίοχος): '아이기스를 지닌'

  ◈ 상고기 자료

  * 호메로스,『일리아스』1.202, 1.222, 2.157, 2.348, 2.375, 2.491, 2.598, 2.787, 3.426, 5.115, 5.396, 5.635, 5.693, 5.714, 5.733, 5.742, 5.815, 6.420, 7.60, 8.287, 8.352, 8.375, 8.384, 8.427, 10.278, 10.553, 11.66, 12.209, 13.825, 14.160, 14.252, 15.175, 15.242, 15.379, 17.176, 21.420, 22.221;『오디세이아』3.42, 3.394, 4.752, 4.762, 5.103, 5.137, 6.105, 6.324, 9.154, 9.275, 13.252, 13.371, 15.245, 16.320, 24.164, 24.529, 24.547.

  * 헤시오도스,『신통기』11, 13, 25, 52, 735, 920, 966, 1022;『일과 날들』99, 483, 661;『방패』322, 443.

  * 알카이오스, fr.343.

  * 호메로스 찬가, 4.183, 4.396, 4.551, 5.8, 5.23, 5.27, 5.187.

  ◈ 고전기 자료

  * 핀다로스,『이스트미아 송가』4.58.

  ◈ 헬레니즘 시대 자료

  * 테오크리토스, Poems, XXII.1, XXVI.31.

  * 모스코스, II.15.

  * 디오도로스, 5.70.6, 7.16.1.

    (참고) 호메로스 찬가, 28.7, 28.17(시기 불명).

(2) '파나이오스'(φαναῖος): '빛나는, 빛을 발하는'

  ◈ 고전기 자료

  * 에우리피데스,『레소스』355.

4) 인명 및 지명 호칭과 수식어

(1) '크로니온'(Κρονίων, '크로노스의 아들'): 이 책의 556쪽 참조

(2) '크로니데스'(Κρονίδης, '크로노스의 아들'): 이 책의 556~57쪽 참조

(3) '펠라스기코스'(Πελασγικός): '펠라스고스인의'
   ◆ 상고기 자료
   * 호메로스, 『일리아스』 16.233.
     (참고) 스트라본, 『지리지』 5.2.4, 7.7.10(기원전 64년경~서기 21년경).

(4) '이다이오스'(Ἰδαῖος): '이다(산)의'
   ◆ 상고기 자료
   * 호메로스, 『일리아스』 16.605, 24.291.

(5) '올림피오스'(Ολύμπιος): '올림포스의, 올림포스에 거주하는'
   ◆ 상고기 자료
   * 호메로스, 『일리아스』 1.353, 1.580, 1.583, 1.589, 1.609, 2.309, 4.160,
     8.335, 12.275, 13.58, 15.375, 19.108, 24.175; 『오디세이아』 1.27,
     1.60, 2.68, 4.173, 4.722, 6.188, 15.523.
   * 헤시오도스, 『신통기』 390, 529, 884; 『일과 날들』 87, 245, 474; 『여인명
     부』 fr.58.8.
   * 솔론, Elegies, no.13.1 (Edmonds I).
   * 테오그니스, Elegiac Poems, Book 1.341, 1.851 (Edmonds I).
   ◆ 고전기 자료
   * 핀다로스, 『올림피아 송가』 9.57, 14.12; Paeans, 6.1.
   * 바킬리데스, 『우승송가』 5.179.
   * 소포클레스, 『트라키니아이』 275.
   * 에우리피데스, 『엘렉트라』 782.
   * 헤로도토스, 『역사』 2.7, 7.141, 1.65.
   * 투키디데스, 『역사』 2.15.4, 3.14.1, 5.31.2, 5.50.1 (Ολύμπιος), 6.64.1,
     6.65.3(Ολύμπιειον: '올림피오스 제우스'의 신전).
   * 아리스토파네스, 『새』 130.
   * 크세노폰, 『헬레니카』 3.2.26, 3.2.31.

* 플라톤,『국가』583B.
* 아리스토텔레스,『정치학』5.9.4.
◆ 헬레니즘 시대 자료
* 아폴로니오스,『아르고나우티카』4.95.
* 디오도로스, 16.57.3, 16.70.6.
(참고) 핀다로스,『이스트미아 송가』2.27, 6.8('올림피오스': '올림피아의')

(6) '도도나이오스'(Δωδωναῖος): '도도나의'
◆ 상고기 자료
* 호메로스,『일리아스』16.233.
◆ 고전기 자료
* 플라톤,『파이드로스』275B.
* 데모스테네스, 서간 1.16, 4.3.
* 히페레이데스, 4.24.
* 데이나르코스, 1.78.

(7) '헬라니오스'(Ἑλλάνιος, 혹은 헬레니오스Ἑλλήνιος): '그리스의, 그리스를 보호하는'
◆ 상고기 자료
* 핀다로스,『네메아 송가』5.10(아버지 헬라니오스).
◆ 고전기 자료
* 핀다로스, Paeans, 6.125-126.
* 헤로도토스,『역사』9.7.
* 아리스토파네스,『기사』1253.
(참고) 에우리피데스,『히폴리토스』1121(헬라니아 아테나).

(8) '네메이오스(Νέμειος): '네메아의'
◆ 고전기 자료
* 핀다로스,『네메아 송가』2.4-5.
* 바킬리데스,『우승송가』9.4-5, 12.41.
* 투키디데스,『역사』3.96.1.

(9) '리카이오스'(Λυκαῖος): '리카이오스의'
 ◈ 고전기 자료
 * 핀다로스, 『올림피아 송가』 9.96, 13.108.
 * 에우리피데스, 『엘렉트라』 1274.
 * 헤로도토스, 『역사』 4.203.
 * 플라톤, 『국가』 565D.
 ◈ 헬레니즘 시대 자료
 * 칼리마코스 찬가, 1.4.
    (참고) 크세노폰, 『아나바시스』 1.2.10(리카이아 제전τὰ Λύκαια).

(10) '아이트나이오스'(Αἰτναῖος): '아이트네의'
 ◈ 고전기 자료
 * 핀다로스, 『올림피아 송가』 6.96; 『네메아 송가』 1.6.

(11) '케나이오스'(Κηναῖος): '케나이온의'
 ◈ 고전기 자료
 * 바킬리데스, 『디티람보스』 16.17-18.
 * 소포클레스, 『트라키니아이』 238.
 ◈ 헬레니즘 시대 자료
 * 아폴로도로스, 『비블리오테케』 2.7.7.

(12) '이토메테스'(Ἰθωμήτης): '이토메의'
 ◈ 고전기 자료
 * 투키디데스, 『역사』 1.103.2.
    (참고) 파우사니아스, 3.26.6, 4.12.7-8, 4.13.1, 4.19.3, 4.24.7, 4.27.6,
    4.33.1-2(이토메테스 제우스), 4.20.4('이토메를 보유한 제우스'Δία Ἰθώμην
    ἔχοντα)(서기 2세기).

(13) '아이티옵스'(Αἰθίοψ): '에티오피아인, 에티오피아의, 달아오른, 검은'
 ◈ 헬레니즘 시대 자료
 * 리코프론, 『알렉산드라』 537.

(14) '딕타이오스'(Δικταῖος): '딕테(산)의'
  ◈ 헬레니즘 시대 자료
  * 칼리마코스 찬가, 1.4.
    (참고) 스트라본, 『지리지』 104.6, 12(기원전 64년경~서기 21년경).

(15) '키나이테우스'(Κυναιθεύς): '키나이타의'
  ◈ 헬레니즘 시대 자료
  * 리코프론, 『알렉산드라』 400.

(16) '게네타이오스'(Γενηταῖος): '게네타이아의'
  ◈ 헬레니즘 시대 자료
  * 아폴로니오스, 『아르고나우티카』 2.1009.
    (참고) 아폴로니오스, 『아르고나우티카』 2.378('에욱세이노스 제우스의 게
    네타이아곳').

(17) '아타비리오스'(Ἀταβύριος): '아타비리온의'
  ◈ 헬레니즘 시대 자료
  * 아폴로도로스, 『비블리오테케』 3.2.1.
  * 디오도로스, 5.59.2.
    (참고) 핀다로스, 『올림피아 송가』 7.87-88(아타비리온의 능선을 지배하는 자).
    (참고) 스트라본, 『지리지』 14.2.12(기원전 64년경~서기 21년경).

5) 기타 호칭과 수식어
(1) '아몬'(Ἄμμων)
  ◈ 고전기 자료
  * 핀다로스, Hymns, fr.36(올림포스의 주인 아몬).
    (참고) 핀다로스, 『피티아 송가』 4.16(제우스 아몬: 이집트 아몬); 헤로도토
    스, 『역사』 2.42, 2.55(아몬: 이집트 아몬).

(2) '모리오스'(μόριος): '성스런 올리브나무를 수호하는 자'
  ◈ 고전기 자료
  * 소포클레스, 『콜로노스의 오이디푸스』 705.

(3) '호플로스미오스'(ὁπλόσμιος): '무장한 자'
 ◈ 고전기 자료
  * 아리스토텔레스, 『동물의 부분』 3.10(아르카디아의 '호플로스미오스 제우스').

(4) '라피스티오스'(λαφύστιος)
 ◈ 고전기 자료
  * 헤로도토스, 『역사』 7.197.
   (참고) 파우사니아스, 1.24.2, 9.34.5(서기 2세기).

(5) '밀레우스'(Μυλεύς)
 ◈ 헬레니즘 시대 자료
  * 리코프론, 『알렉산드라』 435.

(6) '코미로스'(Κωμύρος)
 ◈ 헬레니즘 시대 자료
  * 리코프론, 『알렉산드라』 459.

(7) '드립니오스'(Δρύμνιος)
 ◈ 헬레니즘 시대 자료
  * 리코프론, 『알렉산드라』 536.

(8) '프로만테우스'(Προμανθεύς)
 ◈ 헬레니즘 시대 자료
  * 리코프론, 『알렉산드라』 537.

(9) '기랍시오스'(Γυράψιος)
 ◈ 헬레니즘 시대 자료
  * 리코프론, 『알렉산드라』 537.

(10) '테르미에우스'(Τερμιεύς)
 ◈ 헬레니즘 시대 자료
  * 리코프론, 『알렉산드라』 706.

(11) '카리오스'(Κάριος): '카리아의'
　◈ 고전기 자료
　* 헤로도토스, 『역사』 5.66, 1.171.

8. 기타 사항

1) 사자(使者)

(1) 이리스
　◈ 상고기 자료
　* 호메로스, 『일리아스』 2.786-787, 3.121, 8.397-398, 8.409, 8.423-424, 11.185-186, 11.201, 15.41-45, 15.158-183, 24.77-84, 24.117-119, 24.133, 24.159, 24.173.
　* 헤시오도스, 『신통기』 780-786.
　* 호메로스 찬가, 2.314-324(데메테르에게 사자로 파견), 3.102-114(여신들의 사자).
　◈ 고전기 자료
　* 에우리피데스, 『미친 헤라클레스』 823-824(신들의 하녀).
　* 아리스토파네스, 『새』 1230-1231.

(2) 헤르메스
　◈ 상고기 자료
　* 호메로스, 『일리아스』 24.153, 24.182-183, 24.334-357, 24.460-461; 『오디세이아』 1.38-43, 1.84-87, 5.21-115, 5.145-147, 24.99.
　* 헤시오도스, 『일과 날들』 67-68, 77, 83-84.
　* 호메로스 찬가, 2.335-336, 2.407-408, 4.3, 4.28, 5.147-148, 5.212-214.
　◈ 고전기 자료
　* 바킬리데스, 『디티람보스』 19.30.
　* 핀다로스, 『올림피아 송가』 6.78-79('신들의 사자'θεῶν κῆρυξ, 헤르메스).
　* 아이스킬로스, 『히케티데스』 221; 『묶인 프로메테우스』 968-969; 『아가멤논』 515; 『제주를 바치는 여인들』 124-124a.
　* 에우리피데스, 『엘렉트라』 462-463(제우스의 사자 헤르메스); 『아울리스

의 이피게네이아』 1302-1303(제우스의 사자); 『이온』 3-4('신들의 부하' δαιμόνων λάτρις).

◆ 헬레니즘 시대 자료
* 아폴로도로스, 『비블리오테케』 3.10.2; 『개요』 2.12.
  (참고) 헤시오도스, 『신통기』 939(신들의 사자 헤르메스).
  (참고) 호메로스 찬가, 29.9(신들의 사자)(시기 불명).
  (참고) 핀다로스, 『올림피아 송가』 6.79(헤르메스가 경기와 시상을 주관).

(3) 테미스, 오사(ὄσσα, '소문'), 오네이로스(ὄνειρος, '꿈'), 레아
  ◆ 상고기 자료
  * 호메로스, 『일리아스』 2.93-94('제우스의 사자' Διὸς ἄγγελος, 오사), 24.413(사자 오사), 20.4-6(테미스), 2.26(오네이로스는 '제우스의 사자' Διὸς ἄγγελος).
  * 호메로스 찬가, 2.441-443(레아).

(4) 동물: 독수리, 새(일반), 뱀 등
  ◆ 상고기 자료
  * 호메로스, 『일리아스』 2.308-332(큰 뱀), 8.247, 24.292-293, 24.310-311, 24.315; 『오디세이아』 2.146-176(독수리).
  * 호메로스 찬가, 4.526(독수리).
  * 스테시코로스, Fragments, fr.280(제우스의 전령사 독수리).
  ◆ 고전기 자료
  * 핀다로스, 『피티아 송가』 1.6(제우스의 지팡이 위의 독수리), 4.4(제우스의 황금 독수리).
  * 바킬리데스, 『우승송가』 5.19-20(독수리).
  * 아이스킬로스, 『묶인 프로메테우스』 1014-1029(독수리는 제우스의 날개 달린 개).
  * 소포클레스, 『안티고네』 1040(제우스의 독수리).
  * 에우리피데스, 『이온』 158-159(새는 제우스의 사자).
  * 아리스토파네스, 『새』 515(지배자 제우스의 새인 독수리가 제우스 머리에 앉아 있음).
  ◆ 헬레니즘 시대 자료
  * 테오크리토스, Poems, XVII.70-73(독수리는 제우스의 전조), XXVI.31(독

수리는 제우스의 새).

* 아라토스,『파이노메나』522-523(독수리는 제우스의 강력한 사자).
* 칼리마코스 찬가, 1.67-68(제우스는 가장 탁월한 새(독수리)를 전조의 전
  령으로 삼음).

2. 포세이돈 신화의 신화 요소별 출처

1. 출생: 부모, 탄생과정, 형제/남매

1) 부모: 크로노스와 레아
(1) 부모 모두 언급
　◈ 상고기 자료
　＊ 호메로스,『일리아스』15.187-188.
　＊ 헤시오도스,『신통기』453-458.
　◈ 헬레니즘 시대 자료
　＊ 아폴로도로스,『비블리오테케』1.1.5.
　＊ 디오도로스, 5.68.1.

(2) 아버지만 언급: '크로니온'(Κρονιων), '크로니데스'(Κρονιδης), '파이스 크로
　　누'(παῖς Κρόνου, '크로노스의 아들'), '크로누 히오스'(Κρόνου υἱος, '크로노
　　스의 아들'), 크로니다이(Κρονιδαι, '크로노스의 아들들')
　◈ 상고기 자료
　＊ 호메로스,『일리아스』13.345(크로누 히오스).
　◈ 고전기 자료
　＊ 핀다로스,『올림피아 송가』6.29(크로니온);『이스트미아 송가』1.52(크로
　　누 히오스), 8.45(크로니다이).
　＊ 바킬리데스,『우승송가』1.155-156;『디티람보스』17.77, 18.21(크로니
　　데스).
　＊ 소포클레스,『콜로노스의 오이디푸스』712(파이스 크로누).
　＊ 아리스토파네스,『기사』560(파이스 크로누).
　　(참고) 코린나, Fragments, fr.658(크로니데스)(해석 불확실).

(3) 어머니만 언급
　◈ 고전기 자료

* 소포클레스, 『콜로노스의 오이디푸스』 1073.

2) 탄생과정

(1) 탄생과정

◆ 상고기 자료

* 헤시오도스, 『신통기』 453-467(크로노스가 자식들을 삼킴), 492-497(크
로노스가 자식들을 토해냄).

◆ 고전기 자료

* 플라톤, 『에우티프론』 6A(제우스 아버지가 자식들을 삼킴).

◆ 헬레니즘 시대 자료

* 아폴로도로스, 『비블리오테케』 1.1.5-1.1.6(크로노스와 레아의 자식 헤스티
아, 데메테르, 헤라, 플루톤, 포세이돈, 제우스), 1.2.1(크로노스가 삼킨 자식
들을 토해냄).

* 디오도로스, 5.68.1(크로노스와 레아의 자식 헤스티아, 데메테르, 헤라, 제우
스, 포세이돈, 하데스), 5.70.1-2(크로노스가 예언을 두려워하여 자식들을
삼킴).

3) 형제/남매: 제우스의 '형제/남매' 참조

(1) 제우스

◆ 상고기 자료

* 호메로스, 『일리아스』 13.345(크로노스의 두 아들 제우스와 포세이돈),
13.354-355(같은 부모의 자식 제우스와 포세이돈), 15.187-188(크로노
스와 레아에게서 태어난 3형제 제우스, 포세이돈, 하데스), 21.469(아폴론
의 아버지(=제우스)의 형제 포세이돈); 『오디세이아』 13.341-342(아테나
의 아버지(=제우스)의 형제 포세이돈).

* 헤시오도스, 『신통기』 453-458(크로노스와 레아의 자식 히스티아, 데메테
르, 헤라, 하데스, 포세이돈, 제우스).

◆ 고전기 자료

* 핀다로스, 『이스트미아 송가』 1.52(크로노스의 아들 에노식톤), 8.45(크로
노스의 자식 제우스와 포세이돈).

* 에우리피데스, 『트로이아데스』 48-49(아테나의 아버지(=제우스)와 혈통상
아주 가까운 신: 포세이돈).

* 이소크라테스, 10.23(제우스와 포세이돈은 형제).

＊ 플라톤, 『고르기아스』 523A(제우스, 포세이돈, 플루톤의 아버지는 크로노스);『크라틸로스』 402D(제우스의 형제 포세이돈과 플루톤).
◈ 헬레니즘 시대 자료
＊ 모스코스, II.122(제우스와 포세이돈은 형제).

(2) 여타 형제/남매: 헤스티아, 데메테르, 헤라, 하데스(혹은 플루톤)[4]

2. 양육: 양육자, 양육장소

1) 양육자
◈ 헬레니즘 시대 자료
＊ 디오도로스, 5.55.1(텔키네스, 카페이라: 레아가 아기 포세이돈을 그들에게 맡김).

2) 양육장소
◈ 헬레니즘 시대 자료
＊ 디오도로스, 5.55.1(로도스의 텔키네스가 양육).
(참고) 디오도로스, 5.55.4(로도스는 포세이돈의 딸).

3. 결혼과 자녀: 배우자(연인), 자녀

1) 배우자 혹은 연인
(1) 신: 여신, 님프
① 님프 토사(Thoosa): 포르키스의 딸
◈ 상고기 자료
＊ 호메로스, 『오디세이아』 1.70-73(님프 토사가 포세이돈과 동침하여 폴리페모스를 낳음).
◈ 헬레니즘 시대 자료
＊ 아폴로도로스, 『개요』 7.4(포세이돈과 님프 토사의 아들, 외눈박이 식인거인

---

4) 이에 대해서는 제우스의 '형제/남매' 참조(이 책, 559~61쪽).

폴리페모스), 7.5-7.9(오디세우스가 폴리페모스 눈을 찌름. 포세이돈의 분노).

② 암피트리테(Amphitrite): 네레우스 혹은 오케아노스의 딸
◈ 상고기 자료
* 헤시오도스, 『신통기』 930-933(암피트리테와 포세이돈에게서 바다의 신
  트리톤이 태어남).
◈ 고전기 자료
* 핀다로스, 『올림피아 송가』 6.103-105(암피트리테의 남편 포세이돈).
* 바킬리데스, 『디티람보스』 17.109-111(암피트리테는 포세이돈의 부인).
◈ 헬레니즘 시대 자료
* 리코프론, 『알렉산드라』 886-887(트리톤은 네레우스의 후손).
* 아폴로도로스, 『비블리오테케』 1.2.2(오케아노스와 테티스의 딸), 1.4.5(포
  세이돈이 오케아노스 딸 암피트리테와 결혼. 트리톤과 로데를 낳음),
  3.15.4(포세이돈과 암피트리테의 딸 벤테시키메).
  (참고) 헤시오도스, 『신통기』 240-243(네레우스의 딸 암피트리테).
  (참고) 아폴로도로스, 『비블리오테케』 1.2.7(네레우스의 딸 암피트리테).

③ 메두사(Medusa): 고르고네스(Gorgones)
◈ 상고기 자료
* 헤시오도스, 『신통기』 276-281.
◈ 헬레니즘 시대 자료
* 아폴로도로스, 『비블리오테케』 2.3.2(페가소스는 메두사와 포세이돈의 자
  식), 2.4.2(메두사의 머리가 잘리자 거기서 포세이돈의 자식들인 페가소스
  와 크리사오르가 솟아나옴).

④ 헤스티아: 미완의 사랑
◈ 상고기 자료
* 호메로스 찬가, 5.22-33(포세이돈과 아폴론이 헤스티아에게 구애했지만 그
  녀는 처녀로 지내겠다고 맹세함).

⑤ 테티스(Thetis): 네레우스의 딸 네레이데스. 미완의 사랑
◈ 고전기 자료
* 핀다로스, 『이스트미아 송가』 8.27-46(제우스와 포세이돈의 테티스 구애

경쟁. 테티스 후손에 대한 테미스의 예언과 둘의 포기).
◈ 헬레니즘 시대 자료
* 아폴로도로스, 『비블리오테케』3.13.5(제우스와 포세이돈의 테티스 구애 경
  쟁. 테미스의 예언과 둘의 포기).

⑥ 님프 피타네(Pitane): 강의 신 에우로타스의 딸
◈ 고전기 자료
* 핀다로스, 『올림피아 송가』6.29-30, 58-59.

⑦ 트로니아(Thronia): 나이아데스 님프
◈ 고전기 자료
* 핀다로스, Paeans, 2.1-2.

⑧ 님프 살라미스: 아소포스의 딸
◈ 고전기 자료
* 코린나, Fragment, fr.654, col.ii.36-38(살라미스 추정), col.iii.14-15(포세이
  돈이 아소포스 딸 3명과 동침).
◈ 헬레니즘 시대 자료
* 아폴로도로스, 『비블리오테케』3.12.7.
* 디오도로스, 4.72.4.

⑨ 님프 케르키라(Kerkyra, 혹은 코르키라Korkyra): 아소포스의 딸
◈ 고전기 자료
* 코린나, Fragments, fr.654, col.ii.36-38(포세이돈이 코르키라를 탈취), col.
  iii.14-15(포세이돈이 아소포스 딸들과 동침).
◈ 헬레니즘 시대 자료
* 아폴로니오스, 『아르고나우티카』4.566-569(포세이돈이 사랑 때문에 케르
  키라를 납치하여 케르키라에서 살게 함).
* 디오도로스, 4.72.3(포세이돈이 코르키라를 코르키라로 데려감. 그들 사이
  에 파이악스가 태어남).

⑩ 님프 키오네(Chione): 보레아스의 딸
◈ 고전기 자료

＊ 리쿠르고스, 1.98(포세이돈과 키오네의 아들 에우몰포스).

◆ 헬레니즘 시대 자료

＊ 아폴로도로스, 『비블리오테케』 3.15.2(보레아스의 딸 키오네), 3.15.4(포세이돈과 키오네의 아들 에우몰포스).

(참고) 파우사니아스, 1.38.2(보레아스의 딸 키오네와 포세이돈의 아들).

⑪ 데메테르

◆ 헬레니즘 시대 자료

＊ 칼리마코스, Fragments. fr.207(포세이돈이 데메테르와의 사이에 데스포이네를 낳음).

＊ 아폴로도로스, 『비블리오테케』 3.6.8(포세이돈이 데메테르와 동침. 아레이온 출산).

(참고) 파우사니아스, 8.25.5(포세이돈과 데메테르가 동침), 8.25.7(포세이돈과 데메테르가 한 딸과 아레이온을 낳음), 8.25.8-10(아레이온은 데메테르가 아닌 게Ge의 자식. 안티마코스의 시구 인용), 8.37.9(아르카디아인들의 전승: 데스포이네는 포세이돈과 데메테르의 딸. 데메테르와 제우스의 딸은 코레라고 불림), 8.42.1(피갈리아인들의 전승: 포세이돈이 데메테르와 동침하여 낳은 것은 말이 아니고 데스포이네).

(참고) 호메로스, 『일리아스』 23.346-347(아드레스토스의 준마 아레이온은 신성한 혈통).

⑫ 멜리아(Melia): 비티니아의 님프

◆ 헬레니즘 시대 자료

＊ 아폴로니오스, 『아르고나우티카』 2.1-4(비티니아 님프인 멜리아가 포세이돈과 결합하여 아미코스를 낳음).

＊ 아폴로도로스, 『비블리오테케』 1.9.20(포세이돈과 비티니아 님프의 아들 아미코스).

(참고) 아폴로도로스, 『비블리오테케』 2.1.1(오케아노스 아들 이나코스는 오케아노스의 딸 멜리아와 결혼. 포로네우스Phoroneus와 아기알레우스 Aigialeus라는 아들을 둠).

(참고) 핀다로스, Paeans, 9.41-43(오케아노스의 딸 멜리아가 피티오스(=아폴론)와 동침하여 테네로스를 낳음).

(참고) 스트라본, 『지리지』 9.2.34(예언가 테네로스는 아폴론과 멜리아의 아

들)(기원전 64년경~서기 21년경).

⑬ 알키오네(Alkyone): 아틀라스의 딸(님프)
◈ 헬레니즘 시대 자료
* 아폴로도로스, 『비블리오테케』 3.10.1.
  (참고) 파우사니아스, 2.30.8, 9.22.5(아틀라스 딸 알키오네)(서기 2세기).

⑭ 켈라이노(Kelaino): 아틀라스의 딸(님프)
◈ 헬레니즘 시대 자료
* 아폴로도로스, 『비블리오테케』 3.10.1.
  (참고) 스트라본, 『지리지』 12.8.18(다나오스의 딸 켈라이노)(기원전 64년
  경~서기 21년경).
  (참고) 히기누스 위서, 『파불라이』 157(에르게우스의 딸 켈라우노)(서기 2
  세기).
  (참고) 히기누스 위서, 『아스트로노미카』 2.21(아틀라스의 딸 켈라우노)(서
  기 2세기).
  (참고) 아폴로도로스, 『비블리오테케』 2.1.5(다나오스의 딸 켈라이노는 히페
  르비오스의 아내).

⑮ 님프 에우리테(Euryte)
◈ 헬레니즘 시대 자료
* 아폴로도로스, 『비블리오테케』 3.14.2.

⑯ 페로(Pero)
◈ 헬레니즘 시대 자료
* 아폴로도로스, 『비블리오테케』 3.12.6.

⑰ 님프 할리아(Halia)
◈ 헬레니즘 시대 자료
* 디오도로스, 5.55.4.

⑱ 님프 아스크레(Askre)
  (참고) 파우사니아스, 9.29.1(포세이돈이 아스크레와 동침하여 오이오클로

스를 낳음. 헤게시누스 인용(칼리포스 재인용)).
(참고) 디오게네스 라에르티오스, 7.38(칼리포스는 제논의 제자).

⑲ 님프 미데이아(Mideia)
(참고) 파우사니아스, 9.38.9-10(포세이돈과 님프 미데이아의 아들 아스플레돈. 케르시아스 인용).

⑳ 키오스의 님프 2명
(참고) 파우사니아스, 7.4.8(포세이돈이 키오스의 님프와 동침하여 키오스를 낳음. 비극시인 이온 인용), 7.4.8(포세이돈이 키오스의 다른 님프와 동침하여 아겔로스와 멜라스를 낳음. 이온 인용).

(2) 인간 여성
① 페리보이아(Periboia): 에우리메돈(Eurymedon)의 딸
◈ 상고기 자료
* 호메로스, 『오디세이아』 7.56-62.

② 티로(Tyro): 살모네우스의 딸
◈ 상고기 자료
* 호메로스, 『오디세이아』 11.235-259.
◈ 헬레니즘 시대 자료
* 아폴로도로스, 『비블리오테케』 1.9.8(티로가 에니페우스 연모. 포세이돈이 에니페우스의 모습으로 티로와 동침), 1.9.11(크레테우스가 티로와 결혼).
* 디오도로스, 4.68.3(포세이돈과 티로의 동침. 티로가 크레테우스와 결혼), 6.7.2-3(포세이돈과 티로의 동침).
(참고) 핀다로스, 『피티아 송가』 4.136(티로의 아들 펠리에스), 4.138(포세이돈 아들 펠리에스).

③ 이피메데이아(Iphimedeia): 알로에우스의 아내
◈ 상고기 자료
* 호메로스, 『오디세이아』 11.305-310.
* 헤시오도스, 『여인명부』 fr.6.
◈ 헬레니즘 시대 자료

* 아폴로도로스, 『비블리오테케』 1.7.4.

④ 에우리노메: 니소스의 딸
◆ 상고기 자료
* 헤시오도스, 『여인명부』 fr.7.14-15(포세이돈과 동침).
  (참고) 히기누스 위서, 『파불라이』 157(포세이돈과 에우리노메(니소스의
  딸)가 벨레로폰테스를 낳음)(서기 2세기).

⑤ 에우리알레(Euryale)
◆ 상고기 자료
* 헤시오도스, 『천문』 fr.4.
◆ 헬레니즘 시대 자료
* 아폴로도로스, 『비블리오테케』 1.4.3(페레키데스(기원전 5세기 전반)의 말
  을 인용).

⑥ 메키오니케(Mekionike) 혹은 에우로페
◆ 상고기 자료
* 헤시오도스, 『대(大)에오이아이』 fr.6(메키오니케가 포세이돈과 동침하여
  에우페모스 낳음).
◆ 고전기 자료
* 핀다로스, 『피티아 송가』 4.44-46(티티오스의 딸 에우로페와 포세이돈의
  아들 에우파모스).
◆ 헬레니즘 시대 자료
* 아폴로니오스, 『아르고나우티카』 1.179-181(티티오스의 딸 에우로페가 포
  세이돈에게 에우페모스를 낳아줌).

⑦ 카이네(Kaine)(엘라토스의 딸): 카이네우스(Kaineus)의 전신(前身)
◆ 상고기 자료
* 아쿠실라오스, Fragments, fr.40a(포세이돈이 카이네와 동침한 후 그녀를 남
  자로 변화시킴).[5]
◆ 헬레니즘 시대 자료

---

5) H. Diels, *Die Fragmente der Vorsokratiker*, erster Band, Weidmann, 1974, p. 59.

* 아폴로도로스, 『개요』 1.22(포세이돈과의 동침 후 남자가 되기를 희구하여 남자가 됨).

⑧ 아이트라(Aithra): 트로이젠 왕 피테우스(Pittheus)의 딸
◆ 고전기 자료
* 바킬리데스, 『디티람보스』 17.33-36(피테우스의 딸), 58-60(트로이젠의 아이트라).
◆ 헬레니즘 시대 자료
* 아폴로도로스, 『비블리오테케』 3.15.6-7(아이트라가 아이게우스와 동침할 때 포세이돈도 동침), 3.16.1(아이트라가 아이게우스에게 테세우스를 낳아줌).
* 디오도로스, 4.59.1.

⑨ 리비아(Libya)
◆ 고전기 자료
* 이소크라테스, 11.10(포세이돈과 리비아의 자식 부시리스), 11.35(제우스 후손(리비아)과 포세이돈의 자식).
◆ 헬레니즘 시대 자료
* 모스코스, II.39-40(포세이돈과 리비아의 동침).
* 아폴로도로스, 『비블리오테케』 2.1.4, 3.1.1(포세이돈과 리비아의 자식, 아게노르와 벨로스).
  (참고) 파우사니아스, 1.44.3(포세이돈과 리비아의 자식 렐렉스).

⑩ 클레이토(Kleito)
◆ 고전기 자료
* 플라톤, 『크리티아스』 113D(포세이돈이 클레이토에게 반해 동침).

⑪ 카나케(Kanake, 혹은 카나케Kanache): 아이올로스의 딸
◆ 헬레니즘 시대 자료
* 칼리마코스 찬가, 6.96-100(트리오파스는 아이올로스의 딸 카나케와 포세이돈의 아들).
* 아폴로도로스, 『비블리오테케』 1.7.3(아이올로스의 딸 카나케), 1.7.4(카나케).
* 디오도로스, 5.61.3(트리오파스는 포세이돈과 카나케의 아들).

⑫ 아미모네(Amymone)

◆ 헬레니즘 시대 자료

* 아폴로니오스, 『아르고나우티카』 1.136-138.

* 아폴로도로스, 『비블리오테케』 2.1.4-5.

　(참고) 에우리피데스, 『포이니사이』 187-189(포세이돈에게 바쳐진 아미모네 샘).

　(참고) 에우리피데스, 『아울리스의 이피게네이아』 198-199(팔라메데스는 포세이돈의 아들에게서 태어남).

⑬ 아스티팔라이아(Astypalaia)

◆ 헬레니즘 시대 자료

* 아폴로니오스, 『아르고나우티카』 2.866-867(아스티팔라이아가 포세이돈에게 낳아준 앙카이오스).

* 아폴로도로스, 『비블리오테케』 2.7.1(포세이돈과 아스티팔라이아의 아들 에우리필로스).

　(참고) 파우사니아스, 7.4.1(포이닉스의 딸 아스티팔라이아와 포세이돈의 아들 앙카이오스. 아시오스 인용)(서기 2세기).

⑭ 몰리오네(Molione)

◆ 헬레니즘 시대 자료

* 아폴로도로스, 『비블리오테케』 2.7.2(엘리스의 이인동체(二人同體) 장군은 악토르와 몰리오네의 아들들. 아버지가 포세이돈이라는 전승도 거론).

⑮ 히포토에(Hippothoe): 메스토르(Mestor)의 딸

◆ 헬레니즘 시대 자료

* 아폴로도로스, 『비블리오테케』 2.4.5(포세이돈이 히포토에를 납치하여 에키나데스Echinades 제도諸島로 데려가 동침함).

⑯ 아르네(Arne)

◆ 헬레니즘 시대 자료

* 디오도로스, 4.67.2-6.

(3) 동성애

① 펠롭스(Pelops): 탄탈로스의 아들

◈ 고전기 자료

* 핀다로스, 『올림피아 송가』 1.24-27(펠롭스를 사랑함), 1.36-45(포세이돈이 욕망을 이기지 못하고 탄탈로스의 아들(=펠롭스)을 붙잡아 제우스의 저택으로 데려감. 가니메데스 일화).

◈ 헬레니즘 시대 자료

* 리코프론, 『알렉산드라』 156-157(펠롭스가 포세이돈의 탐욕적 욕망으로부터 벗어남).

* 아폴로도로스, 『개요』 2.3(펠롭스가 아름다운 용모 때문에 포세이돈의 사랑을 받음).

2) 자녀

(1) 신, 님프

① 폴리페모스(Polyphemos): 어머니는 토사

◈ 상고기 자료

* 호메로스, 『오디세이아』 1.70-73(님프 토사가 포세이돈과 동침하여 폴리페모스를 낳음), 9.412(폴리페모스의 아버지 포세이돈), 9.519(폴리페모스는 포세이돈의 아들), 9.528-529(폴리페모스의 아버지 포세이돈), 13.341-343(포세이돈의 아들).

◈ 고전기 자료

* 에우리피데스, 『키클롭스』 21-22('바다의 신'(=포세이돈)의 아들들 키클로페스), 262(키클롭스의 아버지 포세이돈), 286('바다의 신'의 아들), 290(키클롭스의 아버지), 413('바다의 신'의 아들 키클롭스).

◈ 헬레니즘 시대 자료

* 아폴로도로스, 『개요』 7.4.
(참고) 호메로스, 『오디세이아』 1.68-70(오디세우스가 폴리페모스 눈을 멀게 하여 포세이돈이 분노), 74-75(포세이돈이 오디세우스의 귀향을 막음).

② 트리톤(Triton), 로데(Rhode), 벤테시키메(Benthesikyme): 어머니는 암피트리테

◈ 상고기 자료

* 헤시오도스, 『신통기』 930-933(암피트리테와 포세이돈에게서 바다의 신

트리톤이 태어남).
◆ 헬레니즘 시대 자료
* 아폴로니오스, 『아르고나우티카』 4.1558-1559(트리톤의 아버지 포세이돈).
* 아폴로도로스, 『비블리오테케』 1.4.5(트리톤, 로데: 포세이돈과 암피트리테),
  3.15.4(벤테시키메: 포세이돈과 암피트리테).

③ 님프 키모폴레이아(Kymopoleia)
◆ 상고기 자료
* 헤시오도스, 『신통기』 818-819(에노시가이오스(=포세이돈)의 딸).

④ 데스포이네(Despoine): 어머니는 데메테르
◆ 헬레니즘 시대 자료
* 칼리마코스, Fragments. fr.207(포세이돈이 데메테르와의 사이에 데스포이
  네를 낳음).
  (참고) 파우사니아스, 8.25.7(포세이돈과 데메테르가 한 명의 딸과 아레이
  온을 낳음), 8.37.9(아르카디아인들의 말: 데스포이네는 포세이돈과 데메테
  르의 딸. 데메테르와 제우스의 딸은 코레라고 불림), 8.42.1(피갈리아인들의
  말: 포세이돈이 데메테르와 동침하여 낳은 것은 말이 아니고 데스포이네).

⑤ 아소포스(강의 신): 어머니는 페로
◆ 헬레니즘 시대 자료
* 아폴로도로스, 『비블리오테케』 3.12.6(아쿠실라오스: 포세이돈과 페로의 아들).
  (참고) 아폴로도로스, 『비블리오테케』 3.12.6(제우스와 에우리노메의 아들).
  (참고) 아폴로도로스, 『비블리오테케』 3.12.6; 디오도로스, 4.72.1(오케아노
  스와 테티스의 아들).
  (참고) 파우사니아스, 2.12.4(포세이돈과 켈루사Kelusa의 아들)(서기 2세기).

⑥ 님프 로도스(Rhodos): 어머니는 할리아
◆ 헬레니즘 시대 자료
* 디오도로스, 5.55.4(할리아와 동침하여, 6명의 아들과 로도스를 낳음).
  (참고) 핀다로스, 『올림피아 송가』 7.14(로도스는 아프로디테의 딸).
  (참고) 디오도로스, 5.55.7('프로세오이오이 다이모네스'προσηῷοι δαίμονες).

(2) 인간

① 크테아토스(Kteatos)와 에우리토스(Eurytos), 악토리오네(Aktoriones) 혹은
몰리오네스(Moliones): 어머니는 몰리오네

◈ 상고기 자료

* 호메로스, 『일리아스』 11.750-751(악토리오네. 몰리오네스의 아버지 '에노
식톤'Ἐνοσίχθων=포세이돈).

◈ 고전기 자료

* 핀다로스, 『올림피아 송가』 10.26-27(크테아토스는 포세이돈 아들. 에우리
토스).

◈ 헬레니즘 시대 자료

* 아폴로도로스, 『비블리오테케』 2.7.2(크테아토스와 에우리토스는 엘리스의
장군들로 이인동체. 그들의 아버지는 포세이돈. 악토르와 몰리오네의 아들
들이라는 전승도 함께 언급. 몰리오니다이).

(참고) 호메로스, 『일리아스』 2.621(크테아토스와 에우리토스는 '악토리오
네'), 11.709(몰리오네스), 13.185(크테아토스는 악토리온), 23.638(악토
리오네).

(참고) 헤시오도스, 『여인명부』 fr.9(헤시오도스는 악토르와 몰리오네의 이
름을 따서 부름으로써 그들의 계보를 밝힘).

(참고) 핀다로스, 『올림피아 송가』 10.34(몰리오네스).

② 나우시투스(Nausithus): 어머니는 페리보이아

◈ 상고기 자료

* 호메로스, 『오디세이아』 7.56-62(나우시투스는 페리보이아와 포세이돈에
게서 태어남. 나우시투스는 파이아케스인들을 지배).

③ 펠리에스(Pelies)와 넬레우스(Neleus): 어머니는 티로

◈ 상고기 자료

* 호메로스, 『오디세이아』 11.246-256(포세이돈과 동침한 티로가 펠리에스
와 넬레우스를 낳음).

◈ 고전기 자료

* 핀다로스, 『피티아 송가』 4.136(티로의 아들. 펠리에스 지칭), 4.138(포세이
돈 아들. 펠리에스 지칭).

◈ 헬레니즘 시대 자료

* 아폴로니오스, 『아르고나우티카』 1.12-13(펠리에스의 아버지 포세이돈).
* 아폴로도로스, 『비블리오테케』 1.9.8(포세이돈과 티로의 아들 펠리에스와
  넬레우스).
* 디오도로스, 4.68.3, 6.7.3-4(펠리에스와 넬레우스).

④ 오토스(Otos)와 에피알테스(Ephialtes): 어머니는 이피메데이아
◈ 상고기 자료
* 호메로스, 『오디세이아』 11.305-320(이피메데이가 포세이돈과 동침하여
  오토스와 에피알테스를 낳음. 이들은 신들에게 도전하다 단명함).
* 헤시오도스, 『여인명부』 fr.6(헤시오도스: 알로에우스와 이피메데이아의 이
  름을 따서 '알로이아다이'로 불리지만 실은 포세이돈과 이피메데이아의 자
  식들이라고 말함).
◈ 헬레니즘 시대 자료
* 아폴로도로스, 『비블리오테케』 1.7.4(오토스, 에피알테스: 알로이아데스?).
  (참고) 호메로스, 『일리아스』 385-386(오토스와 에피알테스는 알로에우스
  의 아들).

⑤ 크리사오르(Chrysaor): 어머니는 메두사
◈ 상고기 자료
* 헤시오도스, 『신통기』 280-288(페르세우스가 메두사의 머리를 베었을 때
  크리사오르와 페가소스가 솟아나옴. 크리사오르는 그의 손에 '황금검'ἄορ
  χρύσειον을 들고 있어서 그렇게 불리고 페가소스는 '샘들'πηγαί 근처에서 태
  어나서 그렇게 불림. 페가소스는 그곳에서 날아가 신들에게로 갔으며, 제우
  스의 집에서 머물며 제우스에게 천둥과 번개를 가져다 줌).
◈ 헬레니즘 시대 자료
* 리코프론, 『알렉산드라』 842-843.
* 아폴로도로스, 『비블리오테케』 2.4.2(메두사의 머리가 잘리자 거기서 포세
  이돈의 자식들인 페가소스와 크리사오르가 솟아나옴).

⑥ 벨레로폰테스: 어머니는 에우리노메(니소스의 딸)
◈ 상고기 자료
* 헤시오도스, 『여인명부』 fr.7.14-16(에우리노메가 글라우코스 집에서 벨레
  로폰테스를 낳음).

◆ 고전기 자료
* 핀다로스, 『올림피아 송가』 13.69(아버지 포세이돈).
 (참고) 호메로스, 『일리아스』 6.155(글라우코스가 벨레로폰테스를 낳음).
 (참고) 아폴로도로스, 『비블리오테케』 1.9.3(글라우코스와 에우리메데가 벨
 레로폰테스를 낳음), 2.3.1(벨레로폰테스는 글라우코스의 아들).
 (참고) 히기누스 위서, 『파불라이』 157(포세이돈과 에우리노메(니소스의
 딸)가 벨레로폰테스를 낳음)(서기 2세기).

⑦ 부테스(Butes)
◆ 상고기 자료
* 헤시오도스, 『여인명부』 fr.72(포세이돈의 아들).

⑧ 라이스트리곤(Laistrygon)
◆ 상고기 자료
* 헤시오도스, 『여인명부』 fr.40A.26-27(포세이돈의 아들).

⑨ 오리온: 어머니는 에우리알레
◆ 상고기 자료
* 헤시오도스, 『천문』 fr.4(포세이돈과 에우리알레의 아들).
◆ 헬레니즘 시대 자료
* 아폴로도로스, 『비블리오테케』 1.4.3(포세이돈과 에우리알레의 아들. 페레
 키데스(기원전 5세기 전반)의 말 인용).
 (참고) 아폴로도로스, 『비블리오테케』 1.4.3(오리온이 가이아에게서 태어났
 다는 전승).

⑩ 에우페모스(Euphemos): 어머니는 메키오니케(혹은 에우로페)
◆ 상고기 자료
* 헤시오도스, 『대(大)에오이아이』 fr.6.
◆ 고전기 자료
* 핀다로스, 『피티아 송가』 4.44-46(포세이돈과 에우로페의 아들), 4.173-
 175(에우페모스와 페리클리메노스는 '에노시다스'의 자식).
◆ 헬레니즘 시대 자료
* 아폴로니오스, 『아르고나우티카』 1.179-181(티티오스의 딸 에우로페가 포

세이돈에게 에우페모스를 낳아줌).
* 아폴로도로스,『비블리오테케』1.9.16.

⑪ 이다스(Idas)
◆ 상고기 자료
* 시모니데스, Fragments, no.563.
◆ 헬레니즘 시대 자료
* 아폴로도로스,『비블리오테케』3.10.3(이다스가 아파레우스와 아레네의 아들이라는 전승도 함께 언급).
　(참고) 핀다로스,『네메아 송가』10.60-65('아파레티다이'(Άφαρητίδαι, '아파레우스의 후손'): 이다스와 링케우스).
　(참고) 아폴로도로스,『비블리오테케』1.7.8(아파레우스의 아들 이다스. 포세이돈에게서 마차를 받음), 1.8.2, 1.9.16, 3.11.2(아파레우스의 아들 이다스와 링케우스).
　(참고) 파우사니아스, 4.2.6(아파레우스의 아내 아레네), 4.2.7(아파레우스의 아들 이다스와 링케우스)(서기 2세기).

⑫ 에우아드네(Euadne): 어머니는 피타네
◆ 고전기 자료
* 핀다로스,『올림피아 송가』6.29-44, 58-59.

⑬ 페리클리메노스(Periklymenos)
◆ 고전기 자료
* 핀다로스,『피티아 송가』4.173-175(에우페모스와 페리클리메노스는 '에노시다스'의 자식).
* 에우리피데스,『포이니사이』1156-1157('에날리오스 테오스'(포세이돈)의 아들).
◆ 헬레니즘 시대 자료
* 아폴로도로스,『비블리오테케』3.6.8(포세이돈의 아들).
　(참고) 아폴로니오스,『아르고나우티카』1.156(넬레우스 장남. 포세이돈이 강력한 힘과 변신술 부여).
　(참고) 아폴로도로스,『비블리오테케』1.9.9(넬레우스 아들. 포세이돈이 변신술 부여), 1.9.16(넬레우스 아들), 2.7.3(넬레우스 아들).

⑭ 압데로스(Abderos): 어머니는 트로니아

◆ 고전기 자료

* 핀다로스, Paeans, 2.1-2.

⑮ 히리에우스(Hyrieus): 어머니는 알키오네(Alkyone)

◆ 고전기 자료

* 코린나, Fragments, fr.654, col.iii.35-37(히리에우스).

◆ 헬레니즘 시대 자료

* 아폴로도로스, 『비블리오테케』 3.10.1(히리에우스, 히페레노르, 아이투사).
  (참고) 히기누스 위서, 『아스트로노미카』 2.21(히리에우스)(서기 2세기).

⑯ 테세우스: 어머니는 아이트라

◆ 고전기 자료

* 바킬리데스, 『디티람보스』 17.33-36, 17.58-60, 17.78, 17.99-100,
  18.21-22.

* 에우리피데스, 『히폴리토스』 887, 1169, 1318, 1411(테세우스의 아버지
  포세이돈).

* 이소크라테스, 10.18(흔히들 아이게우스의 아들이라고 하지만 실은 포세이
  돈의 자식), 10.23(포세이돈 아들 테세우스).

* 플라톤, 『국가』 391C(포세이돈 아들).

◆ 헬레니즘 시대 자료

* 아폴로도로스, 『비블리오테케』 3.10.7(테세우스의 어머니 아이트라),
  3.15.7(아이트라가 아이게우스와 동침할 때 포세이돈도 동침); 『개요』
  5.22(테세우스 어머니 아이트라).

* 디오도로스, 4.59.1(포세이돈과 아이트라의 자식), 4.63.3, 4.63.5(테세우스
  의 어머니 아이트라).
  (참고) 호메로스, 『일리아스』 1.265(아이게우스의 아들 테세우스); 『오디세
  이아』 11.631(테세우스와 페이리투스는 '신들의 자식'θεῶν ἐϱικυδέα τέκνα).
  (참고) 헤시오도스, 『방패』 182(아이게우스의 아들 테세우스).
  (참고) 소포클레스, 『콜로노스의 오이디푸스』 69, 549-550, 1755(아이게
  우스의 아들 테세우스).
  (참고) 데모스테네스, 60.28(아이게우스의 아들 테세우스).
  (참고) 아폴로도로스, 『비블리오테케』 1.8.2, 1.9.16(아이게우스의 아들),

3.16.1(아이트라가 아이게우스에게 테세우스를 낳아줌).

(참고) 플루타르코스, 『테세우스 전기』 3.3-4.1(아이게우스와 아이트라가
동침하여 테세우스가 태어남), 6.1(피테우스는 테세우스가 포세이돈의 자식
이라는 소문을 퍼뜨림), 34.1(테세우스의 어머니 아이트라), 36.3(테세우스
는 포세이돈의 아들)(서기 45년경~120년경).

⑰ 시니스(Sinis): 어머니는 불명

◈ 고전기 자료

* 바킬리데스, 『디티람보스』 18.20-22(리타이오스 세이식톤의 자식).

(참고) 아폴로도로스, 『비블리오테케』 3.16.2(시니스는 폴리페몬과 실레아
의 자식).

⑱ 나우플리오스(Nauplios): 어머니는 아미모네(Amymone)

◈ 고전기 자료

* 에우리피데스, 『아울리스의 이피게네이아』 198-199(포세이돈의 손자 팔라
메데스).

◈ 헬레니즘 시대 자료

* 아폴로니오스, 『아르고나우티카』 1.136-138.

* 아폴로도로스, 『비블리오테케』 2.1.5, 2.7.4.

(참고) 스트라본, 『지리지』 8.6.2(포세이돈과 아미모네의 아들임을 부정)(기
원전 64년경~서기 21년경).

(참고) 아폴로도로스, 『비블리오테케』 2.1.5, 3.2.2; 『개요』 3.7, 6.8(팔라메
데스는 나우플리오스의 아들).

⑲ 할리로티오스(Hallirrhothios): 어머니는 에우리테

◈ 고전기 자료

* 에우리피데스, 『엘렉트라』 1258-1263('바다의 지배자'πόντου κϱείων(=포세
이돈)의 아들 할리로티오스가 아레스의 딸을 겁탈하자 아레스가 분노하여
그를 살해. 신들이 아레오파고스에서 아레스를 재판).

* 데모스테네스, 23.66(포세이돈에게 자신의 아들 할리로티오스를 위해 아레
스에 대한 재판을 요구함).

◈ 헬레니즘 시대 자료

* 『파로스 연대기』 Ep.3(포세이돈의 아들 할리로티오스에 관한 재판이 아레스

와 포세이돈 간에 아레오파고스에서 열림)(기원전 3세기).
* 아폴로도로스, 『비블리오테케』 3.14.2(포세이돈과 님프 에우리테의 아들).
  (참고) 파우사니아스, 1.21.4(포세이돈의 아들. 아레스 딸 알키페를 겁탈하
  다 아레스에게 살해됨), 1.28.5(아레스가 할리로티오스를 죽인 죄로 아레오
  파고스에서 최초로 재판을 받음).
  (참고) 에우리피데스, 『타우리스의 이피게네이아』 945-946, 961(제우스가
  피로 더럽힌 아레스를 재판했던 장소, 아레오파고스).

⑳ 부시리스(Busiris), 아게노르(Agenor), 벨로스(Belos): 어머니는 리비아
◆ 고전기 자료
* 이소크라테스, 11.10(포세이돈과 리비아의 자식 부시리스), 11.35(제우스
  후손(리비아)과 포세이돈의 자식).
◆ 헬레니즘 시대 자료
* 아폴로도로스, 『비블리오테케』 2.1.4, 3.1.1(포세이돈과 리비아의 자식 아게
  노르와 벨로스).
  (참고) 아폴로도로스, 『비블리오테케』 2.5.11(부시리스는 포세이돈과 리시
  아나사Lysianassa의 아들).
  (참고) 파우사니아스, 1.44.3(포세이돈과 리비아의 자식 렐렉스).

㉑ 에우몰포스(Eumolpos): 어머니는 키오네
◆ 고전기 자료
* 이소크라테스, 4.68, 12.193(포세이돈의 아들 트라키아인 에우몰포스).
* 리쿠르고스, 1.98(포세이돈과 키오네의 아들).
◆ 헬레니즘 시대 자료
* 아폴로도로스, 『비블리오테케』 3.15.4(포세이돈과 키오네의 아들).
  (참고) 파우사니아스, 1.38.2(포세이돈과 키오네의 아들).

㉒ 킥노스(Kyknos)
◆ 고전기 자료
* 이소크라테스, 10.52.
  (참고) 파우사니아스, 10.14.1(킥노스는 포세이돈 아들).
  (참고) 히기누스 위서, 『파불라이』 157(헤카토의 딸 칼리케Kalyke와 포세이
  돈의 자식 킥노스)(서기 2세기).

㉓ 아틀란티스 지배자들: 어머니는 클레이토
◈ 고전기 자료
* 플라톤, 『크리티아스』 113D(포세이돈이 클레이토에게 반해 동침),
  113E-114C(포세이돈이 5쌍의 쌍둥이를 낳음. 아틀라스와 가데이로스(혹
  은 그리스말로는 에우멜로스), 암페레스와 에우아이몬, 므네세우스와 아우
  톡손, 엘라시포스와 메스토르, 아자에스와 다이프레페스).

㉔ 아미코스(Amykos): 어머니는 님프 멜리아
◈ 헬레니즘 시대 자료
* 테오크리토스, Poems, XXII.97(포세이돈의 자식. 아미코스 지칭).
* 아폴로니오스, 『아르고나우티카』 2.1-4(비티니아 님프인 멜리아가 포세이
  돈과 결합하여 아미코스를 낳음).
* 아폴로도로스, 『비블리오테케』 1.9.20(포세이돈과 비티니아 님프의 아들).

㉕ 호플레우스(Hopleus), 니레우스(Nireus), 에포페우스(Epopeus), 알로에우스
  (Aloeus), 트리옵스(Triops) 혹은 트리오파스(Triopas): 어머니는 카나케
◈ 헬레니즘 시대 자료
* 칼리마코스 찬가, 6.96-100(트리오파스는 포세이돈과 카나케의 아들).
* 아폴로도로스, 『비블리오테케』 1.7.4(호플레우스, 니레우스, 에포페우스, 알
  로에우스, 트리옵스).
* 디오도로스, 5.61.3(트리오파스는 포세이돈과 카나케의 아들).
  (참고) 디오도로스, 5.61.1(트리오파스가 헬리오스와 로도스의 아들이라는 전
  승 언급), 5.61.3(트리오파스가 라피테스와 스틸베의 아들이라는 전승 언급).

㉖ 에르기노스(Erginos)
◈ 헬레니즘 시대 자료
* 아폴로니오스, 『아르고나우티카』 1.185-189.
* 아폴로도로스, 『비블리오테케』 1.9.16.

㉗ 앙카이오스(Ankaios), 에우리필로스(Eurypylos): 어머니는 아스티팔라이아
◈ 헬레니즘 시대 자료
* 아폴로니오스, 『아르고나우티카』 1.185-189(포세이돈의 아들 앙카이오
  스), 2.865-867(아스티팔라이아가 포세이돈에게 낳아준 앙카이오스).

* 아폴로도로스, 『비블리오테케』 2.7.1(코스인들의 왕 에우리필로스. 포세이
돈과 아스티팔라이아의 아들).
(참고) 파우사니아스, 7.4.1(포이닉스의 딸 아스티팔라이아와 포세이돈의
아들, 렐레게스의 왕 앙카이오스. 아시오스 인용)(서기 2세기).
(참고) 호메로스, 『일리아스』 2.676(에우리필로스의 국가 코스).

⑱ 히페레노르(Hyperenor), 아이투사(Aithusa): 어머니는 알키오네(Alkyone)
◆ 헬레니즘 시대 자료
* 아폴로도로스, 『비블리오테케』 3.10.1(히리에우스, 히페레노르, 아이투사).
(참고) 파우사니아스, 2.30.8(히페레스, 안타스), 9.22.5(안타스)(서기 2세기).

⑲ 리코스(Lykos): 어머니는 켈라이노(Kelaino)
◆ 헬레니즘 시대 자료
* 아폴로도로스, 『비블리오테케』 3.10.1.
(참고) 스트라본, 『지리지』 12.8.18(켈라이노스: 다나오스 딸 켈라이노)(기
원전 64년경~서기 21년경).
(참고) 히기누스 위서, 『파불라이』 157(에우페모스, 리코스, 닉테우스: 에르
게우스의 딸 켈라우노)(서기 2세기).
(참고) 히기누스 위서, 『아스트로노미카』 2.21(리코스, 닉테우스: 아틀라스
의 딸 켈라우노)(서기 2세기).

⑳ 키크레오스(Kychreos): 어머니는 살라미스
◆ 헬레니즘 시대 자료
* 아폴로도로스, 『비블리오테케』 3.12.7.
* 디오도로스, 4.72.4.

㉛ 타피오스(Taphios): 어머니는 히포토에
◆ 헬레니즘 시대 자료
* 아폴로도로스, 『비블리오테케』 2.4.5(어머니는 히포토에).

㉜ 아우게아스(Augeas): 어머니 불명
◆ 헬레니즘 시대 자료
* 아폴로도로스, 『비블리오테케』 2.5.5(아우게아스. 헬리오스의 아들 혹은 포

르바스의 아들이라는 전승도 함께 언급).

(참고) 아폴로도로스, 『비블리오테케』 1.9.16(헬리오스의 아들 아우게아스).

(참고) 파우사니아스, 5.1.9(엘레이오스의 아들 아우게아스. 아우게아스의 영예를 높이려고 엘레이오스의 이름을 헬리오스로 바꿈: 헬리오스의 아들).

㉝ 에릭스(Eryx): 어머니 불명
◆ 헬레니즘 시대 자료
* 아폴로도로스, 『비블리오테케』 2.5.10(엘리모이Elymoi 왕 에릭스).

(참고) 디오도로스, 4.23.2(아프로디테와 부타스의 아들).

㉞ 피네우스(Phineus), 안타이오스(Antaios), 사르페돈(제우스와 에우로페의 아들 사르페돈과 동명이인), 프로테우스(Proteus), 얄레비온(Ialebion)과 데르키노스(Derkynos), 타소스(Thasos), 스키론(Skiron): 어머니 불명
◆ 헬레니즘 시대 자료
* 아폴로도로스, 『비블리오테케』 1.9.21(트라키아의 예언자 피네우스는 포세이돈의 아들, 그가 아게노르의 아들이라는 전승도 함께 언급), 2.5.11(안타이오스. 게Ge의 아들이라는 전승도 함께 언급), 2.5.9(사르페돈), 2.5.9(프로테우스), 2.5.10(얄레비온과 데르키노스), 3.1.1(타소스. 킬릭스의 아들이라는 페레키데스(기원전 5세기 전반)의 언급 소개); 『개요』 1.2(스키론. 펠롭스의 아들이라는 전승도 함께 언급).

(참고) 아폴로니오스, 『아르고나우티카』 2.237, 2.240(아게노르의 아들 피네우스).

(참고) 파우사니아스, 5.25.12(타소스는 아게노르의 아들)(서기 2세기).

㉟ 보이오토스(Boiotos)와 아이올로스(Aiolos), 파이악스(Phaiax)
◆ 헬레니즘 시대 자료
* 디오도로스, 4.67.2-6(보이오토스와 아이올로스: 어머니는 아르네), 4.72.3(파이악스: 어머니는 코르키라).

(참고) 파우사니아스, 9.1.1(이토노스와 님프 멜라니페의 아들 보이오토스)(서기 2세기).

(참고) 디오도로스, 5.7.6(히포테스의 아들 아이올로스).

(참고) 히기누스 위서, 『파불라이』 157(보이오토스와 헬렌은 포세이돈과 안티오페의 아들)(서기 2세기).

㊱ 오이오클로스(Oioklos): 어머니는 아스크레

(참고) 파우사니아스, 9.29.1(포세이돈이 아스크레와 동침하여 오이오클로스를 낳음. 헤게시누스 인용(칼리포스 재인용)).

㊲ 아스플레돈(Aspledon): 어머니는 미데이아

(참고) 파우사니아스, 9.38.9-10(포세이돈과 님프 미데이아의 아들 아스플레돈. 케르시아스 인용), 9.39.1(아스플레돈의 어머니 미데이아).

㊳ 키오스(Chios), 아겔로스(Agelos), 멜라스(Melas): 어머니는 키오스의 님프

(참고) 파우사니아스, 7.4.8(포세이돈이 키오스의 님프와 동침하여 키오스를 낳음. 비극시인 이온 인용), 7.4.8(포세이돈이 키오스의 다른 님프와 동침하여 아겔로스와 멜라스를 낳음. 이온 인용).

㊴ 케르키온(Kerkyon): 어머니는 암픽티온의 딸

(참고) 파우사니아스, 1.14.3(케르키온은 암픽티온의 딸과 포세이돈의 자식. 시인 코이릴로스 인용).

(참고) 아폴로도로스, 『개요』1.3(케르키온은 브랑코스와 님프 아르기오페의 아들).

(3) 동물

① 말 페가소스(Pegasos): 어머니는 메두사

◆ 상고기 자료

* 헤시오도스, 『신통기』 280-288(페르세우스가 메두사의 머리를 베었을 때 크리사오르와 페가소스가 솟아나옴. 크리사오르는 그의 손에 '황금검'을 들고 있어서 그렇게 불리고 페가소스는 '샘들' 근처에서 태어나서 그렇게 불림. 페가소스는 그곳에서 날아가 신들에게로 갔으며, 제우스의 집에서 머물며 제우스에게 천둥과 번개를 가져다 줌).

◆ 헬레니즘 시대 자료

* 리코프론, 『알렉산드라』 842-843.

* 아폴로도로스, 『비블리오테케』 2.3.2(메두사와 포세이돈의 자식), 2.4.2(메두사의 머리가 잘리자 거기서 포세이돈의 자식들인 페가소스와 크리사오르가 솟아나옴).

(참고) 핀다로스, 『올림피아 송가』 13.63-64(고르곤의 아들 페가소스).

② 말 아레이온(Areion): 어머니는 데메테르

◈ 헬레니즘 시대 자료

* 아폴로도로스, 『비블리오테케』 3.6.8(포세이돈이 분노의 여신의 모습을 한 데메테르와 동침하여 말 아레이온을 낳음).

(참고) 파우사니아스, 8.25.5-8(텔푸사인들의 말: 포세이돈과 데메테르가 딸 한 명과 말 아레이온을 낳음), 8.42.1(피갈리아인들의 말: 포세이돈이 데메테르와 동침하여 낳은 것은 말이 아니고 데스포이네).

(참고) 호메로스, 『일리아스』 23.346-347(아드레스토스의 준마 아레이온은 신성한 혈통).

4. 출현과 모습: 출현, 거주지, 모습, 변신, 부수물

1) 거주지

(1) 바다

◈ 상고기 자료

* 호메로스, 『일리아스』 15.190(포세이돈이 잿빛 바다를 거처로 배당받음), 13.15, 13.44, 13.352, 20.13-15(바다 속에서 나옴), 15.160, 15.177, 15.219, 15.223; 『오디세이아』 11.253(바다 속으로 들어감).

* 헤시오도스, 『신통기』 930-933(암피트리테와 포세이돈의 아들 트리톤이 바다 속 저택에서 가족과 함께 지냄).

◈ 고전기 자료

* 핀다로스, 『올림피아 송가』, 1.71-74(펠롭스가 바다 가까이에 가서 포세이돈에게 도움을 청하자 포세이돈이 나타남. 포세이돈의 바다 거주).

* 바킬리데스, 『디티람보스』 17.63('네 아버지(=포세이돈)의 집' $\pi\alpha\tau\varrho\grave{o}\varsigma$ $\delta\acute{o}\mu o\iota$. 바다), 17.97-100(돌고래가 바다에 뛰어든 테세우스를 '그의 아버지의 집' $\pi\alpha\tau\varrho\grave{o}\varsigma$ $\acute{\iota}\pi\pi\acute{\iota}o\upsilon$ $\delta\acute{o}\mu o\varsigma$으로 데려감. 바다 속의 포세이돈 집), 17.101-116(바다 속의 신들의 홀에 네레우스의 딸들과 포세이돈 부인 암피트리테가 거주. 포세이돈의 집).

* 에우리피데스, 『트로이아데스』 1-2(아이가이오스해의 심해에서 나온 포세이돈); 『헬레네』 1584-1585('바다에 거주하는' $\nu\alpha\acute{\iota}\omega\nu$ $\ddot{\alpha}\lambda\alpha$).

(2) 아이가이(Aigai)의 심해
  ◈ 상고기 자료
  * 호메로스,『일리아스』13.21-22(아이가이의 바다 깊은 곳에 있는 포세이돈의
    황금저택);『오디세이아』5.381(포세이돈의 유명한 저택이 있는 아이가이).
  * 핀다로스,『네메아 송가』5.37(아이가이에서 나와 도리스의 이스트모스에
    자주 들름).
    (참고) 호메로스,『일리아스』8.203(헬리케와 아이가이에서 포세이돈에게
    제물을 바침).
    (참고) 호메로스 찬가, 22.3(헬리콘과 아이가이를 보유한 폰티오스)(시기
    불명).
    (참고) 스트라본,『지리지』8.7.4(포세이돈의 저택이 있다는 아이가이는 에
    우보이아의 아이가이), 9.2.13(아이가이오스 포세이돈의 신전이 있는, 에우
    보이아의 아이가이)(기원전 64년경~서기 21년경).
    (참고) 디오도로스, 15.49.4(펠로폰네소스가 포세이돈의 거주지οἰκητήριον
    라는 오랜 믿음이 존재).

2) 모습: 신성과 호칭, 부수물 참조
  ◈ 상고기 자료
  * 호메로스,『일리아스』12.27-29(손에 삼지창을 들고 바다 위 이동), 13.10-
    38(포세이돈의 용모와 이동 모습), 14.384-385(날이 기다란 칼을 손에
    듬), 13.563, 14.390, 15.174, 15.201, 20.144;『오디세이아』3.6, 9.528,
    9.536('흑발의'κυανοχαίτης 포세이돈);『오디세이아』5.291-292(삼지창을
    손에 들고 바다를 동요시킴), 5.380-381(바다에서의 이동).
  ◈ 고전기 자료
  * 핀다로스,『올림피아 송가』8.48-52(포세이돈의 마차 이동 모습).
  * 에우리피데스,『안드로마케』1010-1011(포세이돈이 마차를 타고 바다를
    달림).
  * 아리스토파네스,『기사』559(χρυσοτρίαινος, '황금삼지창을 든').

3) 변신
  ◈ 상고기 자료
  * 호메로스,『오디세이아』11.238-242(포세이돈이 강의 신 에니페우스의 모
    습으로 티로와 동침);『일리아스』13.45, 13.357, 14.135-136, 21.284-

285(인간의 모습으로 나타남).

◈ 헬레니즘 시대 자료

* 아폴로도로스, 『비블리오테케』 1.9.8(포세이돈이 에니페우스의 모습으로 티로와 동침).

(참고) 아폴로도로스, 『비블리오테케』 1.9.9(포세이돈이 페리클리메노스 Periklymenos에게 변신능력을 부여함. 페리클리메노스는 후일 헤라클레스와 싸울 때 사자, 뱀, 벌로 변신).

4) 부수물

(1) 바다 동물

◈ 상고기 자료

* 호메로스, 『일리아스』 13.27-28(바다짐승들).

◈ 고전기 자료

* 아리스토파네스, 『기사』 560('돌고래의 지배자'δελφίνων μεδέων).

(참고) 파우사니아스, 2.35.1(포세이돈 동상: 한 발을 돌고래 위에 올린 모습), 10.36.8(포세이돈 동상: 한 발을 돌고래 위에 올리고 손에 삼지창을 든 모습)(서기 2세기).

(참고) 호메로스, 『오디세이아』 4.446(바다표범을 '바다짐승'으로 표현).

(2) 삼지창

◈ 상고기 자료

* 호메로스, 『일리아스』 12.27(삼지창을 손에 들고 앞장섬); 『오디세이아』 4.506-507(삼지창을 손에 들고 바다의 바위를 내리쳐 갈라지게 함), 5.291-292(삼지창을 손에 들고 바다를 요동시킴).

◈ 고전기 자료

* 핀다로스, 『올림피아 송가』 1.40(ἀγλαοτριαίνης, '빛나는 삼지창을 든 자'), 1.73(Εὐτρίαινα, '멋진 삼지창을 든 자'), 8.48(Ὀρσοτρίαινα, '삼지창을 휘두르는 자'), 9.30-31(헤라클레스가 몽둥이로 포세이돈의 삼지창에 맞섬); 『피티아 송가』 2.12(Ὀρσοτρίαινα, '삼지창을 휘두르는 자'); 『이스트미아 송가』 8.35; 『네메아 송가』 4.86; Paeans, 4.43, 9.47.

* 바킬리데스, 『디티람보스』 21.1-2.

* 아이스킬로스, 『히케티데스』 218(삼지창은 그 신(=포세이돈)의 상징 σημεῖον); 『묶인 프로메테우스』 924-925(땅을 뒤흔들고 바다를 괴롭히는

삼지창. 포세이돈의 창).

* 에우리피데스,『이온』282(폰티오스의 삼지창 타격이 크레우사의 아버지를 죽임).
* 아리스토파네스,『기사』559(황금삼지창).

◆ 헬레니즘 시대 자료

* 칼리마코스 찬가, 4.30-32(포세이돈이 '세 갈래진 무기'로 산을 내리쳐 바다의 섬들이 생기게 함. 텔키네스가 포세이돈에게 만들어준 무기).
* 아폴로도로스,『비블리오테케』1.2.1(키클로페스가 제우스에게 천둥과 번개, 벼락을 부여하고 플루톤에게 투구, 포세이돈에게는 삼지창을 줌. 무기로 활용), 3.14.1(아크로폴리스 가운데에 삼지창을 내리쳐 바다를 만듦);『개요』6.6(삼지창으로 바다의 바위를 때려 부숨).
  (참고) 파우사니아스, 10.36.8(포세이돈 동상: 돌고래를 수반하고 손에 삼지창을 든 모습)(서기 2세기).

(3) 날이 긴 칼

◆ 상고기 자료

* 호메로스,『일리아스』14.385-386.

5. 주요 신성

1) 바다의 신

(1) 바다의 지배자

◆ 상고기 자료

* 호메로스,『일리아스』13.28((바다짐승들의) 지배자), 15.187-193(제우스, 포세이돈, 하데스의 영역 분배. 포세이돈은 잿빛 바다를 거처로 배당받음).

◆ 고전기 자료

* 핀다로스,『올림피아 송가』1.71-74(펠롭스가 바다 가까이에 가서 포세이돈에게 도움을 청하자 포세이돈이 나타남. 포세이돈의 바다 거주), 6.103('바다의 지배자, 절대 통치자'δεσπότης ποντομέδων).
* 코린나, Fragments, fr.654, col.iii.14-15('바다를 지배하는 포세이돈').
* 바킬리데스,『디티람보스』17.76-85(포세이돈의 아들 테세우스가 바다에 뛰어들자 바다가 그를 받아들임), 17.97-119(바다는 포세이돈의 집.

포세이돈의 아들 테세우스가 바다에서 환대받음), 20.8('바다의 지배자' ἀναξίαλος).

* 아이스킬로스, 『테바이를 향한 7인』 130-131('바다의 지배자, 군주' ποντομέδων ἄναξ 포세이돈).
* 에우리피데스, 『레소스』 187-188(아낙스 포세이돈 폰티오스), 240(폰티오스); 『히폴리토스』 44-45(폰티오스 아낙스), 1167-1168('바다를 지배하는' πόντου κρέων); 『타우리스의 이피게네이아』 1414('바다의 지배자' πόντου ἀνάκτωρ).
* 투키디데스, 『역사』 2.84.4(아테네인이 해전승리 후 포세이돈에게 배를 봉헌).
* 아리스토파네스, 『기사』 560(돌고래들의 '메데온'(지배자) 포세이돈); 『플루토스』 396('탈라시오스' (θαλάσσιος, '바다의')), 1050('폰토포세이돈' (Ποντοποσειδῶν, '바다의 포세이돈')).
* 플라톤, 『크라틸로스』 402E(바다의 위력을 다스리는 존재).
◈ 헬레니즘 시대 자료
* 디오도로스, 5.69.4(크로노스가 포세이돈에게 바다의 일을 주관하도록 맡겼다는 크레타인의 전승 소개), 12.48.1(해전 승리 후 이스트모스에서 포세이돈에게 배를 바침), 13.86.3(포세이돈에 대한 희생동물들을 바다에 수장).

(2) 바다의 자연현상 주관: 바람, 파도, 해일
◈ 상고기 자료
* 호메로스, 『일리아스』 12.27-32(파도로 성벽의 기단을 모두 쓸어버림); 『오디세이아』 5.291-296(삼지창을 손에 들고 바다를 동요시킴. 구름, 바람과 파도), 5.366-367(무시무시한 격랑을 일으킴), 7.271-273(바람을 일으키고 바다를 요동치게 만듦), 9.283-286(바람으로 배를 바다에서 밀어내 해안의 암초에 난파시킴), 11.399-400, 11.406-407(엄청난 강풍을 일으킴), 24.109-110(엄청난 강풍과 파도를 일으킴).
◈ 고전기 자료
* 바킬리데스, 『디티람보스』 16.19('바다를 요동치게 하는' ὀρσίαλος).
* 에우리피데스, 『트로이아데스』 82-84(아이가이오스 해협에 '거대한 파도' τρικυμία와 '소용돌이' δίνη를 일으킴), 88-91(아이가이오스해를 뒤흔들다).
* 헤로도토스, 『역사』 7.192(아르테미시온 부근에서 페르시아 함대 난파. 바다의 폭풍 χειμών과 난파를 포세이돈과 연관시킴), 8.129(밀물 ῥαχία과 바다 홍수 πλημμυρίς).

◆ 헬레니즘 시대 자료
* 아폴로도로스, 『비블리오테케』 2.5.9(포세이돈이 분노하여 바다 홍수와 함께 바다괴물을 보내 사람들을 휩쓸어감).
* 디오도로스, 15.49.3(포세이돈이 분노하여 '지진과 홍수를 통해'διὰ τοῦ σεισμοῦ καὶ τοῦ κατακλυσμοῦ 도시들을 파괴), 15.49.4(포세이돈이 '지진과 홍수'τῶν σεισμῶν καὶ τῶν κατακλυσμῶν에 대한 권한을 가짐).
(참고) 아폴로도로스, 『비블리오테케』 2.1.4(포세이돈이 노하여 샘물을 마르게 함), 3.14.1(포세이돈이 트리아시아 평원을 범람시켜 아티카를 바다에 잠기게 함).

(3) 항해의 신: 항해, 난파
◆ 상고기 자료
* 호메로스, 『일리아스』 9.362(순탄한 항해를 허용); 『오디세이아』 1.68-79(폴리페모스를 소경으로 만든 일로 분노한 포세이돈이 오디세우스의 귀환을 방해), 3.178-179(대양을 지나고 나서, 포세이돈에게 황소 넓적다리를 바침); 4.499-511(삼지창으로 바다의 바위를 내리쳐 항해 중인 아이아스를 익사시킴), 5.282-298(오디세우스의 항해를 방해. 구름과 바람, 파도를 일으킴. 오디세우스의 마음이 약해짐), 5.366-379(무시무시한 격랑을 일으켜 오디세우스를 표류하게 함. 오디세우스가 항해 중에 많은 고생을 겪을 것이라고 포세이돈이 말함), 5.408-446(오디세우스가 포세이돈의 방해 때문에 고생한다고 생각. 바람과 격랑, 난파상태. 포세이돈의 위협을 피해 바다에서 도망쳐 왔다고 함), 7.34-36(포세이돈 덕분에 바다에서 신속하게 항해), 9.283-286(바람으로 배를 바다에서 밀어내 해안의 암초에 난파시킴), 9.526-535(키클롭스가 아버지 포세이돈에게 오디세우스 항해를 방해하라고 기원), 23.234-235(바다에서 바람과 높은 파도로 배를 부숨), 24.109-110(바람과 파도로 배를 때려 부숨).
* 헤시오도스, 『일과 날들』 665-669(난파되지 않고 바다에서 목숨을 잃지 않는 것은 포세이돈과 제우스에게 달려 있음).
* 아르킬로코스, fr.114, A.col.i.20-22(난파자 보호)(Edmonds II).
* 테오그니스, Elegiac Poems, Book 1.691-692(포세이돈이 바다 여행을 돌봄)(Edmonds I).
◆ 고전기 자료
* 핀다로스, 『피티아 송가』 4.207(선박들의 통치자δεσπότης ναῶν).

* 에우리피데스, 『히폴리토스』 744-747(바다의 지배자가 아틀라스의 기둥 너머로는 선원들의 항해를 허용하지 않음); 『트로이아데스』 82-84(아이가 이오스 해협에 거대한 파도와 소용돌이를 일으켜 사람들을 죽게 함), 88-91(아이가이오스해를 요동치게 하여 사람들을 죽게 함).
* 헤로도토스, 『역사』 7.192(아르테미시온 부근에서 페르시아 함대 난파. 바다의 폭풍과 난파를 포세이돈과 연관시킴).
* 아리스토파네스, 『기사』 553-555(빨리 달리는 선박들을 즐김).
◈ 헬레니즘 시대 자료
* 리코프론, 『알렉산드라』 157(나우메돈 '배의 지배자'ναυμέδων).
* 아폴로도로스, 『비블리오테케』 1.9.27(이스트모스에서 포세이돈에게 배를 바침).
  (참고) 호메로스 찬가 22.7(항해)(시기 불명).

2) 지진의 신:
  '에노식톤'(ἐνοσίχθων, '땅을 뒤흔드는 자, 땅을 진동시키는 자'), '에노시가 이오스'(ἐννοσίγαιος, '땅을 뒤흔드는 자, 땅을 진동시키는 자'), '가이에오 코스'(γαιήοχος, '땅을 품고 있는 자, 땅을 안고 있는 자'), '세이식톤'(σεισ ίχθων, '땅을 뒤흔드는 자'), '에노시다스'(ἐννοσίδας, '에노시가이오스'의 도리아 방언), '다마식톤'(δαμασίχθων, '대지를 제압하는 자'), '엘렐릭톤'(ἐ λελίχθων, '땅을 흔드는, 땅을 진동시키는') 등
◈ 상고기 자료
* 호메로스, 『일리아스』 20.57-66(땅을 뒤흔들고 갈라지게 함), 7.445, 8.208, 11.357, 11.751, 13.10, 13.34, 13.65, 13.89, 13.215, 13.231, 13.554, 14.384, 15.41, 15.205, 20.13, 20.132, 20.291, 20.318, 20.330, 20.405, 21.287, 21.435; 『오디세이아』 1.74, 3.6, 5.282, 5.339, 5.366, 5.375, 7.35, 7.56, 7.271, 8.354, 9.283, 9.525, 11.252, 12.107, 13.125, 13.146, 13.159, 13.162(에노식톤); 『일리아스』 7.455, 8.201, 8.440, 12.27, 13.43, 13.59, 14.355, 14.510, 15.173, 15.184, 15.218, 15.222, 20.20, 20.310, 21.462; 『오디세이아』 5.423, 6.326, 9.518, 11.241, 13.140(에노시가이오스), 『일리아스』 13.43, 13.59, 13.83, 13.125, 14.355, 15.174, 15.222, 20.34; 『오디세이아』 1.68, 3.55, 8.322, 8.350, 9.528, 11.241(가이에오코스).
* 헤시오도스, 『일과 날들』 667(에노식톤); 『신통기』 15, 441, 456, 818,

930; 『방패』 104; 『대(大)에오이아이』 fr.6(에노시가이오스), 『신통기』 15; 『대(大)에오이아이』 fr.6(가이에오코스).

* 『일리온 함락』 fr.5(에노시가이오스).

* 스테시코로스, Fragments, S105b(가이아오코스).

* 시모니데스, Fragments, no.519, fr.77.6-7(다마식톤); no.519B, fr.56ab.6(가이에오코스).

* 호메로스 찬가 4.187(가이에오코스).

* 핀다로스, 『피티아 송가』 6.50(엘렐릭톤).

◆ 고전기 자료

* 핀다로스, 『올림피아 송가』 1.25, 13.81(가이아오코스); 『피티아 송가』 4.33(가이아오코스, 에노시다스), 4.173(에노시다); 『이스트미아 송가』 1.52(세이식톤), 4.19-20(ὁ κινητὴρ γᾶς, '대지를 움직이는 자'), 7.38(가이아오코스); Paeans, 4.41(에노시다스).

* 바킬리데스, 『디티람보스』 16.19(다마식톤), 17.58, 18.22(세이식톤).

* 아이스킬로스, 『히케티데스』 816; 『테바이를 향한 7인』 310(가이아오코스); 『묶인 프로메테우스』 924-925(땅을 뒤흔들고 바다를 괴롭히는 삼지창. 포세이돈의 창).

* 소포클레스, 『트라키니아이』 502(τινάκτωρ γαίας, '대지를 움직이는 자'); 『콜로노스의 오이디푸스』 1072(가이아오코스).

* 헤로도토스, 『역사』 7.129(테살리아인들의 말: 포세이돈이 지진을 일으켜 지형을 바꾸어 놓았다고 함).

* 투키디데스, 『역사』 1.128.1(포세이돈이 스파르타인들의 불경에 대해 지진으로 보복).

* 아리스토파네스, 『아카르니아인』 510-511(포세이돈에 대한 기원: 스파르타인들에게 '지진을 일으켜'σείσας 그들의 집을 파괴하라고 기원); 『리시스트라타』 1142(신이 지진을 일으킴: 포세이돈).

* 크세노폰, 『헬레니카』 3.3.2(포세이돈이 지진을 일으켜 레오티키데스의 아버지를 방에서 쫓아냈다고 함), 4.7.4('신이 지진을 일으키자'ἔσεισεν ὁ θεὸς 스파르타인들이 '포세이돈에 대한 찬가를 불렀다'ὕμνησαν τὸν περὶ τὸν Ποσειδῶ παιᾶνα. 지진을 일으킨 신은 포세이돈); 6.5.30(가이아오코스).

* 플라톤, 『크라틸로스』 403A(σείω: 포세이돈이 땅을 뒤흔듦).

◆ 헬레니즘 시대 자료

* 모스코스, II.39, 120, 149(에노시가이오스).

* 아폴로도로스, 『비블리오테케』 3.14.1(포세이돈이 아테네의 아크로폴리스를 삼지창으로 때려 바다를 만듦).
* 디오도로스, 15.49.3(포세이돈이 분노하여 '지진과 홍수를 통해'διὰ τοῦ σεισμοῦ καὶ τοῦ κατακλυσμοῦ 도시들을 파괴시킴), 15.49.4(포세이돈이 '지진과 홍수'τῶν σεισμῶν καὶ τῶν κατακλυσμῶν에 대한 권한을 가짐).
  (참고) 아폴로도로스, 『비블리오테케』 1.6.2(포세이돈이 섬을 깨부숨).
  (참고) 호메로스 찬가 22.4(에노시가이오스), 22.6(가이아오코스)(시기 불명).

3) 말과 마차의 신
◈ 상고기 자료
* 호메로스, 『일리아스』 8.440-441(포세이돈이 제우스 마차의 말을 풀고 마차를 세워놓음), 13.23-38(마차 이동), 23.581-585(마차경주에서 속임수를 쓰지 않겠다는 서약을 말에 손을 대고 포세이돈에게 맹세); 『오디세이아』 5.380-381(포세이돈이 말들을 채찍질하여 집으로 돌아감).
* 스테시코로스, Fragments, fr.235(ἵππων πρύτανις, '말들의 지배자').
* 아르킬로코스, Fragments, fr.192(히피오스ἵππιος).
* 호메로스 찬가 3.231-238(옹케스토스에서의 포세이돈 제사. 말과 마차에 관한 제식).
◈ 고전기 자료
* 핀다로스, 『올림피아 송가』 1.67-88(펠롭스 이야기: 포세이돈에게 기원하여 말과 황금마차를 하사받고, 오이노마오스에게 승리를 거둠), 8.48-52(포세이돈의 마차 이동), 13.69(다마이오스(Δαμαῖος, '말의 조련사'); 『피티아 송가』 2.10-12(히에론이 말을 마차에 묶고 포세이돈에게 기원), 4.45(히파르코스(ἵππαρχος, '말의 지배자'); 『이스트미아 송가』 1.53-54(마차와 마차경주의 신); Paeans, 14.2-3(포세이돈의 불사의 말들).
* 바킬리데스, 『디티람보스』 17.99-100(히피오스).
* 아이스킬로스, 『테바이를 향한 7인』 130('말의 지배자'ἵππιος ἄναξ).
* 소포클레스, 『콜로노스의 오이디푸스』 713-715(말의 고삐를 매는 존재).
* 에우리피데스, 『레소스』 187-188(πωλοδαμνήσας '말들을 조련시켜'), 237-241(펠레우스에게 말을 줌); 『안드로마케』 1010-1011(포세이돈이 마차를 타고 바다를 달림); 『포이니사이』 1707(히피오스 테오스(ἵππιος θεός, '말의 신')).
* 아리스토파네스, 『기사』 551-553('히피오스 아낙스'ἵππι' ἄναξ 포세이돈. 말

의 울음소리와 말발굽소리를 즐김), 556-557(소년들의 마차 경주를 즐김);
『구름』83(히피오스).

◈ 헬레니즘 시대 자료

* 리코프론, 『알렉산드라』 767(히페게테스(ἱππηγέτης, '말의 인도자')).
* 아폴로니오스, 『아르고나우티카』 3.1240-1244(포세이돈이 마차를 타고 이
  동).
* 아폴로도로스, 『비블리오테케』 1.7.8(아파레우스의 아들 이다스가 포세이돈
  에게서 마차를 받음), 3.13.5(포세이돈이 펠레우스의 결혼 때 불사의 말들
  을 선사함); 『개요』 2.3(포세이돈이 펠롭스에게 바퀴가 물에 젖지 않는 날개
  달린 마차를 선사).
* 디오도로스, 4.14.3(포세이돈이 헤라클레스에게 말을 선물), 5.69.4(말 조
  련. 마술馬術에 관한 지식을 소개. 히피오스).
  (참고) 아르킬로코스, Testimonia, no.4, Acol.Ia.17, 20(히피오스)(기원전
  100년경 비문).
  (참고) 호메로스 찬가 22.5('말들의 조련사'ἵππων δμητήρ)(시기 불명).
  (참고) 파우사니아스, 1.30.4(히피오스 포세이돈, 히피아 아테나), 5.15.5-
  6(히피오스 포세이돈, 히피아 헤라, 히피오스 아레스, 히피아 아테나),
  6.20.18, 8.10.2, 8.14.5, 8.25.7, 8.36.2, 8.37.10(히피오스)(서기 2세기).
  (참고) 파우사니아스, 3.14.2('히포쿠리오스'(ἱπποκούριος, '말을 돌보는 자,
  말의 관리자'))(서기 2세기).

6. 호칭과 수식어

1) 신성 호칭과 수식어
(1) 신격의 기본 호칭과 수식어
  ① 지배자(통치자): '아낙스'(ἄναξ, '지배자'), '크레이온'(κρείων, '지배자'), '데
    스포테스'(δεσπότης, '절대 통치자, 통치자'), '메데온'(μεδέων, '지배자')
◈ 상고기 자료
* 호메로스, 『일리아스』 15.57, 15.158, 20.67, 20.404; 『오디세이아』
  3.43, 9.412, 9.526, 13.185, 23.277(아낙스); 『일리아스』 8.208, 13.10,
  13.215, 14.150, 21.435; 『오디세이아』 5.282, 5.375(크레이온 에노식톤).
* 아르킬로코스, Fragments, fr.12(아낙스).

* 핀다로스, 『이스트미아 송가』 6.5(이스트모스의 '데스포테스').
◈ 고전기 자료
* 핀다로스, 『올림피아 송가』 6.103(데스포테스).
* 바킬리데스, 『디티람보스』 17.78(아낙스).
* 소포클레스, 『콜로노스의 오이디푸스』 713(아낙스).
* 에우리피데스, 『레소스』 187; 『히폴리토스』 45; 『트로이아데스』 54(아낙스).
* 아리스토파네스, 『기사』 560(돌고래들의 '메데온' 포세이돈), 551; 『벌』 143, 1531(아낙스).
◈ 헬레니즘 시대 자료
* 칼리마코스 찬가, 4.271(레카이온(Lechaion, 코린토스의 한 항구)의 크레이온).
* 모스코스, II.149('잿빛 바다의 메데온' μεδέων πολιῆς ἁλός, 에노시가이오스).

② '에우리크레이온'(εὐρυκρείων): '널리 다스리는 지배자, 광범위한 지배자'
◈ 상고기 자료
* 호메로스, 『일리아스』 11.751('광범위한 지배자 에노식톤' εὐρὺ κρείων ἐνοσίχθων).

③ '에우리메돈'(εὐρυμέδων): '널리 다스리는 지배자, 광범위한 지배자'
◈ 고전기 자료
* 핀다로스, 『올림피아 송가』 8.31.

④ '에우리스테네스'(εὐρυσθενής): '힘이 막강한'
◈ 상고기 자료
* 호메로스, 『일리아스』 7.455, 8.201; 『오디세이아』 13.140.
◈ 고전기 자료
* 핀다로스, 『올림피아 송가』 13.80.

⑤ '에우리비아스'(εὐρυβίας): '널리 지배하는, 힘이 막강한'
◈ 고전기 자료
* 핀다로스, 『올림피아 송가』 6.58; 『피티아 송가』 2.12.
   (참고) 바킬리데스, 『우승송가』 11.52(제우스).
   (참고) 헤시오도스, 『신통기』 931; 아폴로니오스, 『아르고나우티카』 4.1552

(트리톤).

(2) 바다의 지배자

① '폰토메돈'(ποντομέδων): '바다의 지배자'
◆ 고전기 자료
* 핀다로스, 『올림피아 송가』 6.103(데스포테스 폰토메돈δεσπότης ποντομέδων).
* 아이스킬로스, 『테바이를 향한 7인』 130-131(폰토메돈 포세이돈).
* 에우리피데스, 『히폴리토스』 744.
* 아리스토파네스, 『벌떼』 1531(폰토메돈 아낙스).
(참고) 에우리피데스, 『타우리스의 이피게네이아』 1414('바다의 지배자'
πόντου ἀνάκτωρ).

② '아낙시알로스'(ἀναξίαλος): '바다의 지배자'
◆ 고전기 자료
* 바킬리데스, 『디티람보스』 20.8.

③ '폰티오스'(πόντιος): '바다의'
◆ 고전기 자료
* 핀다로스, Paeans, 9.47(폰티오스 오르시트리아이나πόντιος Ὀρσ[ιτ]ρίαινα
(=포세이돈)).
* 바킬리데스, 『디티람보스』 17.35-36(폰티오스 포세이돈).
* 소포클레스, 『콜로노스의 오이디푸스』 1072(폰티오스 가이아오코스).
* 에우리피데스, 『레소스』 240(히피오스), 187-188; 『히폴리토스』 44-
45(폰티오스 아낙스 포세이돈), 1318(폰티오스); 『이온』 282(폰티오스의
삼지창); 『안드로마케』 1010(폰티오스); 『헬레네』 1585(폰티오스 포세이
돈); 『키클롭스』 21, 286, 413(폰티오스 테오스).
* 아리스토파네스, 『테스모포리아주사이』 322(폰티오스 포세이돈).
(참고) 핀다로스, 『네메아 송가』 3.35; 『이스트미아 송가』 8.34; Paeans,
6.83(테티스에게 사용); 『피티아 송가』 11.2(네레이데스에게 사용).
(참고) 호메로스 찬가 22.3(시기 불명).

④ '에날리오스'(ἐνάλιος): '바다의'
◆ 고전기 자료

694

* 핀다로스, 『피티아 송가』 4.204(에날리오스 포세이돈).
* 소포클레스, 『콜로노스의 오이디푸스』 888(에날리오스 테오스), 1493(에날
  리오스 테오스, 포세이돈).
* 에우리피데스, 『포이니사이』 1156-57(에날리오스 테오스).
  (참고) 에우리피데스, 『안드로마케』 253(에날리아 테오스: 네레이스); 아리
  스토파네스, 『테스모포리아주사이』 325(에날리오스 네레우스).

(3) 바다의 자연현상 주관: 바람, 파도, 해일
  ① '오르시알로스'(ὀρσίαλος): '바다를 움직이는, 바다를 요동치게 하는'
  ◆ 고전기 자료
  * 바킬리데스, 『디티람보스』 16.19.

(4) 항해의 신: 항해, 난파
  ① '나우메돈'(ναυμέδων): '배의 지배자(감독자)'
  ◆ 헬레니즘 시대 자료
  * 리코프론, 『알렉산드라』 157.

(5) 지진의 신
  ① '에노식톤'(ἐνοσίχθων): '땅을 뒤흔드는 자, 땅을 진동시키는 자'
  ◆ 상고기 자료
  * 호메로스, 『일리아스』 7.445, 8.208, 11.357, 11.751, 13.10, 13.34,
    13.65, 13.89, 13.215, 13.231, 13.554, 14.384, 15.41, 15.205, 20.13,
    20.132, 20.291, 20.318, 20.330, 20.405, 21.287, 21.435; 『오디세이아』
    1.74, 3.6, 5.282, 5.339, 5.366, 5.375, 7.35, 7.56, 7.271, 8.354, 9.283,
    9.525, 11.252, 12.107, 13.125, 13.146, 13.159, 13.162.
  * 헤시오도스, 『일과 날들』 667.

  ② '에노시가이오스'(ἐννοσίγαιος): '땅을 뒤흔드는 자, 땅을 진동시키는 자' '에
    노시다스'(ἐννοσίδας, '에노시가이오스'의 도리아 방언)
  ◆ 상고기 자료
  * 호메로스, 『일리아스』 7.455, 8.201, 8.440, 12.27, 13.43, 13.59, 14.355,
    14.510, 15.173, 15.184, 15.218, 15.222, 20.20, 20.310, 21.462,
    23.584; 『오디세이아』 5.423, 6.326, 9.518, 11.241, 13.140.

* 헤시오도스,『신통기』15, 441, 456, 818, 930;『방패』104;『대(大)에오이
아이』fr.6.
*『일리온 함락』fr.5.
◈ 고전기 자료
* 판다로스,『피티아 송가』4.33(에노시다스), 4.173(에노시다); Paeans,
4.41(에노시다스).
◈ 헬레니즘 시대 자료
* 모스코스, Europe 39, 120, 149.
(참고) 호메로스 찬가 22.4(시기 불명).

③ '가이에오코스'(γαιήοχος): '땅을 품고 있는 자, 땅을 안고 있는 자'
◈ 상고기 자료
* 호메로스,『일리아스』13.43, 13.59, 13.83, 13.125, 14.355, 15.174,
15.222, 20.34, 23.584;『오디세이아』1.68, 3.55, 8.322, 8.350, 9.528,
11.241.
* 헤시오도스,『신통기』15;『대(大)에오이아이』fr.6.
* 스테시코로스, Fragments, S105b.
* 시모니데스, Fragments, no.519B, fr.56ab.6.
* 호메로스 찬가, 4.187.
◈ 고전기 자료
* 핀다로스,『올림피아 송가』1.25, 13.81;『피티아 송가』4.33;『이스트미아
송가』7.38.
* 아이스킬로스,『테바이를 향한 7인』310.
* 소포클레스,『콜로노스의 오이디푸스』1072.
* 크세노폰,『헬레니카』6.5.30.
(참고) 호메로스 찬가 22.4(시기 불명).
(참고) 파우사니아스, 3.20.2(서기 2세기).
(참고) 아이스킬로스,『히케티데스』816(제우스).
(참고) 소포클레스,『오이디푸스 티라노스』160-161('가이아오코스 아르테
미스').

④ '다마식톤'(δαμασίχθων): '대지를 제압하는 자'
◈ 상고기 자료

* 시모니데스, Fragments, no.519, fr.77.6-7.
◈ 고전기 자료
* 바킬리데스, 『디티람보스』 16.19.

⑤ '세이식톤'(σεισίχθων): '땅을 뒤흔드는 자, 땅을 진동시키는 자'
◈ 고전기 자료
* 판다로스, 『이스트미아 송가』 1.52.
* 바킬리데스, 『디티람보스』 17.58, 18.22.
  (참고) 디오니시오스, 『로마고대사』 2.31.2(기원전 1세기 후반).

⑥ '바릭티포스'(βαρύκτυπος): '굉음을 울리는'
◈ 상고기 자료
* 헤시오도스, 『신통기』 818(바릭티포스 에노시가이오스βαρύκτυπος
  Ἐννοσίγαιος).
◈ 고전기 자료
* 핀다로스, 『올림피아 송가』 1.72; 『네메아 송가』 4.87; Paeans, 4.41.

⑦ '에릭티포스'(ἐρίκτυπος): '굉음을 울리는'
◈ 상고기 자료
* 헤시오도스, 『신통기』 441, 456, 930(에릭티포스 에노시가이오스ἐρίκτυπος
  Ἐννοσίγαιος).

⑧ '엘렐릭톤'(ἐλελίχθων): '땅을 흔드는, 땅을 진동시키는'
◈ 상고기 자료
* 핀다로스, 『피티아 송가』 6.50.
  (참고) 소포클레스, 『안티고네』 153-154(테바이 '땅을 진동시키는'
  ἐλελίχθων 바키오스).

⑨ '리타이오스'(λυταῖος): '해체시키는'
◈ 고전기 자료
* 바킬리데스, 『디티람보스』 18.21.

(6) 말과 마차의 신

① '히파르코스'(ἵππαρχος): '말의 지배자'
◈ 고전기 자료
* 핀다로스, 『피티아 송가』 4.45.

② '다마이오스'(Δαμαῖος): '말의 조련사'
◈ 고전기 자료
* 핀다로스, 『올림피아 송가』 13.69.

③ '히페게테스'(Ἱππηγέτης): '말의 인도자(引導者)'
◈ 헬레니즘 시대 자료
* 리코프론, 『알렉산드라』 767.

④ '히피오스'(ἵππιος): '말의, 말에 관한'
◈ 상고기 자료
* 아르킬로코스, Fragments, fr.192.
◈고전기 자료
* 바킬리데스, 『디티람보스』 17.99-100.
* 아이스킬로스, 『테바이를 향한 7인』 130('말의 지배자'ἵππιος ἄναξ).
* 에우리피데스, 『포이니사이』 1707.
* 아리스토파네스, 『기사』 551; 『구름』 83.
◈ 헬레니즘 시대 자료
* 디오도로스, 5.69.4.
　(참고) 아르킬로코스, Testimonia, no.4, Acol.Ia.17, 20(기원전 100년경 비문).
　(참고) 파우사니아스, 1.30.4, 5.15.5, 6.20.18, 7.21.7, 8.10.2, 8.14.5,
　8.25.7, 8.36.2, 8.37.10(서기 2세기).
　(참고) 핀다로스, 『올림피아 송가』 13.82; 소포클레스, 『콜로노스의 오이디
　푸스』 1070-1071; 파우사니아스, 1.30.4, 1.31.6, 5.15.6, 8.47.1(히피아
　아테나); 파우사니아스, 5.15.5(히피아 헤라); 파우사니아스, 5.15.6(히피오
　스 아레스)(서기 2세기).

⑤ '히포드로미오스'(ἱπποδρόμιος): '마차경주의'
◈ 고전기 자료

* 핀다로스, 『이스트미아 송가』 1.54.

(7) 기타 신성

① '아스팔레이오스'(ἀσφάλειος, '아스팔리오스'ἀσφάλιος): '안전하게 지키는'
◆ 고전기 자료
* 아리스토파네스, 『아카르니아인』 682.
◆ 헬레니즘 시대 자료
* 아르킬로코스, Testimonia, no.3, A.col.II.6, 12(기원전 3세기 비문).
  (참고) 파우사니아스, 3.11.9, 7.21.7(아스팔리오스ἀσφάλιος)(서기 2세기).

② '게네틀리오스'(γενέθλιος): '친족(가족)의'
◆ 헬레니즘 시대 자료
* 아폴로니오스, 『아르고나우티카』 2.3.
  (참고) 파우사니아스, 3.15.10(서기 2세기).

2) 성격 및 행적 호칭과 수식어

① '소테르'(σωτήρ): '구원자'
◆ 고전기 자료
* 헤로도토스, 『역사』 7.192, 7.193.

② '페트라이오스'(πετραῖος): '바위의, 암석의, 바위를 쪼개는'
◆ 고전기 자료
* 핀다로스, 『피티아 송가』 4.138.
* 바킬리데스, 『우승송가』 14.20.

3) 형상 호칭과 수식어

① '아글라오트리아이네스'(ἀγλαοτριαίνης): '빛나는 삼지창을 든 자'
◆ 고전기 자료
* 핀다로스, 『올림피아 송가』 1.40.

② '에우트리아이나'(Εὐτρίαινα): '멋진 삼지창을 든 자'
◆ 고전기 자료
* 핀다로스, 『올림피아 송가』 1.73.

③ '오르소트리아이나'(Ὀρσοτρίαινα): '삼지창을 휘두르는 자'
◈ 고전기 자료
* 핀다로스, 『올림피아 송가』 8.48; 『피티아 송가』 2.12; 『네메아 송가』 4.86;
  Paeans, 9.47(폰티오스 오르시트리아이나).

④ '키아노카이테스'(κυανοχαίτης): '흑발의'
◈ 상고기 자료
* 호메로스, 『일리아스』 13.563, 14.390, 15.174, 15.201, 20.144; 『오디세
  이아』 3.6, 9.528, 9.536.
* 헤시오도스, 『신통기』 278.
  (참고) 호메로스 찬가 22.6(시기 불명).
  (참고) 호메로스 찬가 2.347('흑발의' 하데스).

4) 인명 및 지명 호칭과 수식어
① '크로니온'(Κρονίων): '크로노스의 아들'
◈ 고전기 자료
* 핀다로스, 『올림피아 송가』 6.29.

② '크로니데스'(Κρονίδης): '크로노스의 아들'
◈ 고전기 자료
* 핀다로스, 『이스트미아 송가』 8.45(크로니다이).
* 바킬리데스, 『우승송가』 1.155-156; 『디티람보스』 17.77, 18.21.
  (참고) 코린나, Fragments, fr.658(크로니데스)(해석 불확실).

③ '헬리코니오스'(Ἑλικώνιος): '헬리케의'
◈ 상고기 자료
* 호메로스, 『일리아스』 20.404(헬리코니오스 아낙스).
◈ 고전기 자료
* 헤로도토스, 『역사』 1.148(헬리코니오스 포세이돈).
  (참고) 호메로스, 『일리아스』 8.203-204(그리스인들이 헬리케와 아이가이
  에서 포세이돈에게 많은 제물을 바침).
  (참고) 호메로스 찬가, 22.3(헬리콘과 아이가이를 보유한 폰티오스)(시기

불명).

(참고) 스트라본, 『지리지』 8.7.2, 14.1.20(헬리코니오스 포세이돈)(기원전 64년경~서기 21년경).

④ '이스트미오스'('Ἴσθμιος): '이스트모스의'
◈ 고전기 자료
* 핀다로스, 『올림피아 송가』 13.4.
(참고) 스트라본, 『지리지』 8.6.4, 8.6.22(이스트모스에 있는 '이스트미오스' 포세이돈의 신전)(기원전 64년경~서기 21년경).
(참고) 파우사니아스, 2.9.6(서기 2세기).

⑤ '수니아라토스'(Σουνιάρατος): '수니온에서 숭배되는'
◈ 고전기 자료
* 아리스토파네스, 『기사』 560.
(참고) 아리스토파네스, 『새』 868('수니에라코스'(Σουνιέρακος, '수니온의 매')).

5) 기타 호칭과 수식어
① '에렉테우스'('Ἐρεχθεύς): '에렉테우스'
◈ 헬레니즘 시대 자료
* 리코프론, 『알렉산드라』 158.
* 아폴로도로스, 『비블리오테케』 3.15.1('포세이돈 에렉테우스').
(참고) 플루타르코스, 『연설가 10인전』 843B, 843C('포세이돈 에렉테우스')(시기 불명).

② '멜란토스'(Μέλανθος): 의미 불명
◈ 헬레니즘 시대 자료
* 리코프론, 『알렉산드라』 767.

③ '타우레오스'(ταύρεος): '황소의, 황소와 같은'
◈ 상고기 자료
* 헤시오도스, 『방패』 104.
(참고) 호메로스, 『일리아스』 11.728(포세이돈에게 '타우리스'(황소) 제물); 『오디세이아』 3.5-8(필로스인들이 포세이돈에게 검은색 타우리스(황소)를

제물로 바침), 13.181-183(알키누스의 말: 포세이돈에게 선별된 타우로스 12마리를 바치자고 함).

(참고) 에우리피데스, 『크레타인』 단편(Euripides, The Cretans, fr. 472e Kannicht); 아폴로도로스, 『비블리오테케』 3.1.3-4; 디오도로스, 4.77.2-3(미노스와 포세이돈의 황소 제물).

7. 특별 행적:
아테나와 포세이돈의 경쟁: 아테네 수호신을 위한 경쟁

◈ 고전기 자료
* 헤로도토스, 『역사』 8.55(에렉테우스의 신전 안에 올리브나무와 바닷물 웅덩이가 있는데, 그것들은 포세이돈과 아테나가 아테네를 차지하려고 경쟁할 때 그들이 증거로 제시한 것들).
* 에우리피데스, 『이온』 1433-1436(아테나가 바위에 처음 들여온 올리브나무. 순혈의 올리브나무); 『트로이아데스』 801-802(아테나가 처음으로 '잿빛 올리브가지'ἐλαιὰς κλάδος γλαυκᾶς를 보여준 신성한 언덕: 아크로폴리스).
* 크세노폰, 『회상』 3.5.10(케크롭스가 신들의 경합을 심판).
* 이소크라테스, 12.193(에우몰포스의 주장: 포세이돈이 아테나보다 먼저 아테네를 차지했다고 함).
* 플라톤, 『메넥세노스』 237C(신들이 아테네를 차지하기 위해 싸움. 아테나와 포세이돈 싸움 지칭).
◈ 헬레니즘 시대 자료
* 아폴로도로스, 『비블리오테케』 3.14.1(아테나와 포세이돈이 아테나를 놓고 겨룸).
(참고) 시각자료: 파르테논 신전의 서쪽 박공 묘사(기원전 5세기).
(참고) 스트라본, 『지리지』 9.1.16(아크로폴리스 위의 삼지창 자국. 헤게시아스(기원전 250년경) 인용)(기원전 64년경~서기 21년경).
(참고) 파우사니아스, 1.24.5(파르테논의 후면 박공조각은 아테네를 차지하기 위한, 아테나와 포세이돈의 경쟁을 묘사), 1.26.5(아테네를 차지하려는 포세이돈의 주장: 에렉테이온 묘사. 바닷물이 있는 웅덩이, 파도 소리, 삼지창 모양의 자국), 8.10.4(아테네 아크로폴리스에서 바닷물이 솟았다는 전승 언급)(서기 2세기).

3. 데메테르 신화의 신화 요소별 출처

1. 출생: 부모, 탄생과정, 자매/남매

1) 부모: 크로노스와 레아

◆ 상고기 자료

* 헤시오도스, 『신통기』 453-454.
* 호메로스 찬가, 2.60, 2.75(이상 '아름다운 머리칼의'ἠϋκόμος 레아의 딸),
  2.460(레아의 딸).

◆ 헬레니즘 시대 자료

* 아폴로도로스, 『비블리오테케』 1.1.5-1.1.6(크로노스와 레아의 자식 헤스티
  아, 데메테르, 헤라, 플루톤, 포세이돈, 제우스).
* 디오도로스, 5.68.1(크로노스와 레아의 자식 헤스티아, 데메테르, 헤라, 제우
  스, 포세이돈, 하데스).

2) 탄생과정

(1) 탄생과정

◆ 상고기 자료

* 헤시오도스, 『신통기』 453-467, 492-497.

◆ 고전기 자료

* 플라톤, 『에우티프론』 6A(제우스 아버지가 자식들을 삼킴).

◆ 헬레니즘 시대 자료

* 아폴로도로스, 『비블리오테케』 1.1.5-1.1.6(크로노스와 레아의 자식 헤스티
  아, 데메테르, 헤라, 플루톤, 포세이돈, 제우스), 1.2.1(크로노스가 삼킨 자식
  들을 토해냄).
* 디오도로스, 5.68.1(크로노스와 레아의 자식 헤스티아, 데메테르, 헤라, 제우
  스, 포세이돈, 하데스), 5.70.1-2(크로노스가 예언을 두려워하여 자식들을
  삼킴).

3) 자매/남매: 헤스티아, 헤라, 하데스(혹은 플루톤), 포세이돈, 제우스[6]

2. 결혼과 자녀: 배우자(연인), 자녀

1) 배우자 혹은 연인
(1) 신
① 제우스
◈ 상고기 자료
* 호메로스, 『일리아스』 14.326.
* 헤시오도스, 『신통기』 912-913(제우스가 데메테르와 동침하여 페르세포네를 낳음).
◈ 고전기 자료
* 이소크라테스, 10.20.

② 포세이돈
◈ 헬레니즘 시대 자료
* 칼리마코스, Fragments. fr.207(포세이돈이 데메테르와의 사이에 데스포이네를 낳음).
* 아폴로도로스, 『비블리오테케』 3.6.8(포세이돈이 데메테르와 동침. 아레이온 출산).
  (참고) 파우사니아스, 8.25.5(포세이돈과 데메테르가 동침), 8.25.7(포세이돈과 데메테르가 한 딸과 아레이온을 낳음), 8.37.9(아르카디아인들의 말: 데스포이네는 포세이돈과 데메테르의 딸. 데메테르와 제우스의 딸은 코레라고 불림), 8.42.1(피갈리아인들의 말: 포세이돈이 데메테르와 동침하여 낳은 것은 말이 아니고 데스포이네)(서기 2세기).
  (참고) 호메로스, 『일리아스』 23.346-347(아드레스토스의 준마 아레이온은 신성한 혈통).

---

6) 이에 대해서는 제우스의 '형제/남매' 참조(이 책, 559~62쪽).

(2) 인간

① 야시온(Iasion): 제우스와 엘렉트라의 아들

◈ 상고기 자료

* 호메로스, 『오디세이아』 5.125-128(데메테르가 격정에 사로잡혀 휴경지에서 야시온과 동침).

* 헤시오도스, 『신통기』 969-974(야시온과 사랑하여 부의 신 플루토스를 낳음).

◈ 헬레니즘 시대 자료

* 아폴로도로스, 『비블리오테케』 3.12.1(야시온이 데메테르를 연모하여 그녀를 더럽히려다 벼락에 맞아 죽음).

* 디오도로스, 5.49.1(데메테르가 '야시온에게 반함'Ἰασίωνος ἐρασθεῖσα), 5.49.4, 5.77.1-2(데메테르와 야시온에게서 플루토스가 태어남).

2) 자녀

(1) 신

① 페르세포네: 아버지는 제우스

◈ 상고기 자료

* 호메로스, 『오디세이아』 11.217(제우스의 딸).

* 헤시오도스, 『신통기』 912-913(제우스가 데메테르와 동침하여 (913)'흰 팔의'λευκώλενος 페르세포네를 낳음).

* 호메로스 찬가, 2.21, 2.27(페르세포네의 아버지 제우스), 2.39(페르세포네의 어머니. 데메테르 지칭), 2.79-80(페르세포네의 아버지. 제우스 지칭), 2.408(아버지 크로니데스), 2.414-415(페르세포네의 아버지 크로니데스), 2.439(데메테르의 딸), 2.492-493(데메테르의 딸 페르세포네).

◈ 고전기 자료

* 에우리피데스, 『레소스』 963-964('지하세계의 신부, 수확하는 데메테르의 자식'νύμφην τὴν ἔνερθ' τῆς καρποποιοῦ παῖδα Δήμητρος); 『알케스티스』 358(데메테르의 딸과 그녀의 남편. 페르세포네와 하데스 지칭); 『미친 헤라클레스』 1104(데메테르의 딸. 페르세포네 지칭); 『이온』 1048-1049('노상의 여신, 데메테르의 딸'Εἰνοδία θύγατερ Δάματρος. 페르세포네 지칭).

* 이소크라테스, 10.20(제우스와 데메테르의 딸).

◈ 헬레니즘 시대 자료

* 아폴로도로스, 『비블리오테케』 1.5.3(페르세포네의 어머니. 데메테르 지칭);

『개요』 1.23(제우스의 딸).

* 디오도로스, 5.4.3, 5.5.1(데메테르의 딸 코레), 5.68.2(데메테르의 딸 페르세포네).

　(참고) 아폴로도로스, 『비블리오테케』 1.3.1(페르세포네가 제우스와 스틱스의 자식이라는 전승 언급).

　(참고) 호메로스 찬가, 13.1-2(데메테르의 코레, 페르세포네)(시기 불명).

② 플루토스(Plutos): 아버지는 야시온

◈ 상고기 자료

* 헤시오도스, 『신통기』 969-974(야시온과 사랑하여 플루토스를 낳음. 플루토스는 부의 신).

◈ 헬레니즘 시대 자료

* 디오도로스, 5.49.4, 5.77.1-2(데메테르와 야시온에게서 플루토스가 태어남).

③ 아르테미스

◈ 고전기 자료

* 헤로도토스, 『역사』 2.156(아이스킬로스가 아르테미스를 데메테르의 딸이라고 말함).

　(참고) 파우사니아스, 8.37.6(아이스킬로스는 아르테미스가 데메테르의 딸이라고 말함)(서기 2세기)

　(참고) 호메로스, 『일리아스』 9.536, 9.538(제우스의 자식), 21.504-508(아버지 제우스, 어머니 레토 언급), 21.512; 『오디세이아』 6.151, 20.61(제우스의 자식), 24.605-609(레토 언급).

　(참고) 헤시오도스, 『신통기』 918-920(아르테미스는 제우스와 레토의 자식).

④ 데스포이네(Despoine): 아버지는 포세이돈

◈ 헬레니즘 시대 자료

* 칼리마코스, Fragments. fr.207(포세이돈이 데메테르와의 사이에 데스포이네를 낳음).

　(참고) 파우사니아스, 8.25.7(포세이돈과 데메테르가 한 명의 딸과 아레이온을 낳음), 8.37.9(아르카디아인들의 말: 데스포이네는 포세이돈과 데메테르의 딸. 데메테르와 제우스의 딸은 코레라고 불림), 8.42.1(피갈리아인들의 말: 포세이돈이 데메테르와 동침하여 낳은 것은 말이 아니고 데스포이네)(서

기 2세기).

⑤ 에우불로스(Eubulos)
◆ 헬레니즘 시대 자료
* 디오도로스, 5.76.3(데메테르의 자식).
  (참고) 파우사니아스, 2.30.3(카르마노르가 에우불로스의 아버지)(서기 2세
  기).

⑥ 디오니소스: 아버지는 제우스
◆ 헬레니즘 시대 자료
* 디오도로스, 3.62.6-3.62.7(디오니소스는 제우스와 데메테르의 아들),
  3.64.1(디오니소스를 제우스와 페르세포네 혹은 데메테르의 자식으로 보는
  전승을 언급).
  (참고) 호메로스, 『일리아스』14.325(제우스의 연인 세멜레가 디오니소스를
  낳음).
  (참고) 헤시오도스, 『신통기』940-941(카드모스의 딸 세멜레가 제우스와
  동침하여 디오니소스를 낳음).
  (참고) 디오도로스, 3.64.3-3.64.5, 3.66.3, 4.2.1-4.2.4(제우스와 세멜레의
  자식), 4.4.1, 5.75.4(제우스와 페르세포네의 자식).

(2) 동물
① 말 아레이온(Areion): 아버지는 포세이돈
◆ 헬레니즘 시대 자료
* 아폴로도로스, 『비블리오테케』3.6.8(포세이돈이 분노의 여신의 모습을 한
  데메테르와 동침하여 말 아레이온을 낳음).
  (참고) 파우사니아스, 8.25.5-8(텔푸사인들의 말: 포세이돈과 데메테르가
  딸 한 명과 말 아레이온을 낳음), 8.42.1(피갈리아인들의 말: 포세이돈이 데
  메테르와 동침하여 낳은 것은 말이 아니고 데스포이네)(서기 2세기).
  (참고) 호메로스, 『일리아스』23.346-347(아드레스토스의 준마 아레이온
  은 신성한 혈통).

3. 출현과 모습: 출현, 거주지, 모습, 변신, 부수물

1) 출현

◆ 상고기 자료

* 호메로스 찬가, 2.90-304(엘레우시스 도착과 체류. 데메테르 신전 건설), 2.473-484(트립톨레모스, 에우몰포스, 켈레오스 등에게 제의를 가르침).

◆ 고전기 자료

* 크세노폰, 『헬레니카』 6.3.6(트립톨레모스가 '데메테르의 결실'Δήμητρος καρπός을 가장 먼저 부여한 곳이 펠로폰네소스).

* 이소크라테스, 4.28(데메테르가 아테네인들의 땅에 와서 최대의 두 가지 선물인, 곡물과 제의를 최초로 부여함).

* 플라톤, 『법률』 782B(트립톨레모스는 데메테르와 코레의 선물의 관리인 διάκονος).

◆ 헬레니즘 시대 자료

* 『파로스 연대기』 Ep.12(데메테르가 아테네에 와서 '곡물을 심었고'καρπὸν ἐφύτευεν, 트립톨레모스를 통해 그것을 다른 나라로 전파시킴), Ep.13(트립톨레모스는 엘레우신Eleusin이라 불리는 라리아Rharia에서 곡물을 파종함), Ep.15(무사이오스의 아들 에우몰포스가 엘레우신에서 비의를 거행)(기원전 3세기).

* 칼리마코스 찬가, 6.19-21(최초로 곡물 이삭을 베어 묶음. 트립톨레모스에게 기술을 가르침).

* 아폴로도로스, 『비블리오테케』 1.5.1-2(데메테르의 엘레우시스 도착. 트립톨레모스의 곡물 파종), 3.14.7(아티카 출현).

* 디오도로스, 5.2.4, 5.4.3-4.7, 5.68.1-69.3.

2) 거주지

◆ 상고기 자료

* 호메로스 찬가, 2.90-94(올림포스에 가지 않고 인간세상을 돌아다님), 2.302-304(다른 신들과 별거하여 엘레우시스에 거주), 2.319(데메테르가 엘레우시스의 신전에 있는 것을 발견), 2.321-322, 2.331-333(그녀더러 신들에게 합류하라 했지만 올림포스에 가는 것을 거부), 2.483-486(데메테르가 다른 신들이 살고 있는 올림포스에 가서 그들과 합류).

◆ 헬레니즘 시대 자료

* 아폴로도로스, 『비블리오테케』 1.5.1(데메테르가 신들에게 분노하여 하늘을 떠나 엘레우시스에 감).
(참고) Anonymous Fragments, fr.931L.11('엘레우시스의 여왕'πότνια Ἐλευσινία 데메테르)(서기 2세기 파피루스)(Campbell V).

3) 모습: 신성과 호칭, 부수물 참조

◈ 상고기 자료
* 호메로스, 『일리아스』 5.500-501(금발의ξανθή. 바람 속에서 곡물알갱이와 껍질을 가름), 14.326('아름다운 머리칼의'καλλιπλόκαμος); 『오디세이아』 5.125('아름다운 머리칼의'εὐπλόκαμος).
* 헤시오도스, 『일과 날들』 300('화려한 관을 쓴'εὐστέφανος).
* 호메로스 찬가, 2.1, 2.297, 2.315('아름다운 머리칼의'ἠυκόμος), 2.4('황금검을 지닌'), 2.40-42(머리의 베일, 검정색 칼리마κάλυμμα), 2.181-183(머리의 베일, 검정색 페플로스), 2.275-280(변신, 본모습 회복: 아름다운 미모, 기분 좋은 향기, 금발, 광채 나는 옥체), 2.48, 2.61(햇불을 든 채 유랑), 2.302('금발의'), 2.315(아름다운 머리칼, 대단히 아름다운 용모), 2.453('발목이 예쁜'καλλίσφυρος), 2.224, 2.307, 2.384, 2.470('화려한 관을 쓴'εὐστέφανος), 2.236a, 2.251, 2.295('아름다운 관을 쓴'καλλιστέφανος), 2.319, 2.360, 2.374, 2.442('검정색 페플로스의'κυανόπεπλος).

◈ 고전기 자료
* 핀다로스, 『올림피아 송가』 6.94('붉은색 발을 지닌 자'φοινικόπεζα); Hymns, fr.37('황금고삐를 든'χρυσήνιος).
* 에우리피데스, 『히케티데스』 260-261(햇불 든 데메테르); 『포이니사이』 687-688(햇불 든 여신 데메테르와 페르세포네).

◈ 헬레니즘 시대 자료
* 테오크리토스, Poems, VII.32('아름다운 페플로스의'εὔπεπλος 데메테르).
* 칼리마코스 찬가, 6.42-43(인간 변신), 6.57-58(본모습을 드러냄. 엄청난 거구의 모습).
* 아폴로도로스, 『비블리오테케』 1.5.1(햇불을 들고 돌아다님).
* 디오도로스, 5.4.3(햇불을 들고 다님).
(참고) 파우사니아스, 8.37.4(데메테르 조각상 모습: 오른손에 햇불δαίς. 다모폰(기원전 2세기 전반의 메세네 조각가)의 작품)(서기 2세기).

4) 변신

◈ 상고기 자료

* 호메로스 찬가, 2.94(여신의 변장), 113('노부인' 호칭), 276(늙은 여인의 모습).

◈ 헬레니즘 시대 자료

* 칼리마코스 찬가, 6.42-43(데메테르 여사제인 니키페의 모습으로 나타남), 6.57-58(본모습을 드러냄. 엄청난 거구의 모습).

5) 부수물

(1) 곡물: '아크테'(ἀκτή), '스타키스'(στάχυς), '시토스'(σῖτος)('곡물, 곡식'), '피로스'(πυρός, '밀'), '크리'(κρῖ, '보리')

◈ 상고기 자료

* 호메로스, 『일리아스』 13.322, 21.76('데메테르의 곡식'Δημήτερος ἀκτή).

* 헤시오도스, 『일과 날들』 32('데메테르의 곡식'Δημήτερος ἀκτή), 393('데메테르의 성과'ἔργα Δημήτερος), 466, 597, 805('데메테르의 성스런 곡식' Δημήτερος ἱερὸν ἀκτήν); 『방패』 290('데메테르의 곡식'Δημήτερος ἀκτή).

◈ 고전기 자료

* 아이스킬로스, Fragments, fr.161.7(데메테르의 '곡물 이삭'στάχυς).

* 에우리피데스, 『히폴리토스』 138(데메테르의 '곡식'ἀκτή); 『키클롭스』 121(데메테르의 '곡물 이삭'στάχυς).

* 헤로도토스, 『역사』 1.193, 4.198('데메테르의 결실'Δήμητρος καρπός).

* 아리스토파네스, 『새』 580(데메테르가 '밀'πυρός을 제공하는 존재로 언급); 『플루토스』 515(쟁기로 땅을 갈아 '데메테르의 결실'καρπὸν Δηοῦς을 거둠).

* 크세노폰, 『헬레니카』 6.3.6(트립톨레모스가 '데메테르의 결실의 씨앗' Δήμητρος καρποῦ σπέρμα를 최초로 전한 곳이 펠로폰네소스).

* 이소크라테스, 4.28(데메테르가 인간에게 '결실'τοὺς καρπούς을 선사함).

◈ 헬레니즘 시대 자료

* 리코프론, 『알렉산드라』 621(데메테르의 '곡물 이삭'στάχυς).

* 칼리마코스 찬가, 6.19-21(데메테르가 최초로 '곡물 이삭'ἄσταχυς을 베어 묶음. 트립톨레모스에게 기술을 가르침).

* 아폴로니오스, 『아르고나우티카』 3.413(데메테르의 '곡물'ἀκτή), 4.988-989(데메테르가 티타네스에게 '곡물'στάχυς의 수확을 가르침).

* 아폴로도로스, 『비블리오테케』 1.5.2(데메테르가 트립톨레모스에게 '밀'

πυρός을 주어 온 세상에 파종하게 함).

* 디오도로스, 5.4.3(데메테르가 인간들에게 '밀의 결실'τὸν τῶν πυρῶν καρπὸν 을 선사), 5.4.4(아테네인들에게 '밀의 결실'τὸν τῶν πυρῶν καρπὸν을 선사), 5.4.5('곡물'σῖτος), 5.4.6('곡물의 결실'τὸν τοῦ σίτου καρπόν), 5.5.2(데메 테르는 '곡물의 발견'ἡ εὕρεσις τοῦ σίτου 외에도 그것으로 음식 만드는 법 을 인간들에게 가르침), 5.49.1(데메테르가 카드모스에게 '곡물의 결실'τὸν καρπὸν τοῦ σίτου을 선사), 5.68.1(인간에게 '곡물'σῖτος 파종법을 가르침), 5.69.1(인간에게 '곡물의 본성과 사용'τὴν τούτου(=τοῦ σίτου) φύσιν τε καὶ χρῆσιν에 대해 알려줌).
(참고) Beazley Archive Number 204683(London, British Museum: E140)(곡 물과 횃불 든 모습)(기원전 5세기 전반 추정).[7]
(참고) 호메로스 찬가, 2.309(데메테르가 '보리'κρῖ의 생장에 관계함), 2.452-453(데메테르가 '보리'κρῖ를 숨김), 2.454, 2.456('곡물'ἄσταχυς의 생장이 데메테르와 연관된 것임을 암시).

(2) 횃불: '다이스'(δαίς), '피르'(πῦρ), '람파스'(λαμπάς)
◆ 상고기 자료
* 호메로스 찬가, 2.48, 2.61(다이스: 손에 횃불을 든 채 유랑).
◆ 고전기 자료
* 에우리피데스, 『히케티데스』260-261('피르포로스 여신'πύρφορος θεά 데메 테르); 『포이니사이』687-688('피르포로이 여신들'πυρφόροι θεαί. 데메테르 와 페르세포네 지칭).
◆ 헬레니즘 시대 자료
* 아폴로도로스, 『비블리오테케』1.5.1(람파스: 횃불을 들고 돌아다님).
* 디오도로스, 5.4.3(람파스: 횃불을 들고 다님).
(참고) 파우사니아스, 8.37.4(데메테르 조각상 모습: 오른손에 다이스. 다모 폰(기원전 2세기 전반의 메세네 조각가)의 작품)(서기 2세기).
(참고) Beazley Archive Number 204683(London, British Museum: E140)(곡 물과 횃불 든 모습)(기원전 5세기 전반 추정).

---

7) 이하에 나오는 Beazley Archive의 자료는 영국 옥스퍼드 대학의 CLASSICAL ART RESEARCH CENTRE and THE BEAZLEY ARCHIVE(http://www.beazley.ox.ac.uk)의 데이 터를 참조했다.

4. 주요 신성

1) 곡물의 신
(1) 곡물의 주인
◈ 상고기 자료
* 호메로스, 『일리아스』 13.322, 21.76('데메테르의 곡식'Δημήτερος ἀκτή).
* 헤시오도스, 『일과 날들』 32; 『방패』 290('데메테르의 곡식'Δημήτερος ἀκτή); 『일과 날들』 466, 597, 805('데메테르의 성스런 곡식'Δημήτερος ἱεριά ἀκτή), 393('데메테르의 성과'ἔργα Δημήτερος).
◈ 고전기 자료
* 아이스킬로스, Fragments, fr.25.5('데메테르의 물자物資'βίος Δημήτριος: 곡물), fr.161.7(데메테르의 '곡물 이삭'στάχυς).
* 에우리피데스, 『히폴리토스』 138(데메테르의 '곡식'ἀκτή); 『키클롭스』 121(데메테르의 '곡물 이삭'στάχυς을 파종함).
* 헤로도토스, 『역사』 1.193, 4.198('데메테르의 결실'Δήμητρος καρπός), 7.141-142('데메테르'가 '곡식'의 의미).
* 아리스토파네스, 『플루토스』 515('데메테르의 결실'καρπός Δηοῦς).
* 크세노폰, 『헬레니카』 6.3.6('데메테르의 결실의 씨앗'Δήμητρος καρποῦ σπέρμα).
◈ 헬레니즘 시대 자료
* 리코프론, 『알렉산드라』 621(데메테르의 '곡물 이삭'στάχυς).
* 아폴로니오스, 『아르고나우티카』 3.413(데메테르의 '곡식'ἀκτή).

(2) 곡물 생산 주관
◈ 상고기 자료
* 호메로스, 『일리아스』 5.500-502(바람 속에서 곡식알과 껍질을 가름. 탈곡).
* 헤시오도스, 『일과 날들』 300-301(데메테르가 곳간을 '양식'βίοτος으로 채워놓음), 391-392(파종, 쟁기질, 수확작업), 393(ἔργα Δημήτερος, '데메테르의 성과'), 467-469(쟁기질).
* 호메로스 찬가, 2.4(ἀγλαοκάρπος, '근사한 결실을 맺게 하는'), 2.305-313(데메테르가 자신의 일에 소홀히 하자 씨앗의 싹이 트지 않고 농사일이 허사. 인간이 기아에 시달리고 신들에게도 제물이 바쳐지지 않음), 2.332(땅에서 결실을 맺게 함), 2.351-354(씨앗이 싹트지 못하게 하고 인

간을 파멸시키려고 함), 2.450-456(황폐해진 대지. 데메테르가 '보리'κρῖ 를 숨김. '곡물'ἄσταχυς의 생장이 데메테르와 연관된 것임을 암시), 2.469-473(인간에게 결실을 가져다 하고 대지에 잎과 꽃이 자라게 함).

◈ 고전기 자료

* 바킬리데스, 『우승송가』 3.1-2('곡물이 풍부한'ἀριστοκάρπος 시칠리아를 지배하는 데메테르).

* 에우리피데스, 『레소스』 964('결실을 맺는 데메테르'καρποποιός Δημήτηρ); 『헬레네』 1319-1339(그녀는 슬픔에 젖어 돌아다니느라 '메마른 대지에서 인간들에 대한 수확의 결실을 거두지 못하게 함으로써'βροτοῖσι δ᾽ ἄχλοα πεδία γᾶς οὐ καρπίζουσ᾽ ἀρότοις, 인간들을 파멸시키고 가축들에게도 풍부한 사료를 제공하지 못함. 활기가 국가들에서 사라짐. 신에 대한 제물이 오르지 않고 제단에는 음식도 없음. 그녀는 딸에 대해 슬퍼하느라 샘물의 물이 흐르는 것도 막아버림. 신과 인간들에게 축연을 중단시킴); 『바카이』 275-277(데메테르 여신은 대지. 그녀는 '고체固體 식량으로'ἐν ξηροῖσιν 인간을 양육함).

* 아리스토파네스, 『새』 580(데메테르가 '밀'πυρός을 제공하는 존재로 언급); 『개구리』 384('결실을 가져오는 여왕, 데메테르 여신'καρπόφορος βασίλεια Δημήτηρ θεά); 『플루토스』 515(쟁기로 땅을 갈아 '데메테르의 결실'καρπὸν Δηοῦς을 거둠).

* 크세노폰, 『헬레니카』 6.3.6(트립톨레모스가 '데메테르의 결실의 씨앗' Δήμητρος καρποῦ σπέρμα을 펠로폰네소스에 전함).

* 플라톤, 『크라틸로스』 404B(데메테르는 어머니처럼 '먹거리 선물'ἡ δόσις τῆς ἐδωδῆς을 줌).

◈ 헬레니즘 시대 자료

* 테오크리토스, Poems, VII.33-34(데메테르는 탈곡장을 보리로 가득 채움), VII.155(탈곡장의 여신 데메테르), X.42-43('풍부한 과실과 풍부한 곡물 이삭의'πολύκαρπος πολύσταχυς 여신 데메테르에게 최대의 수확을 기원).

* 칼리마코스 찬가, 6.2, 6.119(풍부한 곡물의 여신 데메테르), 6.19-21(데메테르가 최초로 '곡물 이삭'ἄσταχυς을 베어 묶음. 수확), 6.135-137(데메테르에게 들판에서의 가축 번식과 곡물의 풍작을 기원. 파종과 수확작업).

* 디오도로스, 5.4.5(시칠리아인들의 말: 시칠리아인들은 데메테르 및 코레와의 친교 덕분에 '곡물'σῖτος의 발견 이후 최초로 '곡물'을 함께 사용함), 5.68.2(데메테르가 '곡물'σῖτος을 발견. 페르세포네를 잃고 곡물의 결실을

모두 불태움), 5.69.3(곡창지역 시칠리아와 데메테르의 특별한 관계 언급).
(참고) 호메로스 찬가, 2.309(데메테르가 '보리'κρῖ의 생장에 관계함),
2.452-453(데메테르가 '보리'κρῖ를 숨김), 2.454, 2.456(데메테르가 '곡
물'ἄσταχυς의 생장에 관계한다는 것을 암시).

(3) 곡물과 생산기술을 인간에게 전수(傳授)
◈ 고전기 자료
* 이소크라테스, 4.28-29(데메테르는 인간에게 '결실'οἱ καρποί을 선사함. 아
테네인들은 이 선물을 독점하지 않고 모든 사람들에게 그것의 사용과 생산
에 대해 가르쳐줌).
* 크세노폰, 『헬레니카』 6.3.6(트립톨레모스가 '데메테르의 결실의 씨앗'
Δήμητρος καρποῦ σπέρμα을 최초로 전한 곳이 펠로폰네소스).
* 플라톤, 『법률』 782B(데메테르와 코레의 선물τὰ Δήμητρός τε καὶ Κόρης
δῶρα. 트립톨레모스는 이 과실들의 관리자).
◈ 헬레니즘 시대 자료
* 칼리마코스 찬가, 6.19-21(데메테르가 최초로 '곡물 이삭'ἄσταχυς을 베어
묶음. 트립톨레모스에게 기술을 가르침).
* 아폴로니오스, 『아르고나우티카』 4.988-989(데메테르가 티타네스에게 '곡
물'στάχυς의 수확을 가르침).
* 〈파로스 연대기〉 Ep.12(데메테르가 아테네에 와서 '결실을 심었고'καρπὸν
ἐφυτεύεν, 켈레오스와 네아이라의 아들 트립톨레모스를 통해 최초로 그것을
다른 나라로 전파시킴), Ep.13(트립톨레모스는 엘레우신Eleusin이라 불리는
라리아Rharia에서 곡물을 파종함), Ep.14(오르페우스가 곡물을 받은 자들에
대한 이야기를 지음)(기원전 3세기).
* 아폴로도로스, 『비블리오테케』 1.5.1-1.5.2(데메테르의 엘레우시스 체류. 데
메테르가 트립톨레모스에게 날개달린 뱀들의 마차와 '밀'πυρός을 주고 트립
톨레모스는 하늘을 다니면서 밀을 살포함).
* 디오도로스, 4.3.5(디오니소스와 데메테르는 인간에게 가장 큰 혜택을 부
여한 신. 디오니소스는 가장 근사한 음료를 고안하고 데메테르는 최상의 건
조식품을 제공함), 5.2.5(여신들이 '곡물을 발견'), 5.4.3(데메테르가 자신을
환대한 인간들에게 '밀의 결실'τὸν τῶν πυρῶν καρπόν을 선사), 5.4.4(아테
네인들에게 시칠리아인들 다음으로 '밀의 결실'τὸν τῶν πυρῶν καρπόν을 선
사), 5.4.5(시칠리아인들은 데메테르 및 코레와의 친교 덕분에 '곡물'σῖτος

의 발견 이후 최초로 '곡물'을 함께 사용함), 5.5.2(데메테르는 '곡물의 발견'ἡ εὕρεσις τοῦ σίτου 외에 '그것의 재배도'τὴν κατεργασίαν αὐτοῦ(=τοῦ σίτου) 인간에게 가르침), 5.49.1(데메테르가 카드모스에게 '곡물의 결실' τὸν καρπὸν τοῦ σίτου을 선사), 5.68.1('곡물'σῖτος을 처음으로 거두어들이고, 곡물의 재배와 보존법을 고안하고 인간에게 그 파종법을 가르침), 5.68.2(데메테르가 '곡물'σῖτος을 발견. 페르세포네를 잃고 곡물의 결실을 모두 불태움), 5.69.1('곡물 결실의 발견에 대해'περὶ τῆς εὑρέσεως τοῦ καρποῦ τούτου(=τοῦ σίτου) 이견들이 많음. 인간에게 '곡물의 본성과 사용' τὴν τούτου(=τοῦ σίτου) φύσιν τε καὶ χρῆσιν에 대해 알려줌), 5.69.1-3(곡물의 발견에 대한 여러 전승: 이집트인, 아테네인, 시칠리아인의 전승들 소개).
(참고) 스트라본, 『지리지』 1.2.20(소포클레스의 『트립톨레모스』에서, 트립톨레모스는 땅에 씨앗을 뿌리는 인물로 묘사됨)(기원전 64년경~서기 21년경).
(참고) 호메로스 찬가, 2.54, 2.192, 2.492('훌륭한 선물을 가져다주는' ἀγλαόδωρος 데메테르. 좋은 선물은 곡식을 가리킴).
(참고) Beazley Archive Number 204683(London, British Museum: E140)(트립톨레모스가 곡물 이삭을 손에 들고 마차에 앉아 있음)(기원전 5세기 전반 추정).
(참고) 파우사니아스, 1.14.2(아테네인들의 전승: 켈레오스의 아들 트립톨레모스가 최초로 재배를 위해 파종함)(서기 2세기).

2) 법률과 질서의 신

◈ 고전기 자료
* 핀다로스, Hymns, fr.37('입법자 여왕'πότνια θεσμοφόρος).
* 헤로도토스, 『역사』 6.91(아이기나의 '테스모포로스 데메테르'), 6.134(파로스의 '테스모포로스 데메테르').
* 아리스토파네스, 『테스모포리아주사이』 296(테스모포로이αἱ θεσμοφόροι: 데메테르와 코레).
◈ 헬레니즘 시대 자료
* 칼리마코스 찬가, 6.18('테트미아'(τέθμια, '법률, 규범')를 부여).
* 디오도로스, 5.5.2-5.5.3, 5.68.3(인간에게 '노모이'를 도입. '테스모포로스' 호칭 유래).
(참고) 파우사니아스, 8.15.4('데메테르 테스미아'(Δημήτηρ θέσμια, '법률의 신 데메테르'))(서기 2세기).

3) 영생(永生)의 신

◈ 상고기 자료
* 호메로스 찬가, 2.233-264(데메테르가 데모폰에게 불사의 생명을 주고자함), 2.473-482(데메테르가 엘레우시스의 유력자들에게 비의를 보여주고 가르침. 데메테르 비의에 참여한 자는 현세의 행복과 아울러 사후세계의 행복을 누림).

◈ 고전기 자료
* 핀다로스, Threnoi, fr.137.1-3('비의를 목격하고 지하세계로 간 자는 복되도다. 그는 삶의 결말(끝)을 알고 제우스가 주신 (삶의) 시초를 알도다').
* 아리스토파네스, 『개구리』886(데메테르가 정신을 육성시킴).
* 이소크라테스, 4.28(데메테르는 아테네인들에게 '제식'τελετή을 선사함. 제식 참가자는 '인생의 결말과 영원함에 대한'περί τε τῆς τοῦ βίου τελευτῆς καὶ τοῦ σύμπαντος αἰῶνος 즐거운 희망을 가짐), 4.29(아테네인들은 이 선물을 독점하지 않고 모든 사람들과 공유함. 아테네에서 매년 데메테르 제의 거행).
* 크세노폰, 『헬레니카』6.3.6(트립톨레모스가 외국인 중에서는 처음으로 헤라클레스에게 데메테르와 코레의 비밀의식을 보여주었음).

◈ 헬레니즘 시대 자료
* 『파로스 연대기』Ep.15(무사이오스의 아들 에우몰포스가 엘레우신에서 비의를 거행)(기원전 3세기).
* 아폴로도로스, 『비블리오테케』1.5.1(데메테르가 데모폰을 불사의 존재로 만들고자 함).
* 디오도로스, 3.62.6(디오니소스가 가이아의 자식들에게 찢겨 죽었으나 데메테르에 의해 사지가 다시 합쳐져 새로이 탄생함).
   (참고) 아폴로도로스, 『비블리오테케』3.13.6(테티스가 불을 이용해 인간을 불사의 존재로 만들고자 함).

5. 호칭과 수식어

1) 신성 호칭과 수식어
(1) 신격의 기본 호칭과 수식어
   ① 지배자(여왕): 아나사(ἄνασσα, '여왕, 지배자'), 포트니아(πότνια, 혹은 '포트나'πότνα: '여왕'), 폴리포트니아(πολυπότνια, '위대한 여왕'), '크레이우사'

(κρείουσα, 혹은 '크레우사'κρέουσα, '크레이오이사'κρείοισα: '여왕'), '바실레
이아'(βασίλεια, '여왕'), '데스포이나'(δέσποινα, '여성 통치자')

◈ 상고기 자료
* 호메로스, 『일리아스』 14.326(아나사).
* 호메로스 찬가, 2.75, 2.492(아나사), 2.39, 2.47, 2.54, 2.490-492(포트니
  아), 2.118(포트나: '여신들의 포트나'πότνα θεάων), 2.211(폴리포트니아).

◈ 고전기 자료
* 핀다로스, Hymns, fr.37(포트니아).
* 바킬리데스, 『우승송가』 3.1-2(최상의 결실이 열리는 시칠리아의 '크레우사').
* 소포클레스, 『콜로노스의 오이디푸스』 1050('포트니아이'πότνιαι: 데메테르
  와 페르세포네).
* 에우리피데스, 『포이니사이』 685-686(아나사: '모두의 지배자'πάντων
  ἄνασσα 데메테르 여신).
* 아리스토파네스, 『테스모포리아주사이』 286(데스포이나 데메테르),
  1149('포트니아이'πότνιαι: 데메테르와 페르세포네), 1154(테스모포로스 폴
  리포트니아); 『개구리』 384-385('카르포포로스 바실레이아 데메테르 여신'
  καρπόφορος βασίλεια Δημήτηρ θεά), 386-387(아나사: '신성한 비의의 지배
  자'ἁγνῶν ὀργίων ἄνασσα 데메테르).

◈ 헬레니즘 시대 자료
* 칼리마코스 찬가, 6.10, 6.59(포트니아), 6.49(포트니아 데메테르),
  6.138(크레이오이사: '여신들의 여왕'κρείοισα θεάων).
  (참고) 호메로스, 『일리아스』 1.551, 1.568, 4.50, 8.198, 8.218, 8.471,
  13.826, 14.159, 14.197, 14.202, 14.263, 14.300, 14.329, 15.34, 15.83,
  15.100, 15.149, 16.439, 18.239, 18.357, 18.360, 19.106, 20.309; 『오디세
  이아』 4.513; 헤시오도스, 『신통기』 11; 호메로스 찬가, 3.309, 3.332, 3.348,
  3.353(포트니아); 핀다로스, 『네메아 송가』 1.39('여신들의 바실레이아'θεῶν
  βασίλεα: 헤라); 아이스킬로스, 『테바이를 향한 7인』 151; 에우리피데스, 『포
  이니사이』 1365(포트니아); 아리스토파네스, 『리시스트라타』 1286('그(제우
  스)의 아내 포트니아'ἄλοχος πότνια: 헤라); 아폴로니오스, 『아르고나우티카』
  3.79('포트나 테아'πότνα θεά)(헤라에게 사용).
  (참고) 호메로스, 『일리아스』 21.470-471(포트니아: '짐승들의 여왕 아
  르테미스'πότνια θηρῶν Ἄρτεμις); 『오디세이아』 20.61('포트나 테아'πότνα
  θεά); 소포클레스, 『엘렉트라』 626(데스포이나 아르테미스); 에우리피데스,

『메데이아』160(포트니아); 『히폴리토스』228(염수호塩水湖의 데스포이나δέσποινα ἁλίας Λίμνας 아르테미스), 1325, 1395(데스포이나); 『타우리스의 이피게네이아』1230(아나사 파르테노스: 아르테미스); 『아울리스의 이피게네이아』1482(아나사), 1523(아나사: '신들의 여왕'θεῶν ἄνασσα 아르테미스); 『포이니사이』190-192('제우스의 자식'Διὸς ἔρνος, 포트니아 아르테미스); 아리스토파네스, 『테스모포리아주사이』128(아나사: '순결한 여왕' ἄνασσα ἁγνή 아르테미스); 칼리마코스, 『경구집』35.2(포트니아)(아르테미스에게 사용).

(참고) 호메로스, 『오디세이아』3.380(아나사), 6.305(포트니아), 13.391('포트나 테아'πότνα θεά); 헤시오도스, 『신통기』926(포트니아); 호메로스 찬가, 5.92-97(아나사: 아테나, 아르테미스, 레토, 아프로디테, 테미스, 카리테스, 님페에게 모두 사용); 알카이오스, fr.325.1; 아이스킬로스, 『테바이를 향한 7인』164; 『에우메니데스』235, 288, 443, 892; 소포클레스, 『아이아스』774(아나사), 38,105(데스포이나); 에우리피데스, 『트로이아데스』52; 『타우리스의 이피게네이아』1475(아나사); 『키클롭스』350(팔라스, 데스포이나); 아리스토파네스, 『기사』763(데스포이나 아테나), 1170(포트니아); 『평화』271(포트니아 데스포이나 아테나).; 『에클레시아주사이』476(포트니아 팔라스); 테오크리토스, Poems, XV.80, XVI.82(포트니아); 칼리마코스 찬가, 5.55(포트니아 아테나), 5.86(포트니아)(아테나에게 사용).

(참고) 호메로스, 『일리아스』4.2(포트니아 헤베)(헤베Hebe에게 사용).

(참고) 호메로스, 『일리아스』5.592(포트니아 에니오)(에니오Enyo에게 사용).

(참고) 호메로스, 『일리아스』11.795, 16.37, 16.51, 18.35, 18.70, 23.92, 24.126; 『오디세이아』11.546(포트니아)(아킬레우스 어머니 테티스Thetis에게 사용).

(참고) 호메로스, 『오디세이아』5.149(포트니아), 5.215('포트나 테아'πότνα θεά); 아폴로니오스, 『아르고나우티카』4.574(크레이우사 칼립소)(님프 칼립소에게 사용).

(참고) 호메로스, 『오디세이아』8.448, 10.394, 10.549, 12.36(포트니아)(키르케에게 사용).

(참고) 헤시오도스, 『일과 날들』73(포트니아 페이토)(페이토Peitho에게 사용).

(참고) 헤시오도스, 『신통기』 368(포트니아)(테티스Tethys에게 사용).

(참고) 호메로스 찬가, 3.12, 3.49(포트니아); 테오그니스, Elegiac Poems, Book 1.5(포트니아)(EdmondsI); 에우리피데스, 『이온』 410('포트니아, 포이보스의 어머니'); 아리스토파네스, 『테스모포리아주사이』 123(레토 아나사)(레토에게 사용).

(참고) 호메로스 찬가, 4.19, 4.183(포트니아)(마이아에게 사용).

(참고) 호메로스 찬가, 5.24(포트니아)(헤스티아에게 사용).

(참고) 호메로스 찬가, 5.223, 5.230(포트니아)(에오스에게 사용).

(참고) 핀다로스, 『올림피아 송가』 14.3-4('바실레이아이'(βασίλειαι, '여왕들'))(카리테스에게 사용).

(참고) 핀다로스, 『네메아 송가』 3.1(포트니아)(무사Musa에게 사용).

(참고) 핀다로스, 『이스트미아 송가』 5.6(아나사: 헬리오스(태양)의 어머니 테이아Theia)(테이아에게 사용).

(참고) 바킬리데스, 『우승송가』 12.5(포트니아 니케); 헤로도토스, 『역사』 8.77(포트니아); 아리스토파네스, 『리시스트라타』 317(데스포이나 니케)(니케에게 사용).

(참고) 아이스킬로스, 『에우메니데스』 951; 『테바이를 향한 7인』 887(포트니아)(에리니스에게 사용).

(참고) 아이스킬로스, 『묶인 프로메테우스』 895; 아리스토파네스, 『테스모포리아주사이』 700(포트니아: '포트니아이 모이라이'πότνιαι Μοῖραι)(모이라이에게 사용).

(참고) 에우리피데스, 『헤라클레이다이』 103(포트니아 디카)(디케에게 사용).

(참고) 에우리피데스, 『히폴리토스』 117('데스포이나 키프리스'δέσποινα Κύπρις), 415, 522('데스포이나 포트니아 키프리스'); 아리스토파네스, 『리시스트라타』 833-834(포트니아, 메데우사: '키프로스와 키테라, 파포스를 지배하는 포트니아'πότνια Κύπρου καὶ Κυθήρων καὶ Πάφου); 테오크리토스, Poems, XVII.45(포트나); 아폴로니오스, 『아르고나우티카』 917-918(에릭스의 지배자, 키프리스 여신. 아프로디테 지칭)(아프로디테에게 사용).

(참고) 아이스킬로스, Fr.216(데스포이나 헤카테); 에우리피데스, 『포이니사이』 109-110('레토의 자식, 포트니아 헤카테'πότνια παῖς Λατοῦς Ἑκάτη); 아폴로니오스, 『아르고나우티카』 3.467('포트나 테아'πότνα θεά: 페르세스의 딸 헤카테(『아르고나우티카』 3.478, 3.1035))(헤카테에게 사용).

(참고) 에우리피데스, 『오레스테스』 174(포트니아 닉스)(닉스에게 사용).

(참고) 에우리피데스, 『오레스테스』 213(포트니아 레테)(레테에게 사용).

(참고) 에우리피데스, 『바카이』 370(호시아 포트나)(호시아Hosia에게 사용).

(참고) 에우리피데스, 『엘렉트라』 678(가이아 아나사)(가이아에게 사용).

(참고) 아리스토파네스, 『평화』 974-976('바실레이아 테아'(βασίλεια θεά, '지배자 여신'), 포트니아 에이레네, '코로스의 데스포이나, 결혼의 데스포이나'δέσποινα χορῶν, δέσποινα γάμων), 1056, 1108(포트니아)(에이레네에게 사용).

(참고) 아리스토파네스『리시스트라타』742;『에클레시아주사이』369(포트니아)(에일레이티이아Eileithyia에게 사용).

(참고) 아리스토파네스, 『에클레시아주사이』337('데메테르의 딸 포트니아'πότνια Δήμητρος κόρη)(페르세포네에게 사용).

(참고) 테오크리토스, Poems, II.69, 75, 81, 87, 93, 99, 105('포트나 셀라나'πότνα Σελάνα)(셀레나에게 사용).

(참고) 테오크리토스, Poems, XVII.132(크레이우사 레아); 아폴로니오스, 『아르고나우티카』1.1151(폴리포트니아 레아)(레아에게 사용).

(참고) 아폴로니오스, 『아르고나우티카』1.1125('딘디몬(Dindymon)산의 어머니 폴리포트니아'μήτηρ Δινδυμίη πολυπότνια: 키벨레)(키벨레에게 사용).

(2) 곡물의 신

① '클로에'(χλόη): '어린 곡물의 여신'

◆ 고전기 자료

* 아리스토파네스, 『리시스트라타』835(아테네의 '클로에' 신전).

◆ 헬레니즘 시대 자료

* 아테나이오스, 『오찬의 소피스트들(Deipnosophistai)』14.618D-E(세모스(Semos, 기원전 200년경)의 말 소개)(서기 3세기 전반).

(참고) 파우사니아스, 1.22.3(클로에 데메테르)(서기 2세기).

② '할로아스'(Ἁλῶας): '탈곡장의 여신'

◆ 헬레니즘 시대 자료

* 테오크리토스, Poems, VII.155.

③ '이울로'(Ἰουλώ): '곡물다발의 여신'

◆ 헬레니즘 시대 자료

* 아테나이오스, 『오찬의 소피스트들』 14.618D-E(세모스(Semos, 기원전 200년경)의 말 소개)(서기 3세기 전반).

④ 폴리포르보스(πολύφορβος): '많은 식량의, 다수를 먹이는'
◆ 상고기 자료
* 헤시오도스, 『신통기』 912.
  (참고) 호메로스, 『일리아스』 9.568, 14.200, 14.301; 호메로스 찬가, 3.365; 디오도로스, 3.56.2('폴리포르보스 가이아')(가이아에게 사용).

⑤ '호레포로스'(ὡρηφόρος): '계절을 데려오는, 계절에 결실을 거두는'
◆ 상고기 자료
* 호메로스 찬가, 2.54, 2.192, 2.492.

⑥ '아글라오도로스'(ἀγλαόδωρος): '훌륭한 선물의, 훌륭한 선물을 가져다주는'
◆ 상고기 자료
* 호메로스 찬가, 2.54, 2.192, 2.492.

⑦ '아글라오카르포스'(ἀγλαοκάρπος): '훌륭한 결실의, 훌륭한 결실을 맺게 하는'
◆ 상고기 자료
* 호메로스 찬가, 2.4.

⑧ '에우클로스'(εὔχλοος): '신록의, 어린 가지의'
◆ 고전기 자료
* 소포클레스, 『콜로노스의 오이디푸스』 1600.

⑨ '카르포포이오스'(καρποποιός): '결실을 맺는, 열매를 맺는'
◆ 고전기 자료
* 에우리피데스, 『레소스』 964.

⑩ '카르포포로스'(καρπόφορος): '결실을 맺는, 결실을 가져오는'
◆ 고전기 자료
* 아리스토파네스, 『개구리』 384('카르포포로스 바실레이아'(καρπόφορος βασίλεια, '결실을 가져오는 여왕') 데메테르 여신).

(참고) 파우사니아스, 8.53.7('카르포포로이'καρποφόροι라고 불리는 데메테르와 코레)(서기 2세기).

⑪ '폴리트로포스'(πολύτροφος): '풍부하게 부양하는, 풍부한 양식을 제공하는'
◈ 헬레니즘 시대 자료
* 칼리마코스 찬가, 6.2.

(3) 법률과 질서의 신
① '테스모포로스'(θεσμοφόρος): '법률을 부여하는, 법률을 제정하는' '입법자'
◈ 고전기 자료
* 핀다로스, Hymns, fr.37('입법자 여왕'πότνια θεσμοφόρος).
* 헤로도토스, 『역사』 6.91(아이기나의 '테스모포로스 데메테르'), 6.134(파로스의 '테스모포로스 데메테르').
* 아리스토파네스, 『테스모포리아주사이』 282, 1154(테스모포로스), 296(테스모포로이αἱ θεσμοφόροι: 데메테르와 코레).
◈ 헬레니즘 시대 자료
* 디오도로스, 1.14.4(옛 그리스인들이 데메테르를 '테스모포로스'라고 부름), 5.5.2, 5.68.3('테스모포로스' 호칭의 유래).
(참고) 헤로도토스, 『역사』 2.171('테스모포리아'라고 불리는 데메테르 제전), 6.16(에페소스의 '테스모포리아').
(참고) 아리스토파네스, 『테스모포리아주사이』 278, 880('테스모포리온'); 『새』 1519; 『테스모포리아주사이』 80, 83, 88, 182, 376; 『에클레시아주사이』 443('테스모포리아'); 아리스토파네스의 『테스모포리아주사이』 작품 제목('테스모포리아제인').
(참고) 리시아스, 1.20(아테네의 '테스모포리아' 제전).
(참고) 크세노폰, 『헬레니카』 5.2.29('테스모포리아제인': 카드메이아에서 '테스모포리아 제전을 거행함').
(참고) 이사이오스, 3.80('테스모포리아').
(참고) 아폴로도로스, 『비블리오테케』 1.5.1('테스모포리아').

2) 성격 및 행적 호칭과 수식어
① '에리니스'(Ἐρινύς): '분노의 여신'
◈ 헬레니즘 시대 자료

722

* 리코프론, 『알렉산드라』 153.
  (참고) 아폴로도로스, 『비블리오테케』 3.6.8(포세이돈이 '분노의 여신의 모습을 한'εἰκασθεῖσα ἐρινύι 데메테르와 동침).
  (참고) 파우사니아스, 8.25.3-4(텔푸사 부근의 '에리니스' 데메테르 성소. '에리니스' 호칭의 유래), 8.25.4-6(데메테르의 호칭 유래: '에리니스'와 '루시아'Λουσία)(서기 2세기).

② '크토니아'(χθόνια): '대지의, 지하의'
◆ 고전기 자료
* 헤로도토스, 『역사』 6.134, 7.153('크토니아이 테아이'χθόνιαι θεαί: 데메테르와 페르세포네).
◆ 헬레니즘 시대 자료
* 아폴로니오스, 『아르고나우티카』 4.986-987('크토니아 테오').
  (참고) 아리스토텔레스 위서, 『우주론』 401 a25(서기 1~2세기 추정).
  (참고) 호메로스, 『일리아스』 9.457(Ζεὺς καταχθόνιος, '지하의 제우스': 하데스); 헤시오도스, 『일과 날들』 465('제우스 크토니오스': 하데스); 『신통기』 767('크토니오스 테오스': 하데스); 소포클레스, 『콜로노스의 오이디푸스』 1606('제우스 크토니오스': 하데스); 에우리피데스, 『알케스티스』 237; 『안드로마케』 544(크토니오스 하데스)(하데스에게 사용).
  (참고) 아이스킬로스, 『제주를 바치는 여인들』 1, 125, 727; 소포클레스, 『엘렉트라』 111; 『아이아스』 832; 아리스토파네스, 『개구리』 1126, 1139, 1145(크토니오스 헤르메스); 아이스킬로스, 『페르시아』 628-629('크토니오이 다이모네스'χθόνιοι δαίμονες: 가이아와 헤르메스)(헤르메스에게 사용).
  (참고) 소포클레스, 『콜로노스의 오이디푸스』 1568('크토니아이 테아이': 에리니에스)(에리니에스에게 사용).

3) 형상 호칭과 수식어
① '칼리스피로스'(καλλίσφυρος): '발목이 예쁜 자'
◆ 상고기 자료
* 호메로스 찬가, 2.453.
  (참고) 호메로스, 『일리아스』 14.319(칼리스피로스: 다나에); 『오디세이아』 5.333(이노); 헤시오도스, 『신통기』 384(니케), 507(클리메네), 526(알크메네).

(참고) 호메로스 찬가, 15.8(칼리스피로스: 헤베), 27.19(레토), 33.2(레다)
(시기 불명).

② '포이니코페자'(φοινικόπεζα): '발이 붉은 자, 붉은색 발을 지닌 자'
◈ 고전기 자료
* 핀다로스, 『올림피아 송가』 6.94.
　(참고) 핀다로스, Paeans, 2.77(φοινικόπεζα)(헤카테에게 사용).

③ '칼리플로카모스'(καλλιπλόκαμος): '아름다운 머리칼의'
◈ 상고기 자료
* 호메로스, 『일리아스』 14.326.
　(참고) 호메로스, 『일리아스』 18.407, 20.207(테티스), 18.592(아리아드
네); 『오디세이아』 10.220, 10.310(여신 키르케).
　(참고) 호메로스 찬가, 3.101(레토).
　(참고) 핀다로스, 『올림피아 송가』 3.1(헬레네).
　(참고) 에우리피데스, 『아울리스의 이피게네이아』 1040('칼리플로카모이
피에리데스'αἱ καλλιπλόκαμοι Πιερίδες: 무사이).

④ '에우플로카모스'(εὐπλόκαμος): '멋진 머리칼의, 아름다운 머리칼의'
◈ 상고기 자료
* 호메로스, 『오디세이아』 5.125.
　(참고) 호메로스, 『일리아스』 11.624, 14.6(헤카메데); 『오디세이아』
1.86, 5.30, 5.58, 7.245-246, 7.254-255, 12.448-449(님프 칼립소),
5.390, 9.76, 10.144(에오), 10.136, 11.8, 12.150(키르케), 7.41(아테나),
20.80(아르테미스), 12.132('님파이 에우플로카모이'νύμφαι ἐυπλόκαμοι, 파
에투사Phaethusa와 람페티에Lampetie: 님프).
　(참고) 호메로스 찬가, 3.194('에우플로카모이 카리테스'ἐυπλόκαμοι
Χάριτες: 카리테스), 4.3-4, 4.7(님프 마야).
　(참고) 호메로스 찬가, 18.7(님프 마야), 32.17-18(셀레네)(시기 불명).
　(참고) 테오크리토스, Poems, II.46(아리아드네).

⑤ '에우코모스'(εὔκομος, ἠυκόμος): '아름다운 머리칼의'
◈ 상고기 자료

724

* 호메로스 찬가, 2.1, 2.297, 2.315.

  (참고) 호메로스 찬가, 13.1(에우코모스 데메테르)(시기 불명).

  (참고) 호메로스, 『일리아스』 6.92, 6.273, 6.303(아테나), 1.36, 19.413(레토), 4.512, 16.860, 24.466(테티스Thetis: 아킬레우스 어머니), 10.5(헤라), 3.329, 7.355, 8.82, 9.339, 11.369, 11.505, 13.766(헬레네), 2.689(브리세이스), 24.602(니오베); 『오디세이아』 11.318(레토), 8.452, 12.389(칼립소).

  (참고) 헤시오도스, 『일과 날들』 165(헬레네); 『신통기』 625, 634(레아), 929e(테티스Tethys: 우라노스의 딸), 241(도리스Doris: 오케아노스 딸); 『방패』 216(다나에).

  (참고) 호메로스 찬가, 2.60, 2.75, 2.442(레아), 3.178(레토).

  (참고) 핀다로스, 『올림피아 송가』 6.91('에우코모이 모이사이' ἠΰκομοι Μοῖσαι: 무사이); 『피티아 송가』 5.45('에우코모이 카리테스' ἠΰκομοι Χάριτες).

  (참고) 아이스키네스, 1.149(헬레네).

  (참고) 아폴로니오스, 『아르고나우티카』 4.568(케르키라).

⑥ '에우스테파노스'(ἐυστέφανος): '화려한 관을 쓴'
◆ 상고기 자료
* 헤시오도스, 『일과 날들』 300.
* 호메로스 찬가, 2.224, 2.307, 2.384, 2.470.

  (참고) 호메로스, 『일리아스』 21.511(아르테미스); 『오디세이아』 8.267, 8.288, 18.193(아프로디테).

  (참고) 헤시오도스, 『신통기』 196, 1008('에우스테파노스 키테레이아' ἐυστέφανος Κυθέρεια: 아프로디테); 『신통기』 255(네레이데스 알리메데).

  (참고) 호메로스 찬가 5.6, 5.175, 5.287(아프로디테).

  (참고) 테오그니스, Elegiac Poems, Book 2.1339(아프로디테)(Edmonds I).

⑦ '칼리스테파노스'(καλλιστέφανος): '아름다운 관을 쓴'
◆ 상고기 자료
* 호메로스 찬가, 2.236a, 2.251, 2.295.

  (참고) 티르타이오스, Elegiac Poems, no.2-3(헤라)(Edmonds I).

  (참고) 스트라본, 『지리지』 8.4.10(헤라)(기원전 64년경~서기 21년경).

⑧ '키아노페플로스'(κυανόπεπλος): '검정색 페플로스의, 검정색 페플로스를 두른'
◈ 상고기 자료
 * 호메로스 찬가, 2.319, 2.360, 2.374, 2.442.
　(참고) 호메로스 찬가, 2.182-183(데메테르의 '검정색 페플로스'πέπλος κυάνεος).
　(참고) 헤시오도스, 『신통기』 406(레토).

⑨ '에우페플로스'(εὔπεπλος): '아름다운 페플로스의'
◈ 헬레니즘 시대 자료
 * 테오크리토스, Poems, VII.32.
　(참고) 헤시오도스, 『신통기』 273(에니오Enyo: 그라이아이); 바킬리데스, 『디티람보스』 15.49(카리테스).

⑩ '크리사오로스'(χρυσάορος): '황금검을 지닌'
◈ 상고기 자료
 * 호메로스 찬가, 2.4.
　(참고) 호메로스, 『일리아스』 5.509, 15.256; 헤시오도스, 『일과 날들』 771; 호메로스 찬가, 3.123, 3.395; 핀다로스, 『피티아 송가』 5.104; 바킬리데스, 『우승송가』 3.28-29; 아폴로니오스, 『아르고나우티카』 3.1283(아폴론); 호메로스 찬가, 27.3(아폴론. 시기 불명).
　(참고) 헤로도토스, 『역사』 8.77(아르테미스).
　(참고) 스트라본, 『지리지』 14.2.25('황금검을 지닌'χρυσαορεύς: 제우스)(기원전 64년경~서기 21년경).

⑪ '크리세니오스'(χρυσήνιος): '황금고삐를 든'
◈ 고전기 자료
 * 핀다로스, Hymns, fr.37.
　(참고) 호메로스, 『일리아스』 6.205(아르테미스); 『오디세이아』 8.285(아레스); 소포클레스, 『콜로노스의 오이디푸스』 693(아프로디테).
　(확인) 파우사니아스, 9.23.4(하데스)(서기 2세기).

⑫ '크시페포로스'(ξιφηφόρος): '칼을 든, 칼을 지닌'
◈ 헬레니즘 시대 자료

* 리코프론, 『알렉산드라』 153.

⑬ '피르포로스'(πυρφόρος): '불을 수반한, 횃불을 든'
◆ 고전기 자료
* 에우리피데스, 『히케티데스』 260-261('피르포로스 여신'πυρφόρος θεά, 데
메테르); 『포이니사이』 687-688('피르포로이 여신들'πυρφόροι θεαί: 데메테
르와 페르세포네).
(참고) 소포클레스, 『필록테테스』 1198(피르포로스 아스테로페테스(=제우
스)); 『콜로노스의 오이디푸스』 55-56(피르포로스 테오스 티탄 프로메테
우스).

4) 지명 및 인명 호칭과 수식어

① '암픽티오니스'(Ἀμφικτυονίς): '암픽티오니아(인보동맹)의 여신'
◆ 고전기 자료
* 헤로도토스, 『역사』 7.200(안텔라 부근의 '암픽티오니스 데메테르' 성소).
(참고) 스트라본, 『지리지』 9.3.7(필라이(테르모필라이)에 모인 인보동맹 대
표자들이 데메테르에게 제사를 지냄), 9.4.17(인보동맹 대표자들이 필라이
의 모임 때마다 그곳의 데메테르 성소에서 제사를 거행함)(기원전 64년경~
서기 21년경).

② '엘레우시니아'(Ἐλευσίνια): '엘레우시스의'
◆ 고전기 자료
* 소포클레스, 『안티고네』 1119-1120('엘레우시니아 데오').
* 헤로도토스, 『역사』 9.57(플라타이아의 '엘레우시니에 데메테르' 성소),
9.97(미칼레의 '엘레우시니에 데메테르'), 9.101(플라타이아와 미칼레의
'엘레우시니에 데메테르').
(참고) 스트라본, 『지리지』 8.5.3(엘레우시니아 데메테르. 안티마코스의 말
인용), 9.1.12(엘레우시스에 있는 엘레우시니아 데메테르 성소), 14.1.3(엘
레우시니아 데메테르 제사)(기원전 64년경~서기 21년경).
(참고) 파우사니아스, 3.20.5(스파르타의 엘레우시니아 데메테르 성소),
8.15.1(페네우스에서의 엘레우시니아 데메테르 숭배), 8.25.2-3(텔푸사
Thelpusa의 엘레우시니아 데메테르 성소), 8.29.5(바실리스Basilis의 엘레우
시니아 데메테르 성소), 9.4.3(플라타이아의 엘레우시니아 데메테르 성소)

(서기 2세기).

③ '엔나이아'('Ἐνναία): '엔나의'
◈ 헬레니즘 시대 자료
* 리코프론, 『알렉산드라』 152.
(참고) 칼리마코스 찬가, 6.29-30(데메테르가 엘레우시스, 트리오폰, 엔나를 크게 애호함).
(참고) 디오도로스, 5.3.2(페르세포네가 엔나 부근에서 납치됨).
(참고) 스트라본, 『지리지』 6.2.6(엔나에 데메테르 신전이 있음)(기원전 64년경~서기 21년경).

④ '헤르킨나'('Ἑρκυννα'): '헤르키나'
◈ 헬레니즘 시대 자료
* 리코프론, 『알렉산드라』 153.
(참고) 파우사니아스, 파우사니아스, 9.39.2-5(인명 헤르키나, 지명 헤르키나 설명. 데메테르 신전)(서기 2세기).

5) 기타 호칭과 수식어

① '어머니': '메테르'(μήτηρ)
◈ 고전기 자료
* 멜라니피데스, Fragments, fr.764(멜라니피데스는 데메테르와 '신들의 어머니'μάτηρ θεῶν는 동일한 존재라고 말함).
* 에우리피데스, 『헬레네』 1301-1302('산악의 여신, 신들의 어머니'ὀρεία, μάτηρ θεῶν).
* 헤로도토스, 『역사』 8.65('어머니와 코레': 데메테르와 페르세포네).
(참고) 헤시오도스, 『일과 날들』 563('게, 모두의 어머니'γῆ πάντων μήτηρ); 솔론, Iambos, no.36.4-5('올림포스 신들의 최고의 어머니, 가이아'μήτηρ μεγίστη δαιμόνων Ὀλυμπίων ἄριστα Γῆ)(Edmonds I); 핀다로스, 『피티아 송가』 4.74('어머니': 대지); 아이스킬로스, 『테바이를 향한 7인』 16('게 메테르'γῆ μήτηρ); 에우리피데스, 『히폴리토스』 601('가이아 메테르'γαῖα μήτηρ); 디오도로스, 3.62.7('게 메테르'γῆ μήτηρ).
(참고) 핀다로스, 『피티아 송가』 3.78('어머니': 레아); 에우리피데스, 『바카이』 59, 128('어머니 레아': 키벨레).

(참고) 헤로도토스, 『역사』1.80('어머니 디디메네'μήτηρ Δινδυμήνη: 키벨레); 아리스토파네스, 『새』875('신과 인간의 대모(大母)'μεγάλη μήτηρ θεῶν καὶ ἀνθρώπων: 키벨레).

② '소테이라'(σώτειρα): '여성 구원자'
◆ 고전기 자료
* 아리스토파네스, 『개구리』379-383('소테이라' '나라를 구하는' 여신: 데메테르).
* 아리스토텔레스, 『수사학』3.18.1.
   (참고) 핀다로스, 『올림피아 송가』12.2(티카: '소테이라 티카'σώτειρα Τύχα); 아이스킬로스, 『아가멤논』664; 소포클레스, 『오이디푸스 티라노스』80-81('티케 소테르'τύχη σωτὴρ)(티케에게 사용).
   (참고) 핀다로스, 『올림피아 송가』8.21-22('소테이라 테미스')(테미스에게 사용).
   (참고) 핀다로스, 『올림피아 송가』9.15-16('소테이라 에우노미아')(테미스의 딸 에우노미아Eunomia에게 사용).
   (참고) 리쿠르고스, 1.17('소테르 제우스와 소테이라 아테나')(아테나에게 사용).
   (참고) 파우사니아스, 2.31.1, 3.22.12('소테이라 아르테미스'), 8.31.1-2(소테이라: 코레(페르세포네))(아르테미스, 페르세포네에게 사용)(서기 2세기).

③ '아카이아'(Ἀχαία): 의미 불명
◆ 고전기 자료
* 헤로도토스, 『역사』5.61.
   (참고) 플루타르코스, 『이시스와 오시리스에 대해』69('아카이아'. 데메테르의 '아코스'(ἄχος, '비탄'))(서기 45년경~120년경).

④ '투리아'(θουρία): '격렬한, 맹렬한, 격노한'
◆ 헬레니즘 시대 자료
* 리코프론, 『알렉산드라』153.
   (참고) 호메로스, 『일리아스』5.30, 5.35, 5.355, 5.454, 5.507, 5.830, 5.904, 15.127, 15.142, 21.406, 24.498; 에우리피데스, 『히케티데스』

579; 디오도로스, 11.62.3('투로스 아레스'θοῦρος Ἄρης).

(참고) 티르타이오스, Elegiac Poems, no.12.34(투로스 아레스)(Edmonds I).

(참고) 파우사니아스, 10.21.5(투로스 아레스)(서기 2세기).

(참고) 아이스킬로스, 『묶인 프로메테우스』356('투로스 티폰').

⑤ '키리타'(Κυρίτα): 의미 불명

◆ 헬레니즘 시대 자료

* 리코프론, 『알렉산드라』1392.

6. 특별 행적

1) 하데스의 페르세포네 납치

◆ 상고기 자료

* 호메로스, 『일리아스』9.457('지하의 제우스'(=하데스)와 페르세포네 병기), 9.568-570(땅을 손으로 두드리며 기도하고 하데스와 페르세포네의 이름을 부름); 『오디세이아』10.534, 11.47(하데스와 페르세포네 병기), 10.491, 10.564('하데스와 페르세포네의 거처'. 사자의 세계 지칭).

* 헤시오도스, 『신통기』767-768(하데스와 페르세포네의 거처), 774(하데스와 페르세포네의 문), 913-914(하데스의 페르세포네 납치. 제우스가 그녀를 하데스에게 줌).

* 호메로스 찬가, 2.1-3(하데스의 납치. 제우스가 그녀를 하데스에게 줌), 2.4-486(페르세포네 납치 일화).

* 테오그니스, Elegiac Poems, Book 1.703-704(시지포스가 페르세포네를 감언이설로 속여 하데스에서 귀환함), 1.974(에레보스의 페르세포네의 집)(Edmonds I).

* 라소스, Fragments, fr.702a.1('고명한 자'(κλυμένος: 하데스)의 아내, 페르세포네).

◆ 고전기 자료

* 바킬리데스, 『우승송가』5.59-61(헤라클레스가 하데스로부터 케르베로스를 데려오기 위해 페르세포네의 집으로 내려감. 페르세포네의 집은 하데스의 세계에 위치); Fragments, fr.47(페르세포네 납치는 크레타에서 행해짐).

* 소포클레스, 『엘렉트라』110(하데스와 페르세포네의 집); 『콜로노스의 오이

디푸스』1548(지하세계의 여신: 페르세포네).

* 에우리피데스, 『레소스』963(지하세계의 신부: 페르세포네); 『알케스티스』
358(데메테르의 딸과 그녀의 남편: 페르세포네와 하데스), 851-852(지하
세계의 코레와 '지배자'(=하데스)); 『미친 헤라클레스』1104(플루톤, 데메
테르의 코레의 홀: 페르세포네는 플루톤의 여왕); 『헬레네』1301-1352(데
메테르가 이름을 말할 수 없는 그녀의 딸을 찾아 정신없이 산과 강, 바다를
헤매고 다님. 누군가 소녀들과 춤을 추던 그녀의 딸을 강탈해 감. 제우스의
의도. 그녀는 이데산에 칩거하면서 메마른 대지에서 수확의 결실을 거두지
못하게 하고, 그로써 인간들을 파멸시키고 가축들을 굶주리게 함. 신에 대한
제물도 끊기고 샘물이 흐르는 것도 막히고 신과 인간들에게 연회가 중지됨.
이에 제우스가 그녀의 분노를 누그러뜨리려 함. 무사이가 가무를 행하고 키
프리스가 악기를 들어 데메테르를 위로); 『오레스테스』964(지하세계의 여
신 페르세포네).

* 이소크라테스, 4.28(딸이 납치되자 데메테르가 방랑).

◆ 헬레니즘 시대 자료

* 리코프론, 『알렉산드라』49(페르세포네는 '지하세계의 여신'οὐδαῖα θεός).

* 칼리마코스 찬가, 6.8-17(데메테르가 납치당한 딸을 찾아 식음을 전폐하고
정처 없이 돌아다님. 서쪽 변방과 흑인 지역, 엘레우시스 방문. 데메테르의
비탄).

* 『파로스 연대기』Ep.14(오르페우스가 코레의 납치, 데메테르의 수색 등에
대한 시를 지음. 코레(페르세포네)의 납치와 데메테르의 수색 전승)(기원전
3세기).

* 아폴로도로스, 『비블리오테케』1.5.1-1.5.3(플루톤이 제우스의 도움으로 페
르세포네를 납치. 데메테르가 횃불을 들고 찾아다님. 데메테르가 엘레우시
스에서 데모폰에게 영생을 주려다 실패. 페르세포네가 지상과 지하에 교대
로 머물게 됨).

* 디오도로스, 5.3.1-5.5.1, 5.68.2-69.3.

* 모스코스, III.119-123(코라, 즉 페르세포네가 아이트네산의 기슭에서 노
닒. 페르세포네의 납치 언급은 없음), III.123-124(페르세포네가 오르페우
스의 연주를 듣고 에우리디케의 환생을 허용. 지하세계의 페르세포네).

■ 참고문헌

1. 고대 그리스 텍스트

Brownson, C. L., *Xenophon. Hellenica*, Harvard Univ. Press, 1985.

Campbell, D. A., *Greek Lyric*, 5 vols., Harvard Univ. Press, 1992~2002.

Edmonds, J. M., *Elegy and Iambus. Anacreontea*, 2 vols., Harvard Univ. Press, 1968.

_____, *The Greek Bucolic Poets*, Harvard Univ. Press, 2001.

Evelyn-White, H. G., *Hesiod. The Homeric Hymns and Homerica*, Harvard Univ. Press, 1977.

Ferguson, J., *Greek and Roman Religion: A Source Book*, Noyes Press, 1980.

Frazer, J. G., *Apollodorus. The Library*, 2 vols., Harvard Univ. Press, 1976.

Gerber, D. E., *Greek Iambic Poetry*, Harvard Univ. Press, 1999.

Godley, A. D., *Herodotus*, 4 vols., Harvard Univ. Press, 1961~66.

Jones, W. H., *Pausanias. Description of Greece*, 4 vols., Harvard Univ. Press, 1978.

Lamb, W. R. M., *Lysias*, Harvard Univ. Press, 1930.

Mair, A. W., *Callimachus. Hymns and Epigrams. Lycophron*, Harvard Univ. Press, 1989.

Meyer, M. W.(ed.), *The Ancient Mysteries. A Sourcebook of Sacred Texts*, Philadelphia, 1987.

Murray, A. T., *Homer. The Iliad*, 2 vols., Harvard Univ. Press, 1965~67.

_____, *Homer. The Odyssey*, 2 vols., Harvard Univ. Press, 1966.

Oldfather, C. H., *Diodorus of Sicily*, 7 vols., Harvard Univ. Press, 1989.

Race, W. H., *Pindar*, 2 vols., Harvard Univ. Press, 1997.

Rice, D. & Stambaugh, J. E.(ed.), *Sources for the Study of Greek Religion*, Missoula, 1979.

Rogers, B. B., *Aristophanes*, 3 vols., Harvard Univ. Press, 1998.

Seaton, R. C., *Apollonius Rhodius. The Argonautica*, Harvard Univ. Press, 1988.

Smith, C. F., *Thucydides*, 4 vols., Harvard Univ. Press, 1980.

Smyth, H. W., *Aeschylus*, 2 vols., Harvard Univ. Press, 1963.

Storr, F., *Sophocles*, 2 vols., Harvard Univ. Press, 1967~68.

Way, A. S., *Euripides*, 4 vols., Harvard Univ. Press, 1962~66.

2. 연구물

(1) 그리스 종교 일반

Bremmer, J., *Greek Religion*, Oxford Univ. Press, 1994.

Burkert, W., *Griechische Religion der archaischen und klassischen Epoche*, Stuttgart, 1977; Raffan, J., *Greek Religion*, Oxford, 1985.

Buxton, R.(ed.), *Oxford Readings in Greek Religion*, Oxford, 2000.

Cornford, F. M., *Greek Religious Thought from Homer to the age of Alexander*, London, 1923.

Dodds, E. R., *The Greeks and Irrational*, Berkeley, 1951.

Easterling, P. E.(eds.), *Greek Religion and Society*, Cam. Univ. Press, 1985.

Farnell, L. R., *Cults of the Greek States*, 5 vols., Oxford, 1896~1909.

Ferguson, J., *Among the Gods: An Archaeological Exploration of Greek Religion*, N.Y., 1990.

Garland, R., *Introducing New Gods: The Politics of Athenian Religion*, London, 1992.

Harrison, J., *Prolegomena to the Study of Greek Religion*, Cambridge, 1922.

_____, *Themis: A Study of the Social Origins of Greek Religion*, Cambridge, 1927.

Mikalson, J. D., *Athenian Popular Religion*, The University of North Carolina Press, 1983.

Murray, G., *Five Stages of Greek Religion*, N.Y., 1951.

Nilsson, M. P., *Greek Popular Religion*, N.Y., 1940.

_____, *Geschichte der griechischen Religion I(3), II(2)*, Munich, 1951, 1969; Fielden, F. J., *A History of Greek Religion*, Oxford, 1952.

Parke, H. W., *Festivals of the Athenians*, London, 1977.

Parker, R., *Athenian Religion. A History*, Oxford University Press, 1996.

Price, S., *Religions of the Ancient Greeks*, Cambridge, 1999.

Uppsala Symposium(4th. 1993), *Religion and Power in the Ancient Greek World*, Uppsala, 1996.

김봉철, 「고전기 아테네의 불경죄재판」, 『서양고전학연구』 90, 2003, 169~206쪽.

_____, 「고전기 아테네의 종교적 추방자에 관한 연구」, 『역사학보』 185, 2005, 209~43쪽.

(2) 그리스 신화

Andrews, P. B., "The Myth of Europa and Minos", *G&R*, vol. 16, no. 1, 1969, pp. 60~66.

Arafat, K. W., *Classical Zeus: A Study in Art and Literature*, Oxford, 1990.

Banti, L., "Myth in Pre-Classical Art", *AJA*, vol. 58, no. 4, 1954, pp. 307~10.

Bremmer, J., *Interpretations of Greek Mythology*, London, 1987.

Burkert, W., *Structure and History in Greek Mythology and Ritual*, London, 1979.

_____, *Homo necans*, London, 1983.

_____, *Ancient Mystery Cults*, Cambridge, Mass., 1987.

Buxton, R., *Imaginary Greece: The Contexts of Mythology*, Cambridge, 1994.

_____, (ed.), *From Myth to Reason? Studies in the Development of Greek Thought*, Oxford, 1999.

_____, *The Complete World of Greek Mythology*, London, 2004.

Calhoun, G. M., "Zeus the Father in Homer", *TPAP* 66, 1935, pp. 1~17.

_____, "Homer's Gods-Myth and Marchen", *AJP*, vol. 60, no. 1, 1939, pp. 1~28.

Carpenter, T. H., *Art and Myth in Ancient Greece*, London, 1991.

Conradie, P. J., "The Literary Nature of Greek myth", *Acta Classica* 20, 1977, pp. 49~58.

Cook, A. B., *Zeus: A Study in Greek Religion*, 3 vols., Cambridge, 1914~40.

_____, "Who was the Wife of Zeus?", *CR*, vol. 20, no. 7, 1906, pp. 365~78; *CR*, vol. 20, no. 8, 1906, pp. 416~19.

Detienne, Marcel, *Dionysos à mis mort*, Paris, 1977; *Dionysus Slain*, Baltimore, 1979.

_____, *L'invention de la mythologie*, Paris, 1981; Cook, M., *The Creation of*

Mythology, Chicago, 1986.

Doty, W. G., *Mythography: The Study of Myths and Rituals*, Tuscaloosa, 1986.

Easterling, P. E. (ed.), *The Cambridge History of Classical Literature I. Greek Literature*, Cambridge Univ. Press, 1985.

Edmunds, L. (ed.), *Approaches to Greek Myth*, Baltimore, 1989.

Ehnmark, E., *The Idea of God in Homer*, Uppsala, 1935.

Elderkin, G. W., "The Marriage of Zeus and Hera and Its Symbol", *AJA*, vol. 41, no. 3, 1937, pp. 424~35.

Fontenrose, J., *The Ritual Theory of Myth,* Berkeley, 1971.

Fowler, Robert L., *Early Greek Mythography. Text and Introduction*, Oxford University Press, 2001.

_____, (ed.), *The Cambridge Companion to Homer*, Cambridge, 2004.

Gantz, T., *Early Greek Myth. A Guide to Literary and Artistic Sources*, Baltimore, 1993.

Gordon, R. L. (ed.), *Myth, Religion and Society*, Cambridge, 1981.

Gould, J., *Myth, Ritual, Memory and Exchange: Essays in Greek Literature and Culture*, Oxford, 2001.

Graf, F., *Griechische Mythologie*, Munich and Zurich, 1985; Marier, T., *Greek Mythology: An Introduction*, Baltomore, 1993.

Grant, M., *Myth of the Greeks and Romans*, London, 1962.

Graves, R., *The Greek Myths*, 2 vols., Baltimore, 1955.

Grube, G. M. A., "Zeus in Aeschylus", *AJP*, vol. 91, no. 1, 1970, pp. 43~51.

Guthrie, W. K. C., *The Greeks and their Gods*, Boston, 1955.

Hall, L., *Athena*, N.Y., 1997.

Harrison, T., *Divinity and History*, Oxford, 2000.

Harthorn, R., *Greek Mythology*, Beirut, 1977.

Hewitt, J. W., "The Propitiation of Zeus", *HSCP* 19, 1908, pp. 61~120.

Howe, T. P., "Zeus Herkeios", *AJA*, vol. 59, no. 4, 1955, pp. 287~301.

Jeanmaire, H., *Dionysos*, Paris, 1951.

Kerenyi, C., *The Gods of the Greeks*, N.Y., 1960.

_____, R. Manheim (Trans.), *Dionysos*, Princeton, 1976.

Kirk, G. S., *The Nature of Greek Myth*, Harmonsworth, 1974.

_____, "Greek Mythology: Some New Perspectives", *JHS* 92, 1972, pp. 74~85.

Lloyd-Jones, H., "Zeus in Aeschylus", *JHS* 76, 1956, pp. 55~67.

Morford, M. P. (et al.), *Classical Mythology*, N.Y., 1995.

Munz, P., "History and Myth", *PQ*, vol. 6, no. 22, 1956, pp. 1~16.

Mylonas, G. E., *Eleusis and the Eleusinian Mysteries*, Princeton, 1962.

Nagy, G., *Greek Mythology and Poetics*, N.Y., 1990.

Newman, Harold & Newman, Jon O., *A Genealogical Chart of Greek Mythology*, University of North Carolina Press, 2003.

Nilsson, M. P., *Cults, Myths, Oracles and Politics in Ancient Greece*, Lund, 1951.

_____, *The Mycenaean Origin of Greek Mythology*, N.Y., 1963.

Otto, W. F., *Dionysos, Mythos und Kultus*, Darmstadt, 1960; Palmer, R. B., *Dionysus. Myth and Cult*, Indinapolis, 1965.

Parke, H. W., *The Oracles of Zeus*, Oxford, 1967.

Parke, H. W. (et al.), *The Delphic Oracle*, 2 vol., Oxford, 1956.

Parada, Carlos, *Genealogical Guide to Greek Mythology*, Alhambra, 1994.

Powell, J. E., *A Lexicon to Herodotus*, 2ed., London, 1938.

Robertson, N., "Poseidon's Festival at the Winter Solstice", *CQ*, vol. 34, no. 1, 1984, pp. 1~16.

Said, S., *Approches de la mythologie grecque*, Paris, 1993.

Schlesier, R., "Olympian versus Chthonian Religion", *Scripta Class. Israel.* II, 1991~92, pp. 38~51.

Scullion, S., "Olympian and Chthonian", *Class. Ant.* 13, 1994, pp. 75~119.

Sebeok, Th. A. (ed.), *Myth: A Symposium*, London, 1955.

Shapiro, H. A., *Myth into Art: Poet and Painter in Classical Greece*, London, 1994.

Simon, E., *Die Götter der Griechen*, Munich, 1969.

Slater, Philip Elliott, *The Glory of Hera: Greek mythology and the Greek family*, Princeton University Press, 1992.

Sourvinou-Inwood, C., *Tragedy and Athenian Religion*, Lanham, MD, 2002.

_____, R. Parker (ed.), *Athenian Myths and Festivals*, Oxford, 2011.

Todd, O. J., "The Character of Zeus in Aeschylus' Prometheus Bound", *CQ*, vol. 19, no. 2, 1925, pp. 61~67.

Vernant, J.-P., *Mythe et pensée chez les Grecs*, Paris, 1965; Lloyd, J., *Myth and Thought among the Greeks*, London, 1983.

_____, *Mythe et société en Grèce ancienne*, Paris, 1974; Lloyd, J., *Myth and Society in Ancient Greece*, Brighton, 1980.

Vernant, J.-P. & Vidal-Naquet, P., *Mythe et tragédie en Grèce ancienne*, 2 vols., Paris, 1972~86; Lioyd, J., *Myth and Tragedy in Ancient Greece*, Brighton, 1981.

Veyne, P., *Did the Greeks Believe their Myth?*, Chicago, 1988.

Woodard, R. D. (ed.), *The Cambridge Companion to Greek Mythology*, Cambridge, 2007.

김진경, 「그리스 비극의 제우스」, 『서양사론』 44, 1994, 1~39쪽.

김봉철, 「디오니소스 신화와 디오니시아 제식의 연관성」, 『서양사론』 92, 2007, 5~39쪽.

_____, 「헤로도토스와 그리스 신화 서술: 제우스 서술을 중심으로」, 『서양고대사 연구』 27, 2010, 263~96쪽.

_____, 「헤로도토스의 역사 서술과 그리스 신화」, 『서양고대사연구』 32, 2012, 35~70쪽.

문혜경, 「그리스 사회에서 신화의 기능」, 『서양고대사연구』 10, 2002, 1~32쪽.

_____, 「아이스킬로스의 『아가멤논』에 나타난 제우스의 정의와 Hybris」, 『서양 고전학연구』 29, 2007, 5~34쪽.

박희영, 「디오니소스 신화와 의식의 철학적 의미」, 『인문학연구』 6, 2001, 29~48쪽.

안문자, 「디오니소스연구」, 『서양사론』 4, 1963, 25~49쪽.

우성주, 「이미지를 통해 본 그리스 신화 I」, 『지중해지역연구』 제6권 제2호, 2004, 237~55쪽.

유재원, 『그리스 신화의 세계』, 현대문학, 1998.

이진성, 『그리스 신화의 이해』, 아카넷, 2004.

장영란, 「고대 그리스의 위대한 어머니 신화에 나타난 철학적 세계관」, 『철학연 구』 55, 2001, 67~89쪽.

_____, 『그리스 신화』, 살림, 2005.

최혜영, 「엘레우시스 미스테리아: 데메테르, 이시스, 이난나의 비교」, 『서양사론』 83, 2004, 5~32쪽.

현영민, 『그리스 신화: 자연, 신, 그리고 인간』, 충남대학교출판부, 2010.

홍은숙, 「그리스 신화와 그리스 비극: 디오니소스와 『바쿠스의 여신도들』」, 『고전 르네상스 영문학』 제15권 제2호, 2006, 5~26쪽.

■ 찾아보기

리비아(Libya) 328, 329, 349, 353, 543

『리시스트라타』(*Lysistrata*)(아리스토파네스) 276, 485, 486

리시아스(Lysias) 70, 473

리카이온(Lykaion) 90, 291

리코스(Lykos) 319, 351, 353, 354

리코프론(Lykophron) 24, 60, 61, 71, 216, 233, 244, 245, 252, 270, 275, 282, 298, 318, 333, 334, 341, 379, 380, 391, 399, 400, 404, 405, 414, 418, 479, 490, 491, 495, 500, 501, 504, 508, 509, 537

리쿠르고스(Lykurgos) 32, 49, 70, 260, 317, 350, 416, 507

릭토스(Lyktos) 86, 89~91

|ㅁ|

마그네스(Magnes) 118, 149, 155, 156

마야(Maia) 104, 109, 126, 131, 134, 136, 301, 496, 541

마케돈(Makedon) 118, 149, 155, 156

『메넥세노스』(*Menexenos*)(플라톤) 426

『메데이아』(*Medeia*)(에우리피데스) 226, 255, 425

메두사(Medusa) 313~15, 341, 342

메키오니케(Mekionike) 323, 325~27, 343

메티스(Metis) 104, 107~11, 133, 134, 165, 238, 310, 541

멜라니피데스(Melanippides) 45, 69, 504, 505

멜라스(Melas) 323, 358, 359, 542

멜리아(Melia)(님프) 79, 318, 319, 351, 407

모스코스(Moschos) 61, 71, 125, 528, 554

모이라이(Moirai) 133, 143, 144, 177, 184

몰리오네스(Moliones) 338, 339

무사이(Musai) 110, 132, 133, 139~41, 185, 197, 411, 412, 496, 523

『묶인 프로메테우스』(*Prometheus Desmotes*)(아이스킬로스) 46, 47, 80, 83, 126, 127, 146, 165, 170, 171, 174

므네모시네(Mnemosyne) 78, 81, 82, 104, 109~11, 133, 140, 169, 171

미노스(Minos)(인명) 58, 65, 115, 121~25, 141~53, 157, 158, 196, 219, 326, 374, 418, 419, 542

|ㅇ|

아이스키네스(Aischines) 32, 33, 70, 225, 240, 277

아이스킬로스(Aischylos) 24, 46~49, 69, 80, 83, 84, 122, 126~28, 144,
146, 156, 164~66, 170, 171, 174, 192, 196, 197, 219, 222, 225,
230~32, 236, 251, 253, 257, 259, 261, 262, 276~79, 281, 282,
285, 302, 370, 374, 383, 397, 425, 437, 438, 459, 460, 485, 535

아이아스(Aias)(인명) 35, 380, 381

『아이아스』(Aias)(소포클레스) 49, 285, 388, 485

아이아코스(Aiakos) 113, 157, 158, 543

아이올로스(Aiolos) 156~58, 269, 330, 332, 351, 357, 358, 543

아이투사(Aithusa) 319, 346, 351, 353

아이트네(Aitne)산 184, 291, 292, 443, 452, 456, 526, 528

아이트라(Aithra) 328, 347

아이틀리오스(Aithlios) 119, 149, 155, 156, 161, 591, 534

『아카르니아인』(Acharneis)(아리스토파네스) 406

아쿠실라오스(Akusilaos) 64, 69, 119, 124, 125, 159, 320, 327, 337

아테(Ate) 132

아테나(Athena) 18, 21, 25, 26, 34, 48, 50~52, 54, 56, 58, 59, 62, 75, 76,
132~34, 137, 138, 176, 177, 181, 185, 186, 197, 199, 200, 202,
212, 213, 216, 218, 225, 230, 242, 244, 249~51, 257, 259, 260,
276, 277, 290, 297, 301, 325, 377, 378, 386, 387, 392, 394, 404,
406, 408, 413, 415~26, 435, 481, 482, 485, 496, 497, 507, 519,
522, 526, 532, 533, 542

아테네(Athene) 18, 23~27, 42, 45, 46, 48, 54~56, 59~65, 68~71, 76,
85, 126, 190, 195, 216~18, 220~22, 226, 227, 230, 231, 248, 249,
257, 261, 266, 276~79, 281, 284, 286, 296, 299, 317, 328, 346,
349, 359, 390, 397, 398, 412~17, 419~26, 442, 444, 455, 457,
465~67, 469, 486, 531, 533, 535, 537, 548

『아테네인의 국제』(Athenaion Politeia)(아리스토텔레스) 85, 222, 296

아틀란티스(Atlantis) 329, 345, 350, 351, 436

아티카(Attika) 25, 251, 297, 307, 413, 423, 424, 304, 341, 502, 508, 543

아팀니오스(Atymnios) 119, 159, 160, 161

아폴로니오스 로디오스(Apollonios Rhodios) 24, 60, 62~64, 71, 80, 84, 103,
104, 145, 146, 160, 178, 183, 184, 203, 209~11, 228, 232, 233,

이사이오스(Isaios) 70

이소크라테스(Isokrates) 24, 32, 33, 45, 54, 55, 70, 80, 108, 112, 117, 129,
192, 193, 211, 311, 329, 347, 349, 350, 416, 417, 422, 423, 425,
433, 442, 465, 466, 475, 476, 488, 489, 522, 548

이스트모스(Isthmos) 307, 308, 348, 363, 364, 412

『이스트미아 송가』(핀다로스) 32, 44, 253, 258, 289, 307, 364, 393, 402,
410, 412, 413, 430

이오(Io) 47, 58, 65, 118, 121, 125~29, 156, 127, 191~93, 535

이오니아(Ionia) 220, 307

이온(Ion of Chios) 45, 146, 323

『이온』(*Ion*)(에우리피데스) 33, 50~52, 132, 170, 230, 251, 387, 388, 415,
417, 419, 422, 425, 563, 570, 473

이집트(Egypt) 29, 47, 52, 55, 57~60, 62, 63, 65~67, 126~28, 156, 183,
184, 228, 237, 241~43, 294, 296, 329, 353, 438, 469, 477, 527

이탈리아(Italia) 71, 178, 179

이피메데이아(Iphimedeia) 323~25, 340, 341

익시온(Ixion) 105, 114, 115, 117, 150, 154, 231

『일과 날들』(*Erga kai Hemerai*)(헤시오도스) 33, 38~40, 68, 128, 143, 197,
214, 215, 220, 228, 230, 267, 285, 302, 411, 459, 461, 462

『일리아스』(*Ilias*)(호메로스) 33~36, 68, 78, 77, 79, 82, 84, 85, 91, 92, 95,
105~09, 114, 116, 117, 120, 128, 129, 132~37, 139, 141~43,
145, 149, 151, 154, 162, 163, 167, 169, 171, 180, 185~90, 196,
198~200, 202, 203, 205~07, 210, 211, 213~15, 224, 225, 229,
235, 237, 238, 240, 251, 267, 284, 285, 288~90, 300~03, 307,
323, 340, 347, 361, 362, 364, 365, 371, 372, 375, 377, 380, 382,
384~88, 392, 405, 411, 415, 418, 429, 445, 448, 449, 450, 459,
461, 462, 472, 479, 480, 486, 488, 495, 510, 533

|ㅈ|

제우스(Zeus) 18, 21, 25, 26, 34~36, 39, 45, 47~53, 55, 56, 58, 59,
61~63, 65, 67, 75~303, 307~12, 315, 316, 321, 325, 327, 333,
337, 339, 340, 343, 347, 350, 351, 356, 361, 362, 364, 365,

클레이토(Kleito) 328, 329, 350, 436

클리타임네스트라(Klytaimnestra) 105, 106, 145, 193, 222

『키로파이데이아』(*Kyropaideia*)(크세노폰) 196, 255

키모폴레이아(Kymopoleia)(님프) 334, 336

키오네(Chione)(님프) 315, 317, 318, 350, 416

키오스(지명) 45, 69

키오스(Chios)(포세이돈의 아들) 323, 358, 359, 542, 543

키크레오스(Kychreos) 351, 543

키클롭스(Kyklops, 키클로페스Kyklopes) 50, 53, 78, 81, 165, 166, 169~71, 174, 175, 209, 210, 227, 229, 234, 371, 413

『키클롭스』(*Kyklops*)(에우리피데스) 50, 53, 175, 307, 335, 485

키토스(Kytos) 159, 162

『키프리아』(*Kypria*) 35~38, 112, 133, 146, 193, 553

킥노스(Kyknos) 36, 345, 350, 367

|ㅌ|

타르타로스(Tartaros) 78, 81, 164, 165, 169, 171, 172, 174, 177, 180~82, 198, 210, 371

타소스(Thasos) 351, 355, 357

『타우리스의 이피게네이아』(*Iphigeneia en Taurois*)(에우리피데스) 196, 225, 425

타이게테(Taygete) 113, 161

타피오스(Taphios) 332, 351, 351

탄탈로스(Tantalos) 119, 157, 158, 333

테르판드로스(Terpandros) 42, 68, 254

테미스(Themis) 49, 78, 81, 82, 104, 109~11, 133, 143, 144, 164, 169, 171, 174, 187, 225, 268, 281, 300, 303, 361, 481, 507, 541

테바이(Thebai) 48~50, 52, 53, 70, 105, 115, 150, 153, 192, 237, 319, 345, 346, 403, 491, 502

『테바이를 향한 7인』(*Hepta epi Thebas*)(아이스킬로스) 46~48, 197, 259, 276

테살리아(Thessalia) 50, 185, 307, 383, 403

페리클리메노스(Periklymenos) 345, 346, 368

페이리투스(Peirithous) 115, 117, 149, 150, 154, 347

펠라스고스(Pelasgos) 119, 157, 159, 287, 288, 291

펠로폰네소스(Peloponnesos) 54, 88, 290, 329, 337, 363, 364, 442, 491, 535

펠롭스(Pelops) 66, 333, 334, 357, 389, 390, 535

펠리에스(Pelies) 221, 226, 324, 338~40

『평화』(*Eirene*)(아리스토파네스) 253, 387, 485

포세이돈(Poseidon) 18, 25, 26, 34, 36, 45, 48, 52, 53, 55, 58, 59, 63, 75~77, 82, 83, 85, 86, 91~95, 111, 134, 165, 166, 168, 174, 177, 185~87, 197, 200~03, 205, 208, 212, 213, 219, 221, 230, 241, 244, 251, 253, 257, 259, 271, 272, 301, 305, 307~426, 431~36, 438~40, 480, 491, 492, 504, 509, 532, 533, 535, 538~47, 549~51

『포이니사이』(*Phoinissai*)(에우리피데스) 115, 170, 196, 225, 251, 307, 331, 388, 449

포이닉스(Phoinix) 105, 114, 115, 121~23, 125, 150~52, 269, 331, 495

포킬리데스(Phokylides) 69

폴룩스(Pollux 혹은 폴리데우케스Polydeukes) 116, 133, 134, 143~45, 151, 193

폴리페모스(Polyphemos) 227, 229, 308, 314, 334, 335, 380, 381

폴릭세이노스(Polyxeinos) 474, 515, 520

프라티나스(Pratinas) 69

프락실라(Praxilla) 45, 70, 153, 157, 158

프로테우스(Proteus) 351, 355, 356

프로토게네이아(Protogeneia) 119, 156

플라톤(Platon) 20, 32, 33, 70, 80, 85, 109, 135~37, 146, 196, 205, 217~20, 224, 225, 228, 237, 243, 255, 259, 261, 276, 278, 284, 296, 311, 329, 350, 351, 383, 391, 422, 425, 426, 436, 442, 443, 455, 463, 464, 478, 488, 489, 534

플루타르코스(Plutarchos) 71, 261, 263, 299, 347, 348, 412, 508

플루토스(Plutos) 434, 436, 437

『플루토스』(*Plutos*)(아리스토파네스) 425, 460, 479

플루톤(Pluton) 83, 86, 91, 94, 165, 168, 174, 310, 371, 373, 431, 443,

368, 370, 390, 442, 542

『헤라클레이다이』(*Herakleiai*)(에우리피데스) 263

헤라클레이토스(Herakleitos) 69, 267

헤로도토스(Herodotos) 24, 27, 32, 33, 37, 38, 40, 45, 56~60, 67, 68, 70,
84, 88, 89, 110, 115, 122, 124, 127, 152, 183, 196, 221, 223, 224,
231, 237, 239~42, 244, 258~60, 264, 268, 276, 277, 279, 282,
285, 289, 290, 294, 296~98, 307, 357, 377~79, 383, 384, 408,
411, 412, 415, 416, 419~22, 425, 430, 437, 438, 457, 460, 472,
473, 477, 479, 483, 490, 492, 493, 501, 502, 504, 505, 507, 508

헤르메스(Hermes) 34, 41, 43, 48, 66, 75, 109, 126, 127, 128, 132,
134, 136, 148, 177, 184, 197, 251, 253~55, 259, 264, 277, 285,
300~03, 368, 387, 408, 433, 493, 518, 519, 533, 542

헤르세(Herse) 133, 145, 146

헤베(Hebe) 132, 133, 136, 139, 140, 386, 481, 482

헤스티아(Hestia, 혹은 히스티아Histia) 75, 76, 83, 85, 86, 91, 93~95, 134,
241, 277~79, 309~11, 313, 315, 431, 435

헤시오도스(Hesiodos) 19, 24, 27, 31~33, 36, 38~40, 57, 58, 64, 68,
78~91, 93~100, 102, 104, 107~18, 121~23, 125, 127, 128,
130~46, 149~53, 155~61, 163~67, 169~75, 179~82, 184,
191, 192, 194, 197, 200~10, 214, 215, 220, 228, 230, 239, 244,
245, 248, 251, 252, 254, 257, 266, 267, 270, 271, 273, 283, 285,
300~02, 308~11, 313~15, 325, 326, 333, 335, 336, 340, 341~43,
347, 360, 362, 363, 365, 371, 382, 387, 396, 400~02, 410, 411,
414, 419, 429~34, 436, 437, 440, 451, 459, 461, 462, 465, 487,
494, 495, 497, 498, 505, 510, 511, 521, 522, 528, 531, 533,
538~41, 543, 545, 546, 548~50

『헤카베』(*Hekabe*)(에우리피데스) 387, 425

헤파이스토스(Hephaistos) 18, 34, 36, 121, 132, 134, 136~38, 167, 177,
178, 186, 197, 200, 242, 417

헬레네(Helene) 35, 36, 52, 53, 55, 58, 65, 105~07, 112, 116, 144~46,
149, 151, 193, 194, 304, 496, 497, 542

『헬레네』(*Helene*)(에우리피데스) 50, 52, 117, 118, 131, 193, 464, 479, 506,
523